Springer-Lehrbuch

Springer
Berlin
Heidelberg
New York
Barcelona
Hongkong
London
Mailand
Paris
Singapur
Tokio

Georg Löffler

Basiswissen Biochemie

mit Pathobiochemie

3., vollständig überarbeitete Auflage

Mit 336 überwiegend farbigen Abbildungen
in 387 Einzeldarstellungen und 121 Tabellen

Springer

Professor Dr. Georg Löffler
Institut für Biochemie, Genetik und Mikrobiologie
Universität Regensburg
Universitätsstraße 31, 93053 Regensburg
email: georg.loeffler@vkl.uni-regensburg.de

ISBN 3-540-64500-4 Springer-Verlag Berlin Heidelberg New York

ISBN 3-540-58189-8 2. Aufl. Springer-Verlag Berlin Heidelberg New York

Die Deutsche Bibliothek – CIP-Einheitsaufnahme
Löffler, Georg: Basiswissen Biochemie mit Pathobiochemie/Georg Löffler. – 3., vollst. überarb. Aufl. – Berlin; Heidelberg; New York; Barcelona; Budapest; Hongkong; London; Mailand; Paris; Singapur; Tokio: Springer, 1999
(Springer-Lehrbuch)
ISBN 3-540-64500-4

Datenkonvertierung, Druck- und Bindearbeiten: Appl, Wemding
Umschlaggestaltung: de'blik, Berlin
Umschlagabbildung: eye of science, Reutlingen

SPIN 10630289 15/3135 – 5 4 3 2 1 0 – Gedruckt auf säurefreiem Papier.

Vorwort zur 3. Auflage

Wie kaum ein anderes naturwissenschaftliches Fach hat die Biochemie den medizinischen Fortschritt der letzten Jahrzehnte geprägt. Hauptmotoren für diese Entwicklung waren neben der Aufklärung der Reaktionen des Intermediärstoffwechsels sowie der meisten Biosynthesen die in den letzten Jahrzehnten erfolgte Charakterisierung essentieller Membranproteine wie Kanäle, Transportproteine, Rezeptoren für Hormone und andere Liganden, sowie weiterer Strukturkomponenten einschließlich ihrer Regulation. Zusammen mit den stetig zunehmenden Fortschritten auf dem Gebiet der Molekularbiologie, die in absehbarer Zeit zur Aufklärung des menschlichen Genoms führen werden, hat sich das Wissen über die normale, aber auch die pathologisch gestörte Funktion des menschlichen Organismus, seiner Organe und Gewebe, ganz erheblich erweitert und auch zur Entwicklung einer großen Zahl von Medikamenten mit definiertem Wirkungsspektrum geführt.

So positiv diese Entwicklung auch ist, so problematisch ist sie für den Medizinstudenten. Der im Rahmen der Biochemieausbildung zu bewältigende Stoff nimmt permanent zu, ohne daß dies durch eine Reduktion des Lernstoffes an anderer Stelle auszugleichen wäre. Das Arbeiten mit umfangreichen Lehrbüchern birgt für den Anfänger die Gefahr in sich, daß er den roten Faden verliert und sich quasi in dem Gestrüpp der verschiedenen biochemischen Tatbestände verirrt. Angesichts dieser Tatsache habe ich mich entschlossen, für die ohnehin fällige Neubearbeitung der 3. Auflage des Kurzlehrbuches „Funktionelle Biochemie“ nach anderen didaktischen Wegen zu suchen. Mit dem hier vorgelegten Band „Basiswissen Biochemie“ habe ich versucht, den umfangreichen Stoff auf das Wesentliche und überwiegend Medizinrelevante zu reduzieren und in einer strikt gegliederten Form zu präsentieren. Von besonderer Hilfe für das Verständnis sind sicher die Abbildungen, die zum großen Teil einem umfangreichen Lehrbuch entnommen sind (Löffler G, Petrides PE (1998) Biochemie und Pathobiochemie, 6. Auflage, Springer). Meinem Kollegen Prof. Dr. PE. Petrides möchte ich an dieser Stelle für die Überlassung einer Reihe wichtiger Abbildungen danken.

In den ersten vier Kapiteln sind der Aufbau des Organismus, die Architektur von Peptiden und Proteinen und schließlich die Funktion von Enzymen als den für alle Reaktionen des Stoffwechsels verantwortlichen Katalysatoren beschrieben. Die Kapitel 5–10 fassen die Reaktionen des Stoffwechsels von Lipiden, Kohlenhydraten, Proteinen sowie des Citratcyclus und der oxidativen Phosphorylierung zusammen und geben so einen Überblick über die biochemischen Grundlagen des Stoffwechsels. Die Kapitel 11–15 beschreiben die Grundlagen der Molekularbiologie, der Proteinbiosynthese und -modifikation sowie der Virologie. In den Kapiteln 16–25 werden schließlich spezifische Leistungen ausgewählter Gewebe und Organe besprochen. Hier finden sich naturgemäß die meisten Überschneidungen mit anderen Fächern, besonders der Physiologie. Aus diesem Grund wurde auf eine Besprechung des Nervensystems sowie der Nieren verzichtet, da diese Gewebe ausführlich in den gängigen Lehrbüchern der Physiologie dargestellt werden.

Das Buch wendet sich an alle Studenten, die besonderes Interesse an der Biochemie des Menschen haben. Hierzu gehören natürlich in erster Linie Studenten der Medizin und der Zahnmedizin sowie der Pharmazie und Ökotrophologie. Darüber hinaus ist es auch für Studenten der Biologie und Chemie von großem Interesse, soweit diese sich dem biomedizinischen Bereich zuwenden. Das Buch soll den Lesern den Einstieg in die Biochemie erleichtern, das Arbeiten mit umfangreicheren Lehrbüchern ermöglichen und schließlich als Hilfe bei der Examensvorbereitung dienen.

Bei den Mitarbeitern des Springer Verlages, besonders bei Frau Ellen Blasig, Frau Ingrid Haas sowie bei Frau Anne C. Repnow möchte ich mich für die stete Hilfsbereitschaft bedanken, mit der sie geholfen haben, meine Wünsche bezüglich der Ausstattung und Gestaltung des Buches zu realisieren.

Besonderer Dank gebührt meiner Frau für ihren unermüdlichen Einsatz bei der Erstellung des Manuskripts, meiner Tochter Katia Löffler für die vielen Stunden, die sie damit zugebracht hat, das Manuskript druckfertig zu machen und Herrn cand. med. Ulrich Tausch, der als studentischer Beirat jedes Kapitel sorgfältig gelesen und v. a. darauf geachtet hat, daß der für die Prüfungsvorbereitung wichtige Stoff auch klar und einprägsam dargestellt wurde.

Regensburg, Dezember 1998 — Georg Löffler

Vorwort zur 1. und 2. Auflage

Die heutige Biochemie hat eine medizinische und eine naturwissenschaftliche Wurzel. Die medizinische Biochemie oder physiologische Chemie hat sich aus der Physiologie abgespalten und reflektiert den Wunsch, die Dynamik der Lebensprozesse und ihrer Störungen auf einem molekularen Niveau zu verstehen. Die naturwissenschaftliche Biochemie hingegen entstammt ursprünglich der Naturstoffchemie und damit dem Bedürfnis, die einzelnen Bestandteile lebender Systeme auf molekularem Niveau kennenzulernen. Aus dem Zusammenschluß dieser beiden Richtungen ist die heutige moderne Biochemie entstanden, ein Fach, das die Aufklärung der einzelnen Reaktionen des Stoffwechsels inzwischen sehr weit getrieben hat und zu dessen Hauptrichtungen derzeit die Aufklärung so grundlegender zellbiologischer Phänomene wie Genexpression, Differenzierung und Wachstum gehören. Über die Jahre hinweg sind die Beziehungen zwischen Biochemie und Medizin außerordentlich lebendig geblieben. Wenn ursprünglich die Medizin anhand der von ihr beschriebenen Krankheitsbilder die Anstöße zur Aufklärung des normalen und pathologischen Stoffwechsels lieferte, so bezieht sie heute aus dem rasanten Fortschritt der Biochemie und Molekularbiologie neue Impulse. Die Zeit von der biochemischen Entdeckung bis zu seiner Anwendung in der Medizin zu diagnostischen oder therapeutischen Zwecken, hat sich immer weiter verkürzt.

Die wenigen hier dargestellten Tatbestände machen es verständlich, daß der Biochemie sowie der Pathobiochemie im Rahmen der medizinischen Ausbildung ein zunehmend breiterer Raum gewährt wird. Dies bedeutet natürlich auch, daß die Belastung der Medizinstudenten durch dieses Fach immer weiter zunimmt. Eine der Hauptschwierigkeiten ist dabei, das für die Ausbildung zum Arzt Notwendige aus der Fülle des biochemischen Wissens herauszufinden. Das vorliegende Buch ist aus meiner langjährigen Erfahrung mit den verschiedensten Aspekten des Biochemieunterrichts entstanden und faßt die für die Medizin besonders relevanten Teile der Biochemie zusammen. Die ersten vier Kapitel enthalten in kurzer Form eine Zusammenstellung des Aufbaus tierischer und damit auch menschlicher

Zellen aus Proteinen, der katalytischen Funktion von Proteinen, der Funktion der DNS sowie des Aufbaus der zellulären Kompartimente. Die Kapitel 5–14 geben dann eine Zusammenfassung der für die Medizin besonders wichtigen Aspekte des Stoffwechsels einschließlich der Molekularbiologie und Genexpression. Die Kapitel 15–23 schildern schließlich die medizinisch wichtigen Aspekte der Funktion von Organen und Organsystemen. Ich habe dabei versucht, in jedem einzelnen Kapitel dem nach dem Gegenstandskatalog in der derzeit gültigen Fassung geforderten Stoff gerecht zu werden sowie die Gebiete der Biochemie abzuhandeln, die von allgemeiner medizinischer Bedeutung sind und dementsprechend auch häufig in Prüfungen abgefragt werden. In diesem Sinne stellt die jetzt vorliegende Fassung des Buches nicht nur eine Modernisierung, sondern auch eine Erweiterung der in der Reihe Heidelberger Taschenbücher 1983 von mir veröffentlichten Grundzüge der physiologischen Chemie dar.

Das Buch wendet sich an alle Studenten, die besonderes Interesse an der Biochemie des Menschen haben, bevorzugt damit natürlich an Studenten der Medizin und Zahnmedizin, daneben an Pharmazeuten und, wegen ihrer vielfältigen Tätigkeit im Bereich verschiedener medizinischer Fächer, auch an Biologen und Chemiker. Es soll den Lesern den Einstieg in die medizinrelevante Biochemie vermitteln, das Arbeiten mit umfangreicheren Lehrbüchern erleichtern und schließlich als Hilfe bei der Examensvorbereitung dienen.

Bei den Mitarbeitern des Springer Verlags, besonders bei Frau A. C. Repnow, sowie bei Frau G. Maas, möchte ich mich für die stete Hilfsbereitschaft bedanken, mit der sie geholfen haben, meine Wünsche bezüglich der Ausstattung und Gestaltung des Buches zu realisieren. Besonders Dank gebührt Frau A. Löffler für die Zusammenstellung des Manuskripts sowie für die vielen Stunden, die sie mit dem Lesen der Korrekturen zugebracht hat.

Die große Nachfrage nach dem Buch hat die Herausgabe einer zweiten korrigierten Auflage nach schon kurzer Zeit nötig gemacht. Ich möchte mich bei dieser Gelegenheit ganz besonders bei den vielen Lesern bedanken, die mich auf Unrichtigkeiten aufmerksam gemacht und so zu einer Verbesserung des Buches beigetragen haben.

Regensburg, Februar 1993 und Juli 1994 — Georg Löffler

Inhaltsverzeichnis

I Stoffwechsel

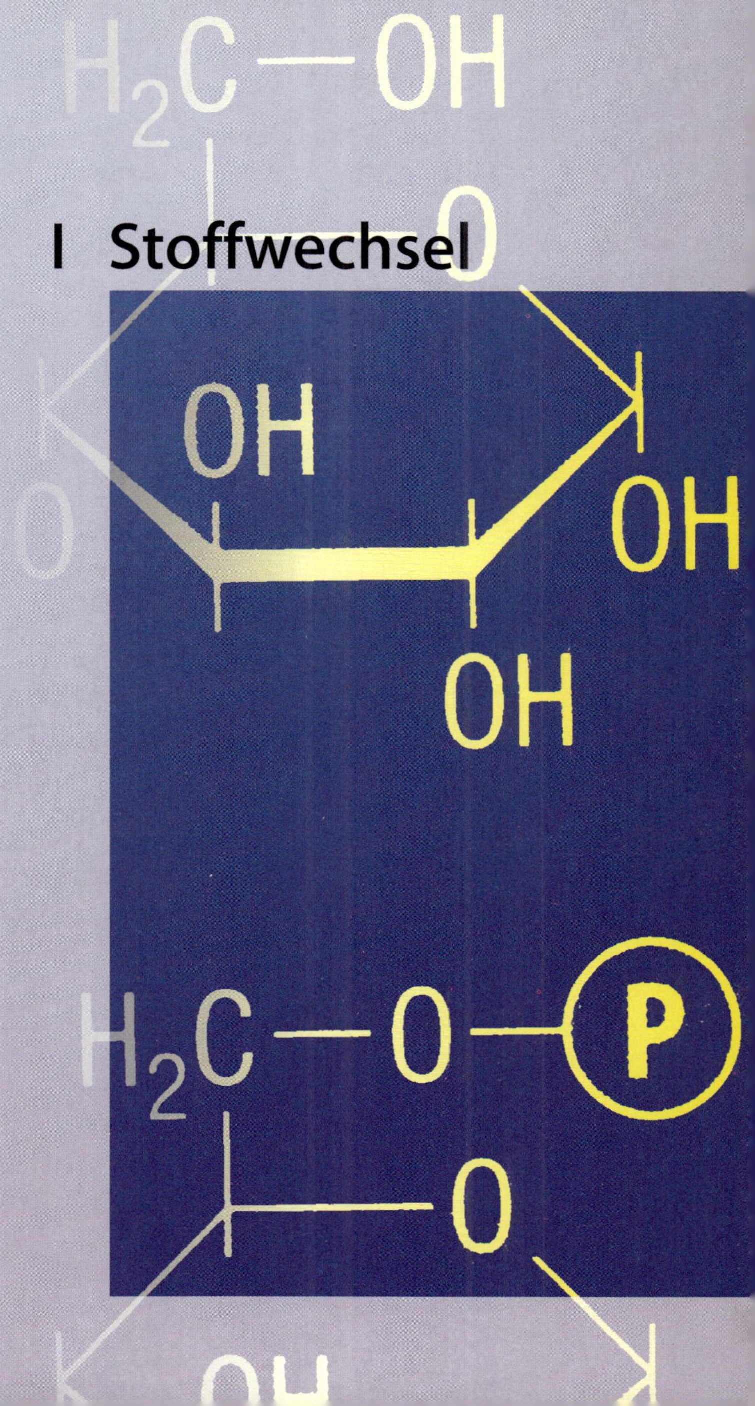

1 Vom Organismus zum Molekül

LERNZIELE

- Aufbau des Organismus
- Chemische Grundlagen des Stoffwechsels
- Informationsübertragung in lebenden Systemen
- Funktion und Stoffwechsel spezialisierter Organe und Gewebe
- Prinzipien der Pathobiochemie

Während Anatomie und Physiologie eine makroskopische und mikroskopische Beschreibung des Aufbaus und der Funktion des menschlichen Organismus zum Ziel haben, dehnt die Biochemie ihren Bereich von der zellulären auf die molekulare Ebene aus. Sie geht von der elektronenmikroskopischen Beschreibung der Zelle aus, versucht die einzelnen subzellulären Strukturen und Organellen auf der Basis der Assoziation von Makromolekülen zu beschreiben und schließlich den Aufbau und die Funktion der Makromoleküle als Folge der Assoziation einer überschaubaren Anzahl von Bausteinen zu verstehen.

Alle lebendigen Strukturen sind zur Aufrechterhaltung ihrer Funktionsweise auf eine ständige Energiezufuhr angewiesen. Die Biochemie des Stoffwechsels beschreibt im einzelnen die komplexen chemischen Reaktionen, die den Abbau der Nahrungsstoffe mit der Energiegewinnung verknüpfen.

Besonders wichtig ist die Weitergabe der für Struktur und Funktion notwendigen Information von Zellgeneration zu Zellgeneration. Die molekularen Vorgänge bei Informationsspeicherung, Informationsübertragung und Informationsrealisierung werden unter dem Begriff der Molekularbiologie zusammengefaßt, aus der sich die Gentechnik entwickelt hat.

Der menschliche Organismus ist aus einer großen Zahl unterschiedlicher Organe und Gewebe zusammengesetzt, die jeweils hoch spezialisierte Funktionen ausüben. Dies bedingt, daß sie über jeweils spezifische Stoffwechselleistungen verfügen, die für die Medizin von besonderem Interesse sind, da sie die Ursache oder Konsequenz pathologischer Veränderungen sein können. Diese spezifischen Besonderheiten werden mit dem Begriff des Organstoffwechsels beschrieben.

1.1 Aufbau des Organismus

Jeder vielzellige, arbeitsteilig organisierte Organismus, und damit auch der Mensch, besteht aus unterschiedlichen Organen und Geweben, die jeweils spezifische Funktionen ausüben (Tabelle 1.1). ***Zellen*** sind die kleinsten funktionellen Bestandteile von Organen und Geweben und meist imstande, die jeweils spezifische Funktion isoliert auszuüben.

! Zelluläre Funktionen sind in Organellen kompartimentiert.

Die elektronenmikroskopische Untersuchung von Zellen zeigt, daß sie über einen ihnen allen gemeinsamen Satz von ***Organellen*** verfügen (Abb. 1.1). Diese führen zur Ausbildung „innerer Räume oder

Tabelle 1.1 Hierarchischer Aufbau des Organismus

Struktur	Beispiel	Funktion
Organe und Gewebe	Leber, Nieren, Muskulatur u. a.	Spezifische Funktionen im Organismus
Zellen	Hepatocyten, Epithelzellen, Ganglienzellen u. a.	Kleinste Funktionseinheiten von Organen und Geweben
Subzelluläre Organellen	Mitochondrien, Zellkern, Ribosomen u. a.	Zellatmung, Informationsspeicherung, Proteinbiosynthese u. a.
Makromoleküle	Proteine, Nucleinsäuren, Homo- und Heteroglycane, Lipide	Aufrechterhaltung von Struktur und Funktion der Zelle
Bausteine	Aminosäuren, Nucleotide, Monosaccharide, Fettsäuren, Steroide	Aufbau von Makromolekülen
Atome	Wasserstoff (H), Kohlenstoff (C), Sauerstoff (O), Stickstoff (N), Phosphor (P), Schwefel (S) u. a.	Aufbau von Bausteinen

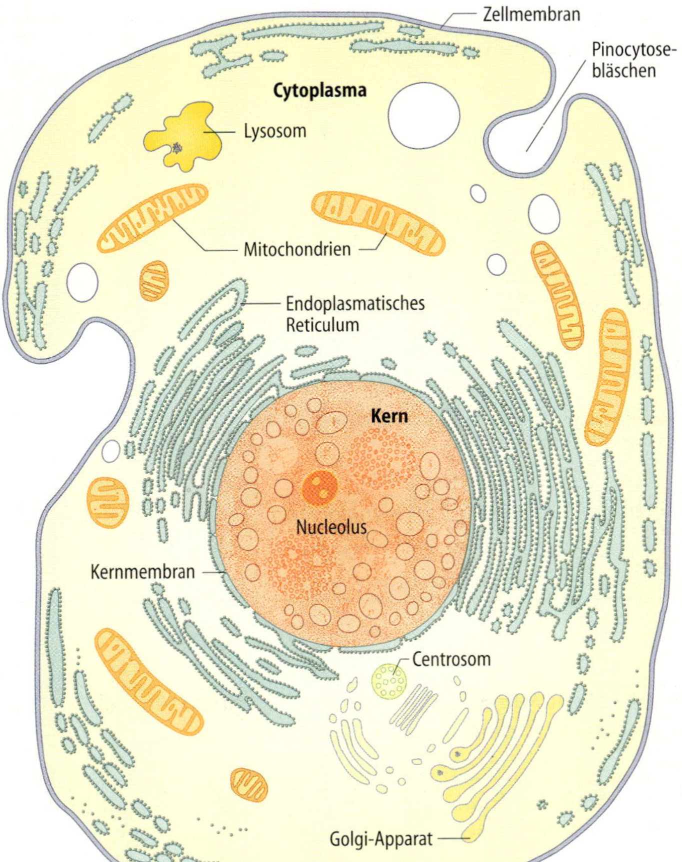

Abb. 1.1 Schematische Darstellung des Aufbaus einer idealisierten eukaryoten Zelle

Kompartimente, in denen jeweils spezifische Funktionen wahrgenommen werden (Tabelle 1.2). Derartige Kompartimente finden sich in unterschiedlichem Ausmaß in allen Zellen. Die einzige Ausnahme sind Erythrocyten, in denen keine intrazellulären Strukturen nachweisbar sind.

Tabelle 1.2 Wichtige intrazelluläre Organellen und Kompartimente

Kompartiment	Funktion (Auswahl)	Seite
Zellkern	Informationsspeicherung und Verdopplung bei Zellteilung (Replikation)	347
Mitochondrien	β-Oxidation der Fettsäuren	166
	Citratcyclus	219
	Energiekonservierung durch Atmungskette und oxidative Phosphorylierung	234
Peroxisomen	Stoffwechsel von Peroxiden	444
Lysosomen	Intrazelluläre Degradation vieler Makromoleküle	443
Glattes endoplasmatisches Reticulum	Membransynthese	444
	Biotransformation	626
Rauhes endoplasmatisches Reticulum	Biosynthese von Membran- und Sekretproteinen	412
	Proteinglycosylierung	140
Golgi-Apparat	Reifung von Glycoproteinen	410
	Synthese von Lysosomen, Peroxisomen et al.	445
	Vesikeltransport	445

Makromoleküle sind aus einer begrenzten Zahl von Bausteinen aufgebaut.

Die subzellulären Organellen setzen sich aus einer großen Zahl unterschiedlicher ***Makromoleküle*** zusammen. Am häufigsten sind Proteine, daneben kommen Nucleinsäuren, Homo- und Heteroglycane sowie eine große Zahl unterschiedlicher Lipide vor (Tabelle 1.3).

Für den Aufbau von Makromolekülen wird nur eine sehr begrenzte Zahl von Bausteinen benutzt:

- ***Proteine***
- ***Nucleinsäuren***
- ***Homoglycane***
- ***Heteroglycane***
- ***Lipide.***

Proteine: Alle ***Proteine*** sind Polymere aus den 20 proteinogenen Aminosäuren, die allerdings in einer für jedes Protein spezifischen Sequenz miteinander verknüpft sind.

Tabelle 1.3 Aufbau und Funktion von Makromolekülen

Makromolekül	Baustein	Funktion	Beispiele (Auswahl)
Proteine	Polymere aus 20 proteinogenen Aminosäuren in für jedes Protein spezifischer Sequenz	Strukturproteine	Kollagen, Myosin, Tubulin
		Enzyme	Dehydrogenasen, Lyasen, Transferasen
		Transportproteine	Ionen-ATPasen, Glucosetransporter
		Rezeptoren	Hormonrezeptoren, T-Zellrezeptor
		Immunglobuline u. a.	Immunglobulin A, G, D, E, M
Nucleinsäuren	*DNA:* Polymere aus 4 Desoxyribo-nucleotiden spezifischer Sequenz *RNA:* Polymere aus 4 Ribonucleosiden spezifischer Sequenz	Informationsspeicherung und -übertragung	*DNA:* Informationsspeicherung *RNA:* Informationsübertragung
Homoglycane	Polymer aus Glucose	Speichersubstanz	Glycogen
Heteroglycane	Saccharide aus 2 bis ca. 15 unterschiedlichen Monosacchariden, an Proteine gebunden	Modifikation der Struktur und Funktion von Glykoproteinen	Glycoproteine, Hyaluronsäure, Chondroitinsulfate
	Glykosaminoglycane repetitive Disaccharide aus Aminozuckern und Uronsäuren	Bestandteil der extrazellulären Matrix	
Lipide	Ester von Fettsäuren mit Glycerin oder Sphingosin, die zusätzlich Phosphat, alkoholische Verbindungen oder Saccharide enthalten können	Aufbau von Membranen, Speichersubstanz	Phospholipide, Sphingolipide Triacylglycerine

Nucleinsäuren: Für die Synthese von Nucleinsäuren (***Desoxyribonucleinsäure, DNA*** bzw. ***Ribonucleinsäure, RNA***) werden vier unterschiedliche Nucleotide in jeweils spezifischer Sequenz benötigt. Jedes Nucleotid besteht dabei aus einer Base, Desoxyribose bzw. Ribose und Phosphat.

Homoglycane: sind aus nur einem Monosaccharid bestehende Speichersubstanzen.

Heteroglycane: In diesen kommen in unterschiedlicher Struktur etwa 20 verschiedene Zucker bzw. Zuckerderivate vor, die über glykosidische Bindungen miteinander verknüpft sind.

Lipide: sind meist Ester von Fettsäuren mit Glycerin bzw. Sphingosin als Alkohol. Membranlipide enthalten zusätzlich Phosphat, alkoholische Verbindungen oder Saccharide.

!

WICHTIG
Der tierische, und damit auch der menschliche Organismus setzt sich aus einer begrenzten Zahl von Organen und Geweben zusammen, diese wiederum aus jeweils spezifischen Zellen.

In jeder Zelle können spezifische Strukturen und Organellen unterschieden werden, die ihrerseits aus einer sehr großen Zahl von Makromolekülen aufgebaut sind.

Zu den Makromolekülen gehören Proteine, Nucleinsäuren, Kohlenhydrate und Lipide. Ungeachtet ihrer enormen Vielfalt sind sie jeweils aus einer sehr begrenzten Zahl monomerer Bauteile zusammengesetzt.

1.2 Chemische Grundlagen des Stoffwechsels

!

Wegen der Vielzahl energieverbrauchender Vorgänge sind lebende Organismen auf ständige Energiezufuhr angewiesen.

Wichtige endergone, d.h. energieverbrauchende Vorgänge in allen lebenden Organismen sind:

- *Biosynthesen*
- *Zellteilungen*
- *Ionen- und Stoffgradienten*
- *Endo- und Exocytose*
- *Beweglichkeit.*

Biosynthesen von Makromolekülen: Dies dient nicht nur dem Umsatz und Ersatz von verbrauchtem Material, sondern in vielen Fällen auch der Vergrößerung von Zellen und Organen. Eine über das Normalmaß hinausgehende ***Zell***- und damit auch ***Organvergrößerung*** wird als ***Hypertrophie*** bezeichnet.

Zellteilungen: Die Teilungsaktivität der verschiedenen Zellen des menschlichen Organismus ist sehr unterschiedlich. Ganglienzellen teilen sich während eines Lebens nicht, dagegen werden pro Sekunde ca. 2,4 Millionen Erythrocyten vom Menschen aus entsprechenden Vorläuferzellen gebildet. Pathologische ***Zellvermehrungen*** in Geweben und Organen werden auch als ***Hyperplasie*** bezeichnet.

Ionen- und Stoffgradienten: Die Plasmamembran trennt den intrazellulären vom extrazellulären Raum. Frei permeabel durch die Plasmamembran sind außer Wasser nur im Wasser gelöste Gase wie Sauerstoff und Ammoniak. Ionen, nahezu alle polaren Moleküle und Makromoleküle müssen jedoch durch spezifische Proteine (Transportproteine, *engl.* Carrier) durch die Membran transportiert werden, wobei folgende Vorgänge unterschieden werden können (Abb. 1.2):

- ***Erleichterte Diffusion***: Transport eines Moleküls durch eine Membran entlang eines Konzentrationsgradienten. Für den Transport wird ein Transportprotein, aber keine Energie benötigt.

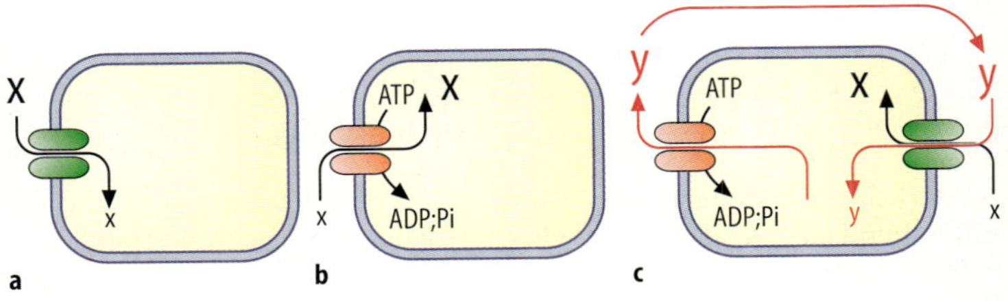

Abb. 1.2 a-c Funktionsweise von Proteinen, die den Membrantransport ermöglichen. **a** Erleichterte Diffusion. Die Verbindung X wird entlang eines Konzentrationsgradienten in die Zelle transportiert. **b** Primär aktiver Transport. Die Verbindung X wird unter ATP-Verbrauch gegen ein Konzentrationsgefälle in die Zelle transportiert. **c** Sekundär aktiver Transport. Die Verbindung X wird gegen ein Transportgefälle in die Zelle transportiert. Die Energie hierfür stammt aus dem Cotransport von Y entlang eines Konzentrationsgradienten. Die intrazelluläre Konzentration von Y wird durch primär aktiven Transport aufrecht erhalten

- *Aktiver Transport*: Transportvorgänge, die gegen einen Konzentrationsgradienten, also „bergauf" erfolgen. Sie benötigen in jedem Fall Energie. Ist der Transport direkt mit ATP-Verbrauch verbunden, so spricht man von **primär aktivem Transport**, stammt die Energie jedoch aus einer anderen Quelle, so spricht man von ***sekundär aktivem Transport.***

Endo- und Exocytose: Viele Verbindungen, z.B manche Hormone oder Transmitter, werden intrazellulär in vesikulärer Form transportiert. Derartige Vesikel verschmelzen bei der ***Exocytose*** in einem komplexen, energieverbrauchenden Vorgang mit der Plasmamembran, so daß der Vesikelinhalt in den extrazellulären Raum gelangt (Sekretion). Auf einem analogen, in umgekehrter Richtung ablaufenden Vorgang verläuft die ***Endocytose***, bei der sich aus der Plasmamembran Vesikel nach innen abschnüren und damit ein Stück des extrazellulären Raums im Inneren der Zelle umschließen. Da Exocytose und Endocytose gleichzeitig nebeneinander vorkommen, bedeutet dies, daß ein ständiges Cyclisieren von Membranbestandteilen vorkommt.

Beweglichkeit (Motilität) von Zellen und Organellen: Motilität ist ein mit allen Lebensvorgängen verknüpftes Phänomen. Am deutlichsten ist sie bei der Muskelkontraktion (S. 646), jedoch besitzen in mehr oder weniger ausgeprägtem Maße alle Zellen die Fähigkeit, ihre Form zu ändern und dadurch Beweglichkeit zu erlangen. Auch intrazelluläre Organellen können gezielt bewegt werden. Ein Beispiel hierfür ist der axoplasmatische Transport von Vesikeln über weite Distanzen in den Axonen von Nervenzellen (S. 446).

!

Energieverbrauchende Reaktionen werden durch Kopplung an energieliefernde ermöglicht.

Allen Lebensvorgängen liegen chemische Reaktionen zugrunde. Ob eine chemische Reaktion freiwillig erfolgt (exergone Reaktion) oder nicht (endergone Reaktion), kann durch Bestimmung der ***freien Energie*** nach Gibbs oder ***freien Enthalpie*** bestimmt werden. Reaktionen laufen dann spontan ab, wenn die Änderung der freien Energie ΔG einen negativen Wert annimmt. Es handelt sich dann um ***exergone Reaktionen.*** Bei endergonen Reaktionen ist der Wert für ΔG dagegen positiv.

Die freie Energie einer Reaktion steht mit der Gleichgewichtskonstanten in enger Beziehung. Für die Reaktion

$$A + B \rightleftharpoons C + D$$

ist die Gleichgewichtskonstante nach dem Massenwirkungsgesetz

$$K = \frac{[C][D]}{[A][B]}$$

Die während einer Reaktion auftretende Änderung der freien Energie ΔG^0 hängt mit folgender Beziehung mit der Gleichgewichtskonstanten zusammen:[1]

$$\Delta G^0 = -R \times T \times \ln K$$

(R = Gaskonstante [8.314 J/K × mol], T = absolute Temperatur, lnK = natürlicher Logarithmus der Gleichgewichtskonstanten)

Als allgemeine Regel im Stoffwechsel gilt, daß endergone Reaktionen im Stoffwechsel nur dann auftreten können, wenn sie an exergone Reaktionen gekoppelt sind. Im einfachsten Fall könnte eine derartige Kopplung über ein gemeinsames ***Zwischenprodukt*** der beiden Reaktionen ablaufen:

$A \rightarrow I + C$	$\Delta G^{0\prime} = +\ 5$ kJ/mol
$B + I \rightarrow D$	$\Delta G^{0\prime} = -10$ kJ/mol
$A + B \rightarrow C + D$	$\Delta G^{0\prime} = -\ 5$ kJ/mol

Obwohl die Bildung von C aus A ein endergoner Vorgang ist, läuft die Reaktion als exergone Reaktion, wenn man sie an die stark exergone Bildung von D aus B koppelt. Das Zwischenprodukt I tritt dabei nur intermediär auf.

!

Redoxreaktionen spielen eine wichtige Rolle als Energielieferanten.

Außer den autotrophen, photosynthetisch aktiven Organismen gewinnen alle Organismen einschließlich des Menschen ihre Energie aus der Oxidation komplexer organischer Verbindungen, wobei als Endprodukte CO_2 und H_2O entstehen. Aus diesem Grund werden derartige Organismen auch als ***heterotrophe Organismen*** bezeichnet. Die Suche nach den energieliefernden Reaktionen hat gezeigt, daß es sich ganz überwiegend um die Redoxreaktionen des Intermediärstoffwechsels (S. 233) handelt.

---

[1] ΔG^0 bezeichnet die Änderung der freien Energie unter Standardbedingungen, d.h. 1molaren Konzentrationen aller Reaktionsteilnehmer. In der Biochemie wird meist auf pH 7 umgerechnet und der entsprechende Wert als $\Delta G^{0\prime}$ bezeichnet.

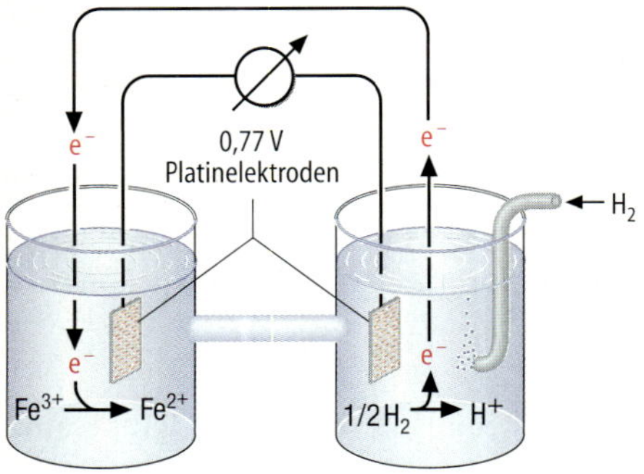

Abb.1.3 Elektrochemische Redoxkette

Die Energetik von Redoxreaktionen läßt sich am Beispiel einer ***elektrochemischen Redoxkette*** aus zwei Halbzellen darstellen (Abb. 1.3). In der einen Zelle befindet sich eine Lösung, die Fe^{3+} und Fe^{2+} jeweils in 1molarer Konzentration enthält. Die andere Hälfte enthält eine 1molare Lösung von H^+, die mit Wasserstoffgas im Gleichgewicht steht. Schließt man den Stromkreis zwischen den beiden Systemen durch einen Draht und eine Elektrolytbrücke, so fließen Elektronen vom Wasserstoff zur Eisensalzlösung, die gegenüber der Wasserstoffzelle positiv geladen ist. In der Halbleiterzelle finden folgende Reaktionen statt:

$$H_2 \rightarrow 2\,H^+ + 2\,e^-$$
$$2\,Fe^{3+} + 2\,e^- \rightarrow 2\,Fe^{2+}$$
$$H_2 + 2\,Fe^{3+} \rightarrow 2\,H^+ + 2\,Fe^{2+}$$

In diesem Fall hat Wasserstoff also die Tendenz, freiwillig Elektronen abzugeben und Eisen die Tendenz, freiwillig Elektronen aufzunehmen. Es handelt sich insgesamt um eine exergone Reaktion. Die hierbei auftretenden Änderungen der freien Energie hängt mit der in Volt gemessenen Differenz im Redoxpotential E_0 folgendermaßen zusammen:

$$\Delta G^0 = -n \times F \times \Delta E_0$$

(n = Zahl der übertragenen Elektronen; F = Ladungsmenge / mol Elektronen [96 500 Coulomb]; ΔE_0 = Differenz der Redoxpotentiale bei der Elektronenübertragung in Volt)

In biochemischen Systemen gibt es eine große Zahl von Redoxreaktionen, deren Substrate unterschiedliche Redoxpotentiale[1] haben. Als

[1] Redoxpotentiale E werden auf die oben beschriebene Wasserstoffzelle bezogen und ΔE_0 als Differenz zur Wasserstoffzelle angegeben. In der Biochemie wird auf pH 7 umgerechnet, die entsprechenden Werte werden als $\Delta E_0'$ angegeben.

allgemeine Regel gilt, daß Elektronen spontan, d. h. in einer exergonen Reaktion, von der negativeren zur positiveren Redoxreaktion fließen. Aus der angegebenen Formel läßt sich leicht das $\Delta G^{0'}$ für Redoxreaktionen bestimmen, z. B. für die Reoxidation von NADH/H$^+$ mit Sauerstoff, die in der Atmungskette (S. 233) eine entscheidende Rolle spielt.

$$\begin{array}{ll} NADH/H^+ \rightarrow NAD^+ + 2\,H^+ + 2\,e^- & E_0 = -0{,}32\ V \\ {}^1/_2\ O_2 + 2\,H^+ + 2\,e^- \rightarrow H_2O & E_0 = +0{,}82\ V \\ \hline NADH/H^+ + {}^1/_2\ O_2 \rightarrow NAD^+ + H_2O & \Delta E_0 = \ \ 1{,}14\ V \end{array}$$

Nach $\Delta G^{0'} = -n \times F \times \Delta E_0'$ folgt

$$\Delta G^{0'} = -2 \times 96500 \times 1{,}14$$
$$= -220\ kJ/mol$$

Die durch Redoxreaktionen erzeugte Energie wird in energiereichen Verbindungen, meist ATP, konserviert.

Thermodynamische Betrachtungen wie oben zeigen im Prinzip nur an, welche chemischen Reaktionen unter Energiegewinn ablaufen können. Sie geben aber keinen Anhaltspunkt darüber, in welcher Form die gewonnene Energie konserviert wird, so daß sie für energieverbrauchende Reaktionen des Organismus zur Verfügung steht. Als allgemeine Regel gilt, daß die bei Redoxreaktionen frei werdende Energie in Form ***energiereicher chemischer Bindungen*** konserviert wird. Energiereiche Verbindungen sind allgemein ***Säureanhydride, Thioester, Enolphosphate*** und ***Phosphoguanidine*** (Tabelle 1.4).

Die wichtigste im Zellstoffwechsel vorkommende energiereiche Verbindung ist das ***ATP*** (Abb. 1.4). ATP enthält zwei Phosphorsäureanhydrid-Bindungen, deren Hydrolyse ein $\Delta G^{0'}$ von je –30 kJ/mol liefert. Dies bedeutet, daß bei ATP-abhängigen Reaktionen ein entsprechender Energiebetrag übertragen werden kann. Man spricht deswegen auch vom Gruppenübertragungspotential des ATP.

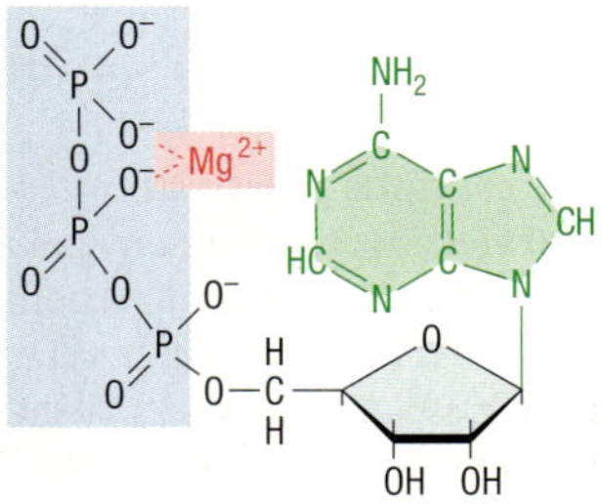

Abb. 1.4 Struktur von ATP als Magnesiumkomplex. Die zwei energiereichen Anhydridbindungen sind *blau* hervorgehoben

Tabelle 1.4 Struktur und Vorkommen energiereicher Bindungen

Bezeichnung	Struktur	Vorkommen (Beispiel)	Seite
Phosphorsäure-anhydride	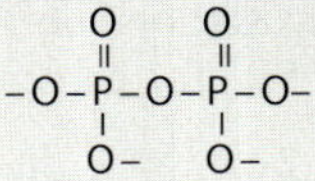	ADP, ATP, allgemein Nucleosiddi- und -triphosphate	13
Carbonsäure-Phosphorsäure-anhydride	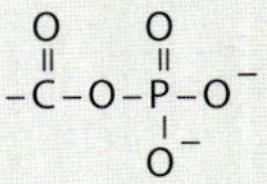	1,3-Biphospho-glycerat	107
Thioester	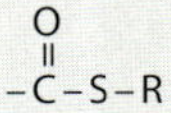	Acyl-CoA	164
Enolphosphat	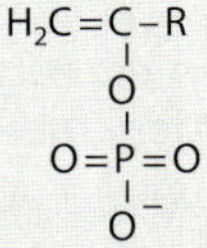	Phosphoenol-pyruvat	107
Phosphoguanidine	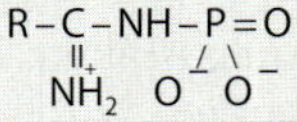	Creatinphosphat	658

Mögliche Verknüpfungen der ATP-Erzeugung an Redoxreaktionen sind in Abb. 1.5 dargestellt:

- Bei den Redoxreaktionen des Intermediärstoffwechsels entstehen „energiereiche" Zwischenprodukte, die über energiereiche Phosphate zur ATP-Bildung führen. Ein Beispiel hierfür findet sich in der Glycolyse (S. 106). Durch die Glycerinaldehydphosphat-Dehydrogenase entsteht zunächst aus Glycerinaldehydphosphat ein enzymgebundener, energiereicher Thioester, der anschließend unter Bildung eines energiereichen Phosphorsäureanhydrids gespalten wird. Durch die Phosphoglyceratkinase wird das energiereiche Phosphat auf ADP übertragen, wobei ATP entsteht. Dieser Vorgang wird als ***Substratkettenphosphorylierung*** bezeichnet.
- Bei den Sauerstoff-abhängigen Redoxreaktionen der Atmungskette (S. 233) erfolgt die Energiekonservierung über einen elektrochemischen Gradienten über der inneren Mitochondrienmembran. Dieser liefert die Energie zur ATP-Bildung aus ADP und anorganischem Phosphat (S. 240). Diese Art der Energiegewinnung wird als ***Atmungskettenphosphorylierung*** bezeichnet.

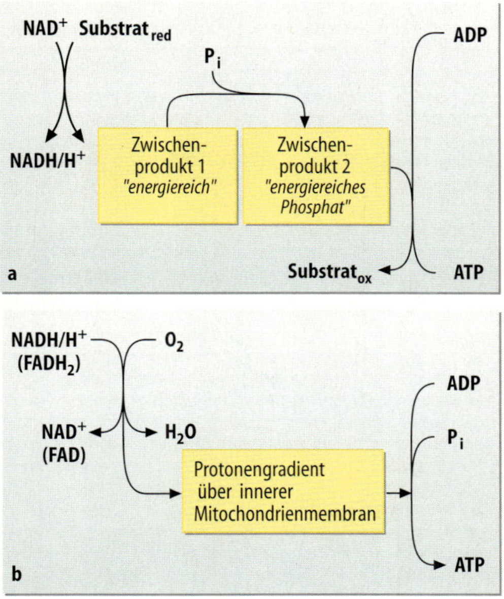

Abb. 1.5 a, b Energiekonservierung bei exergonen Redoxreaktionen. **a** Exergone Redoxreaktionen von katabolen Stoffwechselwegen des Intermediärstoffwechsels liefern energiereiche Zwischenprodukte, die zur Synthese von ATP aus ADP verwendet werden können. **b** Die O_2-abhängige Reoxidation von Wasserstoff-übertragenden Coenzymen der Atmungskette liefert die Energie zur ATP-Bildung aus ADP und P_i

Unter dem Begriff Intermediärstoffwechsel werden die Reaktionen der Energiekonservierung und der Biosynthese von Bausteinen zusammengefaßt.

Der ***Intermediärstoffwechsel*** beschreibt eine Vielzahl von Reaktionen kleinerer Moleküle, die folgende Ziele haben:

- Bereitstellung von Bausteinen für die Biosynthese der verschiedenen Makromoleküle (anaboler Stoffwechsel),
- Abbau von Nahrungsstoffen für energieliefernde Reaktionen (kataboler Stoffwechsel).

Substrate für die genannten Reaktionen werden normalerweise aus den Nahrungsstoffen gewonnen. Nur bei Nahrungskarenz müssen diese Verbindungen aus endogenen Quellen synthetisiert werden.

Der Intermediärstoffwechsel besteht aus einer scheinbar unübersichtlich großen Zahl von Einzelreaktionen. Wie der Abb. 1.6 zu entnehmen ist, lassen sich dessen ungeachtet einige wichtige Prinzipien erkennen:

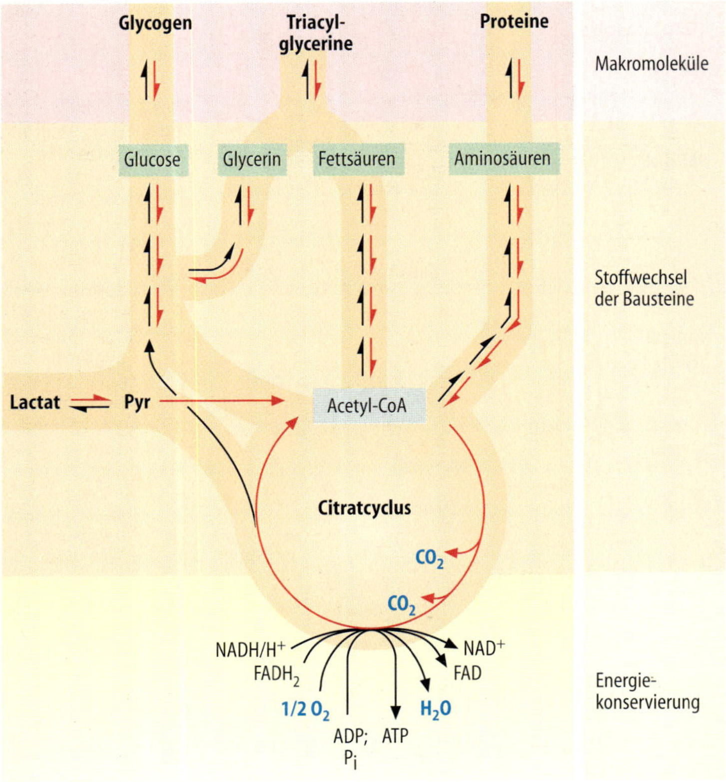

Abb. 1.6 Übersicht über den Ablauf des Intermediärstoffwechsels. (Einzelheiten s. Text)

- ***Glucose*** ist ein wichtiger Ausgangspunkt für den Intermediärstoffwechsel, da sie den Kohlenstoff für alle Verbindungen liefern kann, die der Organismus zu synthetisieren imstande ist.
- ***Lipide***, besonders Fettsäuren, können zwar aus Glucose synthetisiert werden, umgekehrt ist es allerdings im tierischen Organismus, und damit beim Menschen, nicht möglich, aus Lipiden Glucose herzustellen.
- Die nichtessentiellen ***Aminosäuren*** können aus Glucose synthetisiert werden, sofern die hierfür benötigte Stickstoffquelle vorhanden ist. Beim Aminosäureabbau anfallender Stickstoff wird als Harnstoff und in geringem Umfang als Ammoniak ausgeschieden.

- Eine Art Drehscheibe des Intermediärstoffwechsels ist der *Citratcyclus*. In ihn münden die meisten katabolen Reaktionen, von ihm gehen auch die meisten anabolen Biosynthesen aus.
- Die wichtigste ***energieliefernde Reaktion*** ist die Reoxidation wasserstoffübertragender Coenzyme ($NADH/H^+$ und $FADH_2$) mit Sauerstoff. Sie erfolgt in der inneren Mitochondrienmembran.

!

WICHTIG
Lebende Systeme sind auf ständige Energiezufuhr zur Aufrechterhaltung der verschiedenen Lebensprozesse angewiesen.

Ein wichtiger Teil des Intermediärstoffwechsels besteht in energieliefernden Reaktionen. Das hierbei allgemein benutzte Prinzip beruht auf der Kopplung exergoner an endergone Reaktionen, wobei häufig ein gemeinsames Zwischenprodukt auftritt.

Die Mehrzahl der exergonen Reaktionen des Intermediärstoffwechsels sind Redoxreaktionen.

1.3 Informationsübertragung in lebenden Systemen

!

Die für Struktur und Funktion von Lebewesen notwendige Information muß auf die Nachkommen weitergegeben werden.

Die Fähigkeit zur Vermehrung ist eine entscheidende Eigenschaft aller Lebewesen. Dies bedeutet, daß die Anweisungen für den Aufbau sämtlicher Makromoleküle in genauer Form auf die Nachkommen weitergegeben werden müssen. Für die Speicherung dieser Information ist die ***DNA*** verantwortlich, die sich durch folgende Eigenschaften auszeichnet:

- Bei Prokaryonten (Bakterien) liegt die DNA als ringförmiges Molekül im Cytosol. Bei Eukaryonten, und damit beim Menschen, ist sie in Form der ***Chromosomen*** im Zellkern kondensiert.
- Die ***Codierung*** der Information auf der DNA erfolgt durch die spezifische Sequenz der Basen Adenin, Guanin, Cytosin und Thymin. Diese bilden das Alphabet, mit dem die Information codiert ist.
- Eine Struktureinheit auf der DNA wird als ***Gen*** bezeichnet. DNA enthält Gene für Proteine, ribosomale RNA und Transfer-RNA.

- Das ***menschliche Genom*** codiert für etwa 75.000 Gene.
- Bei jeder Zellteilung muß eine genaue Kopie der DNA hergestellt und auf die Tochterzelle weitergegeben werden. Dieser Vorgang wird als ***Replikation*** bezeichnet.

!

Zellen sind darauf angewiesen, die in der DNA codierte Information zur Aufrechterhaltung der Lebensvorgänge zu realisieren.

Für Expression von Genen sind zwei Vorgänge notwendig:

- Durch ***Transcription*** wird eine Kopie eines Gens in Form der RNA hergestellt. Diesem Vorgang liegt das Umschreiben (Transcription) der Basensequenz der DNA in die Basensequenz der RNA zugrunde.
- Nach der Transcription werden RNA-Moleküle ***modifiziert***, so daß ribosomale RNA und Transfer-RNA sowie die als Matrize für die Proteinbiosynthese verwendete Messenger-RNA (Boten-RNA, mRNA) entstehen.
- Als ***Translation*** wird die Synthese eines Proteins anhand der auf der mRNA codierten Information bezeichnet. Dabei bilden jeweils drei Basen die Bezeichnung (Codon) für eine Aminosäure.

Abbildung 1.7 stellt den Informationsfluß bei Transcription und Translation dar. Wichtig ist dabei, daß der Informationsfluß von der mRNA zum Protein nicht umkehrbar ist, wohl aber der von der mRNA zur DNA. Daraus folgt, daß erworbene Eigenschaften, z. B. Proteinmodifikationen, nicht an die Nachkommen weitergegeben werden können.

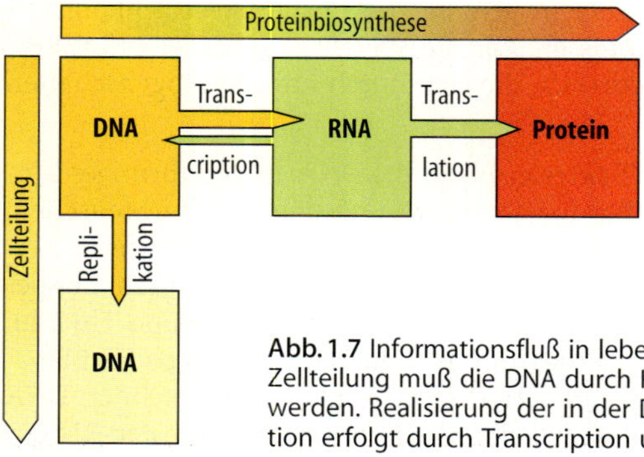

Abb. 1.7 Informationsfluß in lebenden Systemen. Bei der Zellteilung muß die DNA durch Replikation verdoppelt werden. Realisierung der in der DNA codierten Information erfolgt durch Transcription und Translation

!

WICHTIG
Die für die Aufrechterhaltung aller Lebensvorgänge einschließlich Zellproliferation und Vermehrung benötigte Information ist als Basensequenz der DNA gespeichert.

Für die Zellteilung ist die Erstellung einer möglichst genauen Kopie der DNA für die Tochterzelle notwendig, die als Replikation bezeichnet wird.

Zur Realisierung der gespeicherten Information wird die Basensequenz der DNA in die Basensequenz der RNA umgeschrieben (Transcription). Bei der Proteinbiosynthese wird die Basensequenz der RNA in die Aminosäuresequenz der Proteine übersetzt (Translation).

1.4 Funktion und Stoffwechsel spezialisierter Organe und Gewebe

Der Mensch gehört, wie alle höheren Tiere, zu den vielzelligen, arbeitsteilig organisierten Lebewesen. Dies bedeutet, daß die verschiedenen am Aufbau des menschlichen Organismus beteiligten Organe und Gewebe jeweils spezifische Funktionen haben (Tabelle 1.5).

Tabelle 1.5 Funktion wichtiger Organe und Gewebe (Auswahl)

Organ/Gewebe	Funktion (Auswahl)
Muskulatur	Bewegung
Nieren	Eliminierung ausscheidungspflichtiger Verbindungen; Säure-Basen- und Elektrolythaushalt; Produktion von Verbindungen, die an der Blutdruckregulation beteiligt sind
Leber	Glycogenspeicherung, Produktion von Lipoproteinen (VLDL); Ketonkörpersynthese; Biotransformation; Harnstoffsynthese; Synthese spezifischer Plasmaproteine (Blutgerinnung)
Fettgewebe	Triacylglycerinspeicherung
Nervensystem	Reizleitung
Lymphocyten	Produktion von Antikörpern
Intestinaltrakt	Verdauung und Resorption von Nahrungsstoffen; Eliminierung ausscheidungspflichtiger Verbindungen
Knochenmark	Synthese zellulärer Bestandteile des Blutes

Spezifische zelluläre Funktionen erfordern spezifische Stoffwechselleistungen.

Biochemisch gesehen bedeutet „spezifische Funktion", daß eine Zelle mit spezifischen ***Stoffwechselreaktionen*** ausgestattet ist, die nicht in den anderen Zellen des Organismus vorkommen. Tabelle 1.6 enthält als Beispiel einige leberspezifische Reaktionen. Um dieses Phänomen zu verstehen, muß von folgenden Tatsachen ausgegangen werden:

- Da alle Zellen des Organismus aus einer befruchteten Eizelle entstehen, muß prinzipiell jede Zelle auf ihrer DNA die Information für alle im Körper vorhandenen Proteine enthalten.
- Die Spezialisierung von Zellen für bestimmte Funktionen muß dann aber darauf beruhen, daß während der Embryogenese bestimmte Gene inaktiviert und andere aktiviert werden. Auf diese Weise kommt das für jede Zelle eines Gewebes oder Organs spezifische Muster der Genexpression zustande.

Tabelle 1.6 Spezifische Funktion der Leber und die hierfür benötigten Reaktionen und Enzyme (Auswahl)

Funktion	Reaktion / Enzyme	Seite
Produktion von Lipoproteinen (VLDL)	Synthese des Apolipoproteins B 100 (Apo B 100)	210
Harnstoffsynthese	Enzyme des Harnstoffcyclus, bes. Arginase	272
Ketonkörpersynthese	HMG-CoA-Lyase	169
Biotransformation	Cytochrom P_{450}-abhängige Hydroxylase; Glucuronyltransferasen	253
Blutgerinnung	Synthese sämtlicher Gerinnungsproteine	529

!

WICHTIG

Die Zellen des menschlichen Organismus sind im Hinblick auf ihre jeweilige Funktion im Rahmen eines Organs oder Gewebes sehr stark spezialisiert.

Dieses Phänomen beruht auf dem Besitz jeweils spezifischer, für eine bestimmte Funktion notwendiger Proteine.

Das für jeden Zelltyp spezifische Muster der Genexpression kommt dadurch zustande, daß während der Embryogenese bestimmte Gene ab- bzw. andere angeschaltet werden.

1.5 Prinzipien der Pathobiochemie

Die Entwicklung der modernen Medizin ist wesentlich von den jeweils zur Verfügung stehenden Konzepten der Biowissenschaften geprägt worden. Mit der Verbesserung mikroskopischer Methoden gelang es im letzten Jahrhundert, die ***morphologischen Grundlagen*** von Erkrankungen zu definieren und einen Zusammenhang zwischen dem mikroskopisch-anatomischen Erscheinungsbild einer Zelle bzw. eines Organs und entsprechenden Erkrankungen herzustellen. Den großen Erfolg dieses Konzeptes beweist die Tatsache, daß ohne die Pathologie eine moderne Krankheitslehre überhaupt nicht denkbar wäre.

Mit der Entwicklung des Verständnisses biologischer Vorgänge auf ***biochemischer Basis*** ist es gelungen, dem mikroskopisch-anatomisch definierten Krankheitsbegriff einen molekularen beizugeben, in dem Veränderungen einzelner Moleküle bzw. molekular ausgelöste Regulationsstörungen die eigentliche Ursache der Erkrankung liefern, da sie letztendlich für die mikroskopisch anatomisch faßbare Änderung von Struktur und Funktion eines Gewebes oder Organs verantwortlich sind.

! **Genetische Defekte als Ursache von Erkrankungen werden zunehmend aufgeklärt.**

Man schätzt, daß es etwa 4000 genetische Erkrankungen des Menschen gibt, von denen bis heute etwa 10% auf genetischer Basis analysiert werden konnten. Bei diesen spielen Erkrankungen mit eindeutigem Erbgang die größte Rolle, die aufgrund eines ***genetisch definierten*** Struktur- bzw. Stoffwechseldefektes zum defekten Protein und schließlich zur Analyse des defekten Gens geführt haben. Bei den ca. 90% der übrigen genetischen Erkrankungen ist außer dem Erbgang häufig weder das defekte Gen noch sein Proteinprodukt bekannt. Allerdings eröffnen die Fortschritte der Molekulargenetik, die in absehbarar Zeit zur Charakterisierung des gesamten menschlichen Genoms führen werden, bisher kaum vorstellbare Möglichkeiten zur Analyse weiterer Gene.

Viele genetische Erkrankungen zeigen einen ***rezessiven Erbgang.*** Dies bedeutet, daß die heterozygoten Träger des Merkmals phänotypisch meist normal erscheinen. Die Erkrankung bricht nur dann aus, wenn es sich um ***homozygote Individuen*** handelt. Eine weitere Möglichkeit der Krankheitsentstehung auf der Basis von Mutationen ist die ***gemischte Heterozygotie***. In diesem Fall sind beide Elternteile heterozygot für ein mutiertes Gen, jedoch ist der Mutationsort im Gen unterschiedlich. Dadurch, daß unterschiedlich mutierte Gene von den Eltern ererbt werden, d.h. eine gemischt heterozygote Situation entsteht, kann eine sehr variable genetische Konstellation entstehen.

Im Lauf der Generationen sind für viele Gene des menschlichen Genoms sogenannte ***Polymorphismen*** entstanden. Sie beruhen auf Mutationen von Genen, die keine schwerwiegenden Konsequenzen für die Funktion des Genprodukts haben, jedoch u.a. für unsere Individualität verantwortlich sind. Polymorphismen sind für sich alleine zwar nicht Krankheitsursache, jedoch setzt sich mehr und mehr die Erkenntnis durch, daß sie die unterschiedliche individuelle Reaktion auf (meist schädliche) Umwelteinflüsse erklären könnten.

! **Regulationsstörungen sind die Ursache vieler erworbener Erkrankungen.**

Die Symptomatik einer großen Zahl meist erworbener Erkrankungen läßt sich darauf zurückführen, daß unter der Einwirkung des krankmachenden Agens normale Regulationskaskaden gar nicht, in abgeschwächter oder verstärkter oder in inadäquater Form ablaufen. Beispiele sind etwa ***Infektionskrankheiten***, bei denen die zum Teil lebensgefährliche Symptomatik durch die inadäquate Reaktion des Organismus auf bakterielle Toxine verursacht wird. Auch die Phänomene ***Allergie*** und ***Anaphylaxie*** gehören in diese Kategorie. Vielen Erkrankungen liegen gestörte ***nervale*** oder ***endokrine*** Regulationsphänomene zugrunde (Bluthochdruck, Diabetes mellitus, Schilddrüsenerkrankungen usw.). In jedem dieser Fälle hat die molekulare Analyse der jeweiligen Störung ganz wesentlich dazu beigetragen, nicht nur adäquate Verfahren für die Diagnostik, sondern auch für die Therapie zu finden. Eine Konsequenz dieser Tatsache muß sein, daß das Ziel jeder Krankheitsbeschreibung möglichst die molekulare Analyse der Erkrankung sein muß, da sie die größte Chance auf eine adäquate, rationale Therapie ermöglicht.

! WICHTIG

Auf molekularar Ebene können Erkrankungen in genetisch bedingte und erworbene eingeteilt werden.

Bei den genetisch bedingten Erkrankungen liegen Mutationen bestimmter Gene vor, die je nach Art der Mutation ganz unterschiedliche Funktionsdefekte der betroffenen Genprodukte zur Folge haben. Sie können vom letalen Funktionsausfall eines Proteins bis zur gesteigerten Empfindlichkeit gegenüber exogenen Faktoren reichen.

Erworbene Erkrankungen sind häufig durch die Reaktion des Organismus auf die verschiedensten Pathogene gekennzeichnet oder stellen Störungen normaler Regulationsvorgänge dar.

In jedem Fall ist die genaue molekulare Analyse einer Erkrankung eine wichtige Voraussetzung für ihre Diagnostik und Therapie.

2 Aminosäuren

LERNZIELE

- Struktur von Aminosäuren
- Säure-Basen-Eigenschaften von Aminosäuren
- Trennung und Nachweis von Aminosäuren

Aminosäuren sind als Proteinbausteine, aber auch als Stoffwechselzwischenprodukte sowie als Lieferanten biologisch aktiver Verbindungen von großer Bedeutung.

Strukturell zeichnen sie sich durch den Besitz eines α-C-Atoms aus, welches als funktionelle Gruppen die Carboxyl- und Aminogruppe trägt. Die Unterschiede zwischen den einzelnen Aminosäuren beruhen auf der ebenfalls an das α-C-Atom geknüpften Seitenkette.

Aminosäureseitenketten sind für die chemischen und biologischen Eigenschaften von Aminosäuren verantwortlich. Sie können aliphatisch bzw. aromatisch, polar ungeladen oder positiv bzw. negativ geladen sein.

Für den Nachweis von Aminosäuren aus den meist vorliegenden Stoffgemischen ist deren vorherige Isolierung als einzelne Aminosäuren notwendig. Hierfür stehen als Verfahren die Ionenaustausch- bzw. die Verteilungschromatographie zur Verfügung. Für den anschließenden Aminosäurenachweis werden Aminosäuren zu fluoreszierenden oder gefärbten Verbindungen derivatisiert, die leicht nachgewiesen werden können.

2.1 Struktur von Aminosäuren

!

Alle Aminosäuren besitzen ein α-C-Atom, das als funktionelle Gruppe eine Carboxyl- und Aminogruppe sowie eine variable Seitenkette trägt.

Die allgemeine Struktur von Aminosäuren ist in Abb. 2.1 dargestellt. Die für die Eigenschaften von Aminosäuren entscheidenden Gruppen gehen vom ***α-C-Atom*** aus. Man unterscheidet:

- ***Aminogruppe***: Die Aminogruppe liegt bei physiologischem pH protoniert, also in Form eines ***Kations*** als $-NH_3^+$ vor.
- ***Carboxylgruppe:*** Die Carboxylgruppe liegt bei physiologischem pH deprotoniert, also in Form eines ***Anions*** als $-COO^-$, vor.
- ***Seitenkette***: Die Seitenkette der Aminosäuren bedingt deren jeweils spezifische Eigenschaften (s. u.). Sie ist auch dafür verantwortlich, daß am α-C-Atom ein ***Asymmetriezentrum*** entsteht. Bei der Aminosäure Glycin ist die Seitenkette ein H-Atom. Aus diesem Grund sind die Substituenten am α-C-Atom nicht asymmetrisch. Alle 20 in Proteinen vorkommenden Aminosäuren (proteinogene Aminosäuren) sowie die meisten in tierischen Organismen, und damit beim Menschen vorkommenden nicht-proteinogenen Aminosäuren gehören der ***L-Reihe*** an. Benützt man die Fischer-Projektion, so bedeutet dies, daß die Aminogruppe links vom α-C-Atom steht, während die Carboxylgruppe als die am höchsten oxidierte Gruppe oberhalb des α-C-Atoms steht.

!

Die Seitenketten der Aminosäuren bestimmen ihre chemischen Eigenschaften.

Abbildung 2.2 faßt die 20 proteinogenen Aminosäuren zusammen. Die bei allen Aminosäuren identischen funktionellen Gruppen am α-C-Atom sind rot hinterlegt. Nach ihren chemischen Eigenschaften

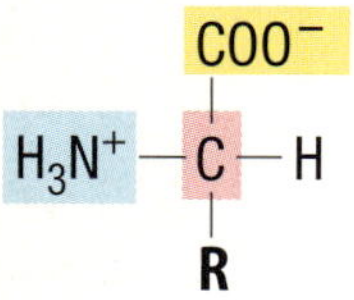

Abb. 2.1 Allgemeine Struktur von α-Aminosäuren. *R* Seitenkette

Aminosäure	Seitenkette
Aminosäuren mit unverzweigter und verzweigter aliphatischer Seitenkette	
Glycin—Gly—G / α-Aminoessigsäure (75)	$^{-}OOC-C(H)(^{+}NH_3)-H$
Alanin—Ala—A / α-Aminopropionsäure (89)	$-CH_3$
Valin—Val—V / α-Aminoisovaleriansäure (117)	$-CH(CH_3)_2$
Leucin—Leu—L / α-Aminoisocapronsäure (131)	$-CH_2-CH(CH_3)_2$
Isoleucin—Ile—I / α-Amino-β-methylvaleriansäure (131)	$-CH(CH_3)-CH_2-CH_3$
Aminosäuren mit einer Seitenkette, die eine Hydroxylgruppe enthält	
Serin—Ser—S / α-Amino-β-hydroxypropionsäure (105)	$-CH_2-OH$
Threonin—Thr—T / α-Amino-β-hydroxybuttersäure (119)	$-CH(OH)-CH_3$
Aminosäuren mit einer Seitenkette, die ein Schwefelatom enthält	
Cystein—Cys—C / α-Amino-β-mercaptopropionsäure (121)	$-CH_2-SH$
Methionin—Met—M / α-Amino-γ-methylmercaptobuttersäure (149)	$-CH_2-CH_2-S-CH_3$
Aminosäuren mit einer Seitenkette, die eine Carboxylgruppe oder deren Amid enthält	
Aspartat—Asp—D / α-Aminobernsteinsäure (133)	$-CH_2-COO^-$
Asparagin—Asn—N / γ-Amid der α-Aminobernsteinsäure (132)	$-CH_2-CONH_2$
Glutamat—Glu—E / α-Aminoglutarsäure (147)	$-CH_2-CH_2-COO^-$
Glutamin—Gln—Q / δ-Amid der α-Aminoglutarsäure (146)	$-CH_2-CH_2-CONH_2$
Aminosäuren mit einer Seitenkette, die eine Aminogruppe enthält	
Arginin—Arg—R / α-Amino-δ-guanidinvaleriansäure (174)	$-CH_2-CH_2-CH_2-NH-C(=^{+}NH_2)-NH_2$
Lysin—Lys—K / α, ε-Diaminocapronsäure (146)	$-CH_2-CH_2-CH_2-CH_2-^{+}NH_3$
Aminosäuren mit einer aromatischen Seitenkette	
Histidin—His—H / α-Amino-β-imidazolpropionsäure (155)	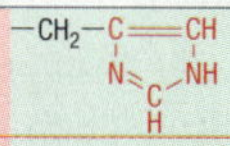
Tryptophan—Trp—W / α-Amino-β-indolylpropionsäure (204)	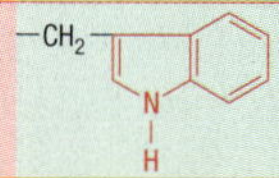
Phenylalanin—Phe—F / α-Amino-β-phenylpropionsäure (165)	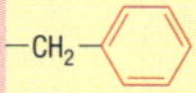
Tyrosin—Tyr—Y / α-Amino-β-(p-hydroxy)phenylpropionsäure (181)	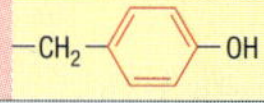
Aminosäuren mit cyclischem Aufbau	
Prolin—Pro—P / α-Pyrrolidincarbonsäure (115)	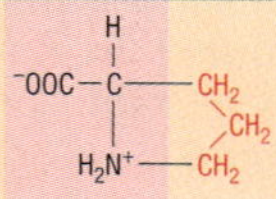

Abb. 2.2 Die 20 proteinogenen Aminosäuren. *Links* Trivialname und chemische Bezeichnung, 3- und 1-Buchstaben-Abkürzung sowie Molekulargewicht; *Mitte* α-C-Atom ist mit *Rotraster* hinterlegt; *rechts* Seitenketten

können die Seitenketten der Aminosäuren in folgende Gruppen eingeteilt werden:

- ***Unpolare aliphatische*** Seitenketten der Aminosäuren Glycin, Alanin, Valin, Leucin, Isoleucin und Prolin.
- ***Aromatische*** Seitenketten der Aminosäuren Phenylalanin, Tyrosin und Tryptophan.
- ***Polare, ungeladene*** Seitenketten der Aminosäuren Serin, Threonin, Cystein, Methionin, Asparagin und Glutamin.
- ***Positiv geladene*** Seitenketten der Aminosäuren Lysin, Arginin und Histidin.
- ***Negativ geladene*** Seitenketten der Aminosäuren Aspartat und Glutamat.

Der oben dargestellten Einteilung der Aminosäureseitenketten nach ihrem chemischen Aufbau entspricht in etwa auch ihre Löslichkeit. So sind mit Ausnahme des Glycins die Aminosäuren mit unpolaren aliphatischen Seitenketten sowie diejenigen mit aromatischen Seitenketten hydrophob, Aminosäuren mit geladenen Seitenketten sind dagegen eher hydrophil, während die Aminosäuren mit polaren, ungeladenen Seitenketten eine Zwischenstellung einnehmen.

!

Nicht-proteinogene Aminosäuren haben wichtige Stoffwechselfunktionen.

Außer den 20 in Proteinen vorkommenden Aminosäuren sind mehr als hundert sogenannte nichtproteinogene Aminosäuren beschrieben worden, die die verschiedensten Stoffwechselfunktionen ausüben (Tabelle 2.1). Sie spielen eine Rolle

- bei der Biosynthese von Harnstoff (S. 271)
- als Zwischenprodukte im Stoffwechsel der proteinogenen Aminosäuren (S. 276)
- als modifizierte Aminosäuren in Proteinen (S. 410)
- als Vorstufen von Signalmolekülen (Transmitter, Hormone u. a.) (S. 284).

!

WICHTIG

Allen Aminosäuren gemeinsam ist der Besitz eines α-C-Atoms. Mit ihm sind die Amino- und die Carboxylgruppe verknüpft. Außerdem trägt es die für jede einzelne Aminosäure typische Seitenkette.

Tabelle 2.1 Nichtproteinogene Aminosäuren (Auswahl)

Bezeichnung	Entstehung und Vorkommen durch	Seite
Ornithin	Abspaltung von Harnstoff aus Arginin (Harnstoffcyclus)	271
Citrullin	Anheftung eines Carbamylrestes an Ornithin (Harnstoffcyclus)	271
Homocystein	Abspaltung der Methylgruppe des Methionins (Methioninstoffwechsel)	287
5-Hydroxytryptophan	Hydroxylierung von Tryptophan (Vorstufe zur Serotoninsynthese)	284
3,4-Dihydroxyphenylalanin (Dopa)	Hydroxylierung von Tyrosin (Vorstufe der Katecholaminsynthese)	483

Die Aminosäureseitenketten bestimmen die chemischen Eigenschaften von Aminosäuren und lassen sich in unpolare aliphatische, aromatische, polare sowie positiv und negativ geladene Seitenketten einteilen.

Die 20 proteinogenen Aminosäuren dienen als Proteinbausteine, die wesentlich größere Zahl nicht proteinogener Aminosäuren haben die verschiedensten Stoffwechselfunktionen.

2.2 Säure-Basen-Eigenschaften von Aminosäuren

!

Bei physiologischem pH sind die funktionellen Gruppen von Aminosäuren geladen.

Aminosäuren können Protonen aufnehmen bzw. abgeben und verhalten sich damit wie Basen und Säuren (Ampholyte):

- ***Aminogruppen*** von Aminosäuren können protoniert werden ($R\text{-}NH_2 + H^+ \rightleftharpoons R\text{-}NH_3^+$). Ihre pK-Werte liegen in Abhängigkeit von der Aminosäureseitenkette zwischen 9 und 10,5, weswegen bei physiologischem pH die Aminogruppe als $R\text{-}NH_3^+$ vorliegt.

- *Carboxylgruppen* von Aminosäuren können deprotoniert werden (R-COOH $\rightleftharpoons$ R-COO$^-$ + H$^+$). Ihre pK-Werte liegen zwischen 1,7 und 2,4, weswegen bei physiologischem pH die Carboxylgruppe als R-COO$^-$ vorliegt.
- Auch die dissoziablen Gruppen in ***Aminosäureseitenketten*** haben spezifische pK-Werte und tragen zur Ampholytnatur von Aminosäuren bei. Von besonderer Bedeutung ist ***Histidin***, dessen Imidazol-Seitenkette einen pK-Wert von etwa 6 trägt. Imidazol ist dabei in Proteinen an vielen enzymatischen Reaktionen beteiligt (S. 76).

!

Am isoelektrischen Punkt heben sich die Ladungen der ionisierbaren Gruppen von Aminosäuren auf.

Abbildung 2.3 zeigt das Dissoziationsverhalten der Carboxyl- und Aminogruppen von Alanin, Aspartat und Lysin bei verschiedenen pH-Werten, Tabelle 2.2 die Berechnung des ***isoelektrischen Punktes***. Dabei ist wichtig:

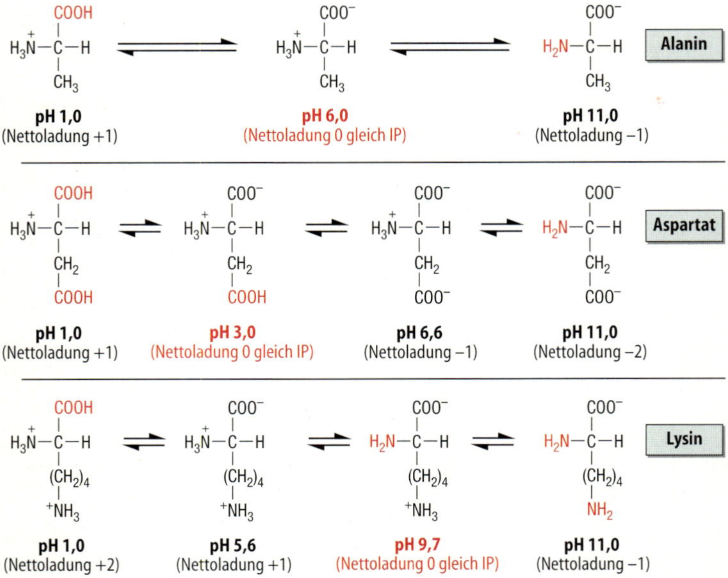

Abb. 2.3 Dissoziationsverhalten der Carboxyl- und Aminogruppen von Alanin, Aspartat und Lysin bei verschiedenen pH-Werten

Tabelle 2.2 pK-Werte und isoelektrische Punkte von Alanin, Aspartat und Lysin

Aminosäure	Art der Seitenkette	pK-Werte				Isoelektrischer Punkt = arithmetisches Mittel von
		α-COOH	α-NH_3^+	γ-COOH	ε-NH_3^+	
Alanin	Aliphatisch	2,35	9,69	-	-	α-COOH und α-NH_3^+ = 6,02
Aspartat	Carboxylgruppe enthaltend	2,09	9,82	3,86	-	α-COOH und γ-COOH = 2,97
Lysin	Aminogruppe enthaltend	2,18	8,95	-	10,53	α-NH_3^+ und ε-NH_3^+ = 9,74

- Bei niedrigem pH (pH 1) sind alle dissoziablen Gruppen ***protoniert***, Aminosäuren sind wegen der protonierten Aminogruppen positiv geladen.
- Bei hohem pH (pH 11) sind alle funktionellen Gruppen ***deprotoniert***, Aminosäuren sind wegen der deprotonierten Carboxylgruppen negativ geladen.
- Entsprechend den pK-Werten der funktionellen Gruppen gibt es eine Situation, bei der die Carboxylgruppe bereits deprotoniert, die Aminogruppe aber noch protoniert wird. In diesem Fall heben sich die beiden Ladungen auf, so daß eine Nettoladung von 0 entsteht. Der pH-Wert, bei dem dies zutrifft, wird als ***isoelektrischer Punkt (IP)*** bezeichnet.
- Kommen zusätzlich in der Aminosäureseitenkette Carboxyl- bzw. Aminogruppen vor, nehmen diese an der Ladungsverteilung teil. Bei Monoamino-Dicarbonsäuren entspricht der isoelektrische Punkt dem arithmetischen Mittel der beiden Carboxylgruppen, bei Diamino-Monocarbonsäuren dem arithmetischen Mittel der beiden Aminogruppen.

!

WICHTIG
Die Amino- und Carboxylgruppe von Aminosäuren können pH-abhängig protoniert bzw. deprotoniert vorliegen. Der pH-Wert, bei dem sich die Ladungen der ionisierbaren Gruppen von Aminosäuren aufheben, wird als isoelektrischer Punkt bezeichnet. Zu ihm tragen auch eventuelle dissoziable Gruppen in Aminosäureseitenketten bei.

2.3 Trennung und Nachweis von Aminosäuren

In der intra- und extrazellulären Flüssigkeit kommen Aminosäuren immer als Gemisch vor, in dem jedoch das Verhältnis der einzelnen Aminosäuren untereinander sehr stark schwanken kann. Da es kaum spezifische Nachweisverfahren für einzelne Aminosäuren gibt, müssen Aminosäuren aus einem derartigen Gemisch erst voneinander getrennt werden, bevor dann mit Gruppenreaktionen ihre jeweilige Konzentration ermittelt werden kann. Wie für viele andere Moleküle stehen auch zur Trennung der Aminosäuren verschiedene ***chromatographische Verfahren*** zur Verfügung:

- Chromatographische Trennungsverfahren beruhen auf der unterschiedlichen ***Affinität*** der zu trennenden Stoffe zu zwei nicht miteinander mischbaren Phasen. Die stationäre Phase ist an einen Träger gebunden, die andere Phase ist in Bewegung und wird deswegen als mobile Phase bezeichnet.
- Je nach der Art der physikalischen Kräfte, die bei der Chromatographie ausgenutzt werden, unterscheidet man ***Ionenaustausch***- und ***Verteilungschromatographie***. Die Molekularsieb-Chromatographie wird bei der Aminosäuretrennung nicht verwendet und deswegen später besprochen (S. 43).
- Nach der Anordnung des Trägermaterials unterscheidet man ***Dünnschicht***- und ***Säulenchromatographie***.

! **Der Ionenaustauschchromatographie liegen Wechselwirkungen zwischen ionisierten Gruppen im Stoffgemisch in der stationären Phase zugrunde.**

Als ***stationäre Phase*** werden bei der Ionenaustauschchromatographie häufig polymere Kunstharze verwendet, die geladene Gruppen wie ***Sulfonsäure*** ($-SO_3^-$) oder ***quartäre Aminogruppen*** ($-CH_2N^+(CH_3)_3$) enthalten:

- Negativ geladene Gruppen auf Ionenaustauschern sind imstande, Kationen aus dem Lösungsmittelgemisch zu binden und werden deswegen als ***Kationenaustauscher*** bezeichnet.
- Positiv geladene Gruppen der stationären Phase sind imstande, Anionen aus dem Lösungsmittelgemisch zu binden und werden deswegen als ***Anionenaustauscher*** bezeichnet.

Üblicherweise werden Aminosäuren bei saurem pH als Kationen getrennt.

Der Verteilungschromatographie liegt die unterschiedliche Verteilung von Verbindungen zwischen zwei flüssigen Phasen zugrunde.

Bei der Verteilungschromatographie wird die Verteilung unterschiedlicher Stoffe zwischen zwei Phasen zugrunde gelegt, von denen die eine mit einem festen Träger verbunden ist:

- Bei der ***Normalphasen-Verteilungschromatographie*** ist die stationäre Phase hydrophil und die mobile Phase hydrophob.
- Bei der ***Umkehrphasen-Verteilungschromatographie*** (*engl.* reversed phase liquid chromatography, RPLC) ist die stationäre Phase hydrophob und die mobile Phase hydrophil.
- Als feste Träger dienen meist Kieselgelpartikel.

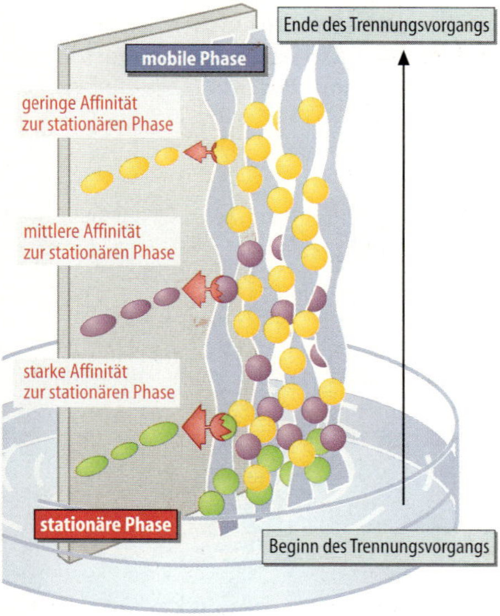

Abb. 2.4 Prinzip der Verteilungschromatographie. Das Beispiel stellt die Verteilungschromatographie als Dünnschichtchromatographie dar. Das Stoffgemisch wird zunächst auf die Dünnschichtplatte mit der stationären Phase aufgetragen und anschließend in einen Trog mit der mobilen Phase gestellt. Diese wandert nun an der Dünnschichtplatte hoch, wobei die verschiedenen Komponenten des Substanzgemisches je nach ihrer Affinität zur stationären Phase langsamer als die Lösungsmittelfront transportiert und auf diese Weise getrennt werden

Für die Trennung von Aminosäuregemischen wird häufig die Umkehrphasen-Verteilungschromatographie verwendet. Das Prinzip der Wechselwirkung der beiden Phasen mit dem Stoffgemisch und der damit ermöglichten Trennung ist in Abb. 2.4 dargestellt.

!

Für den Nachweis einzelner Aminosäuren werden die funktionellen Gruppen derivatisiert.

Sind die Aminosäuren aus einem Aminosäuregemisch mit Hilfe der oben beschriebenen Verfahren separiert, so können sie einzeln nachgewiesen werden. Dabei werden die funktionellen Gruppen, meist die Aminogruppen, derivatisiert (Abb. 2.5):

- Bei der ***Dansylierung*** werden Aminosäuren mit Dansylchlorid zu stabilen fluoreszierenden Verbindungen umgesetzt, die den Nachweis im Nanogrammbereich ermöglichen.
- Bei der ***Ninhydrinmethode*** werden Aminosäuren mit einer freien Aminogruppe mit einem Überschuß an Ninhydrin erhitzt, wobei ein blauviolettes Produkt entsteht, dessen Farbintensität der Aminosäurekonzentration proportional ist.

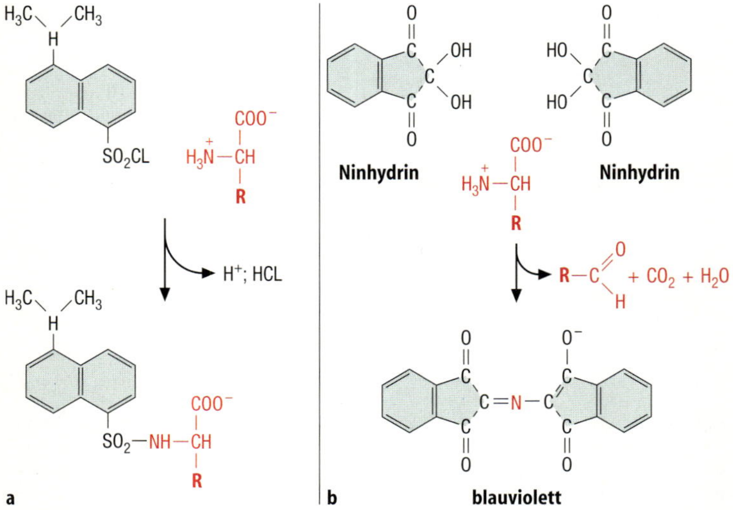

Abb. 2.5 a, b Derivatisierung von Aminosäuren mit Dansylchlorid (**a**) bzw. Ninhydrin (**b**)

WICHTIG

Da nur für wenige Aminosäuren spezifische Nachweisverfahren vorkommen, müssen sie mit Gruppenreaktionen bestimmt werden. Dies setzt allerdings die vorherige Trennung von Aminosäuregemischen voraus. Dies erfolgt im allgemeinen mit Ionenaustausch- bzw. Verteilungschromatographie. Der Nachweis von Aminosäuren erfolgt dann durch Derivatisierung funktioneller Gruppen.

3 Peptide und Proteine

LERNZIELE
- Struktur und Klassifizierung von Peptiden und Proteinen
- Isolierung und Sequenzaufklärung von Proteinen
- Konformation von Proteinen
- Struktur und Funktion ausgewählter Peptide und Proteine

Proteine und Peptide zeichnen sich vor allen anderen Makromolekülen des Organismus durch die Vielfalt ihrer Strukturen aus. Funktionell dienen Proteine als Katalysatoren, bilden Strukturelemente im extra- und intrazellulären Raum, vermitteln Phänomene wie Motilität, Zell-Zell-Erkennung, hormonelle Wechselwirkungen, Fremd-Selbst-Erkennung usw.

Die Einteilung in Peptide und Proteine ist eher willkürlich. Sind am Aufbau weniger als 100 Aminosäuren beteiligt, so spricht man von Peptiden. Die zahlenmäßig größere Gruppe der Proteine wird heute im allgemeinen nach strukturellen Gesichtspunkten zu Familien und Großfamilien zusammengefaßt.

Wegen des Aufbaus aus den 20 unterschiedlichen proteinogenen Aminosäuren und ihrer variablen Größe können Proteine hochdifferenzierte, stabile Strukturen ausbilden, die mit den heute zur Verfügung stehenden Methoden bis zu einer Auflösung von wenigen Ångström dargestellt werden können.

3.1 Struktur und Klassifizierung von Peptiden und Proteinen

Peptide und ***Proteine*** sind kettenförmige Moleküle, in denen die 20 proteinogenen Aminosäuren (Tabelle 2.2) in jeweils spezifischer Sequenz miteinander verknüpft sind. Einer Konvention folgend werden dabei Moleküle aus 100 oder weniger Aminosäuren als Peptide, solche mit mehr als 100 Aminosäuren als Proteine bezeichnet. Diese

Einteilung ist sehr willkürlich und hat wenig Beziehung zu funktionellen oder strukturellen Gegebenheiten.

Die Peptidbindung ist das gemeinsame Strukturelement von Peptiden und Proteinen.

Peptide und Proteine bestehen aus unverzweigten Ketten von Aminosäuren, die durch die Peptidbindungen miteinander verknüpft sind.

Die Peptidbindung entsteht formal durch Wasserabspaltung zwischen der Carboxylgruppe der einen und der Aminogruppe der nächstfolgenden Aminosäure (Abb. 3.1). Dadurch gehen die freien α-Amino- und α-Carboxylgruppen der Aminosäuren verloren. Sie kommen nur noch an den Enden der Peptid- bzw. Proteinkette vor.

Damit besitzen alle Peptidketten ein gleichartiges Rückgrat (Abb. 3.2). Es besteht aus der sich wiederholenden Sequenz

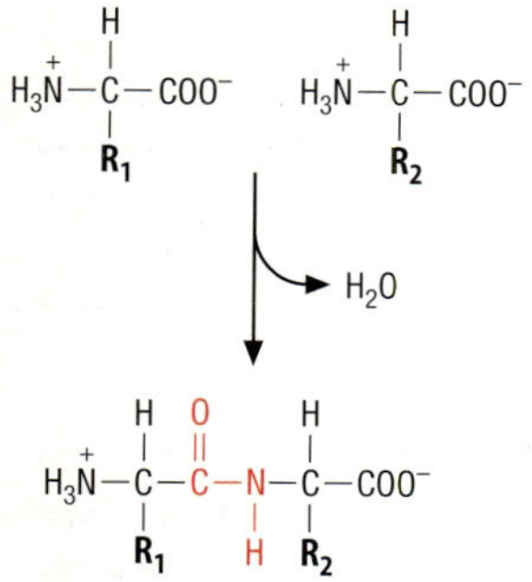

Abb. 3.1 Entstehung der Peptidbindung. Durch Wasserabspaltung zwischen der Carboxylgruppe einer Aminosäure und der Aminogruppe der folgenden Aminosäure entsteht formal eine Peptidbindung

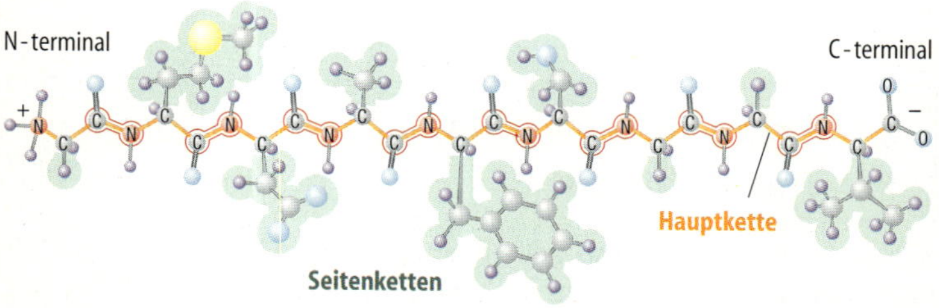

Abb. 3.2 Rückgrat einer Peptidkette. Die einzelnen Peptidbindungen, die das Rückgrat (Hauptkette) eines Peptids bilden, sind *braun* hervorgehoben, die Aminoseitenketten *blau*

$$(\text{-NH-}\underset{\displaystyle\text{R}}{\underset{|}{\text{C}_\alpha}}\text{H-CO-})_n$$

n = Zahl der Aminosäurereste im Peptid bzw. Protein

Da also das Rückgrat für alle Peptide und Proteine identisch ist, beruht deren Individualität auf den mit dem jeweiligen α-C-Atom verknüpften Aminosäureseitenketten. Sie werden aus den 20 proteinogenen Aminosäuren gebildet und kommen in einer für jedes Peptid bzw. Protein spezifischen Sequenz (s. u.) vor.

! Peptide und Proteine haben einen N- und C-Terminus.

Aus Abb. 3.2 geht klar hervor, daß Peptide und Proteine Moleküle mit zwei unterschiedlichen Enden sind:

- An einem Ende befindet sich die freie α-Aminogruppe.
- Am anderen Ende befindet sich die freie α-Carboxylgruppe.

Nach Konvention wird die Aminosäuresequenz von Peptiden und Proteinen immer so geschrieben, daß mit der Aminosäure begonnen wird, welche die freie α-Aminogruppe bildet. Unter Verwendung des Drei-Buchstaben-Codes für Aminosäuren (Tabelle 2.2) ist daher beispielsweise das für die Blutdruckregulation zuständige Peptid Angiotensin II durch folgende Schreibweise eindeutig charakterisiert:

$$H_3N^+\text{-Asp – Arg – Val – Tyr – Ile – His – Pro – Phe – }COO^-$$

Häufig werden zur Vereinfachung die terminalen Amino- bzw. Carboxylgruppen weggelassen, da es klar ist, daß die am Zeilenanfang links befindliche Aminosäure immer die N-terminale ist.

! Die Kombination der 20 proteinogenen Aminosäuren ermöglicht eine ungeheure Vielfalt der Proteinstrukturen.

In Peptiden und Proteinen kommen die 20 proteinogenen Aminosäuren in einer jeweils spezifischen Sequenz vor. Die Zahl der Kombinationsmöglichkeiten ist dabei ungeheuer groß. Geht man von einem kleinen Protein mit etwa 100 Aminosäuren aus, so lassen sich unter Verwendung der 20 proteinogenen Aminosäuren rein rechnerisch 20^{100} (entsprechend 10^{130}) verschiedene Aminosäuresequenzen bilden.

In der Natur ist selbstverständlich nur ein Bruchteil dieser Möglichkeiten realisiert. Man schätzt, daß das umfangreiche menschliche Genom ungefähr 75.000 Gene enthält, von denen die meisten für Proteine codieren.

!

Größe, Funktion oder Struktur können als Merkmale für die Einteilung von Proteinen benutzt werden.

Eine Klassifizierung von Proteinen kann nach den unterschiedlichsten Gesichtspunkten durchgeführt werden:

- ***Einteilung nach Größe:*** Bei dieser Einteilung werden nach der Kettenlänge Aminosäureketten bis zu 100 Aminosäuren als Peptide, solche mit mehr als 100 Aminosäuren als Proteine, solche mit weniger als 10 Aminosäuren als Oligopeptide bezeichnet. Die hierbei verwendeten Grenzen sind willkürlich und stehen in keinerlei Beziehung zu Struktur und Funktion.
- ***Einteilung nach der Zusammensetzung:*** Diese Einteilung unterscheidet zwischen Peptiden und Proteinen, deren Hydrolyse nur α-Aminosäuren ergibt und solchen, bei denen zusätzlich Nichtproteine, z. B. Kohlenhydrate, Fettsäuren oder andere niedermolekulare Verbindungen mit der Aminosäurekette verknüpft sind. In diesem Falle spricht man von zusammengesetzten Proteinen. Man unterscheidet Glycoproteine, Lipoproteine, Nucleoproteine usw.
- ***Einteilung nach der Form:*** Besonders bei größeren Proteinen ist häufig eine Einteilung nach der Form sinnvoll. Prinzipiell unterscheidet man nach dem Achsenverhältnis kugelförmige oder globuläre Proteine von faserförmigen bzw. fibrillären. Globuläre Proteine (viele Enzyme, Plasmaproteine, Hämoglobin u. a.) zeichnen sich meist durch eine gute Wasserlöslichkeit aus, fibrilläre Proteine (Kollagene, Keratine, Elastin u. a.) sind häufig in Wasser und verdünnten Salzlösungen unlöslich.
- ***Einteilung nach Proteinfamilien:*** Durch die mit Hilfe molekularbiologischer Verfahren möglich gewordene Strukturaufklärung einer großen Zahl von Peptiden und Proteinen lassen sich Proteine aufgrund von Gemeinsamkeiten oder Ähnlichkeiten ihrer Aminosäuresequenzen zu Familien oder Großfamilien zusammenfassen. Beispiele hierfür sind die Immunglobulin-Großfamilie (S. 553) oder die Familie der Cytochrom P_{450}-abhängigen Monooxygenasen (S. 626). Gerade größere Proteine sind häufig aus verschiedenen Domänen aufgebaut. Man versteht hierunter

strukturell voneinander abgegrenzte Bezirke, die spezifische Aufgaben erfüllen. So haben beispielsweise alle NAD-abhängigen Dehydrogenasen eine NAD-Bindedomäne, die von Enzym zu Enzym große Ähnlichkeit zeigt. Ein anderes Beispiel für ein aus Domänen zusammengesetztes Protein ist die Fettsäuresynthase (S. 175).

!

WICHTIG
Peptide und Proteine bestehen aus kettenförmigen, unverzweigten Molekülen, in denen die 20 proteinogenen Aminosäuren in jeweils typischer Sequenz mit Hilfe der Peptidbindung miteinander verknüpft sind.

Von Peptiden spricht man, wenn die Zahl der Aminosäurebausteine weniger als 100 beträgt, Proteine sind dementsprechend aus mehr als 100 Aminosäuren aufgebaut. Einteilungsmöglichkeiten von Proteinen beruhen darauf, daß manche Proteine Nichtproteinanteile enthalten, also als zusammengesetzte Proteine bezeichnet werden. Daneben unterscheidet man globuläre und fibrilläre Proteine. Heute setzt sich eine Einteilung nach Proteinfamilien durch, die sich durch eine besondere Ähnlichkeit ihrer Struktur oder wenigstens bestimmter Strukturelemente auszeichnen.

3.2 Isolierung und Sequenzaufklärung von Proteinen

Verfahren zur Isolierung und Sequenzaufklärung von Proteinen sind für die Biochemie, aber auch für die Medizin von ausschlaggebender Bedeutung. Zellen enthalten viele Tausende Proteine. Die Aufklärung von Struktur und Funktion eines Proteins ist nur dann möglich, wenn es gelingt, es aus diesem Gemisch rein darzustellen. Gegebenenfalls lassen sich am gereinigten Protein Veränderungen feststellen, die pathobiochemische Funktionsstörungen erklären und eventuell eine entsprechende Therapie ermöglichen.

!

Proteine werden durch Kombination chromatographischer Verfahren gereinigt.

Zur Isolierung und Reinigung von Proteinen aus Körperflüssigkeiten, Geweben oder Zellen sind folgende Schritte notwendig:

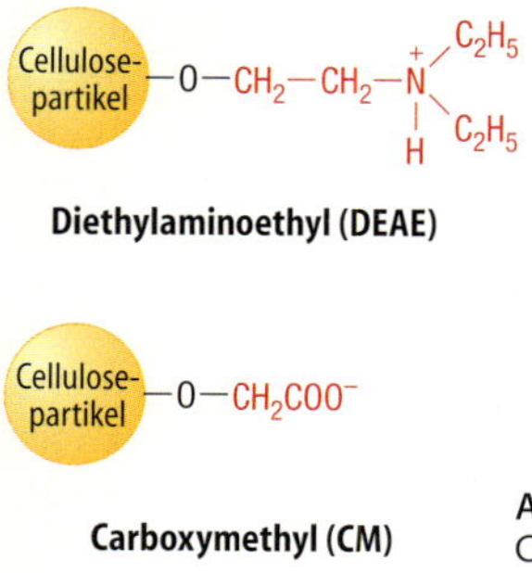

Abb. 3.3 Ionenaustauscher auf Zellulosebasis mit Carboxymethyl- oder Diethylaminoethyl-Resten

- ***Extraktion der Proteinfraktion:*** Nach Zerkleinerung des Gewebes werden die Proteine mit entsprechenden Salzlösungen (z. B. Phosphatpuffer u. ä.) extrahiert. Anschließend werden die unlöslichen Bestandteile durch Zentrifugation entfernt.
- ***Bestimmung der biologischen Aktivität:*** Da die Reinigung eines Proteins immer ein mehrstufiger Prozeß ist, müssen Ausbeute und Anreicherung exakt bestimmt werden. Dies ist nur möglich, wenn seine biologische Aktivität bestimmt werden kann. Am einfachsten ist dies bei Enzymen (S. 63), es muß aber auch bei der Anreicherung anderer Proteine durchgeführt werden.
- ***Ionenaustauschchromatographie:*** Für die Ionenaustausch-Chromatographie von Proteinen werden meist Partikel aus einem inerten Material (inerte Matrix, d. h. Material, mit dem das Protein nicht in Wechselwirkung tritt) benützt, welche mit positiv bzw. negativ geladenen Resten kovalent verknüpft sind (Abb. 3.3). Je nach der Art der geladenen Aminosäureseitenketten eines Proteins liegt dieses bei einem gegebenen pH als Anion bzw. als Kation vor und kann an die entsprechenden Austauscher binden. Die Elution und damit die Trennung von anderen Proteinen erfolgt durch Zugabe einer Salzlösung (z. B. NaCl) in steigender Konzentration (Elution durch Salzgradienten).
- ***Gelchromatographie:*** Diese auch als Hohlraumdiffusions-Chromatographie oder Molekularsieb-Chromatographie bezeichnete Technik beruht auf der Verwendung von Gelen, deren Partikel definierte Porengrößen aufweisen. Bei der Passage eines Substanzgemisches aus kleinen und großen Molekülen durch ein derartiges Gel diffundieren die kleineren Moleküle auch in die Hohlräume der Gelpartikel hinein, während die großen Moleküle sich nur im Lösungsmittel zwischen den Gelpartikeln aufhalten.

Abb. 3.4 Prinzip der Molekularsieb-Chromatographie

Aus diesem Grund passieren größere Moleküle die Säule schneller und erscheinen früher im Eluat (Abb. 3.4).

- ***Affinitätschromatographie:*** Bei dieser Technik wird ein Ligand des anzureichernden Proteins oder ein Antikörper gegen das Protein kovalent an eine inerte poröse Matrix gebunden. Wird das Proteingemisch über ein derartiges Affinitätsgel gepumpt, so wird nur das Protein an die Affinitätsmatrix gebunden, welches mit dem Liganden oder dem Antikörper in Wechselwirkung treten kann. Dieses kann anschließend z. B. durch Zusatz des gelösten Liganden im Überschuß oder durch andere Verfahren eluiert werden (Abb. 3.5).
- ***Umkehrphasen-HPLC:*** Bei der Technik der Umkehrphasen-HPLC (engl.: reversed phase high performance chromatography, RP-HPLC) werden als Matrix Kieselgelpartikel verwendet, welche mit hydrophoben Gruppen, z. B. Octylgruppen (CH_3-$(CH_2)_6$-CO-), bestückt sind. Bei der Chromatographie binden sich Proteine entsprechend ihrer Aminosäureseitenketten über hydrophobe Wechselwirkungen an die Matrix. Die Elution erfolgt mit steigenden Konzentrationen eines Lösungsmittels mit hydrophoben Eigenschaften, z. B. n-Propanol (Propanol-Gradient). Hierdurch werden die verschiedenen Proteine entsprechend ihrer Hydrophobizität nacheinander aus der Säule freigesetzt (Abb. 3.6).

!

Das Molekulargewicht von Proteinen wird im allgemeinen durch SDS-Polyacrylamid-Gelelektrophorese bestimmt.

Ist ein Protein durch eine Kombination der oben angegebenen Verfahren bis zur Homogenität gereinigt worden, so muß die Bestimmung seiner Menge und seines Molekulargewichtes erfolgen. Hierfür stehen folgende Verfahren zur Verfügung:

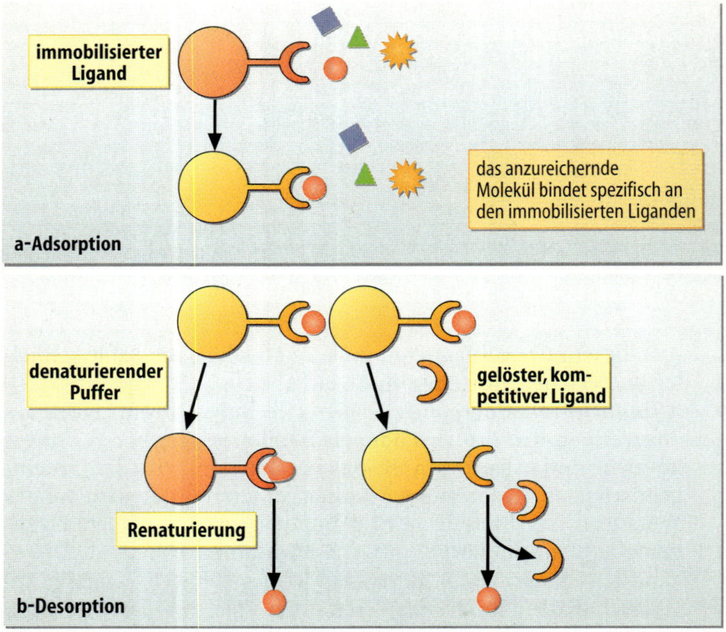

Abb. 3.5 a, b Prinzip der Affinitätschromatographie. **a** An den an eine inerte Matrix immobilisierten Liganden bindet das zu reinigende Protein mit hoher Spezifität, während andere Verbindungen nicht gebunden werden. **b** Durch denaturierende Verbindungen oder kompetitive, lösliche Liganden wird das zu reinigende Protein von der Matrix abgelöst

- Die Bestimmung der Proteinmenge erfolgt mit einer der gängigen Proteinbestimmungsmethoden. Im allgemeinen handelt es sich dabei um kolorimetrische Verfahren. Das bekannteste ist die Biuretreaktion. Bei dieser Reaktion bilden Peptidbindungen in alkalischer Lösung mit Cu^{2+}-Ionen einen blauen Farbkomplex, dessen Intensität der Proteinmenge proportional ist.
- ***SDS-Polyacrylamid-Gelelektrophorese:*** Bei dieser Form der Molekulargewichtsbestimmung von Proteinen werden diese zunächst mit einem negativ geladenen Detergens, dem Natriumdodezylsulfat (engl.: sodium dodecyl sulfate, SDS) behandelt. Dieses Detergens bindet an hydrophobe Bezirke des Proteins, wobei das Molekül sich entfaltet und stark negative Ladungen enthält. Wird es anschließend auf einem Polyacrylamidgel der Elektro-

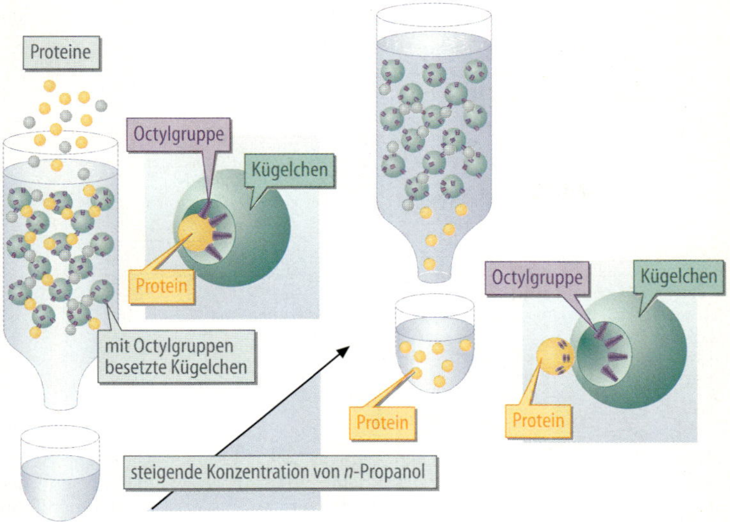

Abb. 3.6 Prinzip der Umkehrphasen-HPLC. Die *gelb* dargestellten Proteine werden schneller von der Säule eluiert als die *blau* dargestellten

phorese unterzogen, so ist die Wanderungsgeschwindigkeit der Proteine zur Kathode ihrem Molekulargewicht proportional (Abb. 3.7) und kann mit Hilfe von Eichproteinen bekannten Molekulargewichtes bestimmt werden.

- ***Analytische Ultrazentrifugation:*** Bei diesem heute nur noch selten angewandten Verfahren wird die Sedimentation von Proteinen in einer Ultrazentrifuge als Maß für sein Molekulargewicht genommen.

!

Die Aminosäurezusammensetzung von Proteinen wird nach Säurehydrolyse ermittelt.

Ein wichtiger Schritt bei der Charakterisierung von Proteinen ist die Bestimmung der N-terminalen Aminosäure sowie der Aminosäurezusammensetzung. Dabei geht man folgendermaßen vor:

- Das Peptid bzw. Protein wird mit einem Reagens umgesetzt, das mit primären Aminogruppen reagiert, beispielsweise mit Dansylchlorid (Abb. 2.5). Die dabei entstehende Verbindung ist säurestabil. Unterzieht man das so behandelte Peptid anschließend

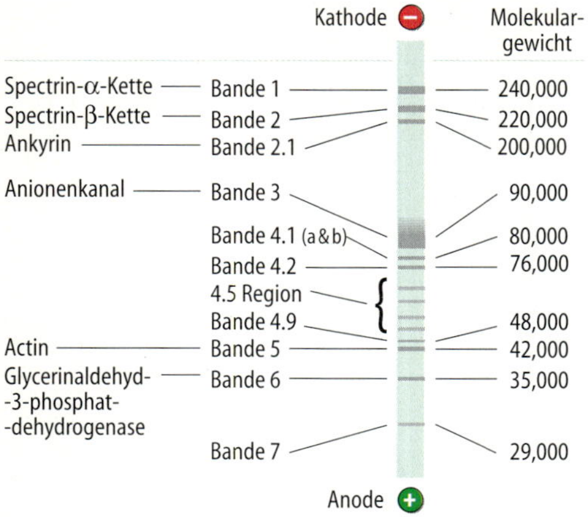

Abb. 3.7 SDS-Polyacrylamid-Gelelektrophorese von Proteinen der Erythrocytenmembran. Die Trennung erfolgte in einem 5%igen Polyacrylamidgel. Jede der *grau* gefärbten Banden stellt ein spezifisches Protein der Erythrocytenmembran mit definierter Funktion dar

einer Säurehydrolyse (HCl 6 mol/l), so werden die Peptidbindungen hydrolysiert. Die den Dansylrest tragende Aminosäure ist die N-terminale.

Wird das Peptid oder Protein zuerst der Hydrolyse unterzogen, kann anschließend die Aminosäurezusammensetzung ermittelt werden. Dies geschieht durch die in Kap. 2.32 zusammengestellten Verfahren und liefert keine Information über die Aminosäuresequenz.

!

Die Aminosäuresequenzen von Peptiden und Proteinen können mit der Edman-Methode ermittelt werden.

Die von Per Edman entwickelte Sequenzierungsmethode beruht auf der Umsetzung der N-terminalen Aminosäure mit Phenylisothiocyanat. Wie in Abb. 3.8 dargestellt, reagiert sie mit diesem Reagens, wobei ein cyclisches Derivat entsteht, das vom restlichen Peptid abgespalten wird. Das jetzt um eine Aminosäure gekürzte Peptid bzw. Protein kann dem nächsten Cyclus der Derivatisierung unterzogen werden usf. Auf diese Weise gelingt es, Peptide bzw. Proteine Schritt für Schritt vom N-Terminus her abzubauen.

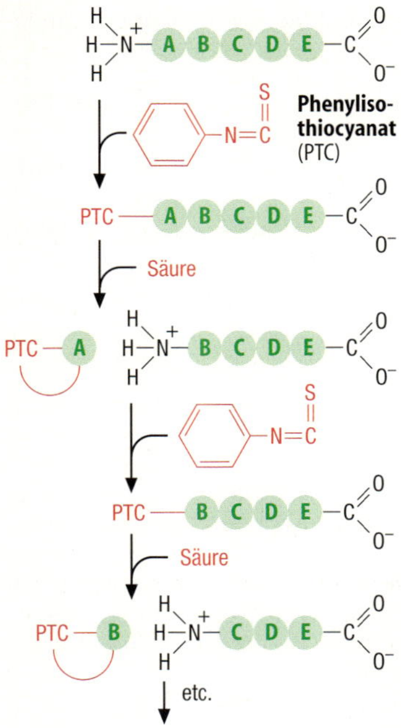

Abb. 3.8 Sequenzierung von Proteinen durch Edman-Abbau. Die N-terminale Aminosäure wird mit Phenyl-Isothiocyanat umgesetzt und anschließend abgespalten. Diese Cyclen werden wiederholt

- Über die dem Edman-Abbau zugrundeliegenden chemischen Reaktionen s. ausführliche Lehrbücher der Biochemie

Mit dem Verfahren können allerdings kaum mehr als maximal 40 Aminosäurereste sequenziert werden. Für die Sequenzierung größerer Proteine ist daher deren vorherige Spaltung in kleinere Peptide notwendig. Man verwendet hierfür Proteasen mit definierter Spaltstelle (Trypsin, Chymotrypsin) oder Umsetzung mit Bromcyan, das Peptidketten an Methionylresten spaltet)

- Siehe ausführliche Lehrbücher der Biochemie

! **Die vollständigen Proteinsequenzen werden heute meist durch molekularbiologische Methoden ermittelt.**

Besonders bei größeren Proteinen gestaltet sich das oben dargestellte Verfahren zur Sequenzierung von Proteinen häufig sehr zeitaufwendig. Aus diesem Grund wird heute eine Kombination aus proteinchemischen und molekularbiologischen Methoden zur Sequenzaufklärung von Proteinen verwendet:

- Bestimmung von Partialsequenzen des zu sequenzierenden Proteins,
- Identifizierung der zum Protein gehörigen cDNA aus einer cDNA-Bank (S. 359),
- Sequenzierung der zu dem betreffenden Protein gehörigen cDNA.

Die Einzelheiten dieses Verfahrens sind in Kap. 12 beschrieben.

!

WICHTIG

Eine unerläßliche Voraussetzung für die Charakterisierung von Proteinen ist ihre Isolierung und Sequenzaufklärung.

Für die Isolierung von Proteinen verwendet man dabei eine Kombination von Ionenaustausch-Chromatographie, Gelchromatographie, Umkehrphasen-Chromatographie und Affinitätschromatographie.

Der Nachweis der Einheitlichkeit eines gereinigten Proteins sowie die Bestimmung des Molekulargewichts erfolgt meist durch Elektrophorese unter denaturierenden Bedingungen in Polyacrylamidgelen (SDS-Polyacrylamidgel-Elektrophorese). Ein seltener verwendetes Verfahren ist die analytische Ultrazentrifugation.

Für die Bestimmung der Aminosäuresequenz eines gereinigten Enzyms wird der Edman-Abbau verwendet. Meist muß das Protein hierfür vorher durch spezifische Proteasen in kleinere Bruchstücke gespalten werden.

3.3 Die Konformation von Proteinen

Die Primärstruktur eines Proteins entspricht seiner Aminosäuresequenz.

Mit dem Ausdruck Primärstruktur bezeichnet man die Aminosäuresequenz eines Proteins, die sich mit Hilfe der unter 3.2 dargestellten Methoden ermitteln läßt. Sie gibt noch wenig Anhaltspunkte über die Raumstruktur von Proteinen, die unerläßlich für das Verständnis ihrer Funktion ist.

Mit Hilfe vor allem der Röntgenstruktur-Analyse kristallisierter Proteine sowie der Kernresonanzspektroskopie sind tiefere Einblicke

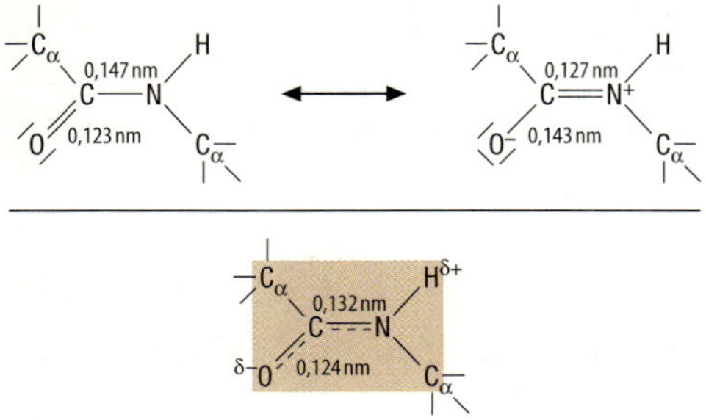

Abb. 3.9 Mesomerie der Peptidbindung. *Oben* die beiden Grenzstrukturen; *unten* der mesomere Zwischenzustand mit Transstellung der Peptidbindung (*Raster*)

in die Gesetzmäßigkeiten der Faltung von Proteinen zu Gebilden mit definierter Raumstruktur entdeckt worden. Dabei muß von drei weiteren Ebenen der Proteinstruktur ausgegangen werden. Ein entscheidendes strukturgebendes Element ist dabei die Peptidbindung.

Die Peptidbindung hat den Charakter einer partiellen Doppelbindung.

Nach der konventionellen Schreibweise könnte man annehmen, daß die Bindungen, die das kovalente Rückgrat von Peptid- bzw. Proteinketten bilden, jeweils frei beweglich sind, da es sich nur um Einfachbindungen handelt (Abb. 3.9). Tatsächlich stellt jedoch die konventionelle Schreibweise nur eine mesomere Grenzstruktur der Peptidbindung dar, die infolge der Elektronenverteilung zwischen der C = O-Bindung und der NH-Bindung den Charakter einer partiellen Doppelbindung erhält. Diese Tatsache schränkt die Beweglichkeit der Peptidbindung so ein, daß die vier Atome der Peptidbindung tatsächlich in einer Ebene liegen.

Die Sekundärstruktur eines Proteins ergibt sich aus Wasserstoffbrückenbindungen zwischen den Peptidbindungen.

In vielen Proteinen kommen Strukturmotive vor, die durch Wasserstoffbrücken-Bildung zwischen den C = O- und NH-Bindungen von Peptidketten zustande kommen. Im Einzelnen handelt es sich um:

- ***Die α-Helix-Struktur:*** Bei der α-Helix liegt die Polypeptidkette in Form einer rechtsgewundenen Schraube vor. Pro Windung befinden sich 3,6 Aminosäuren, die Ganghöhe der Schraube be-

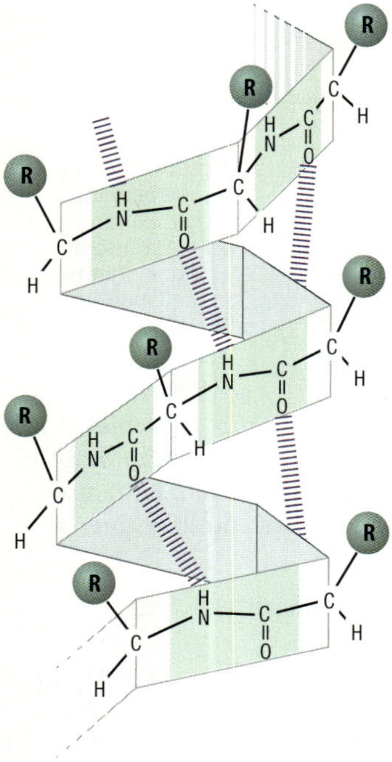

Abb. 3.10 Anordnung einer Polypeptidkette als α-Helix. Die die Helix stabilisierenden Wasserstoff-Brückenbindungen sind *blau* gestrichelt

trägt 0,54 nm. Die α-helikale Anordnung wird durch Wasserstoffbrückenbindungen zwischen dem Wasserstoffatom der an der Peptidbindung beteiligten -NH-Gruppe und dem Sauerstoffatom der Carbonylgruppe der vierten darauf folgenden Aminosäure gebildet. Die Wasserstoffbrückenbindungen verlaufen damit nahezu parallel zur Achse der α-Helix (Abb. 3.10). α-Helices sind in den α-Keratinen, den fibrillären Proteinen in Haaren, entdeckt worden. Sie kommen jedoch als Strukturelemente in vielen Proteinen vor.

- ***Das β-Faltblatt:*** Auch beim β-Faltblatt stehen als strukturgebende Motive Wasserstoffbrückenbindungen zwischen den die Peptidbindung bildenden NH- und C = O-Gruppen im Vordergrund. Die Peptidkette ist dabei in Zickzack-Form gefaltet, wobei je nach der Richtung der beiden die Faltblattstruktur eingehenden Teile des Proteins von parallelen bzw. antiparallelen Faltblättern gesprochen wird (Abb. 3.11). Faltblattstrukturen sind in fibrillären Proteinen der Seide, den sogenannten β-Keratinen, entdeckt

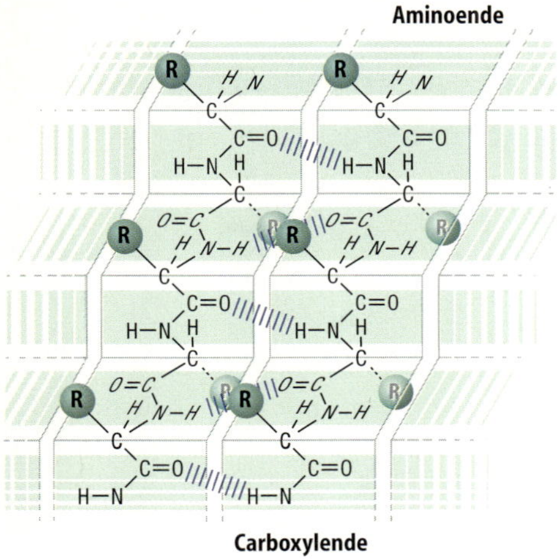

Abb. 3.11 Parallele Faltblattanordnung von zwei Polypeptidketten

worden, sind jedoch ebenso wie die α-Helices, als partielle Strukturelemente in vielen Proteinen nachweisbar.

!

Die Tertiärstruktur eines Proteins beruht auf Wechselwirkungen zwischen den Aminosäureseitenketten.

Die Tertiärstruktur ist die nächsthöhere Organisationsstufe von Proteinen. Sie beschreibt die Ausbildung der stabilen Raumstruktur monomerer Proteine, die aus Kombinationen von α-Helices und β-Faltblättern sowie den dazwischen liegenden Schleifen und anderen Strukturelementen bestehen. Die Struktur vieler Proteine kann dabei in getrennte Bereiche unterteilt werden, die als Domänen bezeichnet werden und definierte Funktionen übernehmen.

Bei der Ausbildung der Tertiärstruktur stehen Wechselwirkungen zwischen den Aminosäureseitenketten im Vordergrund (Abb. 3.12). Im einzelnen handelt es sich um

- ***Wasserstoffbrückenbindungen***, meist zwischen einer Carbonylgruppe und den Wasserstoffatomen von OH- oder NH_2-Gruppen,
- ***hydrophobe Wechselwirkungen***, bei denen sich die hydrophoben Kohlenwasserstoffketten von Aminosäuren durch Verdrängung von Wassermolekülen in einen energieärmeren und damit stabileren Zustand bringen,

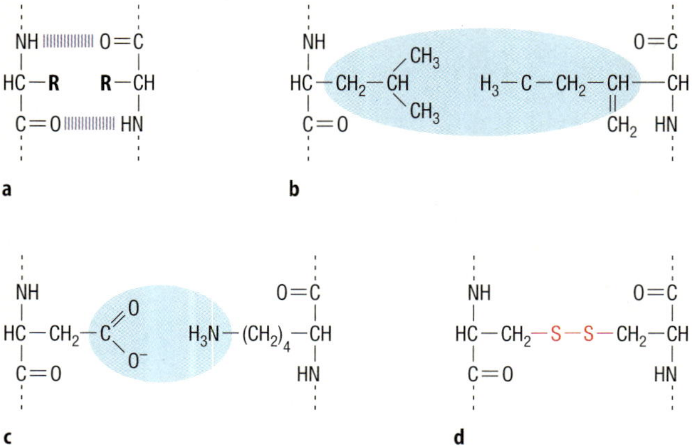

Abb. 3.12 a-d Bindungen, die für die Ausbildung der Tertiärstruktur wichtig sind. **a** Wasserstoff-Brückenbindungen; **b** hydrophobe Wechselwirkungen; **c** Ionenbindungen; **d** Disulfidbindungen

- ***Ionenbindungen***, die zwischen positiv und negativ geladenen Seitenketten von Aminosäuren auftreten,
- ***Disulfidbindungen*** sind kovalente Bindungen zwischen Cysteinylresten der Polypeptidkette. Streng genommen können sie sich erst ausbilden, wenn die Tertiärstruktur erreicht ist, wobei sie diese dann stabilisieren (S. 54).

Durch Kombination von Sekundär- und Tertiärstrukturelementen ergibt sich die komplexe Raumstruktur von Proteinen. Ein Beispiel hierfür ist die aus Röntgenstrukturdaten zusammengestellte Struktur der Fructose-1,6-bisphosphat-Aldolase (Abb. 3.13). Man erkennt, daß große Teile des Bereiches α-Helices sind, die durch die entsprechenden Tertiärstrukturkräfte über Schleifen miteinander verbunden sind, so daß sich eine Tasche in dem Protein bildet, welche die gelb und rot dargestellten Substrate des Enzyms binden kann.

Die Quartärstruktur eines Proteins beschreibt dessen Zusammensetzung aus Untereinheiten.

Der nächsthöhere Organisationsgrad, den Proteine besitzen können, wird als Quartärstruktur bezeichnet. Bei der Ausbildung der Quartärstruktur treten mehrere identische oder nichtidentische, als Unter-

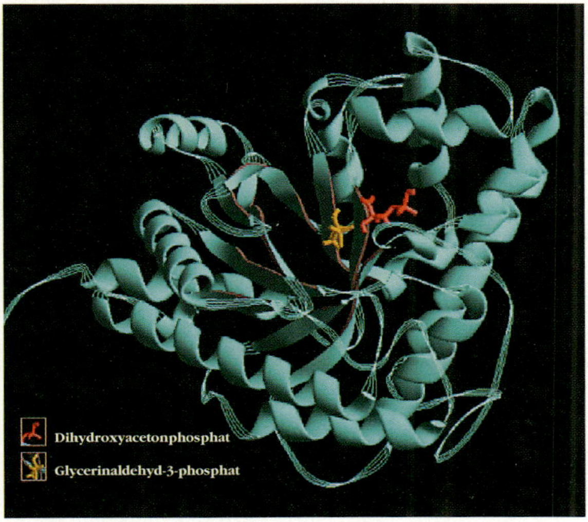

Abb. 3.13 Raumstruktur der Fructose-1,6-bisphosphat-Aldolase aus menschlicher Leber. Man erkennt die Substratbindungstasche mit den beiden Substraten Glycerinaldehyd-3-Phosphat *(rot)* und Dihydroxyacetonphosphat *(gelb)*. (Aufnahme von Swiss-3DIMAGE, Universität Genf)

einheiten bezeichnete Proteinketten mit jeweils eigener Primär-, Sekundär- und Tertiärstruktur zu einer Funktionseinheit zusammen. Hierfür sind Strukturbereiche der Untereinheiten verantwortlich, die nicht kovalent die Assoziation zum vollständigen Protein ermöglichen. Viele Proteine des menschlichen Organismus sind dimer (z. B. Creatinkinase) oder tetramer (z. B. Hämoglobin, Lactatdehydrogenase). Die Zahl der Untereinheiten kann aber auch wesentlich größer sein (z. B. Hüllprotein des Tabakmosaikvirus mit 2130 Untereinheiten).

Durch Denaturierung und Renaturierung können Proteinstrukturen aufgelöst und wiederhergestellt werden.

Prinzipiell können sich die komplexen Proteinstrukturen spontan bilden. Dies ist am Beispiel der Ribonuclease in Abb. 3.14 dargestellt.

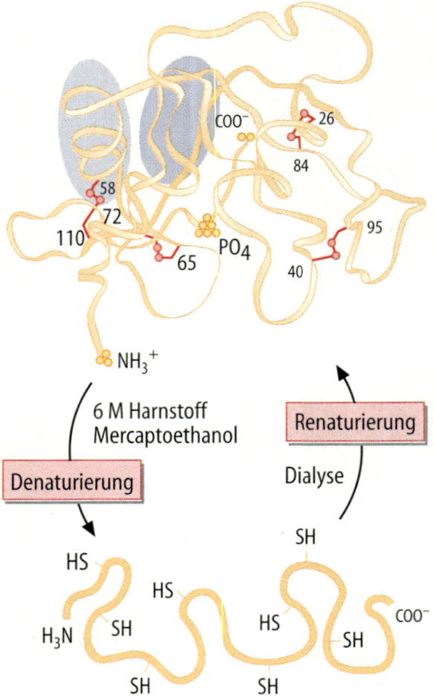

Abb. 3.14 Denaturierung und Renaturierung der Ribonuclease aus Pankreas. Das native Enzym mit den vier Disulfidbrücken wird durch Behandlung mit einem Überschuß an Thiolen (z. B. Mercaptoethanol) in Gegenwart hoher Harnstoffkonzentrationen entfaltet und somit denaturiert. Nach Entfernung von Harnstoff und Mercaptoethanol durch Dialyse erreicht das Enzym wieder seine ursprüngliche Aktivität und Raumstruktur. Es ist renaturiert

- Das komplex aufgebaute Ribonucleasemolekül kann in einer hochkonzentrierten Harnstofflösung entfaltet werden (Harnstoff zerstört für die Proteinstruktur wichtige, nichtkovalente Bindungen). Durch Behandlung mit einer Verbindung mit SH-Gruppen (Mercaptoethanol) werden die Disulfidbrücken der Ribonuclease zusätzlich gespalten. Dadurch ergibt sich der denaturierte Zustand, in dem das Enzym keinerlei Aktivität mehr hat.
- Entfernt man nun den Harnstoff und das Mercaptoethanol durch Dialyse, so kommt es spontan zur Renaturierung. Hierbei stellt sich die ursprüngliche Raumstruktur wieder her, die Cysteinylreste des Proteins gelangen in die richtige Position, so daß sie spontan, unter der Einwirkung von gelöstem Sauerstoff, zu Disulfidbrücken oxidiert werden können.

Damit ist gezeigt, daß sämtliche Informationen für die Ausbildung der Raumstruktur von Proteinen bereits in ihrer Primärstruktur vorhanden sind. Da die Renaturierung bei komplex aufgebauten Enzymen sehr lange Zeit in Anspruch nehmen würde, stehen der Zelle zusätzliche Hilfsmechanismen zur Verfügung, die auf S. 409 geschildert sind.

WICHTIG
Durch die Röntgenstrukturanalyse von kristallisierten Proteinen hat sich ergeben, daß diese hierarchisch aufgebaut sind.
An Strukturelementen unterscheidet man

- die Primärstruktur, die die Aminosäuresequenz eines Proteins oder Peptids wiedergibt,
- die Sekundärstruktur, die Strukturelemente beschreibt, die durch Wasserstoffbrückenbindungen zwischen den C = O- und NH-Gruppen der Peptidbindungen entstehen,
- die Tertiärstruktur, die Strukturelemente beschreibt, welche aufgrund der Wechselwirkungen der Aminosäureseitenketten von Proteinen und Peptiden entstehen, und
- die Quartärstruktur, die die Assoziation von Proteinen aus mehreren Untereinheiten beschreibt.

3.4 Struktur und Funktion ausgewählter Peptide und Proteine

Peptide sind in der Natur weit verbreitete Wirkstoffe.

Peptide haben wichtige Funktionen als

- Hormone
- Neurotransmitter
- Redoxsysteme
- Toxine
- Antibiotika.

Die meisten Peptide entstehen dabei durch spezifische Proteolyse aus größeren Proteinvorstufen. Das Redoxsystem Glutathion sowie viele Toxine und Antibiotika werden allerdings direkt an entsprechenden Multienzymkomplexen synthetisiert.

Das Tripeptid Glutathion ist ein wichtiges Redoxsystem des Organismus (Abb. 3.15). Es besteht aus den Aminosäuren Glutamat, Cystein und Glycin. Man beachte, daß die erste Peptidbindung atypisch ist, da sie durch die γ-Carboxylgruppe gebildet wird.

Glutathion kann in einer reversiblen Reaktion zum Glutathiondisulfid oxidiert werden. Es kommt in besonders hoher Konzentration

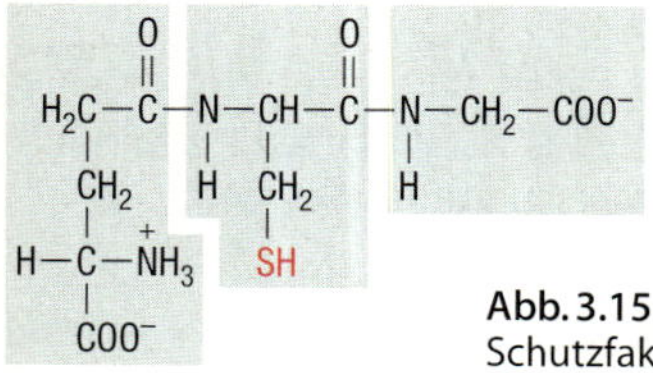

Abb. 3.15 Glutathion. Das Peptid ist ein wichtiger Schutzfaktor vor oxidativem Streß

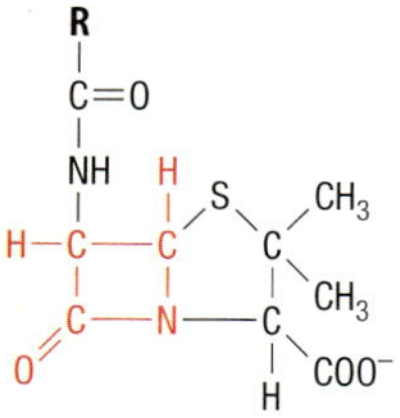

Abb. 3.16 Strukturformel des Antibiotikums Penicillin. Penicillin wird aus den Aminosäuren Cystein und Valin synthetisiert

in Erythrocyten vor, wo es SH-Gruppen von Enzymen vor der Oxidation schützt (S. 525).

Eine Auswahl von Peptiden mit Hormonfunktion ist in Tabelle 3.1 zusammengestellt. Ihre Größe schwankt zwischen 3 bis 51 Aminosäuren. Allen gemeinsam ist, daß sie aus größeren Vorläufermolekülen durch gezielte Proteolyse ausgeschnitten werden. Die hierbei beteiligten Enzyme werden als Prohormon-Konvertasen (S. 261) bezeichnet.

Ein durch Kondensation der Aminosäuren Valin und Cystein in bestimmten Schimmelpilzen (Penicillium notatum) synthetisiertes Peptid ist das Penicillin (Abb. 3.16). Penicillin hemmt die Quervernetzung von Murein-Bausteinen der bakteriellen Zellwand mit Peptidketten und hemmt auf diese Weise die Zellwandsynthese von Bakterien. Seine erfolgreiche Verwendung als Antibiotikum zur Therapie bakterieller Infektionen wird gelegentlich dadurch beeinträchtigt, daß viele Bakerienstämme als Resistenzfaktor ein Enzym exprimieren, das den β-Lactamring des Penicillins zerstört, womit seine biologische Wirksamkeit verloren geht.

Eine Reihe von Toxinen tierischer und pflanzlicher Organismen sind Peptide. Bekannte Beispiele sind:

- die Knollenblätterpilzgifte Amanitin (S. 378) und Phalloidin,
- Gifte von Bienen, Schlangen, Skorpionen, Quallen und Seeanemonen.

Tabelle 3.1 Peptide als Hormone und Neurotransmitter (Auswahl)

Peptid	Aminosäurereste	Entstehung aus	Funktion	Seite
Thyreotropin Releasing Hormone (TRH)	3	TRH-Prohormon	Stimulierung der TSH-Sekretion	471
Corticotropin Releasing Hormone (CRH)	41	CRH-Prohormon	Stimulierung der ACTH-Sekretion	479
Adrenocorticotropes Hormon (ACTH)	36	Proopiomelanocortin	Stimulierung der Glucocorticoid-Sekretion	479
Vasopressin	9	Präpro-Vasopressin	Antidiurese, Blutdruckregulation	505
Angiotensin II	8	Angiotensinogen	Blutdruckregulation	500
Insulin	51	Präpro-Insulin	Regulation von Kohlenhydrat- und Fettstoffwechsel	487
Glucagon	29	Präpro-Glucagon	Regulation des Kohlenhydratstoffwechsels der Leber	486
Endorphine	10–30	Proopiomelanocortin	Liganden für Opiatrezeptoren	410
Enkephaline	5	Proopiomelanocortin	Liganden für Opiatrezeptoren	410

!

Die Funktion von Proteinen hängt eng mit spezifischen Aminosäureresten zusammen.

Proteine haben im Organismus die vielfältigsten Funktionen. Der Grund hierfür liegt darin, daß durch die jeweils spezifischen Kombinationen der 20 proteinogenen Aminosäuren eine Vielfalt spezifischer Strukturen ausgebildet werden kann, die der jeweiligen Funktion optimal angepaßt sind (Tabelle 3.2).

Tabelle 3.2 Funktionen von Proteinen (Auswahl)

Protein	Funktion	Verantwortliches Strukturelement	Seite
Enzyme	Katalyse	Aktives Zentrum mit spezifischen Aminosäureresten	59
Kollagene	Bildung der extrazellulären Matrix	Fibrilläre Struktur durch Bildung der Kollagentripelhelix	665
Myosine	Mobilität	Fibrilläre Struktur und Myosin-ATPase als katalytisch aktives Zentrum	646
Membranproteine	Vielfältig, z. B. Kanäle, Carrier, Rezeptoren	Verankerung in Membran durch hydrophobe α-Helix	434
Histone	Bildung des Chromatins	Wechselwirkung mit DNA aufgrund zahlreicher basischer Aminosäuren	338
Immunglobuline	Markierung körperfremder Verbindungen (Antigene)	Bindung von Antigenen an spezifische Bindungsregionen im variablen Teil der Immunglobuline	553
Transcriptionsfaktoren	Regulation der Gentranscription	Ausbildung spezifischer Strukturen für die Erkennung von Basensequenzen der DNA (z. B. Zinkfinger, Leucinzipper u. a.)	378

!

WICHTIG

Peptide sind weit verbreitete Wirkstoffe und dienen in tierischen Organismen u. a. als Hormone, Neurotransmitter und Redoxsysteme. Die meisten Peptide entstehen durch Proteolyse aus Proteinvorstufen, gelegentlich kommt jedoch auch die Peptidsynthese in Multienzymkomplexen vor.

Proteine haben vielfältigste Funktionen. Sie dienen als Katalysatoren, Strukturelemente und vermitteln eine große Zahl von Wechselwirkungen wie Zell-Zell-Wechselwirkungen, Erkennung fremder Moleküle oder die Vermittlung von Hormonsignalen.

4 Enzyme

LERNZIELE
- Klassifizierung und Aufbau von Enzymen
- Enzymkinetik
- Mechanismen der Enzymkatalyse
- Mechanismen der Enzymregulation
- Pathobiochemie: Klinische Bedeutung der Enzymaktivitätsmessung

Alle in lebenden Organismen vorkommenden Reaktionen gehorchen in ihrem Ablauf den Gesetzen der Chemie. Ohne die Anwesenheit von Enzymen als den effektivsten biologischen Katalysatoren würden sie jedoch unter den in der Zelle herrschenden Bedingungen ungeheuer langsam ablaufen.

Die enorme Vielfalt der räumlichen Anordnung von Proteinen erklärt die bislang unübertroffenen katalytischen Fähigkeiten von Enzymen. Sie bilden innerhalb ihrer Struktur Bindungsstellen aus, die nicht nur die selektive Anlagerung und Umsetzung von Substraten ermöglichen, sondern darüber hinaus auch noch die Regulation ihrer katalytischen Fähigkeiten, so daß die jeweilige Enzymaktivität sehr genau an die Bedürfnisse der Zelle angepaßt werden kann.

In der medizinischen Diagnostik nimmt die Messung von Enzymaktivitäten im Serum einen breiten Raum ein, da aus ihr Rückschlüsse auf Organschädigungen gezogen werden können.

4.1 Klassifizierung und Aufbau von Enzymen

Enzyme sind reaktionsspezifische Katalysatoren.

In allen lebenden Systemen, und damit auch beim Menschen, laufen ständig chemische Reaktionen in großer Zahl ab. Ungeachtet der jeweiligen Gleichgewichtslage würde in den meisten Fällen der spontane Ablauf derartiger Reaktionen weit mehr Zeit in Anspruch nehmen, als einem Lebewesen zur Verfügung steht. Daraus ergibt sich zwingend, daß zur Aufrechterhaltung eines geordneten Stoffwechsels die Stoffwechselreaktionen katalysiert ablaufen:

- Die in der Natur vorkommenden Biokatalysatoren sind überwiegend Proteine und werden als ***Enzyme*** bezeichnet.
- Wie alle Katalysatoren beschleunigen Enzyme die Einstellung der ***Gleichgewichtslage*** einer Reaktion, ohne das Gleichgewicht der Reaktion zu verändern.
- Während der Reaktion geht das Enzym mit den Reaktionspartnern eine vorübergehende kovalente bzw. nichtkovalente Bindung ein, aus der es nach Abschluß der Reaktion ***unverändert*** wieder hervorgeht (S. 67). Dies läßt sich folgendermaßen formulieren:

$$E + S \rightleftharpoons ES \rightleftharpoons E + P$$

(E = Enzym; S = Substrat; ES = Enzym-Substratkomplex; P = Produkt)

Im Gegensatz zu vielen in der Chemie verwendeten Katalysatoren katalysiert ein einzelnes Enzym jeweils nur eine einzige oder nur sehr wenige Reaktionen. Enzyme sind deswegen ***reaktionsspezifische*** Katalysatoren. Diese Spezifität der Enzymkatalyse betrifft gelegentlich nicht das Substrat als Gesamtmolekül, sondern nur bestimmte chemische Gruppierungen des Substrates. Dies trifft besonders für Reaktionen polymerer Verbindungen wie Peptide, Polysaccharide usw. zu.

Die Nomenklatur von Enzymen leitet sich von der katalysierten Reaktion ab.

In der Enzymnomenklatur werden auch heute noch viele Trivialnamen verwendet:

- An das von Enzymen umgesetzte Substrat wird beispielsweise die Endung -ase angefügt. Beispiele sind Amylase, Glucosidase, Lipase, Protease, oder
- an die vom Enzym katalysierten Funktionen wird die Endung -ase angehängt. Beispiele sind Enzymnamen wie Oxidasen, Dehydrogenasen, Decarboxylasen.

Die heute gültige Systematik der Enzymeinteilung in insgesamt sechs ***Hauptklassen*** ist in Tabelle 4.1 zusammengestellt. Die einzelnen Hauptklassen umfassen z. T. sehr viele Mitglieder und lassen sich noch in Untergruppen einteilen. Über das Prinzip der jeweiligen Reaktionen informieren die genannten Beispiele.

Tabelle 4.1 Einteilung der Enzyme in Hauptklassen. (*S* Substrat)

Hauptklasse	Katalysierte Reaktion	Beispiele
1. Oxido-reduktasen	$S_{red} + S'_{ox} \leftrightharpoons S_{ox} + S'_{red}$	Lactatdehydrogenase (S. 108) Glutamatdehydrogenase (S. 271) Succinatdehydrogenase (S. 225) Pyruvatdehydrogenase (S. 221)
2. Transferasen	$S-X+S' \leftrightharpoons$ $S+S'-X$	Hexokinase (S. 106) Phosphorylase (S. 121)
3. Hydrolasen	$S-S'+H_2O \rightarrow$ $S-OH+S'-H$ Hydrolytische Abspaltung von Gruppen	Proteasen, Peptidasen Esterasen Glykosidasen
4. Lyasen	Nichthydrolytische Abspaltung von Gruppen	Aldolase (S. 107) Transketolase (S. 113) Fumarase (S. 225)
5. Isomerasen	Umwandlungen isomerer Verbindungen	Retinalisomerase (S. 590) Triosephosphat-Isomerase (S. 107) UDP-Galaktose-4-Epimerase (S. 135)
6. Ligasen	Energieabhängige Verknüpfung von Bindungen	Pyruvatcarboxylase (S. 115) Thiokinase (S. 164) Glutaminsynthetase (S. 270)

! Viele Enzyme benötigen Coenzyme.

Viele Enzyme, besonders diejenigen der Hauptklassen 1,2,5 und 6 katalysieren Reaktionen mit ihrem Substrat nur in Gegenwart eines speziellen Nichtprotein-Moleküls:

- Das vollständige funktionelle Enzym mit der niedermolekularen Gruppe wird als ***Holoenzym*** bezeichnet.
- Das Enzymprotein ohne die niedermolekulare Gruppe wird als ***Apoenzym*** bezeichnet.
- Die niedermolekulare Gruppe wird als ***Coenzym***, und wenn sie kovalent an das Enzymprotein gebunden ist, auch als ***prosthetische Gruppe*** bezeichnet.

Die wichtigsten Coenzyme sind in Tabelle 4.2 zusammengestellt. Die Mehrzahl von ihnen leitet sich von Vitaminen ab und kann deswegen vom Organismus selbst nicht synthetisiert werden (S. 577). Als Coenzyme dienende Verbindungen, die vom Organismus selbst synthetisiert werden können, leiten sich zum großen Teil von Purin- oder Pyrimidinnucleotiden ab.

Tabelle 4.2 Herkunft und Funktion wichtiger Coenzyme

Coenzym	Funktion	Vitamin	Beispiel
Ascorbat	Hydroxylierungen Redoxsystem	Ascorbat Vitamin C	Prolylhydroxylase (S. 589)
Thiamin-pyrophosphat	Decarboxylierung Aldehydgruppen-transfer	Thiamin Vitamin B_1	Pyruvatdehydrogenase (S. 221)
Flavinmononucleotid (FMN); Flavinadenin-dinucleotid (FAD)	Wasserstoff-übertragung	Riboflavin Vitamin B_2	Succinatdehydrogenase (S. 225) NADH-Ubichinonreduktase (S. 237)
Nicotinamidadenindinucleotid (-phosphat) NAD^+; $NADP^+$	Wasserstoff-übertragung	Nicotinsäure	Glucose-6-Phosphat-dehydrogenase (S. 110) HMG-CoA-Reduktase (S. 201)
Pyridoxal-phosphat	Transaminierung Decarboxylierung α-, β-Elimination	Pyridoxin Vitamin B_6	Aspartat-Aminotransferase (S. 268)
Coenzym A	Acylübertragung	Pantothen-säure	Citratsynthase (S. 224) Ketothiolase (S. 167)
Biotinyl-Lysyl-Enzym	Carboxylierung	Biotin	Pyruvatcarboxylase (S. 115) Acetyl-CoA-Carboxylase (S. 172)
Lipoyl-Lysyl-Enzym	Wasserstoff- und Acylgruppen-übertragung	Liponsäure	Pyruvatdehydrogenase (S. 221)
Tetrahydrofolat	C1-Gruppen-übertragung	Folsäure	Purinbiosynthese (S. 313)
5'Adenosyl-cobalamin	1,2-Verschiebung von Alkylgruppen	Cobalamin (= Vitamin B_{12})	Methyl-Malonyl-CoA-Mutase
Difarnesyl-naphthochinon	Carboxylierung von Glutamyl-resten in Proteinen	Naphthochinon (= Vitamin K)	γ-Carboxylierung von Glutamylresten des Prothrombin (S. 531)
Ubichinon	Wasserstoff-übertragung	–	NADH-Ubichinonreduktase (S. 237)
Cytochrome	Elektronenübertragung	–	Cytochrom a/a_3 (S. 238)
Adenosintri-phosphat (ATP)	Phosphat-übertragung Adenyl-übertragung	–	Hexokinase (S. 106)

Tabelle 4.2 (Fortsetzung)

Coenzym	Funktion	Vitamin	Beispiel
Cytidindiphosphat (CDP)	Phospholipidbiosynthese	–	Übertragung von Phosphorylcholin (S. 192)
Uridindiphosphat (UDP)	Saccharidübertragung	–	Glykogensynthase (S. 119)
S-Adenosylmethionin	Methylgruppenübertragung	–	Cholinbiosynthese (S. 285)
Phosphoadenosyl-Phosphosulfat (PAPS)	Sulfatübertragung	–	Saccharidsulfatierung (S. 289)

Die Funktionen von Coenzymen sind vielfältig (S. 578):

- Wasserstoffübertragungen in Redoxsystemen
- Decarboxylierung und Carboxylierung
- Übertragung von Aminogruppen (Transaminierung)
- Übertragung von Einkohlenstoffresten,
- Übertragung von Acyl- und Alkylgruppen
- Aktivierung von Sacchariden.

!

Enzyme werden im allgemeinen durch die Bestimmung ihrer Aktivität quantifiziert.

Als hochspezifische Katalysatoren kommen Enzyme nur in sehr geringen Mengen vor. Außerdem gibt es keine oder wenige Merkmale, die sie von den anderen, nicht katalytisch aktiven Proteinen des Intra- bzw. Extrazellulärraums unterscheiden. Deswegen ist die direkte Bestimmung der Enzymmenge schwierig. Es ist dagegen sehr viel einfacher, Enzyme anhand ihrer katalytischen Aktivität oder ***Enzymaktivität*** zu bestimmen.

Unter Enzymaktivität wird ganz allgemein die Reaktionsgeschwindigkeit verstanden, mit der eine enzymkatalysierte Reaktion abläuft. Um vergleichbare Werte zu erhalten, müssen dabei eine Reihe von Randbedingungen eingehalten werden:

- Alle Reaktionspartner müssen im Überschuß vorhanden sein.
- Die Messung muß im pH-Optimum erfolgen.
- Die notwendigen Cofaktoren müssen in ausreichender Menge vorhanden sein.
- Die Temperatur muß standardisiert sein.

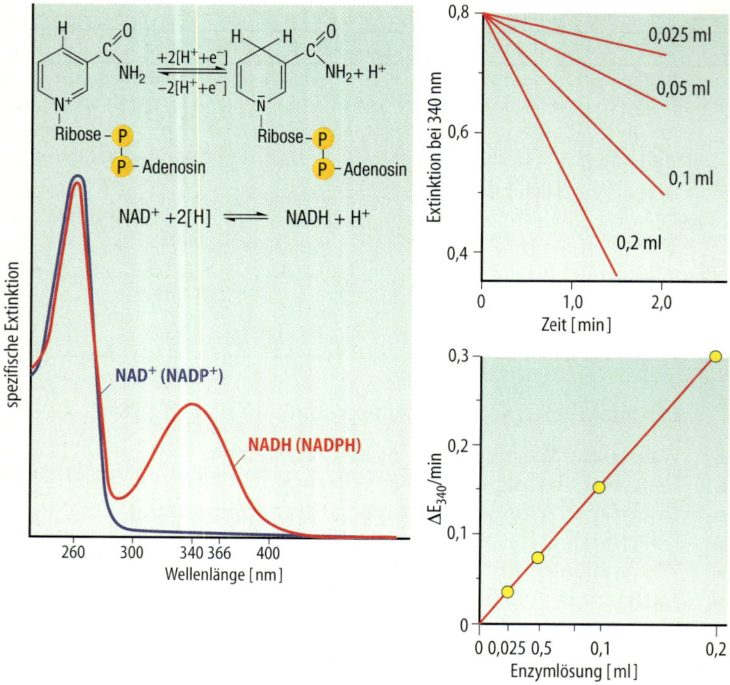

Abb. 4.1 *Links* UV-Absorption von NADH (NADPH) bzw. NAD^+ ($NADP^+$). *Rechts* Aktivitätsbestimmung einer NADH-abhängigen Dehydrogenase. Die Extinktion bei 340 nm fällt bei der Oxidation des reduzierten Coenzyms ab und ist proportional der eingesetzten Enzymmenge

Unter diesen Bedingungen ist die Geschwindigkeit des Substratumsatzes eines Enzyms proportional der Menge des im Testansatz vorhandenen Enzyms.

Die Enzymaktivitätsbestimmung erfolgt dabei durch die Messung des Substratverbrauches oder der Produktbildung. Entweder wird der einfache oder aber der zusammengesetzte ***optisch-enzymatische Test*** verwendet:

- ***Einfacher optisch-enzymatischer Test:*** Mit dem einfachen optisch enzymatischen Test werden die Aktivitäten von Enzymen bestimmt, für die die Coenzyme NAD^+ bzw. $NADP^+$ als Reaktionspartner dienen. Wie die Abb. 4.1 zeigt, haben beide Wasserstoff-übertragenden Coenzyme in der reduzierten Form, also als NADH bzw. NADPH ein Absorptionsmaximum bei 340 nm. Zur Aktivitätsbestimmung derartiger Enzyme muß also lediglich die während des Ablaufs der enzymkatalysierten Reaktion erfolgende Änderung der Absorption bei 340 nm gemessen werden. Mit Hilfe des molaren Extinktionskoeffizienten von $NADH^+$ und $NADPH^+$ läßt sich anschließend durch Anwendung des Lambert-Beer'schen Gesetzes die Menge des pro Zeiteinheit umgesetzten Substrates errechnen. Der molare Extinktionskoeffizient ist für einen bestimmten Stoff bei einer definierten Wellenlänge eine charakteristische Größe und gibt die Extinktion wieder, die durch eine einmolare Lösung dieses Stoffes bei einer Schichtdicke von 1 cm bewirkt wird.

···› Zu weiteren Einzelheiten über den optisch-enzymatischen Test s. Praktikumsanleitungen

- ***Zusammengesetzter optisch-enzymatischer Test:*** Im zusammengesetzten optisch-enzymatischen Test ist die Bestimmung der Aktivität auch der Enzyme möglich, die NAD^+ ($NADP^+$) nicht als Substrat benützen. In diesem Fall versucht man ***eine nachgeschaltete Indikatorreaktion*** als Meßgröße zu verwenden. Ein Beispiel ist die Bestimmung der Alaninaminotransferase (Reaktion (1)) in Zellen und Körperflüssigkeiten:

  Alanin + α-Ketoglutarat $\rightleftharpoons$ Pyruvat + Glutamat (1)
  Pyruvat + NADH + H^+ $\rightleftharpoons$ Lactat + NAD^+ (2)

Das Enzym für die Indikatorreaktion (2) ist die Lactatdehydrogenase. Sind die Substrate in Reaktion 1 und Cosubstrat und Hilfsenzym in Reaktion 2 im Überschuß vorhanden, so ist die Gesamtgeschwindigkeit der gekoppelten Reaktion von der Menge an Alaninaminotransferase abhängig.

Die Aktivität von Enzymen wird in Internationalen Einheiten (*IU* international unit) angegeben:

1 IU entspricht derjenigen Enzymmenge, die 1 mmol Substrat pro Minute umsetzt.

Isoenzyme unterscheiden sich bei gleicher enzymatischer Aktivität durch ihre Aminosäuresequenz.

Isoenzyme sind Enzyme unterschiedlicher Aminosäuresequenz, die jedoch dieselbe Reaktion katalysieren. Sie setzen die gleichen Substrate um, jedoch mit unterschiedlicher Aktivität. Unterschiedlich ist ihr Verhalten gegenüber Aktivatoren, Inhibitoren und Substratanaloga. Isoenzyme sind in der Natur weit verbreitet und kommen bei Dehydrogenasen, Oxidasen, Transaminasen, Phosphatasen und Proteasen vor.

Von besonderem medizinischen Interesse sind die Isoenzyme der Creatinkinase (CK). Das Enzym ist dimer, wobei zwei unterschiedliche Untereinheiten vorkommen, die als M bzw. B bezeichnet werden. Da die Isoformen der Untereinheiten beliebig kombiniert werden können, ergeben sich drei Isoenzyme:

- CK-MM kommt vorwiegend in der Skelettmuskulatur vor (M = muscle),
- CK-BB kommt vor allem im Gehirn (brain), aber auch in Tumoren des Gastrointestinaltraktes vor und
- CK-MB kommt neben der CK-MM im Herzmuskel vor.

Durch quantitative Hemmung mit einem nur gegen die M-Untereinheit gerichteten Antikörper läßt sich die jeweilige Isoform bestimmen:

- Ist nur CK-MM vorhanden, so findet man nach Antikörperbehandlung keine Aktivität mehr.
- Ist nur CK-BB vorhanden, bleibt die volle Aktivität erhalten.
- Ist CK-MB vorhanden, so geht der M-Anteil an der Aktivität verloren, die B-Form bleibt meßbar (S. 85).

!

WICHTIG

Enzyme sind für die Katalyse der in lebenden Systemen in großer Zahl ablaufenden chemischen Reaktionen verantwortlich. Im Gegensatz zu den in der Chemie verwendeten Katalysatoren sind Enzyme stereo- und reaktionsspezifische Katalysatoren.

Enzyme können nach dem von ihnen katalysierten Reaktionstyp in sechs Hauptklassen eingeteilt werden. Sehr viele Enzyme benötigen für ihre katalytische Wirkung einen Nichtproteinanteil, der als Coenzym, und wenn er kovalent an das Enzymprotein gebunden ist, gelegentlich auch als prosthetische Gruppe bezeichnet wird. Sehr viele Coenzyme leiten sich von Vitaminen ab und können deswegen vom Organismus selbst nicht synthetisiert werden.

Da es meist sehr schwierig ist, Enzymmengen zu messen, hat sich das Verfahren durchgesetzt, sie aufgrund ihrer biologischen Aktivität zu quantifizieren, die bei geeigneten Testbedingungen ihrer Menge proportional ist. Der am häufigsten verwendete Enzymaktivitätstest ist die optisch-enzymatische Bestimmung.

4.2 Enzymkinetik

!

Enzyme bilden mit ihrem Substrat einen Enzym-Substrat-Komplex.

Wie bei den in der Chemie verwendeten Katalysatoren beruht das Prinzip der Enzymkatalyse darauf, daß die ***Aktivierungsenergie*** der betreffenden Reaktion herabgesetzt wird (Abb. 4.2).

Damit die exergone Reaktion A → B unkatalysiert ablaufen kann, müssen die Moleküle A in einen aktivierten reaktionsfähigen Zustand überführt werden. Bei niedrigen Temperaturen wird sich nur ein kleiner Teil der Moleküle A auf höherem energetischen Niveau befinden, die Reaktion A → B verläuft langsam. Wird die Temperatur erhöht, erreichen mehr Moleküle A den reaktionsfähigen Zustand und die Geschwindigkeit der Reaktion A → B nimmt zu.

Enzyme sind imstande, die Aktivierungsenergie chemischer Reaktionen ohne Temperaturerhöhung zu erniedrigen. Der hierbei auftretende Mechanismus ist bei allen Enzymen derselbe:

- zunächst reagiert das Enzym mit dem Substrat unter Bildung eines ***Enzym-Substrat-Komplexes***,
- aus dem Enzym-Substrat-Komplex entsteht das ***Produkt***,
- das Produkt wird unter Rückbildung des Enzyms freigesetzt.

$$E + S \rightleftharpoons ES \rightleftharpoons E + P$$

(E = Enzym, S = Substrat, P = Produkt)

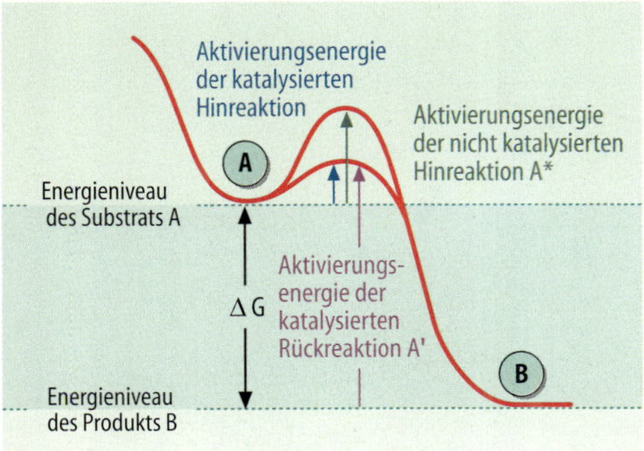

Abb. 4.2 Energiediagramm einer Reaktion in Ab- bzw. Anwesenheit eines Enzyms

Die Bindung des Substrates an das Enzym erfolgt an einem als ***aktives Zentrum*** bezeichneten Ort des Enzyms, meist einer Vertiefung. Hier wird das Substrat in der für die Reaktion optimalen räumlichen Anordnung fixiert, so daß die Umsetzung rasch erfolgen kann.

Das aktive Zentrum stellt eine hochdifferenzierte Raumstruktur dar, die Enzymen die Fähigkeit gibt, Substrate sehr spezifisch zu binden und umzusetzen. Die hohe Spezifität ist das hervorstechende Merkmal der Enzymkatalyse. Dabei unterscheidet man:

- ***Stereospezifität:*** Dies bedeutet, daß von den optischen Isomeren eines Substratmoleküls selektiv nur eine Form umgesetzt wird.
- ***Geometrische Spezifität:*** Unter diesem Begriff versteht man die bei den meisten Enzymen nachweisbare Eigenschaft, nur auf eine bestimmte chemische Gruppierung einzuwirken.

!

Die Geschwindigkeit der Enzymkatalyse hängt von der Substratkonzentration ab.

Wird bei einer enzymkatalysierten Reaktion die Substratkonzentration [S] schrittweise von 0 an erhöht, während alle anderen Bedingungen konstant bleiben, so erreicht die ***Anfangsgeschwindigkeit V*** der Reaktion allmählich einen ***Maximalwert*** V_{max}, der durch weitere Substratzugabe nicht mehr überschritten werden kann (Abb. 4.3). Die Situationen A, B und C der Darstellung sind folgendermaßen gekennzeichnet:

- A: Die Substratkonzentration ist im Vergleich zur Enzymkonzentration niedrig, d.h. noch viele Enzymmoleküle sind nicht mit dem Substrat in Kontakt getreten.

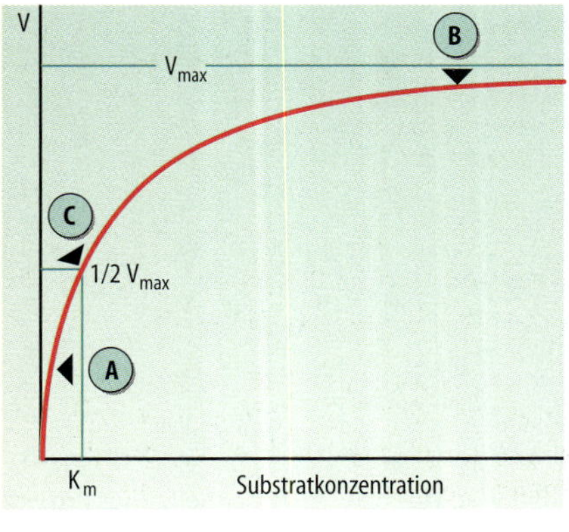

Abb. 4.3 Abhängigkeit der Reaktionsgeschwindigkeit eines Enzyms von der Substratkonzentration. (Einzelheiten s. Text)

- B: Alle aktiven Zentren der Enzymmoleküle haben Substrat gebunden, eine weitere Erhöhung der Substratkonzentration kann diese Tatsache nicht mehr ändern. Das substratgesättigte Enzym arbeitet mit der Maximalgeschwindigkeit V_{max}.
- C: An diesem Punkt hat genau die Hälfte der Enzymmoleküle Substrat gebunden. Die gemessene Geschwindigkeit entspricht daher genau der Hälfte der Maximalgeschwindigkeit V_{max}. Die Substratkonzentration, bei der das Enzym mit halbmaximaler Geschwindigkeit arbeitet, wird als ***Michaeliskonstante*** K_M bezeichnet.

!

Die Michaeliskonstante kann aus dem Massenwirkungsgesetz abgeleitet werden.

Unter der Annahme, daß die Geschwindigkeit der Rückreaktion von P zu ES verschwindend klein ist, läßt sich folgende Gleichung für enzymkatalysierte Reaktionen schreiben:

$$S + E \underset{k_{-1}}{\overset{k_1}{\rightleftharpoons}} ES \xrightarrow{k_2} PE$$

Dabei sind k_1, k_{-1} und k_2 die Geschwindigkeitskonstanten der jeweiligen Reaktionen. Durch Umformen dieser Gleichung können die Gleichgewichtskonstanten zu einer einzigen Konstante zusammengefaßt werden, die der Michaeliskonstante (s. o.) entspricht:

$$K_M = (k_{-1} + k_2) / k_1$$

Durch weitere Umformung ergibt sich die von Michaelis und Menten abgeleitete Gleichung, die die Reaktionsgeschwindigkeit V eines Enzyms mit der Michaeliskonstanten und der Substratkonzentration in Beziehung setzt:

$$V = V_{max} \frac{[S]}{K_M + [S]}$$

··· Über die genaue Ableitung der Michaeliskonstanten und der Michaelis-Menten-Gleichung s. ausführliche Lehrbücher der Biochemie

Daß diese Gleichung die Abhängigkeit der Reaktionsgeschwindigkeit von der Substratkonzentration gut beschreibt, läßt sich an verschiedenen Grenzfällen leicht demonstrieren:

- [S] ist viel kleiner als K_M: Da in diesem Fall im Nenner der Michaelis-Menten-Gleichung der Ausdruck K_M + [S] gleich K_M gesetzt werden kann, reduziert sich die Gleichung auf

  $$V = V_{max} \frac{[S]}{K_M}$$

  Da V_{max} und K_M Konstanten sind, bedeutet das

  $$V = K \times [S]; K = \frac{V_{max}}{K_M}$$

  Unter diesen Bedingungen ist also die Reaktionsgeschwindigkeit V ***proportional*** der Substratkonzentration.

- [S] ist viel größer als K_M: In diesem Fall kann im Nenner der Michaelis-Menten-Gleichung der Wert der K_M vernachlässigt werden:

  $$V = V_{max} \times \frac{[S]}{[S]} \text{ oder } V = V_{max}$$

  Die ***Reaktionsgeschwindigkeit*** entspricht also der ***Maximalgeschwindigkeit*** V_{max}.

- K_M = [S]: In diesem Fall kann die Michaelis-Menten-Beziehung aufgelöst werden zu:

  $$V = V_{max} \frac{[S]}{2[S]} \text{ oder } V = \frac{1}{2} V_{max}.$$

Dies bedeutet, daß eine enzymkatalysierte Reaktion mit halbmaximaler Geschwindigkeit abläuft, wenn die eingesetzte Substratkonzentration der Michaeliskonstanten entspricht. Mit anderen Worten gibt die ***Michaeliskonstante*** K_M für ein gegebenes Enzym diejenige Substratkonzentration an, die zu halbmaximaler Geschwindigkeit führt. Die Michaeliskonstante hat die Dimension mol/l. Im allgemeinen liegt sie in der Größenordnung von 10^{-3} – 10^{-5} mol/l.

! **Die Michaeliskonstante wird meist graphisch ermittelt.**

Im einfachsten Fall läßt sich der Wert für K_M direkt der Abhängigkeit der Reaktionsgeschwindigkeit von der Substratkonzentration entnehmen, wie in Abb. 4.3 dargestellt ist. Man ermittelt daraus den Wert für V_{max}, halbiert ihn und bestimmt die zugehörige Substratkonzentration, die dann K_M entspricht. Leider läßt sich V_{max} häufig nicht mit ausreichender Genauigkeit ermitteln, so daß dann die Michaelis-

Menten-Gleichung zur Bestimmung von K_M umgeformt werden muß. Die gebräuchlichste Methode ist die Umformung nach Lineweaver und Burk. Hierzu wird die Michaelis-Menten-Gleichung in die ***reziproke*** Form gebracht:

$$\frac{1}{V} = \frac{K_M + [S]}{V_{max} \times [S]} \text{ oder}$$

$$\frac{1}{V} = \frac{K_M}{V_{max}} \times \frac{1}{[S]} + \frac{[S]}{V_{max}[S]} \text{ oder}$$

$$\frac{1}{V} = \frac{K_M}{V_{max}} \times \frac{1}{[S]} + \frac{1}{V_{max}}$$

Diese Umformung entspricht der Geradengleichung:

$$y = ax + b$$

Trägt man graphisch statt y 1/V und statt x 1/S auf, so wird die in Abb. 4.3 dargestellte Abhängigkeit der Reaktionsgeschwindigkeit enzymkatalysierter Reaktionen zu einer Geraden (Abb. 4.4). Diese schneidet die y-Achse im Punkt b bzw. $1/V_{max}$. Setzt man y = 0, so ergibt sich für den Schnittpunkt mit der x-Achse:

$$ax = -b \times = -\frac{b}{a} = -\frac{1}{K_M}$$

d.h., der Schnittpunkt mit der x-Achse gibt den negativen, reziproken Wert der Michaeliskonstanten K_M wieder.

Die Kenntnis der Michaeliskonstanten liefert folgende Erkenntnisse über ein Enzym:

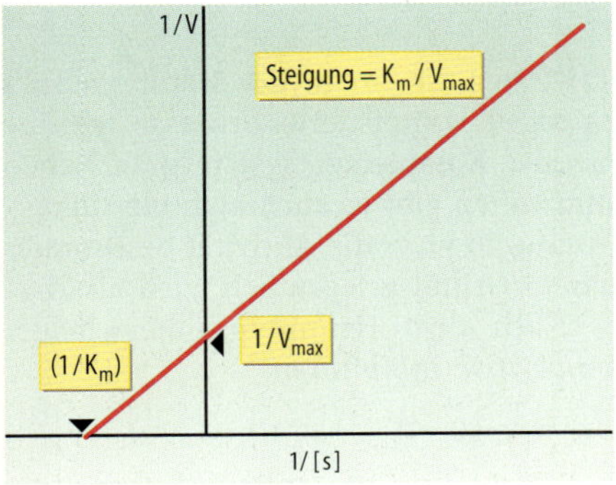

Abb. 4.4 Abhängigkeit der Reaktionsgeschwindigkeit eines Enzyms von der Substratkonzentration in doppeltreziproker Auftragung nach Lineweaver und Burk

- Die zur Erreichung der halbmaximalen Geschwindigkeit benötigte Substratkonzentration, die dem Wert der Michaeliskonstante entspricht,
- Die Berechnung der Umsatzgeschwindigkeit V in % der Maximalgeschwindigkeit V_{max} bei einer gegebenen Substratkonzentration,
- die Klassifizierung eventueller Hemmstoffe des Enzyms durch Bestimmung der Michaeliskonstanten in Anwesenheit des Hemmstoffs (S. 73).

!

Physikalische und chemische Faktoren ändern die Enzymaktivität.

Außer durch die Substratkonzentration kann die Geschwindigkeit enzymkatalysierter Reaktionen durch ***physikalische*** oder ***chemische Faktoren*** geändert werden. Zu ihnen gehören:

- *Temperatur:* Beginnend von niederen Temperaturen steigt die Geschwindigkeit enzymkatalysierter Reaktionen mit steigender Temperatur im allgemeinen so an, daß bei einer Temperaturerhöhung von 10° C eine Verdoppelung erreicht wird. Da Enzyme als Proteine jedoch sehr häufig bei Temperaturen über 40–45° C ihre Raumstruktur ändern (denaturieren), fällt bei höheren Temperaturen die Enzymaktivität wieder steil ab. Für jedes Enzym gibt es ein Temperaturoptimum.
- *pH:* Da die Enzymkatalyse häufig von dem Zustand dissoziabler Gruppen am Enzym oder Substrat abhängt, gibt es für jedes Enzym ein pH-Optimum, jenseits dessen die Aktivität deutlich abfällt.

!

Enzyme können durch Inhibitoren spezifisch gehemmt werden.

Die ***Hemmung*** von Enzymaktivitäten ist ein in der Natur vielfach vorkommendes Verfahren. Es regelt komplizierte Prozesse wie die Blutgerinnung, die Fibrinolyse, das Komplementsystem u. a.. Neben physiologisch wirkenden Hemmstoffen gibt es auch nichtphysiologische Verbindungen, die in vivo und in vitro die Aktivität bestimmter Enzyme hemmen und aus diesem Grund gelegentlich auch als Arzneimittel verwendet werden. Nach dem Hemmtyp unterscheidet man ***kompetitive*** und ***nichtkompetitive Inhibitoren.***

Kompetitive Inhibitoren binden anstelle des natürlichen Substrates an das aktive Zentrum von Enzymen.

Die Wirksamkeit kompetitiver Inhibitoren läßt sich folgendermaßen darstellen:

$$E \begin{cases} \pm I \rightleftharpoons EI \text{ (inaktiv)} \\ \pm S \rightleftharpoons ES \rightarrow E + P \end{cases}$$

Die Geschwindigkeit, mit der das Produkt P entsteht, ist abhängig von der Konzentration von ES. Ist die Affinität des Inhibitors I zum Enzym groß oder die Konzentration von I sehr hoch, dann ist nur sehr wenig freies Enzym vorhanden, um sich mit S zu ES zu verbinden. Erhöht man bei gleichbleibender Hemmstoffkonzentration die Konzentration von S, dann nimmt die Wahrscheinlichkeit zu, daß sich ES anstelle von EI bildet. Bei sehr hoher Konzentration von S wird die Konzentration von EI verschwindend klein. Trägt man bei konstanter Hemmstoffkonzentration die Abhängigkeit der Reaktionsgeschwindigkeit von der Substratkonzentration in doppeltreziproker Weise auf (Abb. 4.5), so ergibt sich:

- Die Anwesenheit eines kompetitiven Hemmstoffs läßt die Maximalgeschwindigkeit eines Enzyms unverändert, da unter diesen Bedingungen die Substratkonzentration sehr hoch ist.

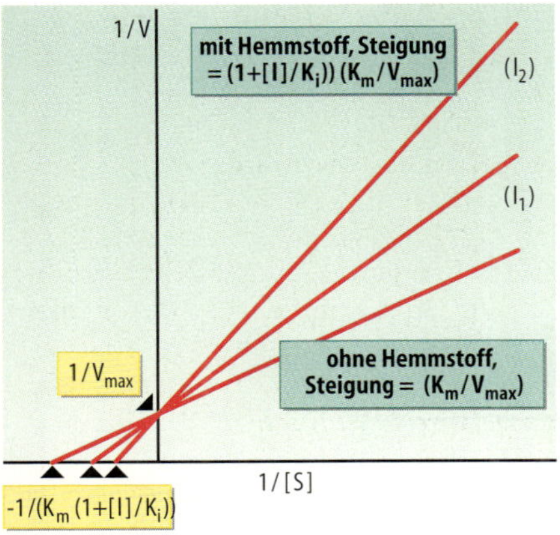

Abb. 4.5 Kompetitive Hemmung in der Auftragung nach Lineweaver und Burk. I_1 und I_2 entsprechen steigenden Konzentrationen des Inhibitors

- Die Anwesenheit eines kompetitiven Inhibitors führt zu einer Vergrößerung der Michaeliskonstante.

!

Nichtkompetitive Inhibitoren ändern die Maximalgeschwindigkeit V_{max}.

Nichtkompetitive Inhibitoren, die im allgemeinen keinerlei Ähnlichkeit mit dem Substrat haben, zeichnen sich durch folgende Eigenschaften aus:

- Sie binden nicht an das aktive Zentrum des Enzymproteins.
- Sie führen nicht zu einer Veränderung von K_M.
- Sie vermindern jedoch die Maximalgeschwindigkeit V_{max}.

In der Darstellung nach Lineweaver und Burk bleibt also der Schnittpunkt mit der x-Achse gleich, jedoch verläuft die Gerade in Anwesenheit eines nichtkompetitiven Hemmstoffes steiler als in seiner Abwesenheit (Abb. 4.6).

Beispiele für nichtkompetitive Hemmstoffe sind viele ***Enzymgifte***, z. B. Schwermetallionen oder die Oxidationsmittel, die für die katalytische Aktivität des Enzyms wichtige Gruppen verändern. Physiologische nichtkompetitive Hemmstoffe sind z. B. die im Blut vorkommenden Proteinaseinhibitoren (z. B. α_2-Makroglobulin), deren Fehlen zu typischen Krankheitserscheinungen führt.

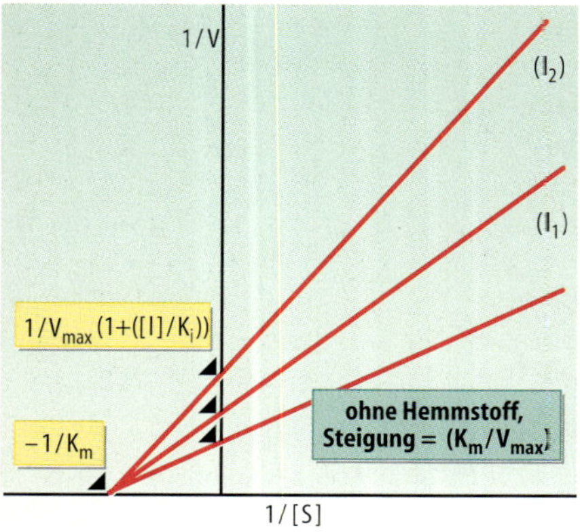

Abb. 4.6 Nichtkompetitive Hemmung in der Auftragung nach Lineweaver und Burk. I_1 und I_2 entsprechen steigenden Konzentrationen des Inhibitors

WICHTIG
Die katalytische Aktivität von Enzymen beruht auf ihrer Fähigkeit, die Aktivierungsenergie von Reaktionen zu erniedrigen.

In erster Linie ist die Geschwindigkeit der Enzymkatalyse von der Substratkonzentration abhängig, die zugrundeliegenden Gesetzmäßigkeiten sind von Michaelis und Menten formuliert worden. Von ihnen stammt auch der Begriff der Michaeliskonstanten K_M, die die Substratkonzentration angibt, bei der ein Enzym mit halbmaximaler Geschwindigkeit arbeitet.

Eine Reihe von Wirkstoffen hemmen die Aktivität von Enzymen. Dabei kann prinzipiell zwischen kompetitiven und nichtkompetitiven Hemmstoffen unterschieden werden, wobei die ersteren mit dem Substrat um die Bindungsstelle am aktiven Zentrum konkurrieren, die letzteren nicht.

4.3 Mechanismen der Enzymkatalyse

Im aktiven Zentrum eines Enzyms findet die Substratumsetzung statt.

Enzyme gehören zu den effektivsten bekannten Katalysatoren, da sie Reaktionen im Vergleich zu nichtkatalysierten Reaktionen um den Faktor 10^8 - 10^{20} beschleunigen können. Diese enorme Effektivität wird dadurch erreicht, daß die verschiedenen Enzymproteine Strukturen ausbilden, die die hochspezifische Bindung von Substrat und gegebenenfalls Cosubstrat in einer Positionierung ermöglichen, welche die rasche Umsetzung des Substrats erlaubt. Der Ort, an dem die Substratbindung und Umsetzung erfolgt, wird als ***aktives Zentrum*** bezeichnet. Dieses entspricht einem kleinen Areal des Enzyms, häufig einer Tasche oder Rinne. In diesem aktiven Zentrum befinden sich die Aminosäuren, welche durch Wechselwirkung mit dem Substrat dieses in einen reaktionsfähigeren Zustand überführen, also seine Aktivierungsenergie herabsetzen (S. 67).

Bei enzymatischen Reaktionen entstehen nichtkovalente oder kovalente Enzym-Substrat-Komplexe.

Die Wechselwirkungen zwischen den reaktiven Aminosäureresten im aktiven Zentrum und dem jeweiligen Substrat können sehr verschiedenartig sein. Die Substratbindung kann erfolgen

- über elektrostatische Wechselwirkungen,
- über Ionenbindungen (positiv geladene Seitenketten von Lysin, Arginin oder der Imidazolgruppe von Histidin, negativ geladene Carboxylatgruppen von Aspartat und Glutamat),
- durch Wasserstoffbrückenbindungen,
- durch hydrophobe Wechselwirkungen oder
- durch Ausbildung einer kovalenten Bindung mit einer reaktionsfähigen Gruppe des Substrates.

Dieser Vielfalt der Ausbildung eines Enzym-Substrat-Komplexes entspricht auch die Vielfalt der möglichen enzymatischen Mechanismen. Am wichtigsten sind:

- ***Säure-Basen-Katalyse:*** Die Säure-Basen-Katalyse beruht darauf, daß bestimmte Aminosäurereste des aktiven Zentrums, oft Histidylreste, als Protonendonatoren oder Protonenakzeptoren dienen und auf diese Weise das Substrat reaktionsfähig machen.

  → Einzelheiten über Säure-Basen-Katalyse s. Lehrbücher der organischen Chemie

- ***Kovalente Katalyse:*** Die kovalente Katalyse beruht auf der Fähigkeit bestimmter Aminosäurereste im aktiven Zentrum, mit dem Substrat kovalente Bindungen einzugehen. Ein Beispiel hierfür ist die Ausbildung einer Schiff'schen Base zwischen einem Lysylrest der Aldolase und dem Substrat Fructose-1,6-bisphosphat (S. 106).
- ***Metallionenkatalyse:*** Die Metallionenkatalyse beruht auf der Fähigkeit bestimmter Metallionen, Substratmoleküle im aktiven Zentrum von Enzymen zu polarisieren und dadurch reaktionsfähiger zu machen. Ein Beispiel hierfür ist die Carboanhydrase (S. 518), die Zink als Metallion benötigt.

!

WICHTIG
Die Bindung und Umwandlung des Substrates erfolgt generell an der als aktives Zentrum bezeichneten Stelle des Enzymproteins, die häufig eine Vertiefung oder Rinne darstellt. Dabei treten die das aktive Zentrum bildenden Aminosäurereste mit dem jeweiligen Substrat in Wechselwirkung, wobei hier eine große Variabilität besteht, die über elektrostatische Wechselwirkung bis zur Ausbildung einer kovalenten Bindung reichen kann. Wichtige Mechanismen, die von Enzymen benutzt werden, sind die Säure-Basen-Katalyse, die kovalente Katalyse und die Metallionenkatalyse.

4.4 Mechanismen der Enzymregulation

In jeder Zelle des Organismus laufen gleichzeitig Tausende enzymatischer Reaktionen ab. Sie dienen

- dem Abbau von energieliefernden Substraten, die in häufig unterschiedlicher Menge der Zelle angeboten werden, sowie
- dem häufig mit unterschiedlicher Geschwindigkeit erfolgenden Umsatz des zellulären Materials und
- den jeweils spezifischen Funktionen einer Zelle.

Es ist aus diesem Grund einsichtig, daß nur außerordentlich fein abgestimmte Regulationsmechanismen den für eine Zelle günstigsten Stoffumsatz ermöglichen. Diese Regulation betrifft im allgemeinen nur die die Reaktionsgeschwindigkeit bestimmenden Schritte von Stoffwechselwegen, weswegen die hierfür verantwortlichen regulierten Enzyme auch als ***Schlüsselenzyme*** bezeichnet werden. Als prinzipielle Mechanismen zur Enzymregulation stehen zur Verfügung:

- Änderung der Enzymmenge in einer Zelle,
- Änderung der katalytischen Aktivität von Enzymen.

!

Die Regulation durch Veränderung der Enzymmenge kann durch Beeinflussung der Enzymsynthese oder des Enzymabbaus erfolgen.

Für die Änderung der Enzymmenge in einer Zelle stehen als Mechanismen zur Verfügung:

- **Enzyminduktion:** Man versteht hierunter die regulierte Steigerung der Biosynthese eines Enzyms.
- **Enzymrepression:** Man versteht hierunter die regulierte Verminderung der Biosynthese eines Enzymproteins.
- ***Änderung der Halbwertszeit von Enzymen:*** Man versteht hierunter den regulierten Abbau von Enzymprotein durch Proteolyse, der sich durch Bestimmung der Halbwertszeit von Enzymproteinen ermitteln läßt.

Die den drei genannten Vorgängen zugrundeliegenden molekularen Mechanismen werden an anderer Stelle beschrieben (S. 264, 386).

Die Aktivität mancher Enzyme wird durch allosterische Liganden reguliert.

Bei vielen Biosynthesen (z. B. Purin- oder Pyrimidin-Biosynthese, S. 313, 317) hemmt das Endprodukt der Biosynthesekette die erste die Biosynthese einleitende Reaktion:

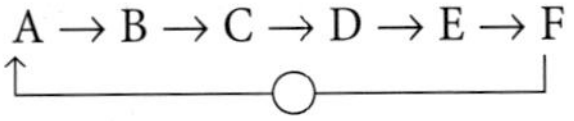

Dadurch wird vermieden, daß sich die Zwischenprodukte einer Biosynthesekette unnötig anhäufen.

Für den Mechanismus muß allerdings ein neuer Hemmtyp postuliert werden, da das Endprodukt der Biosynthesekette häufig keinerlei Ähnlichkeit mehr mit den die Biosynthese einleitenden Verbindungen hat. Viele Experimente haben gezeigt, daß das Endprodukt der Biosynthese an eine spezifische Bindungsstelle des regulierten, die Biosynthese einleitenden Enzyms (des Schlüsselenzyms) bindet und auf diese Weise die Enzymaktivität hemmen kann. Da diese Bindungsstelle i. allg. nicht dem aktiven Zentrum des Enzyms entspricht, wird sie auch als allosterisches Zentrum und die darauf beruhende Regulation als ***allosterische Regulation*** bezeichnet.

Allosterisch regulierte Enzyme (Abb. 4.7) zeichnen sich durch folgende kinetische Eigenschaften aus:

- Allosterische Enzyme zeigen im Gegensatz zu nicht allosterischen Enzymen eine ***sigmoide*** Abhängigkeit der Geschwindigkeit V von der Substratkonzentration [S].
- Bei den allosterisch regulierten Enzymen des ***K-Typs*** verschieben allosterische Hemmstoffe diese sigmoide Abhängigkeit nach rechts. Dadurch kommt es zu einer ***Erhöhung*** der scheinbaren Michaeliskonstante, meist aber nicht zu einer Änderung von V_{max}.

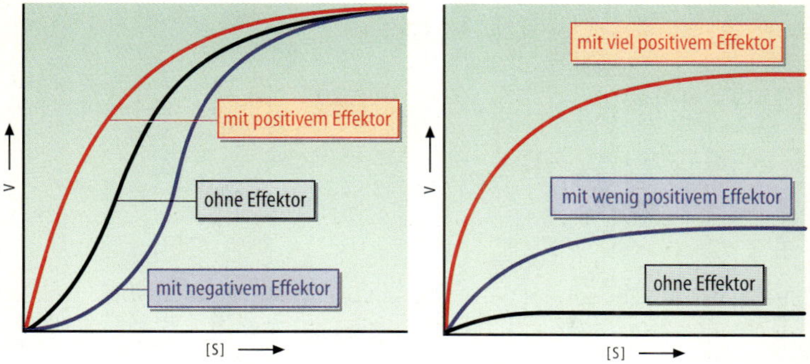

Abb. 4.7 Kinetik allosterischer Enzyme in Anwesenheit positiver bzw. negativer allosterischer Effektoren. *Links* Enzym des K-Typs; *rechts* Enzym des V-Typs

- Bei allosterischen Enzymen des K-Typs verschieben allosterische Aktivatoren die Kurve nach links. Dadurch kommt es zu einer ***Verkleinerung*** der scheinbaren Michaeliskonstante, meist ohne Veränderung von V_{max}.
- Bei den selteneren allosterisch regulierten Enzymen des ***V-Typs*** wird weniger die scheinbare Michaeliskonstante sondern V_{max} durch allosterische Effektoren verändert.

Mechanistisch liegen dem Phänomen der allosterischen Regulation ***kooperative Effekte*** zwischen den Untereinheiten der allosterischen Enzyme zugrunde:

- Allosterische Enzyme sind überwiegend ***oligomer.*** Sie bestehen aus wenigstens 2 Untereinheiten.
- Die Untereinheiten des allosterischen Enzyms können in einer ***T-Form*** mit geringer Affinität zum Substrat und einer ***R-Form*** mit hoher Affinität zum Substrat vorkommen.
- Bei niedrigen Substratkonzentrationen liegt das Gleichgewicht des Übergangs zwischen der T- und der R-Form aufseiten der T-Form, höhere Substratkonzentrationen stabilisieren die R-Form.
- Der Übergang der ersten Untereinheit in die R-Form erleichtert die Bindung weiterer Substratmoleküle, da er durch Protein-Proteinwechselwirkung die R-Form der anderen Untereinheiten stabilisiert.
- Allosterische Hemmstoffe stabilisieren die T-Form, allosterische Aktivatoren die R-Form von allosterischen Enzymen (Abb. 4.8 a, b).

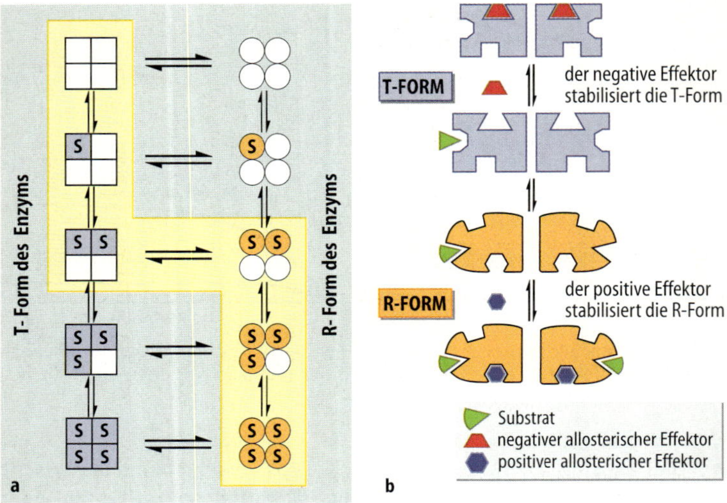

Abb. 4.8 a, b Kooperativer Effekt der Substratbindung an einem tetrameren Enzym und Wirkung allosterischer Effektoren auf die kooperative Substratbindung eines dimeren Enzyms. **a** Die schrittweise Erhöhung der Substratkonzentration führt zu einer immer stärker werdenden Stabilisierung der R-Form des Enzyms. Der gelb unterlegte Bereich gibt die Zustandsformen des Enzyms an, die mit steigender Substratkonzentration am wahrscheinlichsten sind. **b** Positive allosterische Effektoren stabilisieren die aktive R-Form, negative die inaktive T-Form. (Einzelheiten s. Text)

Schlüsselenzyme der Hauptstoffwechselwege werden durch kovalente Modifikation reguliert.

Bei der ***kovalenten Modifikation*** von Enzymproteinen werden funktionelle Gruppen des Enzyms ***reversibel*** kovalent modifiziert. Dies führt zu Änderungen der katalytischen Eigenschaften, die am ehesten mit dem Begriff Ein- bzw. Ausschalten des Enzyms beschrieben werden können. Dieses Phänomen wird auch als ***Interkonvertierung*** bezeichnet.

Die häufigste Enzymmodifikation besteht aus einer enzymatischen, ATP-abhängigen ***Phosphorylierung*** meist von Seryl-, seltener von Threonyl- oder Tyrosylresten (Abb. 4.9).

Für die kovalente Modifikation zusätzlich benötigte Enzyme sind ***Proteinkinasen*** und ***Phosphoprotein-Phosphatasen*** jeweils unterschiedlicher Spezifität. Tabelle 4.3 stellt einige interkonvertierbare

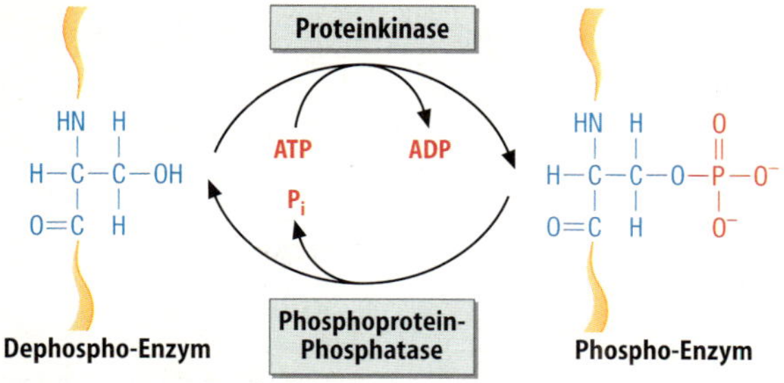

Abb. 4.9 Allgemeiner Mechanismus einer enzymatischen, ATP-abhängigen Phosphorylierung und Dephosphorylierung von Serylresten eines Enzyms. Durch eine Proteinkinase wird in einer ATP-abhängigen Reaktion ein spezifischer Serylrest des Proteins phosphoryliert, was zu einer Änderung der katalytischen Eigenschaften des Enzyms führt. Für die Überführung in den ursprünglichen Zustand sind spezifische Phosphoproteinphosphatasen notwendig

Tabelle 4.3 Interkonvertierbare Enzyme (Auswahl)

Namen	Aktive Form	Seite
Glycogenphosphorylase	Phosphoryliert	127
Phosphorylasekinase	Phosphoryliert	127
Glycogensynthase	Dephosphoryliert	127
Pyruvatdehydrogenase	Dephosphoryliert	227
Triacylglycerinlipase	Phosphoryliert	186

Enzyme zusammen, die von besonderer Bedeutung für den Intermediärstoffwechsel sind.

Limitierte Proteolyse dient der Aktivierung inaktiver Enzymvorstufen.

Eine Reihe von Enzymen werden als enzymatisch inaktive Vorstufen synthetisiert, als solche intrazellulär gespeichert und bei Bedarf sezerniert. Am Ort ihrer Wirkung werden diese Proenzyme durch enzymkatalysierte, ***irreversible*** Abspaltung eines Teils ihrer Peptidkette in die aktiven Enzyme überführt. Dadurch wird das aktive Zentrum freigelegt und die Substratbindung ermöglicht.

Besonders gut ist dieses Phänomen der ***limitierten Proteolyse*** bei den Proteasen des Gastrointestinaltraktes untersucht (Abb. 4.10 a, b). In Tabelle 4.4 sind einige Vorgänge zusammengestellt, die auf der Aktivierung durch limitierte Proteolyse beruhen.

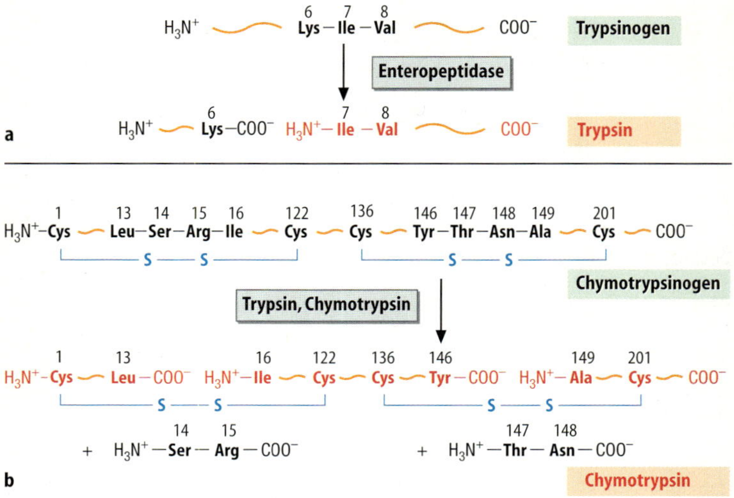

Abb. 4.10 a, b Aktivierung der Proteasen Trypsin bzw. Chymotrypsin durch limitierte Proteolyse. **a** Durch Abspaltung eines terminalen Hexapeptids entsteht aktives Trypsin aus inaktivem Trypsinogen. Das hierfür benötigte Enzym ist die Enteropeptidase. **b** Durch Abspaltung zweier Dipeptide entsteht aus inaktivem Chymotrypsinogen aktives Chymotrypsin. Hierfür benötigte Enzyme sind Trypsin und Chymotrypsin

Tabelle 4.4 Vorgänge, die durch limitierte Proteolyse aktiviert werden (Auswahl)

Vorgang	Seite
Aktivierung der pankreatischen Verdauungsenzyme	605
Blutgerinnung	529
Fibrinolyse	534
Komplementaktivierung	561
Aktivierung von Prohormonen	410

!

WICHTIG

Um einen geordneten Ablauf des Stoffwechsels zu gewährleisten, müssen Enzymaktivitäten reguliert werden. Als Mechanismen stehen hierfür prinzipiell die Änderung der Enzymmenge bzw. die Änderung der katalytischen Aktivität von Enzymen zur Verfügung.

Die Änderung der Enzymmenge kann durch Änderung der Biosynthese bzw. durch Änderung des Enzymabbaus erfolgen.

Für die Änderungen der katalytischen Aktivität von Enzymen gibt es drei unterschiedliche Mechanismen. Durch allosterische Liganden, die an einer spezifischen, außerhalb des aktiven Zentrums gelegenen Stelle des Enzymproteins binden, kann die Enzymaktivität gesteigert oder vermindert werden. Am häufigsten sind dabei Veränderungen der scheinbaren Michaeliskonstanten. Die kovalente Modifikation erfolgt meist durch Phosphorylierung von Seryl-, Tyrosyl- oder Threonylresten und setzt die Existenz spezifischer Proteinkinasen und Phosphoproteinphosphatasen voraus. Ein häufiges Phänomen, das nur mit Einschränkungen mit Regulation zu tun hat, ist die irreversible Aktivierung von Enzymen durch limitierte Proteolyse.

4.5 Pathobiochemie: Klinische Bedeutung der Enzymaktivitätsmessung

! Die im Plasma des Menschen vorkommenden Enzyme lassen sich in Sekretenzyme und Zellenzyme einteilen.

Im Blutplasma des Menschen kommen eine Reihe von Enzymaktivitäten vor. Nach ihrer Herkunft können sie in Sekret- und Zellenzyme eingeteilt werden (Tabelle 4.5):

- Viele ***Sekretenzyme*** haben ihre biologische Funktion im Blutplasma und werden von den Erzeugerzellen auch in das Plasma sezerniert (z. B. Blutgerinnungsenzyme u. a.).
- Die aus dem ***Pankreas*** stammenden Sekretenzyme gehören zu den Verdauungsenzymen und haben ihren normalen Wirkort im Intestinaltrakt. Sie treten erst bei Schädigungen des Pankreas in das Plasma über und können dann dort nachgewiesen werden.
- ***Zellenzyme*** können den verschiedensten Organen und Geweben zugeordnet werden. Sie haben keinerlei Funktion im Blutplasma und ihre Aktivität kann bei bestimmten Erkrankungen um das Zehn- bis Hundertfache ansteigen.

Tabelle 4.5 Einteilung der im Blutplasma vorkommenden Enzyme nach Art und Funktion

Gruppe	Wirkort	Beispiele
Sekretenzyme	Plasma	Prothrombin und andere Enzyme der Blutgerinnung, Pseudocholinesterase, Lipoproteinlipase
	Verdauungstrakt	Pankreas- bzw. Parotis-α-Amylase, Pankreaslipase
Zellenzyme	Innerhalb der Zelle im Intermediärstoffwechsel	Aspartataminotransferase (GOT), Alaninaminotransferase (GPT), Kreatinkinase, alkalische und saure Phosphatase, Glutamatdehydrogenase

!

Ein Aktivitätsanstieg von Zellenzymen im Blutplasma kann als diagnostisches Kriterium für das Vorliegen bestimmter Krankheiten verwendet werden.

Nur unter pathologischen Bedingungen kommt es zu einem Anstieg der Aktivität zellulärer Enzyme im Blutplasma über die meist sehr niedrigen Normalwerte hinaus. Gründe für einen Aktivitätsanstieg können sein:

- eine ***Permeabilitätsstörung*** der Zytoplasmamembran, die zum Austritt meist zytosolischer Enzyme in den Extrazellulärraum und danach in das Blutplasma führt,

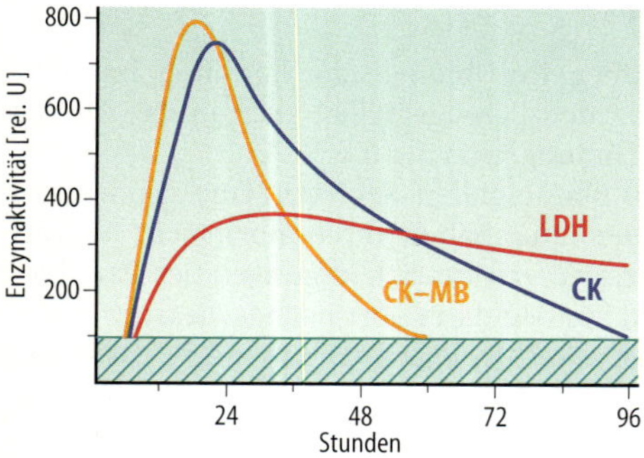

Abb. 4.11 Verhalten der LDH-, CK- und CK-MB-Aktivität im Serum nach akutem Myocardinfarkt. Angaben in relativen Einheiten; der bis 100 rel. Einheiten gehende Normalbereich ist hervorgehoben

- eine durch eine schwere Schädigung ausgelöste ***Zell-Lyse***,
- eine gesteigerte ***Neusynthese*** von Enzymen.

Ein gutes Beispiel für die Bedeutung der Enzymaktivitätsmessung im Plasma bei der Diagnostik von Erkrankungen ist der akute ***Myocardinfarkt***. Etwa ab der vierten Stunde nach dem Ereignis läßt sich im Blutplasma das Auftreten der durch die Nekrose des Myocardgewebes freigesetzten Enzyme nachweisen (Abb. 4.11). Das Maximum des Aktivitätsanstiegs ist nach etwa 2–3 Tagen erreicht, danach sinken die Enzymaktivitäten wieder ab, da sie durch Abbau aus dem Serum entfernt werden. Der besondere diagnostische Wert liegt darin, daß die Änderung der Enzymaktivitäten schon wenige Stunden nach dem Infarkt nachweisbar sind.

!

WICHTIG
Die im Serum vorkommenden Enzyme sind Sekretenzyme bzw. Zellenzyme.

Viele Sekretenzyme werden von spezifischen Zellen in das Serum sezerniert und erfüllen dort ihre Aufgabe. Zu ihnen gehören beispielsweise die Enyzme der Blutgerinnung und der Fibrinolyse. Andere Sekretenzyme wie die Verdauungsenzyme des Pankreas treten nur bei Zellschädigungen in das Serum über. Das gleiche gilt für die im Serum nachweisbaren Zellenzyme, welche aus den verschiedensten Geweben stammen und aus ihnen nur bei bestimmten Schädigungen freigesetzt werden. Ihre Aktivität, die normalerweise sehr niedrig ist, ist ein Hinweis auf spezifische Schädigungen und kann sehr einfach für diagnostische Zwecke verwendet werden.

5 Kohlenhydrate

LERNZIELE
- Struktur der Kohlenhydrate
- Funktionen von Kohlenhydraten im menschlichen Organismus
- Abbau von Glucose in der Glycolyse
- Abbau von Glucose im Pentosephosphatweg
- Gluconeogenese
- Biosynthese und der Abbau von Glycogen
- Regulation des Glucosestoffwechsels
- Stoffwechsel von Monosacchariden
- Biosynthese und Abbau von Heteroglycanen
- Pathobiochemie

Kohlenhydrate sind für den menschlichen Organismus von außerordentlicher Bedeutung. Alleine ihr Abbau liefert etwa 50 % der benötigten Energie. Außerdem können sie problemlos in Lipide umgewandelt werden, liefern das Kohlenstoffskelett der nichtessentiellen Aminosäuren und dienen als Bestandteile von Nucleotiden und Nucleinsäuren. In Form von Glycogen stellen sie einen wichtigen intrazellulären Energiespeicher dar, als Proteoglycane bilden sie den größten Teil der extrazellulären Matrix. Membranproteine und der größte Teil der extrazellulären Proteine enthalten Kohlenhydrate, liegen also als Glycoproteine vor.

5.1 Struktur der Kohlenhydrate

! Monosaccharide sind Aldehyde oder Ketone mehrwertiger Alkohole.

Unter der Bezeichnung ***Kohlenhydrate*** wurden ursprünglich Verbindungen der Summenformel

$$C_n\ (H_2O)_n$$

zusammengefaßt.

Es hat sich jedoch herausgestellt, daß diese Bezeichnung zu eng gefaßt ist, da es eine Reihe von Verbindungen gibt, die eindeutig der Klasse der Kohlenhydrate zuzuordnen sind, jedoch Abweichungen von der Summenformel aufweisen.

···› Über die Stereochemie der Kohlenhydrate und die Möglichkeiten ihrer Formeldarstellung siehe Lehrbücher der Chemie

Monomere Kohlenhydrate werden als Monosaccharide bezeichnet.

Monosaccharide sind die Aldehyde bzw. Ketone mehrwertiger Alkohole, also ***Aldosen*** bzw. ***Ketosen*** (Tabelle 5.1). Je nach der Zahl der C-Atome unterscheidet man Triosen, Tetrosen usw.

Wichtig sind die beiden in Nucleinsäuren vorkommenden Pentosen ***Ribose*** und ***Desoxyribose.*** Unter den Hexosen ist ***Glucose*** von besonderer Bedeutung, da sie mengenmäßig das wichtigste Monosaccharid des Blutes darstellt (Blutzucker, S. 123). Ein weiteres wichtiges Nahrungskohlenhydrat ist ***Fructose. Galactose*** und ***Mannose*** kommen, auch in modifizierter Form, in Glycoproteinen (S. 140) vor.

Tabelle 5.1 Zusammenstellung wichtiger Monosaccharide. Derivate von Monosacchariden wie Aminozucker, Uronsäuren u. a. werden gesondert besprochen

C-Atome	Aldose	Ketose
	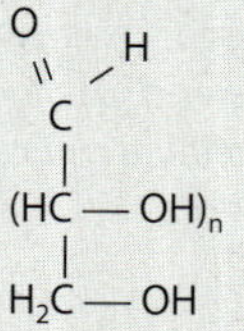	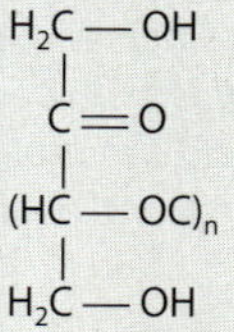
3	Glycerinaldehyd	Dihydroxyaceton
4	Erythrose	Erythrulose
5	Ribose 2-Desoxyribose Xylose	Ribulose – Xylulose
6	Glucose (Glu) Galactose (Gal) Mannose (Man)	Fructose (Fru)
7	–	Sedoheptulose

! **Aufgrund der vielen Hydroxylgruppen ergeben sich eine Reihe von Reaktionsmöglichkeiten für Monosaccharide.**

Neben der halbacetalischen Hydroxylgruppe besitzen Monosaccharide primäre und sekundäre alkoholische Gruppen. Sie können deswegen eine Reihe von Reaktionen eingehen (Abb. 5.1, S. 90):

- Die Aldehyd- bzw. Ketogruppe von Monosacchariden ist für deren reduzierende Eigenschaften verantwortlich. Sie kann unter Bildung eines ***Halbacetals*** mit einer Hydroxylgruppe des gleichen Moleküls (bei Hexosen die Hydroxylgruppe des C-Atoms 5) reagieren. Dabei entsteht die ***Ringform*** der Monosaccharide wie sie in wässriger Lösung vorkommt. Dies führt am halbacetalischen C-Atom zu einem weiteren Asymmetriezentrum, das für die anomeren Formen der Monosaccharide verantwortlich ist. Beim Ringschluß entstehende Fünfringe werden als ***Furanosen***, Sechsringe als ***Pyranosen*** bezeichnet.
- Durch ***Oxidation*** der Aldehydgruppe von Monosacchariden entstehen entsprechende Carbonsäuren (aus Glucose die Gluconsäure). ***Reduktion*** der Aldehydgruppe führt zu ***Zuckeralkoholen***, z. B. aus Glucose ***Sorbitol.***
- ***Oxidation*** der CH_2OH-Gruppe führt zu ***Uronsäuren*** (aus Glucose Glucuronsäure).
- Durch Ersatz einer Hydroxylgruppe durch eine NH_2-Gruppe entstehen ***Aminozucker.*** Bei Hexosen befindet sich die Aminogruppe immer am C-Atom 2, d. h. aus Glucose entsteht ***Glucosamin.*** Die Aminogruppe von Aminozuckern kann acetyliert werden, so daß N-Acetyl-Aminozucker entstehen.

! **Glycosidische Bindungen entstehen durch Reaktion der halbacetalischen Hydroxylgruppe von (Mono-)Sacchariden mit OH- oder NH_2-Gruppen.**

Die nach dem Ringschluß verbleibende halbacetalische Hydroxylgruppe am C-Atom 1 von Monosacchariden ist besonders reaktionsfreudig. Sie kann mit der Hydroxylgruppe eines weiteren Alkohols oder mit einer NH_2-Gruppe unter Bildung eines ***Vollacetals*** reagieren. Man spricht dann von ***O-*** bzw. ***N-Glycosiden.*** Auch bei den Glycosiden gibt es eine α- und eine β-Isomerie (Abb. 5.2).

Glycosidische Bindungen sind außerordentlich häufig. Sie kommen in körpereigenen Verbindungen (Nucleoside, Nucleotide, Poly-

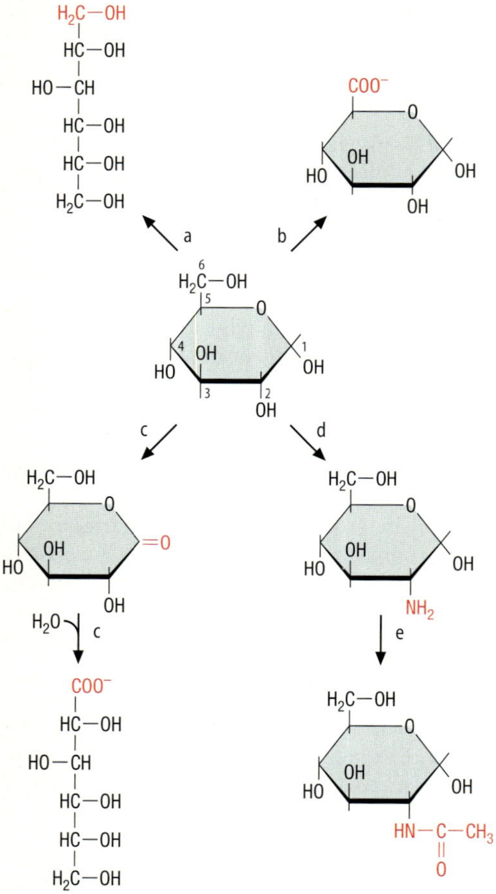

Abb. 5.1 a-d Reaktionsmöglichkeiten von Monosacchariden am Beispiel der Glucose. **a** Reduktion zu Sorbitol; **b** Oxidation zu Glucuronsäure; **c** Oxidation und Bildung zu Gluconsäure; **d** Bildung von Glucosamin zu N-Acetyl-Glucosamin

nucleotide, Di-, Oligo-, Polysaccharide) vor. Viele der von Pflanzen synthetisierten Verbindungen enthalten glycosidische Bindungen und haben den Ausgangspunkt für die Synthese einer Reihe von Pharmaka gebildet. Ein wichtiges Beispiel hierfür sind die für die Behandlung der Herzinsuffizienz verwendeten ***Digitalisglycoside*** (Abb. 5.3).

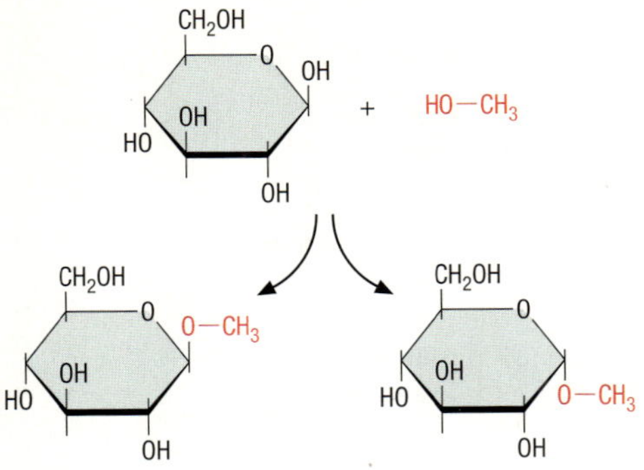

Abb. 5.2 Entstehung von α-Methylglucosid (*rechts*) bzw. β-Methylglucosid (*links*)

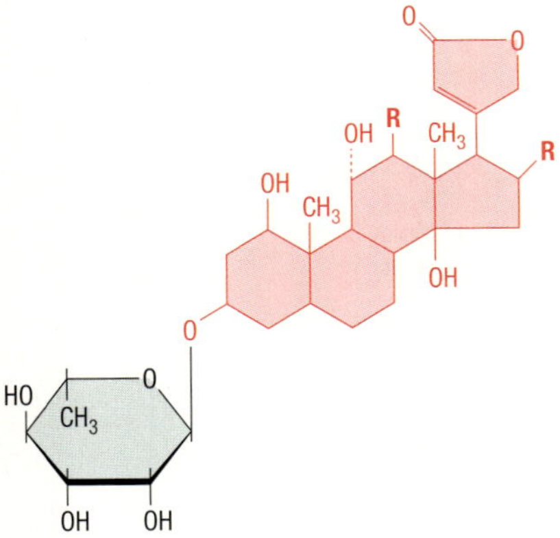

Abb. 5.3 Struktur der Digitalisglycoside. Das hier dargestellte g-Strophanthin besteht aus dem Zucker Rhamnose, an den glycosidisch das Steroid Digitoxigenin geknüpft ist

!

Reagiert die halbacetalische Hydroxylgruppe eines Monosaccharides mit einer aus einem zweiten Monosaccharid stammenden OH-Gruppe, so entsteht ein Disaccharid.

Die größte Bedeutung für den Stoffwechsel des Menschen haben die Disaccharide ***Lactose*** und ***Saccharose*** (Abb. 5.4).

- ***Lactose*** ist das Hauptkohlenhydrat der Milch und zeichnet sich durch eine β-glycosidische Bindung zwischen dem C-Atom 1 von Galactose und dem C-Atom 4 von Glucose aus.

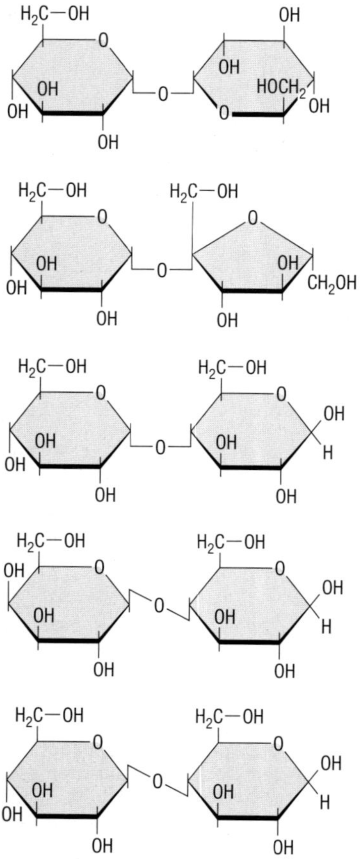

α-Glucosyl-(1→1)-α-glucosid
Trehalose

α-Glucosyl-(1→2)-β-fructosid
Saccharose

α-Glucosyl-(1→4)-glucosid
Maltose

β-Galactosyl-(1→4)-glucosid
Lactose

β-Glucosyl-(1→4)-glucosid
Cellobiose

Abb. 5.4 Struktur wichtiger Disaccharide

- ***Saccharose***, der zum Süßen verwendete Fruchtzucker, ist ein Disaccharid aus Glucose und Fructose, bei dem die halbacetalische Hydroxylgruppe des C-Atoms 1 mit der ebenfalls halbacetalischen Hydroxylgruppe des C-Atoms 2 der Ketose Fructose reagiert hat. Saccharose enthält daher keine halbacetalische Hydroxylgruppe mehr, zeigt keine reduzierenden Eigenschaften und kann keine Glycoside mehr bilden.
- Die in Abb. 5.4 ebenfalls dargestellte ***Maltose*** besteht aus zwei Glucosemolekülen, die α-glycosidisch über die C-Atome 1 und 4

verknüpft sind. Dieses Disaccharid entsteht bei der intestinalen Verdauung von Stärke (S. 612).

! **Oligo- bzw. Polysaccharide bestehen aus mehreren durch glycosidische Bindungen verknüpften Monosacchariden.**

Die Einteilung von Sacchariden in Oligosaccharide aus 3–9 Monosacchariden und Polysacchariden mit mehr als 9 Monosacchariden ist willkürlich. Man sollte statt dessen die in Tabelle 5.2 zusammengestellte Klassifizierung nach strukturellen Gesichtspunkten benutzen.

! **Homoglycane sind Polymere aus einem einzigen Monosaccharid.**

Die wichtigsten Homoglycane sind ***Stärke*** und ***Glycogen***. Beide bestehen aus α-glycosidisch verknüpften Glucosemonomeren, bei denen neben 1,4-glycosidischen auch 1,6-glycosidische Bindungen vorkommen (Abb.5.5). Stärke ist das wichtigste Reservekohlenhydrat der Pflanzen, Glycogen dient als Reservekohlenhydrat tierischer Zellen. Stärke und Glycogen bilden stark verzweigte baumähnliche Makromoleküle mit Molekulargewichten von vielen Millionen (10^4 bis mehr als 10^5 Glucosereste).

! **Heteroglycane sind aus unterschiedlichen Monosacchariden aufgebaut und kommen meist in Verbindung mit Proteinen, Peptiden oder Lipiden vor.**

Die wichtigsten Heteroglycane sind Glycoproteine, Proteoglycane, Peptidoglycane und Glycolipide:

- ***Glycoproteine*** enthalten Heteroglycane aus 2–10 Monosacchariden (Abb.5.6). Diese enthalten neben ***Mannose*** und ***Galactose*** acetylierte ***Aminozucker***, die N-Acetylneuraminsäure (S. 131), und bilden baumartige verzweigte Strukturen. Glycoproteine sind außerordentlich häufig. Integrale Membranproteine und praktisch alle extrazellulären löslichen Proteine sind Glycoproteine. Die Verknüpfung des Saccharidrestes mit dem Protein erfolgt mit ***glycosidischen Bindungen*** über Seryl- (O-glycosidisch) bzw. Asparaginyl-Seitenketten (N-glycosidisch).
- ***Proteoglycane*** sind Heteroglycane aus sich wiederholenden ***Disaccharideinheiten***, die meist an entsprechende Proteinskelette

Tabelle 5.2 Einteilung von Oligo- bzw. Polysacchariden

Typ	Beispiel	Kohlenhydrat	Nicht-Kohlenhydrat	Funktion
Homoglycan	Stärke	Glucose Verknüpfung α (1–4); α (1–6)	?	Reservekohlenhydrat von Pflanzen, wichtiges Nahrungskohlenhydrat
	Glycogen	Glucose Verknüpfung α (1–4); α (1–6)	Glycogenin	Reserve-Kohlenhydrat tierischer Zellen
	Cellulose	Glucose Verknüpfung β (1–4)	?	Gerüstsubstanz bei Pflanzen
Heteroglycan	Glycoproteine	2–20 unterschiedliche Monosaccharide als Oligosaccharid	v.a. Membran- und Sekretproteine	Vielseitig, vom Protein abhängig
	Proteoglycane	Glycosaminoglycane aus repetitiven Disacchariden (MG 2–3 × 10^3 kD)	Spezifische Proteine (wie Protein)	Bestandteil der extrazellulären Matrix
	Peptidoglycane	Repetitives Disaccharid aus N-Acetylglucosamin und N- Acetylmuraminsäure	Peptide aus 4–5 Aminosäuren	Bakterielle Zellwand
	Glycolipide	2–20 unterschiedliche Monosaccharide als Oligosaccharid	Ceramid, Diacylglycerin, Dolicholphosphat	Membranbaustein Zwischenprodukt bei Glycoproteinsynthese

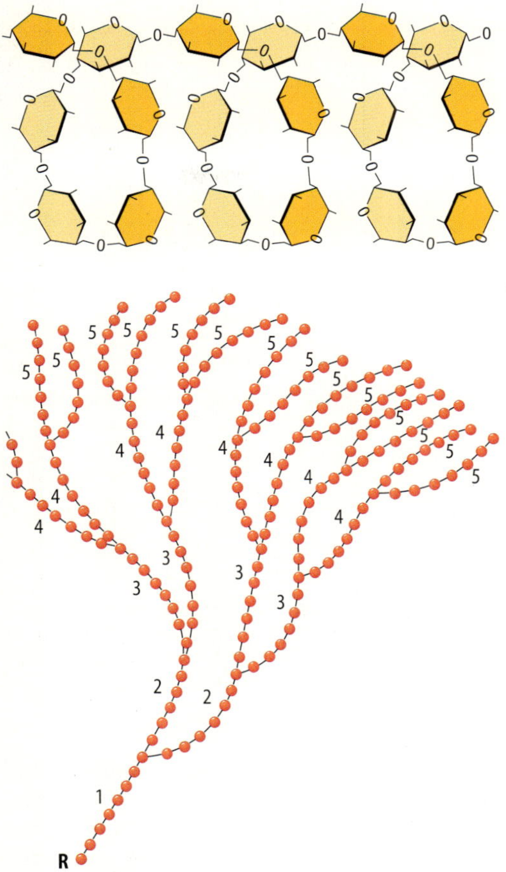

Abb. 5.5 Struktur von Amylose und Glycogen (Stärke). *Oben* Ausschnitt des Amylopectin. *Unten* Baumartiger Aufbau des Glycogens. *R* Glycogenin

geknüpft sind. Ein Zucker der sich wiederholenden Disaccharideinheit ist ein ***Aminozucker***, der andere eine ***Uronsäure***. Aus diesem Grund werden derartige Heteroglycane auch als Glycosaminoglycane bezeichnet (Abb. 5.7). Proteoglycane sind neben typischen Proteinen wie Kollagen (S. 665) bzw. Elastin (S. 670) wichtige Bestandteile der extrazellulären Matrix (S. 670).

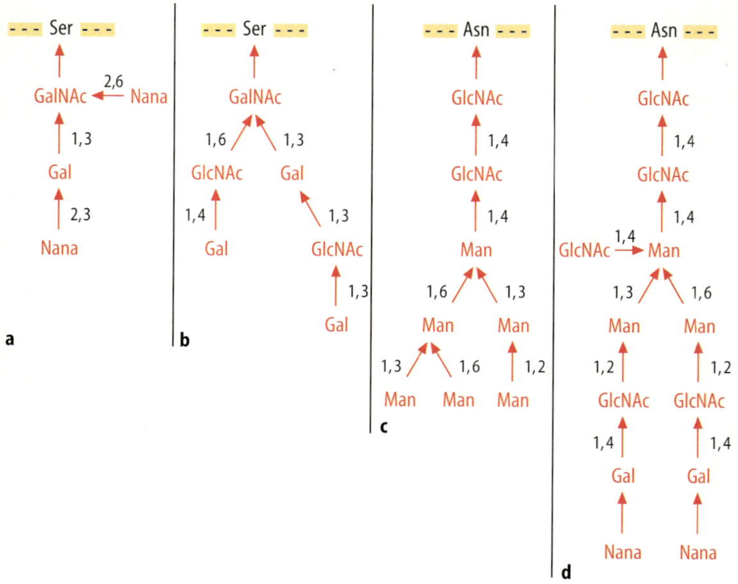

Abb. 5.6 a-d Strukturen typischer O- bzw. N-glycosidisch verknüpfter Oligosaccharide von Glycoproteinen. **a** Glycoprotein der Erythrocytenmembran; **b** Kernregion der Blutgruppensubstanz; **c** Oligosaccharid aus Eialbumin; **d** komplexe Oligosaccharidkette, die in vielen Glycoproteinen nachweisbar ist

- ***Peptidoglycane*** sind am Aufbau der bakteriellen Zellwand beteiligt. Sie bestehen aus Peptiden aus 4–5 Aminosäuren (Nicht-Kohlenhydratanteil) und einem repetitiven Disaccharid aus ***N-Acetyl-Glucosamin*** und ***N-Acetyl-Muraminsäure*** (Kohlenhydratanteil). Peptide und repetitive Disaccharide sind zu dem in der Abbildung 5.8 dargestellten gitterförmigen Makromolekül, dem Murein, vernetzt. Dieses bildet die bakterielle Zellwand, seine Biosynthese wird durch ***Penicillin*** gehemmt.

···› Weiteres über die Penicillinwirkung s. ausführliche Lehrbücher der Biochemie.

- ***Glycolipide*** sind Verbindungen, bei denen Oligosaccharide an ***Sphingosin***, ***Diacylglycerin*** oder bestimmte ***Polyprenole*** gebunden sind (S. 142, 157).

Hyaluronsäure
[β-Glucuronat(1⟶3)-β-GlcNAc(1⟶4)-]$_n$

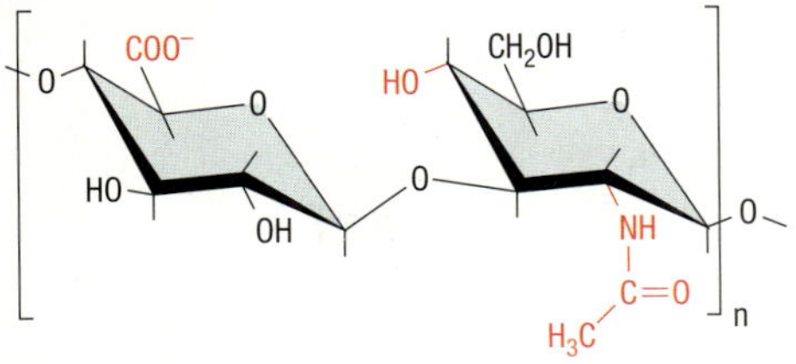

Chondroitin-6-sulfat
[β-Glucuronat(1⟶3)-β-GalNAc-6-sulfat(1⟶4)-]$_n$

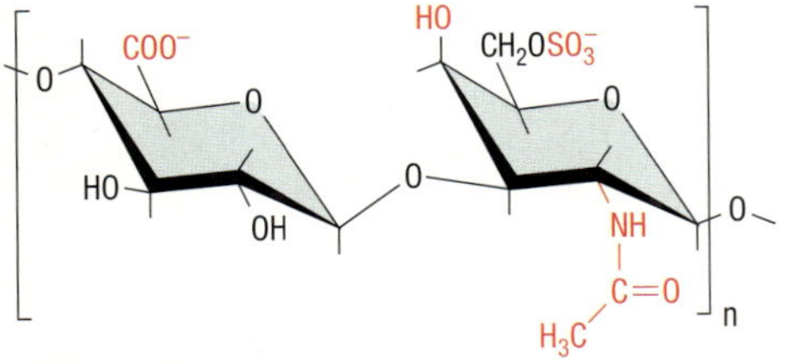

Chondroitin-4-sulfat
[β-Glucuronat(1⟶3)-β-GalNAc-4-sulfat(1⟶4)-]$_n$

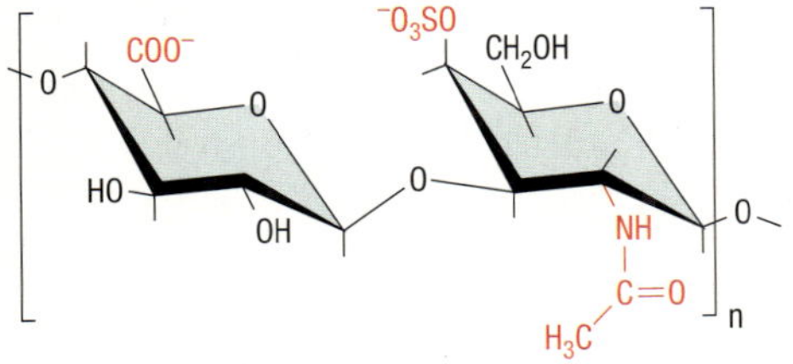

Dermatansulfat
[α-Iduronat(1⟶3)-β-GalNAc-4-sulfat(1⟶4)-]$_n$

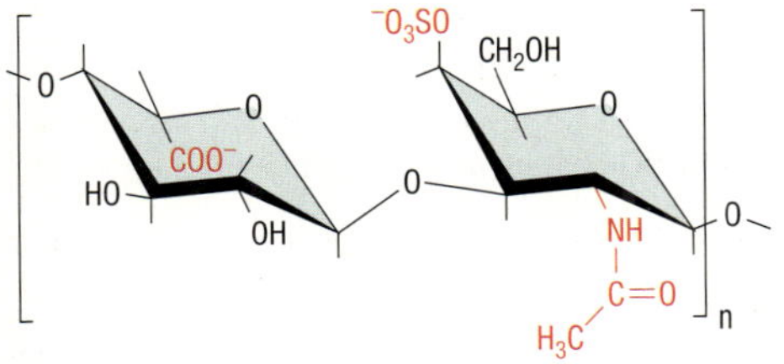

Abb. 5.7 Struktur wichtiger Glycosaminoglycane. Die funktionellen Gruppen sind *rot* hervorgehoben

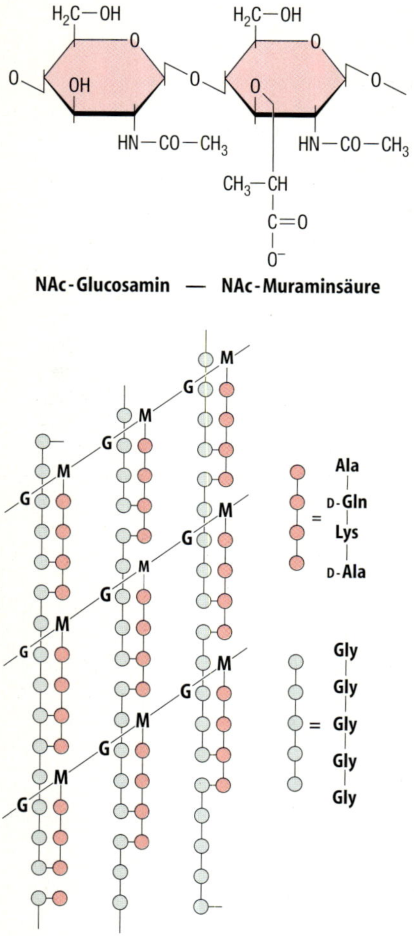

Abb. 5.8 Struktur des Mureins. *G* NAc-Glucosamin; *M* NAc-Muraminsäure

!

WICHTIG

Kohlenhydrate kommen als Mono-, Di-, Oligo- und Polysaccharide vor. Die letzteren werden auch als Glycane bezeichnet.

Monosaccharide sind Aldehyde bzw. Ketone mehrwertiger Alkohole. Bei Pentosen bzw. Hexosen reagiert die Aldehydgruppe mit einer Hydroxylgruppe des gleichen Moleküls, wobei Fünfringe (Furanosen) bzw. Sechsringe (Pyranosen) entstehen.

Beim Ringschluß bildet sich eine reaktionsfähige halbacetalische Hydroxylgruppe, die mit OH- bzw. NH_2-Gruppen unter Bildung von Glycosiden reagieren kann. Die Aldehydgruppe von Aldosen kann unter Bildung entsprechender Säuren oxidiert bzw. unter Bildung von Zuckeralkoholen reduziert werden. Die Oxidation der endständigen CH_2-OH-Gruppe führt zu Uronsäuren.

Für den menschlichen Stoffwechsel besonders wichtige Disaccharide sind Lactose und Saccharose. Maltose tritt als Zwischenprodukt bei der Kohlenhydratverdauung auf.

Als Homoglycane gespeicherte Reservekohlenhydrate sind im tierischen Organismus das Glycogen, im pflanzlichen Organismus die Stärke. Die monomere Einheit aller Homoglycane ist Glucose.

Heteroglycane sind strukturbildende Zucker. Als Glycoproteine sind sie Bestandteile von Membran- bzw. extrazellulären Proteinen. Proteoglycane bilden den wichtigsten Bestandteil der extrazellulären Matrix und des Bindegewebes.

Peptidoglycane werden vom menschlichen Organismus nicht synthetisiert, bilden jedoch einen wichtigen Bestandteil der bakteriellen Zellwand. Ihre Biosynthese wird durch Penicillin gehemmt.

5.2 Die Funktionen von Kohlenhydraten

Entsprechend ihrer sehr unterschiedlichen Struktur haben Kohlenhydrate verschiedenartige Funktionen. Sie können unter Energiegewinn abgebaut, zur Biosynthese von Nicht-Kohlenhydratstrukturen verwendet oder als strukturgebende Teile in andere Verbindungsklassen eingebaut werden. Abbildung 5.9 gibt einen Überblick über die Grundzüge des Kohlenhydratstoffwechsels von der Aufnahme als Nahrungskohlenhydrate in den Organismus bis zu deren Schicksal in den verschiedenen Organen und Geweben.

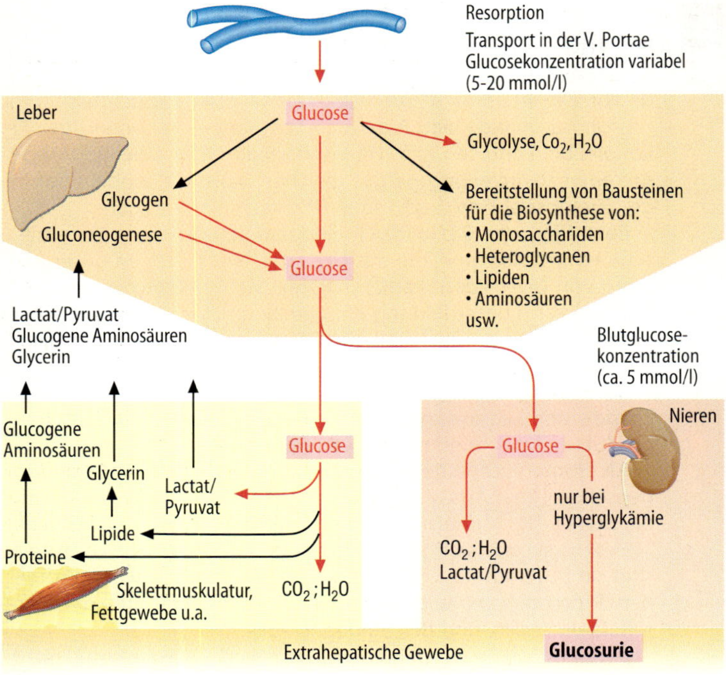

Abb. 5.9 Grundzüge des Kohlenhydratstoffwechsels im menschlichen Organismus. (Einzelheiten s. Text)

!

Vor ihrer Resorption im Intestinaltrakt müssen Nahrungskohlenhydrate zu Monosacchariden gespalten werden.

Die wichtigsten Nahrungskohlenhydrate sind das Homoglycan ***Stärke*** sowie die Disaccharide ***Saccharose*** und ***Lactose***. Bevor diese im Intestinaltrakt *resorbiert* werden können, müssen sie im Duodenum durch die dort vorhandenen ***Glycosidasen*** zu Monosacchariden gespalten werden (Tabelle 5.3).

Tabelle 5.3 Glycosidasen des Intestinaltraktes

Typ	Bezeichnung	Bildungsart	Substrat	Produkt
α-Glucosidase	Ptyalin	Speicheldrüse	Stärke (Glycogen)	Maltose, Isomaltose
	Amylase	Pankreas	Stärke (Glycogen)	Maltose, Isomaltose
Disaccharidase	Maltose	Dünndarmmucosa	Maltose, Isomaltose	Glucose
	Saccharose	"	Saccharose	Glucose, Fructose
	Lactase	"	Lactose	Glucose, Galactose

Für die Resorption von Monosacchariden werden spezifische Transportsysteme benötigt.

Die Resorption von Kohlenhydraten beginnt mit deren Aufnahme in die intestinalen Mucosazellen. Die Aufnahme erfolgt als ***sekundär aktiver Symport*** (S. 613) mit Natriumionen. In die Pfortader gelangen die Monosaccharide durch Carrier-vermittelte ***erleichterte Diffusion*** auf der basolateralen Seite der Mucosazellen (S. 613).

Die Leber ist das zentrale Organ des Kohlenhydratstoffwechsels.

Über die Pfortader kommen die Nahrungskohlenhydrate zunächst mit der Leber in Kontakt. Sie werden durch Carrier-vermittelte ***erleichterte Diffusion*** durch die Hepatocyten aufgenommen.

Besondere Funktionen der Leber im Kohlenhydratstoffwechsel sind:

- ***Abgabe*** von Glucose in Mengen, die in der Vena hepatica eine physiologische Glucosekonzentration aufrecht erhalten;
- ***Speicherung*** von überschüssig aufgenommener Glucose als Glycogen;
- ***Biosynthese*** von Glucose (Gluconeogenese) aus Nichtkohlenhydraten wie Lactat, Pyruvat, Aminosäuren oder Glycerin; dieser Stoffwechselweg ist besonders bei Fehlen von Nahrungskohlenhydraten wichtig.
- ***Umwandlung*** der Monosaccharide Galactose und Fructose in Glucose.

Damit würden ohne die Leber die Glucosekonzentration des Blutes in Abhängigkeit von der Kohlenhydratzufuhr mit den Nahrungsmitteln in einem großen Bereich schwanken. Durch die ***„Glucostatfunktion“*** der Leber bleibt die Blutglucosekonzentration unabhängig von der Nahrungszufuhr in engen Grenzen konstant. Lediglich bei Glucosetoleranztests oder bei Stoffwechselstörungen (Diabetes mellitus, S. 492) wird die Kapazität der Leber zur Konstanthaltung der Blutglucosekonzentration überschritten.

Die extrahepatischen Gewebe können in obligate und fakultative Glucoseverbraucher eingeteilt werden.

Von den extrahepatischen Geweben sind die ***Erythrocyten*** und gewisse Zellen des ***Nierenmarks*** auf Glucose als einziges Substrat zur Dekkung ihres Energiebedarfs angewiesen. Unter normalen Ernährungsbedingungen gilt dies auch für die Zellen des ***Zentralnervensystems.*** Diese gewinnen jedoch nach länger dauernden Fastenperioden die Fähigkeit, Ketonkörper (S. 170) alternativ zur Deckung des Energiebedarfs zu verwerten.

Alle anderen Gewebe und Zellen des Organismus können ihren Energiebedarf außer durch Oxidation von Glucose durch Fettsäureoxidation oder Abbau von Aminosäuren decken. Als allgemeine Regel gilt dabei, daß die ***Fettsäureoxidation*** bevorzugt vor der Glucoseoxidation abläuft.

Wie die Leber sind alle anderen Zellen zur Glycogenbiosynthese imstande. Vom Gesichtspunkt der Nährstoffbilanz spielt jedoch lediglich die Glycogenspeicherung in Leber und Skelettmuskulatur eine Rolle.

Umwandlungen von Monosacchariden ineinander und Biosynthese von Glycoproteinen und Proteoglycanen können prinzipiell von allen Zellen in Abhängigkeit von ihrer jeweiligen Funktion durchgeführt werden.

Unter bestimmten Umständen werden Monosaccharide über die Nieren ausgeschieden.

Unter physiologischen Bedingungen werden Monosaccharide zwar glomerulär filtriert, jedoch vollständig tubulär reabsorbiert.

Die als ***Melliturie*** bezeichnete Ausscheidung von Zuckern im Harn stellt also immer eine Abweichung von der Norm dar. Ursachen von Melliturien sind in Tabelle 5.4 zusammengestellt.

Tabelle 5.4 Ursachen von Melliturien

Ausgeschiedener Zucker	Erkrankung	Ursache
Glucose	Diabetes mellitus	Durch absoluten oder relativen Insulinmangel bedingte Erhöhung der Blutglucosekonzentration über die maximale renale Rückresorptionskapazität (Nierenschwelle), ca. 180–200 mg Glucose/ml
	Renaler Diabetes	Defekt der renalen Glucose-Rückresorption (selten)
Fructose	Hereditäre Fructoseintoleranz	Defekte des Fructosestoffwechsels der Leber mit Erhöhung der Blut-Fructose-Konzentration (sehr selten)
Galactose	Hereditäre Galactoseintoleranz	Defekte des Galactosestoffwechsels der Leber mit Erhöhung der Blut-Galactose-Konzentration (sehr selten)
Lactose	Lactoseintoleranz	Defekt der Lactoseverdauung mit Erhöhung der Blut-Lactose-Konzentration (selten)

!

WICHTIG

Die Nahrungskohlenhydrate Saccharose und Stärke werden nach Spaltung zu Monosacchariden durch die Mucosazellen aufgenommen und in die Pfortader abgegeben.

Die Leber ist das zentrale Organ des Kohlenhydratstoffwechsels. In ihr erfolgt Ab- und Umbau von Kohlenhydraten und Speicherung von Glucose als Glycogen. Bei Kohlenhydratmangel gibt sie Glucose ab, um die Blutglucosekonzentration aufrecht zu erhalten.

Extrahepatische Gewebe und Zellen mit Ausnahme von Erythrocyten, Nierenmark und Zentralnervensystem können außer Glucose auch Fettsäure verwerten.

In allen Geweben erfolgen die Biosynthese von Homo- und Heteroglycanen.

Eine Zuckerausscheidung im Harn wird als Melliturie bezeichnet und kommt nur unter pathologischen Bedingungen vor.

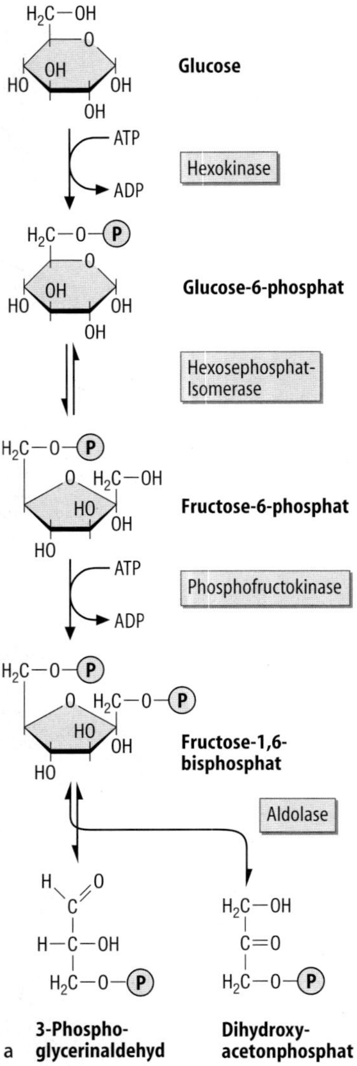
Glucose
ATP
ADP
Hexokinase
Glucose-6-phosphat
Hexosephosphat-
Isomerase
Fructose-6-phosphat
ATP
ADP
Phosphofructokinase
Fructose-1,6-
bisphosphat
Aldolase
3-Phospho-
glycerinaldehyd
Dihydroxy-
acetonphosphat

a

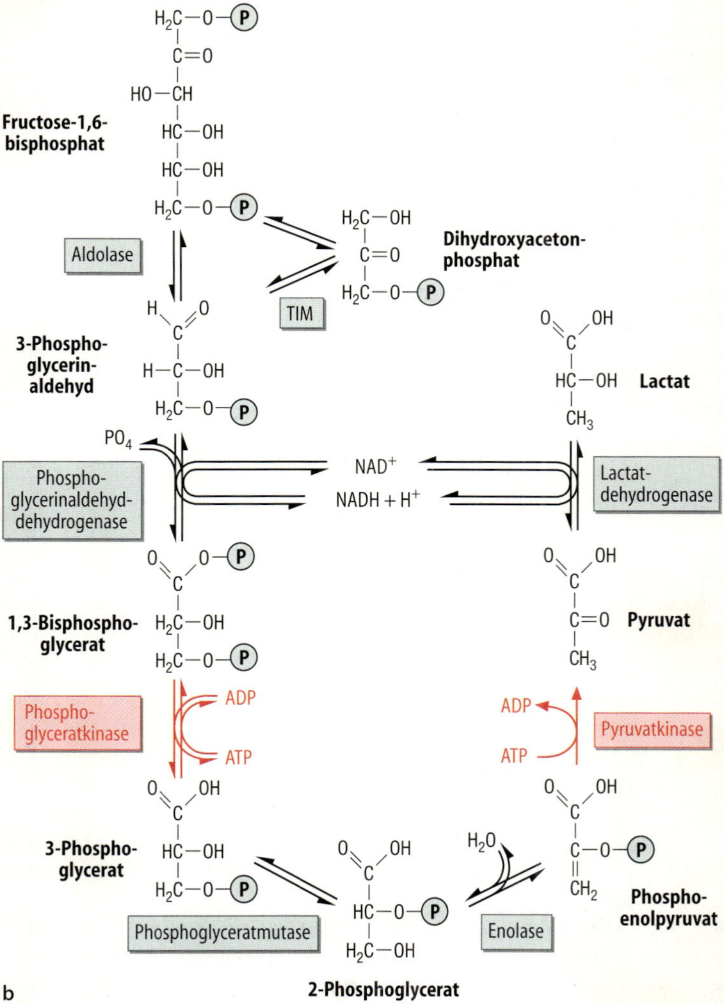

◀ **Abb. 5.10 a, b** Die Einzelreaktionen der Glycolyse. **a** Umwandlung von Glucose in die beiden Triosephosphat und 3-Phosphoglycerinaldehyd; **b** vom 3-Phosphoglycerinaldehyd zum Lactat. *TIM* Triosephosphat-Isomerase. Die ATP-liefernden Reaktionen sind *rot* hervorgehoben

5.3 Abbau von Glucose in der Glycolyse

In der Glycolyse wird Glucose anaerob unter ATP-Gewinn zu Lactat abgebaut.

In der als ***Glycolyse*** (Milchsäuregärung) bezeichneten Reaktionsfolge wird Glucose nach der Summenformel

$$\textit{Glucose} \rightarrow 2\ \textit{Lactat};\ \Delta G^{o'} = -\ 197\ kJ/mol$$

zerlegt. Für diese Reaktionssequenz werden elf Enzyme benötigt. Die Glycolyse kommt in allen tierischen und pflanzlichen Zellen, in einfachen eukaryoten Organismen und in vielen Mikroorganismen vor.

In der Hefe wird in einer analogen Reaktionsfolge Glucose zu Ethanol abgebaut (alkoholische Gärung):

$$\textit{Glucose} \rightarrow 2\ \textit{Ethanol} + 2\ CO_2;\ \Delta G^{o'} = -226\ kJ/mol$$

In der ersten Phase der Glycolyse entstehen die Triosephosphate.

Die ersten fünf Reaktionen der Glycolyse führen zu einer Spaltung des Glucosemoleküls in zwei einander äquivalente ***Triosephosphate*** (Abb. 5.10). Wichtig ist dabei, daß alle Zwischenprodukte mit Phosphorsäure verestert sind. Bei den einzelnen Reaktionen handelt es sich um:

- Phosphorylierung von Glucose zu ***Glucose-6-phosphat.*** Der Donor der Phosphatgruppe ist ***ATP.*** Das für diese Reaktion benötigte Enzym ist die ***Hexokinase.*** In den Leberparenchymzellen findet sich statt Hexokinase die ***Glucokinase.*** Diese unterscheidet sich von der Hexokinase durch eine wesentlich größere Michaeliskonstante (S. 69), was gewährleistet, daß Glucose in Abhängigkeit von ihrer Konzentration in der Pfortader phosphoryliert werden kann.
- Isomerisierung von Glucose-6-phosphat zu ***Fructose-6-phosphat.*** Das benötigte Enzym ist die ***Hexosephosphat-Isomerase.***
- Phosphorylierung von Fructose-6-Phosphat zu ***Fructose-1,6-bisphosphat.*** Donor der Phosphatgruppe ist ***ATP.*** Das hierfür verantwortliche Enzym ist die ***Phosphofructokinase***, deren Aktivität für die Geschwindigkeit der Glycolyse bestimmend ist und die allosterisch reguliert wird (S. 129).
- Aldolspaltung des Fructose-1,6-bisphosphats zu ***Dihydroxyacetonphosphat*** (C-Atome 1–3 der Glucose) und ***3-Phosphoglycerinaldehyd*** (C-Atome 4–6 der Glucose). Das benötigte Enzym ist

die ***Fructose-1,6-bisphosphat-Aldolase.*** Die nur in Leber und Nieren vorkommende ***Aldolase B*** kann außer Fructose-1,6-bisphosphat auch Fructose-1-phosphat spalten (S. 133).

- Die Triosephosphate sind äquivalent, da sie durch die ***Triosephosphat-Isomerase*** ineinander überführt werden können.

!

In der zweiten Phase der Glycolyse werden die Triosephosphate unter ATP-Gewinn zu Lactat abgebaut.

In der ersten Phase der Glycolyse wird ATP verbraucht, um die phosphorylierten Triosephosphate zu erhalten. Eine positive Energiebilanz erhält die Glycolyse durch die sechs Reaktionen der zweiten Glycolysephase (Abb. 5.10):

- Die Aldehydgruppe des 3-Phosphoglycerinaldehyds wird in einer stark exergonen Reaktion mit NAD^+ durch das Enzym ***Glycerinaldehydphosphat-Dehydrogenase*** oxidiert (Abb. 5.11). Bei dieser Reaktion erfolgt eine ***Energiekonservierung*** in Form einer energiereichen Bindung in dem Produkt ***1,3-Bisphosphoglycerat.*** Jede der vier identischen Untereinheiten, aus denen das Enzym besteht, verfügt über eine für die Katalyse essentielle SH-Gruppe eines spezifischen Cysteinylrestes. Die Carbonylgruppe des Phosphoglycerinaldehyds reagiert unter Bildung eines ***Thiohalbacetals*** mit dieser SH-Gruppe. Anschließend erfolgt dessen exergone Oxidation, wobei ein ***Thioester*** als Zwischenprodukt entsteht. Thioester sind ***energiereiche Verbindungen*** (S. 14). Der Thioester wird ***phosphorolytisch*** gespalten. Das dabei entstehende ***1,3-Bisphosphoglycerat*** trägt am C-Atom 1 ein ***gemischtes Phosphorsäure-Carbonsäure-Anhydrid.*** Phosphorsäure-Carbonsäure-Anhydride sind ebenfalls energiereiche Verbindungen.
- Durch die ***Phosphoglyceratkinase*** wird das energiereiche Phosphat des 1,3-Bisphosphoglycerates auf ADP übertragen. Es entsteht ***ATP*** und ***3-Phosphoglycerat.*** Diese Reaktion gehört zur Gruppe der ***Substratkettenphosphorylierungen*** (S. 14).
- Der Phosphatrest im 3-Phosphoglycerat wird auf die Position 2 verschoben. Das beteiligte Enzym ist die ***Phosphoglyceratmutase.***
- Aus ***2-Phosphoglycerat*** wird durch die ***Enolase*** Wasser abgespalten. Es entsteht ***Phosphoenolpyruvat.*** Enolphosphate sind ebenfalls energiereiche Verbindungen.
- Die Phosphatgruppe im Phosphoenolpyruvat wird auf ADP übertragen, es entsteht ***ATP*** und ***Pyruvat.*** Das beteiligte Enzym ist die ***Pyruvatkinase.***

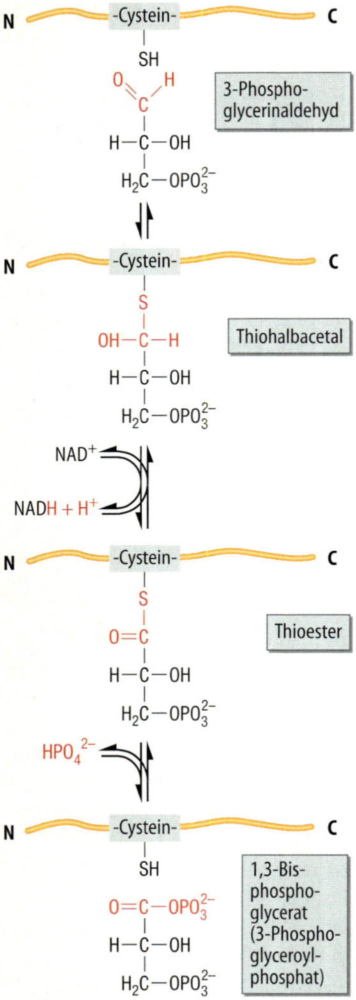

Abb. 5.11 Reaktionsmechanismus der Glycerinaldehydphosphat-Dehydrogenase. (Einzelheiten s. Text)

- Pyruvat wird durch die ***Lactatdehydrogenase*** mit Hilfe von NADH zu ***Lactat*** reduziert. Die Bedeutung dieser Reaktion liegt darin, daß sie den glycolytischen Glucoseabbau auch in Abwesenheit von Sauerstoff ermöglicht. Sie führt zu einer ***Regenerierung*** von NAD^+, das für die Glycerinaldehydphosphat-Dehydrogenase benötigt wird.

Die Bilanzgleichung der Glycolyse lautet demnach:

$$\textit{Glucose} + 2\,P_i + 2\,\textit{ADP} \rightarrow 2\,\textit{Lactat} + 2\,\textit{ATP}$$

Die ***Energiekonservierung*** erfolgt also durch eine ***Redoxreaktion***, nämlich die Oxidation des 3-Phosphoglycerinaldehyds zu 1,3-Bisphosphoglycerat. In dieser Reaktion wird NAD^+ zu NADH reduziert. Unter ***anaeroben*** Bedingungen erfolgt die Reoxidation des NADH in der durch die Lactatdehydrogenase katalysierten Reaktion; unter ***aeroben*** Bedingungen wird NADH in der Atmungskette mit Sauerstoff reoxidiert (S. 233).

Die ***Energiebilanz*** der anaeroben Glycolyse ist in Tabelle 5.5 zusammengestellt. Da das in der ***aeroben Glycolyse*** gebildete NADH mit Sauerstoff reoxidiert und das Endprodukt Pyruvat, aerob zu CO_2 und H_2O abgebaut werden kann, können unter aeroben Bedingungen aus dem Glucoseabbau maximal 36–38 ATP gewonnen werden (S. 250).

!

WICHTIG

In der Glycolyse wird Glucose zu Lactat abgebaut. Diese Reaktionssequenz wird von elf Enzymen katalysiert.

In der ersten Phase der Glycolyse erfolgt unter Verbrauch von ATP eine Spaltung des Glucosemoleküls zu zwei äquivalenten Triosephosphaten.

Tabelle 5.5 Energiebilanz der anaeroben Glycolyse

Enzym	Reaktion	ATP-Ausbeute
Hexokinase/ Glucokinase	Glucose + ATP → Glucose-6-P + ADP	– 1 ATP
Phosphofructokinase	Fru-6-P + ATP → Fru- 1,6 – P_2 + ADP	– 1 ATP
Phosphoglyceratkinase	1,3 Bisphosphoglycerat + ADP → 3-Phosphoglycerat + ATP	+ 2 ATP, aus Glucose entstehen zwei 1,3- Bisphosphoglycerat bzw. Phosphoenolpyruvat
Pyruvatkinase	Phosphoenolpyruvat + ADP → Pyruvat + ATP	+ 2 ATP, aus Glucose entstehen zwei 1,3-Bisphosphoglycerat bzw. Phosphoenolpyruvat
	Zusammen	+ 2 ATP

In der zweiten Phase der Glycolyse ist die Oxidation der Aldehydgruppe des 3-Phosphoglycerinaldehyds zu 1,3-Bisphosphoglycerat die energiekonservierende Reaktion. Der weitere Abbau des 3-Phosphoglycerats zu Lactat dient der Rückgewinnung des in der ersten Phase investierten ATPs unter Regenerierung des für die energiekonservierende Reaktion benötigten NAD^+.

5.4 Abbau von Glucose im Pentosephosphatweg

Im Pentosephosphatweg wird Glucose unter Bildung von NADPH zu Pentosen abgebaut.

Ein weiterer, in vielen Geweben vorkommender Abbauweg der Glucose führt zur Bildung von CO_2 und Reduktionsäquivalenten in Form von NADPH (Abb. 5.12, 5.13). Er wird als ***Pentosephosphatweg*** (Syn. Pentosephosphatcyclus, Hexosemonophosphatweg) bezeichnet und in zwei Phasen eingeteilt. In der ersten Phase wird:

- Glucose-6-phosphat mit $NADP^+$ am C-Atom 1 oxidiert, wobei ***6-Phosphogluconat*** entsteht. Das beteiligte Enzym ist die ***Glucose-6-phosphatdehydrogenase***.
- In einer weiteren $NADP^+$-abhängigen Oxidation wird dieses am C-Atom 3 oxidiert. Dies führt zur Labilisierung der COO^-Gruppe, die als CO_2 abgespalten wird. Das Reaktionsprodukt ist ***Ribulose-5-phosphat***, das verantwortliche Enzym die ***6-Phosphogluconat-Dehydrogenase***.
- Durch eine ***Isomerase*** (Ketose-Aldose-Isomerisierung, S. 106) kann Ribulose-5-Phosphat in ***Ribose-5-phosphat*** umgewandelt werden.

Durch diese Reaktionsfolge entstehen aus Glucose-6-phosphat die Pentose Ribose-5-phosphat, CO_2 und 2 NADPH. Ribose-5-phosphat ist ein Substrat der Nucleotidbiosynthese (S. 313), NADPH wird für reduktive Biosynthesen benötigt (s.u).

Die zweite Phase des Pentosephosphatweges dient dem unter Umständen notwendigen Abbau der durch die beiden ersten Reaktionen des Pentosephosphatwegs gebildeten Pentosephosphate. Die hierzu notwendigen Reaktionen sind in Abb. 5.13 zusammengestellt:

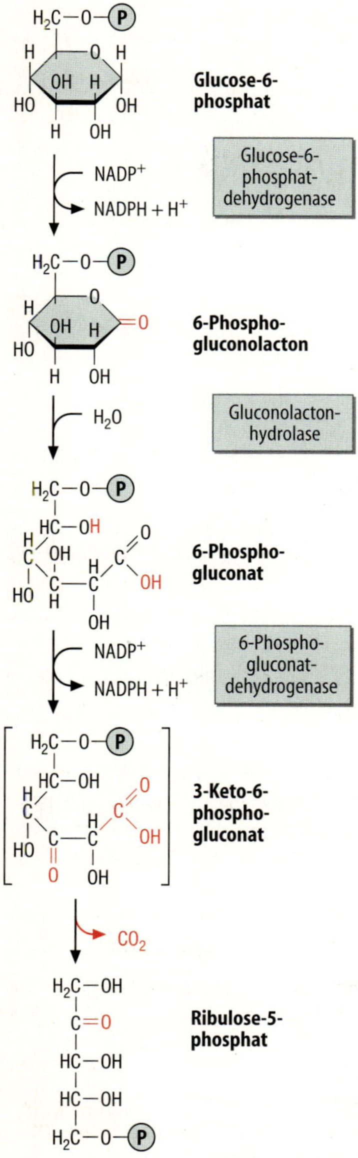

Abb. 5.12 Oxidation und Decarboxylierung von Glucose-6-phosphat zu Ribulose-5-phosphat im Pentosephosphatweg

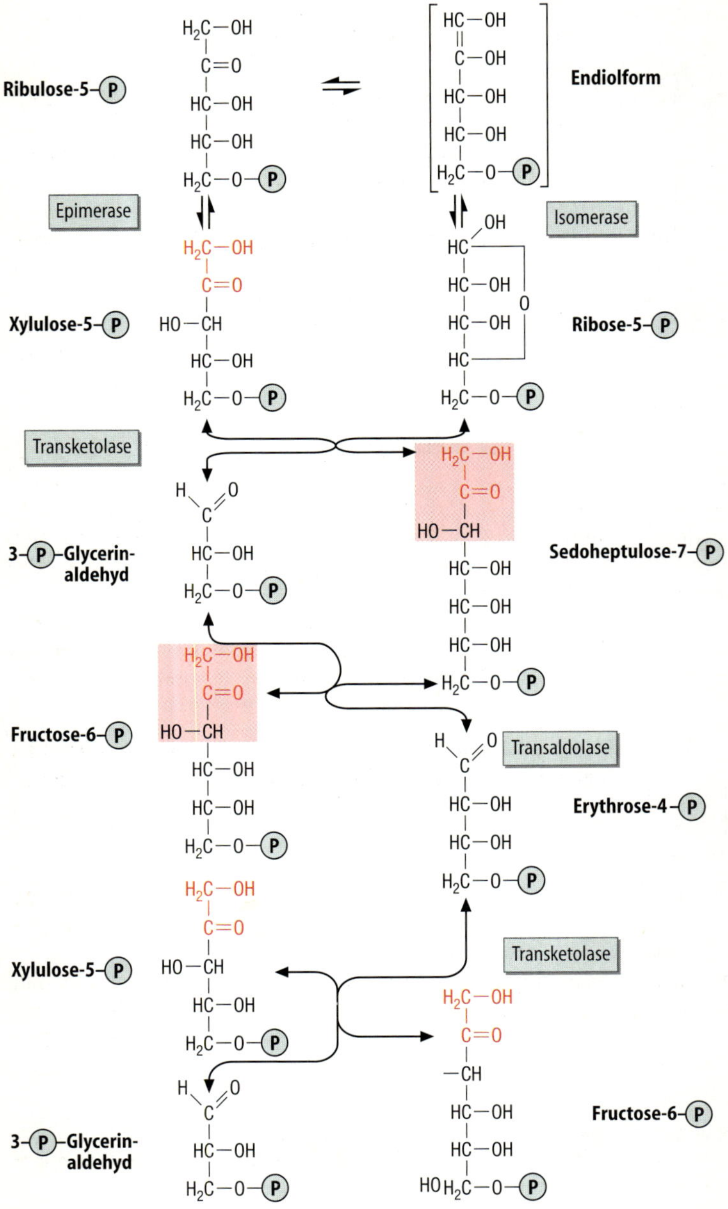
Ribulose-5-P
Endiolform
Epimerase
Isomerase
Xylulose-5-P
Ribose-5-P
Transketolase
3-P-Glycerin-aldehyd
Sedoheptulose-7-P
Fructose-6-P
Transaldolase
Erythrose-4-P
Xylulose-5-P
Transketolase
3-P-Glycerin-aldehyd
Fructose-6-P

- Ribulose-5-Phosphat wird durch ***Epimerisierung*** in ***Xylulose-5-phosphat*** bzw. durch ***Isomerisierung*** in ***Ribose-5-phosphat*** umgewandelt.
- Durch die Thiaminpyrophosphat-abhängige (S. 579) ***Transketolase*** werden die C-Atome 1 und 2 des Xylulose-5-phosphats auf Ribose-5-phosphat übertragen. Dabei entsteht ***3-Phosphoglycerinaldehyd*** und ***Sedoheptulose-7-phosphat.***
- Durch die ***Transaldolase*** werden die drei ersten C-Atome des Sedoheptulose-7-phosphates auf 3-Phosphoglycerinaldehyd übertragen. Es entsteht ***Fructose-6-phosphat*** und die aus 4 C-Atomen bestehende Aldose ***Erythrose-4-phosphat.***
- Aus einem weiteren Molekül Xylulose-5-phosphat wird – wiederum durch die ***Transketolase*** – ein C2-Bruchstück auf Erythrose-4-phosphat übertragen. Dabei entstehen ***Fructose-6-phosphat*** und ***3-Phosphoglycerinaldehyd.***

Da aus den Endprodukten der 2. Phase des Pentosephosphatweges Glucose resynthetisiert werden kann, können in der Bilanz im Pentosephosphatweg, ausgehend von 6 Molekülen Glucose-6-phosphat, 12 Moleküle NADPH/H^+ und 6 Moleküle CO_2 gebildet werden. Es bleiben 5 Glucose-6-phosphat-Moleküle übrig, 1 Glucose-6-phosphat ist zu CO_2 oxidiert worden.

Der Pentosephosphatweg kann nur ablaufen, wenn das gebildete NADPH auch wieder reoxidiert wird. Die hierfür benötigten, meist biosynthetischen Reaktionen, laufen nur unter aeroben Bedingungen ab.

Der Pentosephosphatweg ist besonders aktiv in den Geweben, die große Mengen an NADPH benötigen.

Einige Gewebe zeichnen sich durch einen besonders aktiven Pentosephosphatweg aus:

- Im ***Fettgewebe*** sowie in der ***lactierenden Milchdrüse*** wird das im Pentosephosphatweg gebildete NADPH für die ***Fettsäurebiosynthese*** (S. 173) benötigt.
- In der ***Nebennierenrinde*** wird aus Cholesterin eine große Zahl von ***Steroidhormonen*** synthetisiert. Die hierbei ablaufenden ***Hydroxylierungsreaktionen*** (S. 253) benötigen ebenfalls NADPH.

◀ **Abb. 5.13** Umwandlung der in der ersten Phase des Pentosephosphatwegs entstandenen Xylulose-5-phosphat in Fructose-6-phosphat und 3-Phosphoglycerinaldehyd

- In den ***Erythrocyten*** wird das im Pentosephosphatweg entstehende NADPH für die Reduktion von ***Glutathiondisulfid*** (S. 525) gebraucht. Reduziertes Glutathion schützt SH-Gruppen in Membranen sowie SH-Enzyme des Erythrocyten vor der Oxidation durch den im Erythrocyten herrschenden O_2-Partialdruck.

> **!** WICHTIG
> Im Pentosephosphatweg wird das C-Atom 1 des Glucose-6-phosphats nach zweimaliger Oxidation des Moleküls als CO_2 abgespalten. Die Funktion des Pentosephosphatweges besteht deswegen in der Bereitstellung von NADPH für reduktive Biosynthesen und Pentosephosphaten für den Nucleinsäurestoffwechsel. Gewebe mit hohem NADPH-Bedarf sind mit besonders hohen Aktivitäten der Enzyme des Pentosephosphatwegs ausgestattet.
> Obwohl der Pentosephosephatweg formal zur vollständigen Zerlegung des Glucosemoleküls zu CO_2 führt, ist mit ihm keine Energiekonservierung in Form von ATP verbunden.

5.5 Gluconeogenese

Glucose ist eine für die Zellen des menschlichen Organismus essentielle Verbindung.

Alle Zellen des menschlichen Organismus sind auf die Bereitstellung von Glucose zur Aufrechterhaltung ihrer Funktion angewiesen. Aus Glucose entstehen außerdem sämtliche Monosaccharide, die für die Biosynthese von Heteroglycanen in Glycoproteinen und Proteoglycanen benötigt werden.

Für folgende Gewebe bzw. Zellen ist Glucose das einzige Substrat zur Deckung des Energiebedarfs:

- Nervensystem
- Erythrocyten
- Nierenmark.

Der größte Glucoseverbraucher mit ca. 140 g/24 h unter den genannten Geweben ist das ***Nervensystem***. Dieses kann allerdings bei langdauerndem Hunger (s. u.) einen Teil seines Energiebedarfs durch die Oxidation von Ketonkörpern (S. 170) decken.

! **Mit Ausnahme von drei Umgehungsreaktionen ist die Gluconeogenese eine Umkehr der Glycolysereaktion.**

In der ***Gluconeogenese*** (Abb. 5.14) werden dieselben Reaktionen und Enzyme wie in der Glycolyse, jedoch in umgekehrter Richtung benutzt. Da drei Glycolysereaktionen unter den zellulär herrschenden Bedingungen irreversibel sind, werden für sie folgende Umkehrreaktionen benutzt, die für die Gluconeogenese typisch sind:

- Bildung von Phosphoenolpyruvat aus Pyruvat: formal entspricht dies einer Umkehr der Pyruvatkinasereaktion. Da diese stark exergon ist, muß sie durch folgende Reaktionen umgangen werden (Abb. 5.15):

  Pyruvatcarboxylase:
  Pyruvat + ATP + CO_2 → Oxalacetat + ADP + P_i;
  Phosphoenolpyruvatcarboxykinase (PEP-CK):
  Oxalacetat + GTP ⇌ Phosphoenolpyruvat + GDP + CO_2

  Die Pyruvatcarboxylase, nicht jedoch die PEP-Carboxykinase benötigt ***Biotin*** (S. 582) als Coenzym.
- Bildung von Fructose-6-phosphat aus Fructose-1,6-bisphosphat: In der Glycolyse wird diese exergone Reaktion durch die Phosphofructokinase katalysiert. Sie muß bei der Gluconeogenese durch die ***Fructose-1,6-bisphosphatase*** ersetzt werden:

  Fructose-1,6-bisphosphat + H_2O → Fructose-6-phosphat + P_i

- Bildung von Glucose aus Glucose-6-phosphat: In der Glycolyse entspricht dies der exergonen Hexokinase-Reaktion. In der Gluconeogenese wird die ***Glucose-6-phosphatase*** benötigt:

  Glucose-6-phosphat + H_2O → Glucose + P_i

! **Der Energiebedarf für die Gluconeogenese ist beträchtlich.**

Der für die Gluconeogenese aus Pyruvat bzw. Pyruvat-liefernden Aminosäuren erforderliche Energiebedarf von ***6 ATP pro Glucose*** verteilt sich auf die in Tabelle 5.6 aufgeführten Reaktionen. Oxalacetat bzw. Oxalacetat-liefernde Aminosäuren oder Glycerin sind vom Energetischen her günstigere Substrate der Gluconeogenese.

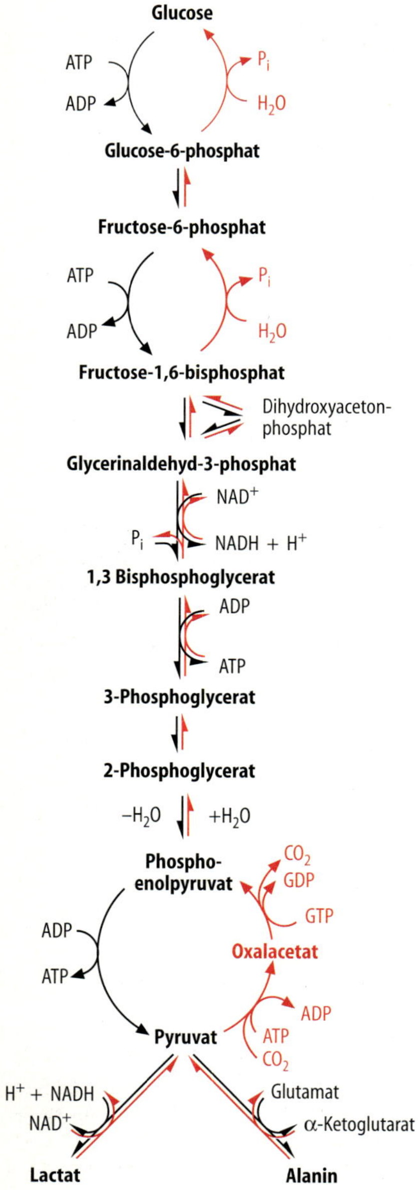

Abb. 5.14 Einzelreaktionen von Glycolyse und Gluconeogenese. Die Reaktionsfolge der Gluconeogenese ist *rot* hervorgehoben

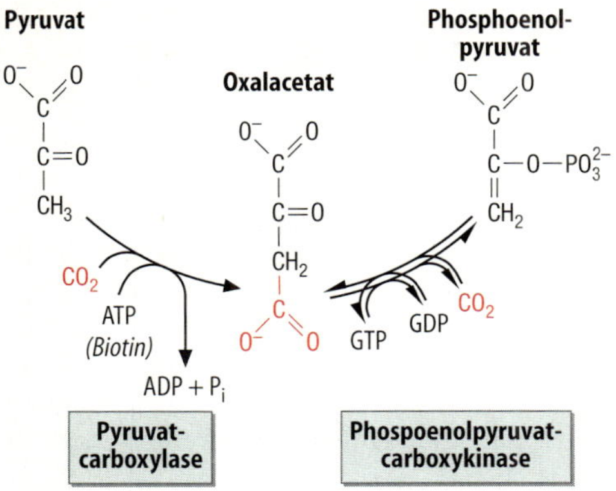

Abb. 5.15 Bildung von Phosphoenolpyruvat aus Pyruvat unter Katalyse der Pyruvatcarboxylase und Phosphoenolpyruvatcarboxykinase

Tabelle 5.6 Energiebedarf der Gluconeogenese aus verschiedenen Substraten

Substrat	Energieverbrauchende Reaktionen	ATP-Bedarf/Glucose (für die Biosynthese von 1 Glucose werden 2 Triosephosphate benötigt)
Lactat/Pyruvat; Aminosäuren, deren Abbau Pyruvat bildet	Pyruvat-Carboxylase: 1 ATP Phosphoenolpyruvat-Carboxykinase: 1 ATP Phosphoglyceratkinase: 1 ATP	6 ATP
Oxalacetat; Aminosäuren, deren Abbau Oxalacetat bildet	Phosphoenolpyruvat-Carboxykinase: 1 ATP Phosphoglyceratkinase: 1 ATP	4 ATP
Glycerin	Glycerokinase: 1 ATP	2 ATP

Leber und Niere sind die wichtigsten Organe der Gluconeogenese.

In vielen Organen und Geweben lassen sich nur äußerst geringe Mengen der Gluconeogeneseenzyme nachweisen. Jedoch ist deren Aktivität in den ***Nieren*** und vor allem der ***Leber*** so groß, daß diese beiden Gewebe für nahezu 100% der Glucoseneusynthese verantwortlich sind. Ihre Gesamtkapazität liegt beim Menschen bei etwa 180–200 g Glucose/24 h.

Substrate für die Gluconeogenese sind Lactat, Aminosäuren und Glycerin.

Die Bedeutung der Gluconeogenese für den menschlichen Organismus liegt in der Glucoseversorgung bei länger dauernder Nahrungskarenz. Die wichtigsten Substrate unter diesen Bedingungen sind:

- *Lactat*, das von vielen Zellen während des Glucoseabbaus gebildet und, soweit es nicht zu CO_2 und H_2O abgebaut wird, an das Blut abgegeben wird. Es gelangt an die Leber, wird dort zu Glucose resynthetisiert und wieder an das Blut gegeben, womit es den Glucose-verbrauchenden Geweben erneut zur Verfügung steht. Dieser Cyclus wird nach seinem Erstbeschreiber auch als ***Cori-Cyclus*** bezeichnet.
- *Aminosäuren*, besonders die ***glucogenen Aminosäuren*** (S. 279). Unter diesem Begriff faßt man diejenigen Aminosäuren zusammen, deren Abbau entweder zu Pyruvat oder zu Zwischenprodukten des Citratcyclus (S. 229) führt, die Oxalacetat liefern. Im Hungerzustand werden derartige Aminosäuren von vielen extrahepatischen Geweben, besonders aber von der ***Skelettmuskulatur*** freigesetzt.
- *Glycerin*, das v. a. beim Triacylglycerinabbau im ***Fettgewebe*** entsteht (S. 640). Es wird in der Leber mit der dort in hoher Aktivität vorkommenden ***Glycerokinase*** zu ***α-Glycerophosphat*** phosphoryliert, dieses in einer zweiten Reaktion mit ***Glycerophosphatdehydrogenase*** zu ***Dihydroxyacetonphosphat*** oxidiert:

  $$\text{Glycerin} + \text{ATP} \rightarrow \alpha\text{-Glycerophosphat} + \text{ADP}$$
  $$\alpha\text{-Glycerophosphat} + \text{NAD}^+ \rightleftharpoons \text{Dihydroxyacetonphosphat} + \text{NADH} + \text{H}^+$$

Dihydroxyacetonphosphat ist ein Zwischenprodukt der Glycolyse.

> **!**
>
> WICHTIG
>
> Die Gluconeogenese gewährleistet die Glucoseversorgung von Nervensystem, Erythrocyten und Nierenmark bei länger dauernder Nahrungskarenz. Formal handelt es sich dabei um eine Umkehr der Glycolyse, wobei allerdings drei irreversible Schritte umgangen werden müssen:
>
> - die Pyruvatkinase durch die Kombination von Pyruvatcarboxylase und PEP-Carboxykinase,
> - die Phosphofructokinase durch die Fructose-1,6-bisphosphatase,
> - die Hexo-/Glucokinase durch die Glucose-6-phosphatase.

Substrate für die Gluconeogenese, die überwiegend in Leber und Nieren stattfindet, sind Lactat/Pyruvat, glucogene Aminosäuren und Glycerin.

5.6 Biosynthese und Abbau von Glycogen

Das Makromolekül Glycogen ist ein wichtiger Energiespeicher.

Im ***Glycogen*** sind Glucosemoleküle α1,4- und α1,6 glycosidisch miteinander verknüpft. Daraus ergibt sich die Struktur eines baumartigen, stark verästelten Gebildes. Es ist schwer, das Molekulargewicht eines Glycogenmoleküls exakt zu bestimmen, es dürfte jedoch bei mehreren Millionen D, entsprechend mehr als 10.000 Glucosemolekülen liegen (Abb. 5.5). Der Vorteil der Glucosespeicherung als Makromolekül liegt in der ***osmotischen Inaktivität.***

Alle Körperzellen außer Erythrocyten enthalten Glycogen. Mengenmäßig am wichtigsten sind die Skelettmuskulatur mit maximal 1 g/100 g bzw. die Leber mit 10 g/100 g. Insgesamt können damit im menschlichen Organismus ca. ***400 g Glucose*** als Glycogen gespeichert werden.

Das Substrat für die Glycogensynthese ist Uridindiphosphat-aktivierte Glucose.

Immer wenn Monosaccharide für Biosynthesen von Di-, Oligo- oder Polysacchariden verwendet werden sollen, müssen sie in eine ***aktivierte Form*** überführt werden. Im Fall des Glycogenstoffwechsels geschieht dies ausgehend vom Glucose-6-phosphat mit folgenden Reaktionen (Abb. 5.16):

- Verschiebung der Phosphatgruppe im Glucose-6-phosphat, so daß ***Glucose-1-phosphat*** entsteht. Das Enzym ist die ***Phosphoglucomutase.***
- Unter Abspaltung von Pyrophosphat reagiert Glucose-1-phosphat mit UTP zu ***Uridindiphosphatglucose*** (UDP-Glc). Das Enzym ist die ***UDP-Glucose-Phosphorylase.***
- Das Reaktionsprodukt Pyrophosphat wird durch die in allen Fällen nachweisbare ***Pyrophosphatase*** zu anorganischem Phosphat

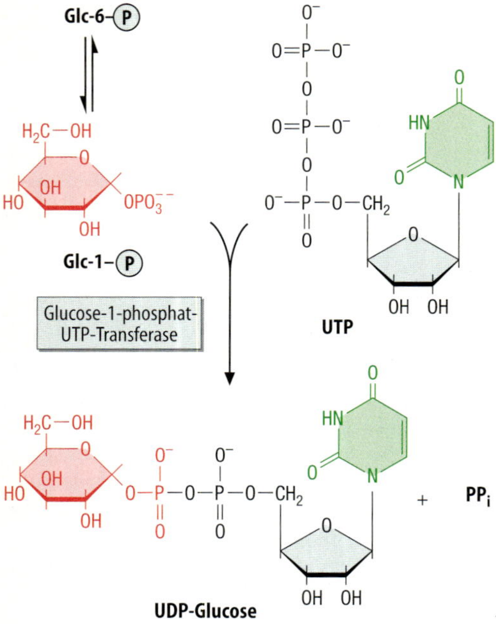

Abb. 5.16 Bildung von UDP-Glucose aus Glucose-6-phosphat

gespalten. Damit wird das Gleichgewicht der UDP-Glucose-Phosphorylase auf die Seite der Bildung von UDP-Glucose verlagert.

- Für die eigentliche Glycogenbiosynthese wird der Glucoserest der UDP-Glucose auf das C-Atom 4 des letzten Glucoserestes eines bereits vorhandenen ***„Starter"-Glycogens*** übertragen, so daß eine 1,4-glycosidische Bindung entsteht (Abb. 5.17). Dabei wird UDP- freigesetzt. Das verantwortliche Enzym ist die ***Glycogensynthase*** (UDP-Glycogen-Glucosyltransferase). Durch diese für die Glycogensynthese geschwindigkeitsbestimmende Reaktion entsteht ***unverzweigtes***, 1,4-glycosidisch verknüpftes Glycogen (Amylopectin).
- Für die Einführung von ***Verzweigungen*** wird ein aus 6–7 Glycosylresten bestehendes Ende der Glycogenkette auf das C-Atom 6 eines anderen Glucoserestes im Glycogenmolekül übertragen. Das Enzym ist die ***Amylo-1,4–1,6-Transglycosylase*** (*engl.* branching enzyme, Verzweigungsenzym).

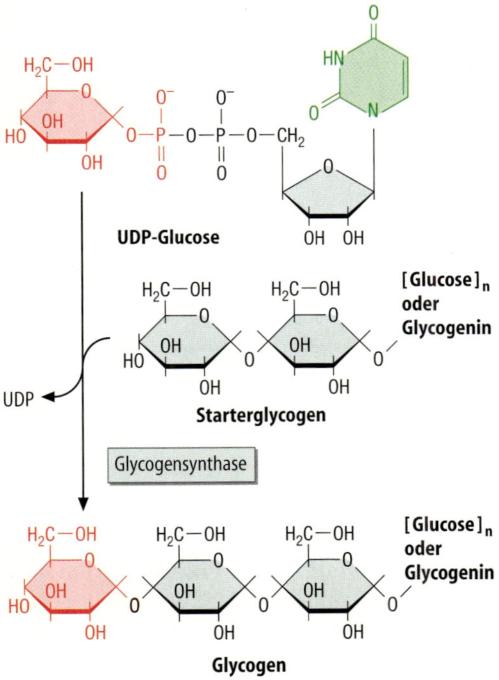

Abb. 5.17 Mechanismus der Kettenverlängerung im Glycogen

Da die Glycogensynthase neben UDP-Glucose immer bereits vorhandenes Glycogen benötigt, kann die Neubildung eines Glycogenmoleküls mit diesem Mechanismus nicht erklärt werden. Für sie ist ein als ***Glycogenin*** bezeichnetes Protein notwendig. Glycogenin hat eine Glycosyltransferaseaktivität und kann sich selbst mit UDP-Glucose an einem Tyrosylrest glycosylieren. Glycosyliertes Glycogenin ist dann Substrat der Glycogensynthase. Aus diesem Grund enthält jedes Glycogenmolekül in seinem Inneren das Protein Glycogenin.

Der Glycogenabbau erfolgt durch phosphorolytische Spaltung glycosidischer Bindungen.

Die wichtigste Reaktion für den Abbau des Glycogens ist die ***phosphorolytische Spaltung*** der 1,4-glycosidischen Bindungen (Abb. 5.18). Das hierfür verantwortliche Enzym ist die ***Glycogenphos-***

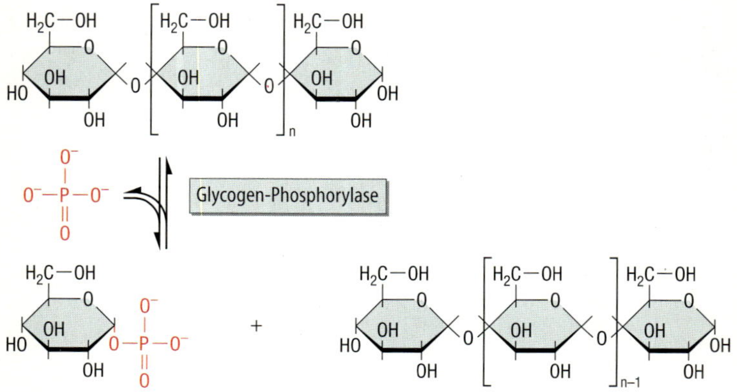

Abb. 5.18 Phosphorolytische Spaltung des Glycogens zu Glucose-1-phosphat

phorylase, die für die Geschwindigkeit des Glycogenabbaus bestimmend ist. Bei der durch die Phosphorylase katalysierten Reaktion entsteht ***Glucose-1-phosphat***, welches durch die ***Phosphoglucomutase*** (S. 119) in Glucose-6-phosphat überführt wird. Glucose-6-phosphat kann in die verschiedenen Reaktionen des Glucoseabbaus eingeschleust werden oder alternativ in Leber und Nieren nach Abspaltung der Phosphatgruppe durch die ***Glucose-6-phosphatase*** (S. 115) als Glucose freigesetzt werden.

!

Für die Beseitigung der Verzweigungsstellen des Glycogenmoleküls werden zwei weitere Enzymaktivitäten benötigt.

Die Glycogenphosphorylase ist nicht zur Spaltung der 1,6-glycosidischen Bindung an den Verzweigungsstellen des „Glycogenbaums" imstande. Um diese zu entfernen, werden zwei Enzymaktivitäten benötigt:

- Sobald ein Zweig des Glycogenbaums bis auf eine Länge von 4 Glucoseresten abgebaut ist, überträgt eine ***α(1,4)-α(1,4)Glucantransferase*** eine Trisaccharideinheit auf einen anderen Zweig. Damit ist der Verzweigungspunkt im Glycogen freigelegt.
- Die ***Amylo-1,6-Glucosidase*** (*engl.* debranching enzyme) spaltet hydrolytisch die 1,6-glycosidische Bindung an der Verzweigungsstelle, womit diese entfernt ist.

Normalerweise wird immer nur ein Teil der Äste des Glycogenbaums abgebaut. Ein vollständiger Abbau bis auf die Stufe des Glycogenins kommt praktisch nicht vor.

!

WICHTIG
Glucose wird im menschlichen Organismus als Glycogen gespeichert. Die größte Glycogenmenge mit zusammen 400 g kommt dabei in der Leber und der Skelettmuskulatur vor.

Die Glycogenbiosynthese erfordert die Aktivierung von Glucose zu UDP-Glucose, dem Substrat der Glycogensynthase. Diese fügt Glucosereste an die 4-OH-Gruppe bereits bestehender Glycogenmoleküle an.

Für den Aufbau der Verzweigungsstellen ist eine Amylo-1,4–1,6-Transglycosylase verantwortlich.

Glycogen wird durch phosphorolytische Spaltung der 1,4-glycosidischen Bindungen durch die Phosphorylase abgebaut. Das Reaktionsprodukt ist Glucose-1-phosphat, welches durch Phosphoglucomutase und Glucose-6-phosphatase in Glucose umgewandelt werden kann.

Die Verzweigungsstellen werden durch die α(1,4)- α(1,4)-Glukantransferase und die Amylo-1,6-Glucosidase gespalten.

5.7 Regulation des Glucosestoffwechsels

!

Die Konstanz der Blutglucosekonzentration erfordert eine Stoffwechselregulation auf verschiedenen Ebenen.

Mit Ausnahme der für die ***Glucoseresorption*** zuständigen Enterocyten des Intestinaltraktes sowie der von der Pfortader versorgten Hepatocyten sind alle Zellen des Organismus an eine extrazelluläre Glucosekonzentration von etwa ***5 mmol/l*** angepaßt, die nur wenig über- bzw. unterschritten werden darf.

- Sinkt die Glucosekonzentration unter 3–4 mmol/l (***Hypoglycämie***), so kommt es infolge von Minderversorgung mit einem wichtigen Substrat zu Funktionsstörungen, die sich besonders ausgeprägt am Zentralnervensystem äußern.

- Das Überschreiten der Blutglucosekonzentration über Werte von 6 mmol/l wird als ***Hyperglycämie*** bezeichnet. Häufig kommt es dabei zur ***Glucosurie.***

Die an der Konstanthaltung der Blutglucosekonzentration (Glucosehomöostase) beteiligten Mechanismen sind in Tabelle 5.7 zusammengestellt:

- Bei ***Nahrungszufuhr*** führt die Resorption der Nahrungskohlenhydrate zur ***Hyperglycämie.*** Diese wird kompensiert durch eine gesteigerte Verwendung der Glucose für Biosynthesen und Energiegewinnung. Das hierfür verantwortliche Hormon ist im wesentlichen ***Insulin.***
- Bei ***Nahrungskarenz*** muß Glucose nur noch für die Deckung des Energiebedarfs von ***Nervensystem***, ***Erythrocyten*** und ***Nierenmark*** bereitgestellt werden. Dies geschieht durch ***Abbau der Glycogenspeicher*** der Leber, ***Steigerung der Gluconeogenese*** aus verschiedenen Substraten in Leber und Nieren und ***Hemmung des Glucoseverbrauchs*** in vielen extrahepatischen Geweben. Die verantwortlichen Hormone sind ***Glucagon***, ***Adrenalin***, ***Noradrenalin*** und die

Tabelle 5.7 Glucosehomöostase bei Nahrungszufuhr und Nahrungskarenz

	Erhöhung der Blutglucose-Konzentration	Senkung der Blutglucose-Konzentration
Nahrungszufuhr	Resorption von Nahrungskohlenhydraten	Gesteigerte Glycogenbiosynthese in Leber und Muskulatur gesteigerte Triacylglycerinbiosynthese aus Glucose im Fettgewebe Bevorzugte Glucoseoxidation in vielen Geweben Verantwortliches Hormon: Insulin
Nahrungskarenz	Glycogenolyse der Leber aus Aminosäuren, Lactat und Glycerin Gluconeogenese in Leber und Nieren Verantwortliche Hormone: Glucagon, Adrenalin, Noradrenalin, Glucocorticoide Hemmung der Glucoseoxidation durch gesteigerten Fettsäureabbau in vielen Geweben	Glucoseoxidation des Nervensystems, der Erythrocyten, des Nierenmarkes

Glucocorticoide. Aufgrund ihres Effektes auf die Blutglucosekonzentration werden sie auch als ***Insulinantagonisten*** bezeichnet.

Für die Regulation des Glucosestoffwechsels auf molekularer Ebene stehen eine Reihe unterschiedlicher Mechanismen zur Verfügung.

! Glucosetransporter sind für die Glucoseaufnahme verantwortlich.

Da die Plasmamembranen für Glucose impermeabel sind, kann sie nur mit Hilfe geeigneter ***Transportproteine*** aufgenommen werden. Derartige Transportproteine sind inzwischen in allen Geweben identifiziert worden.

Enterocyten im Intestinaltrakt sowie ***Tubulusepithelien*** der Nieren nehmen auf der luminalen Seite Glucose durch ***sekundär aktiven Symport*** mit Natriumionen auf (S. 613). In allen anderen Zellen des Organismus erfolgt die Glucoseaufnahme als ***Uniport*** durch erleichterte Diffusion (Tabelle 5.8).

Tabelle 5.8 Glucose-Transporter-Isoformen

Bezeichnung	Eigenschaften und Gewebsverteilung	Funktion
Glut 1	Viele fetale und adulte Gewebe; Erythrocyten, Endothelzellen, $K_M \cong 20$ mmol/l	Basale Glucoseversorgung vieler Gewebe, Bluthirnschranke
Glut 2	Hepatocyten, β-Zellen der Langerhans'schen Inseln des Pankreas, Epithelzellen der Nieren und des Intestinaltraktes, $K_M \cong 40$ mmol/l	Transepithelialer Transport; Teil des Glucostat-Mechanismus (S. 126); Hepatische Glucoseaufnahme
Glut 3	Viele Gewebe, besonders Zentrales Nervensystem; $K_M \cong 10$ mmol/l	Basale Glucoseversorgung; Glucoseaufnahme aus der cerebrospinalen Flüssigkeit
Glut 4	Skelettmuskulatur, Fettgewebe; wird insulinabhängig in Plasmamembran transloziert	Insulinabhängiger Glucoseumsatz des Organismus
Glut 5	Intestinaltrakt, Spermatozoen, in geringem Umfang auch in anderen Geweben	Fructosetransport
Glut 7	Leber	Glucosetransport bei Gluconeogenese

In Fettgewebe und Skelettmuskulatur steht die Glucoseaufnahme unter hormoneller Kontrolle. Der in diesen Geweben vorhandene Glucosetransporter ***GLUT 4*** kommt außer in der Plasmamembran auch in ***intrazellulären*** Vesikeln vor, wo er funktionslos ist. Unter dem Einfluß von ***Insulin*** werden intrazelluläre GLUT 4-Transporter in die Plasmamembran verlagert, was zu einer Erhöhung der Aufnahmekapazität für Glucose führt. In Abwesenheit von Insulin erfolgt der umgekehrte Vorgang (Abb. 5.19). Da Insulin bei jedem Anstieg der Blutglucosekonzentration freigesetzt wird (S. 489), führt Nahrungszufuhr zur gesteigerten Glucoseaufnahme in Fettgewebe und Muskulatur.

In ***Hepatocyten*** und in den β-Zellen der ***Langerhans'schen Inseln des Pankreas*** (S. 487) findet sich ein Glucosetransporter mit besonders großer Kapazität. Die Geschwindigkeit des Glucosestoffwechsels wird in diesen Geweben durch die nur hier vorkommende ***Glucokinase*** reguliert. Glucokinase hat im Gegensatz zur Hexokinase eine K_M, die im Bereich von etwa 10 mmol/l liegt. Damit ist die Geschwindigkeit der Glucosephosphorylierung in diesen Geweben proportional zur Glucosekonzentration in der extrazellulären Flüssigkeit.

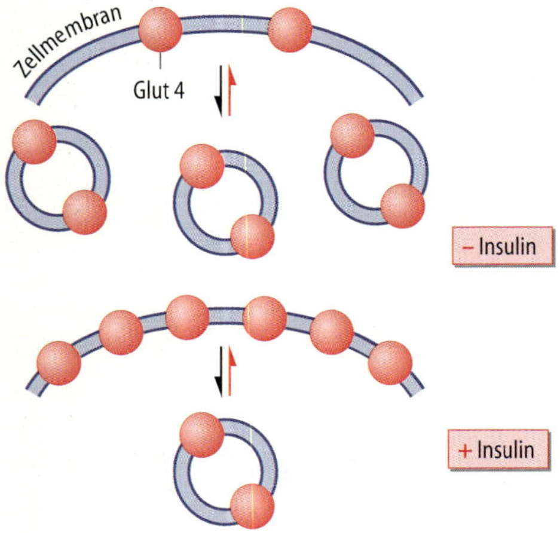

Abb. 5.19 Beeinflussung der Verteilung von Glut 4-Transportern zwischen Plasmamembran und intrazellulären Vesikeln durch Insulin. In Abwesenheit von Insulin liegen die Transporter besonders an intrazelluläre Vesikel gebunden vor. In Anwesenheit von Insulin kommt es zur Translokation der in intrazellulären Vesikeln gebundenen Glut 4-Transportern in die Plasmamembran

Die Geschwindigkeit von Glycogensynthese und -abbau wird durch reversible Phosphorylierung/Dephosphorylierung von Glycogensynthase und Glycogenphosphorylase reguliert.

Für die Regulation des Glycogenstoffwechsels ist ***cAMP*** (3', 5'-cyclo-AMP) von ausschlaggebender Bedeutung (Abb. 5.20):

- cAMP wird unter dem Einfluß von ***Glucagon*** (nur Leber), ***Adrenalin*** und ***Noradrenalin*** vermehrt gebildet (S. 484).
- cAMP bindet an die ***cAMP-abhängige Proteinkinase A*** (PKA) und aktiviert diese.

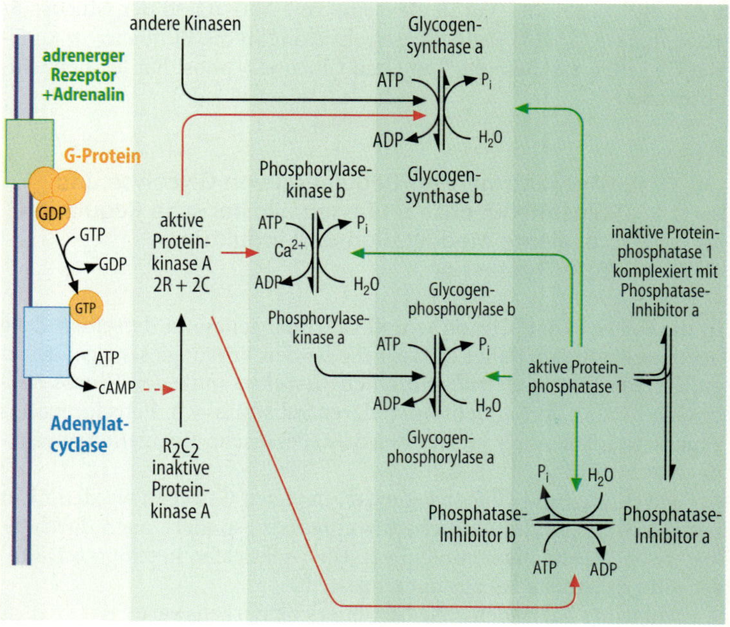

Abb. 5.20 cAMP als gemeinsamer Regulator von Glycogenolyse und Glycogensynthese. Die durch cAMP aktivierte Proteinkinase A phosphoryliert Phosphorylasekinase, Glycogensynthase und Phosphoprotein-Phosphatase-1-Inhibitor, wodurch die Glycogenolyse an- und die Glycogensynthese abgeschaltet wird. (Einzelheiten s. Text)

- PKA phosphoryliert ATP-abhängig spezifische Serylreste der ***Glycogensynthase, Phosphorylase-Kinase*** und des ***Phosphoprotein-Phosphatase-1-Inhibitors.***
- Phosphorylierte Glycogensynthase ist ***inaktiv.***
- Phosphorylierte Phosphorylase-Kinase ist eine aktive Proteinkinase, die spezifisch ***Glycogenphosphorylase***, ebenfalls an einem Serylrest, phosphoryliert. Die phosphorylierte Glycogenphosphorylase ist ***aktiv.***
- Der phosphorylierte ***Phosphataseinhibitor*** hat eine hohe Affinität zur Proteinphosphatase 1, bindet und inaktiviert diese. Damit wird die Dephosphorylierung und Aktivierung der Glycogensynthase sowie die Dephosphorylierung und Inaktivierung der Glycogenphosphorylase und Phosphorylase-Kinase verhindert.

Ein Effektor, also das ***cAMP***, stimuliert damit den ***Glycogenabbau*** (Glycogenolyse) und verhindert die ***Glycogensynthese***. In der Leber führt dies wegen des Vorhandenseins von Aktivitäten der Glucose-6-Phosphatase (S. 115) zur Glucosefreisetzung in die Blutbahn, in anderen Geweben zur Bereitstellung von Glucose-6-phosphat für den Glucoseabbau.

!

Mechanismen zur Regulation von Glycolyse und Gluconeogenese umfassen allosterische Regulation, covalente Modifikation und Induktion bzw. Repression.

In der ***Leber*** laufen Glycolyse und Gluconeogenese in derselben Zelle nebeneinander ab, daher müssen die beiden Vorgänge sehr genau reguliert werden. In ***extrahepatischen Geweben*** muß der Glucoseverbrauch an das Vorhandensein anderer Substrate, v. a. Fettsäuren, angepaßt werden. Auch hierfür werden spezifische Regulationsmechanismen benötigt.

Glycolyse (und Gluconeogenese) in vielen Geweben werden nicht nur durch Enzyminduktion bzw. -repression, sondern auch durch allosterische Mechanismen reguliert. Die wichtigsten beteiligten Faktoren sind in Tabelle 5.9 zusammengestellt.

Folgende Tatsachen sind besonders bemerkenswert:

- ***Insulin*** ist ein ***Induktor*** der Schlüsselenzyme der Glycolyse und ein ***Repressor*** der Schlüsselenzyme der Gluconeogenese. ***cAMP*** verhält sich umgekehrt. Außerdem werden Schlüsselenzyme der Gluconeogenese durch ***Glucocorticoide*** induziert.

Tabelle 5.9 Regulation von Schlüsselenzymen der Glycolyse und *Gluconeogenese*

Enzym	Induktor	Repressor	Aktivator	Inhibitor
Glucokinase	Insulin	cAMP	–	–
Hexokinase	–	–	–	Glucose-6-phosphat
Glucose-6-Phoshatase	*Gluco-corticoide*	*Insulin*	–	–
Phospho-fructokinase	Insulin, Glucose	cAMP	ADP; AMP; Fructose-2,6-bisphosphat	ATP; Citrat
Fructose-1,6-Bisphos-phatase	*Gluco-corticoide*	*Insulin*	*AMP*	*Fructose-2,6-bisphosphat*
Pyruvatkinase	Insulin, Glucose	cAMP	Fructose-1,6-bisphosphat	Alanin
PEP-Carboxy-kinase	*Glucocorti-coide, cAMP*	*Insulin*	–	–
Pyruvat-Carboxylase	–	*Insulin*	*Acetyl-CoA*	–

- Das wichtigste ***allosterisch regulierte*** Enzym der Glycolyse ist die ***Phosphofructokinase.*** Das Enzym dient als „Energiesensor". ATP und Citrat dienen dabei als Signale für gute Energieversorgung und hemmen Phosphofructokinase, ADP und AMP als Signale für schlechte Energieversorgung sind allosterische Aktivatoren.

! **Fructose-2,6-bisphosphat ist der wichtigste allosterische Regulator von Glycolyse und Gluconeogenese.**

Fructose-2,6-bisphosphat ist der wirkungsvollste allosterische Aktivator der Phosphofructokinase. In Hepatocyten hemmt diese Verbindung gleichzeitig die ***Fructose-1,6-bisphosphatase.*** Damit führen hohe Konzentrationen von Fructose-2,6-bisphosphat zum Überwiegen der Glycolyse, niedrige Konzentrationen dagegen zur Steigerung der Gluconeogenese.

Für Bildung und Abbau von Fructose-2,6-bisphosphat ist ein durch Phosphorylierung reguliertes Enzym notwendig.

Bildung und Abbau von Fructose-2,6-bisphosphat sind in Abb. 5.21 dargestellt.

- ***Fructose-2,6-bisphosphat*** entsteht durch ATP-abhängige Phosphorylierung von Fructose-6-Phosphat. Das benötigte Enzym ist die ***Fructose-6-phosphat-2-Kinase.***
- Für den Abbau von Fructose-2,6-bisphosphat wird die Phosphatgruppe in Position 2 hydrolytisch abgespalten. Die hierfür benötigte ***Phosphatase*** entsteht aus der ***Fructose-6-phosphat-2-Kinase*** durch Phosphorylierung eines spezifischen Serylrestes durch die ***Proteinkinase A.***
- Da die Proteinkinase A durch cAMP aktiviert wird, wird in Gegenwart von ***Glucagon, Adrenalin*** oder ***Noradrenalin*** durch die dann vorliegenden hohen cAMP-Konzentrationen die Glycolyse gehemmt und die Gluconeogenese stimuliert.

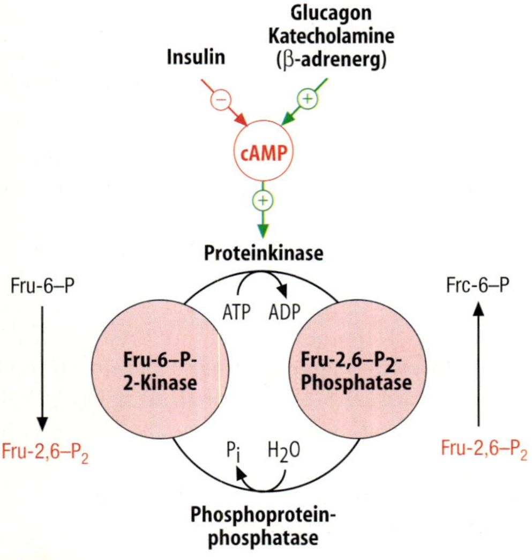

Abb. 5.21 Hormonelle Regulation der Bildung und des Verbrauchs von Fructose-2,6-bisphosphat. (Einzelheiten s. Text)

WICHTIG

Angesichts der Bedeutung der Glucose für den Energieumsatz und die notwendigen Biosynthesen des menschlichen Organismus ist eine strikte Regulation des Glucosestoffwechsels essentiell. Die Regulation kann dabei erfolgen auf der Stufe der

- Glucoseaufnahme durch den Glut 4-Glucosetransporter und das Hormon Insulin,
- durch die hormonelle Regulation des Glycogenstoffwechsels, wobei in einer cAMP-abhängigen Reaktion die Glycogenbiosynthese gehemmt und der Glycogenabbau stimuliert wird,
- durch allosterische Regulation der Schlüsselenzyme von Glycolyse und Gluconeogenese und schließlich
- durch hormonell ausgelöste Induktion/Repression der Schlüsselenzyme von Glycolyse und Gluconeogenese.

5.8 Stoffwechsel von Monosacchariden

Fructose kann aus Glucose synthetisiert werden.

Für die Bildung von Fructose aus Glucose sind zwei Enzyme notwendig (Abb. 5.22):

- Die ***Aldosereduktase*** reduziert die Aldehydgruppe am C-Atom 1 der Glucose zu einer -CH_2OH-Gruppe. Die entstehende Verbindung heißt ***Sorbitol***.
- Durch die ***Sorbitoldehydrogenase*** kann Sorbitol am C-Atom 2 oxidiert werden, so daß ***Fructose*** entsteht.

Beide Reaktionen sind reversibel, so daß prinzipiell Fructose auch in Glucose umgewandelt werden kann. In den ***Samenblasen*** wird Fructose auf dem oben genannten Weg aus Glucose synthetisiert und dient dann als Substrat zur Energieversorgung der ***Spermien***.

Fructose wird als Bestandteil der Saccharose resorbiert und in der Leber abgebaut.

Der größte Teil der vom menschlichen Organismus umgesetzten Fructose entstammt dem Nahrungsdisaccharid ***Saccharose*** (S. 92).

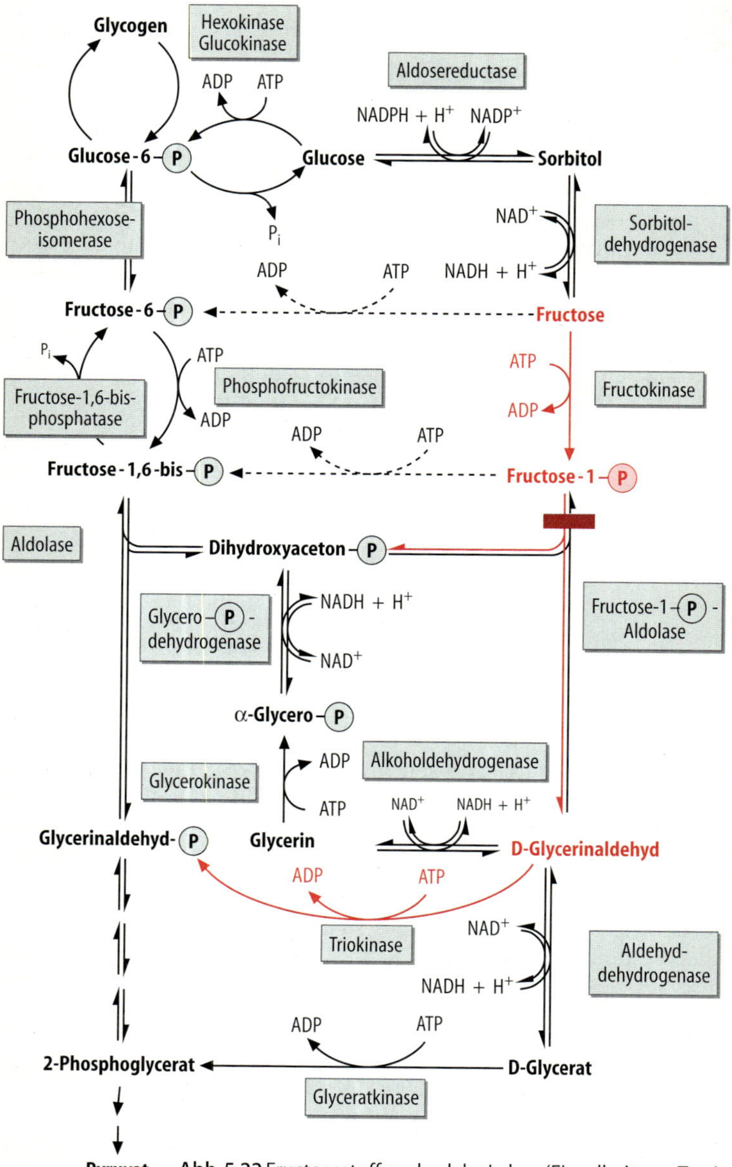

Abb. 5.22 Fructosestoffwechsel der Leber. (Einzelheiten s. Text)

Durch die ***Saccharase*** wird diese im Intestinaltrakt gespalten. ***Fructose*** wird wie Glucose resorbiert und gelangt über die Pfortader an die Leber. Der Fructoseabbau in der Leber unterscheidet sich in einigen Punkten vom Glucoseabbau (Abb. 5.22):

- Unter Katalyse der leberspezifischen ***Fructokinase*** entsteht aus Fructose in einer ATP-abhängigen Reaktion ***Fructose-1-phosphat.***
- Fructose-1-phosphat wird durch die in der Leber vorkommende ***Aldolase B*** zu ***Dihydroxyacetonphosphat*** und ***Glycerinaldehyd*** gespalten. Dihydroxyacetonphosphat ist ein Zwischenprodukt der Glycolyse.
- Glycerinaldehyd wird durch die ***Triosekinase*** ATP-abhängig zu ***3-Phosphoglycerinaldehyd*** phosphoryliert. Von wesentlich geringerer Bedeutung ist die Reduktion des Glycerinaldehyds zum Glycerin, welches anschließend durch die Glycerokinase zu Glycerophosphat phosphoryliert und durch die Glycerophosphatdehydrogenase zu Dihydroxyacetonphosphat oxidiert wird. Alternativ kann Glycerinaldehyd durch die Aldehyddehydrogenase zu Glycerinsäure oxidiert und anschließend durch die Glyceratkinase zu 2-Phosphoglycerat phosphoryliert werden.

Da die Fructoseverwertung der Leber insulinunabhängig erfolgt, kann Fructose oder Sorbitol bei Diabetikern als Süßstoff verwendet werden.

Die ***hereditäre Fructoseintoleranz*** ist ein seltener Enzymdefekt des Fructosestoffwechsels, der durch das Fehlen der Aldolase B verursacht wird. Hepatocyten enthalten in diesem Fall nur Aldolase A, die nicht zur Spaltung von Fructose-1-phosphat imstande ist. Dieses häuft sich deshalb im Stoffwechsel an und hemmt u. a. die Glycogenphosphorylase, was zu Hypoglycämien führen kann.

! Für Epimerisierungen, C6-Oxidationen und Biosynthesen müssen Zucker in die Nucleosiddiphosphat-aktivierte Form überführt werden.

Generell müssen Zucker in eine aktivierte Form überführt werden, damit sie für Umwandlungen und Biosynthesen verwendet werden können. Die Aktivierung erfolgt dabei am C-Atom 1, wie in Abb. 5.23 am Beispiel der Glucose dargestellt ist.

Nucleosiddiphosphat-aktivierte Zucker können am C-Atom 6 oxidiert, epimerisiert oder für Biosynthesen verwendet werden.

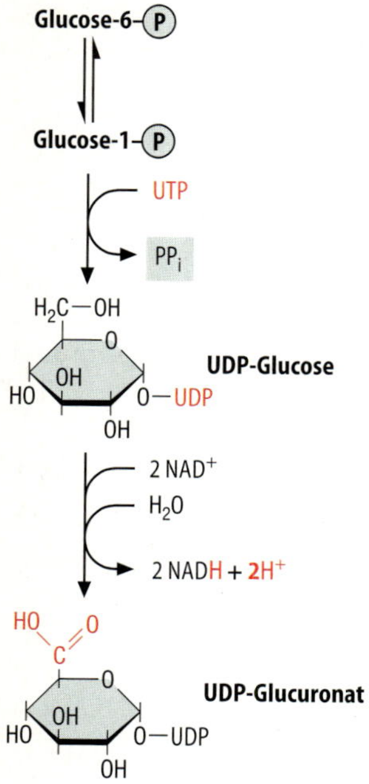

Abb. 5.23 Biosynthese von UDP-Glucuronsäure aus Glucose-6-phosphat

Oxidation am C-Atom 6 führt zur Bildung von Uronsäuren.

Durch zweimalige ***Oxidation*** von UDP-Glucose am C-Atom 6 entsteht ***UDP-Glucuronsäure*** (Abb. 5.23). Analoge Reaktionen können auch mit anderen Nucleosiddiphosphat-aktivierten Zuckern stattfinden.

UDP-Glucuronat ist Substrat für die Biosynthese von Glucuroniden, Ascorbinsäure und Xylulose.

UDP-Glucuronat ist Bestandteil einer Reihe wichtiger Reaktionen:

- Durch Katalyse von ***Glucuronyltransferasen*** kann UDP-Glucuronat unter Abspaltung von UDP mit einem breiten Spektrum von Verbindungen mit -OH-, -NH_2- oder -COOH-Gruppen reagieren, wobei ***Glucuronide*** entstehen (Abb. 5.24). Glucuronide sind polarer und damit besser wasserlöslich als die Ausgangsverbindun-

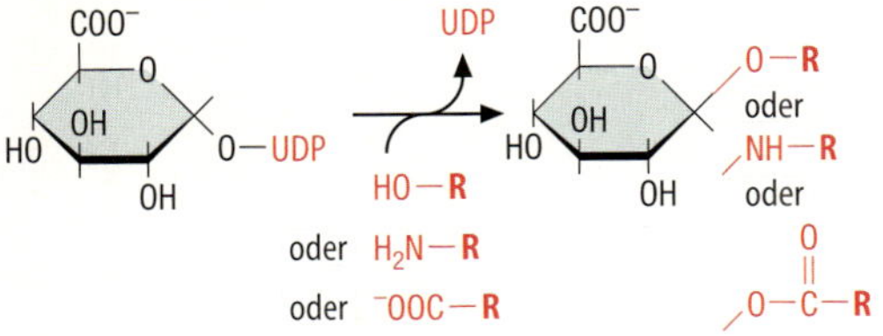

Abb. 5.24 Biosynthesen von Glucuroniden aus UDP-Glucuronat

gen. Glucuronyltransferasen sind ein wichtiger Bestandteil des ***Biotransformationssystems*** der Leber (S. 626).

- Nach Abspaltung von UDP kann Glucuronat am C-Atom 1 reduziert werden, wobei ***L-Gulonat*** entsteht. Wird dieses am C-Atom 3 oxidiert und anschließend decarboxyliert, entsteht ***L-Xylulose***, die mit weiteren Reaktionen in den Pentosephosphatweg eingeschleust werden kann. Außer bei Primaten und Meerschweinchen dient Gulonat nach Bildung eines Lactons und Oxidation am C-Atom 2 zur Biosynthese der ***Ascorbinsäure*** (Vitamin C) (Abb. 5.25).

Aus UDP-Glucose entsteht UDP-Galactose.

Durch eine spezifische ***UDP-Galactose-4-Epimerase*** entsteht aus UDP-Glucose ***UDP-Galactose.*** Diese ist Substrat für zwei wichtige Reaktionen:

- Durch Reaktion von UDP-Galactose mit Glucose entsteht unter UDP-Abspaltung ***Lactose***, das Hauptkohlenhydrat der Milch.
- UDP-Galactose ist Substrat für die Biosynthese von ***Heteroglycanen.***

Für den Galactose-Stoffwechsel sind Galactokinase und Galactose-1-Phosphat-Uridyltransferase notwendig.

Da Lactose das Hauptkohlenhydrat der Milch ist, sind die für Verdauung, Resorption und Stoffwechsel benötigten Reaktionen von besonderer Bedeutung. Durch die ***Lactasen*** des Intestinaltraktes wird Lactose zu Galactose und Glucose gespalten. Beide werden resorbiert und über die Pfortader zur Leber transportiert. Hepatocyten enthalten zwei zusätzliche für den Galactosestoffwechsel essentielle Enzyme:

- Durch die ***Galactokinase*** wird Galactose ATP-abhängig zu ***Galactose-1-phosphat*** phosphoryliert.

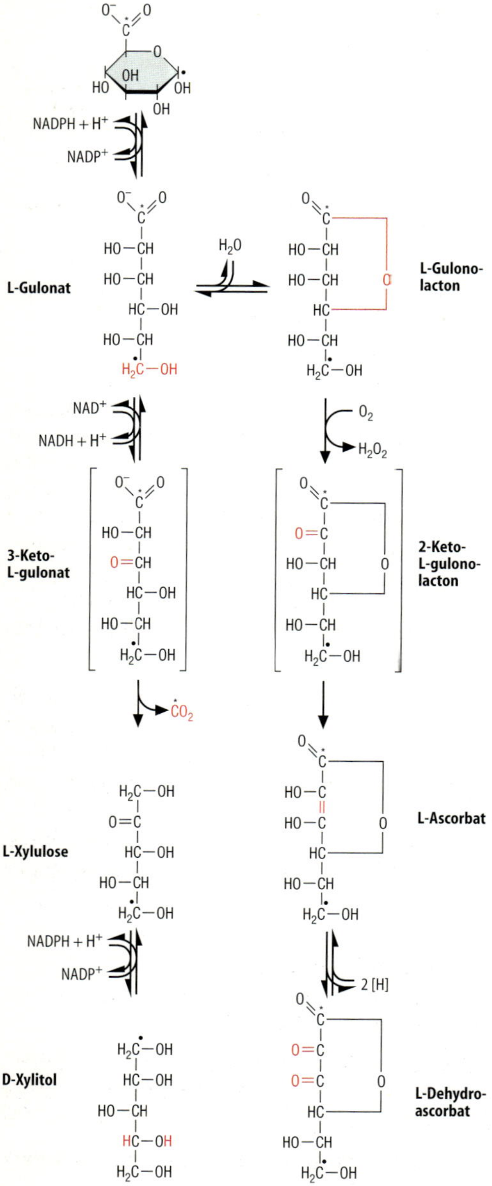

Abb. 5.25 Biosynthese von Ascorbat und Xylitol aus Glucuronat

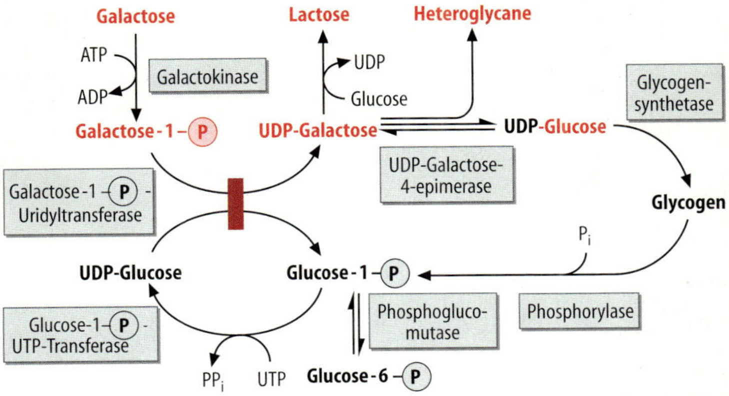

Abb. 5.26 Stoffwechsel der Galactose. Der *rote* Balken gibt den Stoffwechseldefekt bei der hereditären Galactosämie wieder. (Einzelheiten s. Text)

- Durch die ***Galactose-1-phosphat-Uridyltransferase*** kommt es zu einem Austausch des UDP-Restes von UDP-Glucose mit Galactose-1-phosphat. Dabei entsteht ***UDP-Galactose*** und Glucose-1-phosphat.
- Durch die oben genannte ***Epimerase*** kann UDP-Galactose in ***UDP-Glucose*** überführt werden, womit Galactose in den Glucosestoffwechsel eingeschleust wird.

Abbildung 5.26 zeigt einen Überblick über den Galactosestoffwechsel.

Eine sehr seltene angeborene Störung des Galactosestoffwechsels ist die ***hereditäre Galactosämie***. Die Krankheit ist durch einen Mangel der ***Galactose-1-phosphat-Uridyl-Transferase*** gekennzeichnet. Da die Aktivität der Galactokinase normal ist, kommt es zu einem Anstieg des Galactose-1-phosphates, das infolge seiner Hemmwirkung auf Enzyme der Glycolyse und Gluconeogenese zu schweren Hypoglycämien führen kann.

!

Für die Synthese von Mannose und Fucose aus Glucose ist die Isomerisierung zu Fructose-6-phosphat notwendig.

Mannose und ***Fucose*** sind Bestandteile vieler Heteroglycane. Sie unterscheiden sich von der Glucose am C-Atom 2. Die für ihre Biosynthese notwendigen Reaktionen sind in Abb. 5.27 zusammengestellt:

- Glucose-6-phosphat wird in ***Fructose-6-phosphat*** umgewandelt (S. 106).

- Eine spezifische Isomerase wandelt Fructose-6-phosphat wieder in eine Aldose, jedoch in ***Mannose-6-phosphat*** um.
- Durch Verschiebung der Phosphatgruppe auf das C-Atom 1 und Reaktion mit GTP entsteht ***GDP-Mannose***. Für Mannose ist also der Nucleosiddiphosphat-aktivierte Zucker GDP-Mannose.

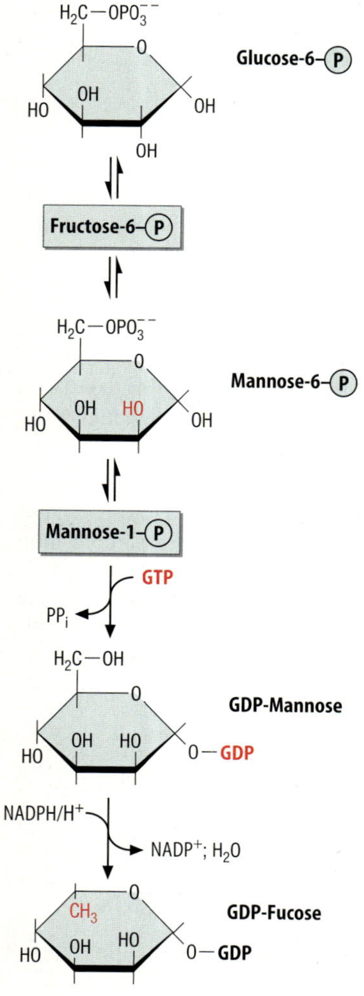

Abb. 5.27 Biosynthese von GDP-Mannose und GDP-Fucose aus Glucose-6-phosphat

- Durch Reduktion der CH_2OH-Gruppe am C-Atom 6 und sterische Umkehr entsteht aus GDP-Mannose ***GDP-Fucose***.

!

Aminozucker entstehen durch Reaktion von Fructose-6-phosphat mit Glutamin.

Grundsätzlich tragen die in vielen Heteroglycanen vorkommenden Aminozucker die Aminogruppe am C-Atom 2. Ausgehend vom Glucose-6-phosphat sind deshalb zu ihrer Synthese folgende Reaktionen notwendig (Abb. 5.28):

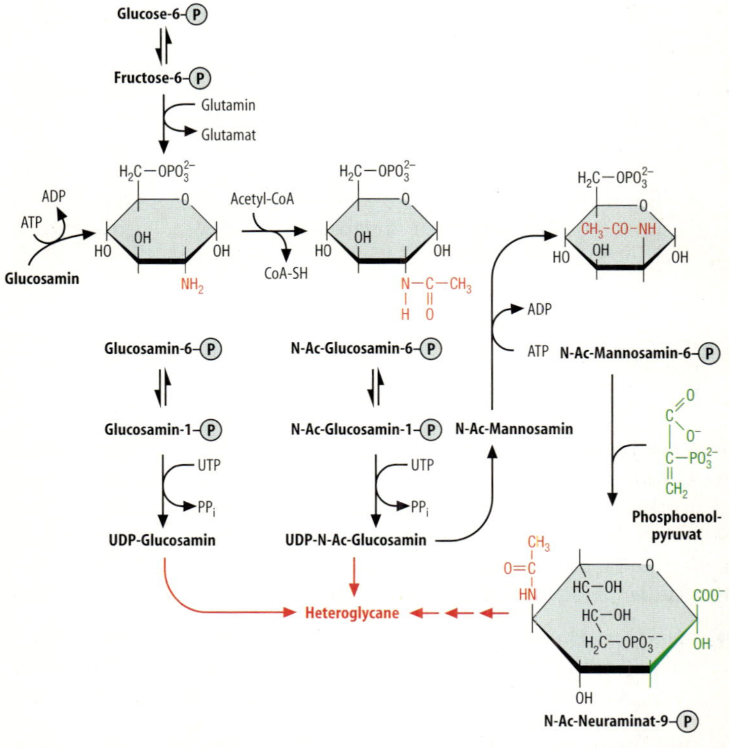

Abb. 5.28 Biosynthese und Stoffwechsel von Glucosamin, N-Acetyl-Glucosamin, Mannosamin und N-Acetyl-Mannosamin sowie N-Acetylneuraminsäure. (Einzelheiten s. Text)

- Isomerisierung von Glucose-6-phosphat in ***Fructose-6-phosphat*** und
- Reaktion von Fructose-6-phosphat mit ***Glutamin***. Dabei wird der Amidstickstoff des Glutamins auf das C-Atom 2 übertragen, es entstehen ***Glucosamin-6-phosphat*** und Glutamat.

Aus Glucosamin-6-phosphat können eine Reihe weiterer Aminozucker hergestellt werden, welche alle für die Biosynthese von Heteroglycanen benötigt werden. Im einzelnen handelt es sich um ***UDP-Glucosamin, UDP-N-Acetylglucosamin, UDP-Galactosamin*** und ***UDP-N-Acetyl-Galactosamin*** sowie die ***N-Acetylneuraminsäure.***

!

WICHTIG

Glucose ist das Substrat für die Biosynthese einer Reihe weiterer Monosaccharide.

Von UDP-Glucose ausgehend erfolgt die Oxidation am C-Atom 6 unter Bildung von Glucuronat, die Epimerisierung am C-Atom 4 unter Bildung von Galactose, die Biosynthese von Ascorbat und Xylulose.

Veränderungen der Glucose am C-Atom 2 erfolgen nach Isomerisierung von Glucose-6-Phosphat zu Fructose-6-Phosphat. Aus ihm entstehen Aminozucker, Mannose, Fucose und N-Acetylneuraminsäure.

5.9 Biosynthese von Heteroglycanen

Heteroglycane kommen zu einem beträchtlichen Teil in ***Glycoproteinen*** und ***Proteoglycanen*** vor. Es handelt sich dabei in jedem Fall um komplexe Strukturen, deren Biosynthese jedoch im Gegensatz zur Biosynthese von Nucleinsäuren oder Proteinen nicht nach einem in einer Matrize kodierten Plan erfolgt, sondern durch das Zusammenwirken einer großen Zahl unterschiedlicher Enzyme. Das Prinzip ist dabei immer gleich:

- ***Nucleosiddiphosphat-aktivierte Zucker*** werden in einer durch die Spezifität der jeweiligen Enzyme festgelegten Sequenz an einen ***Akzeptor*** geheftet (Abb. 5.29). Je nach der Art des Heteroglycans ist der Akzeptor unterschiedlich.
- Bei ***Glycosaminoglycanen*** ist der Akzeptor das zugrundeliegende ***Core-Protein***, an dem schrittweise die repetitiven Disaccharideinheiten aufgebaut werden.

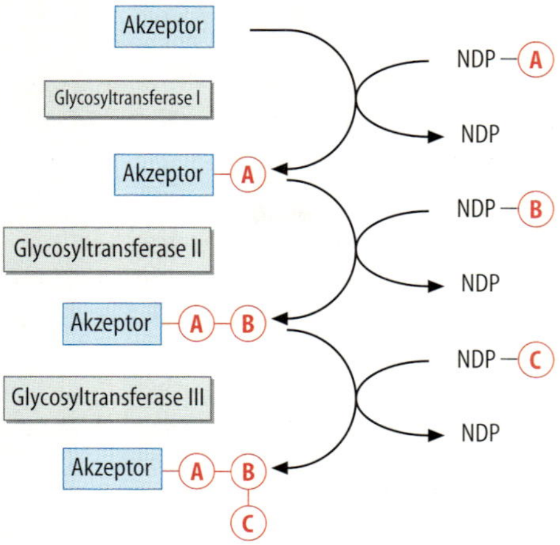

Abb. 5.29 Schema des allgemeinen Prinzips der Heteroglycanbiosynthese

- Bei ***O-glycosidisch verknüpften Glycoproteinen*** werden die Oligosaccharidstrukturen posttranslational in den Zisternen des Golgi-Apparates mit Hilfe spezifischer Glucosyltransferasen auf den betreffenden Seryl- bzw. Threonylresten der ***Peptidkette*** aufgebaut, wobei Nucleosiddiphosphat-aktivierte Zucker das Substrat sind.
- Bei ***N-glycosidisch verknüpften Glycoproteinen*** erfolgt die Biosynthese im endoplasmatischen Reticulum sowie im Golgi-Apparat. Die Zuckerstruktur wird dabei mit den ***Nucleosiddiphosphat-aktivierten Zuckern*** als Substrat primär an einem Lipidanker, dem ***Dolicholphosphat*** (Abb. 5.30) aufgebaut und dann in einem Stück auf den entsprechenden Asparaginylrest des Proteins übertragen. Im Golgi-Apparat erfolgen anschließend spezifische Modifikationen der Kohlenhydratstruktur.

Glycoproteine und Proteoglycane haben eine Reihe wichtiger Funktionen.

Die Biosynthese von Proteoglycanen und Glycoproteinen erfordert vom Organismus einen beträchtlichen Aufwand. Dementsprechend wichtig und vielfältig sind auch die Funktionen der durch Proteinglycosylierung entstehenden modifizierten Proteine (Tabelle 5.10).

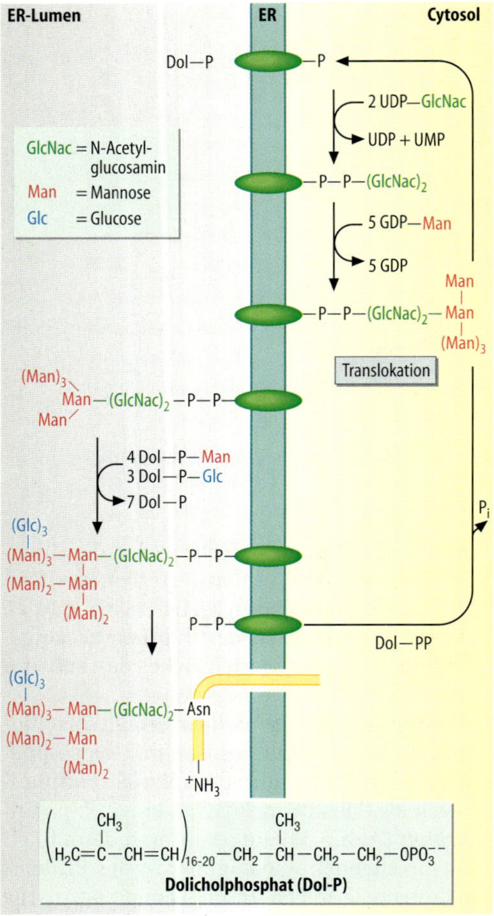

Abb. 5.30 Biosynthese der N-glycosidisch mit Glycoproteinen verknüpften Heteroglycane. Die Zuckerstruktur wird als Ganzes an Dolicholphosphat als Lipidanker synthetisiert. Die in der Abbildung dargestellten Vorgänge finden am endoplasmatischen Reticulum statt

Tabelle 5.10 Durch Proteinglycosylierung modifizierte Proteine (Auswahl)

Protein	Funktion und Beispiele
Serumproteine	Abwehr: Immunglobuline, Komplementsystem Blutgerinnung: Blutgerinnungsfaktoren Fibrinolyse: Fibrinolyseproteine Transport: Transportproteine für Vitamine, Hormone, Lipide usw. Hormone: Proteohormon
Extrazelluläre Proteine	
Extrazelluläre Matrix	Kollagene, Elastine
Epitheloberflächen	Mucine
Membranproteine	
Rezeptoren	Membranrezeptoren für Hormone, LDL-Rezeptoren, T-Zellrezeptor
Zell-Zell-Wechselwirkung	MHC-Proteine, Cadherine, Integrine
Transportproteine	Transport-ATPasen, Zucker-Carrier u.a.

!

WICHTIG

Die Biosynthese von Heteroglycanen geht von Nucleosiddiphosphat-aktivierten Monosacchariden aus:

Im Fall der Glycosaminoglycan-Synthese sowie von O-glycosidisch verknüpften Glycoproteinen werden die Oligosaccharidstrukturen schrittweise durch spezifische Glucosyltransferasen am Protein aufgebaut.

Bei N-glycosidisch verknüpften Glycoproteinen wird die Zuckerstruktur an einem Lipidanker, dem Dolicholphosphat, aufgebaut und dann in einem Stück auf das Protein übertragen.

Die Funktionen von Proteoglycanen und Glycoproteinen sind vielfältig: Proteoglycane stellen einen wichtigen Anteil der extrazellulären Matrix dar und sind damit an allen Interaktionen beteiligt, die Zellen mit ihrer Umgebung durchführen können.

Glycoproteine finden sich hauptsächlich als Membranproteine und sezernierte Proteine. Sie sind an den biologischen Aktivitäten des Proteins beteiligt, vermitteln über den Abbau des Proteins entscheidende Signale, Zell-Zell-Wechselwirkungen und eine Reihe weiterer Aktivitäten.

5.10 Pathobiochemie

Erworbene Störungen des Kohlenhydratstoffwechsels verursachen verschiedene Erkrankungen.

Erworbene Störungen des Kohlenhydratstoffwechsels können in den verschiedensten Formen auftreten und führen häufig zu klassischen Stoffwechselkrankheiten (Tabelle 5.11). Die meisten von ihnen werden an anderer Stelle besprochen.

Hypoglycämien sind Zustände, bei denen die Blutglucose-Konzentration unter 4 mmol/l abgesunken ist. Diese Situation ist bedrohlich, weil das Zentralnervensystem zur Deckung seines Energiebedarfs auf kontinuierliche Glucosezufuhr angewiesen ist. Ursachen für Hypoglycämien können sein:

- Unreife der Gluconeogenese bei Frühgeborenen
- Alkoholintoxikation
- Insulinüberdosierung oder Insulinüberproduktion.

Tabelle 5.11 Erworbene Störungen des Kohlenhydratstoffwechsels

Bezeichnung	Ursache
Diabetes mellitus	Absoluter oder relativer Insulinmangel
Hyperinsulinismus	Inselzelltumoren des Pankreas; Fehlen von Insulinantagonisten
Kohlenhydrat-Malabsorption	Gestörte intestinale Resorption von Monosacchariden
Hypoglycämien	Unreife der Gluconeogenese bei Frühgeborenen; Alkoholintoxikation; Insulinüberdosierung, Insulinüberproduktion
Lactatacidose	Störung des aeroben Glucoseabbaus bei Schocksyndrom, Krampfanfällen, Arzneimitteln (Metformin)
Frühgeborenen-Ikterus	Mangel an Glucuronyltransferase-Aktivität

Die nichtenzymatische Glycosylierung von Proteinen ist die Ursache vieler zellulärer Dysfunktionen.

Wie aus Abb. 5.31 hervorgeht, reagiert Glucose mit Aminogruppen von Proteinen nichtenzymatisch unter Bildung einer ***Schiff-Base***. Diese Reaktion ist reversibel, ihr Ausmaß hängt von der Dauer und der Höhe der Glucosekonzentration ab. In einem folgenden, irreversiblen Schritt, einer sogenannten ***Amadori-Umlagerung***, bildet sich aus der Schiff-Base ein ***Ketoamin***, welches vom Organismus nicht mehr gespalten werden kann. Die Menge des auf diese Weise ***glycierten***, d. h. mit Glucose modifizierten Proteins, hängt von der Höhe und Dauer der Glucoseexposition, der biologischen Lebensdauer des Proteins, der Zahl der freien Aminogruppen und ihrem pK, ihrer Zugänglichkeit für Glucose und dem Vorhandensein benachbarter Aminogruppen ab.

Eine Proteinglycierung findet sich u. a. bei folgenden Proteinen:

- ***Hämoglobin***, wo beim Gesunden 4–6 %, bei Patienten mit Hyperglycämien (Diabetes mellitus) ein wesentlich höherer Prozentsatz glyciert sein kann. Für die Diagnostik und Behandlung von Dia-

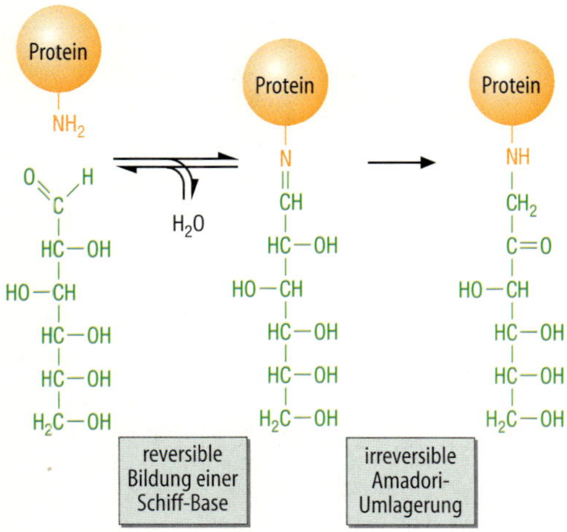

Abb. 5.31 Mechanismus der enzymatischen Glycierung von Proteinen. Die Carbonylgruppe von Aldosen, besonders von Glucose, reagiert reversibel mit Aminogruppen in Proteinen. Die dabei entstehenden Schiff-Basen erfahren eine Amadori-Umlagerung zu einem Ketoamin, das nicht mehr gespalten werden kann

betikern ist der Nachweis des glycierten ***Hämoglobins*** $\boldsymbol{HbA_{1c}}$ von großer Bedeutung.

- Bei vielen Proteinen der ***extrazellulären Flüssigkeit***, wie Albumin, Apolipoproteinen, Myelin, Basalmembranproteinen.
- Bei Geweben mit hoher ***intrazellulärer*** Glucosekonzentration.

Häufig hat die Glycierung keinen Einfluß auf die Proteinfunktion (z. B. glycierte Hämoglobine), gelegentlich kommt es jedoch zu massiven Störungen der Proteinfunktion bzw. Verkürzung der Lebensdauer.

Angeborene Störungen des Kohlenhydratstoffwechsels sind selten.

Angeborene Störungen des Kohlenhydratstoffwechsels können im Prinzip jedes Enzym der in diesem Kapitel beschriebenen Wege des Kohlenhydratstoffwechsels betreffen. Eine Auswahl dieser Erkrankungen ist in Tabelle 5.12 zusammengefaßt.

Tabelle 5.12 Angeborene Störungen des Kohlenhydratstoffwechsels (Auswahl)

Bezeichnung	Defektes Enzym	Hauptsymptom	Häufigkeit
Galactosämie	Galactose-1-phosphat-Uridyltransferase	Hypoglycämien, Leberfunktionsstörung, Lebercirrhose, geistige Retardierung	1:55 000
	Galactokinase	Galactosämie, Katarakte	Selten
Fructose-intoleranz	Aldolase B	Hypoglycämien, Lebercirrhose	1:130 000
Glycogenose Typ I	Glucose-6-Phosphatase	Hypoglycämie, Leververgrößerung	Selten
Glycogenose Typ III	Amylo-1,6-Glucosidase	Hypoglycämie, Lebervergrößerung, Muskelschwäche	Selten
Glycogenose Typ VI	Leberphosphorylase	Hypoglycämie, Lebervergrößerung	Selten
Angeborene hämolytische Anämie	Pyruvatkinase	Beschleunigter Abbau von Erythrocyten	Selten

! WICHTIG

Man kann zwischen erworbenen und angeborenen Störungen des Kohlenhydratstoffwechsels unterscheiden.

Die ersteren sind häufig und betreffen die unterschiedlichsten Aspekte des Kohlenhydratstoffwechsels. Mit einer Störung der Blutglucoseregulation gehen der Diabetes mellitus bzw. die Hypoglykämien einher, wobei die letzteren unterschiedliche Ursachen haben können. Hyperglycämien führen zur nichtenzymatische Proteinglykierung, die gelegentlich Funktionsstörungen auslöst.

Angeborene Erkrankungen des Kohlenhydratstoffwechsels können im Prinzip jedes beteiligte Enzym betreffen. Es handelt sich allgemein um sehr seltene Erkrankungen

6 Lipide

LERNZIELE

- Struktur und physikalische Eigenschaften von Lipiden
- Funktionen von Lipiden
- Abbau von Triacylglycerinen und Fettsäuren
- Biosynthese von Fettsäuren und Triacylglycerinen
- Stoffwechsel der Phosphoglyceride
- Stoffwechsel der Sphingolipide
- Stoffwechsel des Cholesterins
- Transport der Lipide im Blut
- Pathobiochemie

Lipide haben vielfältige, für sämtliche Lebensformen unerläßliche Funktionen. Sie bilden die Struktur aller Membranen, sind als Triacylglycerine die energiedichtesten Speicherverbindungen und werden bei Vertebraten in einem spezialisierten Gewebe, dem Fettgewebe, gespeichert. Die vom Isopren abgeleiteten Lipide sind eine besonders umfangreiche Stoffklasse. Zu ihnen gehören u. a. eine Reihe fettlöslicher Vitamine, Cholesterin als essentieller Membranbaustein, die vom Cholesterin abgeleiteten Steroidhormone sowie die für die Fettverdauung unerläßlichen Gallensäuren.

Lipide sind wichtige Nahrungsbestandteile, können darüber hinaus jedoch auch mit Ausnahme der essentiellen Fettsäuren vom Organismus selbst synthetisiert werden. Bei Nahrungsmangel werden besonders die im Fettgewebe gespeicherten Triacylglycerine durch Lipolyse gespalten und anschließend die dabei entstehenden Fettsäuren von den verschiedensten Geweben zur Deckung des Energiebedarfs durch β-Oxidation abgebaut.

Der Transport der schlecht wasserlöslichen Lipide im Blutplasma erfolgt in Form von Lipoproteinen, Komplexen aus spezifischen Proteinen mit definierten Mischungen der einzelnen Lipide. Bei Überschreitung der normalen Plasmakonzentrationen derartiger Lipoproteine kann es zu Ablagerung von Lipiden in Blutgefäßen, zur Verengung des Lumens der Blutgefäße und so zu einer Reihe bedrohlicher Krankheitsbilder kommen.

6.1 Struktur und physikalische Eigenschaften von Lipiden

Lipide können in verseifbare und nichtverseifbare Lipide eingeteilt werden.

Unter der Bezeichnung Lipide werden chemisch sehr unterschiedlich aufgebaute Moleküle zusammengefaßt, die sich durch die gemeinsame Eigenschaft auszeichnen, daß sie gut in organischen und relativ schlecht in wässrigen Lösungsmitteln löslich sind. In Tabelle 6.1 sind Lipide nach dem Vorkommen von Esterbindungen zusammengefaßt. Daraus ergibt sich:

- Lipide ohne Esterbindung sind entweder ***Fettsäuren*** und deren Derivate oder ***Isoprenderivate***.
- Esterbindung-enthaltende Lipide werden nach dem beteiligten Alkohol eingeteilt. Deswegen unterscheidet man:
  - ***Wachse***, mit einem langkettigen Alkohol als Strukturelement,
  - ***Glycerolipide***, bei denen Glycerin den Alkohol liefert,
  - ***Sphingolipide***, deren Alkohol Sphingosin darstellt,
  - ***Cholesterinester***, in denen die Hydroxylgruppe des Cholesterins als alkoholische Gruppe dient.

Fettsäuren bestehen aus einer Kohlenwasserstoffkette und einer Carboxylgruppe.

Im menschlichen Organismus kommen Fettsäuren in freier Form sowie als Bausteine von Acylglycerinen, Phosphoglyceriden und Sphingolipiden vor. Abb. 6.1 zeigt den allgemeinen Aufbau von Fettsäuren sowie die Prinzipien ihrer Nomenklatur. Fettsäuren enthalten

- meist eine ***gerade Anzahl*** von C-Atomen, was ihrer Biosynthese aus 2-Kohlenstoffeinheiten entspricht;
- eine ***Carboxylgruppe***;
- eine oder mehrere ***Doppelbindungen***.

Für die Zählung der C-Atome und Doppelbindungen gilt:

- das die Carboxylgruppe tragende C-Atom ist das ***C-Atom 1***. Nach einer anderen Zählweise wird das der Carboxylgruppe benachbarte C-Atom (C-Atom 2) als ***α-C-Atom***, das unmittelbar folgende

Tabelle 6.1 Klassifizierung der Lipide

Nicht verseifbare Lipide			Verseifbare (zusammengesetzte) Lipide			
Fettsäuren und Derivate	Isoprenderivate		Acylreste	Verestert mit	Weitere Komponenten	Bezeichnung
	Terpene	Steroide				
Gesättigte Fettsäuren	Retinol Phyllochinone	Cholesterin Steroidhormone	1	Langkettigen Alkoholen	–	Wachse
Ungesättigte Fettsäuren	Tocopherol Dolichol	D-Vitamine Gallensäuren	1–3	Glycerin	–	Acylglycerine
Essentielle Fettsäuren			1–2	Glycerin-3-phosphat	Serin, Ethanolamin, Cholin, Inositol	Phosphoglyceride
Prostaglandine			1	Sphingosin	Phosphorylcholin, Galactose, Oligosaccharide	Sphingolipide
			1	Cholesterin	–	Cholesterinester

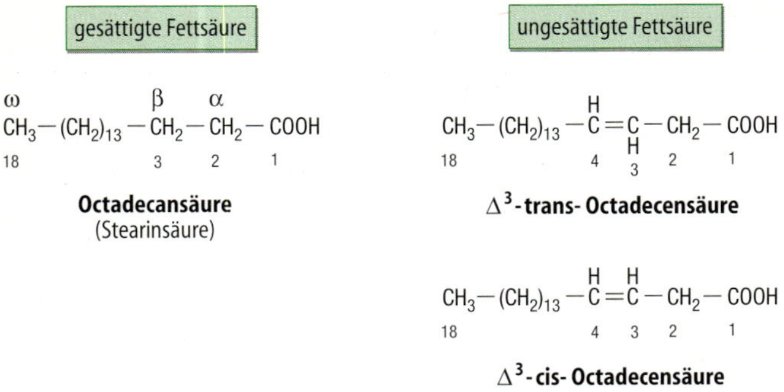

Abb. 6.1 Allgemeiner Aufbau von gesättigten und ungesättigten Fettsäuren. Die Abbildung zeigt die funktionellen Gruppen von Fettsäuren sowie die Möglichkeiten der Zählung der einzelnen C-Atome

als ***β-C-Atom*** bezeichnet. In dieser Nomenklatur wird der Kohlenstoff der endständigen Methylgruppe mit ω gekennzeichnet

- die Stellung der Doppelbindung in einer Fettsäure wird durch ein Δ angegeben. Δ^9 entspricht z. B. einer Doppelbindung zwischen den C-Atomen 9 und 10 einer Fettsäure. Fast alle natürlich vorkommenden ungesättigten Fettsäuren liegen in der ***Cis-Form*** vor (Abb. 6.1).
- Doppelbindungen in Fettsäuren sind immer durch zwei C-C-Bindungen getrennt, es handelt sich also um ***isolierte Doppelbindungen***.
- Fettsäuren mit Doppelbindungen, die mehr als 9 C-Atome von der Carboxylgruppe entfernt sind, können im tierischen Organismus nicht synthetisiert werden. Sie erfüllen aber wichtige Funktionen, u. a. als Präkursoren für die Biosynthese der ***Eicosanoide*** (Prostaglandine, Thromboxane, Leukotriene, S. 180) und müssen deswegen als sog. ***essentielle Fettsäuren*** mit der Nahrung zugeführt werden.

Tabelle 6.2 gibt eine Auswahl biologisch wichtiger Fettsäuren.

!

Acylglycerine entstehen durch Veresterung der Hydroxylgruppen des Glycerins mit Fettsäuren.

Unter der Bezeichnung ***Acylglycerine*** werden alle zusammengesetzten Lipide zusammengefaßt, die als gemeinsames Bauteil den dreiwertigen Alkohol ***Glycerin*** enthalten. Sind alle drei Hydroxylgruppen des Glycerins mit Fettsäuren verestert, spricht man von ***Triacylglycerinen***

Tabelle 6.2 Wichtige Fettsäuren

Trivialname	Chemischer Name	Formel	Vorkommen
Gesättigte Fettsäuren: Summenformel C_nH_{2n+1} COOH			
Myristinsäure	Tetradecansäure	$C_{14}H_{28}O_2$	Anker für Membranproteine
Palmitinsäure	Hexadecansäure	$C_{16}H_{32}O_2$	Bestandteil tierischer und pflanzlicher Lipide
Stearinsäure	Octadecansäure	$C_{18}H_{36}O_2$	Bestandteil tierischer und pflanzlicher Lipide
Lignocerinsäure	Tetracosansäure	$C_{24}H_{48}O_2$	Bestandteil der Cerebroside und Sphingomyeline
Einfach ungesättigte Fettsäuren: Summenformel $C_nH_{2n-1}COOH$			
Palmitoleinsäure	cis-Δ^9-Hexadecensäure	$C_{16}H_{30}O_2$	In Milchfett und Depotfett, Bestandteil der Pflanzenöle
Ölsäure	cis-Δ^9-Octadecensäure	$C_{18}H_{34}O_2$	Hauptbestandteil aller Fette und Öle
Nervonsäure	cis-Δ^{15}-Tetracosensäure	$C_{24}H_{46}O_2$	In Cerebrosiden
Mehrfach ungesättigte Fettsäuren			
Linolsäure[a]	$\Delta^{9,12}$-Octadecadiensäure	$C_{18}H_{32}O_2$	In Pflanzenölen und Depotfett
Linolensäure[a]	$\Delta^{9,12,15}$-Octadecatriensäure	$C_{18}H_{30}O_2$	In Fischölen
Arachidonsäure	$\Delta^{5,8,11,14}$-Eicosatetraensäure	$C_{20}H_{32}O_2$	In Fischölen, Bestandteil vieler Phosphoglyceride

[a] Essentielle Fettsäuren (S. 576).

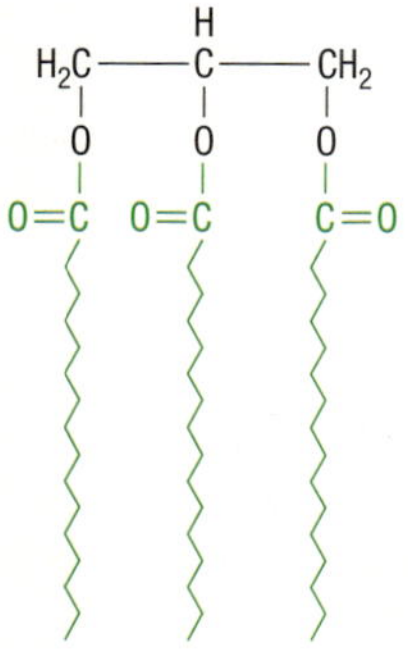

Abb. 6.2 Tripalmitoylglycerin als Beispiel für ein Triacylglycerin

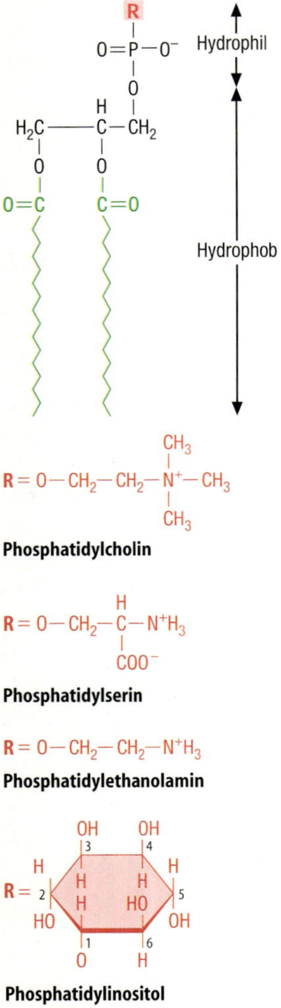

Abb. 6.3 Aufbau von Phosphoglyceriden. Der hydrophobe Teil des Moleküls besteht aus den Alkanketten der Fettsäurereste, die mit zwei der drei Hydroxylgruppen des Glycerins verestert sind. Die dritte Hydroxylgruppe ist mit Phosphorsäure verestert, welche in Form eines Diesters mit den als *R* bezeichneten Substituenten verknüpft ist. Diese sind für die hydrophilen Eigenschaften des Moleküls verantwortlich

(Abb. 6.2). Dementsprechend sind bei Diacylglycerinen nur zwei und bei Monoacylglycerinen nur eine Hydroxylgruppe des Glycerins mit Fettsäuren verestert.

In den natürlichen Acylglycerinen kommen Fettsäuren unterschiedlicher Kettenlänge und unterschiedlichen Sättigungsgrades vor.

Phosphoglyceride sind amphiphile Verbindungen.

Auch die Phosphoglyceride enthalten den dreiwertigen Alkohol Glycerin als Bauteil. Sie zeichnen sich durch folgende Eigenschaften aus:

- Zwei der Hydroxylgruppen des Glycerins sind mit ***langkettigen Fettsäuren*** verestert.
- Die dritte Hydroxylgruppe des Glycerins ist mit ***Phosphorsäure*** verestert, die dabei entstehende Verbindung wird als ***Phosphatidsäure*** bezeichnet.
- Die Einführung der Phosphorsäure in die dritte Position erzeugt ein Asymmetriezentrum am C-Atom 2 des Glycerinrestes. Natürliche Phosphoglyceride gehören der ***L-Reihe*** an.
- Der Phosphorsäurerest der Phosphatidsäure kann mit den Alkoholen Cholin, Ethanolamin bzw. Serin verestert werden. Dadurch entstehen die Phosphoglyceride ***Phosphatidylcholin, Phosphatidylethanolamin*** und ***Phosphatidylserin*** (Abb. 6.3). ***Phosphatidyl-***

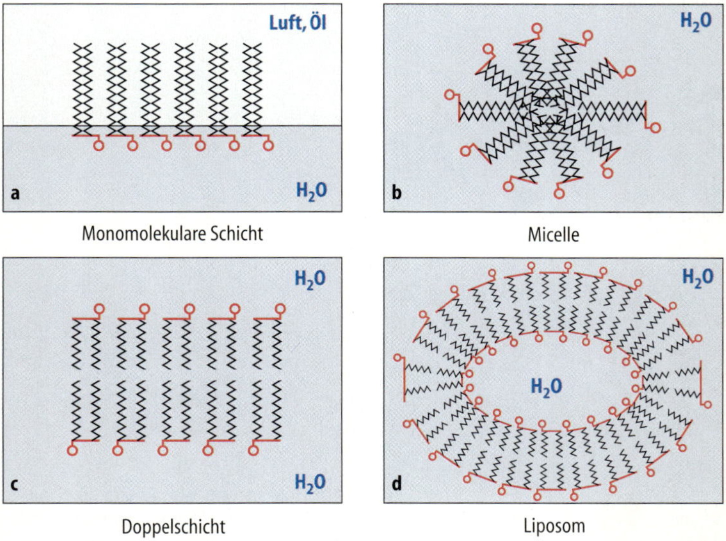

Abb. 6.4 a Möglichkeiten der Anordnung von amphiphilen Lipiden in Grenzschichten; **b – d** im Wasser. Die *rot* hervorgehobenen Teile der Phospholipidmoleküle stellen die hydrophilen Bezirke, die *schwarz* gezeichneten die hydrophoben Bezirke dar

inositol entsteht durch Veresterung der Phosphatidsäure mit dem mehrwertigen cyclischen Alkohol Inositol.

Die Phosphoglyceride sind ***amphiphile*** Verbindungen. Man versteht hierunter die Tatsache, daß in einem Molekül hydrophobe und hydrophile Bestandteile verknüpft sind. Im Fall der Phosphoglyceride bilden die Alkanketten der Fettsäurereste den hydrophoben, die geladenen Anteile Cholin, Ethanolamin bzw. Serin zusammen mit dem geladenen Phosphatrest den hydrophilen Teil. Aufgrund dieser Tatsache können Phosphoglyceride die in Abb. 6.4 dargestellten geordneten Strukturen bilden. Von besonderer Bedeutung ist die Fähigkeit zur Ausbildung von ***Lipiddoppelschichten***, welche die Grundstruktur aller biologischen Membranen darstellen (S. 432).

! Sphingolipide enthalten Sphingosin als Alkohol.

Bei den Sphingolipiden übernimmt der Aminodialkohol ***Sphingosin*** die Rolle des zugrundeliegenden Alkohols (Abb. 6.5). Dieser Alkohol kann folgendermaßen modifiziert werden:

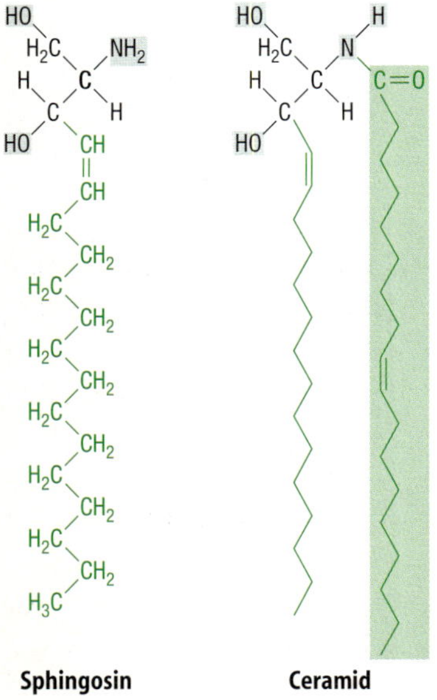

Abb. 6.5 Sphingosin als die alkoholische Komponente der Sphingolipide. Das Molekül trägt 2 Hydroxyl- und 1 Aminogruppe. Geht diese eine Amidbindung mit einer meist ungesättigten Fettsäure ein, entsteht Ceramid

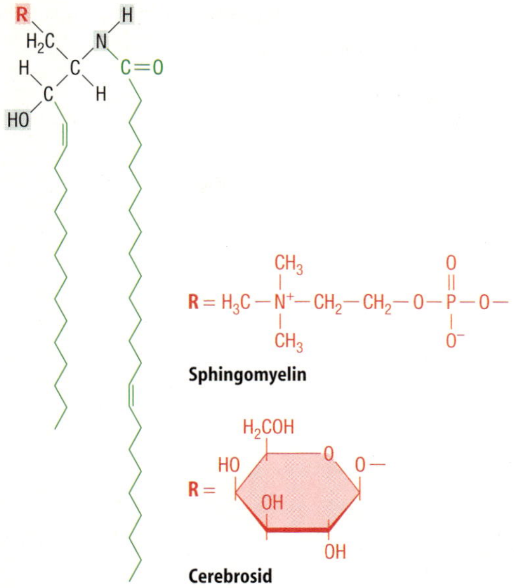

Abb. 6.6 Struktur von Sphingomyelin und Cerebrosid. Durch Veresterung einer Hydroxylgruppe des Ceramids mit Phosphorylcholin bzw. Galactose entsteht Sphingomyelin bzw. Cerebrosid

- Verknüpfung einer Fettsäure mit der Aminogruppe des Sphingosins führt zur Bildung von ***Ceramid*** (Abb. 6.5).
- Durch Anheftung von Phosphorylcholin an die endständige OH-Gruppe des Ceramids entsteht ***Sphingomyelin*** (Abb. 6.6).
- Wird die endständige OH-Gruppe des Ceramids mit Sacchariden verknüpft, so entstehen die Glycosphingolipide. Zu ihnen gehören u. a. ***Cerebroside*** und ***Ganglioside*** (Abb. 6.7).

Sphingolipide sind ebenso wie Phosphoglyceride essentielle Bestandteile tierischer Zellmembranen.

Durch Polymerisierung von Isopren entstehen die Isoprenlipide.

Der Baustein der Isoprenlipide ist das ***2-Methyl-$\Delta^{1,3}$-Butadien*** (***Isopren***). Isopren bildet durch Polymerisierung einkettige Moleküle, die unter bestimmten Umständen cyclisieren können. Vertreter dieser

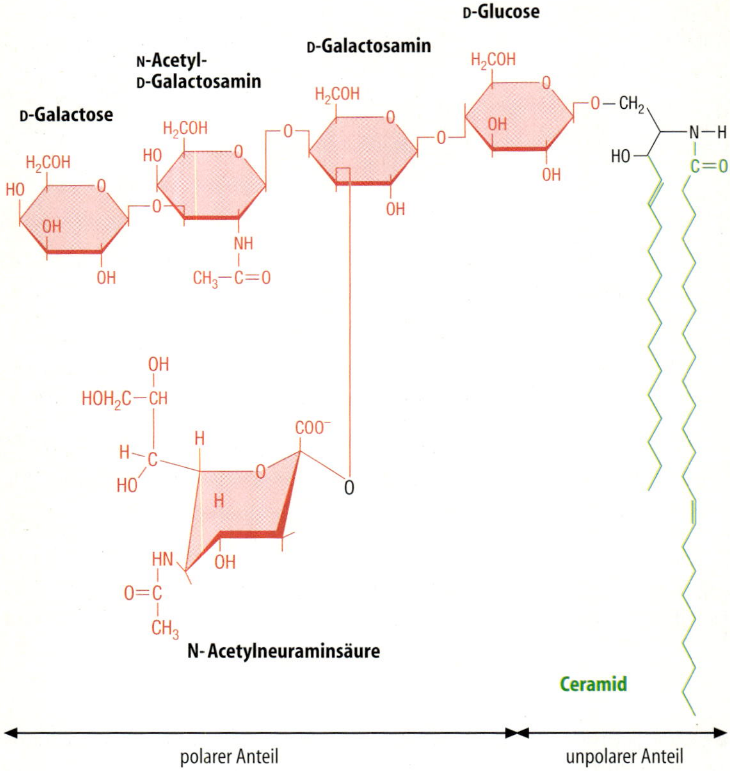

Abb. 6.7 Struktur des Gangliosides GM-1 des Zentralnervensystems

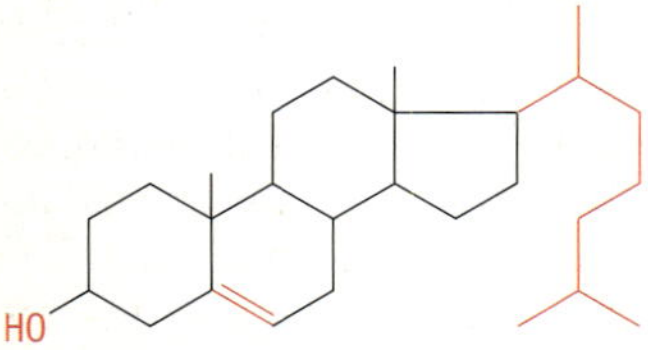

Abb. 6.8 Struktur des Cholesterins

Verbindungsklasse sind ***Retinol, Tocopherol*** sowie ***Phyllochinon*** (S. 589, 595). Auch die Steroide sind Derivate des Isoprens. Der Hauptvertreter dieser Verbindungsklasse ist das ***Cholesterin*** (Abb. 6.8). Es ist die Muttersubstanz für die Biosynthese der ***Steroidhormone***, die zahlreiche Vertreter umfaßt, (S. 473), der ***D-Vitamine*** (***D-Hormone***, S. 593) sowie der ***Gallensäuren*** (S. 605).

!

WICHTIG

Lipide sind eine heterogene Gruppe von Verbindungen mit wichtigen zellulären Funktionen. Zu den Lipiden ohne Esterbindungen gehören Fettsäuren, aus denen u. a. extrazelluläre Signalstoffe wie Prostaglandine, Thromboxane und Leukotriene entstehen. Cholesterin, die Vitamine A, K und E sowie viele andere Naturstoffe sind Isoprenderivate und enthalten ebenfalls keine Esterbindungen.

Die Gruppe der verseifbaren, d. h. Esterbindungen-enthaltenden Lipide wird nach dem zugrundeliegenden Alkohol unterteilt. Man unterscheidet Glycerin- und Sphingosinlipide. Zu den Glycerinlipiden gehören neben den Triacylglycerinen die verschiedenen Phosphoglyceride, die am Membranaufbau beteiligt sind. Ebenfalls essentielle Membranbestandteile sind die Sphingolipide, die eine große Zahl sehr komplexer Strukturen bilden können.

6.2 Funktionen von Lipiden

Entsprechend ihrer sehr unterschiedlichen Struktur haben Lipide verschiedenartige Funktionen. Sie stellen als Triacylglycerine den größten ***Energiespeicher*** des Organismus dar und können infolge dessen unter Energiegewinn abgebaut werden. Lipide bilden als Lipiddoppelschichten die Grundstruktur aller ***zellulären Membranen*** und sind schließlich der Ausgangspunkt für die Biosynthese biologisch aktiver Verbindungen, die als ***Hormone*** bzw. hormonähnlich wirkende Substanzen dienen. Abb. 6.9 gibt einen Überblick über die Grundzüge des Lipidstoffwechsels von der Aufnahme in den Organismus bis zum Stoffwechsel der Lipide in den verschiedenen Organen und Geweben.

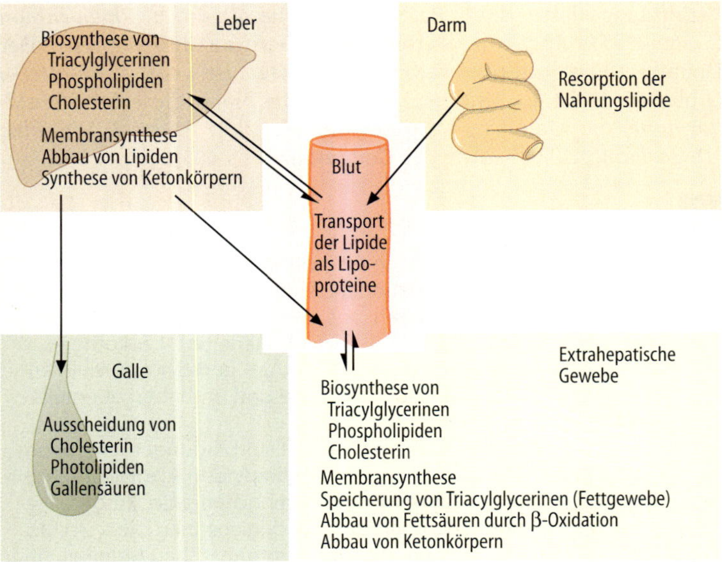

Abb. 6.9 Grundzüge des Lipidstoffwechsels im menschlichen Organismus. (Einzelheiten s. Text)

Vor ihrer Resorption im Intestinaltrakt müssen Nahrungslipide gespalten werden.

Zu den Nahrungslipiden gehören:

- Triacylglycerine (mengenmäßig überwiegend)
- Phospholipide
- Sphingolipide
- Cholesterin und Cholesterinester.

Mit Ausnahme des freien Cholesterins müssen sämtliche Nahrungsbestandteile vor ihrer Resorption in die zugrundeliegenden Bauteile zerlegt werden. Dies geschieht durch hydrolytische Spaltung der in den Lipiden vorliegenden Esterbindungen. Die hierfür benötigten Enzyme gehören in die Gruppe der Esterasen, tragen jedoch wegen ihrer Substratspezifität häufig die Endung -lipasen. Man unterscheidet ***Triacylglycerinlipasen*** und ***Phospholipasen***, daneben ***Sphingomyelinasen*** und andere Sphingolipid-spaltende Enzyme sowie ***Cholesterinester-Hydrolasen***.

Enzyme, die für die Spaltung von Triacylglycerinen verantwortlich sind, werden als Triacylglycerinlipasen bezeichnet.

Da die Triacylglycerine den Hauptbestandteil der Nahrungslipide ausmachen, ist die für ihre Spaltung verantwortliche ***pankreatische Triacylglycerinlipase*** von besonderer Bedeutung. Dieses Enzym gehört zu den im exokrinen Pankreas synthetisierten Verdauungsenzymen (S. 606).

Das Reaktionsprodukt des Angriffs der Pankreaslipase auf Triacylglycerine ist ein Gemisch aus Fettsäuren, Glycerin und Monoacylglycerinen.

Nahrungslipide können nur in Form von Micellen zusammen mit Gallensäuren resorbiert werden.

Die nach Spaltung der zusammengesetzten Lipide im intestinalen Lumen entstandenen Bruchstücke bilden mit Gallensäuren ***Micellen***, in die auch andere Lipide, u. a. die lipidlöslichen Vitamine eingeschlossen sind. Diese Micellen werden in die ***Mucosazellen*** v. a. des Duodenums aufgenommen.

In den intestinalen Mucosazellen erfolgt eine Resynthese von Triacylglycerinen.

Nach ihrer Resorption werden aus den durch die Lipase entstandenen Bruchstücken Triacylglycerine resynthetisiert (S. 613). Anschließend assoziieren diese zusammen mit anderen resorbierten Lipiden mit dem Apolipoprotein B_{48} (S. 209, 614), wodurch Chylomikronen entstehen. Diese werden in die intestinalen Lymphbahnen sezerniert, von wo aus sie ins Blutplasma gelangen.

Die Leber ist das zentrale Organ des Lipidstoffwechsels.

Lipide können nicht nur aus Nahrungsbestandteilen aufgenommen, sondern auch aus endogenen Quellen, z. B. aus Glucose, synthetisiert werden. Das wichtigste hierfür verantwortliche Organ ist die Leber. Sie synthetisiert u. a. ***Triacylglycerine*** und ***Cholesterin*** und ist imstande, diese Verbindungen in VLDL (S. 210) zu verpacken, die gewisse Ähnlichkeit mit Chylomikronen haben. Das hieran beteiligte Apolipoprotein ist das Apolipoprotein B_{100}.

Im Blut werden Lipide in Form von Lipoproteinen transportiert.

Ein generelles Problem des Lipidstoffwechsels ist der Lipidtransport im wässrigen Medium Blut. Um Lipide transportfähig zu machen, werden sie an spezifische Proteine, die ***Apolipoproteine***, unter Bildung von Lipoproteinen (S. 207) assoziiert. Die einzige Ausnahme hiervon machen nichtveresterte Fettsäuren, die in Bindung an Albumin transportiert werden.

Triacylglycerine dienen als Energiespeicher.

Die meisten Zellen des Organismus speichern eine bestimmte Menge an Triacylglycerinen. Besonders ausgeprägt ist die Fähigkeit zur Triacylglycerinspeicherung im ***Fettgewebe***, da hier die Triacylglycerine etwa 95% der Zellmasse ausmachen.

Die Mobilisierung von Triacylglycerinen findet im allgemeinen bei ***Nahrungskarenz*** statt. Unter diesen Umständen werden intrazelluläre ***Triacylglycerinlipasen*** aktiviert, die dabei entstehenden Reaktionsprodukte Glycerin und nichtveresterte Fettsäuren werden unter Energiegewinn abgebaut. Im Fettgewebe durch Lipasen entstandene Fettsäuren und Glycerin werden zum größten Teil von diesem ans Blut abgegeben und zu den verschiedensten Geweben transportiert, wo sie aufgenommen und ebenfalls unter Energiegewinn oxidiert werden.

Phospholipide und Sphingolipide sind für den Aufbau zellulärer Membranen verantwortlich.

Für den Aufbau der Lipiddoppelschicht (*engl.* bilayer) sämtlicher zellulärer Membranen des Organismus sind wegen ihrer amphiphilen Eigenschaften ***Phosphoglyceride*** und ***Sphingolipide*** verantwortlich. Aus diesem Grund sind sämtliche Zellen mit Ausnahme der Erythrocyten zur Phospholipid- und Sphingolipidbiosynthese imstande. Diese findet im glatten endoplasmatischen Reticulum statt. Der intrazelluläre Transport der neu synthetisierten Membranlipide erfolgt überwiegend in Form von Vesikeln. Über die Funktion von Lipiden als Signalmoleküle s. S. 196.

Cholesterin dient als Membranbestandteil und ist Ausgangspunkt für die Biosynthese von Steroidhormonen und Gallensäuren.

Alle Zellen des Organismus mit Ausnahme der Erythrocyten sind zur Biosynthese von ***Cholesterin*** imstande, wenn auch die Leber die größte Kapazität hierfür hat. Außerdem wird Cholesterin als Nahrungslipid aufgenommen. Cholesterin ist essentieller Bestandteil sämtlicher zellulärer Membranen mit Ausnahme der inneren Mitochondrienmembran (S. 442). Aus Cholesterin werden darüber hinaus die ***Steroidhormone*** synthetisiert, zu denen auch das ***1,25-Dihydroxycholecalciferol*** zählt (S. 473, 496). In der Leber werden aus Cholesterin die ***Gallensäuren*** synthetisiert und über die Gallenwege in das intestinale Lumen gegeben (enterohepatischer Kreislauf der Gallensäuren, S. 630).

!

WICHTIG

Vor ihrer Resorption müssen Nahrungslipide im Intestinaltrakt durch Lipasen gespalten werden. Das dabei entstehende Gemisch aus Fettsäuren, Glycerin und Monoacylglycerinen wird mit Gallensäuren in Micellen umgewandelt und anschließend resorbiert. In den Mucosazellen erfolgt eine Triacylglycerinresynthese und die Bildung von Chylomikronen, die in die Lymphe sezerniert und so in den Kreislauf abgegeben werden.

Auch in der Leber findet eine Neusynthese von Lipiden statt, die vor allen Dingen Triacylglycerine und Cholesterin umfaßt. In Form von VLDL werden diese ebenfalls über den Blutkreislauf den übrigen Zellen und Geweben des Organismus verfügbar gemacht.

Das Fettgewebe ist für den Lipidstoffwechsel von besonderer Bedeutung. Es speichert im Überschuß aufgenommene Nahrungsenergie in Form von Triacylglycerinen und setzt diese bei Nahrungskarenz in Form von Glycerin und Fettsäuren wieder frei. Phospholipide und Sphingolipide können mit Ausnahme der Erythrocyten von sämtlichen Zellen des Organismus synthetisiert werden. Sie dienen vor allem dem Aufbau von Membranen. Cholesterin dient ebenfalls als Membranbestandteil, es ist darüber hinaus Ausgangspunkt für die Biosynthese von Steroidhormonen und Gallensäuren.

6.3 Abbau von Triacylglycerinen und Fettsäuren

Durch Lipolyse entstehen aus Triacylglycerinen Fettsäuren und Glycerin.

Als Energiespeicher kommen Triacylglycerine in nahezu allen Geweben vor, in der größten Menge jedoch in dem auf Fettspeicherung spezialisierten Fettgewebe. Der Vorgang der Mobilisierung dieses Speichers, z.B. bei Nahrungskarenz, wird als ***Lipolyse*** bezeichnet. Diese läuft in folgenden Teilschritten ab:

- Unter Katalyse der ***Triacylglycerinlipase*** werden Triacylglycerine hydrolytisch zu Monoacylglycerin und 2 Fettsäuren gespalten:

  Triacylglycerin + 2 H_2O → Monoacylglycerin + 2 Fettsäuren
- Durch die Monoacylglycerinlipase wird Monoacylglycerin zu Glycerin und Fettsäuren gespalten:

  Monoacylglycerin + H_2O → Glycerin + 1 Fettsäure
- Durch Lipolyse entstandenes Glycerin und Fettsäuren werden je nach Gewebe entweder im betreffenden Gewebe selbst weiter verstoffwechselt oder, besonders durch das Fettgewebe, an das Blut abgegeben und zu anderen Geweben transportiert (s.u.).

Die Triacylglycerinlipase ist für die Lipolyse reaktionsgeschwindigkeitsbestimmend. Sie wird durch Hormone reguliert und deswegen auch als ***hormonsensitive Lipase*** bezeichnet (S. 640).

Fettsäuren können nur als Thioester mit Coenzym A verstoffwechselt werden.

Durch Lipolyse entstandene Fettsäuren werden im allgemeinen unter Energiegewinnung oxidiert. Da Fettsäuren jedoch relativ reaktionsträge Verbindungen sind, müssen sie vor ihrem Eintritt in den Stoffwechsel aktiviert werden. Diese Aktivierung erfolgt unter Bildung eines energiereichen ***Thioesters*** mit Coenzym A (S. 14). Diese durch das Enzym ***Thiokinase*** katalysierte Reaktion verläuft zweistufig (Abb. 6.10):

- Die Fettsäure reagiert unter Bildung von ***Acyladenylat*** (Acyl-AMP) mit ATP.
- Die Carbonsäure-Phosphorsäureanhydrid-Bindung im Acyladenylat wird durch die SH-Gruppe des Coenzym A gespalten. Es entsteht ***Acyl-Coenzym A*** (Acyl-CoA) und AMP.

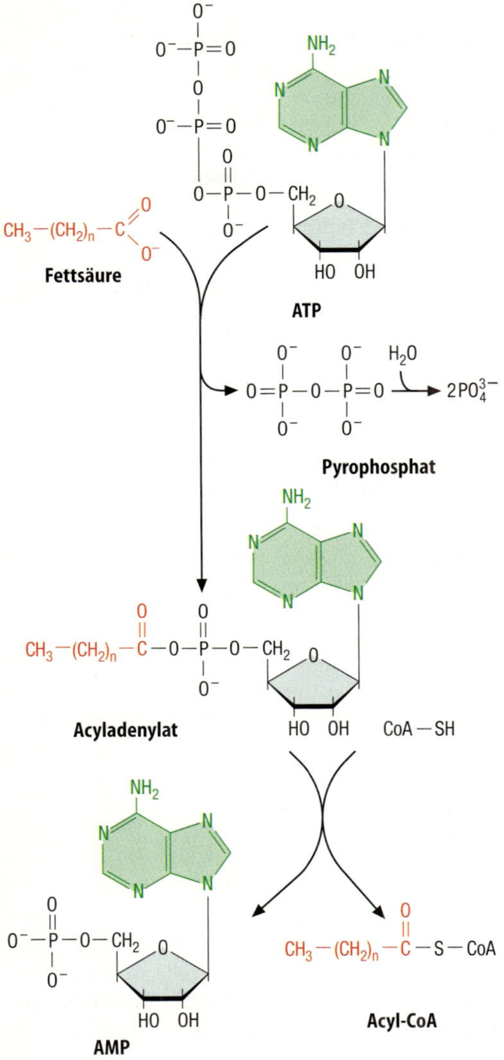

Abb. 6.10 Aktivierung von Fettsäuren zu Acyl-CoA durch die Thiokinase

- Durch die in allen Zellen vorkommenden ***Pyrophosphatasen*** wird das in der ersten Teilreaktion entstandene Pyrophosphat gespalten und damit das Gleichgewicht der Gesamtreaktion auf die Bildung des Acyl-CoA verschoben.

!

Die β-Oxidation der Fettsäuren umfaßt nur vier Reaktionen.

Das Prinzip der Oxidation von Fettsäuren beruht auf einer Oxidation am β-C-Atom (Abb. 6.11):

- Durch die ***Acyl-CoA-Dehydrogenase*** entsteht eine Doppelbindung am β-C-Atom. Das Oxidationsmittel ist FAD.

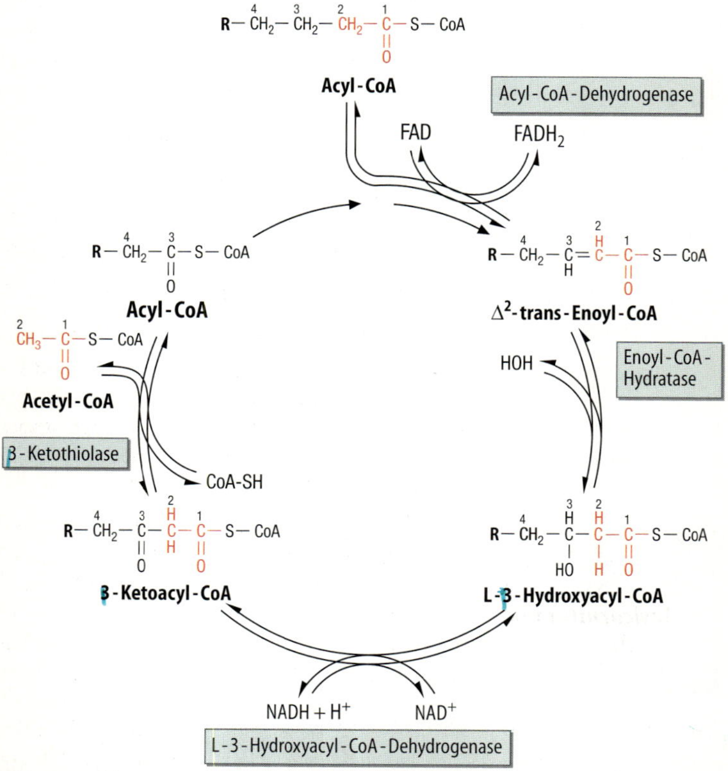

Abb. 6.11 Abbau geradzahliger Fettsäuren durch β-Oxidation. (Einzelheiten s. Text)

- Das dabei entstehende Δ^2-***trans-Enoyl-CoA*** wird durch die ***Enoyl-CoA-Hydratase*** hydratisiert.
- Das dabei entstehende ***L-β-Hydroxy-Acyl-CoA*** wird durch die ***β-Hydroxy-Acyl-CoA-Dehydrogenase*** oxidiert. Das Oxidationsmittel ist NAD^+.
- Das dabei entstehende ***β-Ketoacyl-CoA*** wird durch die ***Thiolase*** zu ***Acetyl-CoA*** und der um 2 C-Atome verkürzten Fettsäure gespalten.
- Dieser Vorgang wiederholt sich so oft, bis die Fettsäure vollständig zu Acetyl-CoA aufgespalten ist.

Ungeradzahlige Fettsäuren werden auch nach diesem Schema abgebaut. Allerdings entsteht dabei im letzten Durchlauf durch die β-Oxidation ***Propionyl-CoA***. Dieses wird nach Carboxylierung und Umlagerung in den Citratcyclus eingeschleust.

Für den Abbau ***ungesättigter Fettsäuren*** werden als Hilfsenzyme eine ***Isomerase*** bzw. ***Dienoylreduktase*** benötigt. Beide Enzyme sorgen für die Einschleusung der beim Abbau dieser Fettsäuren entstehenden Zwischenprodukte in die normale β-Oxidation.

···> Siehe ausführlichere Lehrbücher der Biochemie

! Fettsäuren werden als Carnitinester durch die innere Mitochondrienmembran transportiert.

Die β-Oxidation der Fettsäuren findet in der ***mitochondrialen Matrix*** (S. 442) statt. Da die für die Fettsäureaktivierung notwendige Thiokinase cytosolisch lokalisiert ist, ergibt sich das Problem des Transportes von Acyl-CoA durch die mitochondrialen Membranen. Wegen des Vorkommens entsprechender Poren erfolgt der Durchtritt durch die äußere Mitochondrienmembran ohne die Einschaltung spezieller Transportmechanismen. Für den Transport von Acyl-CoA durch die ***innere Mitochondrienmembran*** ist dagegen ein spezifischer Transportmechanismus notwendig, der aus drei Schritten besteht (Abb. 6.12):

- Auf der Außenseite der inneren Michochondrienmembran erfolgt durch die ***Carnitin-Acyltransferase 1*** eine Übertragung des Fettsäurerestes vom Acyl-CoA auf Carnitin (Abb. 6.13), wobei ***Acylcarnitin*** und CoA-SH entstehen.
- Durch den ***Carnitin-Acylcarnitin-Antiporter*** wird Acylcarnitin im Austausch gegen freies Carnitin durch die innere Mitochondrienmembran transportiert.
- Durch die in der mitochondrialen Matrix lokalisierte ***Carnitin-Acyltransferase 2*** wird der Fettsäurerest des Acylcarnitins auf CoA übertragen, wobei Acyl-CoA und Carnitin entstehen.

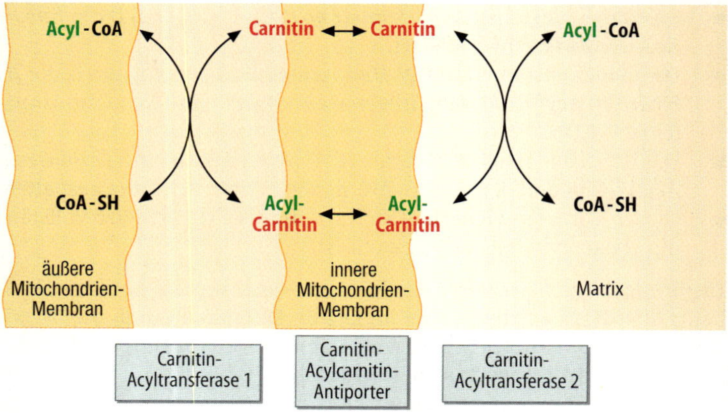

Abb. 6.12 Carnitin als Carrier beim Transport langkettiger Fettsäuren durch die mitochondriale Innenmembran

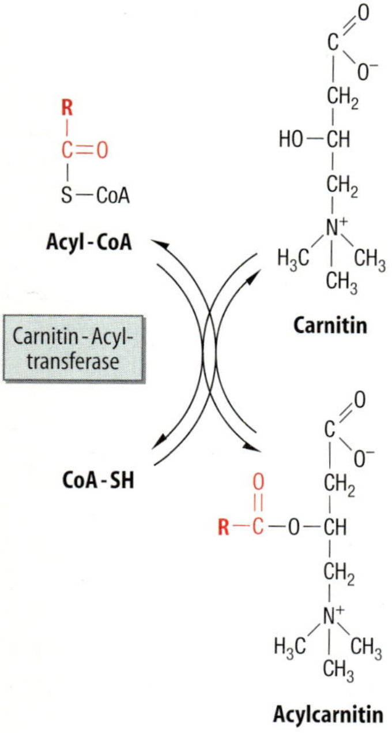

Abb. 6.13 Reversible Bildung von Acyl-Carnitin und Acyl-CoA

Die von extrahepatischen Geweben gut verwertbaren Ketonkörper entstehen in der Leber aus Acetyl-CoA.

Eine gesteigerte β-Oxidation von Fettsäuren führt besonders in der Leber zur Bildung von mehr Acetyl-CoA, als durch den Citratcyclus (S. 219) oxidiert werden kann. In diesem Fall dient Acetyl-CoA als Substrat zur Synthese der sogenannten Ketonkörper ***Acetacetat*** und ***β-Hydroxybutyrat***. Die hierfür notwendigen Reaktionen (Abb. 6.14) umfassen:

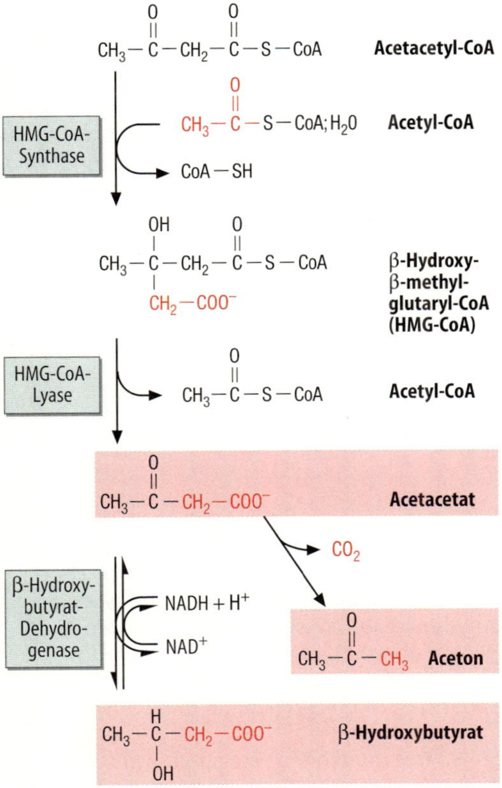

Abb. 6.14 Biosynthese von Acetacetat, β-Hydroxybutyrat und Aceton aus Acetacetyl-CoA und Acetyl-CoA

- Bildung von ***Acetacetyl-CoA*** durch die β-Ketothiolase;
- Bildung von **β-Hydroxy-β-Methylglutaryl-CoA** (HMG-CoA) durch Anlagerung eines weiteren Acetyl-CoA; das hierfür benötigte Enzym ist die **HMG-CoA-Synthase**.
- Abspaltung von Acetyl-CoA vom HMG-CoA durch die ***HMG-CoA-Lyase***, wobei ***Acetacetat*** entsteht;
- NADH-abhängige Reduktion von Acetacetat zu ***β-Hydroxybutyrat*** unter Katalyse der ***β-Hydroxybutyrat-Dehydrogenase***;
- Spontane Bildung von ***Aceton*** durch Decarboxylierung von Acetacetat; diese Reaktion ist unter physiologischen Bedingungen von untergeordneter Bedeutung.

Die sog. Ketonkörper Acetacetat und β-Hydroxybutyrat sind im Gegensatz zu den Fettsäuren, die den Kohlenstoff für ihre Biosynthese liefern, gut wasserlöslich und können deswegen in großen Konzentrationen im Blut transportiert werden. Sie entstehen bevorzugt im ***Hungerzustand***, unter pathologischen Bedingungen auch beim ***Diabetes mellitus*** (S. 492). Ketonkörper werden von der Leber, die diese selbst nicht metabolisieren kann, an das Blut abgegeben und sind ein gutes Substrat zur Deckung des Energiebedarfs vieler extrahepatischer Gewebe. Zur Einschleusung in ihren oxidativen Stoffwechsel müssen Ketonkörper jedoch aktiviert werden. Hierzu dienen die in Abb. 6.15 dargestellten Reaktionen:

- Oxidation von β-Hydroxybutyrat zu ***Acetacetat***,
- Reaktion von Acetacetat mit Succinyl-CoA (S. 224) unter Bildung von ***Acetacetyl-CoA*** und Succinat,
- Einschleusung von Acetacetyl-CoA in den Citratcyclus (S. 219) nach Spaltung zu **Acetyl-CoA** durch die Thiolase (S. 167).

!

WICHTIG

Der Abbau von Triacylglycerinen erfolgt in zwei Kompartimenten. Im Cytosol werden die dort in Lipidtröpfchen gespeicherten Triacylglycerine durch Lipolyse in Fettsäuren und Glycerin gespalten. Hierfür wird die hormonsensitive Lipase sowie die Monoacylglycerinlipase benötigt. Das freiwerdende Glycerin wird im wesentlichen von der Leber aufgenommen, zu Glycerophosphat phosphoryliert und anschließend in die Glycolyse eingeschleust.

Die bei der Lipolyse frei werdenden Fettsäuren werden im Blut in Bindung an Albumin transportiert und können von allen Zellen außer den Zellen des Nervensystems, Erythrocyten und

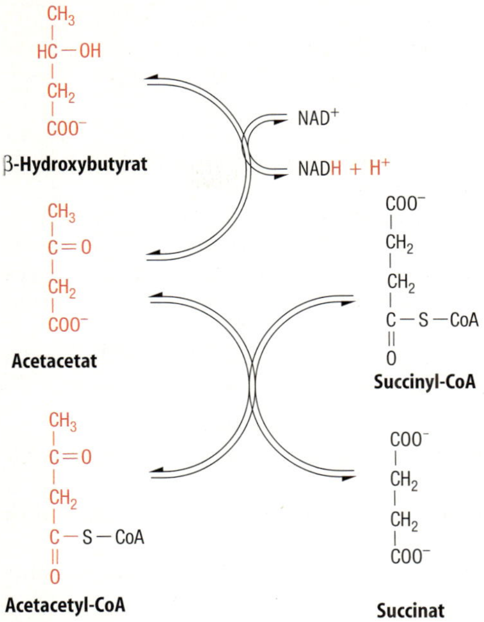

Abb. 6.15 Succinyl-CoA-abhängige Aktivierung von Ketonkörpern zu Acetacetyl-CoA

gewissen Zellen des Nierenmarks verwertet werden. Intrazellulär werden sie zunächst zu Acyl-CoA aktiviert und anschließend mit Hilfe des Carnitin-Transportsystems in die mitochondriale Matrix eingebracht. Dort erfolgt ihre β-Oxidation, die vier enzymatische Schritte umfaßt, nämlich die erste Oxidation, die Hydratisierung, die zweite Oxidation und die anschließende thiolytische Abspaltung eines Acetyl-CoA vom β-C-Atom.

Das bei der β-Oxidation entstehende Acetyl-CoA wird entweder im Citratcyclus abgebaut oder – im Fall der Leber – zu einem Teil in die Ketonkörper Acetacetat und β-Hydroxybutyrat umgewandelt. Ketonkörper können von der Leber nicht verwertet werden, dienen jedoch anderen Geweben als wertvolle Substrate zur Deckung des Energiebedarfs.

6.4 Biosynthese von Fettsäuren und Triacylglycerinen

! **Die Fettsäurebiosynthese ist im Cytosol lokalisiert.**

In nahezu allen Zellen des Organismus können Fettsäuren aus Acetyl-CoA synthetisiert werden. Dies ist von außerordentlicher Bedeutung für den Zellstoffwechsel angesichts der Tatsache, daß die Fettsäuren enthaltenden amphiphilen Lipide die Bausteine aller zellulären Membranen sind.

Die Fettsäurebiosynthese ist ***keine* Umkehr** der β-Oxidation der Fettsäuren, von der sie sich in wichtigen Punkten unterscheidet:

- Die Fettsäurebiosynthese ist ***cytosolisch*** lokalisiert.
- Für die Fettsäurebiosynthese ist ein Multienzymkomplex, die ***Fettsäuresynthase***, notwendig.
- Substrat für die Verlängerung der wachsenden Fettsäurekette ist ***Malonyl-CoA***, nicht Acetyl-CoA.
- Das für die Fettsäurebiosynthese notwendige Reduktionsmittel ist ***NADPH/H⁺***.

! **Das für die Fettsäurebiosynthese benötigte Malonyl-CoA entsteht durch Carboxylierung von Acetyl-CoA.**

Von entscheidender Bedeutung für das Verständnis der Fettsäurebiosynthese ist die Tatsache, daß das Substrat für die Verlängerung der wachsenden Fettsäurekette nicht Acetyl-CoA sondern Malonyl-CoA ist. Dieses entsteht aus Acetyl-CoA unter Katalyse der Acetyl-CoA-Carboxylase (Abb. 6.16).

Die zu den biotinabhängigen Carboxylasen (S. 582) gehörende Acetyl-CoA-Carboxylase ist das geschwindigkeitsbestimmende En-

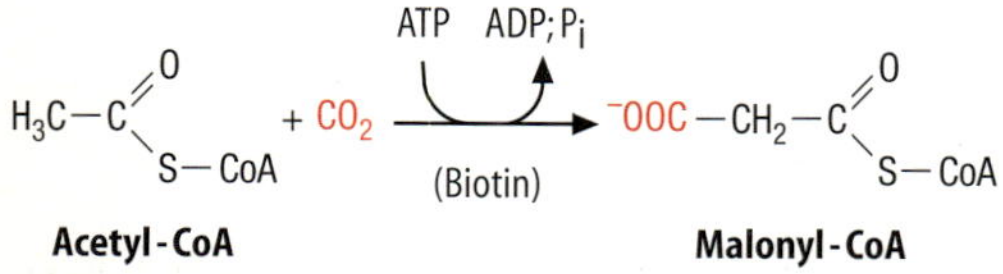

Abb. 6.16 Biotin-abhängige Carboxylierung von Acetyl-CoA zu Malonyl-CoA

zym der Fettsäurebiosynthese und unterliegt einer komplexen Regulation (s. u.).

Die Fettsäuresynthase katalysiert sämtliche Teilreaktionen der Fettsäurebiosynthese.

Die für die Fettsäurebiosynthese aus Acetyl-CoA und Malonyl-CoA notwendigen Reaktionsschritte werden durch den dimeren Multienzymkomplex der ***Fettsäuresynthase*** katalysiert. Die dabei ablaufenden Einzelreaktionen sind in Abb. 6.17 dargestellt. Von besonderer Bedeutung ist die Tatsache, daß in jedem Monomer der Fettsäuresynthase zwei essentielle SH-Gruppen vorkommen:

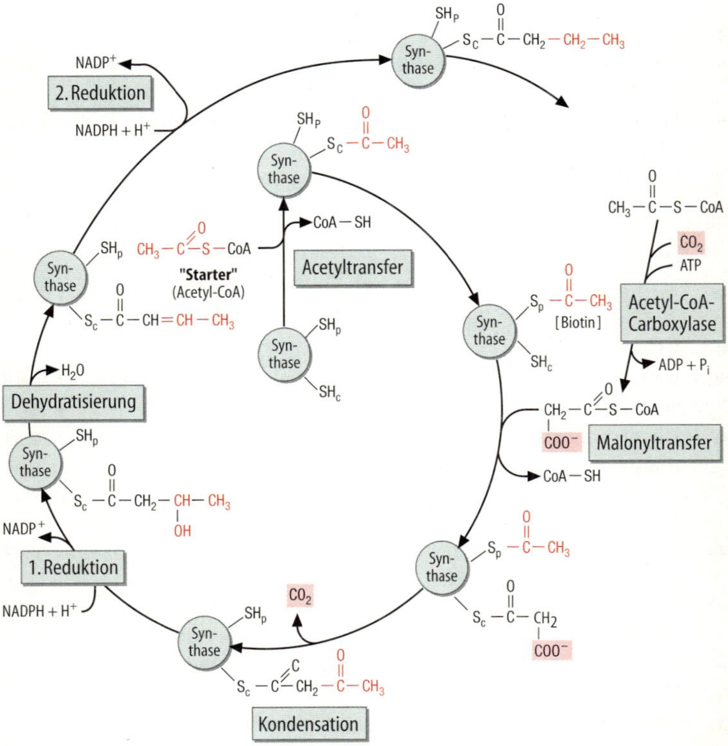

Abb. 6.17 Einzelreaktionen der Biosynthese langkettiger, geradzahliger Fettsäuren aus Acetyl-CoA. (Einzelheiten s. Test)

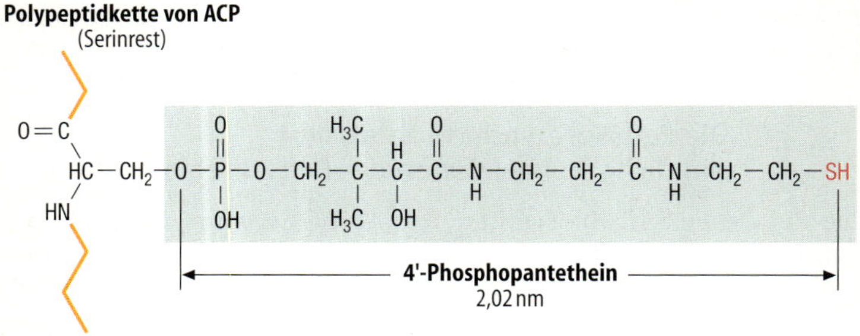

Abb. 6.18 4′-Phosphopantethein als prostetische Gruppe der Acyl-Carrier-Domäne der Fettsäuresynthase. Diese Domäne wird auch als Acyl-Carrier-Protein *(ACP)* bezeichnet

- Die ***zentrale SH-Gruppe*** gehört zu einem an das Protein geknüpften ***4'-Phosphopantethein*** (Abb. 6.18). Dieses findet sich auch als Bauteil des Coenzym A (S. 583).
- Die ***periphere SH-Gruppe*** gehört zu einem Cysteinylrest der Fettsäuresynthase.

Sämtliche für die Fettsäurebiosynthese benötigten Teilreaktionen entsprechen Teilaktivitäten einzelner Domänen der Fettsäuresynthase. Im einzelnen handelt es sich um folgende Schritte:

- Aufnahme eines ***Acetylrestes*** vom Startermolekül Acetyl-CoA auf die zentrale SH-Gruppe;
- Übertragung dieses Acetylrestes auf die periphere SH-Gruppe;
- Bindung eines ***Malonylrestes*** vom Malonyl-CoA an die zentrale SH-Gruppe;
- Übertragung des Acetylrestes der peripheren SH-Gruppe auf den Malonylrest der zentralen SH-Gruppe; dabei wird dieser decarboxyliert, was das Gleichgewicht auf die Seite der Bildung des dabei entstehenden ***Acetacetylrestes*** verschiebt.
- Reduktion des Acetacetylrestes zu einem ***D-β-Hydroxybutyrylrest*** mit Hilfe von $NADPH/H^+$;
- Dehydratisierung des β-Hydroxybutyrylrestes zu einem ***Δ^2-trans-Enoylrest***;
- zweite Reduktion zum ***Butyrylrest***; das Reduktionsmittel ist $NADPH/H^+$.
- Übertragung des Butyrylrestes auf die periphere SH-Gruppe.

An die jetzt freie zentrale SH-Gruppe wird Malonyl-CoA angelagert, anschließend wiederholt sich der oben beschriebene cyclische Prozeß, wobei als Endprodukt eine Fettsäure mit sechs C-Atomen entsteht. Dies setzt sich fort, bis Fettsäuren mit Kettenlängen zwischen 16 und 18 C-Atomen entstanden sind, welche dann hydrolytisch von der zentralen SH-Gruppe abgespalten werden. Die Summengleichung der in Abb. 6.17 dargestellten Reaktion beträgt demnach:

$$CH_3\text{-CO-S-CoA} + 7\ HOOC\text{-}CH_2\text{-CO-S-CoA} + 14\ NADPH + 14\ H^+$$
$$\rightarrow CH_3\text{-}(CH_2)_{14}\text{-COOH} + 7\ CO_2 + 7\ H_2O + 8\ \text{CoA-SH} + 14\ NADP^+$$

Die Fettsäuresynthase von Säugern besteht aus einem dimeren Komplex zweier multifunktioneller Proteine.

Der Aufbau der tierischen Fettsäuresynthase ist in Abb. 6.19 dargestellt. Es handelt sich um ein dimeres Protein aus zwei identischen Untereinheiten. Jede Untereinheit trägt sämtliche für die Fettsäuresynthese benötigte Teilaktivitäten (Tabelle 6.3). Durch die spezifische Assoziation der beiden Untereinheiten entstehen zwei aktive Zentren. Bei der Katalyse wirkt der 4'-Phosphopantetheinrest als ***Schwingarm***, der die wachsende Fettsäurekette von einer Teilaktivität zur anderen trägt und an dem die Biosynthese der Fettsäure erfolgt.

Tabelle 6.3 Die sieben Aktivitäten der einzelnen Domänen der Fettsäuresynthase

Bezeichnung	Funktion
Malonyl/Acetyl-Transferase	Beladung der zentralen und peripheren SH-Gruppen mit Acetyl- bzw. Malonyl-Rest
Ketoacyl-Synthase	Synthese des β-Ketoacylrestes unter Decarboxylierung des Malonylrestes
Ketoreduktase	Reduktion des β-Ketoacylrestes zum D-β-Hydroxyacylrest mit NADPH/H^+ als Reduktionsmittel
Dehydratase	Dehydratisierung des D-β-Hydroxyacylrestes zum Δ^2-β-Enoylrest
Enoylreduktase	Reduktion des Δ^2-β-Enoylrestes zum Acylrest mit NADPH/H^+ als Reduktionsmittel
Acyl-Carrier-Protein	Träger des 4'-Phosphopantetheinrestes als Schwingarm
Thioesterase	Abspaltung der fertigen Fettsäure

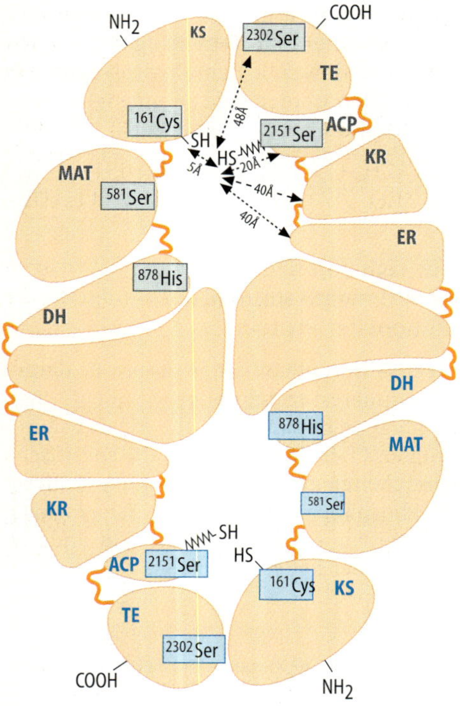

Abb. 6.19 Aufbau der tierischen Fettsäuresynthase. Sie liegt als dimeres Protein vor, wobei jede Untereinheit die für die vollständige Synthese von Fettsäuren aus Acetyl-CoA und Malonyl-CoA benötigten Aktivitäten als funktionelle Domänen trägt. *KS* Ketoacyl-Synthase; *MAT* Malonyl-Acetyl-Transferase; *DH* Dehydratase; *ER* Enoylreduktase; *KR* Ketoreduktase; *ACP* Acyl-Carrier-Domäne; *TE* Thioesterase

!

Die Substrate der Fettsäurebiosynthese entstammen der Glycolyse oder dem Citratcyclus.

Die Fettsäurebiosynthese steht in engen Beziehungen zum Citratcyclus und zur Glycolyse. Dabei ist im einzelnen zu beachten:

- ***Acetyl-CoA*** ist der Kohlenstoffdonator der Fettsäurebiosynthese. Eine der Hauptquellen für die Bereitstellung von Acetyl-CoA ist die Glycolyse, in deren Verlauf Pyruvat entsteht (S. 106). Die in der ***mitochondrialen Matrix*** gelegene ***Pyruvatdehydrogenase*** (S. 221) katalysiert die dehydrierende Decarboxylierung von Pyruvat zu Acetyl-CoA. Da diese Reaktion irreversibel ist, ist es ausgeschlossen, aus dem bei der Fettsäureoxidation entstehenden Acetyl-CoA Pyruvat, und damit ein Substrat für die Gluconeogenese herzustellen.

- Für den Transport der dabei entstehenden Acetylreste aus dem mitochondrialen in den cytosolischen Raum steht kein spezifisches Transportprotein zur Verfügung. Acetyl-CoA reagiert deswegen unter Katalyse der ***Citratsynthase*** mit Oxalacetat, wobei ***Citrat*** entsteht. Dieses wird durch ein spezifisches Transportsystem aus dem mitochondrialen Innenmembran in das Cytosol transloziert. Anschließend erfolgt seine Spaltung durch die ***ATP:Citratlyase***:

  Citrat + ATP + CoA-SH → Acetyl-CoA + Oxalacetat + ADP + P_i

  Das Oxalacetat kann nach Reduktion zum Malat durch ein spezifisches Transportsystem wieder in die mitochondriale Matrix zurücktransportiert werden.
- Der für die Fettsäurebiosynthese benötigte Wasserstoff wird in Form von ***NADPH/H⁺*** benötigt. Dieses kann entweder im ***Hexosemonophosphatweg*** (S. 110) oder durch das ***Malatenzym*** generiert werden:

  Malat + $NADP^+$ → Pyruvat + CO_2 + NADPH/H^+

Pyruvatdehydrogenase, Acetyl-CoA-Carboxylase und Fettsäuresynthase regulieren die Geschwindigkeit der Fettsäurebiosynthese.

Die Geschwindigkeit der Fettsäurebiosynthese muß auf das Fettsäureangebot der Nahrung und die spezifischen Bedürfnisse der Zelle abgestimmt sein. Eine beachtliche Zahl von Regulationsmöglichkeiten steht hierfür zur Verfügung, die in Tabelle 6.4 zusammengestellt sind.

Ungesättigte Fettsäuren entstehen durch Desaturierung und Kettenverlängerung.

Einfach und mehrfach ungesättigte Fettsäuren kommen in den Lipiden häufig vor und haben dort wichtige Funktionen:

- Sie erniedrigen den ***Schmelzpunkt*** von Lipiden.
- Sie erhöhen die ***Fluidität*** von Membranen.
- Sie bilden das Ausgangsmaterial für die Synthese biologisch aktiver ***Signalmoleküle***.

Tabelle 6.4 Regulation der Fettsäure-Biosynthese

Reguliertes Enzym	Mechanismus der Regulation
Pyruvatdehydrogenase	Überführung der Pyruvatdehydrogenase in die aktive Form durch Insulin steigert Acetyl-CoA-Bildung aus Pyruvat; Hemmung durch Acetyl-CoA und NADH/H^+
Acetyl-CoA-Carboxylase	Hemmung durch Acyl-CoA Aktivierung durch Citrat Hemmung durch cAMP-abhängige Phosphorylierung Induktion durch Insulin
Fettsäuresynthase	Induktion durch Insulin Repression durch ungesättigte Fettsäuren und bei gesteigerter cAMP-Konzentration

Tabelle 6.2 gibt eine Auswahl häufiger bzw. besonders wichtiger ungesättigter Fettsäuren wieder.

Enzyme, die Doppelbindungen in Fettsäuren einführen, werden als ***Desaturasen*** bezeichnet. Sie kommen im endoplasmatischen Reticulum vor und benötigen molekularen Sauerstoff sowie ein Reduktionsmittel. Ihr Mechanismus ist in Abb. 6.20 dargestellt. Für den Elektronentransport wird das ***Cytochrom b_5*** benötigt. Die Desaturasen tierischer Zellen zeichnen sich dadurch aus, daß sie Doppelbindun-

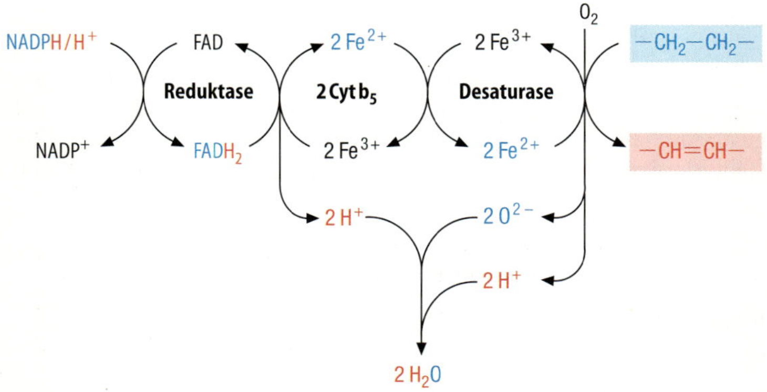

Abb. 6.20 Mechanismus der durch Desaturasen katalysierten Biosynthese ungesättigter Fettsäuren aus gesättigten. Die dargestellte Reaktionsfolge findet unter Katalyse eines membrangebundenen Enzymkomplexes aus NADH/H^+-Cytochrom b_5-Reduktase, Cytochrom b_5 und Desaturase statt

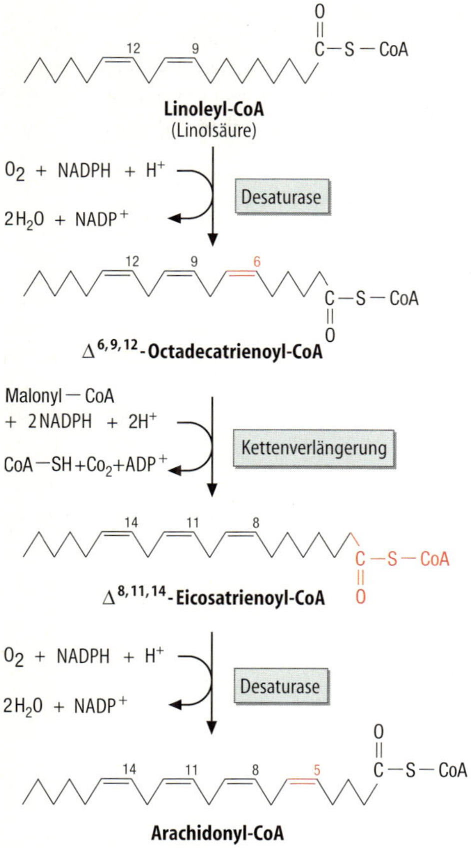

Abb. 6.21 Biosynthese von Arachidonyl-CoA aus Linoleoyl-CoA

gen nur zwischen der Carboxylgruppe und dem C-Atom 9 von Fettsäuren erzeugen können. Weiter entfernt gelegene Doppelbindungen können von Säugern nicht synthetisiert werden und sind somit essentielle Fettsäuren (beim Menschen hauptsächlich Linol- und Linolensäure).

Durch Kombination von Desaturasen und Kettenverlängerungsenzymen können aus einfach ungesättigten Fettsäuren mehrfach ungesättigte hergestellt werden. Abb. 6.21 zeigt als Beispiel die Biosynthese von ***Arachidonsäure*** aus der für tierische Organismen essentiellen ***Linolsäure***. Die gesamte Biosynthesekette geht von Linoleyl-CoA aus und benötigt eine zweifache Desaturierung sowie eine Kettenverlängerung. Das Kettenverlängerungssystem ist im endoplasmatischen Reticulum lokalisiert und benutzt Malonyl-CoA als Substrat. Mechanistisch entsprechen die Reaktionen der Kettenverlängerung einer Runde der Fettsäurebiosynthese.

!

Aus Arachidonsäure entstehen die sog. Eicosanoide.

Die vierfach ungesättigte Arachidonsäure spielt als Derivat der essentiellen Fettsäure Linolsäure deswegen eine besondere Rolle, weil aus ihr eine große Zahl von Signalstoffen gebildet werden kann, die unter dem Sammelbegriff ***Eicosanoide*** (*griech.* Eicosa = 20) synthetisiert werden können. Für die Biosynthese der verschiedenen Eicosanoide (Abb. 6.22) sind folgende Tatsachen wichtig:

- Die für die Biosynthese von Eicosanoiden benötigte Arachidonsäure wird durch eine spezifische, regulierbare ***Phospholipase*** A_2 (S. 194) aus Membranphospholipiden abgespalten.

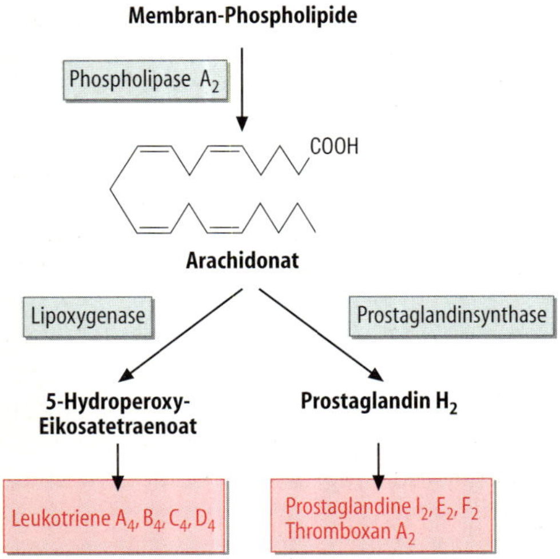

Abb. 6.22 Biosynthese von Eicosanoiden. Aus Arachidonat entstehen durch die Prostaglandinsynthase die Familie der Prostaglandine und Thromboxane, durch die Lipoxygenase die Familie der Leukotriene

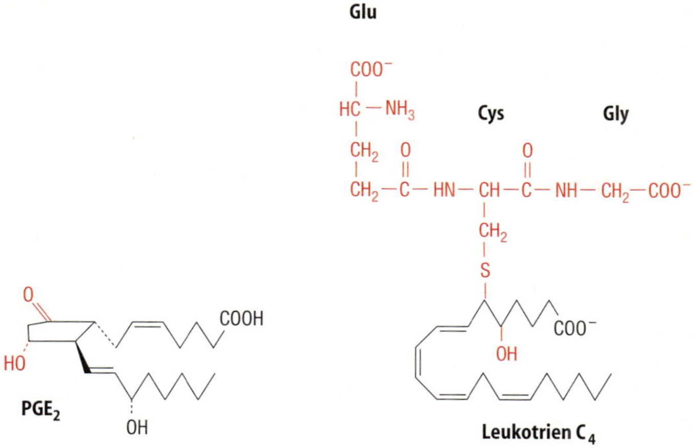

Abb. 6.23 Struktur von Prostaglandin E_2 (*links*) und Leukotrien C_4 (*rechts*) als typische Vertreter von Prostaglandinen und Leukotrienen

- Durch die aus den zwei Untereinheiten Cyclooxygenase und Peroxidase bestehende ***Prostaglandinsynthase*** entsteht sauerstoffabhängig das Prostaglandin H_2 als Muttersubstanz der ***Prostaglandine*** (PG) I_2, E_2, F_2 sowie des ***Thromboxans*** $\boldsymbol{A_2}$.
- Eine alternative Modifikation der Arachidonsäure wird durch ***Lipoxygenase*** erzeugt, die zu den ***Leukotrienen*** führt.

Abbildung 6.23 stellt das Prostaglandin E_2 sowie das Leukotrien C_4 als Beispiele für die Struktur von Eicosanoiden zusammen.

Eicosanoide haben vielfältige Effekte, die jeweils durch spezifische Membranrezeptoren (S. 458) auf den Zellen der unterschiedlichen Zielgewebe vermittelt werden (Tabelle 6.5).

Da viele Zellen zur Synthese von Eicosanoiden imstande sind, werden diese der Gruppe der Gewebshormone (S. 508) zugerechnet.

Für die Triacylglycerinbiosynthese werden α-Glycerophosphat und Acyl-CoA benötigt.

Die einzelnen Schritte der in vielen Zellen vorkommenden Triacylglycerinsynthese sind in Abb. 6.24 zusammengestellt:

- 2 Acyl-CoA reagieren mit α-Glycerophosphat unter Bildung von ***Phosphatidsäure***.

Tabelle 6.5 Rezeptoren für Prostaglandine

Rezeptor für	Mechanismus	Nachgewiesen in
PG D_2	Anstieg von cAMP	Ileum
PG E_2		
Subtyp EP 1	Zunahme von IP_3	Nieren
Subtyp EP 2	Zunahme von cAMP	Thymus, Lunge, Myocard, Milz, Ileum, Uterus
Subtyp EP 3	Abfall von cAMP	Fettgewebe, Magen, Nieren, Uterus
PG $F_{2\alpha}$	Zunahme von IP_3	Nieren, Uterus
Thromboxan A_2	Abfall von cAMP	Thrombocyten, Thymus, Lunge, Nieren, Myocard
Prostaglandin I_2	Zunahme von cAMP	Thrombocyten, Thymus, Myocard, Milz

- Durch Abspaltung von Phosphat entsteht aus Phosphatidsäure ***Diacylglycerin***.
- Durch Reaktion mit einem weiteren Acyl-CoA entsteht aus Diacylglycerin das ***Triacylglycerin***.

Die an den Reaktionen beteiligten Acyltransferasen sowie die Phosphatidat-Phosphohydrolase sind im endoplasmatischen Reticulum lokalisiert.

! **Das Fettgewebe ist der größte Energiespeicher des Organismus.**

In tierischen Organismen, und damit auch beim Menschen, werden Kohlenhydrat- und Lipidspeicher in vielen Zellen angelegt und ermöglichen damit eine große Unabhängigkeit von kontinuierlicher Nahrungszufuhr. Die Größe der Energiespeicher ist allerdings sehr unterschiedlich:

- In Leber und Muskulatur können maximal 400 g Kohlenhydrate als ***Glycogen*** gespeichert werden und sind imstande, den Energiebedarf des menschlichen Organismus für etwa 24 Stunden zu decken.
- Im Fettgewebe eines normalgewichtigen Erwachsenen werden etwa 8 kg ***Triacylglycerine*** gespeichert, welche den Energiebedarf für etwa 40 Tage decken.

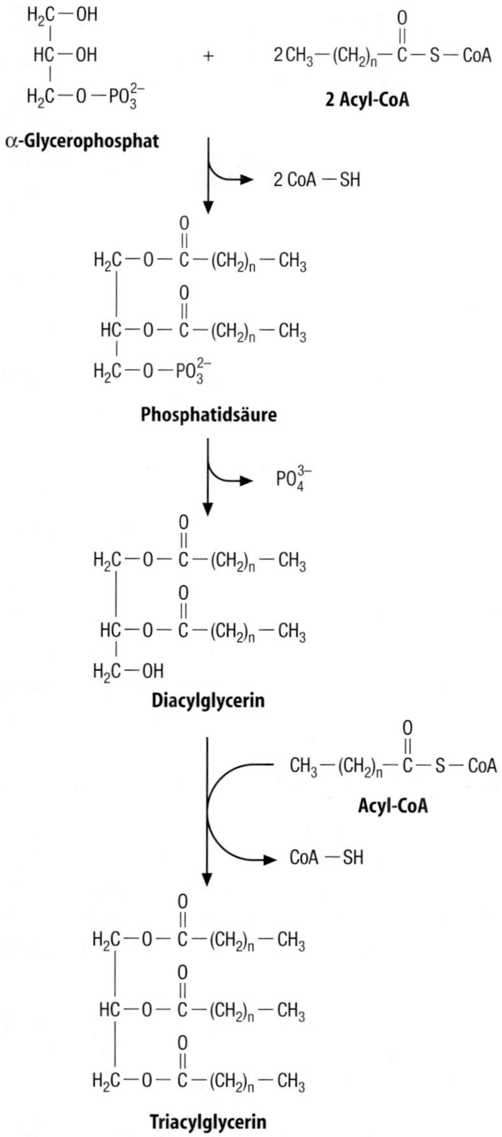

Abb. 6.24 Biosynthese von Triacylglycerinen aus α-Glycerophosphat und Acyl-CoA. (Einzelheiten s. Text)

- Bei Übergewicht sind die im Fettgewebe gespeicherten Energievorräte dementsprechend größer.

Damit kommt dem Fettgewebe eine entscheidende Rolle im Energiestoffwechsel des Organismus zu:

- Bei reichlichem Nahrungsangebot werden überschüssig aufgenommene Nahrungsbestandteile in Triacylglycerine umgewandelt und im Fettgewebe gespeichert. Dieser Vorgang wird als ***Lipogenese*** bezeichnet.
- Bei Nahrungskarenz werden die im Fettgewebe gespeicherten Triacylglycerine zu Fettsäuren und Glycerin gespalten und an das Blut abgegeben. Dieser Vorgang wird als ***Lipolyse*** bezeichnet.

Abbildung 6.25 stellt die bei Lipogenese und Lipolyse ablaufenden Vorgänge schematisch zusammen. Für die Lipogenese hat das Fettgewebe zwei Möglichkeiten:

- Glucose ist das einzige Substrat der Lipogenese (Liponeogenese). Hierbei entsteht das benötigte ***α-Glycerophosphat*** durch Reduktion des Glycolyse-Zwischenproduktes Dihydroxyacetonphosphat durch die Glycerophosphat-Dehydrogenase:

  Dihydroxyacetonphosphat + $NADH/H^+ \rightleftharpoons$
  α-Glycerophosphat + NAD^+

  Das für die Fettsäurebiosynthese benötigte ***Acetyl-CoA*** entsteht durch dehydrierende Decarboxylierung von Pyruvat durch die Pyruvatdehydrogenase (S. 221):

  Pyruvat + NAD^+ + CoA-SH → Acetyl-CoA + NADH + H^+ + CO_2

- Lipogenese aus Triacylglycerinen des Plasmas. Beim Menschen ist wegen der besonders lipidreichen Ernährung dieser Weg der Lipogenese bei weitem wichtiger als die Lipogenese aus Glucose. Die Triacylglycerine der VLDL bzw. Chylomikronen (S. 209, 210) werden durch die extrazellulär lokalisierte ***Lipoproteinlipase*** (S. 209) gespalten. Die dabei entstehenden Fettsäuren werden vom Fettgewebe aufgenommen, zu Acyl-CoA aktiviert und anschließend für die jetzt intrazellulär ablaufende Resynthese von Triacylglycerinen verwendet.
- Die Lipogenese wird v. a. durch ***Insulin*** reguliert. Insulin stimuliert die Glucoseaufnahme von Fettzellen durch

  – Translokation des ***Glucosetransporters GLUT 4*** in die Plasmamembran,

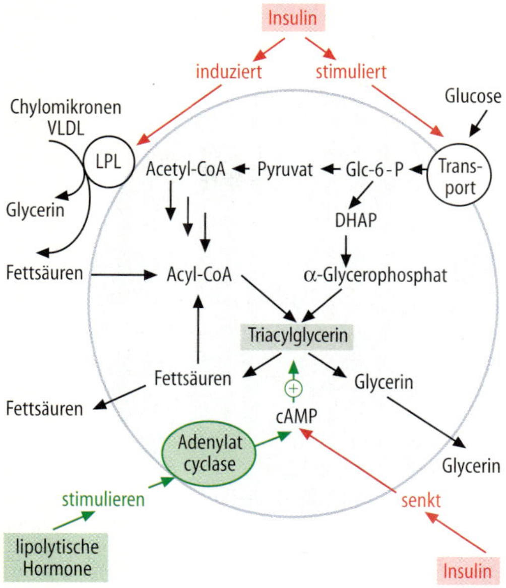

Abb. 6.25 Stoffwechsel der Fettzelle bei Lipogenese und Lipolyse. Insulin induziert die Biosynthese der Lipoproteinlipase und stimuliert die Glucoseaufnahme, was zu vermehrter Triacylglycerinbiosynthese führt. Katecholamine aktivieren dagegen die Adenylatcyclase und damit die Lipolyse. *LPL* Lipoproteinlipase. (Einzelheiten s. Text)

- Aktivierung der ***Pyruvatdehydrogenase*** des Fettgewebes und
- Induktion der ***Lipoproteinlipase***.

Die Mobilisierung der im Fettgewebe gespeicherten Triacylglycerine erfolgt durch Lipolyse:

- Die ***Triacylglycerinlipase*** (hormonsensitive Lipase) spaltet Triacylglycerine zu Monoacylglycerin und Fettsäuren. Die hormonelle Regulation dieses Enzyms, beim Menschen hauptsächlich durch Katecholamine über β_2- und evtl. β_3-Rezeptoren (S. 484), ist in Abb. 6.26 dargestellt.
- Durch die Monoacylglycerinlipase werden Monoacylglycerine zu Glycerin und Fettsäuren gespalten.
- Glycerin und Fettsäuren werden vom Fettgewebe an das Plasma abgegeben, wobei die Fettsäuren in Bindung an Serumalbumin transportiert werden müssen.

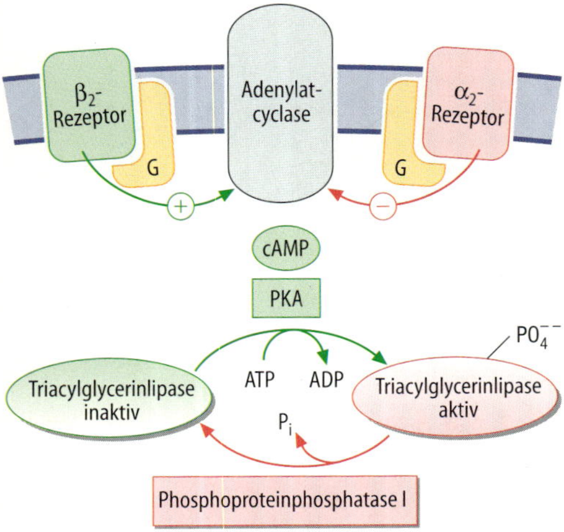

Abb. 6.26 Hormonelle Regulation der Triacylglycerinlipase des Fettgewebes. Über β2-Rezeptoren der Fettzelle kommt es zu einer Aktivitätssteigerung, über α2-Rezeptoren zu einer Aktivitätsverminderung der Adenylatcyclase und damit zu erhöhten bzw. erniedrigten cAMP-Spiegeln. cAMP aktiviert die Proteinkinase A, die spezifische Serylreste der Triacylglycerinlipase phosphoryliert und das Enzym damit von der inaktiven in die akive Form überführt. Die Phosphoproteinphosphatase 1 ist für die Dephosphorylierung der Triacylglycerinlipase verantwortlich

!

In der Leber werden Lipoproteine synthetisiert und abgebaut.

Auch die Leber spielt eine wichtige Rolle im Lipidstoffwechsel:

- Sie besitzt aktive Stoffwechselwege für die Biosynthese und den Abbau von Fettsäuren, für die Biosynthese von Ketonkörpern, die Synthese von Triacylglycerinen, Cholesterin und Phospholipiden.
- Ein großer Teil der Plasmalipoproteine wird in der Leber synthetisiert.
- Die Leber ist der Ort der Gallenproduktion, wodurch Cholesterin und in der Leber aus Cholesterin synthetisierte Gallensäuren in den Darm gelangen, wobei die letzteren dort die Resorption von Lipiden erst möglich machen.

Die Leber nimmt Fettsäuren aus den Blutlipiden sowohl bei fettreicher Ernährung wie auch bei katabolen Stoffwechsellagen wie Diabe-

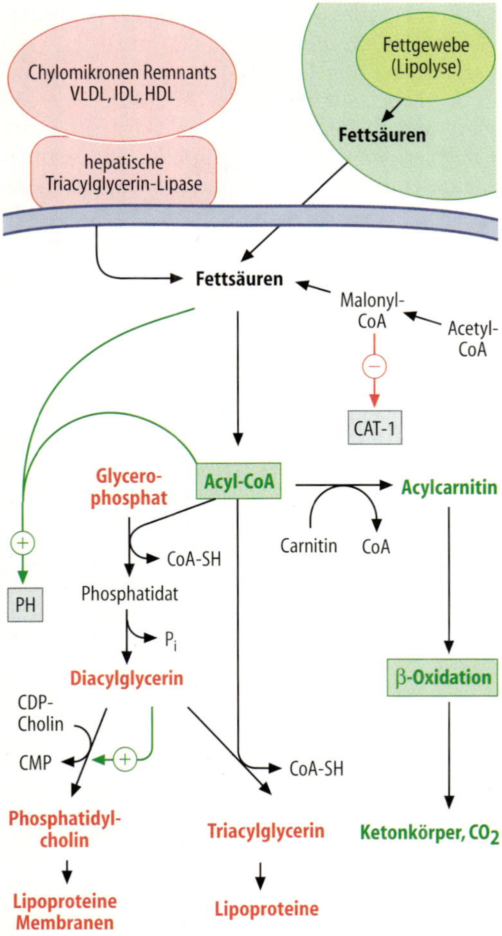

Abb. 6.27 Die Aufnahme von Fettsäuren aus Blutlipiden durch die Leber. *CPT-1* Carnitin-Palmitoyl-Transferase (Carnitin-Acyltransferase 1); *PH* Phosphatidat-Phosphohydrolase. (Einzelheiten s. Text)

tes mellitus, Nahrungskarenz, chronischen Infekten, Intoxikationen und schwerem Streß auf (Abb. 6.27):

- Bei ***fettreicher Ernährung*** werden die Triacylglycerine von im Darm produzierten Chylomikronen, evtl. nach Abbau zu sogenannten Remnants (S. 211), aber auch von anderen Lipoproteinen wie VLDL und HDL, durch die extrazellulär lokalisierte ***hepatische Triacylglycerinlipase*** abgebaut und die dabei entstehenden Fettsäuren von der Leber aufgenommen. Fettsäuren werden zu Acyl-CoA aktiviert und dienen unter diesen Umständen der Synthese von Triacylglycerinen und Phospholipiden. Die ersteren werden in Lipoproteine eingebaut, die letzteren in Lipoproteine bzw. in Membranen.

- Bei ***katabolen Stoffwechsellagen*** (z. B. Nahrungskarenz, Diabetes mellitus) ist die Lipolyse des Fettgewebes gesteigert, es kommt zu einem Anstieg der Plasmafettsäuren und damit zu ihrer gesteigerten Aufnahme in der Leber. Nach Aktivierung zu Acyl-CoA werden sie über das Carnitin-System(S. 167) in die Mitochondrien transloziert und dort durch β-Oxidation abgebaut, wobei auch Ketonkörper entstehen.
- Die Regulation des Fettsäurestoffwechsels der Leber geschieht auf der Stufe der ***Carnitin-Acyltransferase1*** bzw. der ***Phosphatidat-Phosphohydrolase***. Die Carnitin-Acyltransferase 1 wird durch Malonyl-CoA gehemmt. Dies gewährleistet, daß bei Fettsäurebiosynthese die Fettsäureoxidation abgeschaltet ist. Die Phosphatidat-Phosphohydrolase wird durch Fettsäuren und Acyl-CoA aktiviert. Allerdings wird diese Aktivierung durch cAMP-abhängige Phosphorylierung des Enzyms gehemmt.

! **Kohlenhydrat- und Triacylglycerinstoffwechsel sind miteinander verknüpft.**

Zwischen Kohlenhydrat- und Fettstoffwechsel bestehen enge Beziehungen. Diese sind sowohl bei Nahrungsüberschuß als auch bei Nahrungskarenz von großer Bedeutung:

- Die Ernährung in den industrialisierten Staaten enthält etwa 45–50 % Kohlenhydrate und 35–40 % Lipide. Die Nahrungskohlenhydrate werden dabei bevorzugt zur Auffüllung der ***Glycogenvorräte*** sowie zur Deckung des ***Energiestoffwechsels*** verwendet. Eine Oxidation von Lipiden findet nur dann statt, wenn eine Deckung des Energiebedarfs durch Kohlenhydratoxidation und gegebenenfalls Oxidation von Proteinen nicht möglich ist. Dies bedeutet, daß bei ***Kalorienüberschuß*** die Lipide der Nahrung bevorzugt im ***Fettgewebe*** gespeichert werden.
- Wichtig ist, daß das Zentralnervensystem, die Erythrocyten und bestimmte Zellen des Nierenmarks auf ***Glucose als alleinige Ener-***

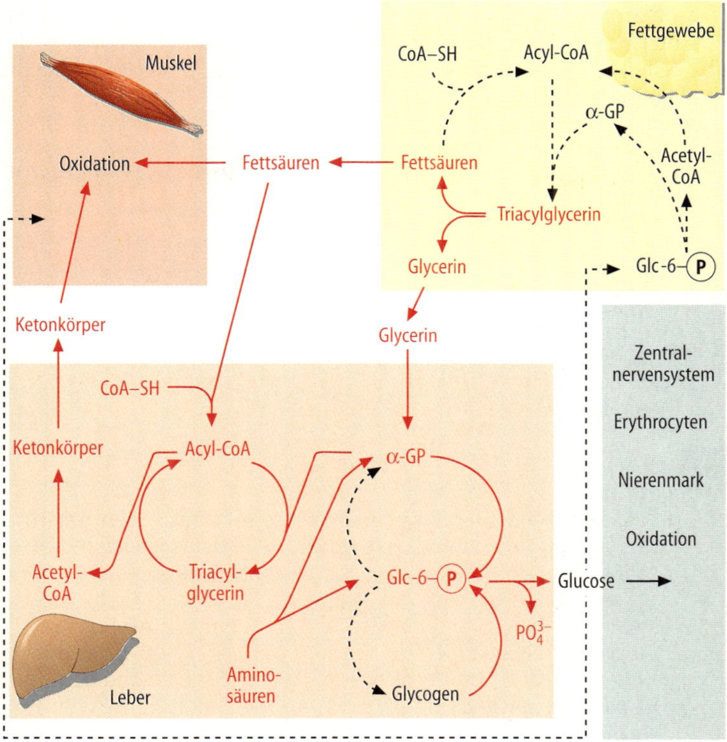

Abb. 6.28 Die Bedeutung gesteigerter Lipolyse im Fettgewebe für die Substratversorgung verschiedener Gewebe. Stoffwechselwege, die beschleunigt ablaufen sind *rot*, solche die verlangsamt ablaufen, *gestrichelt* hervorgehoben. (Einzelheiten s. Text)

giequelle angewiesen sind. Das Zentralnervensystem ist allerdings imstande, bei längerem Hungern auch Ketonkörper zu oxidieren.

- Je mehr der Kohlenhydratanteil der Nahrung ansteigt, umso mehr ergibt sich die Notwendigkeit, Nahrungskohlenhydrate zu Fettsäuren umzuwandeln, aus denen vor allem Membranlipide, aber auch Triacylglycerine synthetisiert werden. Bei Tieren wird dies in Form der ***Kohlenhydratmast*** ausgenützt, beim Menschen spielt dieses Phänomen jedoch eine eher untergeordnete Rolle.
- Der wichtigste physiologische Zustand mit fehlender Kohlenhydrat- und Lipidzufuhr ist die ***Nahrungskarenz***. Um die Glucose-

versorgung von Zentralnervensystem, Erythrocyten und Nierenmark zu sichern, treten die in Abb. 6.28 dargestellten Stoffwechselbeziehungen zwischen den verschiedenen Geweben in Kraft. Sie umfassen im einzelnen:

- ***Glycogenolyse*** in der Leber,
- ***Lipolyse*** im Fettgewebe mit gesteigerter ***Fettsäureoxidation*** in Muskulatur und Leber,
- ***Ketonkörpersynthese*** in der Leber,
- Stimulierung der ***Proteolyse***, vor allem der Muskulatur und
- Stimulierung der ***Gluconeogenese*** bis auf eine Synthesemenge von etwa 200 g/Tag.

An den genannten Stoffwechselumstellungen sind vor allen Dingen ein Absinken der Insulinkonzentration im Blut und damit das Überwiegen von Insulinantagonisten wie Katecholaminen und Glucagon beteiligt.

!

WICHTIG

Fettsäuren und Triacylglycerine können in nahezu allen Zellen des Organismus synthetisiert werden. Allerdings besitzen die größte Kapazität hierfür die Leber und das Fettgewebe.

Die Fettsäurebiosynthese erfolgt durch einen im Cytosol lokalisierten Enzymkomplex, der Fettsäuresynthase. Als Substrat für die Kettenverlängerung benötigt sie Malonyl-CoA, das mit Hilfe der Acetyl-CoA-Carboxylase in einer biotinabhängigen Reaktion aus Acetyl-CoA entsteht. Als Reduktionsmittel wird $NADPH/H^+$ benötigt

Die Geschwindigkeit der Fettsäurebiosynthese wird durch die Aktivität der Pyruvatdehydrogenase, der Acetyl-CoA-Carboxylase und der Fettsäuresynthase reguliert.

Durch Desaturasen können ungesättigte Fettsäuren synthetisiert werden, allerdings im tierischen Organismus nur bis zu einer Entfernung von 9 C-Atomen von der Carboxylgruppe. Weiter entfernte Doppelbindungen, die beispielsweise in den für die Eicosanoid-Biosynthese benötigten Fettsäuren vorkommen, müssen als essentielle Fettsäuren mit der Nahrung zugeführt werden. Eicosanoide sind Fettsäurederivate, die als Gewebshormone dienen. Man unterscheidet Prostaglandine, Thromboxane und Leukotriene.

Das Fettgewebe und die Leber haben die größte Bedeutung im Lipidstoffwechsel. Im Fettgewebe wird im Überschuß aufgenommene Energie in Form von Triacylglycerinen gespeichert und bei Bedarf, d.h. bei Nahrungskarenz, in Form von Fettsäuren und Glycerin in die Blutzirkulation abgegeben. Die Funktionen der Leber im Rahmen des Lipidstoffwechsels sind unterschiedlich. Bei Nahrungskarenz nimmt sie einen großen Teil der aus dem Fettgewebe stammenden Fettsäuren auf, baut diese durch β-Oxidation zu Acetyl-CoA ab, welches das Substrat für die Biosynthese der Ketonkörper abgibt. Diese werden von der Leber abgegeben und dienen den extrahepatischen Geweben als Substrat zur Deckung des Energiebedarfs. Bei Überschuß an Nahrungsstoffen ist die Leber imstande, aus Lipiden, aber auch aus Kohlenhydraten, Triacylglycerin-reiche Lipoproteine zu synthetisieren und als VLDL an die Zirkulation abzugeben. VLDL-Triacylglycerine werden in extrahepatischen Geweben durch die Lipoproteinlipase gespalten.

Kohlenhydrat und Lipidstoffwechsel sind im menschlichen Organismus eng miteinander verknüpft. Entscheidend ist dabei, daß aus Kohlenhydraten sehr wohl Lipide synthetisiert werden können, der umgekehrte Weg jedoch nicht möglich ist. Nahrungskohlenhydrate werden bevorzugt zur Auffüllung der Glycogenvorräte sowie zur Deckung des Energiestoffwechsels verwendet. Lipidoxidation findet nur dann statt, wenn die Kohlenhydratmenge nicht zur Deckung des Energiebedarfs ausreicht, d.h., daß bei Kalorienüberschuß die Nahrungslipide bevorzugt im Fettgewebe gespeichert werden. Das Zentralnervensystem, die Erythrocyten und bestimmte Zellen des Nierenmarks sind auf Glucose als alleinige Energiequelle angewiesen. Nach längerer Nahrungskarenz gewinnt von diesen nur das Zentralnervensystem die Fähigkeit zur Ketonkörperoxidation.

6.5 Stoffwechsel der Phosphoglyceride

Phosphoglyceride sind mengenmäßig der wichtigste Bestandteil aller zellulärer Membranen. Man weiß aus zahlreichen Untersuchungen, daß Membranen ein dynamisches System darstellen, welches durch eine teilweise beachtliche Geschwindigkeit des Abbaus und der Resynthese einzelner Membrankomponenten gekennzeichnet ist.

Für die Biosynthese von Phosphoglyceriden werden CDP-aktivierte Zwischenprodukte benötigt.

Phosphatidylcholin, Phosphatidylethanolamin und ***Phosphatidylinositol*** können de novo synthetisiert werden (Abb. 6.29). Ausgangspunkt ist in jedem Fall die Phosphatidsäure. Es werden jedoch für die Biosynthese aktivierte Zwischenprodukte benötigt. Hierbei gibt es zwei Möglichkeiten:

- Bei der Synthese von Phosphatidylcholin bzw. Phosphatidylethanolamin werden die beiden Aminoalkohole durch entsprechende Kinasen phosphoryliert und reagieren anschließend mit CTP (Cytidintriphosphat, S. 311), wobei unter Pyrophosphatabspaltung ***CDP-Cholin*** bzw. ***CDP-Ethanolamin*** entstehen. Diese reagieren mit Diacylglycerin unter Bildung von Phosphatidylcholin und Phosphatidylethanolamin.
- Ein alternativer Weg ist die Reaktion von Phosphatidsäure mit CTP, wobei unter Pyrophosphatabspaltung ***CDP-Diacylglycerin*** entsteht. Dieses reagiert mit Inositol unter Bildung von Phosphatidylinositol.

Phosphoglyceride können ineinander überführt werden.

Der rasche Umsatz von Phosphoglyceriden in Membranen erfordert außer der de novo-Synthese den Austausch einzelner Phosphoglyceridkomponenten. Diese sind in Abb. 6.30 dargestellt. Dabei hat Phosphatidylethanolamin eine besondere Funktion:

- Phosphatidylethanolamin kann mit ***S-Adenosylmethionin*** (S. 285) methyliert werden, so daß Phosphatidylcholin entsteht.
- Der Ethanolaminrest des Phosphatidylethanolamins kann gegen ***Serin*** ausgetauscht werden, so daß Phosphatidylserin entsteht.
- Durch ***Decarboxylierung*** kann aus Phosphatidylserin Phosphatidylethanolamin gebildet werden.

Abb. 6.29 Biosynthese der Phosphoglyceride. (Einzelheiten s. Text) ▶

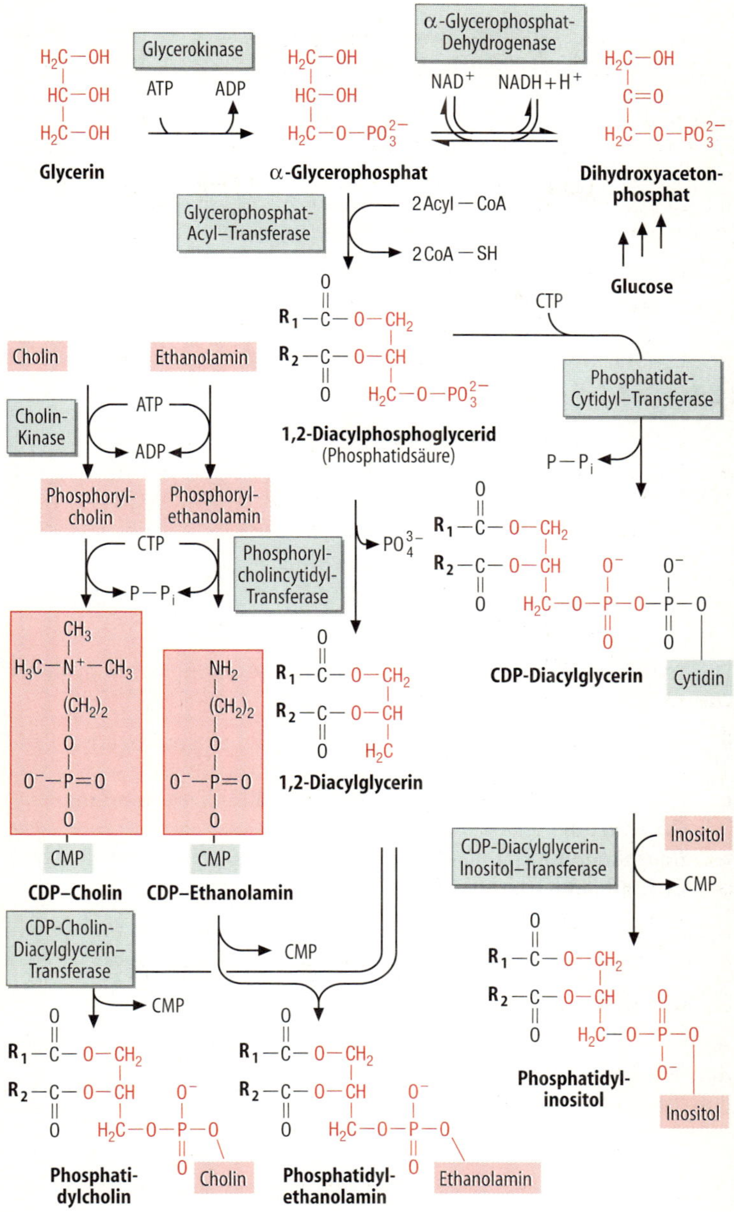
Glycerokinase
ATP
ADP
α-Glycerophosphat-Dehydrogenase
NAD+
NADH+H+
Glycerin
α-Glycerophosphat
Dihydroxyacetonphosphat
Glycerophosphat-Acyl–Transferase
2 Acyl — CoA
2 CoA — SH
Glucose
CTP
Cholin
Ethanolamin
1,2-Diacylphosphoglycerid
(Phosphatidsäure)
Phosphatidat-Cytidyl–Transferase
Cholin-Kinase
P — Pi
Phosphorylcholin
Phosphorylethanolamin
Phosphorylcholincytidyl-Transferase
CDP-Diacylglycerin
Cytidin
1,2-Diacylglycerin
CMP
CDP–Cholin
CDP–Ethanolamin
CDP-Diacylglycerin-Inositol–Transferase
Inositol
CDP-Cholin-Diacylglycerin–Transferase
Phosphatidylcholin
Phosphatidylethanolamin
Phosphatidylinositol

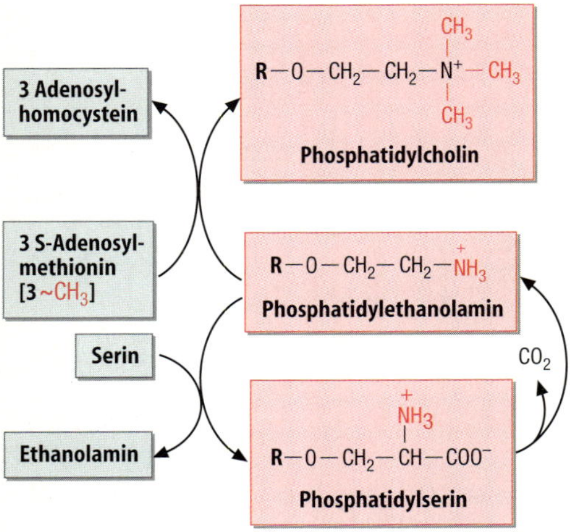

Abb. 6.30 Umwandlungen der N-haltigen Phosphoglyceride

Phospholipasen sind für den Phospholipidabbau verantwortlich.

Der Abbau der Phospholipide wird durch Phospholipasen eingeleitet (Abb. 6.31):

- Die ***Phospholipasen*** A_1 bzw. A_2 spalten die entsprechenden Fettsäurereste ab.
- ***Phospholipasen C*** spalten die Phosphosäurediesterbindung zum Glycerinrest.
- ***Phospholipasen D*** spalten die Phosphosäurediesterbindung zur hydrophilen Gruppe (Cholin, Ethanolamin u. a.).

Neben dieser Stellungsspezifität zeigen die verschiedenen Phospholipasen auch eine hohe Spezifität bezüglich des zu spaltenden Phosphoglycerids.

Die Phospholipasen A_1 bzw. A_2 leiten nicht nur den vollständigen Abbau von Phospholipiden ein, sondern sind auch Bestandteile eines ***Acylierungscyclus***, in dem Fettsäurereste von Phospholipiden ausgetauscht werden können (Abb. 6.32).

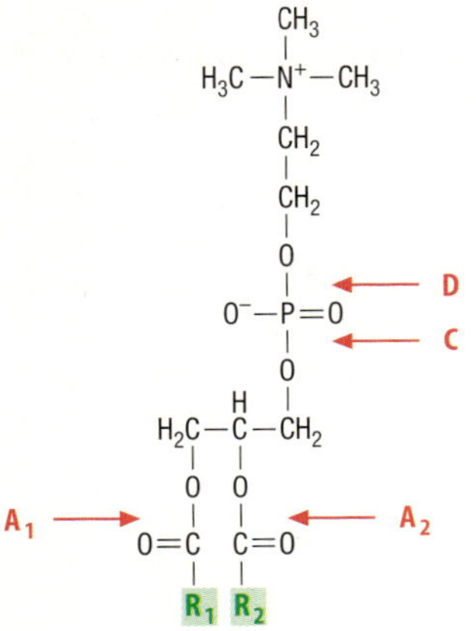

Abb. 6.31 Angriffspunkte der Phospholipasen A_1, A_2, C und D am Phosphatidylcholin

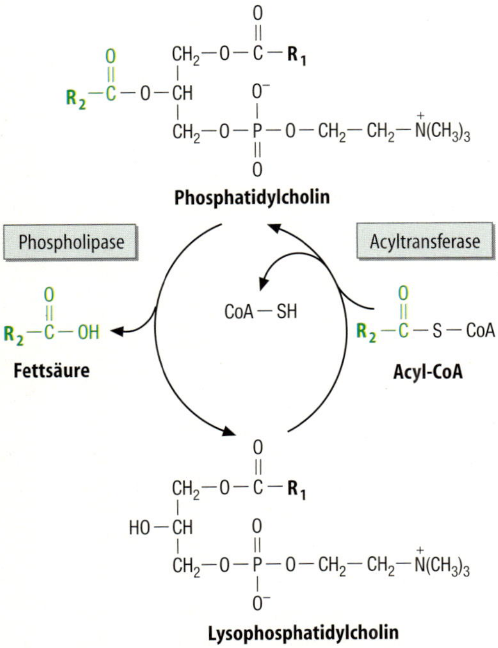

Abb. 6.32 Acylierungscyclus des Phosphatidylcholins. Durch eine Phospholipase wird Phosphatidylcholin in Lysophosphatidylcholin umgewandelt, welches wiederum mit Acyl-CoA acyliert werden kann

Phospholipasen erzeugen wichtige Signalmoleküle.

Zu den wesentlichen Funktionen von Zellmembranen gehört die Umwandlung extrazellulärer Signale in intrazelluläre. Dies ermöglicht beispielsweise Zellen, ihren Stoffwechsel auf hormonelle Reize umzustellen. Der Vorgang der Überführung eines extrazellulären in ein intrazelluläres Signal wird auch als ***Signaltransduktion*** bezeichnet. Bemerkenswert ist, daß Abbauprodukte von Phosphoglyceriden durch die verschiedenen Phospholipasen bei Signaltransduktionsvorgängen eine wichtige Rolle spielen (Tabelle 6.6).

Tabelle 6.6 Die Bedeutung von Phospholipiden für die Signaltransduktion

Phospholipid	Spaltung durch	Produkt	Funktion	Seite
Phosphatidylinositolbisphosphat	Phospholipase $C\beta$ bzw. $C\gamma$	$InsP_3$; Diacylglycerin	Calciummobilisierung aus ER;	459
			Aktivierung von Proteinkinase C	459
Phosphatidylcholin, -ethanolamin, -serin	Phospholipase C; Phospholipase D mit Phosphohydrolase	Diacylglycerin	Aktivierung der Proteinkinase C	459
	Phospholipase A_2	Arachidonat	Eicosanoidsynthese	459

InsP3 Inositol-trisphosphat; *ER* Endoplasmatisches Reticulum.

!

WICHTIG

Phosphoglyceride sind die wichtigsten Bestandteile sämtlicher zellulärer Membranen, da sie als amphiphile Moleküle die für Membranen typischen Lipiddoppelschichten ausbilden können.

Jede Zelle ist dazu imstande, Phosphatidylcholin, Phosphatidylethanolamin und Phosphatidylinositol de novo aus den Bausteinen zu synthetisieren. Aus Phosphatidylethanolamin kann darüber hinaus Phosphatidylserin gebildet werden.

Für den Abbau und den Umsatz der einzelnen Phosphoglyceride stehen Phospholipasen zur Verfügung, die jeweils die in Phosphoglyceriden vorkommenden Esterbindungen spezifisch spalten.

Neben ihrer Funktion als Membranbestandteile liefert der Abbau der Phosphoglyceride eine Reihe wichtiger Signalmoleküle. Spaltung durch Phospholipase A_2 liefert die für die Eicosanoidbiosynthese wichtige Arachidonsäure, Phospholipase C liefert das intrazelluläre Signalmolekül Inositoltrisphosphat, darüber hinaus entstehen auch beim Sphingolipidstoffwechsel wichtige Signalstoffe.

6.6 Stoffwechsel der Sphingolipide

Aus Sphingosin werden Sphingomyeline, Cerebroside, Sulfatide und Ganglioside synthetisiert.

In den Sphingolipiden ist das Glycerin der Phosphoglyceride durch den Aminodialkohol des ***Sphingosin*** ersetzt. Dieser entsteht in einer Pyridoxalphosphat-abhängigen Reaktion aus ***Palmityl-CoA*** und ***Serin*** (Abb. 6.33). Durch Reaktion der NH_3^+-Gruppe des Sphingosins mit Acyl-CoA entsteht ***Ceramid***, der Ausgangspunkt für die Synthese von Sphingomyelinen, Cerebrosiden, Sulfatiden und Gangliosiden (Abb. 6.34). Im einzelnen sind dabei folgende Schritte notwendig:

- Für die Synthese von ***Sphingomyelin*** reagiert Ceramid mit CDP-Cholin. Alternativ kann der Cholinrest auch vom Phosphatidylcholin übernommen werden.
- Für die Biosynthese von ***Cerebrosiden*** und ***Sulfatiden*** reagiert Ceramid mit UDP-Galaktose. Sollen Sulfatide erzeugt werden, so ist die Sulfatierung von Cerebrosiden mit Phosphoadenosin-Phosphosulfat (PAPS, S. 289) notwendig.
- Für die Biosynthese von ***Gangliosiden*** wird am Ceramid mit Hilfe Nucleosiddiphosphat-aktivierter Zucker (S. 133) das für die entsprechende Gangliosidklasse (S. 157) typische Oligosaccharid aufgebaut.

Lysosomale Hydrolasen sind für den Sphingolipidabbau verantwortlich.

Der Sphingolipidabbau erfolgt lysosomal und startet mit dem Abbau der Kohlenhydratseitenkette. Dabei werden

- durch ***β-Galaktosidasen*** die Galaktosylreste,
- durch ***Neuraminidasen*** die Neuraminsäurereste,
- durch ***Sulfatidasen*** die Sulfatreste,

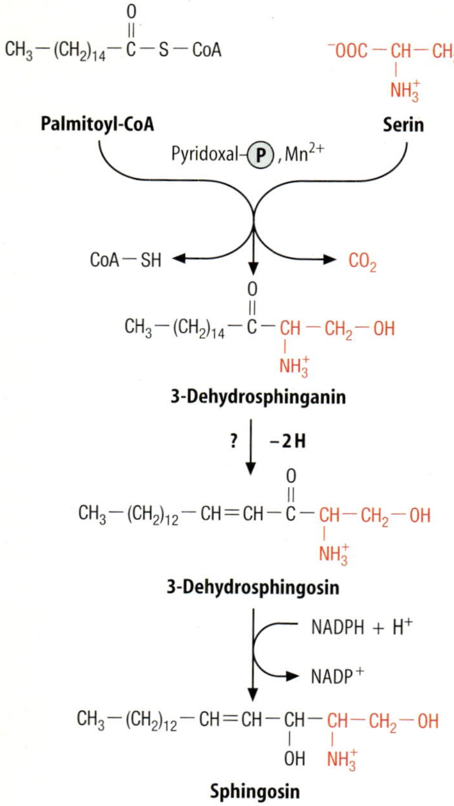

Abb. 6.33 Biosynthese von Sphingosin aus Palmityl-CoA und Serin

- durch ***Hexosaminidasen*** die acetylierten Galaktosaminreste und
- durch ***Sphingomyelinasen*** die Phosphorylcholinreste abgespalten.

! WICHTIG

Sphingolipide sind essentielle Membranbausteine. Der ihnen zugrunde liegende Alkohol ist das Sphingosin, dessen Bausteine Palmityl-CoA und Serin sind. Durch verknüpfende Aminogruppe des Sphingosins mit einer weiteren Fettsäure entsteht

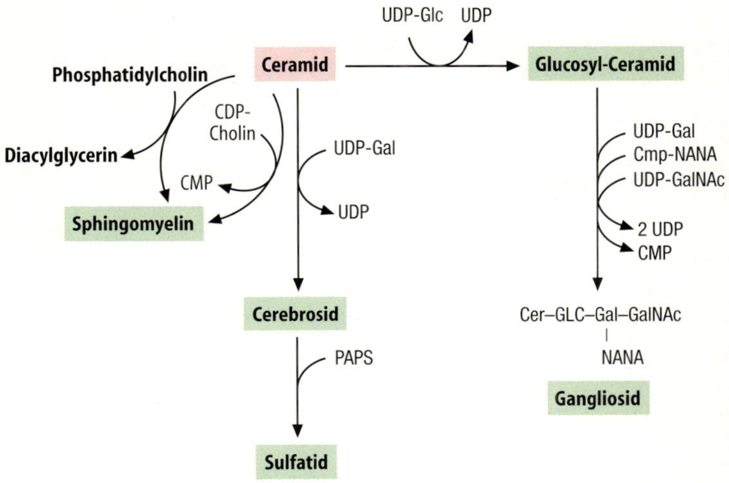

Abb. 6.34 Biosynthese von Sphingomyelin, Cerebrosiden, Sulfatiden und Gangliosiden aus Ceramid

Ceramid, das den Ausgangspunkt für Sphingomyelin, Galactoside, Sulfatide und Ganglioside liefert.

Für den Abbau von Sphingolipiden stehen Sphingolipid-spaltende, lysosomale Enzyme zur Verfügung. Ihr genetisches Fehlen führt zu spezifischen Krankheitsbildern.

6.7 Stoffwechsel des Cholesterins

Vom menschlichen Organismus wird überwiegend in Form von Gallensäuren täglich etwa 1 g Cholesterin ausgeschieden, weswegen eine ebenso große Menge nachgeliefert werden muß. Der größere Teil davon entsteht durch Neusynthese, da bei ausgeglichener Ernährung nur etwa 0,3 g Cholesterin pro Tag aufgenommen werden.

Die Synthese aktiver Isoprenreste leitet die Cholesterinbiosynthese ein.

Die Aufklärung der Cholesterinbiosynthese ging von der Beobachtung aus, daß das Cholesterinmolekül vollständig aus Acetyl-CoA synthetisiert werden kann. Dabei wechseln sich in regelmäßiger Folge Methyl- und Carboxyl-C-Atome des Acetylrestes ab (Abb. 6.35).

Bei der weiteren Aufklärung der Cholesterinbiosynthese wurde gefunden, daß es sich beim Cholesterin um ein Isoprenderivat handelt, welches durch Kondensation einzelner ***Isoprenreste*** entsteht. Für ihre Synthese (Abb. 6.36) sind folgende Schritte notwendig:

- Synthese von β-Hydroxy-β-Methylglutaryl-CoA (HMG-CoA) (S. 169).
- Reduktion von HMG-CoA unter Abspaltung von CoA-SH, wobei ***Mevalonat*** entsteht. Die hierfür verantwortliche ***HMG-CoA-Reduktase*** ist das regulierte Enzym der Cholesterinbiosynthese (s. u.).
- Zweifache Phosphorylierung von Mevalonat, so daß ***5-Pyrophosphomevalonat*** entsteht.
- Phosphorylierung von Pyrophosphomevalonat am C-Atom 3, wobei aus den entstehenden Zwischenprodukten CO_2 und Phosphat abgespalten wird und ***Isopentenylpyrophosphat*** entsteht.
- Isomerisierung von Isopentenylpyrophosphat zu ***Dimethylallylpyrophosphat***.

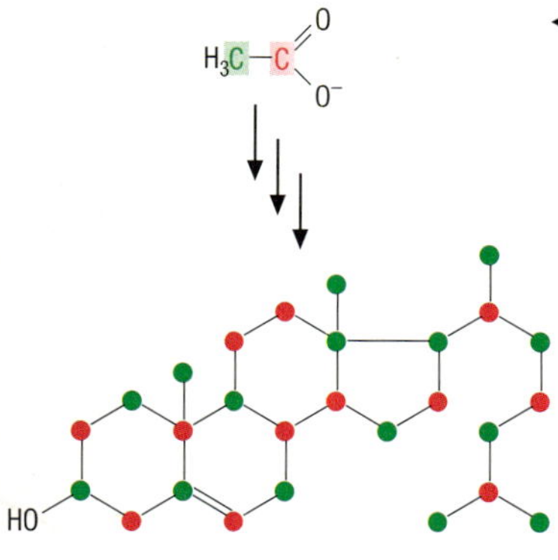

◀ **Abb. 6.35** Herkunft der C-Atome des Cholesterins. Inkubiert man Cholesterin-synthetisierende Zellen mit Methyl- bzw. Carboxyl-markiertem Acetat, finden sich im Cholesterinmolekül in regelmäßiger Folge Methyl- und Carboxyl-C-Atome des Acetats

Abb. 6.36 Biosynthese von aktivem Isopren aus β-Hydroxy-β-Methyl-Glutaryl-CoA ▶

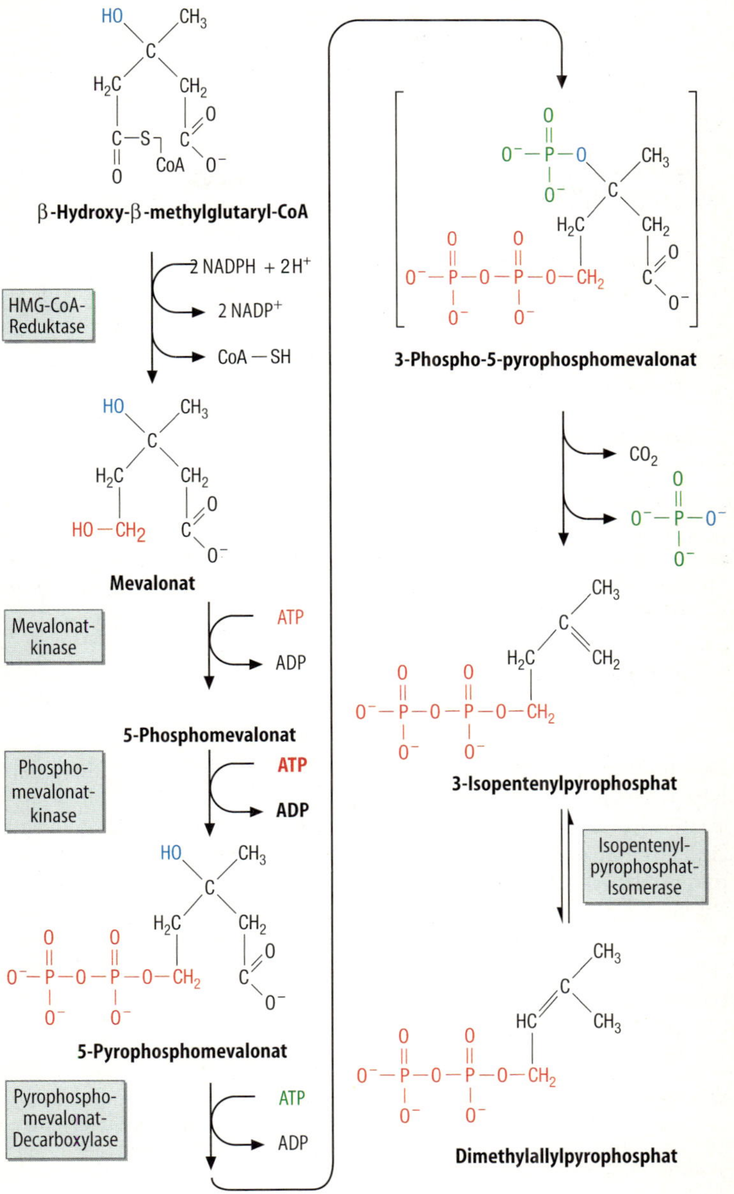
β-Hydroxy-β-methylglutaryl-CoA
HMG-CoA-Reduktase
2 NADPH + 2H+
2 NADP+
CoA — SH
Mevalonat
Mevalonat-kinase
ATP
ADP
5-Phosphomevalonat
Phospho-mevalonat-kinase
ATP
ADP
5-Pyrophosphomevalonat
Pyrophospho-mevalonat-Decarboxylase
ATP
ADP
3-Phospho-5-pyrophosphomevalonat
CO2
3-Isopentenylpyrophosphat
Isopentenyl-pyrophosphat-Isomerase
Dimethylallylpyrophosphat

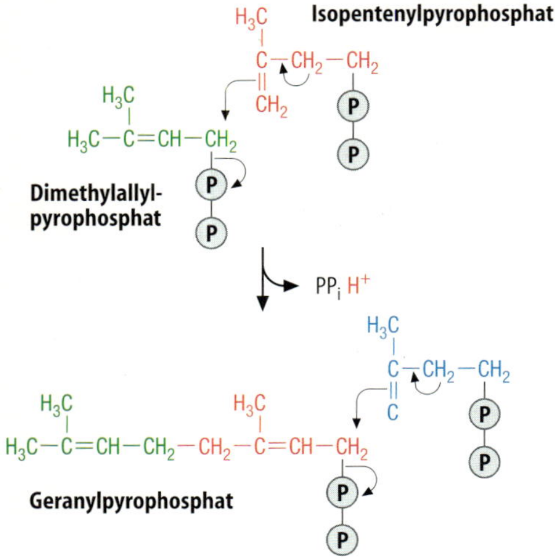

Abb. 6.37 Reaktionsmechanismus der Prenyltransferase. Durch Pyrophosphateliminierung entsteht ein Carbokation aus dem Dimethylallylpyrophosphat. An dieses kondensiert Isopentenyl-Pyrophosphat. An das entstehende Geranylpyrophosphat kann unter Farnesylpyrophosphat-Bildung ein weiteres Isopentenylpyrophosphat ankondensieren

Durch Kondensation aktiver Isoprenreste entstehen Isoprenlipide und Cholesterin.

Die aktiven Isoprenreste Isopentenylpyrophosphat und Dimethylallylpyrophosphat zeichnen sich durch die Fähigkeit zur enzymkatalysierten Kondensation zu Polymeren, den Isoprenoiden aus. Hierfür sind ***Prenyltransferasen*** notwendig, deren Mechanismus in Abb. 6.37 dargestellt ist. Durch Kondensation von zwei aktiven Isoprenresten entsteht ***Geranylpyrophosphat***, aus diesem durch Anlagerung eines weiteren aktiven Isoprens das ***Farnesylpyrophosphat***. Durch die Fortsetzung derartiger Kondensationen können viele Naturstoffe synthetisiert werden. Zu ihnen gehören u. a.:

Abb. 6.38 Biosynthese von Cholesterin aus Dimethylallylpyrophosphat und Isopentenylpyrophosphat. Drei Isopreneinheiten kondensieren zum Farnesylpyrophosphat; anschließend kommt es zur Kopf an Kopf-Kondensation von 2 Farnesylpyrophosphat, wobei Squalen entsteht. Dieses cyclisiert zum Cholesterin. (Einzelheiten s. Text) ▶

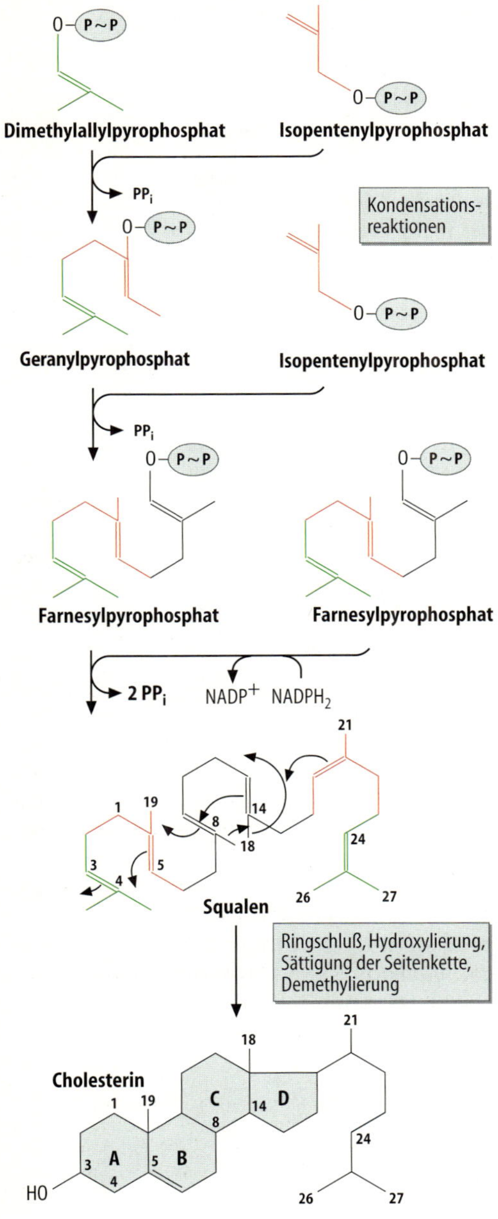
O–P~P
Dimethylallylpyrophosphat
O–P~P
Isopentenylpyrophosphat
PPi
Kondensationsreaktionen
O–P~P
Geranylpyrophosphat
O–P~P
Isopentenylpyrophosphat
PPi
O–P~P
Farnesylpyrophosphat
O–P~P
Farnesylpyrophosphat
2 PPi
NADP+
NADPH2
Squalen
Ringschluß, Hydroxylierung, Sättigung der Seitenkette, Demethylierung
Cholesterin
HO
A
B
C
D

- das Dolichol (S. 141)
- das Ubichinon (S. 235)
- die Carotinoide (S. 589)
- das Tocopherol (S. 596) und
- viele pflanzliche Metabolite, u. a. Kautschuk.

Die eigentliche Cholesterinsynthese beginnt durch Kondensation von 2 Farnesylpyrophosphat, wobei das aus 30 C-Atomen bestehende ***Squalen*** entsteht. In einer mehrstufigen Reaktion wird aus ihm durch Ringschluß über eine Reihe unterschiedlicher Zwischenstufen das Cholesterin gebildet (Abb. 6.38).

!

Die Cholesterinsynthese wird hauptsächlich auf der Stufe der HMG CoA-Reduktase reguliert.

Das Enzym, das die Reaktionsgeschwindigkeit der gesamten Cholesterinbiosynthese bestimmt, ist die ***HMG-CoA-Reduktase***. Bei Nahrungskarenz ist die Aktivität dieses Enzyms deutlich reduziert, ähnliche niedrige Aktivitäten finden sich auch beim Diabetes mellitus.

Auf molekularer Ebene ist die Regulation der HMG-CoA-Reduktase sehr komplex, was verständlich macht, daß die Aktivität des Enzyms um zwei Größenordnungen variieren kann:

- Von besonderer Bedeutung ist die Regulation auf der Ebene der ***Transcription*** (Abb. 6.39). Im Gen der HMG-CoA-Reduktase, aber auch der Prenyltransferase und der HMG-CoA-Synthase finden sich in der Promotorregion (S. 378) sogenannte ***Sterol-responsive Elemente***. An diese binden DNA-Bindungsproteine, die durch Oxysterole, v. a. 5 Hydroxycholesterin aktiviert werden. Dadurch wird eine Reduzierung der Transcription der genannten Gene ausgelöst.
- Durch eine ***AMP-aktivierte Proteinkinase*** kann die HMG-CoA-Reduktase phosphoryliert und inaktiviert werden.
- Von besonderer medizinischer Bedeutung sind Pilzmetabolite wie ***Mevinolin*** oder ***Compactin***. Diese sind kompetitive Inhibitoren der HMG-CoA-Reduktase (Abb. 6.40), deren Derivate zur Behandlung von Hypercholesterinämien verwendet werden.

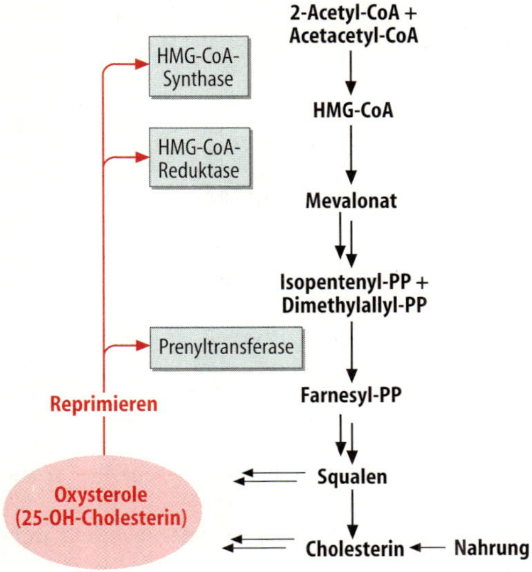

Abb. 6.39 Regulation der Transkription von HMG-CoA-Synthase, HMG-CoA-Reduktase, Prenyltransferase und LDL-Rezeptor durch Oxysterole

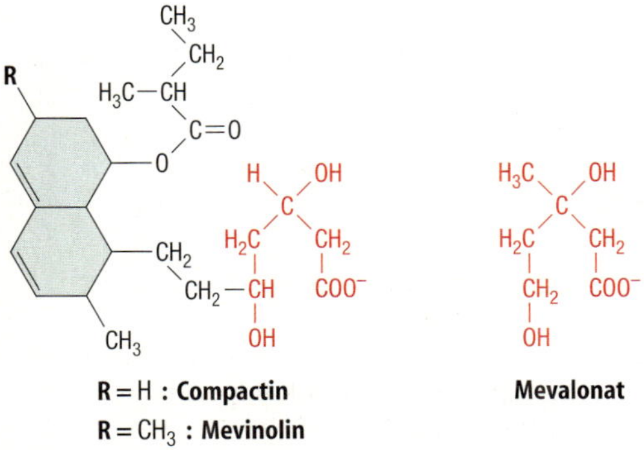

Abb. 6.40 Struktur von Compactin und Mevinolin. Der zum Mevalonat strukturhomologe Teil ist hervorgehoben

Aus Cholesterin entstehen Gallensäuren und Steroidhormone.

Abbildung 6.41 gibt einen Überblick über die Stoffwechselmöglichkeiten des Cholesterins. Es kann:

- in zelluläre ***Membranen*** eingebaut werden;
- als Cholesterinester in Zellen gespeichert werden; das hierfür verantwortliche Enzym ist die ***Acyl-CoA-Cholesterin-Acyltransferase*** (ACAT):

  Cholesterin + Acyl-CoA $\rightarrow$ Cholesterinester + CoA-SH

- in ***Steroidhormone*** umgewandelt werden; die hierfür notwendigen Reaktionsfolgen finden je nach Hormon in der Nebennierenrinde, den Ovarien, der Plazenta bzw. den Testes statt. Sie beinhalten eine Verkürzung bzw. Entfernung der Seitenkette sowie Hydroxylierungen am Ringsystem;
- in ***1,25-Dihydroxycholecalciferol*** (D-Hormon) umgewandelt werden;
- in ***Gallensäuren*** umgewandelt werden; die hierfür notwendigen in der Leber ablaufenden Reaktionen umfassen eine Verkürzung und Oxidation der Seitenkette, so daß eine Carboxylgruppe entsteht, sowie verschiedene Hydroxylierungen am Ringsystem. Die dabei entstehenden freien Gallensäuren können mit Taurin bzw. Glycin konjugiert werden (S. 605).

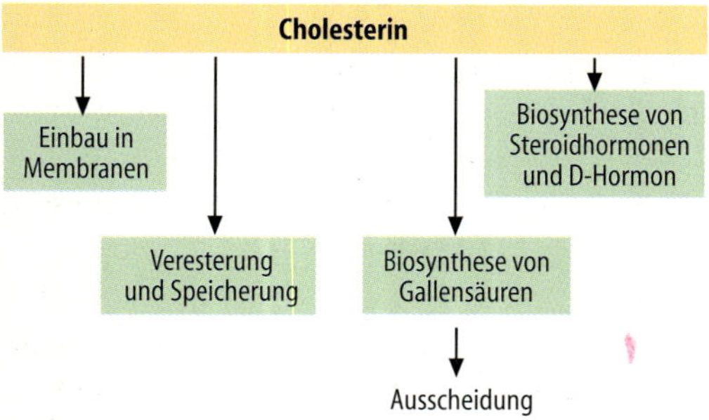

Abb. 6.41 Stoffwechselmöglichkeiten des Cholesterins. Cholesterin kann als Membranbaustein verwendet werden, als Cholesterinester gespeichert werden, in Steroidhormone umgewandelt werden oder in Form von Gallensäuren ausgeschieden werden

! WICHTIG

Das komplizierte Steranskelett des Cholesterins kann ausschließlich aus Acetyl-CoA aufgebaut werden. Dabei erfolgt zunächst die Synthese von Mevalonsäure, aus der durch Phosphorylierung und Decarboxylierung die Isoprene Isopentenylpyrophosphat und Dimethylallylpyrophosphat entstehen. Durch Kondensation dieser Bausteine entsteht eine Vielzahl von Naturstoffen, die Isoprenoide. Die Kondensation von 6 Isopreneinheiten liefert das aus 30 C-Atomen bestehende Squalen, das cyclisiert und zu Cholesterin umgelagert wird.

Cholesterin ist ein unentbehrlicher Membranbestandteil. Das körpereigene Cholesterin stammt entweder aus der Nahrung oder wird durch endogene Synthese erzeugt.

Cholesterin liefert das Ausgangsmaterial für die Biosynthese der Steroidhormone, der D-Vitamine und der Gallensäuren.

Die Ausscheidung des Cholesterins erfolgt über die Galle als freies Cholesterin sowie in Form der Gallensäuren.

6.8 Transport der Lipide im Blut

Die Lipidkonzentration im Plasma ist beträchtlich (Tabelle 6.7). Da diese Lipide nicht wasserlöslich sind, müssen sie eine nicht kovalente Verbindung mit bestimmten Proteinen, den ***Apolipoproteinen***, eingehen. Dabei entstehen ***Lipoproteine***.

Lipoproteine werden in vier Hauptklassen eingeteilt, die sich in ihrer Lipid- und Apolipoprotein-Zusammensetzung unterscheiden.

Durch Elektrophorese bzw. präparative Ultrazentrifugation lassen sich Lipoproteine in die in Tabelle 6.8 genannten vier Hauptklassen einteilen.

- ***Chylomikronen, VLDL*** (*engl.* very low density lipoproteins) und in gewissem Umfang ***IDL*** (*engl.* intermediate density liproproteins) sind Triacylglycerin-reiche Lipoproteine, wobei der Cholesteringehalt zwischen 5 % bei Chylomikronen und 38 % bei IDL schwankt.
- ***LDL*** (*engl.* low density lipoproteins) sowie die beiden ***HDL-Klassen*** (*engl.* high density lipoproteins) sind dagegen Triacylglycerin-arme und Cholesterin-reiche Lipoproteine.

Tabelle 6.7 Normale Konzentrationsbereiche der im Serum vorkommenden Lipide

Lipid	Konzentrationsbereich	
	[mg/100 ml]	[mmol/l]
Triacylglycerine	50–150	0,62–2,5
Phosphoglyceride	160–250[a, b]	2,2–3,4[a]
Cholesterin (frei + verestert)	150–220[a]	3,9–6,2[a]
Nichtveresterte Fettsäuren	14–22	0,5–0,8

[a] Normalwerte nehmen mit steigendem Lebensalter zu.
[b] Ohne klinisch-diagnostische Bedeutung.

Tabelle 6.8 Physikalische Eigenschaften, chemische Zusammensetzung und Hauptapolipoproteine der verschiedenen Lipoproteinklassen

	Chylomikronen	VLDL	LDL	HDL
Dichte [g/ml]	0,93	0,93–1,006	1,019–1,063	1,063–1,21
Durchmesser [nm]	75–1200	30–80	18–25	5–12
Triglyceride [%]	86	55	6	4
Cholesterin [%] und Cholesterinester	5	19	50	19
Phospholipide [%]	7	18	22	34
Apolipoproteine [%] davon	2	8	22	42
Apo A-I [%]	33	Spur	Spur	63
Apo A-II [%]	Spur	Spur	Spur	16
Apo B [%]	5	25	90	3
Apo C [%]	32	55	2	9
Apo D [%]	?	?	?	2
Apo E [%]	10	15	3	2

Auffallend ist, daß die einzelnen Lipoproteinklassen mit jeweils für sie typischen Apolipoproteinen ausgestattet sind. Diese Apolipoproteine umhüllen den hydrophoben, aus apolaren Lipiden gebildeten Kern eines Lipoproteinpartikels (Abb. 6.42) und ermöglichen so dessen Löslichkeit im Blutplasma. Über diese strukturgebende Funktion hinaus haben Apolipoproteine wichtige Aufgaben beim Lipoproteinstoffwechsel (Tabelle 6.9).

Die einzelnen Lipoproteinklassen unterscheiden sich beachtlich hinsichtlich Entstehung, Stoffwechsel und Verwertung.

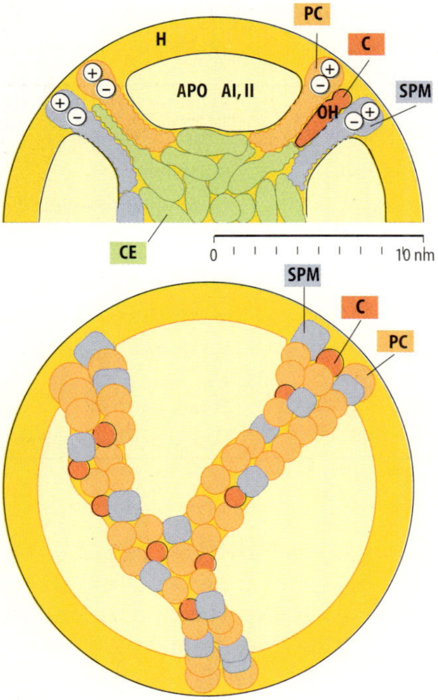

Abb. 6.42 Schematische Darstellung des Aufbaus eines HDL-Partikels. *C* Cholesterin; *CE* Cholesterinester; *PC* Phosphatidylcholin; *SPM* Sphingomyelin; *A1, 2* Apolipoprotein A1 und A2

!

Triacylglycerin-reiche Lipoproteine entstehen in Darm und Leber und werden durch die Lipoproteinlipase abgebaut.

Der Stoffwechsel von Chylomikronen und VLDL ist in Abb. 6.43 dargestellt:

- ***Chylomikronen*** entstehen bei der ***Lipidresorption*** in den Mucosazellen der duodenalen Schleimhaut. Sie werden an die Lymphe abgegeben, von dort ins Plasma transportiert, wo sie zusätzlich zu dem für sie typischen Apolipoprotein B_{48} die Lipoproteine E und C erhalten. Die Triacylglycerine der Chylomikronen werden durch die Lipoproteinlipase der Gewebe abgebaut, die dabei ent-

Tabelle 6.9 Klassifizierung der Apolipoproteine des menschlichen Serums

Apolipoprotein	Lipoprotein	Molekulargewicht [kD]	Funktion
A I	HDL	28	Aktivator der LCAT
A II	HDL	17	Strukturelemente
A IV	HDL	46	Unbekannt
B_{100}	VLDL, LDL	549	Ligand des B-Rezeptors
B_{48}	Chylomikronen	265	Strukturelement
C I	VLDL, HDL	7	Aktivator der LCAT
C II	VLDL, HDL	8,5	Aktivator der LPL
C III	VLDL, HDL	8,9	Unbekannt
D	HDL	21	Aktivator der LCAT, Strukturelement
E	VLDL, HDL, (LDL)	39	Ligand des E-Rezeptors

stehenden ***Restpartikel*** (Remnant) von der Leber aufgenommen und weiter metabolisiert.

- ***VLDL*** entstehen in der ***Leber*** und transportieren dort synthetisierte Triacylglycerine und Cholesterin zu extrahepatischen Geweben. Außer dem für sie typischen Apolipoprotein B_{100} erhalten sie im Blutplasma die Apolipoproteine C und E aus den HDL. Der Abbau der Triacylglycerine der VLDL erfolgt ebenfalls durch die Lipoproteinlipase, die dabei entstehenden IDL werden durch die Leber weiter abgebaut und modifiziert, so daß als Endprodukt die ***LDL*** entstehen.

!

LDL transportieren Cholesterin und werden durch die extrahepatischen Gewebe mit Hilfe des LDL-Rezeptors aufgenommen.

Die beim VLDL-Abbau entstehenden LDL sind besonders cholesterinreich. Ihre Aufgabe ist der Transport von in der Leber synthetisiertem Cholesterin zu den extrahepatischen Geweben. Von diesen werden sie durch Endocytose aufgenommen. Die dabei ablaufenden Schritte (Abb. 6.44) sind:

- Bindung von LDL an spezifische Rezeptoren der Plasmamembran, die ***LDL-Rezeptoren***,

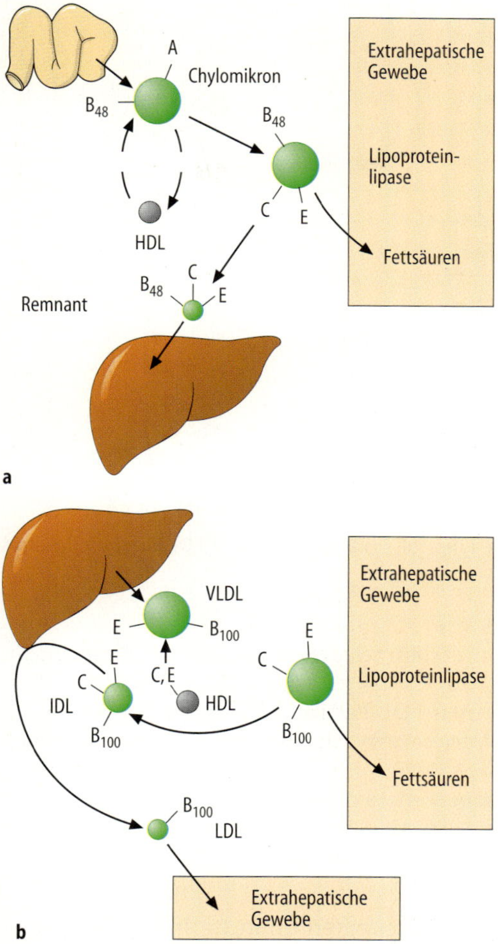

Abb. 6.43 a, b Abbau der Triacylglycerin-reichen Lipoproteine. **a** Abbau von Chylomikronen; **b** Abbau von VLDL. (Einzelheiten s. Text)

- Assoziation von LDL-Rezeptoren in der Plasmamembran zu sogenannten ***„coated pits"***, die auf der cytosolischen Seite mit ***Klathrin*** vernetzt sind,
- Aufnahme der LDL-Partikel durch ***Endocytose***,
- Fusion der LDL-Vesikel mit ***Lysosomen***,

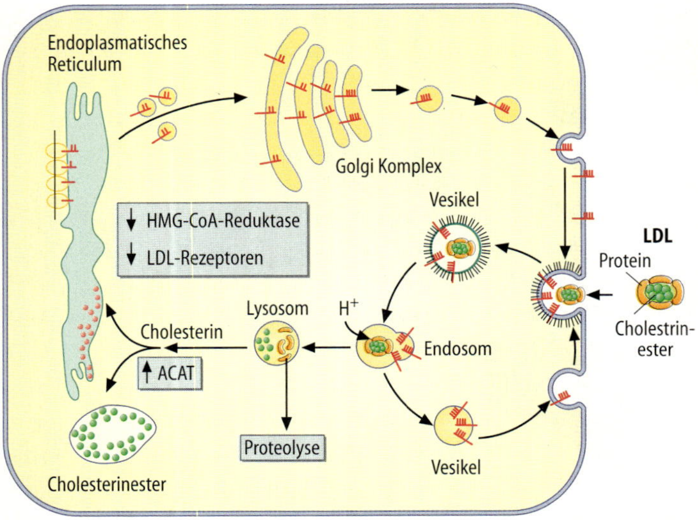

Abb. 6.44 Der intrazelluläre Kreislauf des LDL-Rezeptors. ⁞ LDL-Rezeptor; / Klatrin. (Einzelheiten s. Text)

- Trennung von LDL vom Rezeptor,
- Rücktransport von rezeptorbeladenen Vesikeln zur Plasmamembran,
- Abbau der Proteine der LDL-Partikel,
- Speicherung des freigesetzten Cholesterins in Form von ***Cholesterinestern*** und
- ***Repression*** der endogenen Cholesterinsynthese durch Cholesterin bzw. Metabolite des Cholesterins, womit eine Cholesterinüberladung von Zellen verhindert wird.

! HDL sind für den reversen Cholesterintransport verantwortlich.

Die Hauptfunktion der HDL besteht im ***reversen Cholesterintransport*** von den extrahepatischen Geweben zur Leber als dem einzigen Ort der Cholesterinausscheidung bzw. -metabolisierung zu Gallensäuren. Dabei laufen folgende Reaktionen ab (Abb. 6.45):

- HDL entstehen wahrscheinlich in Darm und Leber. Sie binden im Blutplasma das Enzym ***Lecithin-Cholesterin-Acyltransferase*** (LCAT)

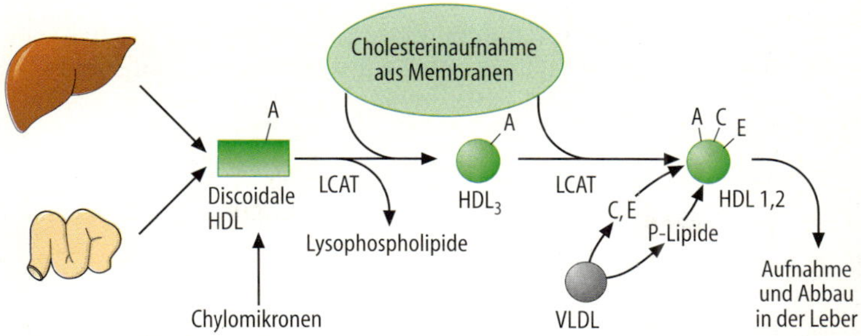

Abb. 6.45 Die Funktion der HDL beim reversen Cholesterintransport. (Einzelheiten s. Text)

LCAT katalysiert die Reaktion:

Cholesterin + Phosphatidylcholin $\rightleftharpoons$
Cholesterinester + Lysophosphatidylcholin

- Durch die LCAT nimmt der Gehalt der HDL an Cholesterinestern zu, gleichzeitig verringert sich ihr Gehalt in Phosphoglyceriden, da das gebildete Lysophosphatidylcholin abdiffundiert.
- In den dadurch frei werdenden Platz kann Cholesterin aus den Membranen extrahepatischer Gewebe eingelagert werden, wodurch die HDL_2 und HDL_3 entstehen. Beide werden von der Leber aufgenommen und dort dem endgültigen Abbau zugeführt.

!

WICHTIG

Im Blutplasma können die Lipide wegen ihrer schlechten Wasserlöslichkeit nur in Form von Lipidkomplexen, den Lipoproteinen transportiert werden. Man kann dabei zwischen triacylglycerinreichen und cholesterinreichen Lipoproteinen unterscheiden.

Zu den ersteren gehören die im Intestinaltrakt bei Lipidverdauung und Resorption entstehenden Chylomikronen sowie die in der Leber durch hepatische Triacylglycerinsynthese entstehenden VLDL. Die Triacylglycerine von Chylomikronen und VLDL werden durch die Lipoproteinlipase abgebaut, wobei Remnants bzw. IDL entstehen.

IDL werden in der Leber in LDL, die wichtigsten cholesterinreichen Lipoproteine, umgebaut. Diese werden durch einen Rezeptor-vermittelten Prozeß in extrahepatische Zellen aufgenommen.

Für den reversen Cholesterintransport von extrahepatischen Geweben zur Leber als dem wichtigsten Ausscheidungsorgan für Cholesterin sind die HDL verantwortlich.

6.9 Pathobiochemie

Veränderungen des Lipidstoffwechsels, die Fehlfunktionen und eine Reihe von Erkrankungen zur Folge haben, sind vielfältig. Sie werden bei der Besprechung der jeweiligen Organe abgehandelt. Nicht eindeutig bestimmten Organen oder Geweben zuzuschreiben sind die ***Sphingolipidosen*** und Störungen des Lipidtransports im Blut, sog. ***Dyslipoproteinämien.***

!

Bei Sphingolipidosen kommt es zur Ablagerung von Sphingolipiden in verschiedenen Geweben.

Sphingolipidosen sind ***autosomal-rezessiv*** vererbte Stoffwechseldefekte, die meist im Kindesalter auftreten und bei denen sich abnorme Ablagerungen von gelegentlich falsch aufgebauten Sphingolipiden in den betroffenen Geweben nachweisen lassen. Häufig ist das Zentralnervensystem, nicht selten sind aber auch Leber und Nieren betroffen.

Alle Defekte betreffen die Enzyme des ***Sphingolipidabbaus*** (Abb. 6.46).

Im allgemeinen handelt es sich um schwere, noch in der Kindheit zum Tod führende Erkrankungen.

!

Dyslipoproteinämien stellen ein schweres Gesundheitsrisiko dar.

Erkrankungen, die mit Veränderungen im Lipoproteinmuster des Plasmas einhergehen, werden als ***Dyslipoproteinämien*** bezeichnet. Dabei kann generell zwischen Hypo- und Hyperlipoproteinämien unterschieden werden.

Hypolipoproteinämien beruhen meist auf genetischen Defekten (Tabelle 6.10):

Hyperlipoproteinämien sind wesentlich häufiger und stellen ein schweres Gesundheitsrisiko dar. Sie führen häufig zu einer Arterio-

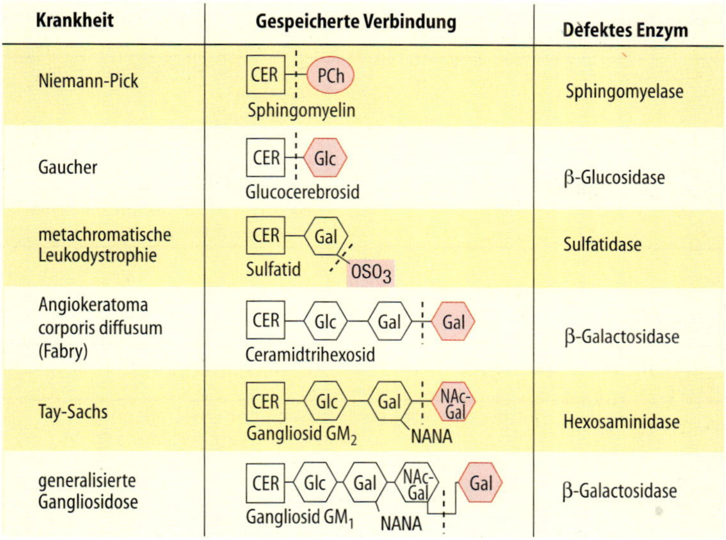

Abb.6.46 Enzymdefekte, die Sphingolipidosen verursachen (Auswahl)

Tabelle 6.10 Hypolipoproteinämien (Auswahl)

Bezeichnung	Defekt	Veränderung der Plasmalipoproteine
A-β-Lipoproteinämie	Apolipoprotein B-Synthese defekt	Verminderung von LDL, VLDL und Chylomikronen
Hypo-α-Lipoproteinämie (Tangier-Erkrankung)	Apolipoprotein A-Synthese defekt	HDL-Cholesterin vermindert

sklerose, bei Befall der Herzkranzgefäße zur ***koronaren Herzerkrankung***, bei Befall der Cerebralgefäße zur ***Cerebralsklerose***.

Für das Auftreten erworbener, also ***sekundärer Hyperlipoproteinämien*** sind die in Tabelle 6.11 zusammengestellten Risikofaktoren von großer Bedeutung. Besonders auffallend ist dabei die Korrelation zwischen der Höhe des ***Cholesterinspiegels*** im Plasma und der Mortalität an koronarer Herzerkrankung. Diese sekundäre Hypercholesterinämie betrifft 20–25 % der erwachsenen Bevölkerung Deutschlands. Man nimmt an, daß bei diesen Patienten eine genetische Disposition zu erhöhten ***LDL-Konzentrationen*** besteht, die jedoch durch

Tabelle 6.11 Risikofaktoren bei coronarer Herzerkrankung und arterieller peripherer Verschlußkrankheit

Coronare Herzerkrankung	Hyper- und Dyslipoproteinämie Rauchen Hypertonie Diabetes mellitus Übergewicht
Arterielle periphere Verschlußkrankheit	Rauchen Hyper- und Dyslipoproteinämie Diabetes mellitus

Tabelle 6.12 Primäre Hyperlipoproteinämien

Bezeichnung (Typ)	Defekt	Symptome
I	Lipoproteinlipasemangel Mangel an Apolipoprotein CII	Anstieg der Chylomikronen; Plasma-Triacylglycerine erhöht
II (familiäre Hypercholesterinämie)	Funktionsdefekt des LDL-Rezeptors	Cholesterinkonzentration im Plasma erhöht
III	Auftreten der Isoform $ApoE_2$ des Apolipoprotein E	Atypisches VLDL; Umwandlung von Makrophagen in Schaumzellen; Plasma-Triacyl- und Cholesterinspiegel erhöht
IV	Unbekannt	Plasma-Triacylglycerine und VLDL erhöht
V	Unbekannt	Plasma-Triacylglycerine und Cholesterin erhöht Chylomikronen und VLDL erhöht

zusätzliche exogene Faktoren verstärkt werden muß (Übergewicht, Bewegungsmangel).

Bei einer Reihe von Erkrankungen wie Diabetes mellitus, Übergewicht, Verschlußikterus, nephrotisches Syndrom, Gicht, Pankreatitis, Alkoholismus, Schwangerschaft und Hypothyreose entstehen Hyperlipoproteinämien, die häufig den primären Hyperlipoproteinämien des Typs IV, gelegentlich auch des Typs II (s. u.) ähneln.

Primäre Hyperlipoproteinämien beruhen auf genetischen Defekten des Lipoproteinstoffwechsels. Sie werden nach dem jeweils für sie typischen Lipoproteinmuster im Plasma in fünf Typen eingeteilt (Tabelle 6.12).

! WICHTIG

Primäre Störungen des Lipidstoffwechsels mit definiertem Erbgang kommen in den verschiedensten Bereichen des Fettstoffwechsels vor. Meist handelt es sich um seltene Erkrankungen, die den Sphingolipidstoffwechsel oder den Transport der Lipide im Blut betreffen.

Wesentlich häufiger sind sekundäre Störungen des Lipidtransports im Blut, die häufig zur Arteriosklerose führen und damit zu den häufigsten Todesursachen zählen. Sie gehen sehr häufig mit Übergewicht, Diabetes mellitus, Alkoholismus oder Hypertonie einher.

7 Citratcyclus

LERNZIELE
- Bedeutung des Citratcyclus im Stoffwechsel
- Reaktionsfolge des Citratcyclus
- Regulation des Citratcyclus
- Die amphibole Natur des Citratcyclus

Alle katabolen Stoffwechselvorgänge führen zum Acetyl-CoA. Es entsteht aus dem aus der Glycolyse stammenden Pyruvat, bei der β-Oxidation von Fettsäuren sowie beim Abbau einiger Aminosäuren. Acetyl-CoA wird in einem cyclischen Vorgang, dem Citratcyclus, zu CO_2 und Reduktionsäquivalenten abgebaut. Die Reoxidation dieser Reduktionsäquivalente in der Atmungskette liefert erhebliche Energiemengen in Form von ATP.

7.1 Bedeutung des Citratcyclus im Zellstoffwechsel

Der Abbau von Glucose in der Glycolyse führt zur Bildung von ***Lactat*** bzw. ***Pyruvat***, der Abbau von Fettsäuren durch die β-Oxidation zu ***Acetyl-CoA***. Auch der Abbau von Aminosäuren durch die für den Aminosäureabbau typischen Stoffwechselwege (S. 277) liefert α-Ketosäuren mit 3–5 C-Atomen wie u. a. ***Pyruvat, Oxalacetat, α-Ketoglutarat***. Damit bleiben große Teile des Kohlenstoffskeletts der abgebauten Verbindungen erhalten, energieliefernde Redoxreaktionen sind nur in beschränktem Umfang möglich und die Energieausbeute ist relativ gering.

Die Tatsache, daß durch aeroben, vollständigen Abbau der genannten Substrate zu CO_2 und H_2O ein wesentlich größerer Energiebetrag gewonnen werden kann, ist in Tabelle 7.1 am Beispiel des anaeroben und aeroben Abbaus von Glucose zusammengestellt. Der hierfür notwendige Substratabbau erfolgt durch einen ***cyclischen Pro-***

Tabelle 7.1 Änderung der freien Energie bei anaerobem (glycolytischem) und aerobem Abbau von Glucose

Abbauweg	$\Delta G°$
Glucose → 2 Lactat	– 197 kJ/mol
Glucose + 6 O_2 → 6 CO_2 + 6 H_2O	– 2881 kJ/mol

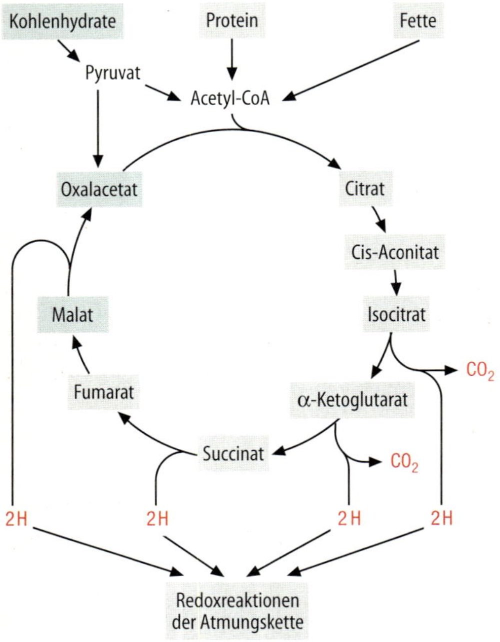

Abb. 7.1 Beziehungen des Citratcyclus zum Kohlenhydrat-, Fett- und Proteinstoffwechsel sowie zu den Redoxreaktionen der Atmungskette

zeß, bei dem Citrat als Zwischenprodukt auftritt und der infolge dessen als ***Citratcyclus*** (Tricarbonsäurecyclus) bezeichnet wird. Er ist zwischen Substratabbau und oxidativer Phosphorylierung eingeschaltet und führt formal bei einem Durchgang zur Zerlegung eines Moleküls Acetat zu zwei Molekülen CO_2 und acht Wasserstoffatomen (Abb. 7.1).

Der vollständige Satz der für den Citratcyclus notwendigen Enzyme befindet sich in der Zelle in der ***mitochondrialen Matrix*** (S. 442).

!

WICHTIG
Der Citratcyclus dient in erster Linie dem oxidativen Abbau von Acetyl-CoA, welches beim Abbau von Kohlenhydraten aus Pyruvat entstehen kann, beim Abbau der Fettsäuren durch β-Oxidation gebildet wird und schließlich beim Abbau einiger Aminosäuren auftritt. Der Citratcyclus ist in der mitochondrialen Matrix lokalisiert.

7.2 Reaktionsfolge des Citratcyclus

Die in Abb. 7.2 dargestellte Reaktionsfolge des Citratcyclus läßt sich in drei Teile einteilen:

- Das für den Citratcyclus notwendige Acetat wird in Form von ***Acetyl-CoA*** erzeugt.
- Oxalacetat reagiert mit Acetyl-CoA unter Bildung von ***Citrat***, das zweimal oxidiert und zweimal decarboxyliert wird, so daß ***Succinat*** entsteht.
- ***Oxalacetat*** wird durch Oxidation von Succinat regeneriert.

!

Acetyl-CoA entsteht außer bei der β-Oxidation von Fettsäuren bei der dehydrierenden Decarboxylierung von Pyurvat.

Um Kohlenhydrate in den Citratcyclus einzuschleusen, muß Pyruvat als Endprodukt der Glycolyse in die aktivierte Essigsäure, das Acetyl-CoA, umgewandelt werden. Dies geschieht mit einem kompliziert aufgebauten Multienzymkomplex der ***Pyruvatdehydrogenase*** (PDH) durch dehydrierende (oxidative) Decarboxylierung von Pyruvat.

Abb. 7.2 (S. 222) Reaktionsfolge des Citratcyclus. Die beiden vom Acetyl-CoA abstammenden C-Atome sind *rot* hervorgehoben. Nach einmaligem Durchlauf durch den Citratcyclus sind sie auf allen vier C-Atome des Oxalacetats nachweisbar, da Succinat eine symmetrische Verbindung ist

Abb. 7.3 (S. 223) Reaktionsfolge der dehydrierenden Decarboxylierung von Pyruvat durch den Pyruvatdehydrogenasekomplex. Die Atome des Pyruvats sind *rot* und *blau* hervorgehoben. Aus Platzgründen ist lediglich der Thiazolring des Thiaminpyrophosphats dargestellt

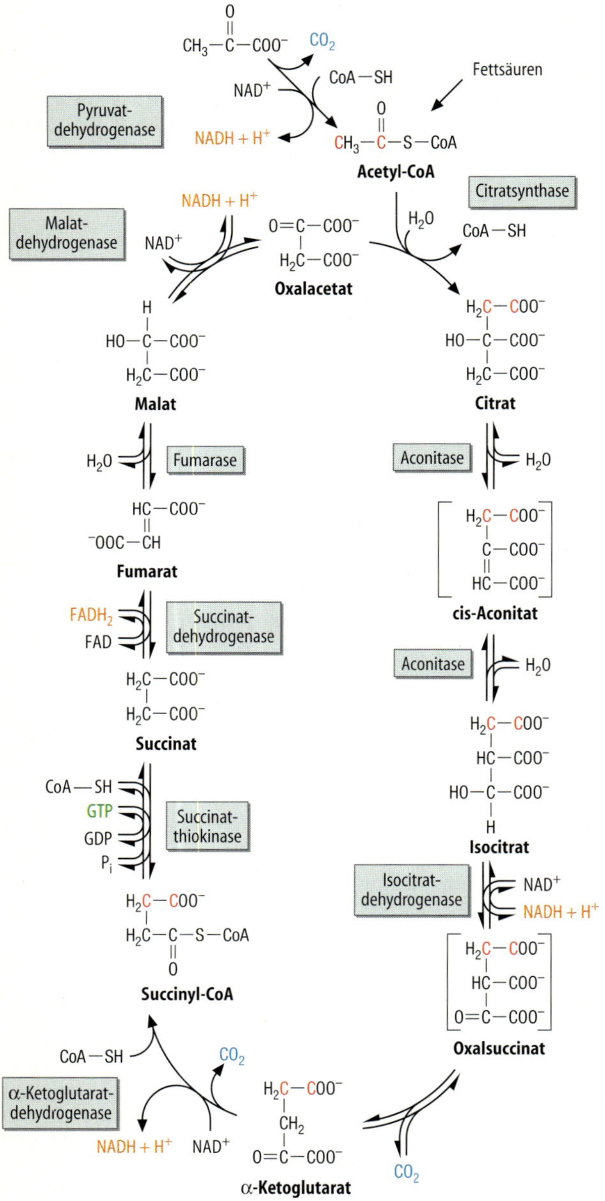

CH3—C—COO⁻
CO2
CoA—SH
Fettsäuren
NAD+
Pyruvat-dehydrogenase
NADH + H+
CH3—C—S—CoA
Acetyl-CoA
Citratsynthase
NADH + H+
Malat-dehydrogenase
NAD+
O=C—COO⁻
H2C—COO⁻
Oxalacetat
H2O
CoA—SH
HO—C—COO⁻
H2C—COO⁻
Malat
H2C—COO⁻
HO—C—COO⁻
H2C—COO⁻
Citrat
H2O
Fumarase
Aconitase
H2O
HC—COO⁻
⁻OOC—CH
Fumarat
H2C—COO⁻
C—COO⁻
HC—COO⁻
cis-Aconitat
FADH2
FAD
Succinat-dehydrogenase
Aconitase
H2O
H2C—COO⁻
H2C—COO⁻
Succinat
H2C—COO⁻
HC—COO⁻
HO—C—COO⁻
Isocitrat
CoA—SH
GTP
GDP
Pi
Succinat-thiokinase
Isocitrat-dehydrogenase
NAD+
NADH + H+
H2C—COO⁻
H2C—C—S—CoA
Succinyl-CoA
H2C—COO⁻
HC—COO⁻
O=C—COO⁻
Oxalsuccinat
CoA—SH
CO2
α-Ketoglutarat-dehydrogenase
H2C—COO⁻
CH2
O=C—COO⁻
NADH + H+
NAD+
α-Ketoglutarat
CO2

Abb. 7.2

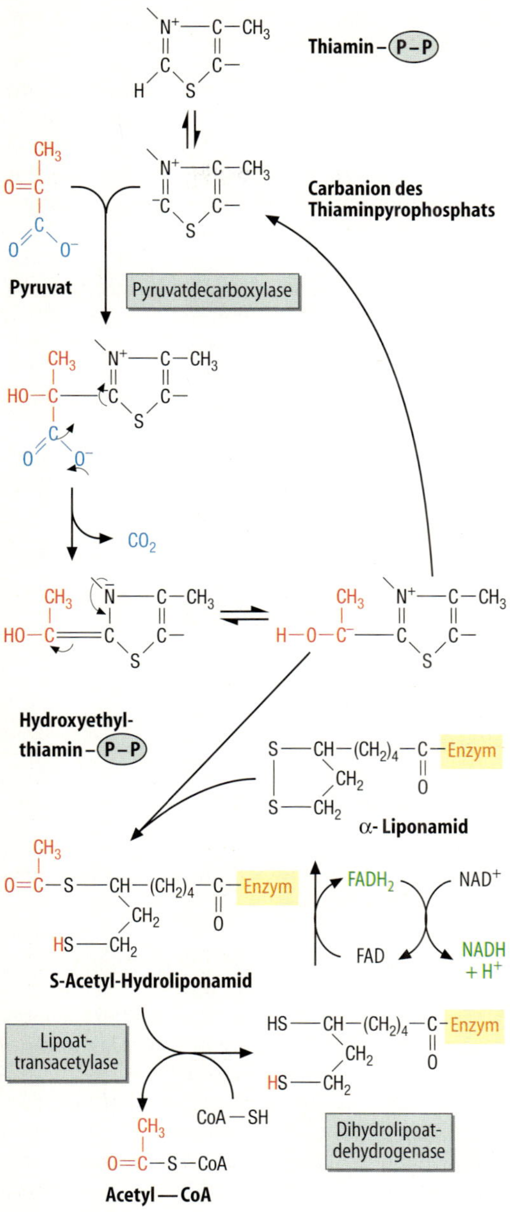

Thiamin-(P-P)
Carbanion des Thiaminpyrophosphats
Pyruvat
Pyruvatdecarboxylase
CO2
Hydroxyethyl-thiamin-(P-P)
α-Liponamid
Enzym
FADH2
NAD+
FAD
NADH + H+
S-Acetyl-Hydroliponamid
Lipoat-transacetylase
CoA—SH
Dihydrolipoat-dehydrogenase
Acetyl—CoA

Abb. 7.3

Abbildung 7.3 stellt die einzelnen Schritte der PDH dar. Sie umfassen:

- ***Decarboxylierung*** von Pyruvat. Das Coenzym für diese durch die Pyruvatdecarboxylase-Untereinheit der PDH katalysierte Reaktion ist das vom Vitamin Thiamin (S. 579) abgeleitete ***Thiaminpyrophosphat***. Es geht eine kovalente Bindung mit Pyruvat ein. Durch die Decarboxylierung entsteht ***Hydroxyethyl-Thiaminpyrophosphat***.
- Der einem ***Acetaldehyd*** entsprechende Hydroxyethylrest des Thiaminpyrophosphates wird durch die Disulfidgruppe der kovalent an die Lipoattransacetylase-Untereinheit geknüpften ***α-Liponsäure*** oxidiert, wobei das ***S-Acetyl-Hydrolipoat*** entsteht.
- Der Acetylrest des Acetylhydrolipoats wird auf Coenzym A übertragen, so daß ***Acetyl-CoA*** entsteht.
- Die Dihydroliponsäure wird durch die Dihydrolipoatdehydrogenase-Untereinheit mit FAD zu ***α-Liponsäure*** reoxidiert, das dabei entstehende $FADH_2$ durch NAD^+ zu FAD und $NADH/H^+$.

Die Summenreaktion der Pyruvatdehydrogenase beträgt demnach:

$$\text{Pyruvat} + \text{CoA-SH} + NAD^+ \rightarrow \text{Acetyl-CoA} + CO_2 + NADH + H^+$$

Durch Reaktion von Acetyl-CoA mit Oxalacetat entsteht Citrat und nach dessen zweimaliger Decarboxylierung Succinat.

In der ersten Teilsequenz des Citratcyclus (Abb. 7.2) kommt es zu folgenden Reaktionen:

- Oxalacetat reagiert mit Acetyl-CoA unter Bildung von ***Citrat***, das beteiligte Enzym ist die ***Citratsynthase***.
- Unter Einwirkung des Enzyms Aconitase erfolgt eine Umlagerung des Citrats zu ***Isocitrat***. Dabei entsteht intermediär enzymgebundenes cis-Aconitat.
- Isocitrat wird NAD^+-abhängig zu Oxalsuccinat oxidiert. Dieses ist instabil und decarboxyliert zu ***α-Ketoglutarat***. Das verantwortliche Enzym ist die ***Isocitratdehydrogenase***.
- Durch dehydrierende Decarboxylierung wird ***α-Ketoglutarat*** zu ***Succinyl-CoA*** oxidiert. Der Reaktionsmechanismus der für diese Reaktion verantwortlichen ***α-Ketoglutaratdehydrogenase*** entspricht dem der Pyruvatdehydrogenase (S. 221).

Bildung von ***Succinat*** aus Succinyl-CoA. Die durch die Freisetzung von Coenzym A frei werdende Energie wird dazu benützt, aus GDP und P_i ***GTP*** zu erzeugen. Da GTP durch eine Phosphatgruppen-Transferreaktion nach der Gleichung

$$GTP + ADP \rightleftharpoons GDP + ATP$$

reagiert, kann ATP aus GTP erzeugt werden. Diese Reaktion gehört zu den ***Substratkettenphosphorylierungen*** (S. 14).

Succinat wird zu Oxalacetat oxidiert.

Die den Citratcyclus abschließende Reaktionsfolge der Oxidation von Succinat zu Oxalacetat entspricht mechanistisch den ersten drei Reaktionen der β-Oxidation der Fettsäuren (S. 166). Sie umfaßt:

- FAD-abhängige Oxidation von Succinat zu Fumarat durch die ***Succinatdehydrogenase.*** Dieses Enzym kann direkt mit dem Ubichinon der Atmungskette (S. 237) reagieren.
- Wasseranlagerung an Fumarat mit Hilfe der ***Fumarase,*** wobei Malat entsteht.
- NAD-abhängige Oxidation von Malat zu Oxalacetat. Das verantwortliche Enzym ist die ***Malatdehydrogenase.***

Die Oxidation eines Acetylrestes im Citratcyclus liefert die Energie zur Bildung von maximal 12 ATP.

Die Oxidation von Acetylresten im Citratcyclus verläuft nach der Summengleichung:

$$CH_3COOH + 2\ H_2O \rightarrow 1A\ 2\ CO_2 + 8\ H$$

Formal wird somit Acetat vollständig zu CO_2 und H_2 abgebaut. Das Prinzip des Citratcyclus beruht darauf, daß Acetat an ein Trägermolekül, das Oxalacetat, gebunden wird, an dem dann die Dehydrierung stattfindet.

Tabelle 7.2 gibt die energetische Ausbeute der Oxidation von Acetyl-CoA im Citratcyclus wieder. Die ATP-Ausbeute ergibt sich aus der durch die Reoxidation der wasserstoffübertragenden Coenzyme gewonnenen Energie. Außerdem entsteht ein ATP-Äquivalent als GTP bei der Succinyl-CoA-Synthetase.

Tabelle 7.2 Energiebilanz bei der Oxidation von Acetyl-CoA im Citratcyclus

Schritt	H-Akzeptor	ATP-Ausbeute[a]
Isocitrat → α-Ketoglutarat	$NAD^+ \rightarrow NADH + H^+$	3
α-Ketoglutarat → Succinyl-CoA	$NAD^+ \rightarrow NADH + H^+$	3
Succinyl-CoA → Succinat	(Substratkettenphosphorylierung)	1
Succinat → Fumarat	$FAD \rightarrow FADH_2$	2
Malat → Oxalacetat	$NAD^+ \rightarrow NADH + H^+$	3
	Summe	12

[a] Über die ATP-Ausbeute bei der oxidativen Phosphorylierung s. S. 250

!

WICHTIG

Der Citratcyclus kann formal in folgende Abschnitte eingeteilt werden:

- Bildung von Acetyl-CoA,
- Reaktion von Acetyl-CoA mit Oxalacetat,
- Oxidation des gebildeten Citrats zu Succinat und
- Oxidation von Succinat zu Oxalacetat

In der Bilanz entsteht dabei aus einem Acetylrest 2 CO_2 und 8 H in Form von 3 $NADH/H^+$ und einem $FADH_2$. Die Reoxidation der wasserstoffübertragenden Coenzyme in der Atmungskette liefert einen Energiebetrag von maximal 11 ATP pro Acetylrest. Außerdem wird ein GTP durch Substratkettenphosphorylierung gebildet.

7.3 Regulation des Citratcyclus

Das für den Citratcyclus notwendige mitochondriale Acetyl-CoA wird durch die β-Oxidation der Fettsäuren (S. 166) oder die Pyruvatdehydrogenase bereitgestellt. Die Geschwindigkeit des ersten Vorgangs wird im wesentlichen durch das mitochondriale Fettsäureangebot bestimmt. Dagegen regulieren komplizierte Vorgänge die Geschwindigkeit der Pyruvatoxidation zu Acetyl-CoA.

Die Pyruvatdehydrogenase reguliert die Acetyl-CoA-Produktion aus dem Kohlenhydratabbau.

Die Regulation der Pyruvatdehydrogenase ist außerordentlich komplex (Abb. 7.4):

- Die Pyruvatdecarboxylase-Untereinheit der Pyruvatdehydrogenase kann durch eine spezifische PDH-Kinase ATP-abhängig an einem Serylrest phosphoryliert werden, was zur Inaktivierung des Enzyms führt.
- Eine spezifische PDH-Phosphatase aktiviert durch Abspaltung des Phosphats von der Pyruvatdecarboxylase-Untereinheit die inaktive Phospho-PDH.
- Sowohl die PDH-Kinase als auch die PDH-Phosphatase sind Bestandteile des Pyruvatdehydrogenasekomplexes.
- Acetyl-CoA und NADH sind Inhibitoren der aktiven Dephospho-PDH.
- Pyrophosphat, ADP und Pyruvat hemmen die PDH-Kinase.

Die in Abb. 7.4 dargestellten Regulationsmechanismen führen dazu, daß die PDH immer dann bevorzugt in der aktiven, dephosphorylierten Form vorliegt, wenn in Zellen vermehrt Energie in Form von ATP

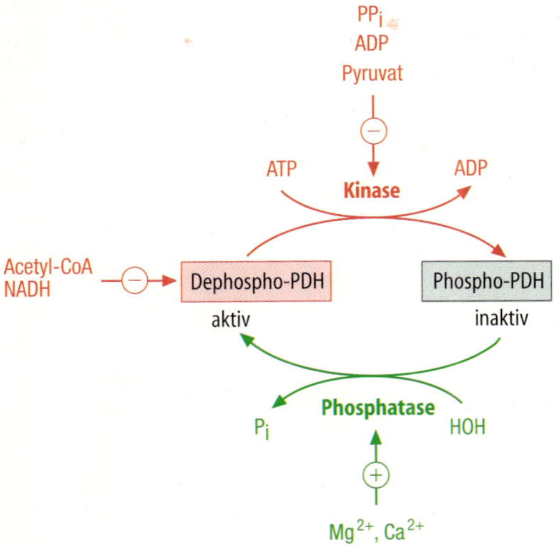

Abb. 7.4 Regulation des PDH-Komplexes durch Interkonvertierung sowie durch allosterische Effektoren. (Einzelheiten s. Text)

Tabelle 7.3 Aktivatoren und Inhibitoren einzelner Enzyme des Citratcyclus in tierischen Zellen

Enzymatischer Schritt	Aktivierung	Hemmung
Citratsynthase		ATP (~ P)
NAD-Isocitratdehydrogenase	ADP, MG^{2+}, Mn^{2+}	ATP, NADH
Succinatdehydrogenase	Succinat, Fumarat	Oxalacetat
Pyruvatdehydrogenase	Pyruvat, ADP, Mg^{2+}	Acetyl-CoA, ATP, NADH

erzeugt werden muß und Acetyl-CoA, das aus der β-Oxidation der Fettsäuren stammt, nicht für diesen Zweck zur Verfügung steht. Durch die Aktivierung der Pyruvatdehydrogenase kann dann aus dem Kohlenhydratabbau entstandenes Pyruvat in Acetyl-CoA umgewandelt werden. Da die Pyruvatdehydrogenase eine irreversible Reaktion katalysiert, bedeutet dies, daß der aus dem Pyruvat stammende Kohlenstoff nicht mehr für die Resynthese der Glucose durch Gluconeogenese verwendet werden kann (S. 115).

!

Der zelluläre Energiebedarf ist der wichtigste Regulator des Citratcyclus.

In Tabelle 7.3 sind die Aktivatoren und Inhibitoren wichtiger Enzyme des Citratcyclus zusammengestellt. Aus ihr ergibt sich, daß die Oxidation von Acetylresten im Citratcyclus immer dann reduziert wird, wenn die ATP-Konzentrationen einer Zelle hoch sind, umgekehrt führen hohe ADP-Konzentrationen als Maß für den Energiemangel einer Zelle zu einer Aktivierung des Citratcyclus. Die Tatsache, daß Acetyl-CoA die PDH hemmt, verhindert eine Oxidation von Kohlenhydraten zu CO_2 und Wasser bei gesteigertem Fettsäureangebot. Sie ist somit für die Umstellung des Stoffwechsels bei Nahrungskarenz (S. 299) von besonderer Bedeutung.

!

WICHTIG

Die Regulation des Citratcyclus erfolgt so, daß seine Aktivität immer dann gesteigert ist, wenn sich der zelluläre Energiebedarf erhöht. Das für die Acetyl-CoA-Bildung aus Kohlenhydraten entscheidende Enzym ist die Pyruvatdehydrogenase. Sie wird durch reversible Phosphorylierung inaktiviert, außerdem durch Acetyl-CoA und NADH gehemmt. Hohe ADP-Konzentrationen aktivieren, hohe ATP-Konzentrationen inaktivieren die geschwindigkeitsbestimmenden Enzyme des Citratcyclus.

7.4 Die amphibole Natur des Citratcyclus

Der Citratcyclus steht in Beziehung zu einer großen Zahl von anderen Stoffwechselwegen (Abb.7.5). Viele der mit dem Citratcyclus verknüpften Reaktionen finden nicht in der mitochondrialen Matrix, sondern im Cytosol statt, weswegen der Transport von Cycluszwischenprodukten durch die mitochondrialen Membranen notwendig ist. Zu den vom Citratcyclus ausgehenden Biosynthesen gehören:

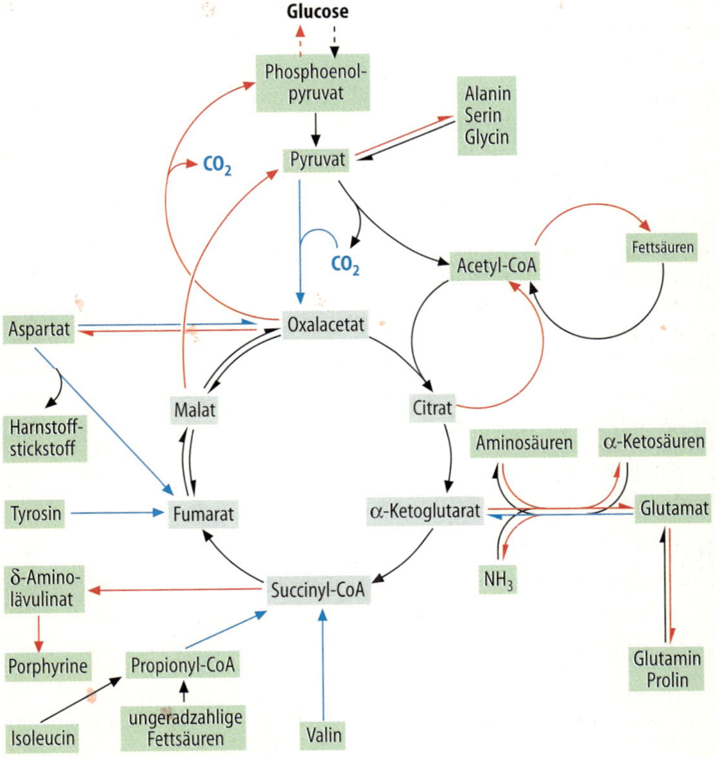

Abb. 7.5 Beziehungen des Citratcyclus zu anderen Stoffwechselwegen. Vom Citratcyclus ausgehende Biosynthesen sind *rot*, in den Citratcyclus hineinführende, anaplerotische Reaktionen *blau* dargestellt. (Einzelheiten s. Text)

- Fettsäurebiosynthese. Da mitochondriales Acetyl-CoA die mitochondriale Innenmembran nicht passieren kann, wird es zunächst mit Oxalacetat in Citrat umgewandelt. Dieses kann aus der mitochondrialen Innenmembran transportiert und im Cytosol nach der Reaktion

  $$\text{Citrat} + \text{CoA-SH} + \text{ATP} \rightleftharpoons \text{Oxalacetat} + \text{Acetyl-CoA} + \text{ADP} + P_i$$

  gespalten werden. Das verantwortliche Enzym ist die ATP-Citratlyase (S. 177).
- Hämbiosynthese. In der ersten Reaktion der Hämsynthese (S. 519) reagiert Succinyl-CoA mit Glycin unter Bildung von δ-Aminolävulinat.
- Aminotransferasen ermöglichen die Umwandlung der beiden α-Ketosäuren des Citratcyclus (Oxalacetat, α-Ketoglutarat) in die zugehörigen α-Aminosäuren (Glutamat, Aspartat) (s. Malatcyclus, S. 243).
- Durch Decarboxylierung und gleichzeitige Phosphorylierung entsteht aus Oxalacetat Phosphoenolpyruvat. Diese durch die Phosphoenolpyruvat-Carboxykinase katalysierte Reaktion ist die Schlüsselreaktion der Gluconeogenese (S. 115).

Die Konzentration der verschiedenen Zwischenprodukte des Citratcyclus ist relativ gering. Dies bedeutet, daß der Cyclus durch die oben genannten, von ihm wegführenden biosynthetischen Reaktionen an Zwischenprodukten verarmen und damit zum Erliegen kommen würde. Damit dies nicht geschieht, gibt es eine Reihe von Reaktionen, die Kohlenstoff in den Citratcyclus einbringen und deswegen als anaplerotische (*griech.* auffüllende) Reaktionen bezeichnet werden. Katalysiert werden diese durch:

- die Pyruvatcarboxylase, welche für die anaplerotischen Reaktionen die größte Bedeutung hat:

  $$\text{Pyruvat} + CO_2 + \text{ATP} \rightleftharpoons \text{Oxalacetat} + \text{ADP} + P_i$$

  Die Pyruvatcarboxylase ist biotinabhängig (S. 582) und kommt in besonders hoher Aktivität in der Leber vor.
- die Glutamatdehydrogenase (S. 271):

  $$\text{Glutamat} + \text{NAD}^+ \rightleftharpoons \alpha\text{-Ketoglutarat} + NH_3 + \text{NADH} + H^+$$

- das Malatenzym (S. 177), welches die Reaktion

  $$\text{Pyruvat} + CO_2 + \text{NADPH} + H^+ \rightleftharpoons \text{Malat} + \text{NADP}^+$$

  katalysiert.

!

WICHTIG
Der Citratcyclus steht in enger Beziehung mit dem Kohlenhydrat-, Lipid- und Aminosäurestoffwechsel. Er liefert Ausgangsprodukte für die Gluconeogenese, die Fettsäurebiosynthese, die Hämbiosynthese und die Synthese der nichtessentiellen Aminosäuren. Die sich durch diese Biosynthesen ergebenden Verluste an Zwischenprodukten des Citratcyclus müssen durch die sogenannten anaplerotischen Reaktionen aufgefüllt werden. Die wichtigste von ihnen ist die Carboxylierung von Pyruvat zu Oxalacetat. Daneben spielen die Bildung von α-Ketoglutarat aus Glutamat sowie von Malat aus Pyruvat eine gewisse Rolle.

8 Atmungskette und oxidative Phosphorylierung

LERNZIELE

- Reoxidation wasserstoffübertragender Coenzyme in der Atmungskette
- Mitochondriale ATP-Gewinnung durch oxidative Phosphorylierung
- Regulation von Atmungskette und oxidativer Phosphorylierung
- Mitochondriale Thermogenese
- Einteilung und Funktion von Oxidoreduktasen
- Pathobiochemie

Die Aufrechterhaltung von Struktur und Funktion aller Lebensformen hängt von einer ständigen Energiezufuhr ab. Die Kopplung der Energieerzeugung an exergone Redoxreaktionen ist dabei ein weit verbreitetes Prinzip. Die Verwendung von Sauerstoff als Oxidationsmittel liefert die höchste Energieausbeute. Sauerstoffabhängige Energiekonservierung findet bei eukaryonten Organismen ausschließlich in der inneren Mitochondrienmembran statt. Hier laufen die für die Reoxidation wasserstoffübertragender Coenzyme notwendigen Redoxreaktionen ab. Sie sind für die Errichtung eines elektrochemischen Potentials über der inneren Mitochondrienmembran verantwortlich, das zur Bildung von ATP aus ADP und anorganischem Phosphat benutzt wird.

8.1 Die Reoxidation wasserstoffübertragender Coenzyme in der Atmungskette

Der ATP-Gewinn durch Substratkettenphosphorylierung im Verlauf der katabolen Stoffwechselvorgänge (Glycolyse, Citratcyclus) beschränkt sich auf wenige Reaktionen und ist infolge dessen relativ gering. Dagegen fallen ***reduzierte wasserstoffübertragende Coenzyme*** in großer Menge an. Formal liefert die Reoxidation des an sie gebundenen Wasserstoffs mit Hilfe von Sauerstoff nach der Gleichung

$$H_2 + {}^1/_2\, O_2 \rightarrow H_2O;\ \Delta G^{0'} = -\ 235\ \text{kJ/mol}$$

einen ganz erheblichen Energiebetrag.

Der Stoffwechsel aller ***aerob*** lebender Organismen benutzt diese Reaktion in größtem Umfang zur Energiegewinnung. Statt molekularem Wasserstoff reagieren allerdings die wasserstoffübertragenden Coenzyme ***NADH/H$^+$*** und ***FADH$_2$*** mit dem Sauerstoff.

Die hiermit einhergehende Redoxreaktion verläuft über mehrere Stufen und wird als ***Atmungskette*** bzw. wegen ihrer Lokalisation als ***mitochondrialer* Elektronentransport** bezeichnet.

Die Konservierung der hierbei freiwerdenden Energie in Form von ATP wird ***oxidative Phosphorylierung*** genannt und ist eng an den Elektronentransport gekoppelt.

NADH/H$^+$ und FADH$_2$ werden mit Sauerstoff in einer exergonen Reaktion reoxidiert.

Der mitochondriale Elektronentransport bei der Reoxidation von NADH/H$^+$ bzw. FADH$_2$ ist ausschließlich in der ***mitochondrialen Innenmembran*** (S. 442) lokalisiert. Wie durch chemische Analysen und spektroskopische Untersuchungen gezeigt werden konnte, sind hierzu eine Reihe von Wasserstoff- bzw. Elektronen-übertragenden Coenzymen als Redoxsysteme in den Wasserstoff- und/oder Elektronentransport eingeschaltet. Diese sind Bestandteile entsprechender Oxidoreduktasen. Ordnet man die Coenzyme nach steigendem Redoxpotential an (Abb. 8.1), können folgende Teilschritte unterschieden werden:

- Reoxidation von NADH/H$^+$ (Redoxpotential –360 mV) durch Übertragung von Wasserstoff und Elektronen auf ***Flavinmononucleotid*** (FMN), welches aus dem Vitamin Riboflavin (S. 579) synthetisiert wird.
- Reoxidation von FMNH$_2$ durch ***Ubichinon*** (Coenzym Q, Abb. 8.2), das dabei in ***Ubichinol*** übergeht.
- Reoxidation des Ubichinols durch Übertragung der Elektronen auf ***Cytochrom b***, wobei zwei Protonen freigesetzt werden. Cytochrome enthalten eine Hämgruppe, deren zentrales Eisenatom am Elektronentransport teilnimmt und dabei einen entsprechenden Wertigkeitswechsel durchmacht. Die Cytochrome der Atmungskette unterscheiden sich durch die Substituenten an den

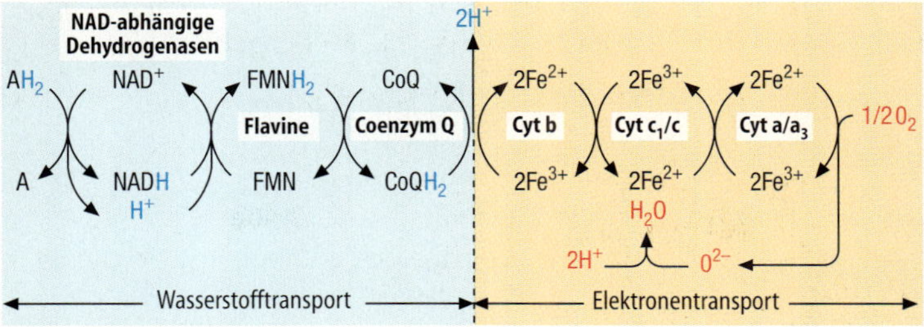

Abb. 8.1 Transport von Redoxäquivalenten durch die Coenzyme der Atmungskette

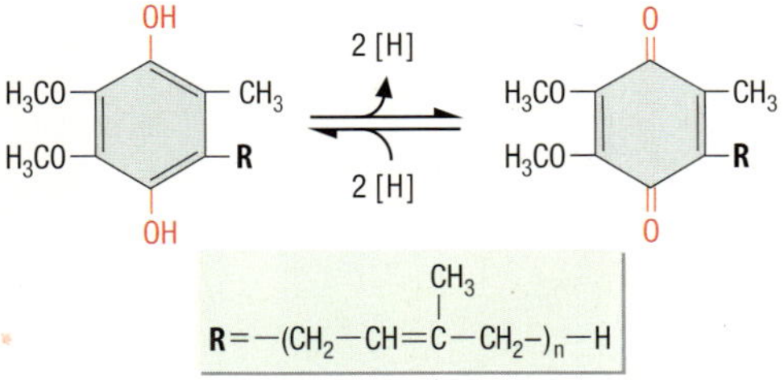

Abb. 8.2 Struktur von Ubichinol und Ubichinon (Coenzym Q, reduziert und oxidiert) (N = 6–10)

Pyrrolringen und durch ihre Verknüpfung mit dem jeweiligen Protein (Abb. 8.3).

- Reoxidation von Cytochrom b durch ***Cytochrom c***,
- Reoxidation von Cytochrom c durch ***Cytochrom a/a3***,
- Reoxidation von Cytochrom a/a3 durch ***$^1/_2$ O_2*** und
- Bildung von ***Wasser*** aus $2H^+$ und O^{2-}.

Über die Gleichung

$$\Delta G^0 = - n \times F \times \Delta E_o$$

(n = Zahl der übertragenen Elektronenäquivalente, F = Ladungsmenge/mol Elektronen [96 500 Coulomb], ΔE_o = Differenz der Redoxpotentiale bei der Elektronenübertragung unter Standardbedingungen)

läßt sich errechnen, bei welchen Schritten des Elektronentransportes die Änderung der freien Energie groß genug ist, daß ***ATP*** aus ADP und anorganischem Phosphat entstehen kann. Wie aus Abb. 8.4 hervorgeht, geschieht dies in insgesamt drei Schritten.

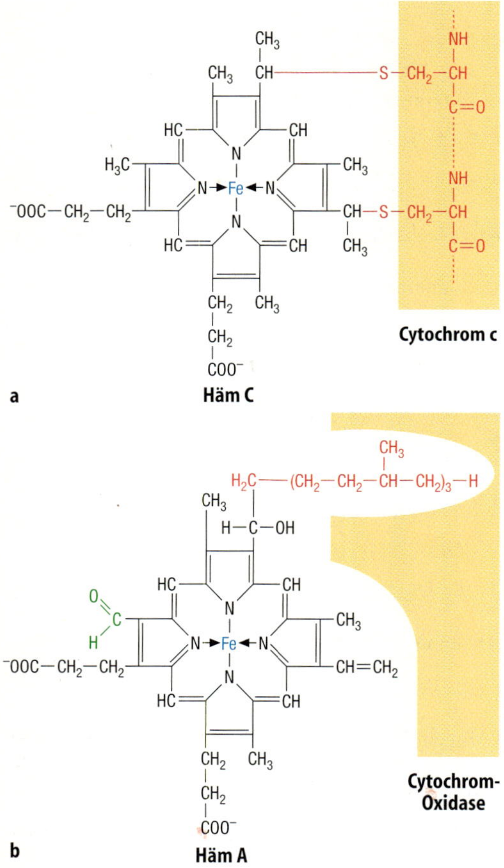

Abb. 8.3 a, b Struktur von Häm c und Häm a. **a** Häm c ist über eine Thioetherbrükke mit einem Cysteinylrest des Cytochrom c-Proteins verknüpft. **b** Beim Häm a, einem wichtigen Bestandteil der Cytochromoxidase, erfolgt keine kovalente Verknüpfung mit dem Enzymprotein. Die Hämgruppe ist vielmehr mit einer isoprenoiden Seitenkette in einem hydrophoben Bezirk des Cytochromoxidase-Proteins fixiert

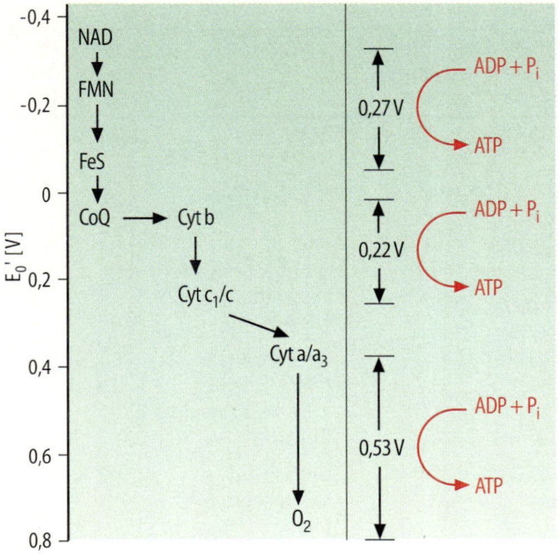

Abb. 8.4 Lokalisation der Schritte der Atmungskette, deren $\Delta E_0'$ groß genug ist, um eine ATP-Synthese zu ermöglichen

Vier mitochondriale Enzymkomplexe sind für den mitochondrialen Elektronentransport verantwortlich.

Die oben genannten am Elektronentransport beteiligten Coenzyme sind an insgesamt vier in der mitochondrialen Innenmembran gelegene Multienzymkomplexe gebunden (Tabelle 8.1):

- Die ***NADH:Ubichinon-Reduktase*** (Komplex I) katalysiert die Reaktion

  NADH + H^+ + Ubichinon → NAD^+ + Ubichinol

  Der außerordentlich große Enzymkomplex enthält am Elektronentransport beteiligte Eisen-Schwefel-Komplexe sowie als Coenzym FMN.
- Die ***Succinat:Ubichinon-Oxidoreduktase*** (Komplex II) ist auch Bestandteil des Citratcyclus (S. 225) und katalysiert die Reaktion:

  Succinat + Ubichinon → Fumarat + Ubichinol

  Der Komplex enthält FAD als Coenzym.

Tabelle 8.1 Die Enzymkomplexe der Atmungskette

Komplex No.	Bezeichnung	Molekulargewicht (D)	Untereinheiten	Coenzyme	Protonentransport
I	NADH: Ubichinon Oxidoreduktase	700.000	23–30	FMN 3–5 Eisen-Schwefel-Zentren	$2H^+/e^-$
II	Succinat: Ubichinon Oxidoreduktase	125.000	4	FAD 3 Eisen-Schwefel-Zentren Häm b	$0/e^-$
III	Ubichinol-Cytochrom c-Reduktase	230.000	11	Cytochrom b Cytochrom c_1 1 Eisen-Schwefel-Zentrum	Q-Cyclus $2H^+/e^-$
IV	Cytochrom c-Oxidase	220.000	13	Cytochrom a Cytochrom a_3 Cu	H^+/e^-

- Die ***Ubichinol:Cytochrom c-Oxidoreduktase*** katalysiert die Reaktion:

  Ubichinol + 2 Cytochrom c_{ox} $\rightarrow$ Ubichinon + 2 Cytochrom c_{red}

  Das Enzym wird auch als Cytochrom c-Reduktase bezeichnet. Der Komplex enthält Cytochrom b und Cytochrom c_1 sowie ein Eisen-Schwefel-Zentrum.

- Die ***Cytochrom c-Oxidase*** (Komplex IV) katalysiert die Reaktion:

  2 Cytochrom c_{red} + $^1/_2$ O_2 + 2 H^+ $\rightarrow$ 2 Cytochrom c_{ox} + H_2O

  Der Komplex enthält die Cytochrome a und a_3 sowie am Elektronentransport beteiligte Kupferionen.

Die Anordnung der Multienzymkomplexe der Atmungskette mit ihren Coenzymen ist in Abb. 8.5 dargestellt.

!

WICHTIG

In der inneren Mitochondrienmembran läuft die sauerstoffabhängige Reoxidation der wasserstoffübertragenden Coenzyme $NADH/H^+$ und $FADH_2$ ab. Dieser Vorgang erfolgt dabei durch Katalyse von Multienzymkomplexen. Im Fall der $NADH/H^+$-

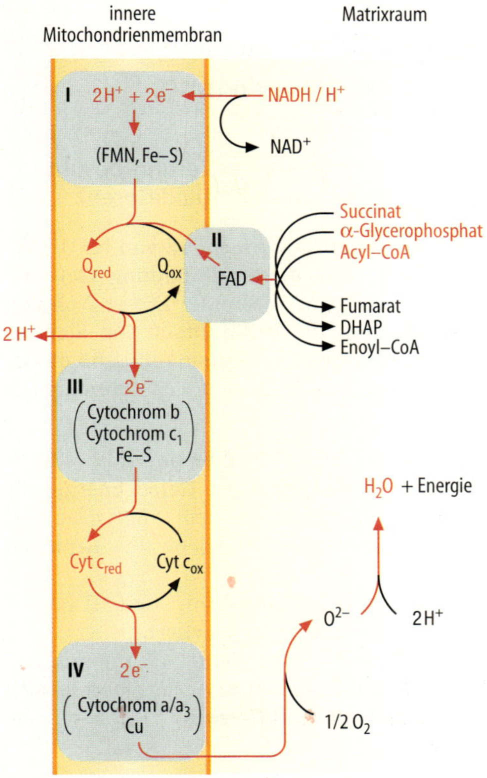

Abb. 8.5 Anordnung der Wasserstoff und Elektronen transportierenden Multienzymkomplexe der Atmungskette. *Q* Ubichinon

Reoxidation sind dies die NADH:Ubichinon-Oxidoreduktase, die Ubichinol:Cytochrom c-Reduktase und die Cytochrom c-Oxidase, im Fall des $FADH_2$ die Succinat:Ubichinon-Oxidoreduktase, die Ubichinol-Cytochrom c-Reduktase und die Cytochrom c-Oxidase. Wasserstoff und Elektronen werden durch die genannten Enzymkomplexe von den reduzierten wasserstoffübertragenden Coenzymen zum Sauerstoff transportiert, wobei die oxidierten wasserstoffübertragenden Coenzyme und Wasser entstehen.

8.2 Die mitochondriale ATP-Gewinnung durch oxidative Phosphorylierung

!

Die mitochondriale Energiekonservierung beruht auf einer elektrochemischen Potentialdifferenz.

Wenn in isolierten Mitochondrien der Elektronenfluß von $NADH/H^+$ bzw. $FADH_2$ ungehindert abläuft, sind diese zur Bildung von ATP aus ADP und anorganischem Phosphat imstande. Dieser Vorgang wird als ***oxidative Phosphorylierung***, die Verknüpfung von Elektronenfluß und ATP-Bildung als ***Kopplung*** von Atmungskette und oxidativer Phosphorylierung bezeichnet. Das Phänomen der Kopplung beruht auf folgenden Tatsachen:

- Die Komplexe I, III und IV sind imstande, die während des Elektronentransportes auftretende Änderung der freien Energie für den ***aktiven Transport*** von Protonen aus dem Matrixraum in den Intermembranraum der Mitochondrien zu benutzen (Abb. 8.6).
- Pro Elektronenpaar werden in den Komplexen I und III etwa 4 Protonen, im Komplex IV 2 Protonen transportiert.
- Damit entsteht ein pH- und Ladungsgradient über der inneren Mitochondrienmembran. Die Energiekonservierung beruht also auf einer ***elektrochemischen Potenzialdifferenz***.

!

Die mitochondriale ATP-Bildung wird durch die ATP-Synthase (F_1/F_{o}- ATPase) katalysiert.

Das Problem des Zusammenhangs zwischen elektrochemischer Potenzialdifferenz über der inneren Mitochondrienmembran und ATP-Erzeugung wurde durch die Aufklärung der Funktion der in Mitochondrien nachweisbaren ***ATP-Synthase*** ($F_{1/}F_o$-ATPase) aufgeklärt, die den Protonengradienten zur ATP-Synthese benutzt. In elektronenmikroskopischen Darstellungen erscheint sie als pilz- oder knopfähnliches Gebilde mit einem fest in die mitochondriale Innenmembran integrierten Fuß und einem in Richtung des Matrixraums zeigenden knopfähnlichen Gebilde (Abb. 8.7). Das Enzym hat folgende Funktionen:

- Der in der Membran liegende F_o-Teil bildet einen regulierten ***Protonenkanal***.

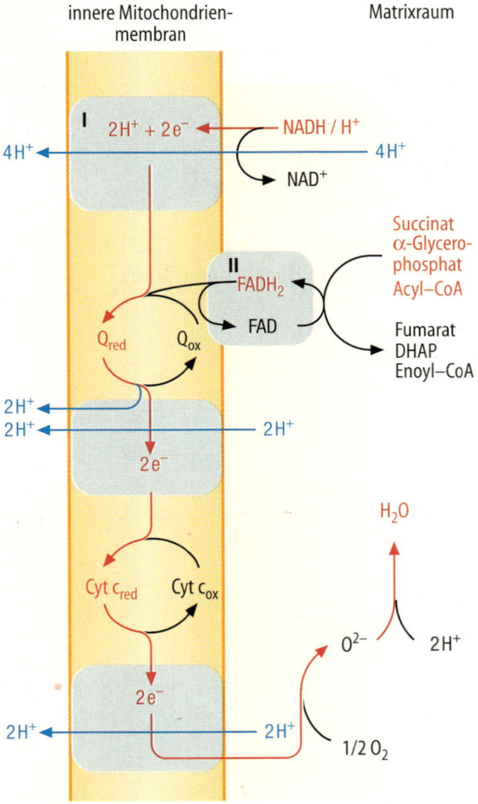

Abb. 8.6 Elektronen- und Protonentransport durch die Enzymkomplexe der Atmungskette. Pro transportiertem Elektronenpaar werden durch die drei Enzymkomplexe der Atmungskette unterschiedliche Mengen von Protonen gepumpt, nämlich in den Komplexen I und III vier Protonen, im Komplex IV zwei Protonen. Diese Werte stellen jedoch Näherungswerte dar und können sich bei verschiedenen Funktionszuständen der Mitochondrien durchaus ändern

- Der F_1-Teil ist in isolierter Form eine aktive ***ATPase.***
- Der vollständige, aus dem F_o- und dem F_1-Teil bestehende Komplex ist imstande, den über der mitochondrialen Innenmembran bestehenden Protonengradienten zur ATP-Synthese auszunutzen. Dabei fließen Protonen entlang eines Konzentrationsgradienten vom Intermembranraum in den Matrixraum zurück, wobei die

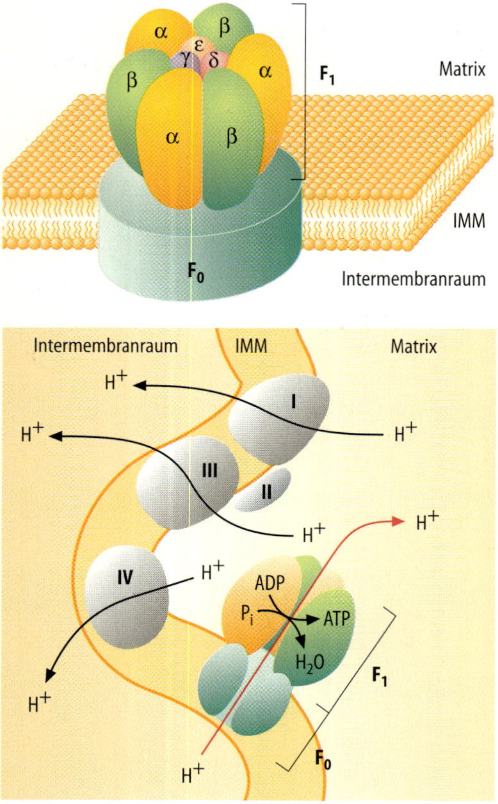

Abb. 8.7 Aufbau und Membranorientierung der F_1/F_o-ATPase. *Oben* Aufbau der F_1/F_o-ATPase. Man beachte die dreifache Symmetrie des F_1-Teils, die für den Katalysemechanismus eine entscheidende Rolle spielt. *Unten* Zusammenspiel der Elektronen- und Protonen-transportierenden Enzymkomplexe mit der Protonentranslozierenden F_1/F_o-ATPase

dabei freiwerdende Energie zur Bildung von ATP nach der Gleichung

$$ADP + P_i \rightarrow ATP + H_2O$$

benutzt wird.

··· Über den Mechanismus der F_1/F_o-ATPase siehe ausführliche Lehrbücher der Biochemie

Die innere Mitochondrienmembran enthält eine große Zahl von Transportproteinen.

Während die äußere Mitochondrienmembran für niedermolekulare Substanzen permeabel ist, ist die innere nur für Sauerstoff, Wasser und CO_2 frei durchlässig. Damit der notwendige Stoffaustausch zwischen dem mitochondrialen Matrixraum und den übrigen zellulären Kompartimenten stattfinden kann, werden ***Transportsysteme*** (Carrier) benötigt, die inzwischen zu einem großen Teil gut charakterisiert sind (Tabelle. 8.2). Folgende sind besonders erwähnenswert:

- Die ***Adeninnucleotid-Translokase*** katalysiert den Antiport von ATP und ADP und ermöglicht somit die Translokation von in den Mitochondrien erzeugtem ATP in den cytosolischen Raum, während gleichzeitig im cytosolischen Raum durch energieverbrauchende Prozesse entstandenes ADP in den Matrixraum zurücktransportiert wird.
- Ein Symporter katalysiert den Transport von ***Phosphat*** und ***Protonen***, mit dem die Phosphatbilanz der oxidativen Phosphorylierung ausgeglichen wird.
- Eine große Zahl von Antiportern transportiert z.B. Pyruvat, Glutamat, und die Dicarbon- und Tricarbonsäuren des Citratcyclus.

Ein besonderes Problem stellt die Reoxidation von im cytosolischen Raum gebildeten $NADH/H^+$ bzw. $FADH_2$ dar, da beide wasserstoffübertragenden Coenzyme nicht durch die mitochondriale Innenmembran transportiert werden können. Folgende Mechanismen stehen zur Verfügung:

- Der ***Malatcyclus*** (Abb. 8.8): cytosolisches NADH ist Substrat einer cytosolischen Malatdehydrogenase und dient zur Reduktion von Oxalacetat zu Malat. Dieses wird durch einen Malat/Ketoglutarat-Antiporter im Austausch gegen α-Ketoglutarat in den Matrixraum transloziert und dient dort der Erzeugung von Matrix-$NADH/H^+$. Der Kohlenstoffausgleich erfolgt durch die cytosolische und mitochondriale Aspartataminotransferase und den Aspartat/Glutamat-Antiporter
- Der ***Glycerophosphatcyclus*** (Abb. 8.9): Auf der cytosolischen Seite wird mit Hilfe der Glycerophosphatdehydrogenase Dihydroxyacetonphosphat mit $NADH/H^+$ zu α-Glycerophosphat reduziert. In der Mitochondrienmembran erfolgt nun die FAD-abhängige Oxidation des Glycerophosphats zu Dihydroxyaceton-

Tabelle 8.2 Auswahl mitochondrialer Transportproteine (Auswahl)

	Transportprotein	Wichtiges Substrat	Transportmechanismus	Stoffwechselbedeutung	Hauptsächliches Vorkommen
A	*Elektrogene Carrier*				
	Adeninnucleotid-Translokase	ADP^{3-}/ATP^{4-}	Antiport	Energietransfer	Ubiquitär
	Thermogenin	H^+	Uniport	Thermogenese	Braunes Fettgewebe
B	*Elektroneutrale, protonenkompensierte Carrier*				
	Phosphat-Carrier	Phosphat/H^+	Symport	Phosphat-Transfer	Ubiquitär
	Pyruvat-Carrier	Pyruvat/H^+, Ketonkörper/H^+	Symport	Citratcyclus, Gluconeogenese	Ubiquitär
C	*Elektroneutrale Austausch-Carrier*				
	Ketoglutarat/Malat-Carrier	Ketoglutarat/Malat,Succinat	Antiport	Malat/Aspartat-Cyclus Gluconeogenese	Ubiquitär
	Dicarboxylat/Phosphat-Carrier	Malat,Succinat/Phosphat	Antiport	Gluconeogenese, Harnstoffsynthese	Leber
	Citrat/Malat-Carrier	Citrat/Isocitrat,Malat,-Succinat Phosphoenolpyruvat	Antiport	Lipogenese, Gluconeogenese	Leber
	α-Glycerophosphat/Dihydroxyacetonphosphat-Carrier	α-Glycerophosphat/Dihydroxyacetonphosphat	Antiport	Glycerophosphatcyclus	Ubiquitär
D	*Neutrale Carrier*				
	Carnitincarrier	Carnitin/Acylcarnitin	Antiport	Fettsäureoxidation	Ubiquitär

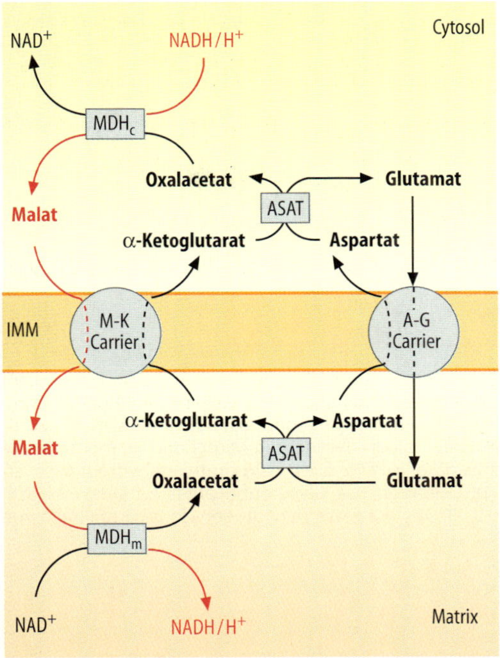

Abb. 8.8 Malatcyclus für den Transport von Reduktionsäquivalenten aus den oder in die Mitochondrien. Der Transport vom Cytosol in das Mitochondrium ist *rot* hervorgehoben. Da es sich um reversible Reaktionen handelt, kann der Transport auch in umgekehrter Richtung erfolgen.

phosphat, wobei das reduzierte $FADH_2$ mit Hilfe von Ubichonon reoxidiert wird. Das beteiligte Enzym ist die Glycerophosphatoxidase.

!

WICHTIG

Die Konservierung der bei der Reoxidation wasserstoffübertragenden Coenzyme freiwerdenden Energie erfolgt durch Errichtung einer elektrochemischen Potentialdifferenz über der inneren Mitochondrienmembran. Dies ist deswegen möglich, weil die für den Elektronentransport notwendigen Enzymkomplexe NADH: Ubichinon-Oxidoreduktase, Ubichinol:Cytochrom c-Oxidoreduktase und Cytochrom c-Oxidase während des Elektronentrans-

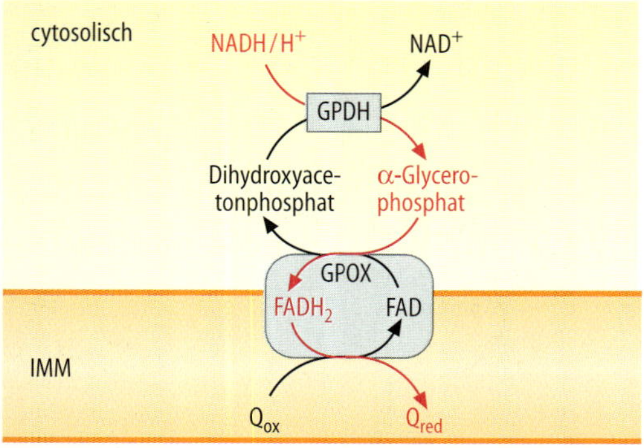

Abb. 8.9 Der Glycerophosphatcyclus für den Transport von Reduktionsäquivalenten in den Mitochondrien. Auf der cytosolischen Seite wird mit Hilfe der Glycerophosphatdehydrogenase *(GPDH)* Dihydroxyacetonphosphat mit NADH/H^+ zu α-Glycerophosphat reduziert. Durch die in der inneren Mitochondrienmembran lokalisierte Glycerophosphatoxidase *(GPOX)* oder Flavoproteindehydrogenase erfolgt eine Flavin-abhängige Oxidation des Glycerophosphats zu Dihydroxyacetonphosphat. Das reduzierte $FADH_2$ der Flavindehydrogenase wird mit Hilfe von Ubichinon *(Q)* reoxidiert

ports Protonen gegen ein Konzentrationsgefälle aus dem Matrixraum in den Intermembranraum der Mitochondrien transportieren. Die mitochondriale ATP-Synthase (F_1/F_o-ATPase) benutzt die beim Ausgleich des Protonengradienten freiwerdende Energie zur Bildung von ATP aus ADP und anorganischem Phosphat. Sie besteht aus einem Protonenkanal und der ATP-Synthase.

Eine Reihe von in der inneren Mitochondrienmembran lokalisierten Transportsystemen sorgt für den Transport von Adeninnukleotiden, von verschiedenen Metaboliten und von Wasserstoff zwischen dem cytosolischen und dem mitochondrialen Kompartiment. Von besonderer Bedeutung ist in diesem Zusammenhang die Adeninnukleotidtranslokase und der Phosphat/Protonensymporter.

8.3 Regulation von Atmungskette und oxidativer Phosphorylierung

!

Für die einzelnen Enzymkomplexe gibt es spezifische Hemmstoffe.

Einige Verbindungen sind imstande, spezifisch die Funktion der einzelnen Enzymkomplexe der Atmungskette zu hemmen (Tabelle 8.3). Sie haben als experimentelle Werkzeuge zur Untersuchung der Atmungskette eine gewisse Bedeutung, daneben auch als Stoffe, die Vergiftungen auslösen können.

Keine Hemmstoffe im engeren Sinne sind die sogenannten ***Entkoppler*** der Atmungskette. Ihre Wirkung besteht darin, die Redoxreaktionen der Atmungskette von der ADP-Phosphorylierung abzutrennen. Als Resultat entwickelt sich eine unkontrollierte Atmung, bei der das Angebot an ADP oder anorganischem Phosphat nicht länger die Atmungsgeschwindigkeit bestimmt. Entkoppler sind lipophile organische Verbindungen, die leicht protoniert bzw. deprotoniert werden können. Wie in der Abb. 8.10 am Beispiel des häufig verwendeten Entkopplers ***2,4-Dinitrophenol*** gezeigt ist, werden sie auf der Außenseite der inneren Mitochondrienmembran wegen der dort herrschenden hohen Protonenkonzentration protoniert. In dieser Form durchtreten sie in ihren lipophilen Eigenschaften leicht die in-

Tabelle 8.3 Wichtige Hemmstoffe der Atmungskette und der oxidativen Phosphorylierung

Substanz	Wirkort/Mechanismus
Rotenon Barbiturate	Atmungskette zwischen FMN und Coenzym Q
Antimycin A	Atmungskette zwischen Cytochrom b und Cytochrom c
HCN, CO, H_2S	Atmungskette zwischen Cytochrom a und Sauerstoff
Oligomycin	Hemmung der F_0/F_1-ATPase
Entkoppler: 2,4-Dinitrophenol (DNP) oder m-Chlorcarbonylcyanidphenylhydrazon (CCCP)	Transport von Protonen durch innere Mitochondrienmembran
Atractylosid	ATP/ADP-Translokation

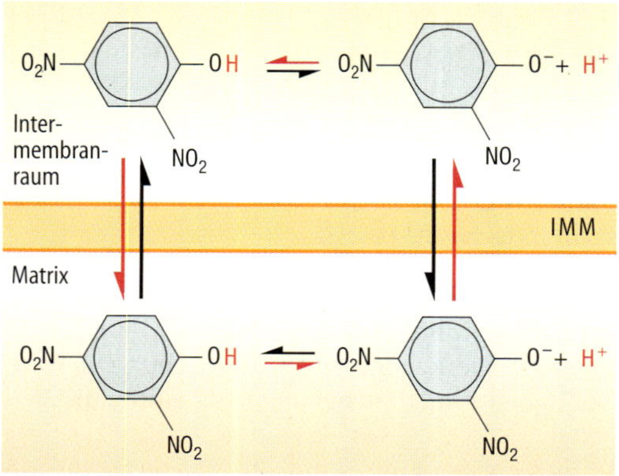

Abb. 8.10 Wirkungsmechanismus von 2,4-Dinitrophenol als Entkoppler der oxidativen Phosphorylierung

nere Mitochondrienmembran und gelangen in den Matrixraum, wo die Deprotonierung stattfindet. Da sie auch in deprotonierter Form membrangängig sind, erfolgt in dieser Form ihr Rücktransport auf die Außenseite der inneren Mitochondrienmembran. Dieser Mechanismus führt zu einem Zusammenbruch des über der inneren Mitochondrienmembran aufgebauten elektrochemischen Potentials. Die Energie, die durch die unter diesen Bedingungen mit Maximalgeschwindigkeit ablaufenden Redoxreaktionen gebildet wird, kann nicht mehr in Form von ATP konserviert werden, sondern geht als ***Wärmebildung*** (S. 251) verloren.

Die Atmungsgeschwindigkeit wird durch das Angebot an ADP kontrolliert.

Isolierte Mitochondrien oxidieren nur dann Substrat und verbrauchen Sauerstoff, wenn ihnen ADP und anorganisches Phosphat angeboten wird. Die Kopplung von Substratoxidation und ATP-Bildung wird als ***Atmungskontrolle*** bezeichnet (Abb. 8.11). Aufgrund derartiger Experimente können fünf mögliche Zustände (Status) der Atmungskette definiert werden (Tabelle 8.4). Von besonderer Bedeutung sind dabei der Zustand 3 und 4:

- Im Zustand 4 sind zwar Sauerstoff und Substrat im Überschuß vorhanden, jedoch wird die Atmungsgeschwindigkeit durch

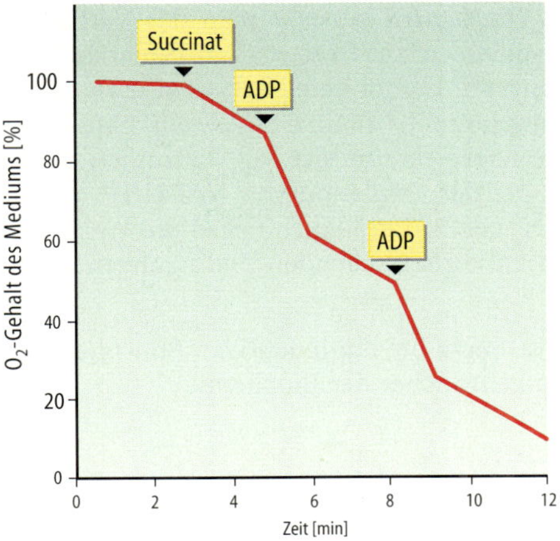

Abb. 8.11 Atmungskontrolle an isolierten Lebermitochondrien der Ratte. Isolierte Rattenlebermitochondrien wurden mit Succinat als Substrat versetzt und die Sauerstoffaufnahme gemessen. Als Meßgröße dient die durch den Sauerstoffverbrauch der Mitochondrien hervorgerufene Abnahme der Sauerstoffkonzentration im Inkubationsmedium. An den mit *Pfeilen* bezeichneten Stellen wurden jeweils 0,1 μmol ADP/ml zugesetzt. Die dadurch erhöhte Geschwindigkeit des Sauerstoffverbrauchs (Status 3) geht zurück, sobald das zugesetzte ADP zu ATP phosphoryliert worden ist (Status 4)

Tabelle 8.4 Status der Atmungskette

	Im Überschuß vorhanden	Begrenzung der Atmungsgeschwindigkeit durch
Status 1	O_2	ADP und Substrat
Status 2	O_2, ADP	Substrat
Status 3	O_2, ADP, Substrat	Maximalgeschwindigkeit der Enzyme der Atmungskette
Status 4	O_2, Substrat	ADP
Status 5	ADP, Substrat	O_2

Mangel an ADP limitiert. In einem derartigen Zustand befinden sich ruhende Zellen.

- Beim Übergang zur zellulären Aktivität stellt sich der Aktivitätszustand 3 der Atmungskette ein. Hier sind Sauerstoff, ADP und Substrate im ***Überschuß*** vorhanden und die Atmungskette läuft mit maximaler Geschwindigkeit.

Unter dem Begriff des ***P/O-Quotienten*** versteht man das Verhältnis von Sauerstoffverbrauch, gemessen in Grammatom Sauerstoff zu Phosphateinbau in ATP, gemessen in mol Phosphat. Geht man davon aus, daß an den Enzymkomplexen I, III und IV jeweils eine einer ATP-Bildung entsprechende Energiekonservierung stattfindet, so ergibt sich ein P/O-Quotient bei der Oxidation von $NADH/H^+$ von 3, bei der Oxidation von $FADH_2$ von 2. Tatsächlich liegen die Werte unter den in den Mitochondrien vorherrschenden Bedingungen etwas niedriger.

··· Über die genaue ATP-Ausbeute bei der oxidativen Phosphorylierung siehe ausführliche Lehrbücher der Biochemie

!

WICHTIG

Für die einzelnen Enzymkomplexe der Atmungskette sowie die ATP-Synthase kommt eine Reihe von Hemmstoffen vor, die gelegentlich Vergiftungen auslösen können. Von gewisser physiologischer Bedeutung sind Entkoppler der Atmungskette, deren Prinzip darauf beruht, daß sie den Rücktransport von Protonen aus dem Intermembranraum in den mitochondrialen Matrixraum unter Umgehung der ATP-Synthase erlauben. Dies führt zu einer unkontrollierten Atmung, wobei die entstehende Energie als Wärme freigesetzt wird. Diese mitochondriale Thermogenese ist u.a. für das Überleben von Neugeborenen wichtig.

Unter physiologischen Bedingungen wird die Atmungsgeschwindigkeit durch das Angebot von ATP kontrolliert. Niedrige mitochondriale ADP-Konzentrationen führen zu einer Verlangsamung der Reoxidation wasserstoffübertragender Coenzyme, da der Elektronentransport durch die Enzymkomplexe der Atmungskette über das elektrochemische Potential an die ADP-Phosphorylierung gekoppelt ist. Bei Erhöhung der ADP-Konzentration im mitochondrialen Matrixraum steht ein Phosphatakzeptor zur Verfügung und die Atmungsgeschwindigkeit steigt an.

8.4 Die mitochondriale Thermogenese

!

Mitochondrien des braunen Fettgewebes sind für die Thermogenese verantwortlich.

Bei allen bisher untersuchten Säugetieren findet sich die Fähigkeit, durch mitochondriale Substratoxidation Wärme zu produzieren. Diese ***Thermogenese*** findet hauptsächlich im ***braunen Fettgewebe*** statt, das in unterschiedlichem Ausmaß vorkommt und eine besondere Aktivität bei Neugeborenen zeigt. Ein besonderer Auslöser der Thermogenese sind Kältereize, die über die in Abb. 8.12 dargestellten Vorgänge die Wärmebildung auslösen:

- Der ***Kältereiz*** löst eine gesteigerte Aktivität des ***sympathischen*** Nervensystems aus. Das dabei freigesetzte Noradrenalin führt über spezifische β_3-Rezeptoren (S. 485) in den Fettzellen des braunen Fettgewebes zu einer gesteigerten Produktion von cAMP (S. 459).
- ***cAMP*** stimuliert durch Aktivierung der ***hormonsensitiven Lipase*** (S. 185) die Lipolyse, die dabei freigesetzten Fettsäuren werden durch β-Oxidation abgebaut.
- ***cAMP*** induziert die ***Lipoproteinlipase.*** Dieses Enzym ist für die Spaltung extrazellulärer Triacylglycerine verantwortlich und ermöglicht eine gesteigerte Aufnahme von Fettsäuren aus VLDL (S. 209). Diese werden ebenfalls durch β-Oxidation oxidiert.
- cAMP induziert das Entkopplungsprotein ***Thermogenin.*** Thermogenin ist ein Protonencarrier, der in die innere Mitochondrienmembran integriert wird und diese durchlässig für Protonen macht. Es wirkt damit ähnlich wie ein Entkoppler.
- Infolge der Entkopplung liefert der mitochondriale Elektronentransport nur noch ***Wärmeenergie.***

Da Proteine, die dem Thermogenin sehr ähnlich sind, inzwischen auch in Mitochondrien aus der Skelettmuskulatur und dem weißen Fettgewebe nachgewiesen wurden, muß man annehmen, daß das Phänomen der mitochondrialen Thermogenese nicht nur auf das braune Fettgewebe beschränkt ist.

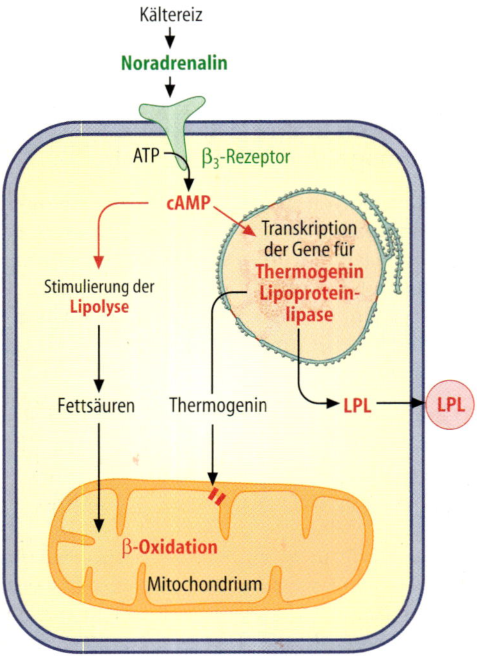
Kältereiz
Noradrenalin
ATP
β3-Rezeptor
cAMP
Transkription der Gene für
Thermogenin
Lipoprotein-lipase
Stimulierung der
Lipolyse
Fettsäuren
Thermogenin
LPL
LPL
β-Oxidation
Mitochondrium

a

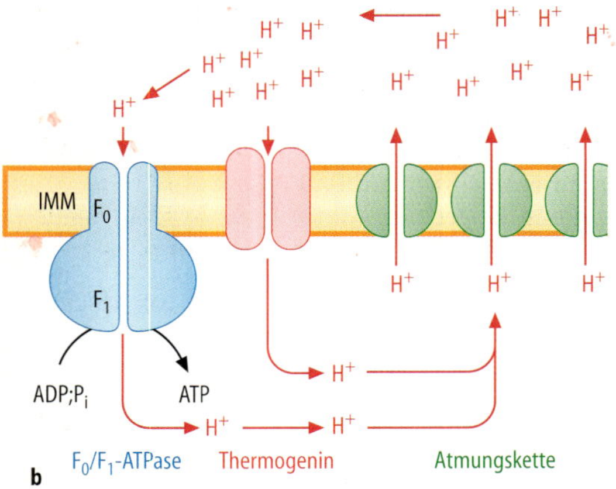
H+
IMM
F0
F1
ADP;Pi
ATP
F0/F1-ATPase
Thermogenin
Atmungskette

b

!

WICHTIG
Auch unter physiologischen Bedingungen findet eine mitochondriale Thermogenese statt. Hauptorgan dieses Vorgangs ist das braune Fettgewebe. Ausgelöst durch Kältereize und gewisse Nahrungsstoffe kommt es hier zur Expression eines als Thermogenin bezeichneten Protonentransporters, der in die innere Mitochondrienmembran integriert wird. Er wirkt wie ein chemischer Entkoppler und ermöglicht so eine Wärmebildung anstatt der Energiekonservierung in Form von ATP.

8.5 Einteilung und Funktion von Oxidoreduktasen

Oxidoreduktasen: haben für die Energiegewinnung in lebenden Systemen eine ganz besondere Bedeutung und erfüllen darüber hinaus im Stoffwechsel eine Vielzahl wichtiger Funktionen. Prinzipiell kann man dabei zwischen sauerstoffabhängigen und nicht-sauerstoffabhängigen Enzymen unterscheiden:

- ***Oxygenasen*** katalysieren den Einbau von Sauerstoff in ein Substratmolekül. Bei den ***Dioxygenasen*** werden beide Atome des Sauerstoffmoleküls für diesen Einbau verwendet. Sie kommen vor allem beim Abbau aromatischer Aminosäuren (S. 281) vor. ***Monooxygenasen*** katalysieren den Einbau nur eines Atoms des Sauerstoffmoleküls in ein Substrat, wobei meist eine Hydroxylgruppe entsteht. Viele Monooxygenasen enthalten als elektronenübertragendes Enzym das Hämoprotein ***Cytochrom*** P_{450}. Abbildung 8.13 stellt den Reaktionsmechanismus der Cytochrom P_{450} katalysierten Hydroxylierungen zusammen. Monooxygenasen sind u. a. von besonderer Bedeutung für die ***Biotransformationsreaktionen*** der Leber (S. 626)

◀ **Abb. 8.12 a, b** Induktion der Thermogenese durch einen Kältereiz. **a** Die durch Noradrenalin erhöhten cAMP-Spiegel führen nicht nur zu einer Erhöhung der Lipolyse sondern auch zu einer gesteigerten Expression der Gene für Lipoproteinlipase und Thermogenin. Die entsprechenden Proteine werden in den Extrazellulärraum verlagert bzw. in die innere Mitochondrienmembran importiert. **b** Der durch Thermogenin gebildete Protonencarrier konkurriert mit der F_1/F_0-ATPase um Protonen und führt so zu einer Entkopplung der oxidativen Phosphorylierung

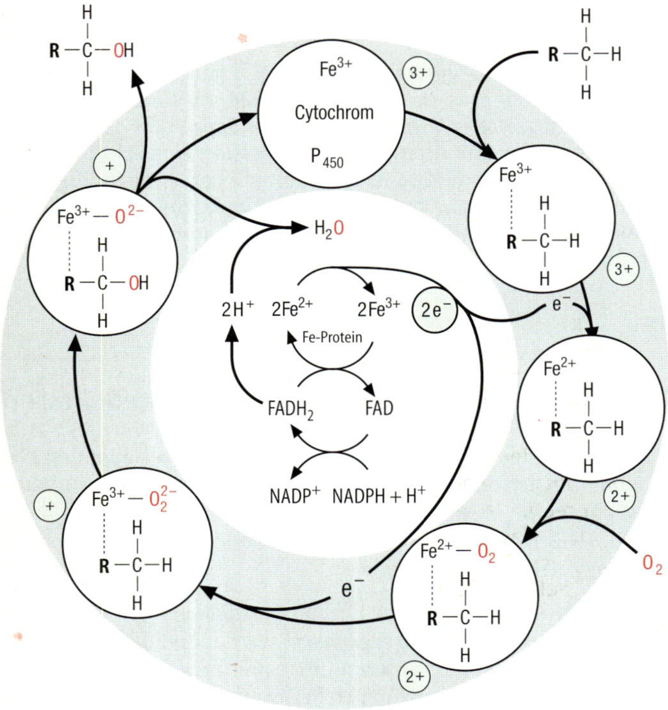

Abb. 8.13 Reaktionsmechanismus der Cytochrom P_{450}-katalysierten Hydroxylierungen. Nach Anlagerung des Substrates R-CH3 an das Cytochrom P_{450} erfolgt die Reduktion des dreiwertigen zum zweiwertigen Eisen mit anschließender Anlagerung von Sauerstoff. Dieser wird reduziert, wonach die Hydroxylierung des Substrats mit anschließender Abdissoziation von hydroxyliertem Substrat und Wasser erfolgt. Im Zentrum der Abbildung sind die für die zweimalige Reduktion notwendigen Hilfsreaktionen dargestellt.

- ***Oxidasen*** sind ebenfalls sauerstoffabhängige Oxidoreduktasen. Ein typischer Vertreter der Oxidasen ist das letzte Glied der Atmungskette, die Cytochromoxidase.
- Auch die ***aeroben Dehydrogenasen*** katalysieren die Übertragung von Substratwasserstoff auf Sauerstoff, wobei Wasser entsteht. Anders als die Oxidasen benötigen sie einen zwischengeschalteten Wasserstoffüberträger, im allgemeinen FMN oder FAD.
- Von größter Bedeutung sind die ***anaeroben Dehydrogenasen***. Diese übertragen Substratwasserstoff oder Elektronen auf be-

stimmte Akzeptoren. Wasserstoff- bzw. Elektronenakzeptoren sind NAD^+ bzw. $NADP^+$, FAD bzw. FMN oder die nur zum Elektronentransport geeigneten Hämgruppen der Cytochrome b, c1, c und a. Anaerobe Dehydrogenasen sind im Stoffwechsel weit verbreitet und finden sich in den verschiedensten Kompartimenten der Zelle.

- ***Hydroperoxidasen*** übertragen Substratwasserstoff auf H_2O_2, wobei 2 H_2O entstehen. Ein Spezialfall ist die Katalase, bei der der Donor des Substratwasserstoffes H_2O_2 selbst ist.

!

WICHTIG

Oxidoreduktasen sind eine weit verbreitete Klasse von Enzymen. Sie lassen sich in die sauerstoffabhängigen und nichtsauerstoffabhängigen Oxidoreduktasen einteilen. Zu den sauerstoffabhängigen Oxidoreduktasen gehören die Di- bzw. Monooxygenasen, die beide oder nur ein Sauerstoffatom eines Sauerstoffmoleküls in das Substrat einbauen. Bei den Oxidasen wird Sauerstoff zu Wasser reduziert. Der Hauptvertreter dieser Enzyme ist die Cytochromoxidase.

Dehydrogenasen katalysieren die Übertragung von Substratwasserstoff auf eine Reihe verschiedener Akzeptoren. Von besonderer Bedeutung sind hierbei flavin- bzw. nikotinamidhaltig, wasserstoffübertragende Coenzyme. Hydroperoxidasen übertragen schließlich Substratwasserstoff auf H_2O_2.

8.6 Pathobiochemie

Vorgänge der biologischen Oxidation betreffen die elementaren Reaktionen der Energiekonservierung der Atmungskette und allgemeine enzymatische Mechanismen bei den verschiedenen Oxidoreduktasen. Dementsprechend umfangreich sind die möglichen Pathomechanismen, die zu Schädigungen dieser Systeme führen können und meist sehr schwerwiegende Krankheitsbilder auslösen.

Erworbene Störungen der oxidativen Phosphorylierung sind häufig die Folge arterieller Verschlußkrankheiten.

Arterielle Verschlußkrankheiten führen in aller Regel zu einer Minderdurchblutung der distal vom Verschluß gelegenen Gewebe, was eine Minderversorgung sowohl mit Sauerstoff als auch mit Substraten zur Folge hat. Ein Paradebeispiel für die hierbei ablaufenden Pathomechanismen ist der akute Myocardinfarkt:

- Durch den Verschluß einer Coronararterie oder ihres Astes kommt es rasch zu einer Minderversorgung des von ihr versorgten Myocardabschnittes mit Sauerstoff und Nährstoffen.
- Die vorhandenen Vorräte an ***Phosphocreatin*** und ***ATP*** genügen nach dem Infarktereignis noch für 3 oder 4 effektive Kontraktionsvorgänge.
- Da die Sauerstoffzufuhr sistiert, kommen die ***ATP-liefernden*** mitochondrialen Vorgänge rasch zum Erliegen.
- Der sehr rasch erfolgende Anstieg der mitochondrialen ***NADH-Konzentration*** führt über die auf S. 243 geschilderten Transportcyclen zu einem Anstau von cytoplasmatischem NADH.
- Wegen des Abfalls der ATP-Konzentration kommt es zu einem Umschalten auf ***anaerobe Glycolyse***, das Substrat entstammt dem Abbau der ***Glycogenvorräte*** im Myocard. Dabei wird die Glycogenphosphorylase durch die erhöhten ***AMP-Konzentrationen*** allosterisch aktiviert.
- Die erhöhten NADH-Konzentrationen hemmen die ***Glycerinaldehydphosphat-Dehydrogenase*** (S. 107), weswegen nur etwa ein Viertel der möglichen Glycolysegeschwindigkeit erreicht wird.
- Durch die geschilderten Reaktionen wird der Abfall des myocardialen ATP verlangsamt, außerdem wird ADP durch die ***Nucleosiddiphosphatkinase*** zu ATP und AMP umgewandelt.
- Trotz dieser Stoffwechselumschaltungen beginnen etwa 20 Minuten nach dem Ende der Sauerstoffversorgung die ersten Cardiomyocyten zugrunde zu gehen, nach 60 Minuten ist ein großer Teil von ihnen abgestorben.

Durch eine frühzeitig eingeleitete ***fibrinolytische Therapie*** kann der Gefäßverschluß behoben und damit das hypoxische Gewebe reperfundiert werden. Dies kann zu einer Ausheilung des Schadens führen, wenn die betroffenen Cardiomyocyten noch nicht irreversibel geschädigt oder abgestorben sind.

Die Enzymkomplexe der Atmungskette und oxidativen Phosphorylierung können durch angeborene Gendefekte betroffen sein.

Eine Reihe genetischer Erkrankungen läßt sich auf Defekte der Enzymkomplexe der Atmungskette und der oxidativen Phosphorylierungen zurückführen. Dabei ist folgendes zu beachten:

- Die kerncodierten Defekte mitochondrialer Proteine werden nach Mendel'schen Regeln vererbt.
- Defekte mitochondrial codierter Proteine (S. 442) werden maternal vererbt, da alle Mitochondrien eines Organismus von den in der Oocyte vorhandenen Mitochondrien abstammen.
- Defekte mitochondrial codierter Proteine betreffen häufig mehrere Enzymkomplexe, da es sich oft um große Deletionen oder um Defekte bei der tRNA-Biosynthese handelt.

Bisher sind genetische Erkrankungen aller vier Multienzymkomplexe der Atmungskette sowie der F_1/F_0-ATPase beschrieben worden. Die Erkrankungen verlaufen sehr häufig unter dem Zeichen einer Myopathie, einer Encephalopathie oder von Stoffwechselerkrankungen. Eine adäquate Therapie ist zur Zeit nicht möglich.

!

WICHTIG

Erkrankungen von Atmungskette und oxidativer Phosphorylierung betreffen essentielle Stoffwechselreaktionen und führen damit meist zu schwerwiegenden Krankheitsbildern.

Unter den erworbenen Erkrankungen von Atmungskette und oxidativer Phosphorylierung spielen arterielle Verschlußkrankheiten eine große Rolle, da sie sehr schnell zum Erliegen der mitochondrialen ATP-liefernden Reaktionen führen. Ein besonders eindrucksvolles Beispiel hierfür ist der akute Myocardinfarkt. Um eine gewisse ATP-Produktion noch aufrecht zu erhalben, schaltet der Cardiomyocyt auf anaerobe Glycolyse um, wobei als Substrat die Glycogenvorräte dienen. Wegen der durch die Anoxie erhöhten NADH-Konzentrationen erreicht die Glycolysegeschwindigkeit nicht das eigentlich benötigte Maximum. Trotzdem wird das Überleben über eine gewisse Zeit gewährleistet.

Genetische Defekte der Multienzymkomplexe der Atmungskette kommen vor und führen häufig zu schweren, unspezifischen Krankheitsbildern. Es handelt sich jedoch um seltene Erkrankungen.

9 Abbau von Proteinen und Stoffwechsel der Aminosäure

LERNZIELE
- Abbau von Proteinen
- Stoffwechsel der Aminogruppe der Aminosäuren
- Stoffwechsel des Kohlenstoffskeletts der Aminosäuren
- Pathobiochemie

Der tägliche Proteinumsatz des Menschen liegt etwa zehnmal höher als die Proteinzufuhr und -ausscheidung. Dies kommt u.a. dadurch zustande, daß neben der Proteinbiosynthese auch proteolytische Vorgänge mit beträchtlicher Geschwindigkeit ablaufen. Dem entspricht, daß die Familie der am Proteinabbau beteiligten Proteasen außerordentlich umfangreich ist. Proteasen kommen als Endo- und Exoproteasen sowohl extra- als auch intrazellulär vor. Sie haben vielfältigste Funktionen im Stoffwechsel.

Endprodukte des proteolytischen Abbaus von Proteinen sind Aminosäuren. Diese haben im Zellstoffwechsel vier Funktionen. Sie wirken als Bausteine für die Biosynthese von Körperproteinen, als Stickstoff- bzw. Aminogruppendonatoren bei der Biosynthese anderer stickstoffhaltiger Verbindungen, sind als glucogene Aminosäuren Substrate für die Gluconeogenese und wirken, gelegentlich erst nach Decarboxylierung zu den entsprechenden Aminen, als Signalmoleküle.

9.1 Abbau von Proteinen

Eine ausgeglichene Proteinbilanz des Erwachsenen läßt sich bei einer täglichen ***Proteinzufuhr*** von wenigstens 32 g hochwertigem Protein aufrecht erhalten. Dementsprechend werden unter diesen Bedingungen stickstoffhaltige Verbindungen im Urin ausgeschieden, die einer Menge von mindestens 32 g Protein entsprechen (Abb. 9.1).

Ungeachtet dieser Tatsache ist der ***Proteinumsatz*** wesentlich höher und liegt bei ca. 300 g/Tag. Dies bedeutet, daß neben der Protein-

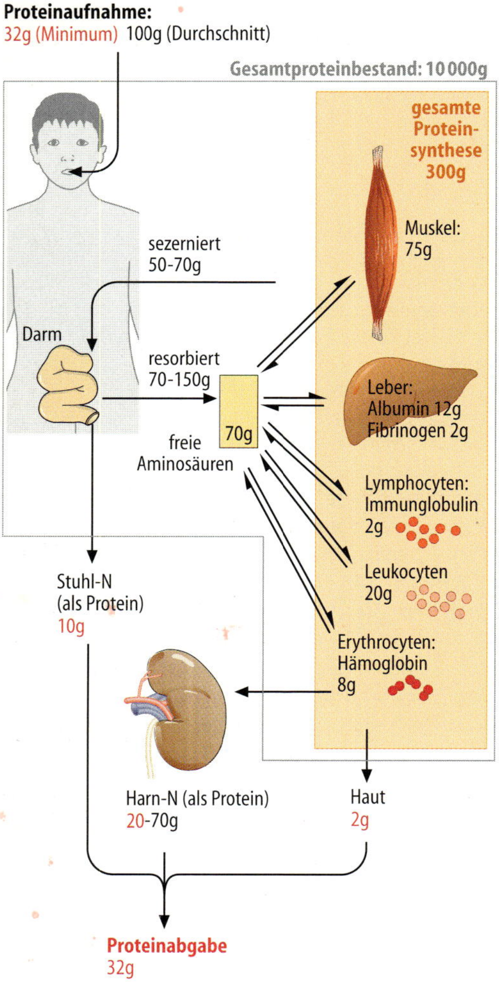

Abb. 9.1 Übersicht über den täglichen Aminosäureumsatz eines 70 kg schweren Menschen (Angaben in g/Protein)

biosynthese in diesem Umfang auch ***proteolytische*** Vorgänge im Organismus eine große Rolle spielen müssen und selbstverständlich in regulierter Form ablaufen.

Proteasen sind die für die Proteolyse verantwortlichen Enzyme.

Proteasen sind intra- und extrazellulär vorkommende Enzyme, die Peptidbindungen spalten können und deswegen für die Proteolyse verantwortlich sind. Nach ihrem Angriffspunkt unterscheidet man

- ***Endoproteasen***, die meist spezifische Peptidbindungen im Inneren einer Proteinkette spalten und
- ***Exoproteasen***, die entweder vom carboxyterminalen (Carboxypeptidasen) oder vom aminoterminalen (Aminopeptidasen) Ende angreifen.

Tabelle 9.1 gibt eine Auswahl wichtiger intra- bzw. extrazellulär angreifender Proteasen. Sie dienen keineswegs nur dem Abbau von Proteinen, sondern haben vielfach regulatorische Funktionen, da sie Proteine durch limitierte Proteolyse aktivieren (S. 81).

Nach dem Aufbau ihres aktiven Zentrums unterscheidet man Serin-, Cystein-, Aspartat- und Metalloproteasen. Abbildung 9.2 zeigt

Tabelle 9.1 Extra- und intrazelluläre Proteasen (Auswahl)

Proteasetyp	Name	Funktion	Spaltungsspezifität
Extrazellulär	Trypsin	Verdauung	Hinter basischen Aminosäuren
	Chymotrypsin	Verdauung	Hinter aromatischen Aminosäuren
	Thrombin	Blutgerinnung	Spaltung von Fibrinogen zu Fibrin
	Plasminogen	Fibrinolyse	Spaltung von Fibrin
Intrazellulär	Signalpeptidasen	Abtrennung des Signalpeptids	Abspaltung der hydrophoben Signalsequenz
	Prohormonkonvertasen	Aktivierung von Prohormonen	Abspaltung der Prosequenz an basische Aminosäuren
	Kathepsin D	Proteolyse im Lysosom	Hinter hydrophoben Aminosäuren
	Multikatalytische Protease	Proteolyse im Proteasom	Viele Peptidbindungen

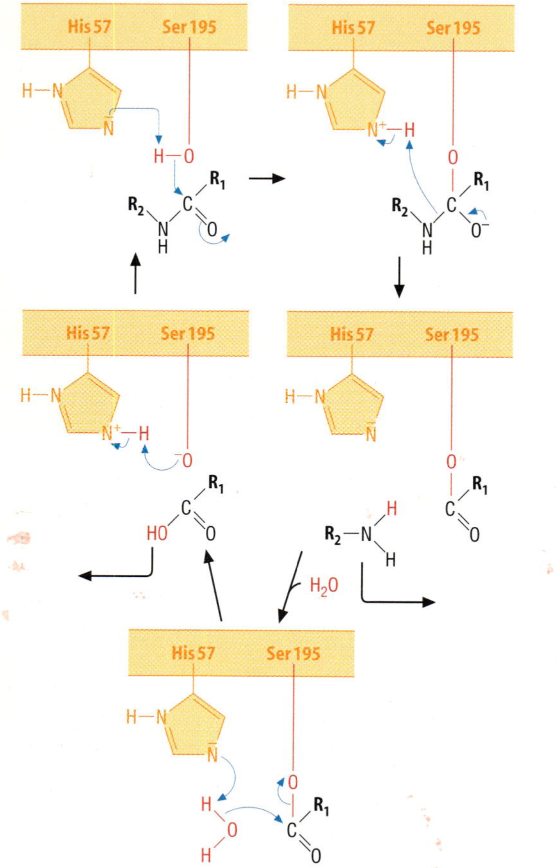

Abb. 9.2 Katalysemechanismus des Chymotrypsins. (Einzelheiten s. Text)

den Katalysemechanismus des ***Chymotrypsins*** als Beispiel für eine Serinprotease. Er beruht auf folgenden Reaktionen:

- Die OH-Gruppe des Serins 195 wird durch das benachbarte Histidin 57 polarisiert und greift danach die Carbonylgruppe an der Spaltstelle des Peptidsubstrates an.
- Der Imidazolring des Histidin 57 nimmt das abgespaltene Proton des Serins 195 auf, wobei ein Imidazolium-Ion entsteht.

- Das tetraedische Zwischenprodukt zerfällt unter Deprotonierung des N3 des Histidins 57 in ein Acyl-Enzymzwischenprodukt und den N-Terminus des Substrat-Spaltstückes, der sich vom Enzym ablöst.
- Das Acyl-Enzymzwischenprodukt wird hydrolytisch gespalten.

Bei allen Serinproteasen findet sich das Wechselspiel zwischen einer Hydroxylgruppe eines Serylrestes sowie einem benachbarten Histidin. Auch andere Hydrolasen (z.B. Lipasen) haben ein ähnlich aufgebautes katalytisches Zentrum.

!

Die extrazelluläre Proteolyse kommt im Intestinaltrakt als Voraussetzung für die Resorption von Peptiden und Aminosäuren vor, spielt aber auch im Blutplasma eine wichtige Rolle.

Proteolyse im Intestinaltrakt: Vor ihrer Resorption müssen die Nahrungsproteine durch die ***Verdauungsproteasen*** des Intestinaltrakts auf die Stufe von Aminosäuren oder wenigstens von Di- bzw. Tripeptiden gespalten werden. Für diesen Vorgang stehen das im Magen produzierte ***Pepsin*** sowie die Pankreasenzyme ***Trypsin, Chymotrypsin, Aminopeptidase, Carboxypeptidase*** sowie ***Elastase*** zur Verfügung. Sie werden als inaktive Proenzyme synthetisiert und durch limitierte Proteolyse aktiviert (S. 81, 605).

Proteolyse in der extrazellulären Flüssigkeit: Eine Reihe von lebenswichtigen Vorgängen in der extrazellulären Flüssigkeit beruht auf proteolytischen Kaskaden. Zu ihnen gehören u.a.:

- das ***Blutgerinnungssystem*** (S. 529),
- das ***Fibrinolysesystem*** (S. 534) und
- das ***Komplementsystem*** (S. 561)

Diesen proteolytischen Kaskaden ist gemeinsam, daß jeweils durch limitierte Proteolyse aus inaktiven Vorstufen biologisch aktive Moleküle freigesetzt werden, die für Blutgerinnung, Fibrinolyse und Komplementaktivierung verantwortlich sind.

!

Die intrazelluläre Proteolyse kommt als limitierte Proteolyse vor, dient aber auch dem Abbau von Proteinen und Peptiden zu Aminosäuren.

Intrazelluläre limitierte Proteolyse: Die intrazelluläre limitierte Proteolyse ist ein häufiges Phänomen. Sie tritt u. a. auf bei:

- der Abtrennung der Signalpeptide von Proteinen, die an Ribosomen des endoplasmatischen Reticulums synthetisiert werden; das benötigte Enzym ist die ***Signalpeptidase*** (S. 411).
- der Herstellung fertiger Peptidhormone aus den entsprechenden Prohormonen durch ***Prohormon-Konvertasen*** (S. 261);
- der Calcium-abhängigen Proteolyse durch die ***Caspasen***;

Lysosomale Proteolyse: Die physiologische Funktion der in nahezu allen Zellen vorkommenden ***Lysosomen*** (S. 443) besteht im Abbau von endocytiertem oder intrazellulärem Material, z. B. defekter Mitochondrien. Nach Verschmelzen dieser häufig vesikulären Strukturelemente mit dem primären Lysosom bildet sich ein sekundäres Lysosom, in der der hydrolytische Abbau erfolgt. Für den Proteinabbau verfügen Lysosomen über ***Kathepsine, Collagenasen, Elastase*** und verschiedene ***Peptidasen***. Die genannten Enzyme zeichnen sich dadurch aus, daß ihr pH-Optimum zwischen 4 und 6 liegt.

Das ATP-abhängige proteolytische System: Ein vollständiger Abbau von intrazellulären Proteinen ist im Cytosol lokalisiert und wird auch als ATP-abhängiges proteolytisches System bezeichnet. Es ist in einem als ***Proteasom*** bezeichneten Proteinpartikel in der Größe von 17 x 11 nm lokalisiert und kommt in nahezu allen eukaryoten Zellen vor. Es enthält als wesentlichen Bestandteil die sogenannte ***multikatalytische Protease***. Diese kann Peptidbindungen nach basischen, hydrophoben und sauren Aminosäuren spalten. Die mit der Proteolyse einhergehende Spaltung von ATP dient möglicherweise zur Denaturierung der abzubauenden Proteine.

Die zum Abbau vorgesehenen Proteine müssen vorher mit ***Ubiquitin*** markiert werden (Abb. 9.3). Ubiquitin ist ein relativ kleines, aus 76 Aminosäureresten bestehendes Protein. Der Ubiquitierungscyclus läßt sich in folgende Schritte einteilen:

- Das C-terminale Glycin des Ubiquitin wird mit ATP aktiviert, so daß ein Acyl-AMP-Ubiquitin entsteht.

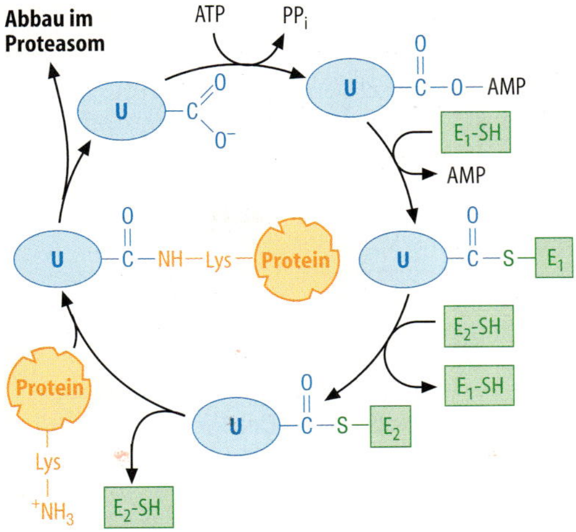

Abb. 9.3 Mechanismus der Ubiquitierung von Proteinen. In dem dargestellten Ubiquitierungscyclus wird der Ubiquitinrest als Thioester über die Transferproteine E1 und E2 auf das Substrat übertragen. Über die Natur der Erkennungssignale zur Ubiquitierung ist noch nicht viel bekannt. (Einzelheiten s. Text)

- Mit Hilfe des Ubiquitin-aktivierenden Enzyms E1 entsteht ein über einen Thioester verknüpftes covalentes Zwischenprodukt aus Ubiquitin und E1.
- Von diesem Zwischenprodukt aus wird der Ubiquitinrest auf das Ubiquitincarrierprotein E2 übertragen.
- Ubiquitinligasen katalysieren die Übertragung des Ubiquitinrestes auf ε-Aminogruppen von Lysylresten der Akzeptorproteine.

Ubiquitierte Proteine werden im Proteasom abgebaut. Die dabei entstehenden Aminosäuren gelangen in den Aminosäurepool und werden, soweit sie nicht der Proteinbiosynthese dienen, u. a. verstoffwechselt. Dabei muß zwischen dem Stoffwechsel der Aminogruppe der Aminosäuren und demjenigen ihres Kohlenstoffskeletts unterschieden werden.

> **!**
>
> WICHTIG
>
> Proteasen sind im Zellstoffwechsel von größter Bedeutung. Je nach ihrem Angriffspunkt können sie in Endo- bzw. Exoproteasen eingeteilt werden. Sie spalten Peptidbindungen, wobei ihre Spezifität im allgemeinen von der in der Umgebung der zu spaltenden Bindungen lokalisierten Aminosäuren abhängt.
>
> Extrazelluläre proteolytische Vorgänge kommen in großem Umfang bei der intestinalen Proteinverdauung, aber auch bei der im Blutplasma stattfindenden Blutgerinnung, Fibrinolyse und der Komplementaktivierung vor.
>
> Intrazelluläre proteolytische Vorgänge spielen bei der Prozessierung von Proteinen, aber auch bei deren vollständigem Abbau zu Aminosäuren eine große Rolle. Der letztere Vorgang findet als lysosomale Proteolyse oder im Proteasom durch die dort lokalisierte multifunktionelle Protease statt. Eine Voraussetzung für die im Proteasom stattfindende Proteolyse ist die Ubiquitierung der abzubauenden Proteine.

9.2 Stoffwechsel der Aminogruppe der Aminosäuren

Aminosäuren sind für den Organismus von besonderer Bedeutung:

- Die 20 proteinogenen Aminosäuren dienen dem Aufbau sämtlicher ***Proteine***.
- Aminosäuren sind Substrate für die ***Glucoseneubildung*** (Gluconeogenese, S. 114)
- Aminosäuren wirken als Donatoren von Aminogruppen bzw. N-Atomen bei der Biosynthese ***stickstoffhaltiger Verbindungen***.
- Der beim Abbau von Aminosäuren entstehende Stickstoff wird in Form stickstoffhaltiger Verbindungen im Urin ausgeschieden, wobei mengenmäßig der ***Harnstoff*** bei weitem überwiegt.

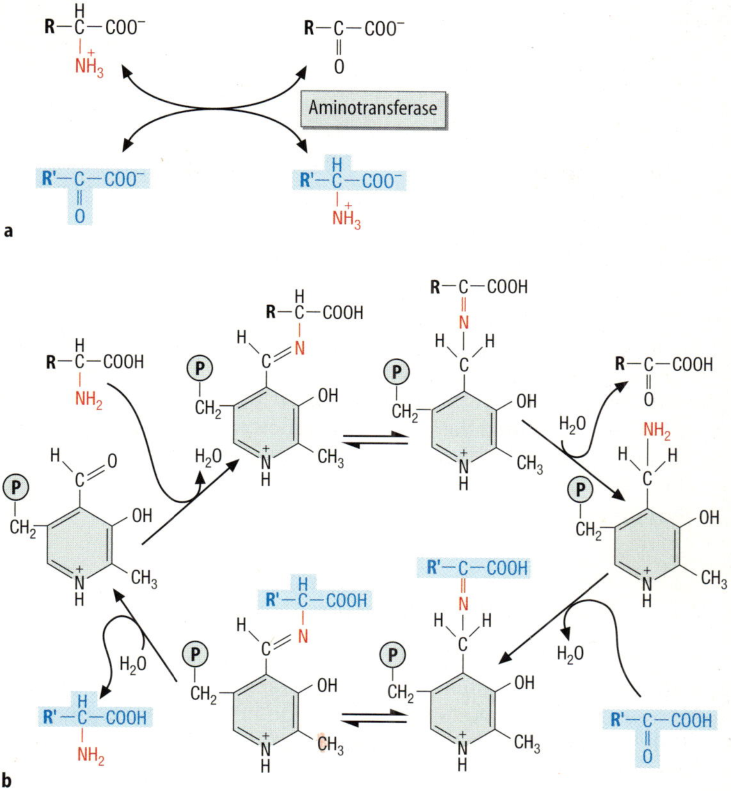

Abb. 9.4 a, b Mechanismus der durch Aminotransferasen katalysierten Transaminierung. a Allgemeine Reaktionsgleichung der Aminotransferasen; b Funktion des Coenzyms Pyridoxalphosphat bei Aminotransferase-Reaktionen

Aminogruppen werden durch Pyridoxalphosphat-abhängige Transaminierung übertragen.

Aminogruppen können zwischen Aminosäuren und α-Ketosäuren nach dem in Abb. 9.4 dargestellten Schema ausgetauscht werden. Die hieran beteiligten Enzyme werden als ***Aminotransferasen*** (früher Transaminasen) bezeichnet. Das Coenzym aller Aminotransferasen ist das ***Pyridoxalphosphat (PALP)***, das aus dem Vitamin Pyridoxin (Vitamin B6, S. 583) entsteht. Die Aminotransferasereaktion kann in folgende Schritte eingeteilt werden:

- Zwischen der Aminogruppe einer ***Aminosäure*** und der Carbonylgruppe des Pyridoxalphosphats bildet sich eine ***Schiff'sche Base*** (Aldimin).
- Die hierdurch erfolgte Labilisierung der Bindungen am α-C-Atom der Aminosäure führt zur Umlagerung in ein ***Ketimin*** als tautomere Form der Schiff'schen Base.
- Das Ketimin wird zur ***α-Ketosäure*** und ***Pyridoxaminphosphat (PAMP)*** hydrolysiert.

In diesem ersten Teil des Transaminierungscyclus ist eine Aminosäure in die entsprechende α-Ketosäure umgewandelt worden, die dabei frei gewordene Aminogruppe sitzt auf dem Coenzym (PAMP). Im zweiten Teil des Transaminierungscyclus erfolgt die Rückreaktion. Eine entsprechende α-Ketosäure lagert sich an das Pyridoxaminphosphat an. Die dabei entstehende Schiff'sche Base macht nun in umgekehrter Richtung die oben geschilderten Tautomerisierungen durch und wird schließlich hydrolytisch gespalten, so daß als Endprodukt eine neue Aminosäure entsteht und das Coenzym wieder als Pyridoxalphosphat vorliegt.

Ein Netzwerk von Aminotransferasen verknüpft die einzelnen Aminosäuren.

Abbildung 9.5 zeigt die Verknüpfung der verschiedenen Aminosäuren durch Aminotransferasen. Diese zeigen im allgemeinen eine hohe Spezifität für α-Ketoglutarat als Aminogruppenakzeptor, aus dem die Aminosäure Glutamat entsteht.

Von großer Bedeutung sind zwei in besonders hoher Aktivität in der Leber, daneben auch in Muskel und Gehirn vorkommende Aminotransferasen:

- Die ***Aspartat-Aminotransferase*** (ASAT), die die Reaktion

  $$\text{Aspartat} + \alpha\text{-Ketoglutarat} \rightleftharpoons \text{Oxalacetat} + \text{Glutamat}$$

  katalysiert, sowie die
- ***Alanin-Aminotransferase*** (ALAT), die die Reaktion

  $$\text{Alanin} + \alpha\text{-Ketoglutarat} \rightleftharpoons \text{Pyruvat} + \text{Glutamat}$$

  katalysiert.

Beide Aminotransferasen haben beträchtliche Bedeutung in der praktischen Medizin, da sie bei Schädigungen von Leber bzw. Myocard aus dem geschädigten Gewebe ins Blut austreten und dort zu diagnostischen Zwecken nachgewiesen werden können (S. 83).

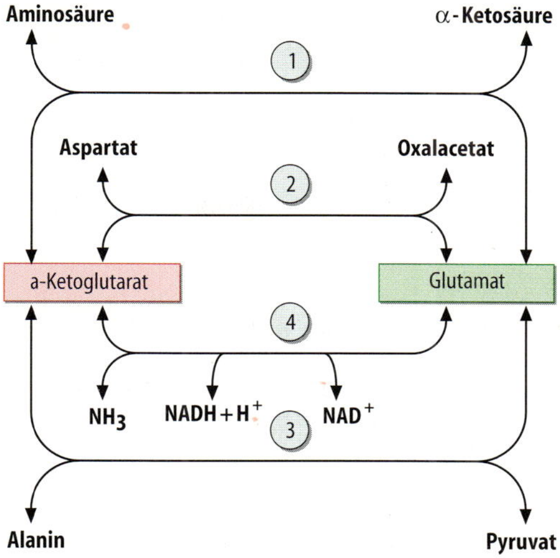

Abb. 9.5 Die zentrale Rolle von α-Ketoglutarat und Glutamat im Stoffwechsel der Aminosäuren. *1* Aminotransferase verschiedener Spezifität; *2* Aspartataminotransferase; *3* Alanin-Aminotransferase; *4* Glutamatdehydrogenase

Die Gleichgewichtskonstante der verschiedenen Aminotransferasen liegt nahe bei 1. Dies bedeutet, daß Transaminierungsreaktionen nicht nur der Übertragung von Aminogruppen auf α-Ketoglutarat beim Abbau der verschiedenen Aminosäuren dienen. Auch in umgekehrter Richtung können die verschiedensten Aminosäuren aus ihren α-Ketoanalogen durch die Übertragung einer Aminogruppe des Glutamats entstehen. Aminotransferasen dienen damit nicht nur dem Abbau sondern auch der Biosynthese von Aminosäuren.

Ammoniak kann durch oxidative und nicht oxidative Desaminierung von Aminosäuren freigesetzt werden.

Die Ammoniakkonzentration im menschlichen Blut ist relativ gering (0,06 mmol/l). Im Urin werden jedoch 30–50 mmol Ammoniak pro 24 Stunden ausgeschieden, darüber hinaus ist ein beträchtlicher Teil des Harnstoffstickstoffs (300–600 mmol Harnstoff pro 24 Stunden) durch Fixierung von Ammoniak entstanden. Daraus folgt, daß die Freisetzung von Ammoniak im Organismus in beträchtlichem Umfang erfolgen muß.

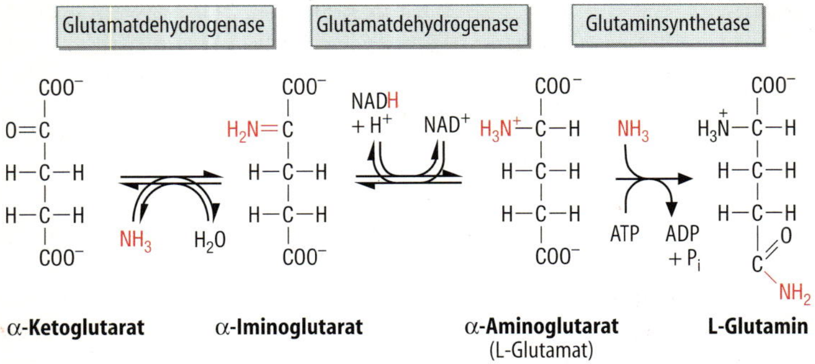

Abb. 9.6 Fixierung von Ammoniak durch die Glutamatdehydrogenase und die Glutaminsynthetase. Während die Glutamatdehydrogenase reversibel ist, wird die Umkehrreaktion der Glutaminsynthetase durch ein anderes Enzym, die Glutaminase, katalyisert

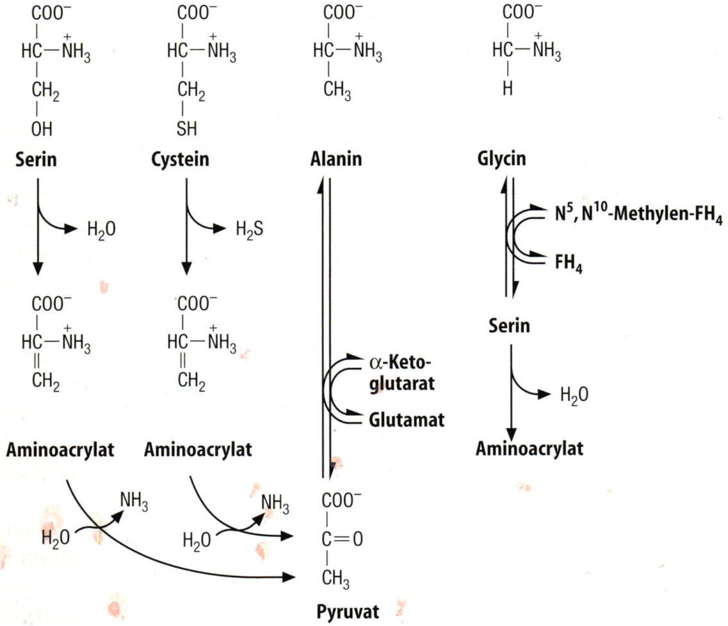

Abb. 9.7 Abbau von Serin, Cystein, Alanin und Glycin

Die oxidative Desaminierung von Glutamat: Die ***Glutamatdehydrogenase*** katalysiert die reversible oxidative Desaminierung von Glutamat (Abb. 9.6). Diese Reaktion ist für den Aminosäurestoffwechsel von besonderer Bedeutung. Im Glutamat sammeln sich über das oben besprochene Netzwerk der Aminotransferasen die Aminogruppen der verschiedensten Aminosäuren und können aus ihm in Form von Ammoniak freigesetzt werden.

Da die Glutamatdehydrogenase-Reaktion jedoch reversibel ist, kann bei ausreichend hohen Ammoniak-Konzentrationen und entsprechenden Stoffwechselbedingungen durch ihre Umkehr α-Ketoglutarat reduktiv mit Ammoniak aminiert werden, so daß Glutamat entsteht. Dieses kann seine Aminogruppe über die entsprechenden Aminotransferasen zur Biosynthese von Aminosäuren zur Verfügung stellen.

Desaminierung anderer Aminosäuren: Die Aminosäuren Serin, Cystein, Glycin (Abb. 9.7) sowie Threonin, Methionin und Histidin werden nicht oxidativ unter Ammoniakbildung desaminiert.

Außerdem kommen in verschiedenen Geweben eine Reihe von Aminosäureoxidasen vor, deren quantitative Bedeutung am Aminosäurestoffwechsel nicht bekannt ist.

! Die Entsorgung von Ammoniak erfolgt durch Harnstoffbiosynthese in der Leber.

Da Ammoniak ein Zellgift ist, muß es vom Organismus in Form von ***Harnstoff*** fixiert und anschließend über die Nieren ausgeschieden werden. Die für diesen ausschließlich in der Leber ablaufenden Vorgang notwendigen Reaktionen bilden den ***Harnstoffcyclus***, dessen Einzelreaktionen in Abb. 9.8 dargestellt sind:

- Durch die Carbamylphosphat-Synthetase wird aus CO_2 und NH_3 unter Verbrauch von 2 ATP ***Carbamylphosphat*** gebildet. Es enthält bereits einen Stickstoff sowie den Kohlenstoff des späteren Harnstoffmoleküls.
- Carbamylphosphat reagiert mit der nicht proteinogenen Aminosäure ***Ornithin***, wobei ***Citrullin*** entsteht.
- In einer ATP-verbrauchenden Reaktion lagert sich Aspartat an die C = O-Gruppierung des Citrullins an. Es entsteht ***Argininosuccinat.***
- Argininosuccinat wird durch die Argininosuccinatlyase zu ***Arginin*** und ***Fumarat*** gespalten.

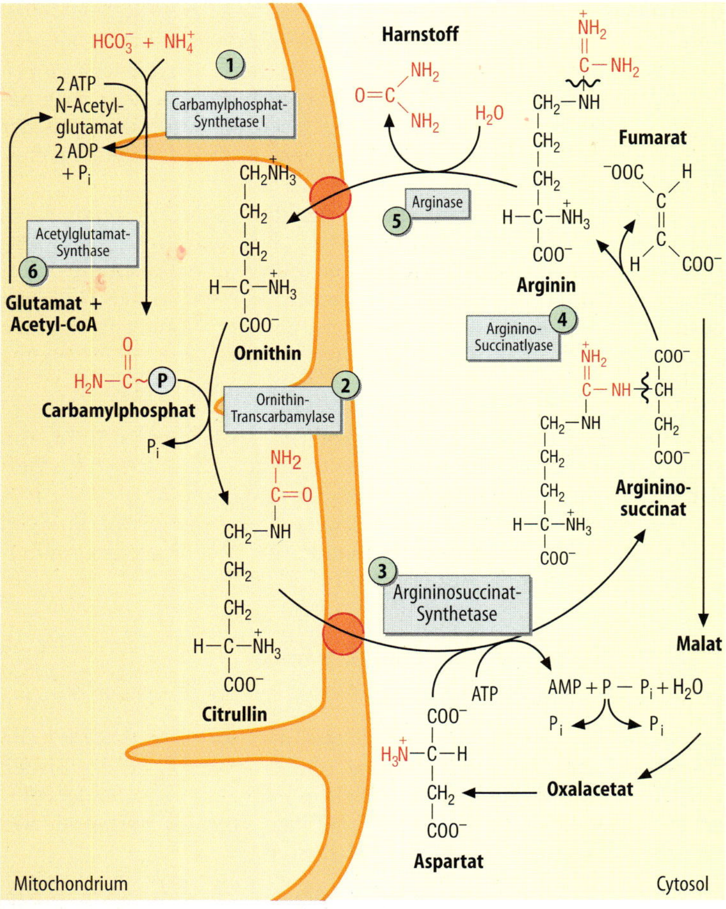

Abb. 9.8 Harnstoffcyclus. Die einzelnen Enzyme des Harnstoffcyclus sind auf Mitochondrium und Cytosol verteilt. Die Zahlen geben die Enzymdefekte an, die in Tabelle 9.6 zusammengestellt sind. ○ Ornithin-Citrullin-Antiporter

- Durch die Arginase wird Arginin zu ***Harnstoff*** und ***Ornithin*** gespalten.

Die beiden ersten Reaktionen des Harnstoffcyclus sind in der mitochondrialen Matrix lokalisiert, die weiteren finden im cytosolischen Raum statt. Für den Austausch von Citrullin bzw. Ornithin zwischen dem intramitochondrialen und dem cytosolischen Raum bzw. umgekehrt steht ein entsprechendes Trägerprotein zur Verfügung.

Pro mol Harnstoff werden 3 mol ATP, jedoch 4 mol energiereiche Verbindungen benötigt. Da vom normalen Erwachsenen pro Tag 0,5–1 mol Harnstoff entsprechend einer Menge von 30–60 g synthetisiert werden, ist damit der Energieverbrauch für die Harnstoffbiosynthese beachtlich.

!

Die Aminosäuren Alanin und Glutamin transportieren Aminogruppen und Ammoniak im Blut.

Wegen der Giftigkeit des Ammoniaks ist es für den Organismus ungünstig, größere Mengen dieses Moleküls im Blut zu transportieren. Auf der anderen Seite werden speziell unter den Bedingungen der Nahrungskarenz (S. 299) beachtliche Mengen Aminosäuren beispielsweise in der Skelettmuskulatur abgebaut. Die dabei frei werdenden Aminogruppen müssen über den Blutweg zur Leber geschafft werden, da nur dort die für die Harnstoffbiosynthese benötigte enzymatische Ausstattung in entsprechender Menge vorhanden ist. Für diesen Transport werden die in Abb. 9.9 dargestellten Mechanismen eingeschaltet:

- Durch Aminotransferasen sammeln sich die Aminogruppen der abgebauten Aminosäuren in extrahepatischen Geweben im Glutamat und werden durch die ALAT unter Alaninbildung auf Pyruvat übertragen. Über den Blutweg gelangt ***Alanin*** zur Leber, in der, wiederum durch ALAT, die Aminogruppe des Alanins auf Ketoglutarat übertragen und Glutamat gebildet wird. Dieses kann oxidativ desaminiert werden und liefert Ammoniak in den Harnstoffcyclus.
- In extrahepatischen Geweben kann durch die Glutaminsynthetase in einer ATP-abhängigen Reaktion Ammoniak in Form von ***Glutamin*** fixiert werden. Dieses gelangt über den Blutweg zur Leber und wird dort durch die Glutaminase zu Glutamat und Ammoniak gespalten.

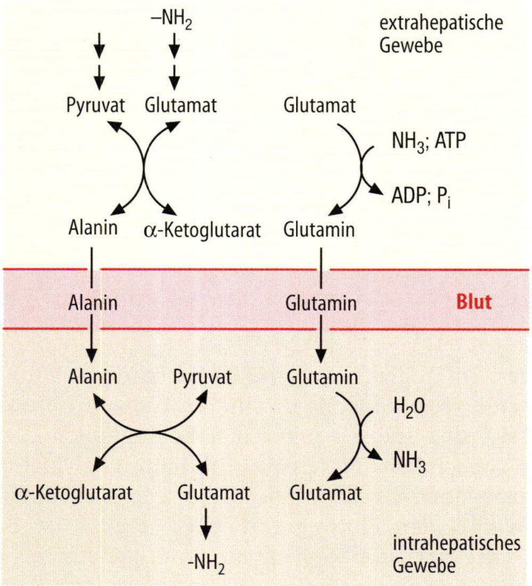

Abb. 9.9 Der Transport von Aminogruppen bzw. Ammoniak zwischen den extrahepatischen Geweben und der Leber erfolgt in Form der Amino- bzw. Amidgruppen des Alanins und Glutamins

Glutamin und Aspartat liefern den Stickstoff für viele Biosynthesen.

Vom Organismus werden viele stickstoffhaltige Verbindungen synthetisiert, deren Kohlenstoffskelett sich nicht von Aminosäuren ableitet. Zur Einführung der benötigten N-Atome dienen meist Aspartat und Glutamin. Die Entstehung beider Aminosäuren sowie ihre Rolle bei der Biosynthese stickstoffhaltiger Verbindungen ist in Abb. 9.10 dargestellt:

- ***Glutamin*** entsteht durch ATP-abhängige Aminierung von Glutamat. In wiederum ATP-abhängigen Reaktionen wird der ***Amidstickstoff des Glutamins*** zur Synthese von Purinen und Pyrimidinen, Aminozuckern sowie des Asparagins verwendet.
- ***Aspartat*** entsteht aus Oxalacetat durch die ASAT. Seine ***Aminogruppe*** liefert die N-Atome 1 der Pyrimidine und Purine, die Aminogruppe des Adenins sowie ein N-Atom des Harnstoffs. Es handelt sich mit Ausnahme des N1-Atoms des Pyrimidins um

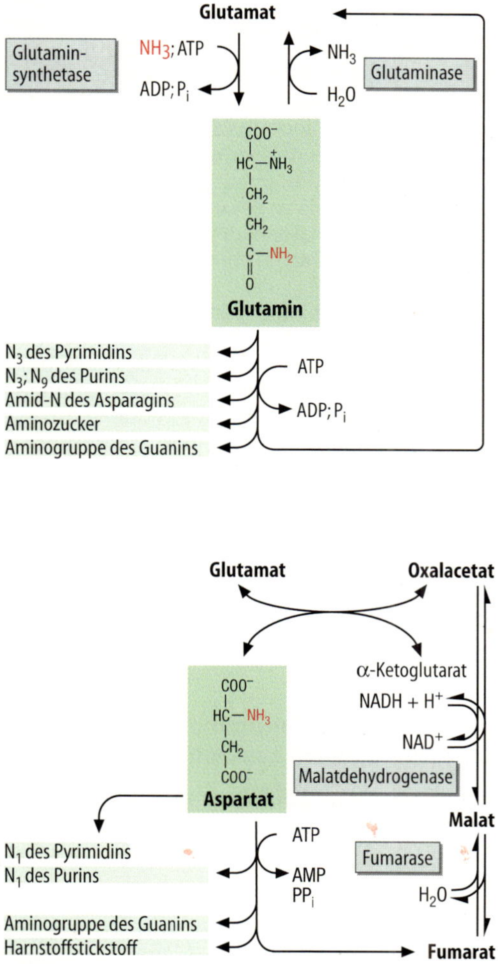

Abb. 9.10 Die Funktion von Glutamin und Aspartat als N-Donoren bei Biosynthesen

ATP-abhängige Reaktionen, aus dem Aspartat entsteht dabei Fumarat, welches über die Reaktionen des Citratcyclus (S. 219) in Oxalacetat umgewandelt werden kann.

!

WICHTIG

Durch Aminotransferasen können Aminogruppen von Aminosäuren auf α-Ketosäuren übertragen werden, wodurch neue Aminosäuren gebildet werden. Aminotransferasen sorgen auch dafür, daß beim Aminosäureabbau Aminogruppen von Aminosäuren sich in der Aminosäure Glutamat sammeln. Diese kann unter Ammoniakbildung oxidativ desaminiert werden. Da die hierfür verantwortliche Glutamatdehydrogenase eine reversible Reaktion katalysiert, kann auch Ammoniak in Form von Aminogruppen fixiert werden.

Da Ammoniak eine toxische Verbindung ist, wird es vom Organismus als Harnstoff fixiert und kann auf diese Weise leicht eliminiert werden. Die hierfür verantwortlichen Enzyme des Harnstoffcyclus sind in hoher Aktivität ausschließlich in der Leber zu finden. Die Amid- bzw. Aminogruppen der Aminosäure Glutamin bzw. Aspartat dienen als Stickstoffdonoren bei der Biosynthese einer großen Zahl stickstoffhaltiger Verbindungen.

9.3 Stoffwechsel des Kohlenstoffskeletts der Aminosäuren

!

Das C-Skelett der essentiellen Aminosäuren kann vom Organismus nicht synthetisiert werden.

Vom ernährungsphysiologischen Standpunkt aus ist die Einteilung von Aminosäuren in essentielle und nicht essentielle Aminosäuren von besonderer Bedeutung:

- ***Essentielle Aminosäuren*** zeichnen sich dadurch aus, daß infolge des Fehlens entsprechender enzymatischer Systeme der menschliche Organismus nicht imstande ist, das ihnen zugrundeliegende C-Skelett zu synthetisieren. Sie stellen somit durch keine andere Verbindung zu ersetzende Nahrungsbestandteile dar, die u.a. von Pflanzen und Mikroorganismen bereitgestellt werden müssen. Die für den menschlichen Organismus essentiellen Aminosäuren sind in Tabelle 9.2 zusammengestellt.
- ***Nichtessentielle Aminosäuren*** können vom Organismus vollständig synthetisiert werden. Ausgangspunkte sind häufig im Intermediärstoffwechsel vorkommende α-Ketosäuren (Abb. 9.11).

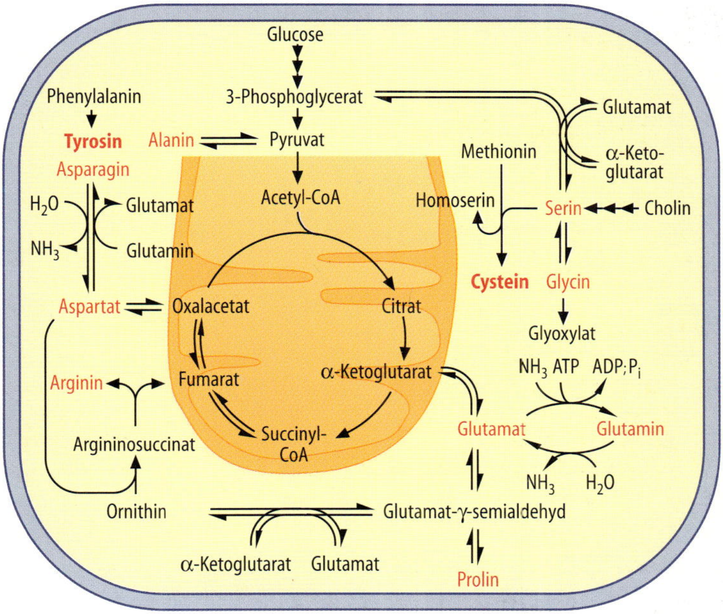

Abb. 9.11 Prinzip der Biosynthese nichtessentieller Aminosäuren aus Zwischenprodukten des Citratcyclus

Tabelle 9.2 Essentielle und nichtessentielle Aminosäuren beim Menschen

Absolut essentiell:	Lysin, Methionin, Threonin, Isoleucin (Aspartatfamilie), Valin, Leucin (Pyruvatfamilie), Phenylalanin, Tryptophan (Shikimisäurefamilie), Histidin
Bedingt essentiell:	Tyrosin, Cystein
Nichtessentiell:	Aspartat, Asparagin, Glutamat, Glutamin, Glycin, Alanin, Serin, Prolin, Arginin

!

Beim Abbau des C-Skeletts der Aminosäuren entstehen überwiegend Zwischenprodukte des Citratcyclus.

Die meisten Abbaureaktionen von Aminosäuren führen zu Zwischenprodukten des Citratcyclus (Abb. 9.12). Dabei kann grundsätzlich zwischen ***glucogenen*** und ***ketogenen*** Aminosäuren unterschieden werden (Tabelle 9.3, 9.4):

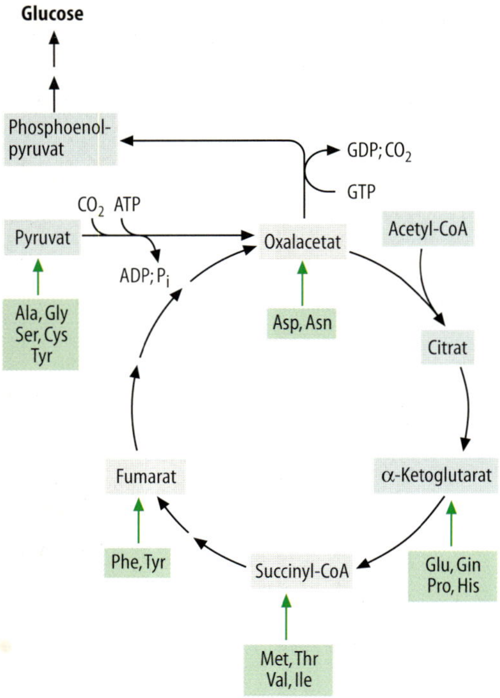

Abb. 9.12 Beziehungen zwischen Aminosäureabbau und Citratcyclus

- Ketogene Aminosäuren sind Leucin, Isoleucin, Lysin, Phenylalanin, Tyrosin und Tryptophan, da bei ihrem Abbau ***Acetyl-CoA*** bzw. ***Acetacetyl-CoA*** entstehen, die unter entsprechenden Bedingungen zur ***Ketonkörperbiosynthese*** verwendet werden können. Man beachte dabei jedoch, daß beim Abbau der Aminosäuren Isoleucin, Phenylalanin (Tyrosin) und Tryptophan auch glucogene Spaltstücke entstehen (Tabelle 9.3).
- Alanin, Glycin, Cystein und Serin können zu Pyruvat umgewandelt werden. Da dieses u. a. Substrat der Gluconeogenese ist, werden diese Aminosäuren als ***glucogene Aminosäuren*** bezeichnet (Tabelle 9.4).
- Alle anderen Aminosäuren liefern Zwischenprodukte des Citratcyclus wie α-Ketoglutarat, Succinyl-CoA, Fumarat und Oxalacetat. Da diese unter entsprechenden Stoffwechselbedingungen

Tabelle 9.3 Die ketogenen Aminosäuren

Aminosäure	Beim Abbau entstehende Zwischenprodukte	
	Ketogen	Glucogen
Isoleucin	Acetyl-CoA	Succinyl-CoA
Phenylalanin, Tyrosin	Acetacetat	Fumarat
Tryptophan	Acetyl-CoA	Alanin
Leucin	Acetacetat, Acetyl-CoA	–
Lysin	Acetyl-CoA	–

Tabelle 9.4 Aminosäuren, deren Abbau Zwischenprodukte des Citratcyclus liefert, die als Substrate der Gluconeogenese dienen können

Aminosäure	Citratcyclus-Zwischenprodukte	Besonderheiten des Abbaus
Glutamat	α-Ketoglutarat	Liefert α-Ketoglutarat durch Aminotransferase
Glutamin		Liefert Glutamat durch Glutaminase
Prolin, Arginin		Liefert Glutamat über Glutamat-β-Semialdehyd
Histidin		Liefert eine Formiminogruppe als Formimino-FH_4 (S. 286)
Isoleucin, Valin, Threonin, Methionin	Succinyl-CoA	Abbau über Methylmalonyl-CoA
Aspartat	Oxalacetat	Liefert Oxalacetat durch Aminotransferasen
Asparagin		Liefert Aspartat durch Asparaginase
Phenylalanin[a], Tyrosin[a]	Fumarat	Liefert Acetacetat als weiteres Abbauprodukt (Abb. 9.14)
Serin, Cystein, Glycin, Alanin	Pyruvat	s. Abb. 9.7
Tryptophan[a]		Liefert Pyr. über Alanin; außerdem Acetacetyl-CoA

[a] Gehören auch zu den ketogenen Aminosäuren.

zur ***Gluconeogenese*** (S. 114) verwendet werden können, sind sie ebenfalls glucogen (Tabelle 9.4).

···⁘ Über die Einzelheiten des Abbaus der genannten Aminosäuren s. ausführliche Lehrbücher der Biochemie

Verzweigtkettige Aminosäuren werden analog der *β*-Oxidation der Fettsäuren abgebaut.

Das Prinzip des Abbaus verzweigtkettiger Aminosäuren ist in Abb 9.13 am Abbau des ***Isoleucins*** dargestellt. Dabei kann man folgende Schritte unterscheiden:

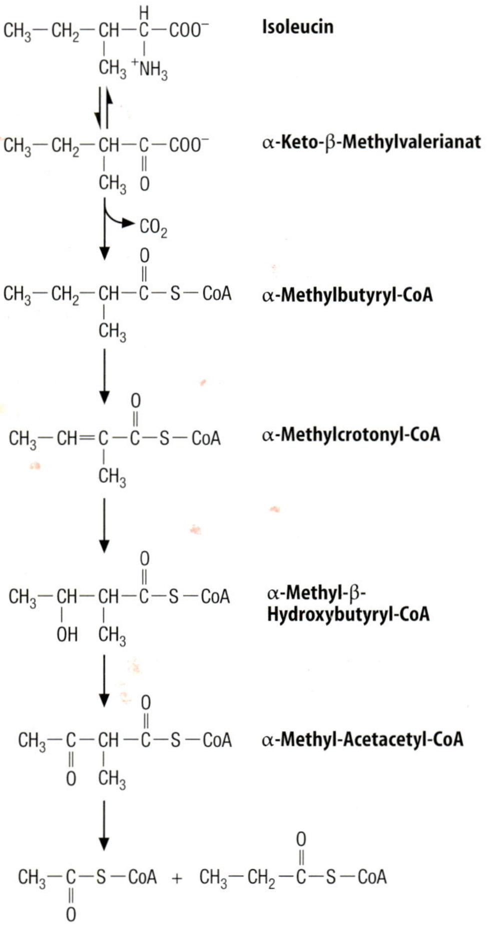

Abb. 9.13 Abbau von Isoleucin. (Einzelheiten s. Text)

- *Transaminierung* des Isoleucin zur entsprechenden α-Ketosäure,
- *Oxidative Decarboxylierung* der α-Ketosäure, wobei der allgemeine Mechanismus demjenigen anderer α-Ketosäuredehydrogenasen (z.B. Pyruvatdehydrogenase, S.221) entspricht,
- *FAD-abhängige Oxidation* unter Aufrichtung einer Doppelbindung zwischen dem α- und β-C-Atom,
- *Hydratisierung* zum β-Hydroxyderivat,
- *NAD-abhängige Oxidation* zum β-Ketoderivat und
- *Thiolytische Spaltung* unter Bildung von Acetyl-CoA und Propionyl-CoA.

Auch der Abbau der anderen verzweigtkettigen Aminosäuren folgt weitgehend dem dargestellten Schema: Transaminierung – oxidative Decarboxylierung – Abbau analog den Schritten der β-Oxidation der Fettsäuren.

Der Stoffwechsel der aromatischen Aminosäure Phenylalanin liefert Tyrosin.

Abbildung 9.14 faßt den Stoffwechsel der aromatischen Aminosäure Phenylalanin zusammen. Er erfolgt über folgende Schritte:

- *Hydroxylierung* von Phenylalanin zu Tyrosin. Aus der essentiellen Aminosäure Phenylalanin entsteht auf diese Weise die Aminosäure Tyrosin.
- *Transaminierung* von Tyrosin zu p-Hydroxyphenylpyruvat,
- *Hydroxylierung und Decarboxylierung* zu Homogentisat,
- *Oxidative Ringspaltung* und *Isomerisierung* zu Fumarylacetacetat und
- *Spaltung* zu Fumarat und Acetacetat.

Beim Abbau der Aminosäure Tryptophan kann das Vitamin Nikotinsäure entstehen.

Die wichtigsten Schritte beim Abbau der Aminosäure *Tryptophan* sind in Abb. 9.15 dargestellt:

- Durch eine Dioxygenase kommt es zur Spaltung des Fünferrings und Abspaltung von Ameisensäure.
- Das dabei entstehende *Kynurenin* wird durch eine Monooxygenase hydroxyliert und danach von der Seitenkette des Kynurenins Alanin abgespalten, so daß *3-Hydroxyanthranilsäure* entsteht.

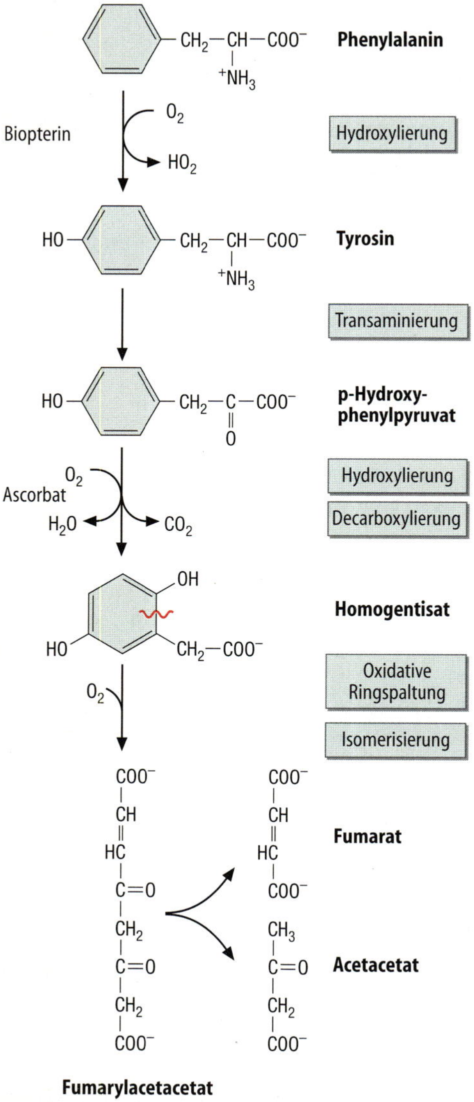

Abb. 9.14 Stoffwechsel der aromatischen Aminosäure Phenylalanin. Man beachte, daß während des Phenylalaninabbaus die Aminosäure Tyrosin entsteht

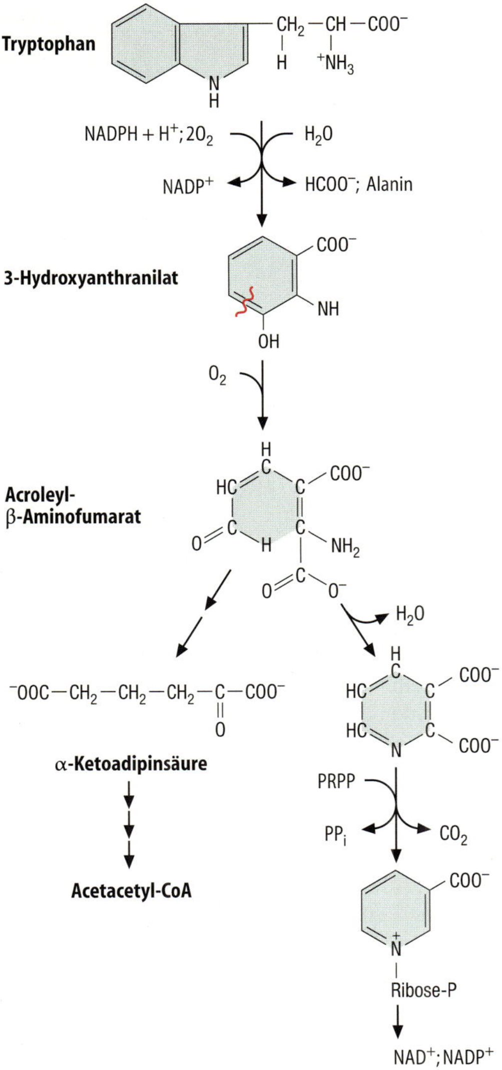

Abb. 9.15 Abbau des Tryptophans. Aus dem durch 2-malige Ringspaltung entstehenden Acroleyl-β-Aminofumarat entsteht entweder Acetacetyl-CoA oder Chinolinsäure, aus der durch Decarboxylierung und Phosphorylierung Nikotinsäue Mononucleotid gebildet wird. Dieses kann für die NAD-Biosynthese verwendet werden

- 3-Hydroxyanthranilat wird oxidativ zu ***Acroleyl-β-Aminofumarat*** gespalten.
- Dieses wird decarboxyliert, oxidiert und desaminiert, so daß ***α-Ketoadipinsäure*** entsteht, die zu ***Acetacetyl-CoA*** metabolisiert wird.
- Eine Alternative des Acroleyl-β-Aminofumarat-Stoffwechsels ist der Ringschluß zu ***Chinolinsäure***, aus der durch Decarboxylierung und Phosphoribosylierung ***Nicotinsäure-Mononucleotid*** gebildet wird. Dieses kann für die NAD-Biosynthese verwendet werden.

Damit ist der Organismus imstande, das Vitamin Nikotinsäure auch beim Tryptophanabbau zu synthetisieren. Allerdings werden 3,7 mmol Nahrungstryptophan benötigt, um nur 0,1 mmol Nikotinsäure zu bilden. Unter den üblichen Ernährungsbedingungen reicht damit die Tryptophanzufuhr mit der Nahrung nicht aus, um einen Nikotinsäuremangel zu verhindern.

! **Durch Pyridoxalphosphat abhängige Decarboxylierung entstehen aus einigen Aminosäuren Hormone und hormonähnliche Verbindungen.**

Der Abbau von Aminosäuren dient nicht nur der Energieerzeugung, sondern ist auch mit einer Reihe wichtiger Biosynthesen verknüpft. So entstehen die entsprechenden ***Amine*** durch Pyridoxalphosphat-abhängige Decarboxylierung vieler Aminosäuren nach dem in Abb. 9.16 dargestellten Mechanismus. Einige Amine zeichnen sich durch hohe biologische Wirksamkeit aus und dienen als Hormone, Gewebshormone bzw. Neurotransmitter (Tabelle 9.5).

Von besonderer Bedeutung ist die Aminosäure ***Phenylalanin*** und die durch Hydroxylierung aus ihr entstehende Aminosäure Tyrosin (Abb. 9.17). Tyrosin liefert eine Reihe wichtiger Verbindungen:

- Durch Decarboxylierung, Hydroxylierung und Methylierung von Tyrosin entstehen die Transmitter bzw. Hormone ***Dopamin, Noradrenalin*** und ***Adrenalin***.
- Dopamin liefert das Dopachinon, das zum Hautpigment ***Melanin*** polymerisiert.
- Im Thyreoglobulin gebundene Tyrosinmoleküle können jodiert werden und reagieren dann mit einem weiteren jodierten aromatischen Ring eines Tyrosinmoleküls unter Bildung der Schilddrüsenhormone ***Thyroxin*** (T_4) und ***Trijodthyronin*** (T_3) (S. 468).

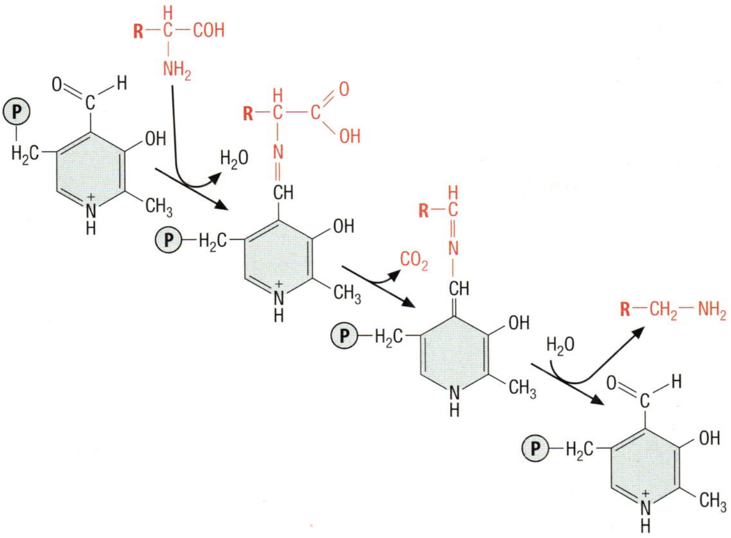

Abb. 9.16 Pyridoxalphosphat-abhängige Decarboxylierung von Aminosäuren unter Bildung der entsprechenden Amine

Tabelle 9.5 Wichtige Amine

Aminosäure	Amin	Bedeutung
Serin	Ethanolamin	Phosphatidyläthanolamin (s. S. 191)
Histidin	Histamin	Gewebshormon (s. S. 508)
3,4-Dihydroxy-phenylalanin	Dopamin	Vorstufe der Katecholamine, Transmitter (s. S. 483)
5-Hydroxy-tryptophan	5-Hydroxytryptamin (Serotonin)	Gewebshormon (s. S. 508)
Glutamat	γ-Aminobutyrat	Transmitter

Die Aminosäure Methionin liefert Methylgruppen.

Aus Methionin entsteht durch Reaktion mit ATP unter Abspaltung von Phosphat und Pyrophosphat das ***S-Adenosyl-Methionin.*** Die S-Methylgruppe ist besonders reaktiv und kann für eine Reihe von Bio-

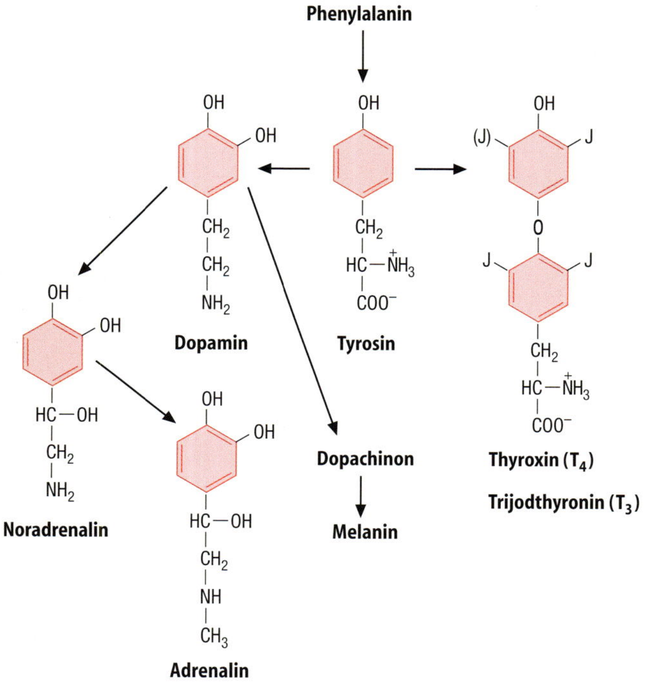

Abb. 9.17 Phenylalanin bzw. Tyrosin als Ausgangspunkt für die Biosynthese der Katecholamine Adrenalin und Noradrenalin, der Schilddrüsenhormone sowie des Melanins

synthesen benutzt werden (Abb. 9.18). Dabei entsteht S-Adenosylhomocystein und nach Abspaltung von Adenosin die Aminosäure Homocystein. Diese kann entweder zu Methionin remethyliert oder zu Propionyl-CoA abgebaut werden.

!

Bei vielen aus Aminosäuren stammenden 1-Kohlenstoffübertragungen dient Tetrahydrofolsäure als Überträger.

Auf die ***Tetrahydrofolsäure*** (FH_4) (S. 585) werden als 1-Kohlenstoffreste übertragen (Abb. 9.19):

- Die beim ***Histidinabbau*** entstehende Formiminogruppe. Durch Desaminierung entsteht hieraus das ***N^5, N^{10}-Methenyl-FH_4***. Dies

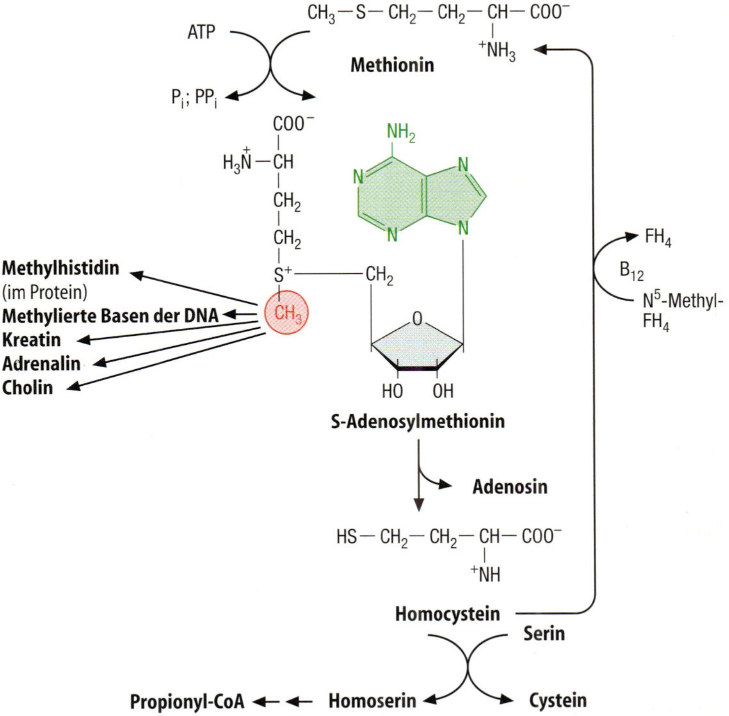

Abb. 9.18 Stoffwechsel der Aminosäure Methionin. Durch Reaktion mit ATP entsteht S-Adenosylmethionin, das als Methyldonor einer Reihe von Biosynthesen dient. Das dabei nach Adenosinabspaltung entstehende Homocystein kann entweder in einer Vitamin B_{12}-abhängigen Reaktion mit Methyl-Tetrahydrofolat remethyliert werden oder seine SH-Gruppe unter Cysteinbildung auf Serin übertragen. Homoserin wird zu Propionyl-CoA abgebaut

kann zweimal reduziert werden, so daß schließlich ***N^5, N^{10}-Methylen-FH_4*** und ***N^5-Methyl-FH_4*** entstehen.

- Eine vom ***Serin*** stammende CH_2OH-Gruppe (Hydroxymethylgruppe). Diese quantitativ besonders wichtige Reaktion führt zum Glycin und nach Dehydratisierung zum ***N^5, N^{10}-Methylen-FH_4***.

Aus den oben genannten Einkohlenstoffreste enthaltenden Tetrahydrofolaten können folgende Übertragungen durchgeführt werden (Abb. 9.19):

- Aus Methenyl-FH_4 entstehen die C-Atome 2 und 8 des ***Purins***.

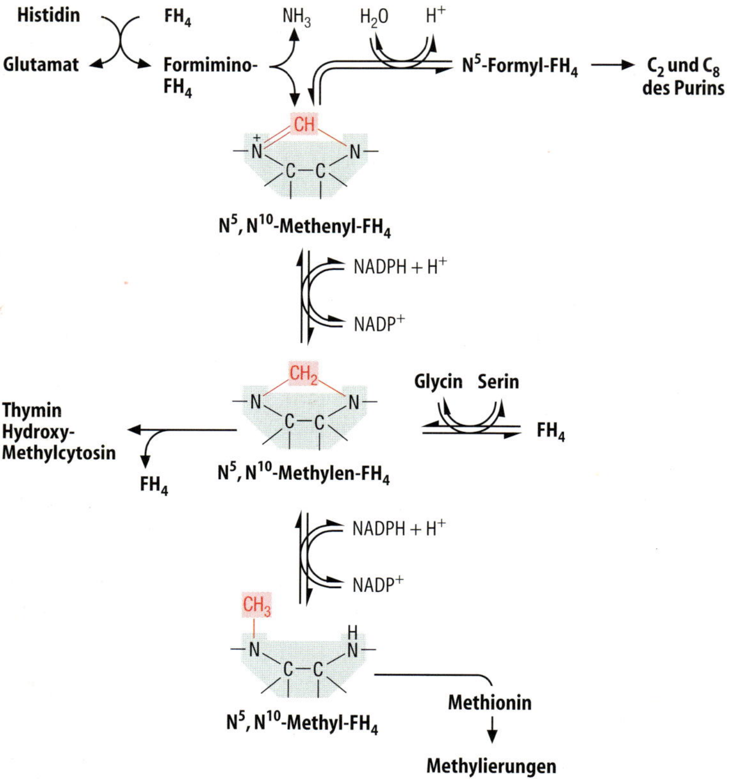

Abb. 9.19 Die Rolle des Tetrahydrofolats bei der Übertragung von 1-Kohlenstoffresten. (Einzelheiten s. Text, die vollständige Struktur der Folsäure S. 586)

- Aus Methylen-FH_4 entsteht die Methylgruppe des ***Thymins*** sowie des ***Hydroxymethylcytosins.***
- Aus Methyl-FH_4 wird ***Methionin*** aus Homocystein synthetisiert. Damit dient diese Methylgruppe einer ganzen Reihe von Methylierungsreaktionen (Abb. 9.18).

Aus Cystein entstehen schwefelhaltige Verbindungen.

Der Stoffwechsel der schwefelhaltigen Aminosäure ***Methionin*** hängt eng mit dem des ***Cysteins*** zusammen (Abb.9.18):

- Nach Aktivierung zu S-Adenosyl-Methionin dient die Methylgruppe der Aminosäure ***Methionin*** als Donor von Methylgruppen für eine Reihe von Reaktionen.
- Nach Methylübertragung und Abspaltung des Adenosinrestes entsteht aus Methionin ***Homocystein.***
- Homocystein kann zu ***Methionin*** remethyliert werden. Diese Reaktion, die nur in Anwesenheit von Methyl-Cobalamin (Vitamin B_{12}) erfolgt, benötigt N^5-Methyl-FH_4 als Donor der Methylgruppe.
- Alternativ kann die SH-Gruppe des Homocysteins gegen die OH-Gruppe des Serins ausgetauscht werden. Dabei entstehen ***Cystein*** und ***Homoserin***, das zu Propionyl-CoA abgebaut werden kann.
- Cystein kann zu Pyruvat abgebaut werden.
- Durch Oxidation der SH-Gruppe des Cysteins zur Sulfonatgruppe entsteht nach Decarboxylierung das ***Taurin***:

  $H_2N\text{-}CH_2\text{-}CH_2\text{-}SO_3^-$

  Kopplungen an Taurin dienen der Verbesserung der Ausscheidungsfähigkeit der verschiedensten Verbindungen (Taurocholsäure, S. 609).
- Cystein kann zu ***Mercaptopyruvat*** transaminiert werden, wonach die Mercaptogruppe über mehrere Reaktionsschritte zu Sulfat oxidiert werden kann.

···> Einzelheiten des Sulfatstoffwechsels s. ausführliche Lehrbücher der Biochemie

Ein Teil des beim Cysteinabbau entstehenden Sulfats wird im Urin ausgeschieden. Daneben kann Sulfat nach Aktivierung zum ***Phosphoadenosylphosphosulfat*** (PAPS, Abb. 9.20) für Sulfatierungsreaktionen verwendet werden. Zu ihnen gehören

- die Sulfatierung körpereigener und körperfremder Substanzen, die damit ausscheidungsfähig gemacht werden (Östrogensulfate) (S. 627),
- die Biosynthese sulfatierter Verbindungen, beispielsweise der Glycosaminoglycane (S. 670) sowie der sulfatierten Cerebroside (S. 197).

$$\text{Sulfat} + 2\,\text{ATP} \longrightarrow \text{PAPS} + \text{ADP} + 2\,\text{P}_i$$

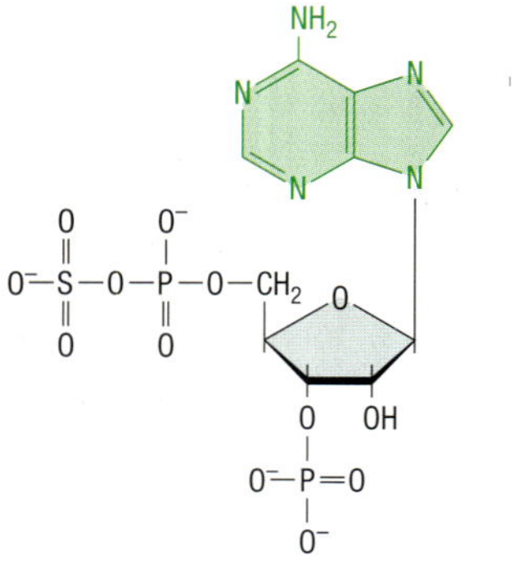

Abb. 9.20 3′-Phosphoadenosin-5′-Phosphosulfat

!

WICHTIG

Entsprechend ihrer verschiedenen chemischen Struktur verläuft der Abbau der einzelnen Aminosäuren sehr unterschiedlich. Ein Prinzip ist, daß die Abbaureaktionen durch Transaminierung von Aminosäuren eingeleitet und die dabei entstehenden α-Ketosäuren durch oxidative Decarboxylierung in die entsprechenden Coenzym A-Derivate umgewandelt werden. Die Endprodukte des Aminosäureabbaus sind entweder Acetacetat bzw. Acetyl-CoA oder Zwischenprodukte des Citratcyclus bzw. Pyruvat. Aminosäuren, deren Abbau Acetyl-CoA oder Acetacetat liefert, werden als ketogen, die anderen Aminosäuren als glucogen bezeichnet, da sie Substrat für die Gluconeogenese liefern.

Viele Aminosäuren liefern nach Pyridoxalphosphat-abhängiger Decarboxylierung die sogenannten biogenen Amine, die als Signalstoffe eine große Bedeutung haben. Die Aminosäuren Phenylalanin bzw. Tyrosin dienen der Biosynthese der Katecholamine und Schilddrüsenhormone, Tryptophan ist zur partiellen Deckung des Nikotinsäurebedarfs des Organismus imstande. Besondere Bedeutung haben die Aminosäuren Methionin und Serin, die Einkohlenstoffreste für eine große Zahl von Biosynthesen zur Verfügung stellen. Aus Methionin bzw. dem eng mit ihm in Beziehung stehenden Cystein stammt schließlich das für Sulfatierungsreaktionen benötigte Sulfat.

9.4 Pathobiochemie

Eine Verminderung der Eliminierung von Ammoniak oder von Aminogruppen von Aminosäuren betrifft häufig die Leber und führt zu Störungen des Gehirnstoffwechsels.

Eine Reihe von Erkrankungen, z. B. Virusinfekte, Alkohol- oder Medikamentenmißbrauch, führen zu einer ***chronischen Leberschädigung***. Dabei werden viele Funktionen der Leber und u. a. auch die Entgiftung von Ammoniak zu Harnstoff eingeschränkt. Dies hat folgende Konsequenzen:

- Es kommt zu erhöhten ***Ammoniak-Konzentrationen*** im Blut.
- Große Mengen des anfallenden Ammoniaks werden durch die ***Muskulatur*** und das ***Gehirn*** extrahiert und fixiert.
- Die Ammoniakfixierung führt zu erhöhten Konzentrationen von ***Glutamat*** und ***Glutamin*** (S. 270), was anhand der erhöhten Glutaminspiegel im Liquor cerebrospinalis nachgewiesen werden kann.
- Dies führt zu verringertem ***α-Ketoglutaratspiegel***, einer Hemmung des ***Citratcyclus*** und damit der ***ATP-Bildung***.
- Die sich daraus ergebende Stoffwechselstörung des Gehirns (Encephalopathie) führt zum Flattertremor der Hände, verwaschener Sprache, Sehstörungen und in schweren Fällen zum Coma und Tod.

Die durch die Leberinsuffizienz ausgelöste Encephalopathie wird weiter dadurch verstärkt, daß wegen der Leberinsuffizienz eine Reihe von potentiell neurotoxischen Substanzen wie ***Phenol-*** und ***Indolkörper*** nicht mehr entgiftet werden kann. Diese Verbindungen wirken möglicherweise deswegen neurotoxisch, da sie strukturelle Ähnlichkeit mit Noradrenalin, einem wichtigen Neurotransmitter, haben.

Genetische Enzymdefekte des Harnstoffcyclus führen im allgemeinen zu erhöhten Blutammoniakkonzentrationen und schweren Störungen des Gehirnstoffwechsels.

Enzymatische Defekte des Harnstoffcyclus können alle am Cyclus beteiligten Enzyme betreffen (Tabelle 9.6). Als homozygote Enzymdefekte kommen sie bei Neugeborenen mit einer Häufigkeit von etwa

Tabelle 9.6 Enzymatische Defekte des Harnstoffcyclus

Defektes Enzym	Bezeichnung der Krankheit
Carbamylphosphatsynthetase I	Kongenitale Ammoniakintoxikation (Hyperammonämie I)
Ornithintranscarbamylase	Hyperammonämie II
Argininosuccinatsynthetase	Citrullinämie
Argininosuccinatlyase	Argininbernsteinsäurekrankheit (Argininosuccinaturie)
Arginase	Hyperargininämie
N-Acetylglutamat Synthase	N-Acetylglutamat-Synthasemangel

1:25000 vor. Eine Heilung der Erkrankungen ist gegenwärtig nur durch Lebertransplantation möglich. Eine Ausnahme macht der ***Argininosuccinalyase-Mangel***. Das sich hier anhäufende Argininosuccinat wird kontinuierlich über die Nieren ausgeschieden und erlaubt so die Ammoniakeliminierung. Allerdings kommt es zu einer schweren Beeinträchtigung der ***Ornithinregeneration*** und damit zum Sistieren der Argininosuccinatbildung. Als Therapie wird Arginin verabreicht, das durch Harnstoffabspaltung in Ornithin umgewandelt wird und darüber hinaus auch als Proteinbaustein verwendet werden kann.

! **Der Stoffwechsel des Kohlenstoffskeletts der Aminosäuren kann auf der Ebene nahezu jedes beteiligten Enzyms betroffen sein.**

Jedes Gen für ein Enzym oder Transportsystem des Aminosäurestoffwechsels kann von Mutationen betroffen sein, so daß eine große Zahl angeborener genetischer Erkankungen des Aminosäurestoffwechsels bekannt sind. Da sie selten sind, wird exemplarisch nur die ***Phenylketonurie*** als häufigste angeborene Erkrankung geschildert. Erworbene Störungen des Aminosäurestoffwechsels treten bei Erkrankungen der Leber, bei Vitaminmangel oder bei Änderungen des endokrinen Systems auf.

! **Die Phenylketonurie wird durch einen Defekt der Phenylalaninhydroxylase ausgelöst.**

Der häufigste Enzymdefekt des Aminosäurestoffwechsels (in der Bundesrepublik Deutschland 1 Erkrankung auf 10.000 Neugeborene, Häufigkeit der nicht erkrankten Heterozygoten 1:50) ist die ***Phenylketonurie***. Ihre Ursache besteht in einer durch Mutationen ausgelösten Aktivitätsminderung oder gar einem Aktivitätsverlust der ***Phenylalaninhy-***

droxylase der Leber. Die Konsequenz ist, daß Phenylalanin nicht in Tyrosin überführt werden kann sondern sich in den verschiedensten Geweben sowie im Blut anhäuft. Der Phenylalaninabbau weicht auf andere Stoffwechselwege aus (Abb. 9.21):

- Phenylalanin wird zu ***Phenylpyruvat*** transaminiert.
- Durch oxidative Decarboxylierung entstehen aus Phenylpyruvat ***Phenylacetat***, durch Reduktion ***Phenyllactat*** sowie durch Kopplung an Glutamin ***Phenylacetylglutamin***.

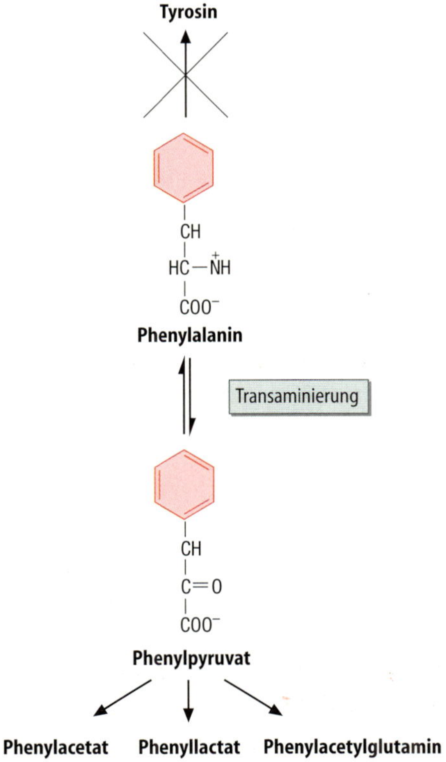

Abb. 9.21 Phenylalaninabbau bei Phenylketonurie. Wegen des Defektes der Phenylalaninhydroxylase wird Phenylalanin zu Phenylpyruvat transaminiert und dieses weiter zu Phenylacetat, Phenyllactat und Phenylacetylglutamin umgesetzt. Diese Abbauprodukte des Phenylalanins sind toxisch

- Die beim fehlerhaften Abbau des Phenylalanins auftretenden Zwischenprodukte sind toxisch und hemmen speziell die ***Myelinbildung*** in den Oligodendrocyten.

Die geschilderten biochemischen Mechanismen beim gestörten Phenylalaninabbau erklären das wichtigste Symptom der ***Phenylketonurie***, nämlich die gestörte geistige Entwicklung der Betroffenen. Die einzig mögliche Therapie der Erkrankung besteht aus der Zufuhr einer phenylalaninarmen Kost, so daß die Konzentrationen der beim Phenylalaninabbau entstehenden toxischen Metabolite möglichst gering bleiben. Eine solche Diät gewährleistet eine normale geistige Entwicklung, vorausgesetzt, daß sie zum frühestmöglichen Zeitpunkt, nämlich kurz nach der Geburt, einsetzt. Aus diesem Grund werden in der Bundesrepublik Deutschland alle Neugeborenen auf Phenylketonurie untersucht.

!

WICHTIG

Störungen des Aminosäurestoffwechsels lassen sich in Störungen des Stoffwechsels der Aminogruppe der Aminosäuren und des Stoffwechsels des C-Skeletts der Aminosäuren einteilen.

Zu den ersteren gehört die durch Leberinsuffizienz ausgelöste Minderung der Ammoniakfixierung als Harnstoff, die vor allem zu einer als Encephalopathie bezeichneten Störung des Gehirnstoffwechsels führt. Ursächlich ist eine Verminderung von α-Ketoglutarat, das durch die Ammoniakfixierung als Glutamat und Glutamin verbraucht wird. Angeborene Störungen sind relativ selten und betreffen Defekte der Enzyme des Harnstoffcyclus. Die Krankheiten gehen immer mit einer Hyperamonämie einher.

Störungen des Stoffwechsels des C-Skeletts der Aminosäuren können wegen der Vielfalt des Aminosäurestoffwechsels in den verschiedensten Formen auftreten. Als genetische Defekte sind sie sehr selten, wobei die Phenylketonurie eine Ausnahme macht. Bei dieser Erkrankung weicht der Abbau der Aminosäure Phenylalanin wegen eines Defektes der Phenylalaninhydroxylase auf alternative Wege aus, wobei neurotoxische Zwischenprodukte entstehen. Erworbene Störungen des Aminosäurestoffwechsels kommen meist bei Lebererkrankungen oder bei Vitamin- und Hormonmangelzuständen vor.

10 Koordinierung des Intermediärstoffwechsels

LERNZIELE
- Stoffwechsel während der Resorptionsphase
- Stoffwechsel während Nahrungskarenz
- Stoffwechsel bei Arbeit

Die in den vorangegangenen Kapiteln geschilderten Reaktionen des Kohlenhydrat-, Lipid- und Proteinstoffwechsels, des Abbaus von Acetyl-CoA im Citratcyclus sowie der ATP-Gewinnung in den Mitochondrien zeigen untereinander vielerlei regulatorische Wechselwirkungen. Dies erklärt sich zum einen aus der Tatsache, daß das Nahrungsangebot an den Organismus außerordentlich variabel ist, und daß zum anderen erhebliche Stoffwechselumstellungen notwendig sind, damit die Energieversorgung der unterschiedlichen Gewebe beim Übergang von Resorptionsphase zur Nahrungskarenz gewährleistet bleibt und damit schließlich der Übergang von Ruhe zu körperlicher Arbeit in rascher und effektiver Weise erfolgen kann.

Auslöser für die der jeweiligen Situation angemessenen Stoffwechselumstellungen sind häufig hormoneller oder nervaler Art. In der einzelnen Zelle haben die durch allosterische Effekte oder covalente Modifikationen ausgelösten Änderungen von Enzymaktivitäten das Ziel, den den jeweiligen Bedürfnissen am besten entsprechenden Stoffwechsel zu realisieren.

Besonders intensiv ist die Beziehung zwischen Kohlenhydrat- und Lipidstoffwechsel. In extrahepatischen Geweben führt ein gesteigertes Fettsäureangebot zur Hemmung der Glycolyse, in der Leber löst es neben der Hemmung der Glycolyse auch eine Stimulierung der Gluconeogenese aus.

Es ist klar, daß nahezu jede Erkrankung zu einer Störung der Stoffwechselkoordination führen muß. Diese Störungen werden in den jeweiligen Kapiteln besprochen.

Die in den Kapiteln 5–9 beschriebenen Reaktionen und Stoffwechselwege dienen prinzipiell dazu,

- die während der ***Resorption*** von Nahrungsstoffen in gesteigertem Umfang aufgenommenen Kohlenhydrate, Lipide und Aminosäuren so im Organismus zu verteilen, daß sie in einer für den späteren Verbrauch geeigneten Form zur Verfügung stehen,
- bei ***Nahrungskarenz*** die gespeicherten Verbindungen so zu mobilisieren, daß eine ausreichende und adäquate Versorgung der verschiedenen Gewebe gewährleistet ist, und
- beim Übergang von Ruhe in den ***Arbeitsstoffwechsel*** diejenigen gespeicherten Verbindungen zu mobilisieren, deren Abbau am ehesten den gesteigerten Energiebedarf des Organismus zu dekken imstande ist.

10.1 Stoffwechsel während der Resorptionsphase

Als ***Resorptionsphase*** bezeichnet man die Phase im Stoffwechsel, während der die mit einer vorangegangenen Mahlzeit aufgenommenen Nahrungsstoffe resorbiert werden. Unter diesen Umständen kommt es zu einer Zufuhr von Kohlenhydraten, Lipiden und Aminosäuren, die weit über die zur Deckung des Energiebedarfs des Organismus benötigten Mengen hinausgeht. Das Problem ist dabei, daß diese Verbindungen in einer Form gespeichert werden müssen, die deren rasche Verfügbarkeit in der späteren ***Postresorptionsphase*** gewährleistet.

! **Die Leber ist während der Resorptionsphase das wichtigste Organ für die Speicherung von Monosacchariden und Aminosäuren.**

Während der Resorptionsphase enthält das Pfortaderblut in Abhängigkeit vom Kohlenhydratgehalt der jeweiligen Nahrungsstoffe erhebliche Mengen an ***Glucose***, daneben aber auch ***Fructose*** und ***Galactose***. Der Kohlenhydratstoffwechsel der Leber unter diesen Bedingungen ist durch folgende Gegebenheiten gekennzeichnet:

- Der ***Glucosespiegel*** im Pfortaderblut kann nach kohlenhydratreichen Mahlzeiten bis auf das Fünffache der normalen Blutglucosekonzentration ansteigen.
- Eine Hauptfunktion der Leber in der Resorptionsphase ist die Speicherung der aufgenommenen Monosaccharide in Form von

Glycogen, wobei Galactose und Fructose durch die auf S. 131, 135 geschilderten Reaktionen in Glucose umgewandelt oder in den Stoffwechsel eingeschleust werden.

- Nur ein kleiner Teil der resorbierten Glucose verläßt die Leber wieder, was das leichte Ansteigen der Blutglucosekonzentration nach kohlenhydratreichen Mahlzeiten verständlich macht.

Aminosäuren, die nach Verdauung und Resorption von Proteinen in die Pfortader gelangen, werden in der Leber durch ***Desaminierung*** und ***Transaminierung*** sowohl in Ketosäuren als auch in andere nicht-essentielle Aminosäuren umgewandelt und stehen dann der Proteinbiosynthese zur Verfügung.

Die Leber hat eine besonders hohe Kapazität zur Biosynthese der verschiedensten Proteine. Sie synthetisiert u. a. einen großen Teil der im ***Blutplasma*** vorkommenden Proteine mit den unterschiedlichsten Funktionen, darunter u. a.:

- Serumalbumin,
- Hormone und Prohormone (Angiotensinogen, IGF-I u. a.),
- die Blutgerinnungsfaktoren I, II, V, VII, VIII, IX, X, XI, XII,
- die Komponenten des Komplementsystems,
- die Proteinaseinhibitoren α_1-Antitrypsin, α_1-Antichymotrypsin und α_2-Makroglobulin,
- die an der Fibrinolyse beteiligten Proteine Antithrombin III und Plasminogen,
- Transportproteine wie Transcortin und Transferrin und
- Apolipoproteine.

Die während der Resorptionsphase nicht in der Leber für die Proteinbiosynthese benötigten Aminosäuren werden von der Leber abgegeben und stehen der Proteinbiosynthese in extrahepatischen Geweben zur Verfügung.

Resorbierte Lipide gelangen als Chylomikronen über die Lymphbahnen in den Kreislauf.

Die Verteilung der resorbierten ***Lipide*** im Organismus unterscheidet sich grundsätzlich von derjenigen der Monosaccharide bzw. Aminosäuren. Während der Resorption werden Lipide in den Epithelzellen des Intestinaltraktes mit Hilfe des für diese Zellen typischen Apolipoproteins B_{48} in Form von ***Chylomikronen*** verpackt und in die extrazelluläre Flüssigkeit sezerniert. Von dort gelangen sie in die intestinalen Lymphgänge und schließlich über den Ductus Thoracicus in den venösen Kreislauf. Der Stoffwechsel der Chylomikronen läuft anschließend folgendermaßen ab:

- Durch die v.a. auf den Endothelzellen der meisten Gewebe lokalisierte ***Lipoproteinlipase*** wird der Triacylglycerinanteil der Chylomikronen weitgehend zu Fettsäuren und Glycerin abgebaut. Diese werden dann von den entsprechenden Geweben aufgenommen und metabolisiert bzw. als Triacylglycerin gespeichert.
- Die dabei entstehenden Abbauprodukte, die sogenannten ***Remnants***, werden von Hepatocyten aufgenommen..
- Die Lipide der Remnants (Cholesterin, Phospholipide, fettlösliche Vitamine u.a.), werden in den Hepatocyten ab- und umgebaut oder gespeichert. Sie dienen u.a. der Synthese von ***VLDL***, die von den Hepatocyten in die Blutbahn sezerniert und damit noch einmal den peripheren Organen angeboten werden. Der Abbau der VLDL durch die Lipoproteinlipase führt schließlich zur Lipidfraktion der ***LDL***.

!

WICHTIG

Die Resorptionsphase ist dadurch gekennzeichnet, daß dem Organismus durch Resorption aus dem Intestinaltrakt mehr Substrate angeboten werden als zur Deckung des Energiebedarfs notwendig sind. Monosaccharide und Aminosäuren gelangen über die Pfortader zur Leber. Dank ihrer spezifischen enzymatischen Ausstattung ist die Leber imstande, den größten Teil der Monosaccharide als Glycogen zu speichern und die Aminosäuren für die Biosynthese der vielen von der Leber hergestellten Proteine zu benutzen. Nur ein relativ geringer Teil der beiden aufgenommenen Nahrungsstoffe verläßt die Leber und steht den anderen Geweben des Organismus zur Verfügung.

Resorbierte Lipide werden in den Epithelzellen des Intestinaltraktes in Chylomikronen verpackt und über die Lymphe in den venösen Teil des Kreislaufsystems gegeben. Durch die auf Endothelien lokalisierte Lipoproteinlipase werden die in Chylomikronen transportierten Triacylglycerine gespalten und die Spaltprodukte, Fettsäuren und Glycerin, von den extrahepatischen Geweben aufgenommen. Die dabei entstehenden Überbleibsel, die Remnants, werden von der Leber aufgenommen und verarbeitet.

10.2 Stoffwechsel während Nahrungskarenz

!

Der normalgewichtige menschliche Organismus speichert Substrate mit einem Brennwert von etwa 700 000 kJ.

Während der Resorptionsphase wird Energie in beträchtlicher Menge in Form von ***Triacylglycerinen, Glycogen*** und ***Proteinen*** gespeichert (Tabelle 10.1). Rein rechnerisch wird hierdurch das Überleben auch ohne kontinuierliche Nahrungszufuhr für einige Wochen gewährleistet. Allerdings sind die verschiedenen Gewebe des Organismus in unterschiedlichem Umfang zur Ausnützung von Kohlenhydraten, Fetten bzw. Proteinen für die Deckung ihres Energiebedarfs ausgestattet:

- ***Erythrocyten*** und die Zellen des ***Nierenmarks*** verfügen nicht über die enzymatische Ausstattung zur Oxidation von Fettsäuren. Sie sind auf Energiegewinnung durch Glycolyse angewiesen.
- ***Nervengewebe*** deckt unter normalen Umständen seinen Energiebedarf ausschließlich durch Oxidation von Glucose. Allerdings gewinnt es nach lang dauernden Hungerperioden die Fähigkeit zur Energiegewinnung aus Ketonkörpern.
- Die anderen Gewebe des Organismus sind imstande, alternativ Kohlenhydrate, Lipide oder Proteine zur Deckung ihres Energiebedarfs zu benutzen.

Die nach 24-stündiger Nahrungskarenz im menschlichen Organismus gefundenen Substratflüsse sind in Abb. 10.1 zusammengestellt:

Tabelle 10.1 Substratspeicherung bei normalgewichtigen und fettsüchtigen Menschen. (Nach Cahill. Aus Löffler G., Petrides P., Physiologische Chemie, 4. Auflage. Berlin, Heidelberg, New York: Springer 1988)

	Normalgewichtig		Fettsüchtig	
	Menge g	Brennwert kJ	Menge g	Brennwert kJ
Triacylglycerine (Fettgewebe)	15 000	590 000	bis 80 000 und mehr	3 160 000
Glykogen (Muskel, Leber)	400	7 000	400	7 000
Protein (Muskel)	6 000	101 000	8 000	134 000

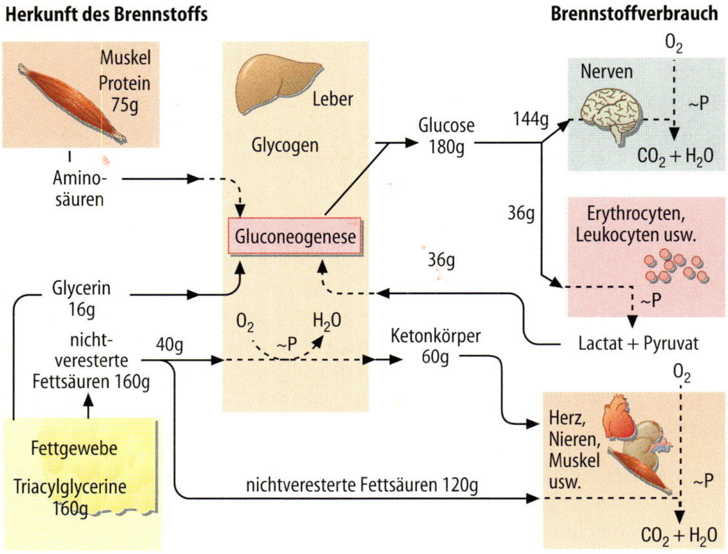

Abb. 10.1 Herkunft, Umwandlung und Verbrauch von Brennstoffen, bezogen auf einen Energieumsatz von 7560 kJ (1800 kcal/24 h beim fastenden, gesunden Menschen)

- Das Fettgewebe liefert ***160 g Triacylglycerine/24 h.*** Diese werden zu drei Vierteln in den extrahepatischen Geweben zu CO_2 und H_2O abgebaut, das letzte Viertel gelangt in die Leber. Damit sind Triacylglycerine unter diesen Umständen die wichtigste Energiequelle.
- Von der ***Leber*** nicht zur Deckung ihres Energiebedarfs benötigte Fettsäuren werden dort in ***Ketonkörper*** umgewandelt, von der Leber an das Blut abgegeben und ebenfalls von extrahepatischen Geweben oxidiert.
- Da auf diese Weise auch Ketonkörper aus den Triacylglycerinen des Fettgewebes stammen, liefert der Abbau von Triacylglycerinen nach 24-stündiger Nahrungskarenz ***83 %*** des Energieumsatzes.
- Für die auf ***Glucosezufuhr*** (s. o.) angewiesenen Gewebe werden bei Nahrungskarenz von der Leber ***180 g Glucose/24 h*** abgegeben.
- Diese Glucoseproduktion entsteht in der Leber durch Glycogenolyse und Gluconeogenese. Hierfür werden 75 g Muskelprotein/24 Stunden benötigt.

Bei länger dauerndem Hungerzustand gewinnt das Nervensystem die Fähigkeit zur ***Ketonkörperoxidation.*** Damit verringert sich der Glucosebedarf des Nervensystems auf etwa 40 g/24 Stunden, was zu einer deutlichen Reduktion des für die Gluconeogenese benötigten Aminosäurebedarfs führt.

Aus diesen Daten wird klar, daß bei Nahrungskarenz der Energiebedarf aus folgenden Quellen gedeckt wird:

- Triacylglycerine des Fettgewebes,
- Glycogen der Leber und
- Protein der Muskulatur.

Ein kompliziertes System der Wechselwirkungen zwischen Fett-, Kohlenhydrat- und Proteinstoffwechsel sorgt dafür, daß die Mobilisierung der entsprechenden Substrate genau dem Bedarf der verschiedenen Organe und Gewebe des Organismus entspricht. Die notwendige Regulation erfolgt sowohl auf der Ebene der ***intrazellulären Wechselwirkungen*** zwischen einzelnen Stoffwechselwegen als auch durch die verschiedenen den Hungerstoffwechsel regulierenden ***Hormone,*** was im Folgenden besprochen werden soll.

! **Nahrungskarenz führt zu gesteigerter β-Oxidation der Fettsäuren und Ketogenese.**

Für die Umschaltung des Stoffwechsels auf Lipolyse und Ketogenese während der Nahrungskarenz sind folgende Faktoren verantwortlich:

- Durch das im Hungerstoffwechsel erfolgende leichte Absinken der Blutglucosekonzentration kommt es zu einer Abnahme der ***Insulinsekretion*** mit einem Überwiegen der Insulinantagonisten ***Adrenalin, Noradrenalin, Glucagon*** (S. 483–487).
- Dies führt am Fettgewebe zu einer Zunahme der ***Lipolyse*** und der Abgabe nicht veresterter Fettsäuren und Glycerin an das Blut.
- In allen Geweben ist die Geschwindigkeit der ***Fettsäureaufnahme*** ihrer Konzentration im Plasma proportional, d. h. Fettsäuren werden entsprechend ihrer Plasmakonzentration metabolisiert.
- In der ***Skelettmuskulatur***, dem ***Herzmuskel***, den ***Nieren*** und vielen anderen extrahepatischen Geweben werden die aufgenommenen Fettsäuren durch β-Oxidation oxidiert und das dabei entstehende Acetyl-CoA im Citratcyclus zu CO_2 und Wasser umgewandelt. Dadurch kommt es zu einer Konzentrationszunahme von Acetyl-CoA und Citrat (s. u.).
- In der Leber führt die durch gesteigerte Fettsäureaufnahme hervorgerufene Zunahme der β-Oxidation zur weitgehenden Redu-

zierung der wasserstoffübertragenden Coenzyme, die überwiegend als NADH bzw. $FADH_2$ vorliegen. Die hierdurch ausgelöste Verlangsamung des Citratcyclus führt zur Erhöhung der Acetyl-CoA-Konzentration in der Leberzelle, womit das Substrat für die Ketonkörperbiosynthese bereitsteht.

- Bei Nahrungskarenz kann die menschliche Leber ***50–60 g Ketonkörper*** pro 24 Stunden synthetisieren und abgeben.
- Ketonkörper werden in vielen extrahepatischen Geweben zur Deckung des Energiebedarfs benutzt. Das Zentralnervensystem gewinnt allerdings erst nach längerem Hungern die Fähigkeit zur Ketonkörperoxidation, da dann die hierfür benötigten Enzymaktivitäten (S. 170) in vermehrter Aktivität vorliegen.

! **Bei Nahrungskarenz muß Glucose für das Zentralnervensystem, die Erythrocyten und das Nierenmark bereitgestellt werden.**

Aufgrund ihrer spezifischen enzymatischen Ausstattung sind die Zellen des Zentralnervensystems, der Erythrocyten und des Nierenmarks nicht zur Oxidation von Fettsäuren imstande. Von den genannten Geweben kann nur das Zentralnervensystem, allerdings erst nach einer längeren Induktionsphase, Ketonkörper oxidieren. Für die Deckung des aus diesem Grunde entstehenden Glucosebedarfs stehen dem Organismus verschiedene Möglichkeiten zur Verfügung.

Die ***Glycogenvorräte*** in Leber und Muskulatur betragen maximal 400 g. Zur Aufrechterhaltung der Blutglucosekonzentration ist allerdings nur das Leberglycogen brauchbar, da nur die Leber ausreichende Aktivitäten des Enzyms ***Glucose-6-Phosphatase*** enthält, das Glucose-6-Phosphat in Glucose umwandelt. Da Hungerphasen von Tagen bis Wochen toleriert werden können, ist klar, daß die Glycogenolyse nur einen geringen Beitrag zur Aufrechterhaltung einer normalen Blutglucosekonzentration leisten kann.

Von wesentlich größerer Bedeutung ist die ***Gluconeogenese***. Substrate dieses Stoffwechselweges (S. 114) sind

- von den verschiedensten Geweben abgegebenes ***Lactat***. Es stammt u. a. aus der Glycogenolyse und der Glycolyse von Muskelzellen.
- vom Fettgewebe freigesetztes ***Glycerin***, nach 24-stündigem Hunger sind dies immerhin 16 g,
- von der Skelettmuskulatur freigesetzte ***Aminosäuren***. Ihre Menge entspricht bei kurzfristigem Hunger dem Abbau von etwa 75 g Muskelprotein pro 24 Stunden.

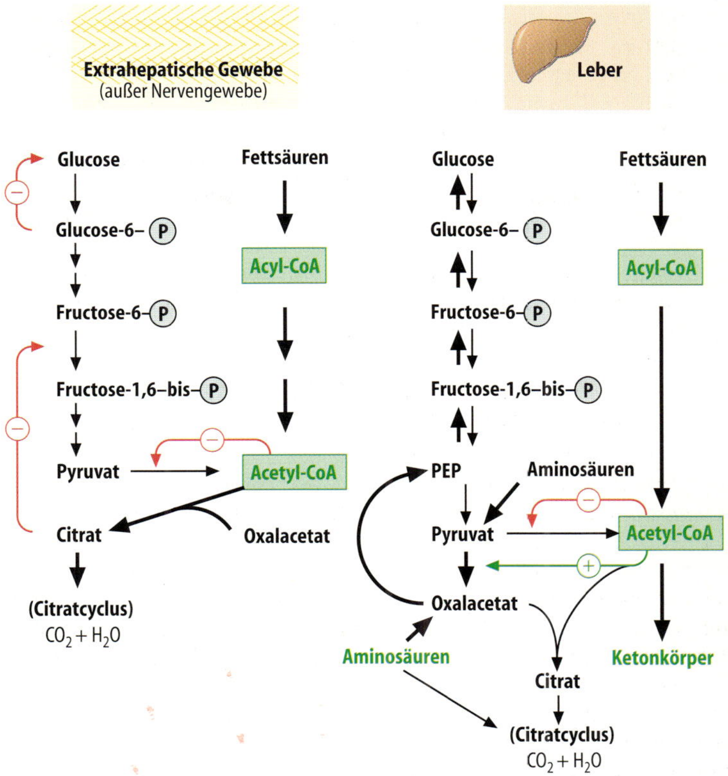

Abb. 10.2 Wechselbeziehungen zwischen Kohlenhydrat und Fettstoffwechsel in extrahepatischen Geweben und der Leber. (Einzelheiten über die Reaktionsmechanismen s. Text)

Die in Abb. 10.2 gezeigten Mechanismen stellen sicher, daß bei steigendem Fettsäureangebot in den extrahepatischen Geweben und der Leber entsprechend weniger Glucose zur Deckung des Energiebedarfs herangezogen wird, obwohl die Glucosekonzentration im Blut sich nicht wesentlich verringert. Sie beruhen auf folgenden Regulationsvorgängen:

- In extrahepatischen Geweben außer dem Nervengewebe hemmen die durch die gesteigerte β-Oxidation der Fettsäuren in höheren Konzentration vorliegenden Verbindungen ***Acetyl-CoA*** die ***Pyru-***

vatdehydrogenase und ***Citrat*** die ***Phosphofructokinase***. Das sich dadurch anstauende ***Glucose-6-phosphat*** hemmt die ***Hexokinase.***

- In der Leber kommt es durch die gesteigerte β-Oxidation zu einem Konzentrationsanstieg von ***Acetyl-CoA***. Dieses hemmt die ***Pyruvatdehydrogenase*** und aktiviert die ***Pyruvatcarboxylase.*** Dadurch wird der Substratfluß in die Gluconeogenese stimuliert.
- Durch das Überwiegen der Insulin-antagonistischen Hormone kommt es zu einem Absinken der Konzentration von ***Fructose-2,6-bisphosphat*** in den Hepatocyten. Dies führt zu einer allosterischen Inaktivierung der ***Phosphofructokinase*** und Aktivierung der ***Fructose-1,6-bisphosphatase*** und damit der Gluconeogenese.

! **Der Substratbedarf für die Gluconeogenese wird durch gesteigerten Proteinabbau bereitgestellt.**

Wichtige Substrate für die Gluconeogenese sind die aus der Proteolyse im wesentlichen des Muskelproteins entstehenden ***glucogenen Aminosäuren*** (S. 279). Über die genaue Regulation der Proteolyse, die zunächst die am leichtesten entbehrlichen Proteine betrifft, ist noch relativ wenig bekannt. Von besonderer Bedeutung für die Proteolyse der Muskulatur und anderer extrahepatischer Gewebe und die Gluconeogenese sind die sogenannten ***Glucocorticoide***. Es handelt sich um in der Nebennierenrinde synthetisierte Steroidhormone, deren Hauptvertreter das ***Cortisol*** ist:

- Cortisol führt über noch unbekannte Mechanismen in extrahepatischen Geweben, vor allem der Skelettmuskulatur sowie dem lymphatischen Gewebe, zur ***Proteolyse***. Die dabei freigesetzten Aminosäuren werden überwiegend ins Blut abgegeben und zur Leber transportiert.
- In der Leber induzieren Glucocorticoide die Biosynthese der Schlüsselenzyme des Aminosäurestoffwechsels sowie der Gluconeogenese. Es handelt sich vor allem um ***Aminotransferasen*** sowie die ***Pyruvatcarboxylase, Phosphoenolpyruvat-Carboxykinase, Fructose-1,6-Bisphosphatase*** sowie ***Glucose-6-Phosphatase.***
- Während der Nahrungskarenz findet sich eine Erhöhung der Konzentration nahezu sämtlicher Aminosäuren im Blut. Die Aminosäuren ***Alanin*** und ***Glutamin*** steigen jedoch viel mehr an als nach ihrer relativen Häufigkeit in den Proteinen zu erwarten wäre. Beide Aminosäuren dienen als Transporteure von Aminogruppen, die während des Aminosäureabbaus in der Muskelzelle selbst entstehen (S. 274).

!

WICHTIG
Bei Nahrungskarenz muß der Stoffwechsel der meisten Gewebe auf β-Oxidation der Fettsäuren umgestellt werden. Diese stammen überwiegend aus dem Fettgewebe, in welchem unter dem Einfluß insulinantagonistischer Hormone durch cAMP-abhängige Aktivierung der Triacylglycerinlipase Triacylglycerine zu Fettsäuren und Glycerin gespalten werden. Beide Verbindungen verlassen das Fettgewebe und werden im Fall des Glycerins an die Leber, im Fall der Fettsäure an alle Gewebe transportiert, die zur β-Oxidation der Fettsäuren imstande sind. In extrahepatischen Geweben dient die β-Oxidation der Deckung des Energiebedarfs, in der Leber werden darüber hinaus aus aufgenommenen Fettsäuren Ketonkörper synthetisiert und diese erneut an die Zirkulation zum Verbrauch in extrahepatischen Geweben abgegeben.

Nervengewebe, Erythrocyten und Zellen des Nierenmarks sind auf Glucose als Substrat zur Deckung des Energiebedarfs angewiesen. Für die Bereitstellung dieser Glucose dient das v.a. in der Leber gespeicherte Glycogen. Da dessen Vorrat jedoch limitiert ist, gewinnt die Gluconeogenese besondere Bedeutung. Substrate für diesen Stoffwechselweg sind das beim Glucosestoffwechsel extrahepatischer Gewebe anfallende Lactat, bei der Lipolyse entstehendes Glycerin sowie bei der Proteolyse entstehende glucogene Aminosäuren. Für ihre Bereitstellung sind die in der Nebennierenrinde synthetisierten Glucocorticoide, besonders das Cortisol, notwendig.

10.3 Stoffwechsel bei Arbeit

Ähnlich wie der Übergang von der Resorptionsphase zur Nahrungskarenz fordert auch der Übergang von der Ruhe zur ***Arbeit*** erhebliche Stoffwechselumstellungen. Meist ist unter Arbeitsbedingungen eine gleichzeitige Nahrungsaufnahme nicht oder nur in beschränktem Umfang möglich, außerdem müssen erheblich größere Energiebeträge für die Deckung des Energiebedarfs, vor allem der Muskulatur, bereitgestellt werden. Beim Übergang von der Ruhe zur Arbeit laufen infolgedessen folgende Stoffwechselreaktionen ab:

- Zu Beginn der Arbeitsleistung sind die den gesteigerten ATP-Verbrauch deckenden aeroben Vorgänge wegen der fehlenden Kreislaufumstellung noch nicht wirksam. Der gesteigerte ATP-

Verbrauch wird deswegen durch ***anaerobe Energiereserven*** überbrückt. Zunächst kommt es zur Abnahme der Creatinphosphatkonzentration (S. 656), anschließend wird Energie durch anaeroben Abbau der Glucose bereitgestellt, wobei die Blutlactatkonzentration erheblich ansteigen kann.

- Etwa eine Minute nach Beginn der Arbeit hat die Sauerstoffzufuhr infolge der Umstellung des respiratorischen Systems und des Kreislaufs einen Wert erreicht, der den oxidativen Abbau der im Blut vorhandenen Substrate erlaubt. Primär kommt es zum oxidativen Abbau der ***Glucose*** zu CO_2 und Wasser, bei längerer Arbeit wird ein zunehmender Betrag der benötigten Energie durch β-Oxidation der ***Fettsäuren*** bereitgestellt.
- Während der Arbeit kommt es zu einer vermehrten Ausschüttung von ***Adrenalin*** aus dem Nebennierenmark ins Blut. Dies führt zur Mobilisierung der Glycogen- und Fettreserven (S. 484). Außerdem läßt sich eine gesteigerte Cortisolsekretion nachweisen, über deren Bedeutung für die Arbeit aber wenig bekannt ist.

!

WICHTIG

Beim Übergang von der Ruhe zur Arbeit ist die Umstellung des Stoffwechsels auf erhöhten Substratverbrauch zur Gewinnung der vermehrt benötigten Energie wichtig. Bis sich Respiration und Kreislauf durch erhöhte Sauerstoffaufnahme an die Arbeitsleistung angepaßt haben, erfolgt die Energiegewinnung anaerob aus Creatinphosphat bzw. durch anaerobe Glycolyse. Erst dann werden vor allem Glucose und später Fettsäuren oxidativ abgebaut. Glucose wird dabei vornehmlich durch Glycogenolyse bereitgestellt, Fettsäuren durch Lipolyse aus dem Fettgewebe. Hierfür ist das bei Arbeit vermehrt ausgeschüttete Adrenalin von großer Wichtigkeit, da es sowohl für Glycogenolyse als auch für Lipolyse verantwortlich ist.

11 Purin- und Pyrimidinstoffwechsel

LERNZIELE
- Struktur von Purin- und Pyrimidinnucleotiden
- Biosynthese von Purin- und Pyrimidinnucleotiden
- Wiederverwertung von Purinen und Pyrimidinen
- Abbau von Nucleotiden
- Pathobiochemie

Purine und Pyrimidine sind biochemisch besonders interessante Moleküle, da sie als Bausteine von Coenzymen wichtige Aufgaben haben und außerdem als Polynucleotide die Funktion der Informationsspeicherung und Weitergabe in biologischen Systemen übernommen haben.

Die Biosynthese der Purin- und Pyrimidinbasen geht von sehr einfachen Bausteinen aus, wobei häufig die Form der reaktionsfreudigeren Nucleotide als Zwischenprodukt benutzt wird. Der Organismus ist nicht nur zur de novo-Biosynthese von Purinen und Pyrimidinen imstande, sondern kann auch mit der Nahrung angebotene bzw. im Stoffwechsel anfallende Purine und Pyrimidine wieder verwerten.

Der Abbau der Purinbasen führt zur schwer wasserlöslichen Harnsäure, die bei Überschreitung der normalen Plasmakonzentration in den Geweben ausfällt und die Gicht auslöst. Pyrimidinbasen können dagegen vollständig abgebaut werden

11.1 Nucleoside und Nucleotide

Purine und Pyrimidine sind Bauteile von Nucleosiden und Nucleotiden.

Abbildung 11.1 stellt den allgemeinen Aufbau von ***Nucleosiden*** und ***Nucleotiden*** dar. Sie bestehen aus

- der heterocyclischen ***Purin***- bzw. ***Pyrimidinbase***,
- der über eine N-glykosidische Bindung mit der Base verbundenen ***Ribose*** bzw. ***Desoxyribose*** sowie
- im Fall der Nucleotide einer ***Phosphorsäuregruppe***, die über eine Esterbindung im allgemeinen mit dem C-Atom 5 der Ribose bzw. Desoxyribose verknüpft ist.

Die in Nucleosiden und Nucleotiden vorkommenden Basen leiten sich vom Purin bzw. Pyrimidin ab.

In Abb. 11.2 sind die Strukturen des Purins bzw. Pyrimidins mit den zugehörigen Numerierungen dargestellt, außerdem die von Purin bzw. Pyrimidin abgeleiteten in Nucleosiden und Nucleotiden vorkommenden Basen.

Oxypurine und Oxypyrimidine zeigen das Phänomen der ***Keto-Enol-Tautomerie*** (Abb. 11.3). Das Gleichgewicht liegt dabei stark auf der Seite der Ketoform. Für die korrekte Informationsübertragung (S. 334) muß die Ketoform vorliegen, da durch die Enolform Fehlablesungen zustande kommen können.

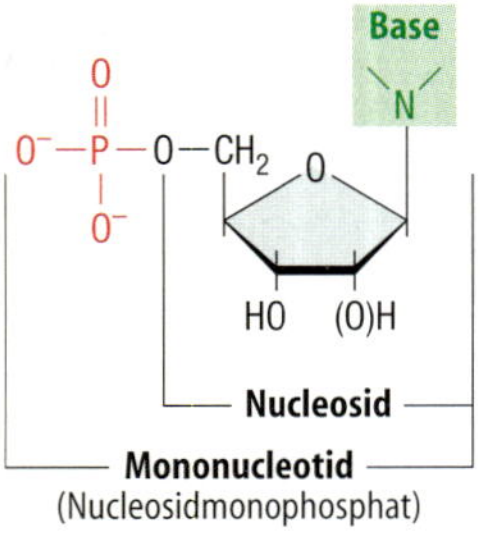

Abb. 11.1 Aufbau von Nucleosiden und Nucleotiden

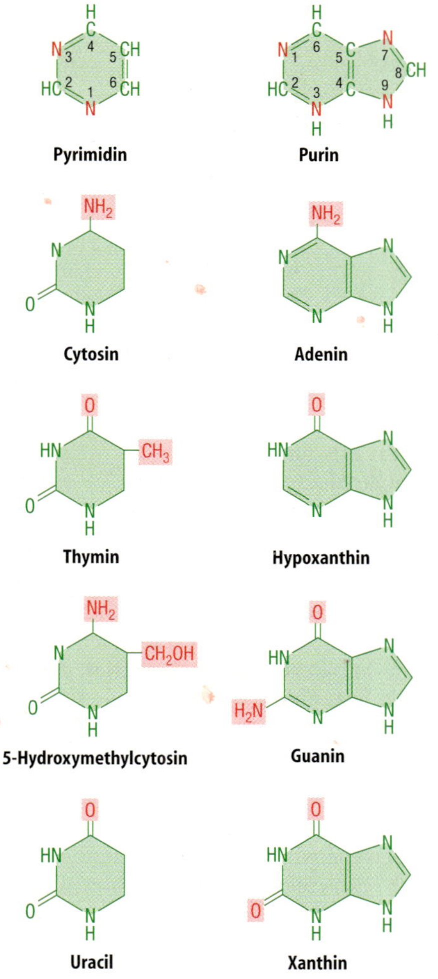

◄

Abb. 11.2 Strukturen von Pyrimidin und Purin sowie den von ihnen abgeleiteten in Nucleosiden und Nucleotiden vorkommenden Pyrimidin- und Purinbasen

Abb. 11.3 Keto-Enol-Tautomerie von Thymin als Beispiel für die Keto-Enol-Tautomerie von Oxypurinen und Oxypyrimidinen

▼

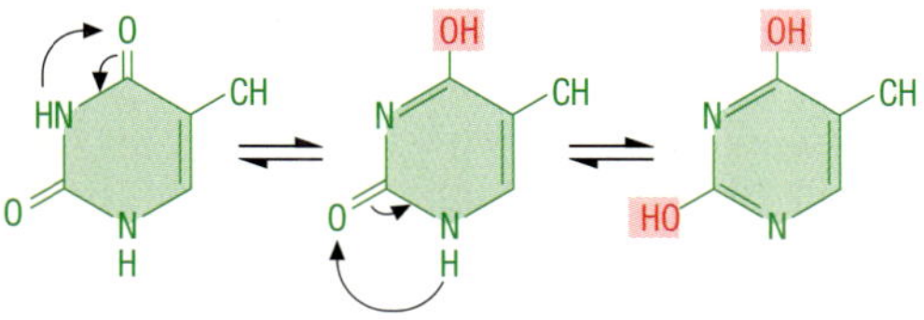

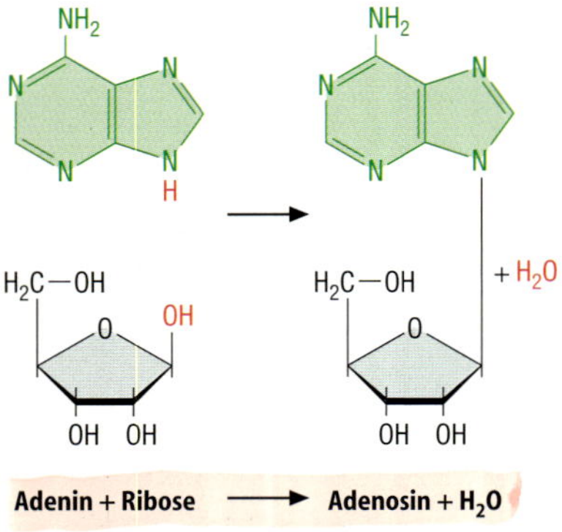

Abb. 11.4 Bildung der für Nucleoside typischen glycosidischen Bindung zwischen der Base und der Pentose, dargestellt am formalen Mechanismus der Bildung von Adenosin durch Wasserabspaltung zwischen Adenin und Ribose

Nucleoside bestehen aus einer Base, die durch eine N-glykosidische Bindung mit einer Pentose verknüpft ist.

Zwischen dem halbacetalischen C-Atom 1' einer Pentose[1] (Ribose bzw. Desoxyribose) sowie einer NH-Gruppe einer Base liegt die für ***Nucleoside*** typische N-glycosidische CN-Bindung (Abb. 11.4). Bei Pyrimidinnucleosiden erfolgt die Verknüpfung im allgemeinen über das N-Atom 1 des Pyrimidinkerns, bei Purinnucleosiden über das N-Atom 9 des Purinkerns. Über die Benennung der Nucleoside s. Tabelle 11.1.

Nucleoside haben unterschiedliche Funktionen:

- Zu den Nucleosiden gehört das „aktive Methionin", das ***S-Adenosyl- Methionin*** (Abb. 9.18)
- Die Durchblutung vieler Gewebe wird von dem Purinnucleosid ***Adenosin*** reguliert, das als extrazelluläres Signalmolekül über spezifische Adenosinrezeptoren wirkt.

Modifizierte Nucleoside werden von vielen Zellen aufgenommen und in die entsprechenden Nucleosidtriphosphate umgewandelt. Diese sind häufig Hemmstoffe der Purin- und Pyrimidinbiosynthese und werden deshalb für die Therapie von Tumor- oder Viruserkrankungen eingesetzt (S. 427).

[1] Um die C-Atome der Pentose von denen der Base unterscheiden zu können, werden die ersteren mit einem Apostroph gekennzeichnet.

Tabelle 11.1 Nomenklatur der Nucleoside

Base	Abkürzung	Pentose	Nucleosid	Abkürzung
Cytosin	Cyt	Ribose Desoxyribose	Cytidin Desoxycytidin	C dC
Thymin	Thy	Ribose Desoxyribose	Thyminribosid Thymidin	– dT
Uracil	Ura	Ribose Desoxyribose	Uridin Desoxyuridin	U dU
Adenin	Ade	Ribose Desoxyribose	Adenosin Desoxyadenosin	A dA
Guanin	Gua	Ribose Desoxyribose	Guanosin Desoxyguanosin	G dG
Hypoxanthin	Hyp	Ribose Desoxyribose	Inosin Desoxyinosin	I dI
Xanthin	Xan	Ribose Desoxyribose	Xanthosin Desoxyxanthosin	X dX

!

Mononucleotide sind 5′- bzw. 3′-Nucleosidmonophosphate.

Durch Veresterung einer Hydroxylgruppe der Pentose eines Nucleosids mit Phosphat entsteht aus einem Nucleosid ein ***Nucleotid*** (Mononucleotid) (Abb. 11.5). Tabelle 11.2 zeigt am Beispiel der Adeninnucleotide die Nomenklatur der Nucleotide, die in analoger Weise auch für die Guanin-, Cytosin-, Uracil- und Thyminnucleotide gilt.

!

Mononucleotide haben vielfältige Funktionen im Stoffwechsel.

Tabelle 11.3 gibt einen Überblick über die vielfältigen Funktionen von Mononucleotiden.

Über die in der Tabelle 11.3 aufgeführten Funktionen hinaus dienen Mononucleotide als Bausteine von ***Nucleinsäuren***. Wegen deren besonderer Bedeutung werden sie gesondert besprochen (S. 333–391).

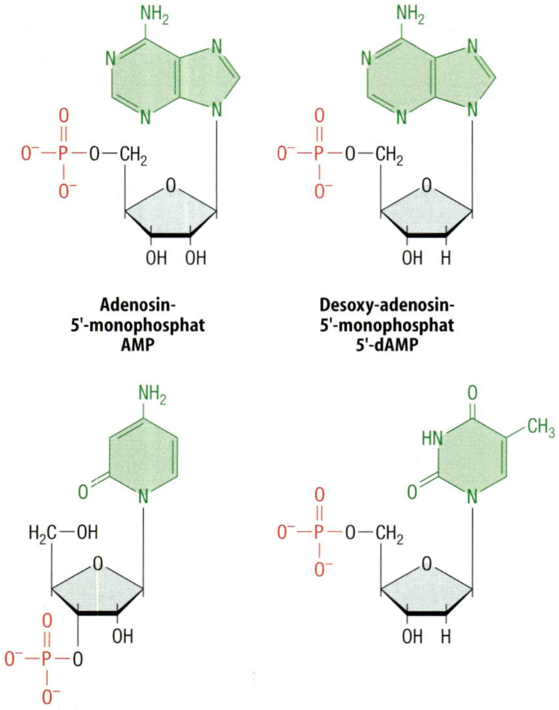

Abb. 11.5 Strukturformeln wichtiger Mononucleotide (Auswahl)

Tabelle 11.2 Nomenklatur der Adeninnucleotide

Nucleosid	Verestertes C-Atom	Nucleotid	Abkürzung
Adenosin	5′	Adenosin-5′-monophosphat	(5′-)AMP
	3′	Adenosin-3′-monophosphat	3′-AMP
Desoxy-adenosin	5′	Desoxyadenosin-5′-monophosphat	5′-dAMP
	3′	Desoxyadenosin-3′-monophosphat	3′-dAMP

Tabelle 11.3 Funktionen von Mononucleotiden (Auswahl)

Funktion	Beispiel	Seite
Energieübertragung	ATP	13
Gruppenübertragung	NAD; FAD	579
	S-Adenosylmethionin	285
	PAPS	289
	UDP-Glucose	133
	CDP-Cholin	192
Signalübertragung	3′,5′-cyclo-AMP	459
	3′,5′-cyclo-GMP	462

!

WICHTIG

Nucleotide sind relativ einfach aufgebaut. Sie enthalten als einzige Bauteile Purin- bzw. Pyrimidinbasen, Ribose bzw. Desoxyribose, sowie Phosphat. Die Basen sind immer durch N-glycosidische Bindungen mit dem C-Atom 1 der Ribose bzw. Desoxyribose verbunden, das Phosphat durch eine Esterbindung mit der Hydroxylgruppe am C-Atom 5 der Ribose bzw. Desoxyribose.

Durch Errichtung von Phosphosäureanhydrid-Bindungen entstehen aus Nucleosidmonophosphaten die entsprechenden Di- und Triphosphate, die zur Übertragung freier Energie benutzt werden. Außerdem haben Mononucleotide vielfältige Funktionen im Stoffwechsel, z. B. als Bausteine gruppenübertragender Coenzyme in Form von Nucleosidderivaten als Bausteine für Biosynthesen und als intrazelluläre Signalmoleküle.

11.2 Biosynthese von Purin- und Pyrimidinnucleotiden

Der Purinkern wird aus Glutamin, Aspartat, Glycin sowie Formiat und HCO_3^- aufgebaut und als Ribonucleotid synthetisiert.

Durch die Einführung radioaktiv markierter Präkursoren beim Studium der Biosynthese komplexer Biomoleküle war ein Werkzeug geschaffen, die Synthese von Purinnucleotiden zu analysieren. Abbildung 11.6 zeigt die Herkunft der Kohlenstoff- und Stickstoffatome

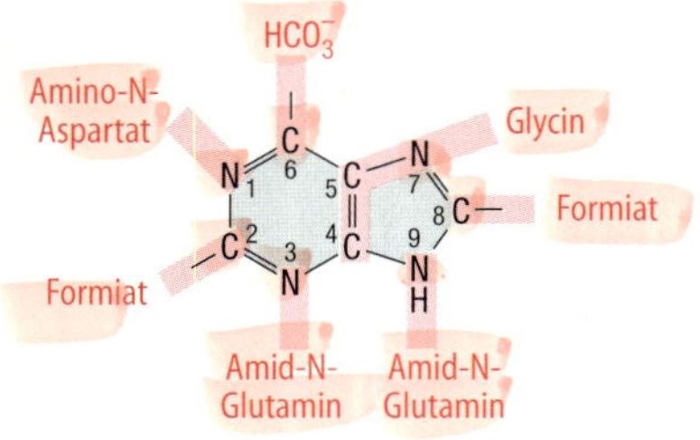

Abb. 11.6 Herkunft der Kohlenstoff- und Stickstoffatome im Purinkern

im Purinkern. Der genaue Mechanismus der Biosynthese wurde allerdings erst verständlich, als gezeigt werden konnte, daß sie von der ersten Reaktion an in Form eines zunächst offenen, später ringförmigen ***Ribonucleotids*** erfolgt. Abbildung 11.7 faßt das Prinzip der Biosynthese des ***Inosinmonophosphats*** (IMP) zusammen, der Verbindung, die allen Purinnucleotiden zugrunde liegt:

- Durch Reaktion von Ribose-5-Phosphat mit ATP entsteht unter Abspaltung von AMP das ***5-Phosphoribosyl-1-Pyrophosphat*** (PRPP). Damit ist die für Nucleotide typische Struktur einer Ribose mit einem am C-Atom 5 veresterten Phosphatmolekül gebildet. Das benötigte Enzym ist die ***Ribosephosphat-Pyrophosphokinase.***
- PRPP reagiert unter Katalyse der ***PRPP-Amidotransferase*** mit Glutamin, wobei unter Abspaltung von Pyrophosphat und Glutamat ***5-Phosphoribosylamin*** entsteht. Der jetzt gebildete Stickstoff entspricht dem N-Atom 9 des späteren Purinkerns.
- In insgesamt 9 Reaktionsschritten werden nun successive die C- und N-Atome des Purinskeletts synthetisiert, so daß schließlich ***Inosinmonophosphat*** (IMP) als Endprodukt der Biosynthesekette entsteht.

···> Über die Einzelreaktionen der Purinbiosynthese s. ausführliche Lehrbücher der Biochemie

IMP ist der Ausgangspunkt für die Biosynthese der anderen Purinnucleotide (Abb. 11.8):

- Zur AMP-Biosynthese reagiert IMP unter GTP-Verbrauch mit Aspartat, so daß ***Adenylosuccinat*** entsteht. Von diesem wird Fumarat abgespalten und ***AMP*** gebildet.
- Für die Bildung von GMP wird IMP zunächst am C-Atom 2 oxidiert. Es entsteht ***Xanthosinmonophosphat***, an dessen C-Atom 2

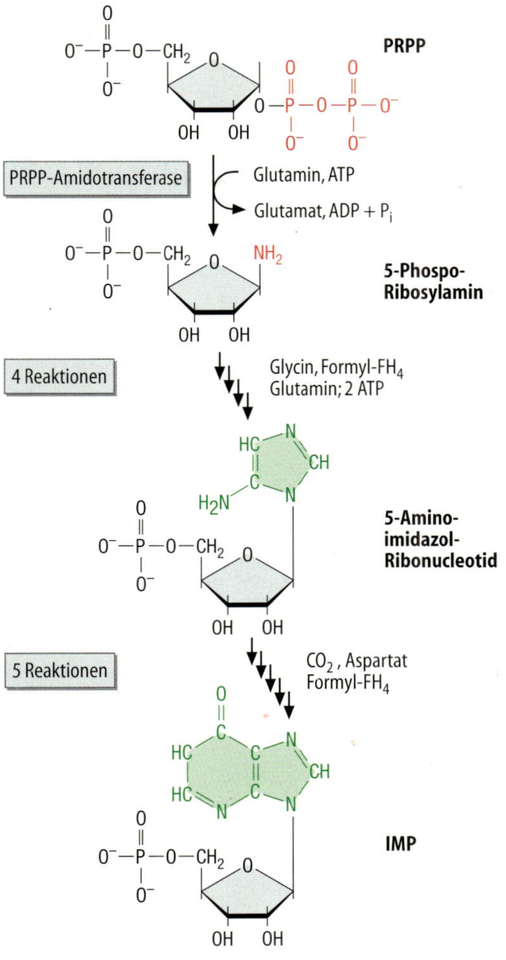

Abb. 11.7 Prinzip der Biosynthese des Inosinmonophosphats

in einer ATP-abhängigen Reaktion unter Bildung von ***GMP*** eine Aminogruppe geheftet wird, wobei der Stickstoff dem Amidstickstoff des Glutamins entstammt.

Für die Überführung von AMP und GMP in die entsprechenden Di- und Triphosphate stehen transphosphorylierende Enzyme, die ***Nu-***

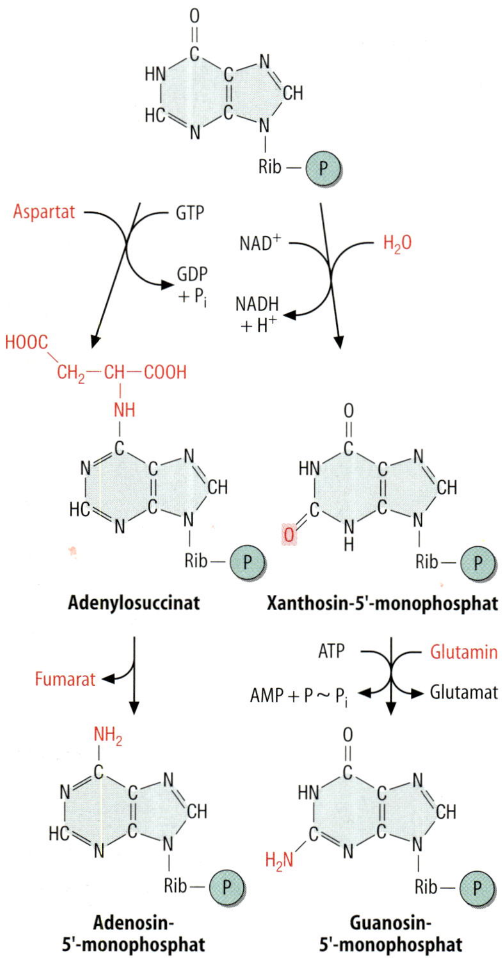

Abb. 11.8 Biosynthesen von AMP und GMP aus IMP

cleosidmonophosphatkinasen bzw. ***Nucleosiddiphosphatkinasen*** (NUMOKI bzw. NUDIKI) zur Verfügung:

$$GMP + ATP \rightleftharpoons GDP + ADP$$

$$GDP + ATP \rightleftharpoons GTP + ADP$$

!

Aspartat und Carbamylphosphat liefern die C- und N-Atome des Pyrimidinkerns.

Die Einzelreaktionen der Pyrimidinbiosynthese sind in Abb. 11.9 zusammengestellt. Sie laufen in folgenden Schritten ab:

- Zunächst wird im Cytosol durch die ***Carbamylphosphatsynthetase II*** Carbamylphosphat gebildet.
- Unter Phosphatabspaltung reagiert Aspartat mit Carbamylphosphat unter Bildung von ***Carbamylaspartat.*** Dieses enthält sämtliche C- und N-Atome des Pyrimidinskeletts. Die Reaktion wird durch die ***Aspartattranscarbamylase*** katalysiert.
- Der Ringschluß zum ***Dihydroorotat*** erfolgt durch Wasserabspaltung und Katalyse des Enzyms ***Dihydroorotase.***
- Dihydroorotat wird unter Bildung von ***Orotat*** durch die ***Dihydroorotase*** oxidiert.
- Erst jetzt erfolgt mit Hilfe der ***Orotat-Phosphoribosyltransferase*** die Reaktion mit PRPP, bei der unter Abspaltung von Pyrophosphat das ***Orotidin-5'-Monophosphat*** (OMP) entsteht.
- Dieses wird durch die ***OMP-Decarboxylase*** decarboxyliert und dabei ***UMP*** gebildet.

Die Biosynthese von Uridin- und Cytidinnucleotiden ist in Abb. 11.10 dargestellt.

!

Die Ribonucleotidreduktase katalysiert die Oxidation des Riboserestes von Ribonucleotiden zum Desoxyriboserest.

Für die Biosynthese von DNA (S. 347) ist die Umwandlung von Ribonucleotiden zu ***Desoxyribonucleotiden*** ein entscheidender Schritt. Das hierfür verantwortliche Enzym ist die ***Ribonucleotidreduktase.*** Die Summengleichung der von diesem Enzym katalysierten Reaktion lautet:

$$\text{Ribonucleosiddiphosphat} + \text{NADPH} + \text{H}^+ \rightarrow$$
$$\text{Desoxyribonucleosiddiphosphat} + \text{NADP}^+ + \text{H}_2\text{O}$$

Die Reaktionsfolge der Ribonucleotidreduktase ist relativ kompliziert, da sie Hilfsreaktionen benötigt (Abb. 11.11):

- Das für die Reduktion der Ribose zur Desoxyribose benötigte Elektronenpaar sowie der Wasserstoff entstammen dem ***NADPH/H***$^+$ und dienen zunächst dazu, FAD zu ***FADH***$_2$ zu reduzieren.

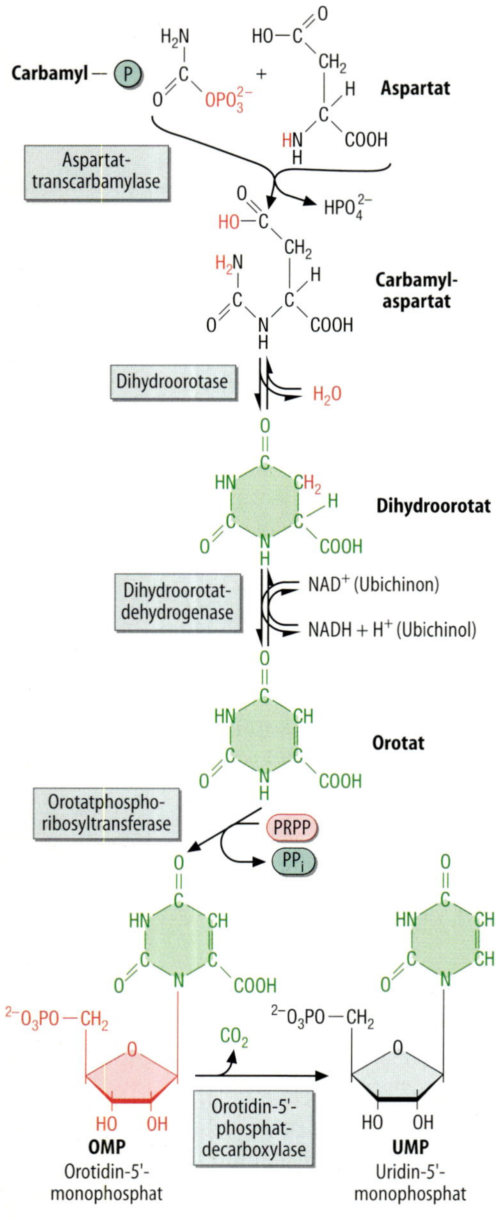

Abb. 11.9 Die Einzelreaktionen der Pyrimidinbiosynthese

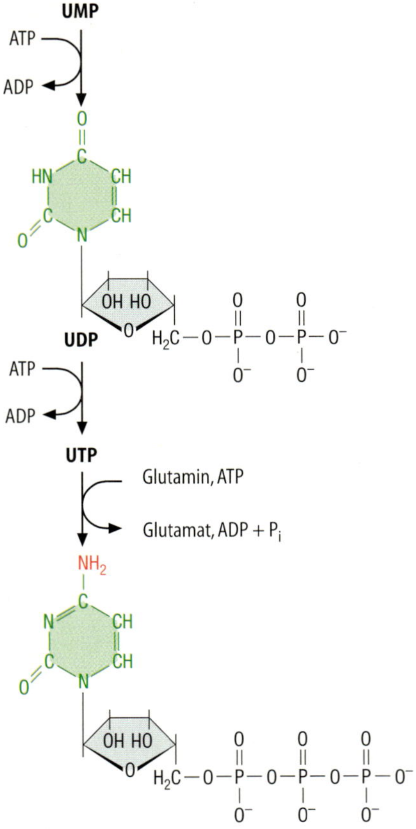

Cytidintriphosphat
(CTP)

Abb. 11.10 Biosynthese von Uridin- und Cytidinnucleotiden

- $FADH_2$ reduziert dann eine Disulfidbrücke in einem als ***Thioredoxin*** bezeichneten Protein.
- Das dabei entstehende Dithiol des Thioredoxins wandelt eine Disulfidbrücke der ***Ribonucleotidreduktase*** in 2 SH-Gruppen (Dithiol) um.
- Die SH-Gruppen der Ribonucleotidreduktase sind das Reduktionsmittel für die Umwandlung von Ribonucleosiddiphosphat in ***Desoxyribonucleosiddiphosphat***.

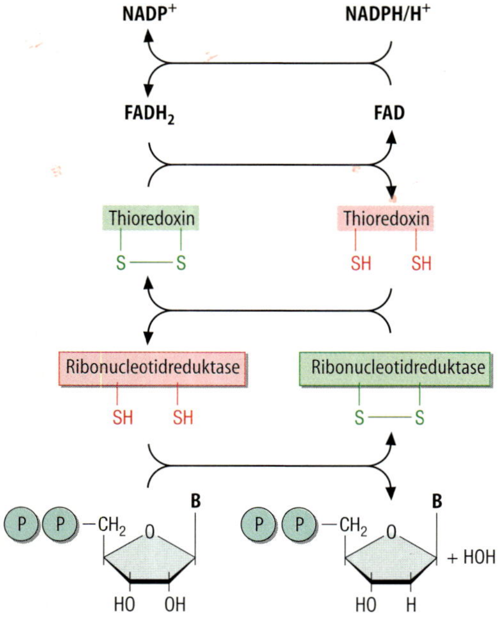

Abb. 11.11 Biosynthese von Desoxyribonucleotiden. (Einzelheiten s. Text)

Durch die Ribonucleotidreduktase gebildete Desoxyribonucleosiddiphosphate werden mit Hilfe von ATP durch entsprechende Nucleosiddiphosphatkinasen in ***Desoxyribonucleosidtriphosphate*** umgewandelt:

$$dNDP + ATP \rightleftharpoons dNTP + ADP$$

Die Ribonucleotidreduktase wird sehr komplex reguliert, da die für die DNA-Biosynthese benötigten Desoxyribonucleosidtriphosphate im richtigen Verhältnis zueinander stehen müssen.

···> Genaueres über die Regulation der Ribonucleotidreduktase s. ausführliche Lehrbücher der Biochemie

!

Thyminnucleotide entstehen durch Methylierung von Desoxyuridinmonophosphat.

In der DNA kommt anstelle der in der RNA vorkommenden Base Uracil die Base ***Thymin*** vor (S. 335). Das für die Synthese von Thyminnucleotiden verantwortliche Enzym ist die ***Thymidylatsynthase***, die folgende Reaktion katalysiert:

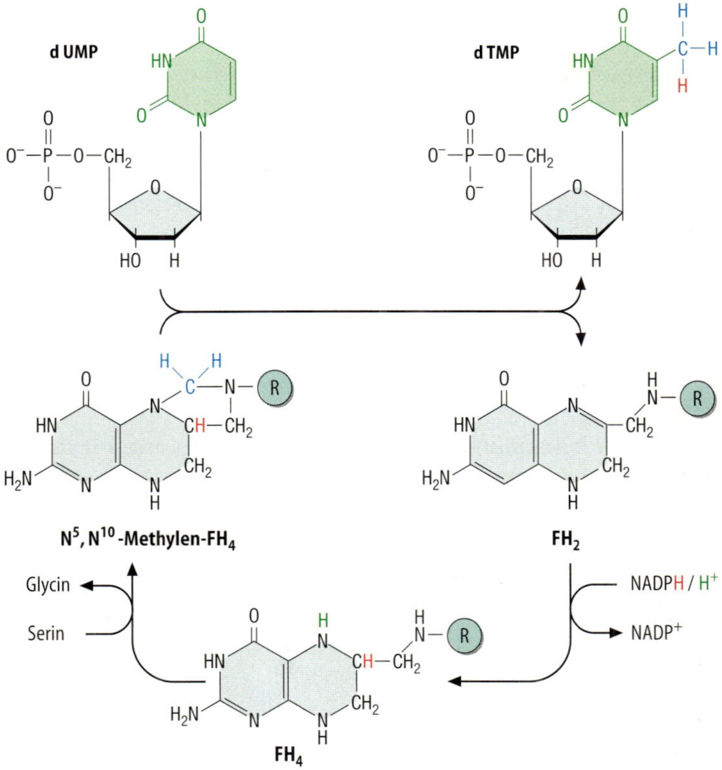

Abb. 11.12 Mechanismus der Thymidylatsynthase. Bei der Umwandlung des Methylenrestes N^5, N^{10}-Methylentetrahydrofolats in die Methylgruppe des Thymidylats werden Reduktionsäquivalente aus der Tetrahydrofolsäure benötigt. Dies führt zur Oxidation der Tetrahydrofolsäure zu Dihydrofolsäure *(FH_2)*, welche deswegen durch die Dihydrofolatreduktase zu Tetrahydrofolat *(FH_4)* regeneriert werden muß. (Einzelheiten s. Text)

dUMP + N^5, N^{10}-Methylentetrahydrofolat →
dTMP + 7,8-Dihydrofolat

Der Mechanismus dieser Reaktion ist in Abb. 11.12 dargestellt:

- Donor der Methylgruppe ist das ***N^5, N^{10}-Methylentetrahydrofolat.***
- Dieses weist eine höhere Oxidationsstufe auf als die Methylgruppe des Thymin, weswegen das Tetrahydrofolat zusätzlich Wasserstoff und Elektronen liefert, so daß es nach der dTMP-Synthese als ***Dihydrofolat*** (FH_2) vorliegt.
- Die Dihydrofolatreduktase reduziert mit Hilfe von $NADPH/H^+$ Dihydrofolat zu ***Tetrahydrofolat*** (FH_4).
- Dieses kann einen erneuten 1-Kohlenstoffrest aufnehmen und liegt anschließend wieder als ***N^5, N^{10}-Methylentetrahydrofolat*** vor (S. 286).

Hemmstoffe der Thymidylatsynthase oder der Dihydrofolatreduktase (Fluoruracil, Aminopterin, Amethopterin) sind wichtige Arzneimittel zur Behandlung bösartiger Tumoren.

!

Die Purinbiosynthese wird auf der Stufe der PRPP-Amidotransferase reguliert.

Das Prinzip der Regulation der Purinbiosynthese ist in Abb. 11.13 dargestellt:

- Die ***PRPP-Amidotransferase*** kommt in einer dimeren inaktiven und einer monomeren aktiven Form vor.
- ***PRPP*** stimuliert den Übergang in die monomere Form und somit die IMP-Biosynthese.
- Alle ***Purinnucleotide*** als Endprodukte der Biosynthese verschieben das Gleichgewicht zugunsten der dimeren, inaktiven Form.
- Eine weitere Regulation beruht darauf, daß ***Adeninnucleotide***, besonders ATP die GMP-Bildung und ***Guaninnucleotide***, besonders GTP, die AMP-Bildung stimulieren.

!

Die Pyrimidinbiosynthese wird durch Orotat und UTP gehemmt sowie durch PRPP aktiviert.

Bei Eukaryonten sind die für die Pyrimidinbiosynthese benötigten Enzyme mit Ausnahme der Dihydroorotat-Dehydrogenase in zwei ***multifunktionellen Proteinen*** angeordnet (Abb. 11.14). Folgende Teilaktivitäten werden dabei reguliert:

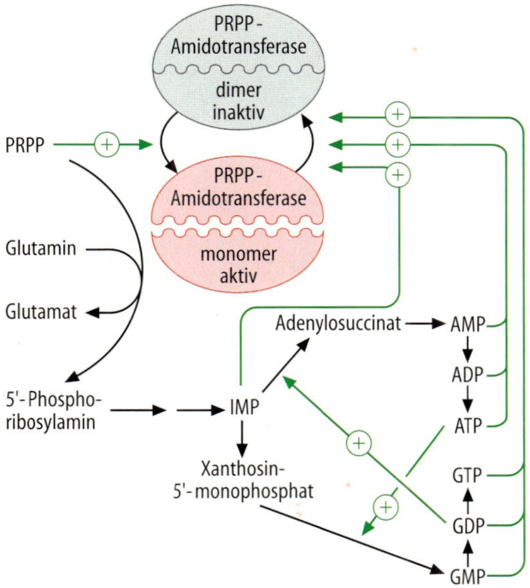

Abb. 11.13 Regulation der Purinbiosynthese. *PRPP* 5'-Phosphoribosylpyrophosphat. (Einzelheiten s. Text)

- ***PRPP*** aktiviert die Carbamylphosphatsynthetase II.
- ***UTP*** als Endprodukt der Biosynthese hemmt die Carbamylphosphatsynthetase II.
- ***Orotat*** hemmt die Dihydroorotase und die Dihydroorotat-Dehydrogenase.

!

WICHTIG
Die Biosynthese von Purinnucleotiden geht von der Aminosäure Glycin aus, an die Schritt für Schritt die weiteren C- und N-Atome des Purinkerns angeheftet werden. Allerdings erfolgt diese Biosynthese von Anfang an in Form eines Ribonucleotids. Die Pyrimidinbiosynthese beginnt mit der Reaktion von Aspartat und Carbamylphosphat, welche bereits sämtliche C- und N-Atome des Pyrimidinkerns liefert. Das Ribonucleotid wird erst auf der Stufe der Orotsäure gebildet.

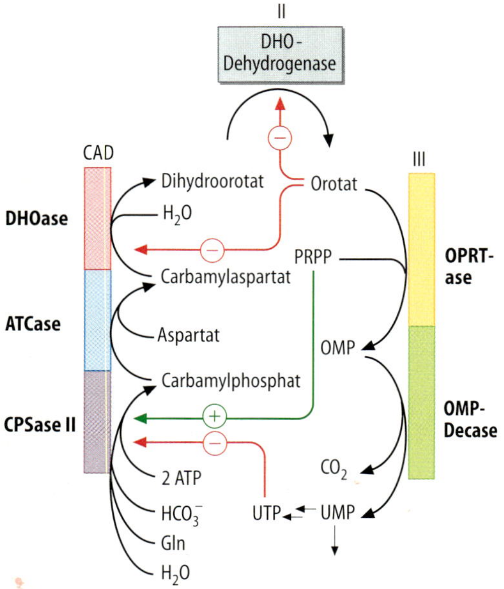

Abb. 11.14 Regulation der Pyrimidinbiosynthese. *CAD* multikatalytisches Protein mit Carbamylphosphatsynthetase, Aspartattranscarbamylase- und Dihydroorotaseaktivität; *II* Dihydroorotat-Dehydrogenase; *III* Multikatalytisches Protein mit Orotat-Phosphoribosyltransferase- und OMP-Decarboxylase-Aktivität. (Einzelheiten s. Text)

11.3 Wiederverwertung von Purinen und Pyrimidinen

Purine und Pyrimidine, die beim Stoffwechsel von Mono- und Polynucleotiden sowie durch intestinale Resorption anfallen, werden in erheblichem Umfang wieder verwertet. Dieser auch als ***Reutilisierung*** (*engl.* Salvage Pathway) bezeichnete Vorgang ist für den Organismus von beträchtlichem Vorteil, da auf diese Weise erhebliche Energiebeträge eingespart werden.

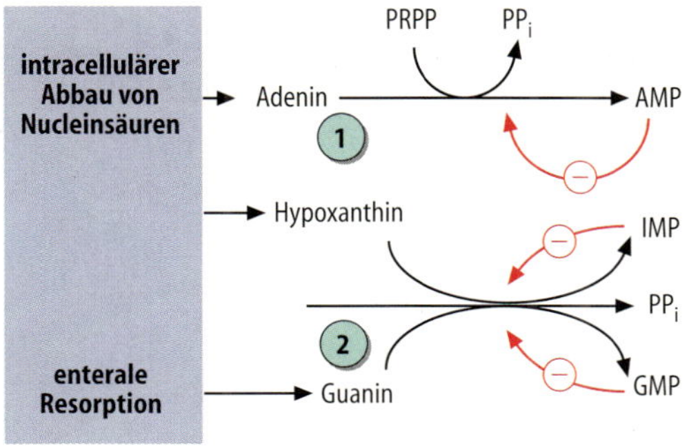

Abb. 11.15 Wiederverwertung von Adenin, Hypoxanthin und Guanin. *1* Adenin-Phosphoribosyl-Transferase (APRT); *2* Hypoxanthin-Guanin-Phosphoribosyltransferase (HGPRT)

!

Zwei Enzyme ermöglichen die Wiederverwertung freier Purinbasen.

Die Purinbasen Adenin, Hypoxanthin und Guanin können mit Hilfe zweier Enzyme in die entsprechenden Nucleosidmonophosphate umgewandelt werden (Abb. 11.15):

- Durch die ***Adenin-Phosphoribosyltransferase*** (APRT) wird Adenin in einer PRPP-abhängigen Reaktion zu AMP umgewandelt.
- Durch die ***Hypoxanthin-Guanin-Phosphoribosyltransferase*** (HGPRT) wird Hypoxanthin bzw. Guanin durch Reaktion mit PRPP in IMP bzw. GMP umgewandelt.
- Sowohl die APRT als auch die HPGRT werden durch ihre entsprechenden Reaktionsprodukte gehemmt.

!

Die Wiederverwertung von Pyrimidinen ist nur auf der Stufe der Nucleoside möglich.

Freie Pyrimidinbasen können nicht wiederverwertet werden, dagegen werden Pyrimidinnucleoside mit ATP zu Pyrimidinnucleotiden phosphoryliert. Die beiden hierfür verantwortlichen Enzyme sind die ***Thymidinkinase*** sowie die ***Uridin-Cytidinkinase*** (Abb. 11.16).

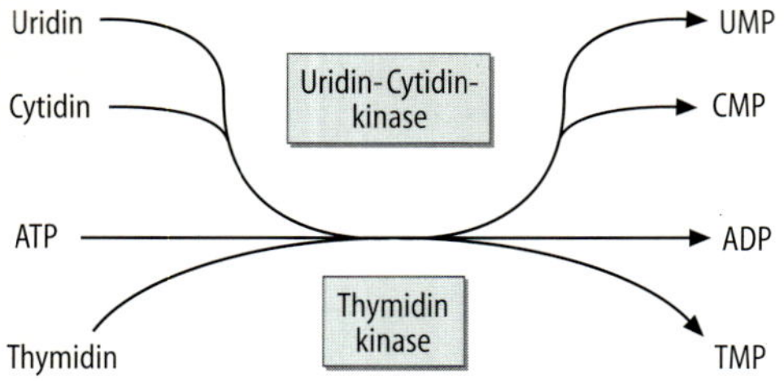

Abb. 11.16 Wiederverwertung der Pyrimidinnucleoside

11.4 Abbau von Nucleotiden

! **Purinnucleotide werden zu Harnsäure abgebaut.**

Der menschliche Organismus hat keine Möglichkeit, das Purin-Ringsystem enzymatisch zu spalten und Purine damit abzubauen. Die in Abb. 11.17 zusammengestellten Reaktionen führen zur ***Harnsäure***. Im Einzelnen handelt es sich um folgende, von den Purinnucleosiden ausgehende Reaktionen:

- Durch die ***Adenosindesaminase*** wird Adenosin zu Inosin desaminiert.
- Durch die ***Nucleosidphosphorylase*** wird unter Bildung von Ribose-1-Phosphat der Riboserest abgespalten, wobei die Basen ***Hypoxanthin, Xanthin*** oder ***Guanin*** entstehen.
- Hypoxanthin wird durch die ***Xanthinoxidase*** unter Bildung des Superoxidradikals O_2^- in Xanthin umgewandelt.
- Guanin wird durch die ***Guanase*** unter Ammoniakabspaltung ebenfalls in Xanthin umgewandelt.
- Die ***Xanthinoxidase*** oxidiert unter Bildung eines Superoxidradikals Xanthin zu Harnsäure.

Die Gesamtmenge der durch intrazellulären Purinabbau entstandenen und an die Körperflüssigkeit abgegebenen Harnsäure beträgt beim Menschen etwa 4–6 mmol/Tag. Der größte Teil hierfür wird mit dem Urin ausgeschieden, zum Teil durch glomeruläre Filtration, außerdem durch tubuläre Sekretion.

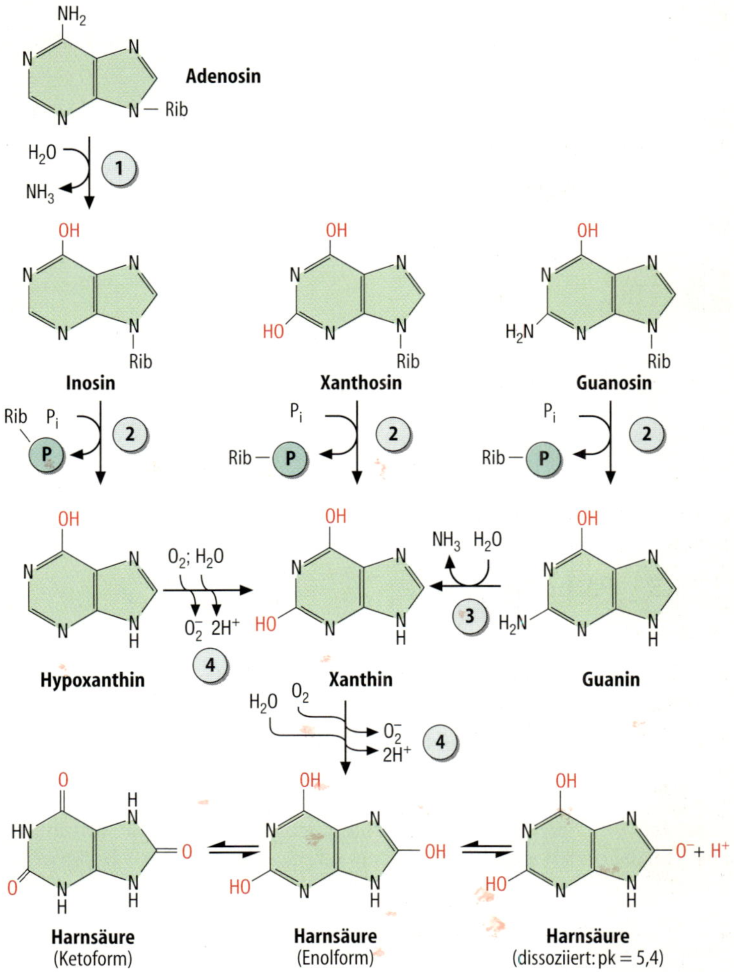

Abb. 11.17 Reaktionen des Purinabbaus. *1* Adenosindesaminase; *2* Nucleosidphosphorylase; *3* Guanase; *4* Xanthinoxidase

Pyrimidinnucleotide können vollständig abgebaut werden.

Nach Umwandlung der Pyrimidinnucleotide in die entsprechenden Nucleoside werden diese wie die Purinnucleoside zunächst durch die ***Nucleosidphosphorylase*** in die freien Basen umgewandelt. Diese können im Gegensatz zu den Purinbasen vollständig zu CO_2 und Wasser abgebaut werden.

> **!**
>
> WICHTIG
>
> Der Abbau von Purinbasen führt beim Menschen über verschiedene Reaktionen zur schlecht wasserlöslichen Harnsäure, deren Überproduktion bedeutende pathobiochemische Konsequenzen hat. Pyrimidinbasen sind dagegen leicht verwertbar und können zu CO_2 und Wasser abgebaut werden.

11.5 Pathobiochemie

Die Gicht ist die wichtigste Störung des Purinstoffwechsels.

Die als Endprodukt des Purinstoffwechsels entstehende Harnsäure ist im Blut relativ schlecht löslich. Schon der normale Serumharnsäurespiegel (ca. 0,4 mmol/l) ist nur deshalb möglich, weil ein beträchtlicher Teil der Serumharnsäure proteingebunden ist. Jede Erhöhung des Harnsäurespiegels über diesen Grenzwert wird als ***Hyperuricämie*** bezeichnet und kann zu ***Gicht*** führen. Dieses Krankheitsbild wird dadurch hervorgerufen, daß Harnsäureablagerungen in den Gelenken, den Schleimbeuteln, den Sehnenscheiden, der Subcutis und dem Nierenmark zu einer chronischen Entzündung mit häufigen akuten Entzündungsschüben führen. Hyperuricämie und Gicht sind häufige Stoffwechselkrankheiten (1–2% der männlichen und bis zu 0,4% der weiblichen Erwachsenen).

Man unterscheidet zwischen ***primärer*** und ***sekundärer Hyperuricämie*** (Tabelle 11.4):

- Bei der primären Hyperuricämie handelt es sich um ***hereditäre Störungen*** des Purinstoffwechsels.

Tabelle 11.4 Primäre und sekundäre Hyperuricämien

Primäre Hyperuricämie		Sekundäre Hyperuricämie	
Ursache	Folge	Ursache	Folge
Zunahme der PRPP-Synthase- oder Xanthinoxidaseaktivität; Störung der Rückkopplungshemmung der Glutamin-PRPP-Amidotransferase; Abnahme oder Fehlen der Wiederverwertungsenzyme APRT bzw. HGPRP;	Überproduktion von Harnsäure	Psoriasis, Leukämien, hämolytische Anämien	Harnsäureüberproduktion durch Zunahme des Nucleinsäureumsatzes;
Verminderung der tubulären Harnsäuresekretion	Hemmung der renalen Harnsäureausscheidung	Nierenerkrankungen, Vergiftungen, Diabetes	Verminderung der renalen Ausscheidung von Harnsäure

- Bei den sekundären Formen der Hyperuricämie ist das Krankheitsbild die Folge von ***erworbenen Erkrankungen***, bei denen durch vermehrten Zelluntergang ein Übermaß an Purinbasen zum Abbau gelangt oder aber durch erworbene Nierenerkrankungen die Harnsäureausscheidung behindert ist.

Für die Behandlung der Hyperuricämien gibt es drei Prinzipien:

- Purinarme Ernährung
- Medikamentöse Steigerung der renalen Ausscheidung von Harnsäure
- Hemmung der Xanthinoxidase mit ***Allopurinol***, einem Strukturanalogon des Hypoxanthin (Abb. 11.18). Unter diesen Umständen sind die wesentlich besser wasserlöslichen Verbindungen Xanthin und Hypoxanthin die Endprodukte des Purinabbaus.

! Auch beim Pyrimidinstoffwechsel kommen primäre und sekundäre Störungen vor.

Die wichtigste primäre Störung des Pyrimidinstoffwechsels ist die ***hereditäre Orotacidurie***, die zu schwerwiegenden Störungen führt und deren Ursache Defekte der Orotatphosphoribosyl-Transferase sowie der OMP-Decarboxylase sind. Die Orotsäureausscheidung ist stark

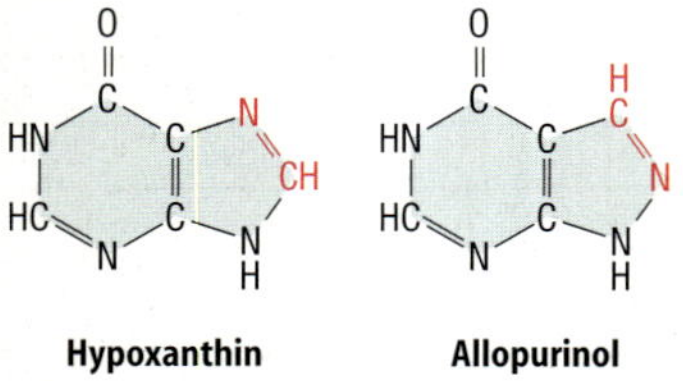

Abb. 11.18 Hypoxanthin und Allopurinol

gesteigert. Die Erkrankung kann durch Behandlung mit Uridin in Dosen von 2–4 g/Tag behandelt werden.

Sekundäre Störungen des Pyrimidinstoffwechsels kommen bei gesteigertem Nucleinsäureumsatz sowie unter dem Einfluß verschiedener Pharmaka vor.

!

WICHTIG
Der Abbau von Purinbasen führt beim Menschen zur schlecht wasserlöslichen Harnsäure. Überschreitet die Harnsäureproduktion die Ausscheidungskapazität der Nieren, kommt es zur Hyperuricämie und in deren Gefolge zu Gicht. Störungen des Pyrimidinstoffwechsels sind dem gegenüber wesentlich seltener. Die wichtigste genetische Erkrankung ist die hereditäre Orotacidurie, bei der große Mengen Orotsäure im Urin erscheinen.

II Biologische Informationen

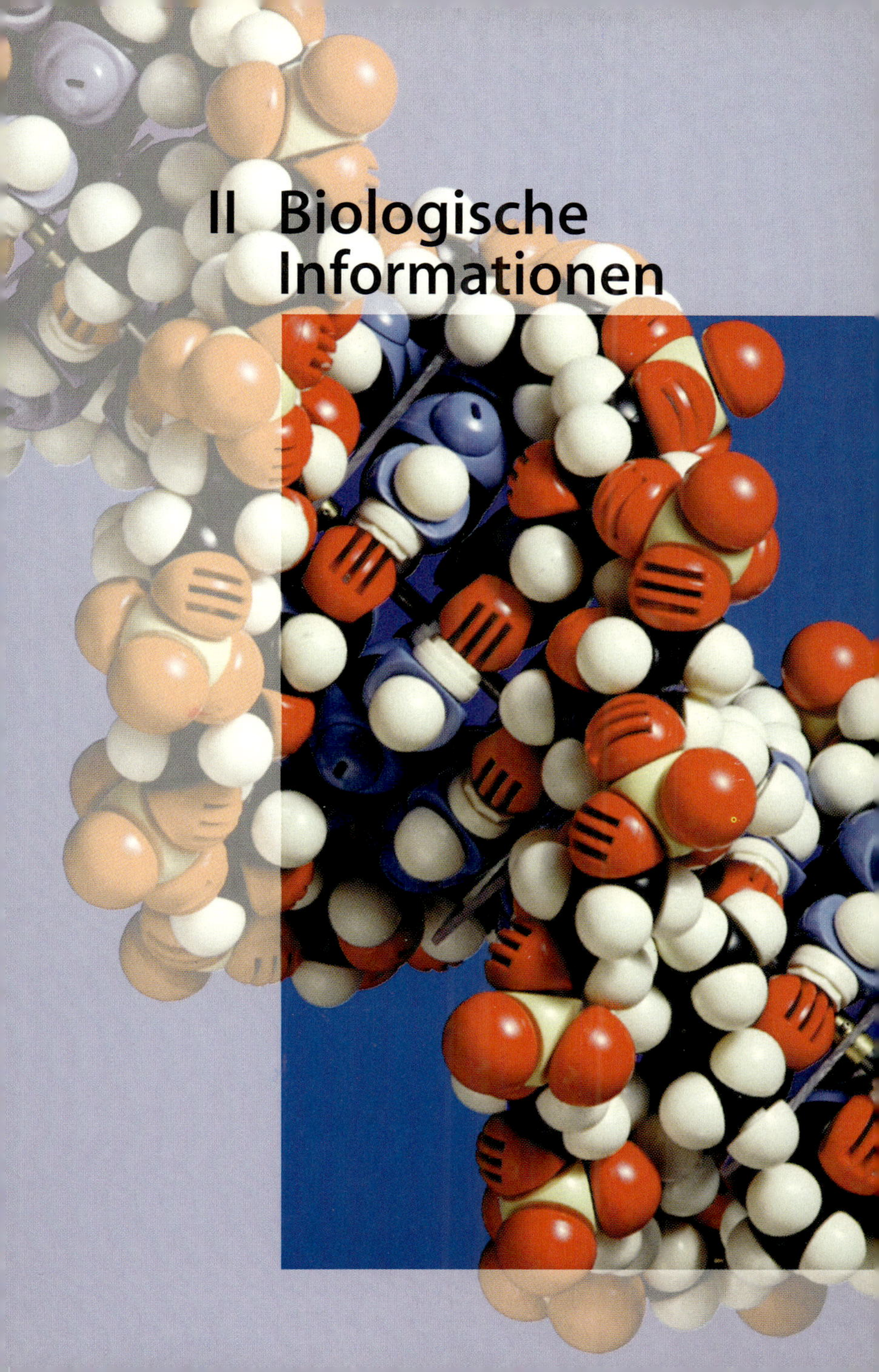

12 DNA und Gentechnik

LERNZIELE
- Aufbau der DNA
- Replikation der DNA
- Analytik der DNA
- Gentechnik
- Pathobiochemie: Mutationen und Reparatur von DNA-Schäden

Es gehört zu den aufregendsten Erkenntnissen dieses Jahrhunderts, daß die für den Aufbau eines Organismus, seine Differenzierung aus einer befruchteten Eizelle und die Aufrechterhaltung seiner individuellen Funktionen benötigte Information als Basensequenz auf einem oder sehr wenigen DNA-Makromolekülen niedergelegt ist. Die aus zwei antiparallelen Einzelsträngen bestehende DNA ist bei eukaryoten Organismen mit spezifischen, basischen Proteinen, den Histonen, assoziiert und im Zellkern unter Bildung des Chromatins sehr stark kondensiert.

Bei jeder Teilung einer Zelle muß die DNA möglichst genau verdoppelt werden. Dieser als Replikation bezeichnete Vorgang findet in der S-Phase des Zellcyclus statt. Der Mechanismus der Replikation beruht auf einem semikonservativen Mechanismus, für die Replikation sind die DNA-Polymerasen sowie eine große Zahl von Hilfsproteinen notwendig.

Die zunehmenden Erkenntnisse über den Aufbau und die Funktion von DNA-Molekülen haben zu einer Reihe von Techniken geführt, die die Modifikation der DNA einer Zelle oder das Einbringen fremder DNA in eine Zelle ermöglichen. Durch diese gentechnischen Verfahren können Organismen mit neuen Eigenschaften erzeugt werden, die beispielsweise für die Therapie von Erkrankungen benötigte Proteinfaktoren in großer Menge und Reinheit synthetisieren.

DNA-Moleküle sind relativ instabil, da sie spontanen oder durch schädigende Agenzien ausgelösten Veränderungen unterliegen. Sehr effektive Reparatursysteme beheben diese Schäden dann, wenn sie auf einen der beiden Einzelstränge der DNA beschränkt sind. Können die Schädigungen nicht behoben werden, kommt es zu stabilen Mutationen, die häufig Erkrankungen auslösen.

DNA und RNA sind die ***informationstragenden Moleküle*** in biologischen Systemen. Die DNA nimmt insofern eine Sonderstellung ein, als in ihr die gesamte genetische Information eines Organismus codiert ist. Im Gegensatz dazu enthalten die - im Vergleich zur DNA wesentlich kürzeren - RNA's (S. 372) immer nur die Teile der genetischen Information, die vom Organismus zu einem gegebenen Zeitpunkt für die Realisierung der genetischen Information in Form von Makromolekülen benötigt werden.

Das sogenannte ***zentrale Dogma der Molekularbiologie*** faßt die Beziehung zwischen DNA, RNA und Protein zusammen und schildert den Verlauf des Informationsflusses (Abb. 12.1):

- Die DNA einer Zelle enthält die gesamte genetische Information und muß bei der Zellteilung durch ***Replikation*** verdoppelt werden.
- Zur Realisierung der in der DNA gespeicherten Information wird in Form der RNA das jeweils benötigte DNA-Stück, das meist einem oder mehreren Genen entspricht, kopiert. Dieser Vorgang wird als ***Transcription*** bezeichnet.
- Die Übersetzung der in der RNA gespeicherten Information in die Aminosäuresequenz eines Proteins erfolgt beim Vorgang der Proteinbiosynthese und wird als ***Translation*** bezeichnet.

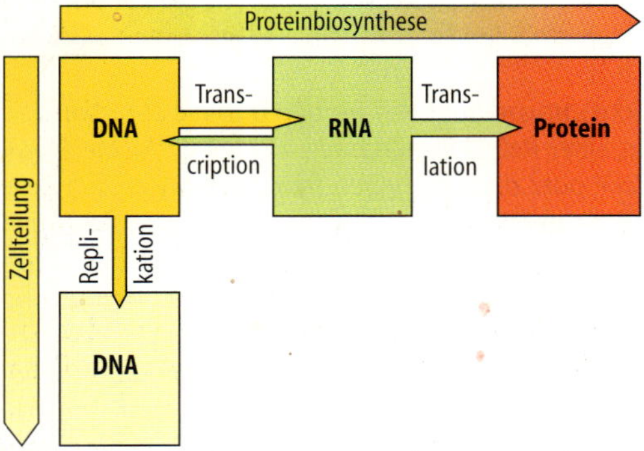

Abb. 12.1 Zentrales Dogma der Molekularbiologie

Das zentrale Dogma legt die Richtung des Informationsflusses fest, der normalerweise von der DNA zur RNA und dann zum Protein führt. Organismen, die über eine sogenannte reverse Transcriptase verfügen (z.B. Viren), sind imstande, RNA in DNA umzuschreiben und können auf diese Weise wenigstens auf diesem Teilstück den Informationsfluß umkehren.

12.1 Aufbau der DNA

! Die DNA liegt als Doppelhelix vor.

Abbildung 12.2 zeigt die Primärstruktur eines DNA-Einzelstranges. Folgende Merkmale an diesem Makromolekül sind bemerkenswert:

- Die DNA ist aus ***Desoxyribonucleotiden*** zusammengesetzt.
- Die einzelnen Desoxyribonucleotide sind durch ***Phosphodiesterbrücken*** zwischen dem C-Atom 3' des einen und dem C-Atom 5' des nächstfolgenden Desoxyribonucleotids verknüpft.[1]
- Nach Konvention wird das 5'-Ende der DNA-Kette links, das 3'-Ende rechts geschrieben.
- Die Purin- oder Pyrimidinbasen sind stets über eine ***glycosidische Bindung*** an das C-Atom 1' der Desoxyribose gebunden.
- In der DNA kommen ausschließlich die Purinbasen ***Adenin*** und ***Guanin*** sowie die Pyrimidinbasen ***Cytosin*** und ***Thymin*** vor. Selten finden sich auch methylierte Basen.
- In der DNA beträgt das ***molare Verhältnis*** von Adenin und Thymin sowie Guanin und Cytosin 1. In tierischen Organismen liegt das Molverhältnis der Basenpaare Adenin / Thymin zu Guanin / Cytosin bei 1,3–1,5.

Ganz überwiegend liegt die DNA nicht als einsträngiges Molekül vor. Aufgrund des konstanten Basenverhältnisses sowie Röntgenstrukturanalyse schlugen James D. Watson und Francis Crick 1953 als DNA-Struktur die ***Doppelhelix*** vor (Abb. 12.3 a,b). Sie ist durch folgende Gegebenheiten gekennzeichnet:

- Die DNA liegt als ***Doppelhelix*** (Doppelstrang) vor, wobei die beiden Einzelstränge ***antiparallel*** verlaufen. Dies bedeutet, daß die

---

[1] Ähnlich wie bei Mononucleotiden werden auch bei Polynucleotiden die C-Atome des Zuckeranteils von Nucleinsäuren mit einem Apostroph gekennzeichnet.

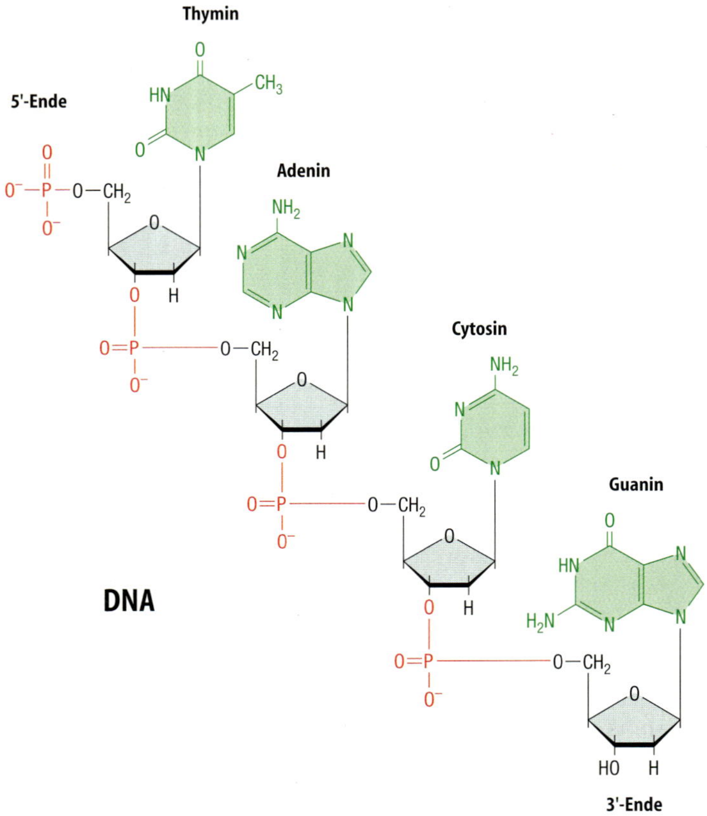

Abb. 12.2 Primärstruktur einer hypothetischen DNA-Sequenz

5'-3'-Richtung in einem Strang umgekehrt verläuft wie im anderen.

- Die Anordnung des Doppelstrangs wird dadurch stabilisiert, daß sich zwischen den Basen Adenin und Thymin sowie Guanin und Cytosin ***Wasserstoffbrücken*** ausbilden (Abb. 12.3 a).
- Die durch die Sequenz von Desoxyribose und Phosphat gebildete negativ geladene ***Rückgratstruktur*** der beiden Doppelstränge ist nach außen orientiert, die hydrophoben Basen nach innen (Abb. 12.3 a).
- Die beiden Stränge sind schraubenförmig umeinander gewunden. In der überwiegend vorliegenden ***B-DNA*** findet sich eine

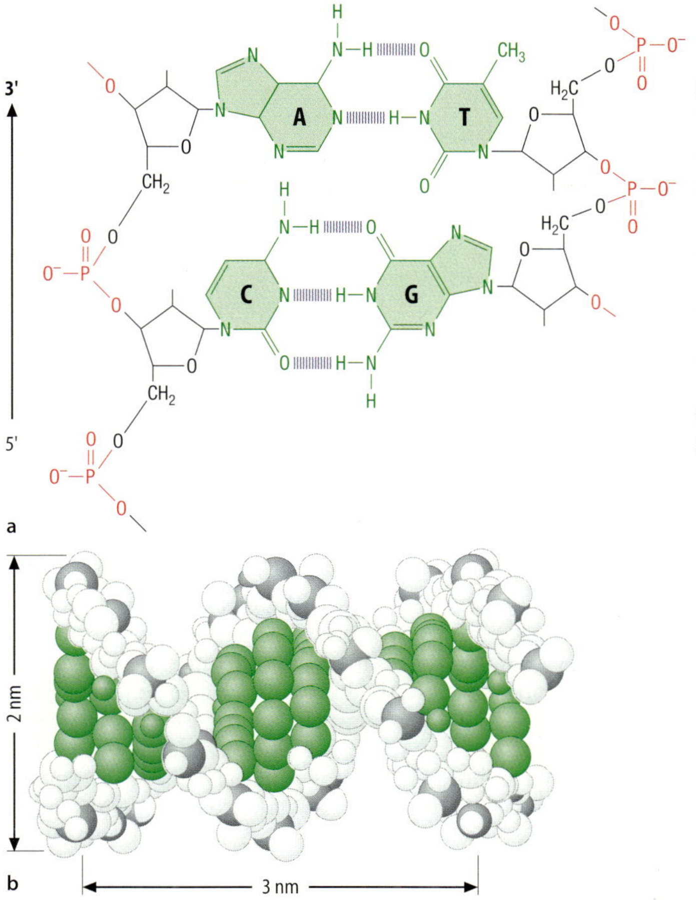

Abb. 12.3 a, b Struktur der DNA-Doppelhelix. **a** Ausbildung von Wasserstoffbrükken zwischen Adenin und Thymin bzw. Cytosin und Guanin im doppelsträngigen DNA-Molekül; **b** Struktur der DNA-Doppelhelix Typ B im Atommodell

rechtsgängige Doppelhelix mit etwa zehn Basenpaaren pro Wendelgang auf einer Länge von 3,3 nm und einem Durchmesser von 2,37 nm (Abb. 12.3 b).

- Wegen der strikten Einhaltung der Basenpaarung bestimmt die Sequenz des einen Stranges die des anderen.

!

Bei eukaryoten Organismen liegt die DNA im Zellkern in Verbindung mit spezifischen Proteinen als Chromatin vor.

Der DNA-Gehalt von Säugetierzellen liegt je nach Spezies zwischen 4 und 8 pg/Zelle. Dies ist etwa 1000mal mehr als der DNA-Gehalt des Darmbakteriums E.Coli. Nimmt man an, daß die gesamte DNA einer menschlichen Zelle als lineares Makromolekül vorliegen würde, so hätte sie eine Länge (sog. Konturlänge) von 1,8 m!

Während die DNA von prokaryoten Mikroorganismen meist als ringförmiges, stark gefaltetes Gebilde im Cytoplasma lokalisiert ist, befindet sich die DNA aller eukaryoten Zellen, mit Ausnahme der mitochondrialen DNA (S. 442), in kondensierter Form als sogenanntes ***Chromatin*** im Zellkern. Sie ist dort an die ***Histonproteine*** assoziiert, deren wesentliche Eigenschaften in Tabelle 12.1 zusammengestellt sind.

Die Assoziation von DNA mit Histonen ist schematisch in Abb. 12.4 a, b zusammengestellt. Sie beruht auf folgenden Tatsachen:

- Die Histonproteine H2 a und H2 b sowie H3 und H4 liegen als ***Dimere*** vor.
- Je vier derartige Dimere bilden ein octameres, scheibenförmiges ***Nucleosomencore.***
- Um das Nucleosomencore windet sich DNA in einer Länge von 140–150 Basenpaaren unter Bildung einer flachen ***linksgängigen Superhelix*** mit 1,8 Windungen, wobei das ***Nucleosom*** entsteht.
- Die Verbindungs-DNA zwischen den Nucleosomen ist in der Regel etwa 50–60 Basenpaare lang und mit dem Histon H1 assoziiert.
- Die Nucleosomenkette bildet eine 30 nm dicke Faser, die dadurch entsteht, daß die ***Nucleosomenfaser*** sich spulenförmig aufwickelt, je Windung mit etwa 6 Nucleosomen.
- Die 30 nm Faser faltet sich zu vielen Schleifen, an deren Bildung die sogenannten ***Nicht-Histonproteine*** beteiligt sind.

Tabelle 12.1 Die 5 Histonproteine

Bezeichnung	% Arginin	% Lysin	Molekulargewicht (kD)
H1	1	29	19–23
H2A	9	11	14
H2B	6	16	14
H3	13	10	15
H4	14	11	11

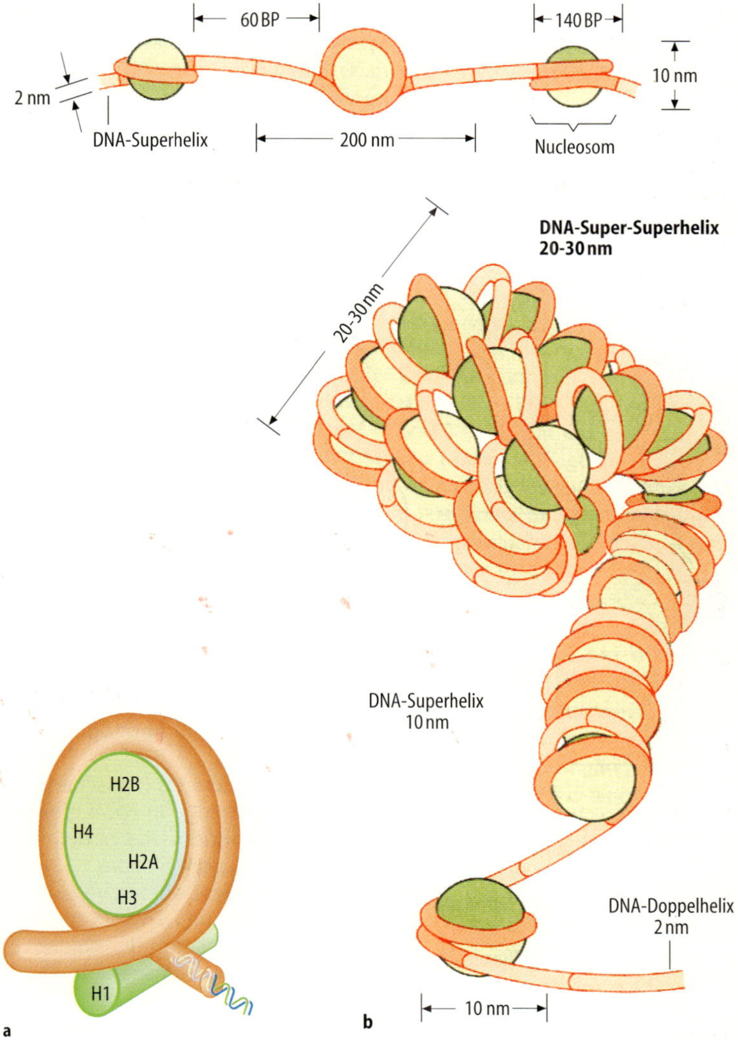

Abb. 12.4 a, b Schematische Darstellung des DNA-Histonkomplexes in Chromatin. **a** Die DNA-Doppelhelix windet sich um octamere Proteinkomplexe aus den Histonen H2A, H2B, H3 und H4. Das Histon H1 ist an das Zwischenstück assoziiert. **b** Die so gebildeten Nucleosomen sind zur 30 nm-Faser verdrillt, die ihrerseits intensiv gefaltet ist

- Um die DNA im Zellkern unterbringen zu können, muß sie im Vergleich zur DNA-Doppelhelix etwa um den Faktor 8000 kondensiert sein.

Bei eukaryoten Organismen ist die DNA in Form von ***Chromosomen***, die allerdings nur während der Zellteilung gut zu beobachten sind, angeordnet. Somatische Zellen enthalten normalerweise zwei Kopien jedes Chromosoms, Gameten jedoch nur eine, weswegen man den somatischen Chromosomensatz als ***diploid***, denjenigen der Gameten als ***haploid*** bezeichnet. Dementsprechend enthalten somatische humane Zellen 46, humane Gameten 23 Chromosomen.

Bei der Aufklärung der Basensequenz des menschlichen Genoms ist ein erster Schritt die Zuordnung identifizierter Gene zu den verschiedenen Chromosomen. Dies gelingt heute mit Hilfe molekularbiologischer Techniken. Als Beispiel ist in Abbildung 12.5 das menschliche Chromosom 1 mit einer Auswahl der auf ihm lokalisierten Gene dargestellt.

···➔ Näheres über Chromosomenaufbau, Chromosomenanordnung und Schicksal der Chromosomen während der Zellteilung s. ausführliche Lehrbücher der Zellbiologie

!

WICHTIG

DNA-Einzelstränge sind lange kettenförmige Moleküle, bei denen Desoxynucleosidmonophosphate durch Phosphorsäurediesterbrücken zwischen dem C-Atom 3′ des einen und dem C- Atom 5′ des nächstfolgenden Desoxynucleosidmonophosphates verknüpft sind.

Die DNA aller Organismen, und damit auch des Menschen, ist doppelsträngig. In ihr sind zwei Einzelstränge in Form einer Doppelhelix antiparallel umeinander gewunden. Dies bedeutet, daß die Richtung eines Doppelstrangs, vom 5′- zum 3′-Ende her betrachtet, umgekehrt zu der des anderen verläuft. Da die Paarung zwischen den Basen Adenin und Thymin sowie Guanin und Cytosin die Grundlage der Assoziation der beiden Doppelstränge ist, bestimmt die Basensequenz des einen Strangs die des anderen.

Bei allen eukaryoten Zellen ist die DNA im Zellkern lokalisiert. Sie ist dort an die Histonproteine assoziiert. Die Histone H2A, H2B, H3 und H4 bilden ein Octamer, um das die DNA gewunden ist. Die dadurch entstehenden Nucleosomen sind zu einer Nucleosomenfaser aufgewickelt, die in Form von Schleifen unter Beteiligung von Nichthiston-Proteinen gefaltet sind.

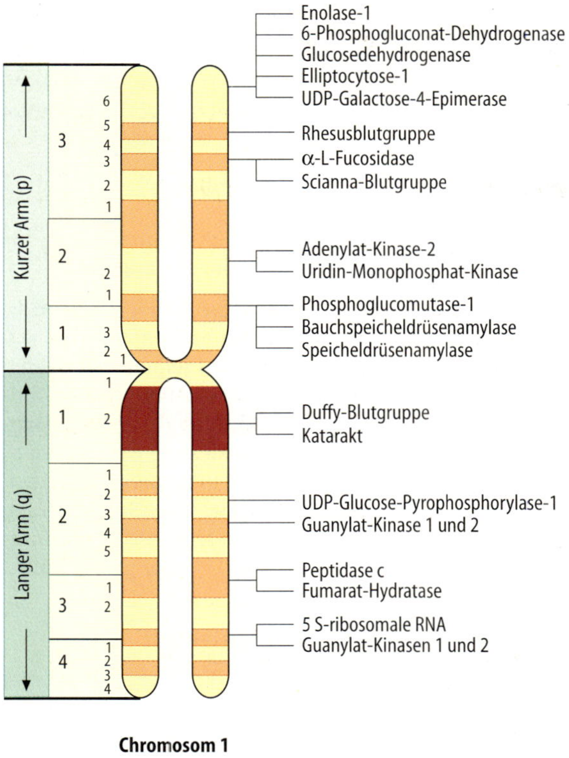

Abb. 12.5 Das humane Chromosom 1 mit einer Auswahl von Genen, die auf diesem Chromosom lokalisiert worden sind. Das Bandenmuster entspricht der Anfärbung mit Quinacrin

12.2 Analytik der DNA

Die analytische Technik zur Aufklärung der Basensequenz von DNA-Stücken ist inzwischen so weit etabliert worden, daß mit der vollständigen Entschlüsselung des menschlichen Genoms in wenigen Jahren zu rechnen ist. Eine Reihe von Techniken sind dabei unverzichtbare Werkzeuge.

DNA kann denaturiert und renaturiert werden.

Als ***DNA-Denaturierung*** bezeichnet man die Trennung des DNA-Doppelstrangs in die beiden Einzelstränge. Dieser Vorgang findet statt

- unter physiologischen Bedingungen während der Replikation und Transcription,
- experimentell durch Erhitzen der DNA auf Temperaturen bis etwa 90 °C oder durch Erhöhung der Salzkonzentration.

Entscheidend bei der Denaturierung ist, daß die Wasserstoff-Brükkenbindungen zwischen den Basenpaaren gelöst werden.

Kühlt man denaturierte DNA rasch ab, so bleiben die beiden Einzelstränge getrennt. Beim langsamen Abkühlen über viele Stunden kommt es jedoch zur vollständigen Rückbildung des DNA-Doppelstrangs, also zur ***Renaturierung***. Als ***Hybridisierung*** wird bezeichnet, wenn die Renaturierung nicht mit dem ursprünglichen Partner, sondern mit einem extra hergestellten DNA- bzw. RNA-Stück erfolgt, das gegebenenfalls Markierungen u. a. enthalten kann. Nucleinsäurehybridisierungen spielen bei der Gentechnik (s. u.) eine große Rolle.

Mit Nucleasen kann DNA in Fragmente mit definierten Enden zerlegt werden.

Der experimentelle Umgang mit den außerordentlich langen DNA-Molekülen setzt die Herstellung definierter Fragmente voraus. Dies gelingt im allgemeinen durch enzymatische Methoden unter Verwendung spezifischer, Nucleinsäuren abbauender Enzyme, die allgemein als ***Nucleasen*** bezeichnet werden. Prinzipiell unterscheidet man

- ***Exonucleasen***, die Basen am 3'- bzw. 5'-Ende spalten und
- ***Endonucleasen***, die innerhalb einer Nucleinsäurekette angreifen. Endonucleasen des p-Typs spalten am 3'-Teil, solche des d-Typs am 5'-Teil der Phosphosäurediester-Brücke.

Eine besondere Bedeutung als experimentelle Werkzeuge haben die ***Restriktionsendonucleasen***, die nur bei Bakterien vorkommen. Restriktionsendonucleasen zeichnen sich vor allen anderen Nucleasen durch ihre hohe Spaltungsspezifität aus, da sie

- nur doppelsträngige DNA spalten und
- nur an spezifischen Sequenzen spalten, die aus wenigstens vier Basen bestehen und sich durch eine ***palindromische*** Struktur

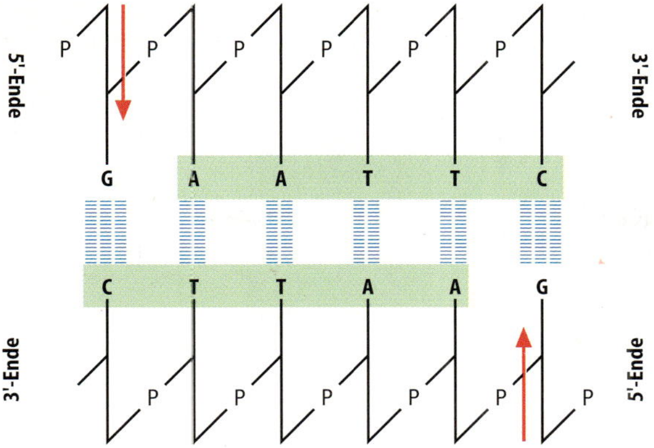

Abb. 12.6 Spaltungsspezifität der Restriktionsendonuclease Eco RI. Die Restriktionsendonuclease erkennt eine Doppelhelix an der als Palindrom vorliegenden Basensequenz GAA TTC und spaltet zwischen Guanin und Adenin

auszeichnen (bei der palindromischen Struktur muß die Basensequenz in den beiden Einzelsträngen, jeweils vom 5'-Ende her gelesen, identisch sein). (Abb. 12.6).

Man kennt bis heute weit über einhundert derartiger Enzyme. Ihr experimenteller Vorteil ist, daß DNA-Präparationen mit Hilfe dieser Enzyme in Bruchstücke gespalten werden können, bei denen die Basensequenzen an den Enden entsprechend der Spezifität der jeweils benützten Restriktionsendonucleasen genau definiert sind.

Durch Blotten und Hybridisieren können Nucleinsäuresequenzen identifiziert werden.

DNA-Fragmente können durch ***Agarosegelelektrophorese*** entsprechend ihrer Größe aufgetrennt und die DNA mit Hilfe von fluoreszierenden Farbstoffen nachgewiesen werden. Häufig ist es notwendig, in dem durch die Elektrophorese aufgetrennten Nucleinsäuregemisch eine bestimmte Sequenz zu identifizieren. Das zu diesem Zweck benützte Verfahren wird nach seinem Entdecker Edwin Southern auch als ***Southern-Blot*** bezeichnet (Abb. 12.7). Es umfaßt folgende Einzelschritte:

- Ein DNA-Gemisch wird durch ***Agarosegelelektrophorese*** aufgetrennt.

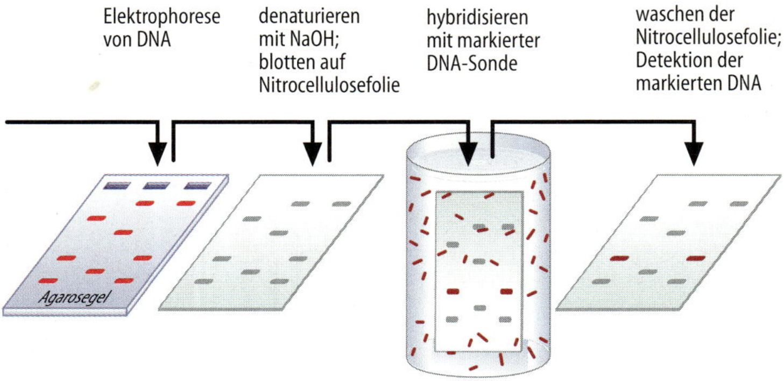

Abb. 12.7 Experimentelles Vorgehen bei der Herstellung und Entwicklung eines Southern Blotts. (Einzelheiten s. Text)

- Die Agarose wird danach in Natronlauge gewaschen, das Gel mit einem Blatt ***Nitrocellulose-Folie*** bedeckt und anschließend mit einem Gewicht beschwert. Dadurch wird die Flüssigkeit aus dem Agarosegel zusammen mit der DNA durch die Nitrozellulose gepreßt, die die DNA bindet und fixiert.
- Der Nachweis einer gesuchten Sequenz wird durch ***Hybridisierung*** des Blots in einer Lösung durchgeführt, die eine komplementäre Sequenz als (häufig radioaktiv) markierte sog. ***Sonde*** enthält.
- Da die Sonde nur an die komplementären Sequenzen bindet (in der Abbildung rot), kann das Hybrid anhand der spezifischen Markierung nachgewiesen werden.

Die für die oben beschriebene Hybridisierung (S. 342) verwendeten Sonden können Isolate aus entsprechenden Genbanken, durch die Polymerasekettenreaktion (s. u.) hergestellte oder chemisch synthetisierte Sequenzen sein.

Wird anstatt DNA RNA auf einem Nitrozellulosefilter fixiert und anschließend mit einer komplementären, markierten RNA- bzw. DNA-Sonde detektiert, so spricht man von ***Northern-Blot***.

Die Aufklärung der Basensequenz in der DNA beruht auf der gezielten Herstellung definierter Fragmente.

Einen experimentellen Durchbruch der Molekularbiologie stellte das von Frederick Sanger entwickelte enzymatische Verfahren zur ***DNA-Sequenzierung*** her. Dieses kann auch automatisiert durchgeführt werden, weswegen heute die Möglichkeit der Sequenzierung des gesamten menschlichen Genoms besteht. Abbildung 12.8 stellt das Prinzip der DNA-Sequenzierungstechnik dar. Sie beruht auf folgenden Schritten:

- Der zu sequenzierende DNA-Abschnitt wird an seinem 3'-Ende mit einem komplementären ***DNA-Oligonucleotid*** hybridisiert. Dies ist meist deswegen gut möglich, weil infolge der Vorbehandlung mit Restriktionsendonucleasen die Sequenz am 3'-Ende des DNA-Stücks genau bekannt ist.
- Mit Hilfe der ***DNA-Polymerase*** (S. 351) kann an diese als Primer dienende Sequenz ein zum sequenzierenden DNA-Abschnitt komplementärer Strang synthetisiert werden.
- Ein ***sequenzspezifischer Kettenabbruch*** wird dadurch erzwungen, daß der Sequenzierungsansatz in vier gleiche Teile geteilt und in jeden Ansatz eine geringe Menge eines entsprechenden ***2', 3'-Didesoxyribonucleosidtriphosphates*** (Abb. 12.9) gegeben wird.
- Wird dieses Nucleotid anstelle des normalen in die wachsende Polynucleotidkette eingebaut, so wird das Kettenwachstum beendet, da keine freie 3'-OH-Gruppe für die Polymerisierung mehr vorhanden ist.
- Aufgrund des jeweils spezifischen 2', 3'-Didesoxyribonucleosidtriphosphates erfolgt der Kettenabbruch basenspezifisch, jedoch statistisch an jeder beliebigen Position, die die entsprechende Base enthält. Trennt man also die vier Ansätze in einem Agarosegel ihrer Größe nach auf, so wird sich ein Gemisch verschieden langer Bruchstücke ergeben, aus dem die Basensequenz abgelesen werden kann.

!

WICHTIG

Die in den letzten Jahrzehnten entwickelten analytischen Techniken haben dazu geführt, daß die vollständige Aufklärung des humanen Genoms nur noch eine Frage weniger Jahre ist und sich ein als Gentechnik bezeichneter Zweig der Biotechnik entwickelt hat.

DNA-Hybride können z. B. dadurch hergestellt werden, daß nach Zerlegung der DNA in Einzelstränge diese mit komplementären DNA- (oder RNA-)Sequenzen renaturiert werden. Dies schafft die Möglichkeit zur Erkennung spezifischer DNA-Sequenzen.

Durch Nucleasen kann DNA zerlegt werden. Verwendet man Restriktionsendonucleasen mit spezifischen, als Palindrom vorlie-

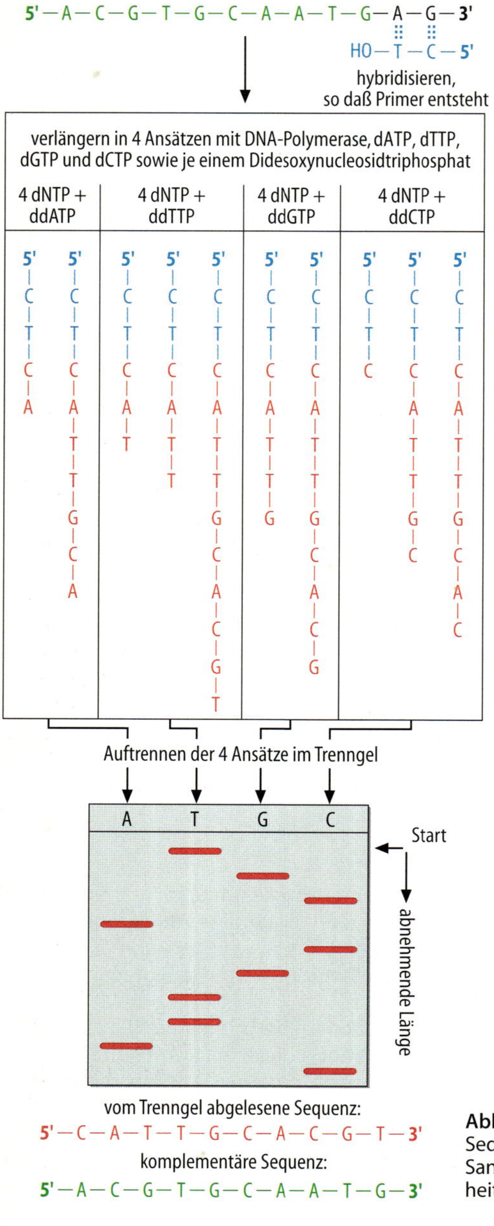

Abb. 12.8 Prinzip der DNA-Sequenzierungstechnik nach Sanger und Coulson. (Einzelheiten s. Text)

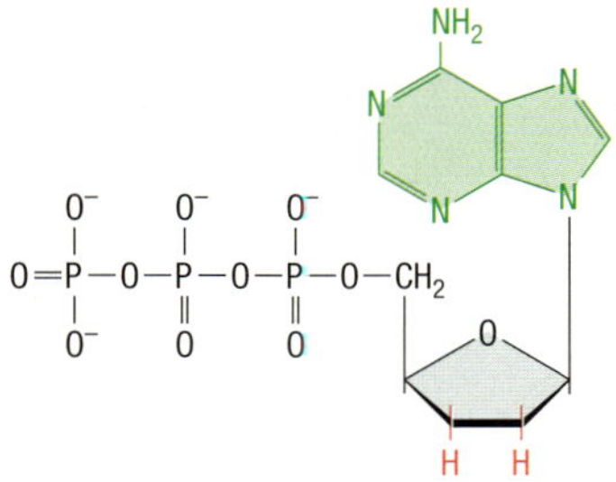

Abb. 12.9 Didesoxy-ATP als Beispiel für ein Didesoxynucleosidtriphosphat

genden Schnittstellen, so erhält man Fragmente, bei denen die Basensequenz an den beiden Enden bekannt ist.

Durch Blotten und Hybridisieren können die durch einen Restriktionsendonucleaseverdau gewonnenen DNA-Fragmente identifiziert und gegebenenfalls isoliert werden. Nach der Auftrennung der hierdurch gewonnenen DNA-Fragmente in einem Agarosegel werden diese auf Nitrozellulose fixiert und anschließend durch Hybridisierung mit geeigneten Sonden identifiziert.

Die Sequenzierung von DNA-Fragmenten erfolgt im allgemeinen nach der Methode von Sanger. Dabei wird mit Hilfe einer DNA-Polymerase der komplementäre Strang des zu sequenzierenden DNA-Stückes hergestellt. Setzt man dem Ansatz die vier Didesoxynucleotide in geringer Konzentration zu, kommt es zu einem basenspezifischen Kettenabbruch. Die dabei entstehenden Fragmente können ihrer Größe nach aufgetrennt werden, wonach von ihnen die DNA-Sequenz abgelesen werden kann.

12.3 Die Replikation der DNA

Weil die DNA der Träger der genetischen Information jedes Organismus ist, muß bei jeder Zellteilung eine genaue Kopie von ihr erstellt werden, so daß die beiden Tochterzellen jeweils wieder über die identische genetische Information verfügen. Der Vorgang der identischen Verdoppelung (Reduplikation) der DNA wird als ***Replikation*** der DNA bezeichnet. Die Aufklärung ihres Mechanismus ist eine der großen Leistungen der biochemischen Forschung in der zweiten Hälfte dieses Jahrhunderts gewesen.

Die DNA-Replikation findet in der S-Phase des Zellcyclus statt.

Der Lebenscyclus aller eukaryoten Zellen beginnt mit einer vorangegangenen Mitose und hört mit der erneuten Teilung wieder auf. Die Zeit dazwischen wird in verschiedene Phasen eingeteilt und als ***Zellcyclus*** bezeichnet (Abb. 12.10):

- Unmittelbar nach der Mitose gelangt die Zelle in einen als ***G_1-Phase*** bezeichneten Zustand, in dem sie durch Synthese von Proteinen, Kohlenhydraten und Lipiden sowie anderen Verbindungen wächst.
- Viele Zellen treten von der G_1-Phase in die sogenannte ***G_0-Phase*** ein, die unter Umständen außerordentlich lang, vielleicht ein Leben lang, dauern kann.
- Sich teilende Zellen kommen nach Abschluß der G_1-Phase in die sogenannte ***S-Phase***. Hier erfolgt die Verdoppelung der DNA, so daß die Zelle dann zur Zellteilung bereit ist. Die Länge der S-Phase schwankt von Organismus zu Organismus und beträgt beim Menschen etwa 8–10 Stunden.
- An die S-Phase schließt sich die sogenannte ***G_2-Phase*** an, nach der dann die nächste
- Mitose erfolgt.

⇢ Näheres über den Zellcyclus und seine Kontrolle s. ausführliche Lehrbücher der Biochemie oder Zellbiologie

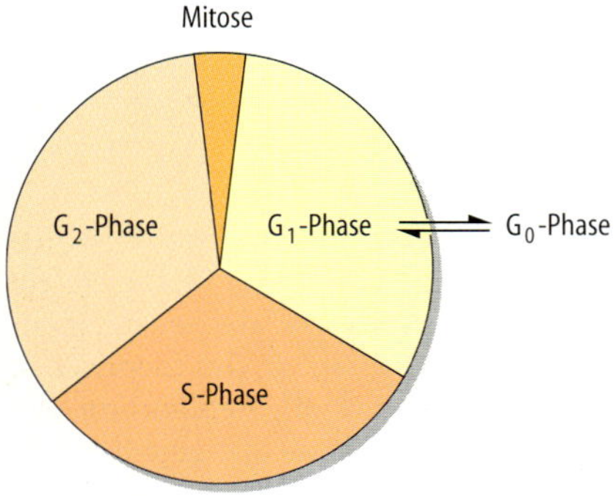

Abb. 12.10 Die einzelnen Phasen des Zellcyclus. (Einzelheiten s. Text)

Die DNA-Replikation erfolgt semikonservativ.

Die Anordnung der DNA in Form eines Doppelstrangs aus zwei antiparallelen DNA-Einzelsträngen führte zur Antwort auf die Frage nach dem Mechanismus der bei jeder Zellteilung notwendigen Verdoppelung der DNA. Wie von Matthew Meselson und Franklin Stahl gezeigt werden konnte, erfolgt die DNA-Replikation ***semikonservativ*** (Abb. 12.11). Dies bedeutet,

- daß bei jeder Replikation eine ***Aufspaltung*** des DNA-Doppelstrangs in die beiden Einzelstränge stattfinden muß,
- und daß anschließend jeder Einzelstrang als ***Matrize*** für die Synthese eines neuen Stranges dient, dessen Basensequenz komplementär zu derjenigen des Ausgangsstranges ist.
- So sind am Ende eines Replikationscyclus zwei neue Doppelstränge entstanden, die einen alten, sogenannten ***parentalen***, und einen ***neu synthetisierten*** Einzelstrang enthalten.

Dieser Mechanismus gilt universal für alle Organismen, deren Genom aus doppelsträngiger DNA besteht.

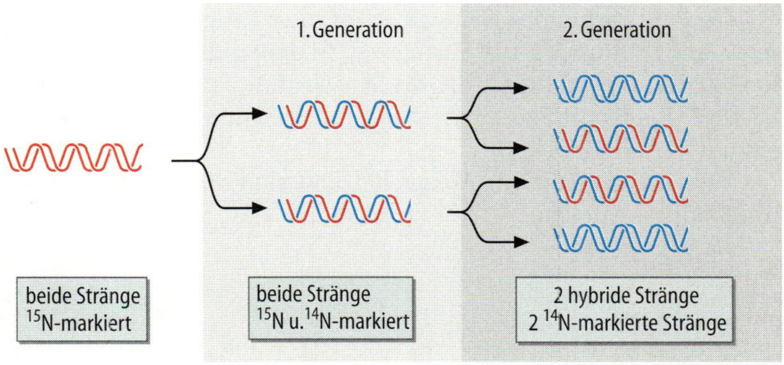

Abb. 12.11 Nachweis des semikonservativen Mechanismus der DNA-Replikation. Coli-Bakterien bauen das schwere Stickstoffisotop ^{15}N in die DNA ein, die dadurch dichter wird. Läßt man derartige Bakterien anschließend in einem Medium mit dem normalen Isotop ^{14}N weiterwachsen, so zeigt die DNA nach einer Generation eine intermediäre Dichte zwischen derjenigen der ^{15}N- bzw. ^{14}N-markierten DNA, in der zweiten Generation jedoch zu 50% ^{14}N-markierte DNA und DNA der intermediären Dichte

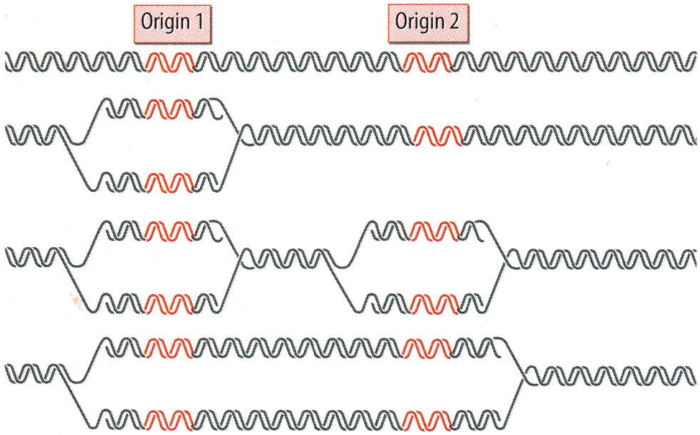

Abb. 12.12 Replikation der eukaryoten DNA mit Hilfe multipler Replikationsblasen. (Einzelheiten s. Text)

Die Replikation des eukaryoten Genoms erfolgt mit multiplen Replikationsblasen.

Für die Replikation des Genoms eukaryoter Zellen stehen bei Säugetieren etwa 8 Stunden zur Verfügung, in denen die ca. 10^9 Basen verdoppelt werden müssen. Aus diesem Grunde ist es notwendig, daß die DNA-Replikation an vielen Stellen des Genoms gleichzeitig erfolgen muß (Abb. 12.12).

Von ihrem zeitlichen Ablauf her läßt sich die Replikation in die drei Stadien einteilen:

- Initiation,
- Elongation und
- Termination.

Die gleiche Einteilung wird auch für die Transcription (S. 375) und die Proteinbiosynthese (S. 400) verwendet.

Bei der Initiation muß eine lokale Denaturierung der DNA-Einzelstränge erfolgen.

Jede ***Initiation*** der DNA-Replikation muß damit beginnen, daß die als ***Origin*** bezeichnete Startstelle der Replikation von entsprechenden Proteinkomplexen erkannt wird. Anschließend müssen die DNA-

Doppelstränge entwunden und in die beiden Einzelstränge getrennt werden. Die Entwindung der DNA wird durch sogenannte ***Helicasen*** katalysiert. Dies führt zu einer Verdrillung des oberhalb gelegenen DNA-Stückes, die durch ***Topoisomerasen*** aufgehoben wird. Die Entwindungsstelle wird auch als ***Replikationsgabel*** bezeichnet.

!

Die für die Replikation der DNA verantwortlichen Enzyme werden als DNA-Polymerasen bezeichnet.

Nachdem Arthur Kornberg die ersten für die ***Elongationsphase*** der Replikation verantwortlichen bakteriellen DNA-Polymerasen isoliert hatte, konnte deren allgemeiner Mechanismus festgelegt werden (Abb. 12.13). Er beruht auf dem ***nucleophilen*** Angriff der freien 3'-OH-Gruppe des zu verlängernden DNA-Stranges an der ***Pyrophosphatbindung*** zwischen dem α- und β-Phosphat des anzuknüpfenden Desoxyribonucleosidtriphosphates. Als Desoxyribonucleosidtriphosphate für die DNA-Polymerasen werden die Purinnucleotide dATP und dGTP sowie die Pyrimidinnucleotide dCTP sowie dTTP verwendet. Dieser Mechanismus gilt sowohl für prokaryote als auch für eukaryote und damit auch für die beim Säuger vorkommenden DNA-Polymerasen (Tabelle 12.2). Darüber hinaus müssen folgende Tatsachen berücksichtigt werden:

- Die ***Verlängerung*** eines DNA-Stranges erfolgt immer vom 5'-Ende zum 3'-Ende hin.
- Alle DNA-Polymerasen benötigen einen bereits vorhandenen ***Einzelstrang*** mit einem freien 3'-OH-Ende, an den neue Basen angefügt werden können.

Tabelle 12.2 Beim Säuger vorkommende DNA-Polymerasen

DNA-Polymerase	α	δ	ε	β	γ
Lokalisation	Kern	Kern	Kern	Kern	Mitochondrien
Funktion	Synthese des Primers und des Verzögerungsstrangs; enthält Primaseaktivität	Synthese des Führungsstrangs; enthält PCNA	Reparatur	Reparatur	Replikation der mitochondrialen DNA
Molekulargewicht (D)	300000	170000–230000	250000	4000	180000–300000

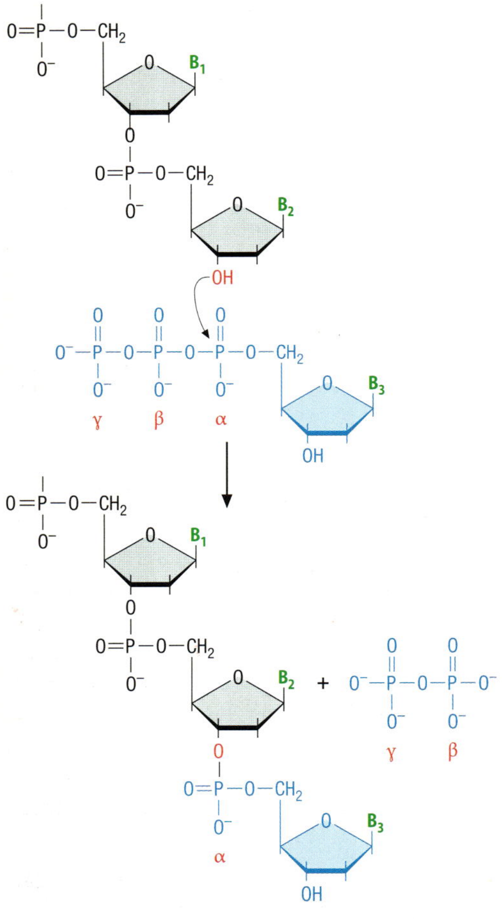

Abb. 12.13 Mechanismus der DNA-Replikation durch Kettenverlängerung am 3'-OH-Ende eines DNA-Einzelstrangs durch die DNA-abhängige DNA-Polymerase. (Einzelheiten s. Text)

- Alle DNA-Polymerasen benötigen einen als ***Matrize*** bezeichneten Einzelstrang, dessen Basensequenz die Reihenfolge der für die Verlängerungsreaktion gewählten Desoxyribonucleosidtriphosphate bestimmt. Hierdurch wird gewährleistet, daß der neue Strang tatsächlich komplementär zum parentalen Strang ist.

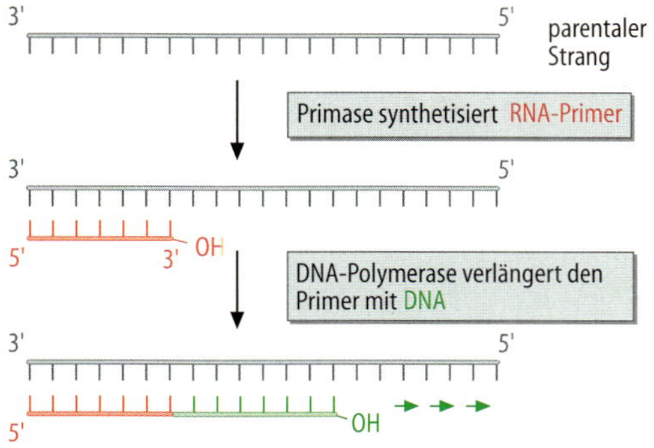

Abb. 12.14 Start der DNA-Replikation durch Synthese eines RNA-Primers. Die dafür benötigte Primase ist bei Prokaryonten ein eigenes Enzym, bei Eukaryonten eine Teilaktivität der DNA-Polymerase α

Die DNA-Replikation startet mit der Synthese eines RNA-Primers.

Da DNA-Polymerasen nicht imstande sind, das freie 3'-OH-Ende zu produzieren, an das weitere Nucleotide angeknüpft werden können, müssen vor der DNA-Polymerisierung sogenannte ***Primer*** synthetisiert werden. Es handelt sich um kurze RNA-Stücke, die durch sogenannte ***Primasen*** gebildet werden. Primasen sind RNA-Polymerasen, die einen zu einem DNA-Einzelstrang komplementären RNA-Strang synthetisieren können (Abb. 12.14).

Bei der DNA-Synthese wird der Verzögerungsstrang diskontinuierlich synthetisiert.

Ein weiteres Problem für die DNA-Replikation ergibt sich daraus, daß DNA-Polymerasen die Synthese des neuen Strangs nur in der 5'-3'-Richtung durchführen können, die DNA-Doppelstränge jedoch antiparallel verlaufen (Abb. 12.15):

- Die Richtung der DNA-Polymerisierung durch die DNA-Polymerase entspricht nur am sogenannten ***Führungsstrang*** der Wanderungsrichtung der Replikationsgabel. Dieser Strang wird, nachdem einmal ein Primermolekül synthetisiert wurde, kontinuierlich und in einem Stück weiter synthetisiert.
- Beim anderen Strang verläuft die Polymerisierungsrichtung entgegengesetzt zur Wanderungsrichtung der Replikation. An die-

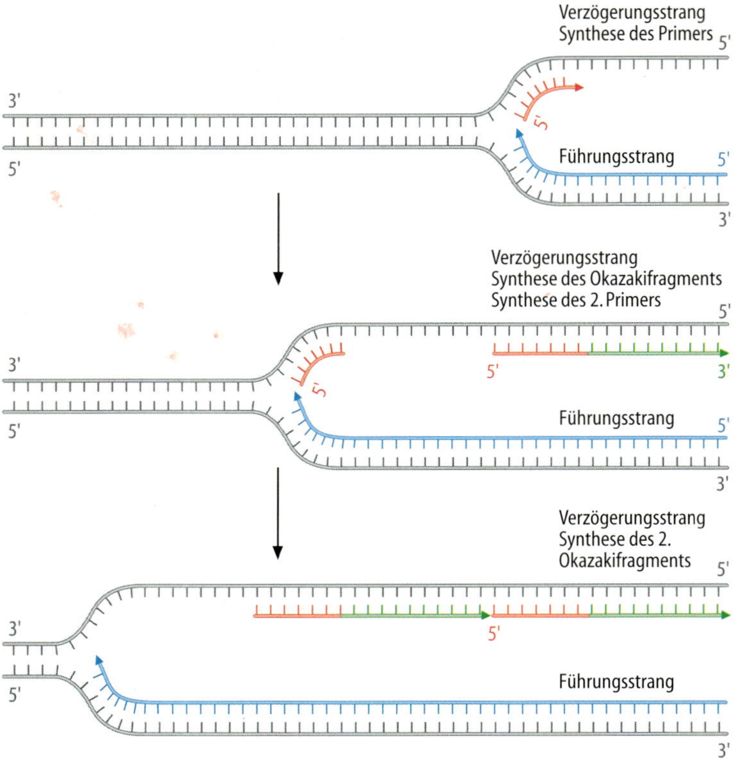

Abb. 12.15 Replikation der DNA-Doppelhelix. Da die Strangverlängerung immer nur in 5′-3′-Richtung erfolgen kann, kann die Replikation nur in einem der beiden Einzelstränge kontinuierlich ablaufen. Im antiparallelen sogenannten Verzögerungsstrang erfolgt die Replikation wegen der Syntheserichtung der DNA-Polymerase diskontinuierlich

sem sogenannten ***verzögerten Strang*** erfolgt die Synthese diskontinuierlich in Stücken von einigen tausend Basen, die nach ihrem Entdecker als ***Okazaki-Fragmente*** bezeichnet werden. Sie entstehen dadurch, daß nach der Synthese eines derartigen Fragments jeweils wieder an der Replikationsgabel ein neuer Primer synthetisiert und durch die DNA-Polymerase so lange verlängert wird, bis er an das vorher synthetisierte Fragment stößt.

Für den Abschluß der Replikation des Verzögerungsstranges wird eine 5'-3'-Exonuclease und DNA-Ligase benötigt.

Um die Okazaki-Fragmente in DNA-Stränge umzuwandeln, werden weitere Enzymaktivitäten benötigt (Abb. 12.16). Zunächst müssen durch eine ***5'-3'-Exonucleaseaktivität*** die RNA-Primer entfernt werden. Bei Prokaryonten ist diese Exonuclease eine Teilaktivität der DNA-Polymerase I, bei Eukaryonten ist das entsprechende Enzym noch nicht mit Sicherheit identifiziert.

Anschließend werden durch die ***DNA-Polymerase*** die durch die Primerentfernung entstandenen Lücken aufgefüllt und mit Hilfe einer ***DNA-Ligase*** zum kontinuierlichen Strang verknüpft.

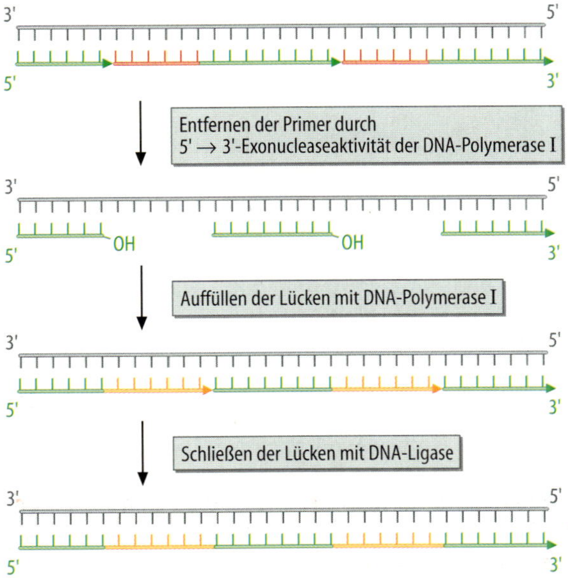

Abb. 12.16 Entfernung der Okazaki-Fragmente und Komplettierung des Verzögerungsstrangs zu einem kontinuierlichen DNA-Strang. (Einzelheiten s. Text)

! **Die Termination der DNA-Replikation erfolgt, wenn zwei Replikationsblasen ineinander übergehen.**

Die Termination der Replikation findet dann statt, wenn zwei Replikationsblasen ineinander übergehen. Über die dabei ablaufenden Mechanismen und die Natur der beteiligten Proteinfaktoren ist noch sehr wenig bekannt.

···> Weitere Einzelheiten über die Enzymologie der DNA-Replikation s. ausführliche Lehrbücher der Biochemie

! **Für die Replikation der Enden doppelsträngiger DNA werden besondere Mechanismen benötigt.**

Bei der Replikation linearer Doppelstränge, wie sie in den Chromosomen der Eukaryonten vorliegen, ergeben sich folgende Schwierigkeiten:

- Das 5'-Ende des parentalen Strangs kann ohne Schwierigkeiten vollständig repliziert werden, da hier der Führungsstrang vorliegt.
- Am 3'-Ende des komplementären parentalen Strangs liegt unmittelbar nach der Replikation der RNA-Primer. Wird dieser durch die 5'-3'-Exonuclease entfernt, hat die DNA-Polymerase an diesem Ende keine Möglichkeit mehr, die entstandene Lücke aufzufüllen.
- Dies führt dazu, daß die Chromosomen mit jeder Replikation um ein definiertes Stück kleiner werden.

Um eine Instabilität der Chromosomen und den Verlust von Genen zu verhindern, sind die auch als ***Telomeren*** bezeichneten Enden der Chromosomen mit spezifischen Sequenzen ausgestattet, die aus einigen tausend repetitiven, G-reichen Sequenzen bestehen. Bei jeder Replikation geht ein Teil der Sequenzen verloren, ohne daß jedoch Genstrukturen angegriffen werden. Telomere bieten also eine Erklärung dafür, daß die Zahl der möglichen Teilungen somatischer Zellen höherer Eukaryonten, wie auch des Menschen, auf 30–50 beschränkt ist.

Bei niederen Eukaryonten, den Keimbahnzellen der Testes und der Ovarien sowie bei Tumorzellen ist die Replikationsrate sehr viel höher. Um eine die Funktion beeinträchtigende Chromosomenverkürzung zu verhindern, verfügen diese Zellen über eine als ***Telomerase*** bezeichnete Enzymaktivität. Telomerasen sind Ribonucleoprotein-Enzyme, die eine Verlängerung der Telomeren katalysieren.

···➣ Über den Mechanismus der Telomerenverlängerung durch Telomerasen s. ausführliche Lehrbücher der Biochemie

!

WICHTIG

Unter Replikation der DNA versteht man ihre semikonservative Verdoppelung, die bei Eukaryonten in der S-Phase des Zellcyclus stattfindet. Dabei muß zunächst an den als Origin bezeichneten Startstellen der Replikation die DNA in die beiden Einzelstränge separiert werden. Eine Voraussetzung für die Neusynthese der zu den beiden parentalen Einzelsträngen komplementären Stränge ist die Synthese eines aus RNA bestehenden sogenannten Primers, da die DNA-Polymerasen lediglich doppelsträngige DNA verlängern können. Für die Primer-Synthese sind Primasen notwendig. Im sogenannten Führungsstrang erfolgt die Synthese des neuen Stranges entsprechend der Wanderungsrichtung der Replikationsgabel in einem Stück, im antiparallelen sogenannten Verzögerungsstrang dagegen von der Wanderungsrichtung der Replikationsgabel weg. Hier erfolgt die Synthese in Okazaki-Fragmenten, bei denen zunächst die RNA-Primer durch Exonuclease entfernt und die entstandenen Lücken anschließend durch DNA-Polymerase und DNA-Ligase aufgefüllt werden müssen.

An den Enden der Chromosomen liegt die DNA als Telomere vor. Diese zeichnen sich durch lange repetitive Strukturen aus, die bei jedem Replikationsvorgang etwas verkürzt werden. Bei eukaryoten Einzellern, in den Keimbahnzellen der vielzelligen Eukaryonten sowie bei Tumoren sorgt ein als Telomerase bezeichnetes Enzym dafür, daß der Längenverlust der Telomeren bei der Replikation wieder ausgeglichen wird.

12.4 Gentechnik

Das zunehmende Verständnis für DNA-Replikation, Transcription und Translation hat Möglichkeiten zur praktischen Anwendung in den verschiedensten Bereichen erbracht. Diese Techniken werden zusammenfassend als ***Gentechnik*** bezeichnet. Sie haben zum Ziel, Zellen oder Organismen dazu zu bringen, fremde DNA mit spezifischen Eigenschaften aufzunehmen, gegebenenfalls in ihr Genom zu integrieren, zu replizieren und die in der fremden DNA enthaltene Information als Protein zu exprimieren. Hierzu sind eine Reihe von Schritten notwendig:

- Isolierung der gewünschten DNA-Sequenzen, die als ***Fremd-DNA*** bezeichnet werden.
- Verknüpfung der Fremd-DNA mit einer Träger-DNA, die die Aufnahme in die Empfängerzelle ermöglicht. Derartige Träger-DNA-Moleküle werden als ***Vektoren*** bezeichnet.
- Durch Einbau oder ***Klonierung*** der Fremd-DNA in einen Vektor erhält man eine ***rekombinante DNA.***
- Durch die Einschleusung der rekombinanten DNA (Transfektion, Transformation) entstehen dann ***gentechnisch modifizierte Organismen.***

Viele Vektoren leiten sich von bakteriellen Plasmiden ab.

Die am häufigsten verwendeten Vektoren sind bakterielle ***Plasmide*** oder deren Derivate. Sie tragen normalerweise die Gene für die Konjugation von Bakterienzellen, gelegentlich auch für Antibiotikaresistenzen. Sie können nach Lyse der Bakterien durch einfache Zentrifugationsschritte in hoher Reinheit isoliert werden. Auf diese Weise isolierte Plasmide können unter entsprechenden Bedingungen von intakten Bakterien wieder aufgenommen werden. Ist der Vektor so konstruiert, daß die Fremd-DNA auch als Protein exprimiert werden kann, spricht man von sog. ***Expressionsvektoren.*** Vektoren mit etwas anderem Aufbau sind für den Einbau in Hefezellen oder tierische Zellen geeignet.

- Um als Vektor geeignet zu sein, muß das Plasmid über einen ***Marker*** verfügen, der den Nachweis zuläßt, daß es auch wirklich in Bakterienzellen vorhanden ist. Meist handelt es sich um ***Resistenzgene*** gegen Antibiotika. In einem mit dem jeweiligen Antibioticum versetzten Kulturmedium überleben dann nur die Bakterien, die das Plasmid enthalten.
- Außerdem muß es eine Schnittstelle für das Einbringen der Fremd-DNA enthalten, die als ***Polyklonierungsstelle*** bezeichnet wird und aus einer Basensequenz besteht, die hintereinander die Schnittstellen häufig verwendeter Restriktionsendonucleasen (S. 342) enthalten.

Die prinzipiellen Schritte der Klonierung fremder DNA in ein Plasmid und die anschließende Transfektion von Bakterienzellen ist in Abb. 12.17 zusammengestellt.

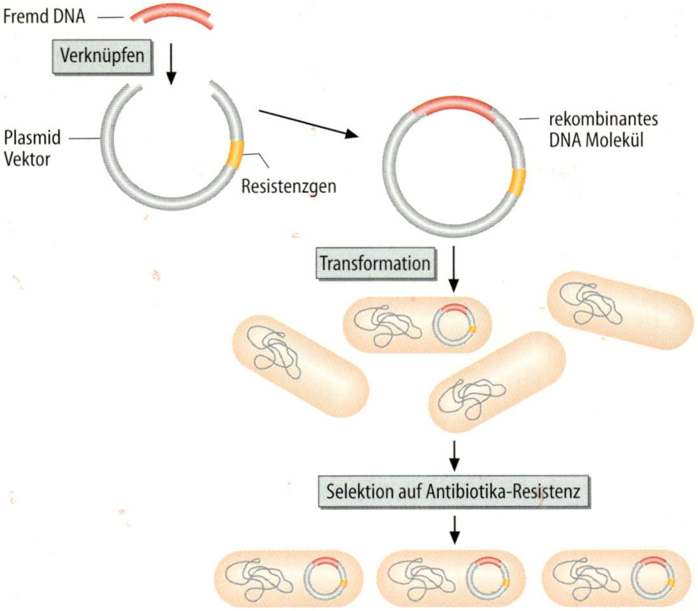

Abb. 12.17 Klonierung fremder DNA in ein Plasmid und Transformation von Bakterienzellen

Spezifische DNA-Sequenzen können aus DNA-Banken isoliert werden.

DNA-Banken sind in geeigneten Vektoren gesammelte Fragmente großer DNA-Abschnitte. Dabei unterscheidet man zwischen

- genomischen DNA-Banken und
- cDNA-Banken.

Eine ***genomische DNA-Bank*** enthält die gesamte DNA eines Organismus in einzelnen, auf Bakterien verteilten Fragmenten. Zu ihrer Herstellung (Abb. 12.18) wird die Gesamt-DNA einer Zellpopulation isoliert und mit Hilfe geeigneter Restriktionsenzyme in entsprechende Buchstücke geschnitten. Dieses Gemisch wird in Vektoren, z. B. Plasmide, kloniert und anschließend hiermit Bakterien transfiziert. Unter geeigneten Bedingungen hat jede Bakterienzelle ein Plasmid und damit ein Bruchstück der DNA des betreffenden Organismus aufgenommen.

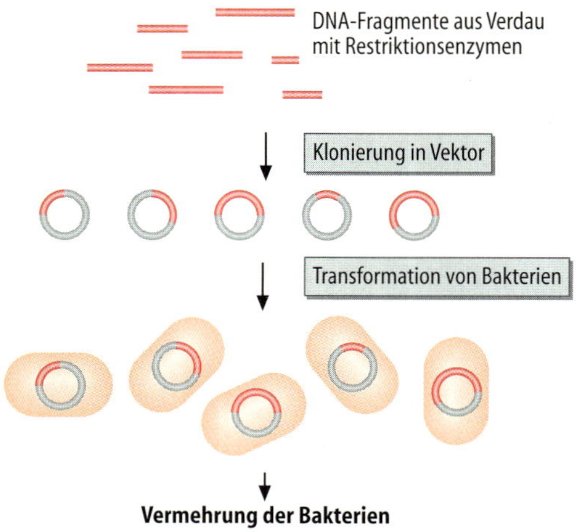

Abb. 12.18 Schematische Darstellung der Herstellung einer genomischen Genbank. (Einzelheiten s. Text)

cDNA-Banken enthalten im Gegensatz zu genomischen Banken nur solche DNA-Moleküle, deren Sequenz komplementär zu den in der betroffenen Zelle vorhandenen mRNA-Molekülen (S. 373) ist. Sie entsprechen infolgedessen den in der Zelle synthetisierten Proteinen. Ausgangsmaterial zur Herstellung von cDNA-Banken ist die mRNA von Zellen oder Organismen. Die gesamte mRNA wird durch Behandlung mit ***reverser Transcriptase*** (S. 422) in DNA umgeschrieben (Abb. 12.19) und anschließend mit Hilfe der dabei entstehenden sogenannten cDNA (cDNA, *engl.* complementary DNA) zur Herstellung einer Genbank analog dem Vorgehen bei der Herstellung einer genomischen Genbank verwendet.

Aus DNA-Banken können spezifische DNA-Sequenzen isoliert werden.

Das Problem, aus dem in Genbanken vorliegenden Gemisch verschiedener DNA-Bruchstücke das gewünschte zu isolieren, wird durch das sogenannte ***Screenen*** (Durchsuchen) von DNA-Banken gelöst, dessen Prinzip in Abb. 12.20 zusammengestellt ist. Dabei wird folgendermaßen vorgegangen:

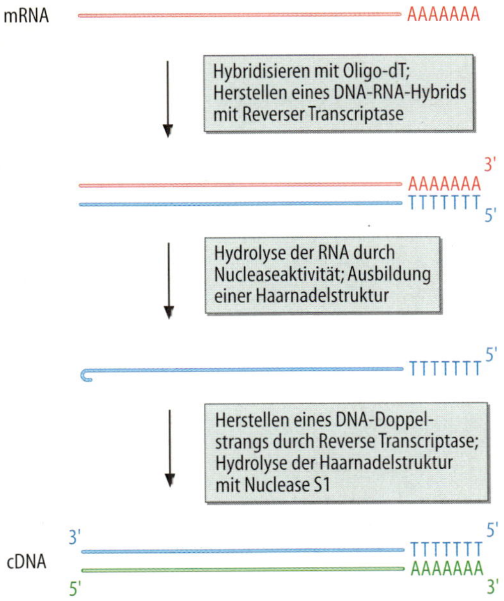

Abb. 12.19 Herstellung von cDNA durch Behandlung von mRNA mit reverser Transcriptase

- Die transfizierten Bakterien werden kultiviert.
- Die kultivierten Bakterien werden auf ein Nitrozellulosefilter übertragen und auf diese Weise ein Abklatsch hergestellt, der die jeweilige DNA enthält.
- Mit Hilfe einer geeigneten Sonde, die nur ein kurzes Stück (20 Nucleotide oder mehr) der gesuchten Sequenz enthält und markiert ist, wird die auf dem Nitrozellulosefilter fixierte bakterielle DNA hybridisiert
- Anhand der spezifischen Hybridisierung können die Bakterienkolonien weiter kultiviert werden, die die gesuchte Sequenz enthalten.

!

Spezifische DNA-Sequenzen können auch durch die Polymerasekettenreaktion amplifiziert werden.

Einen Durchbruch für die Gentechnik stellte das 1984 von Kary Mullis entwickelte Verfahren der ***Polymerasekettenreaktion*** (***PCR,*** *engl.* Polymerase Chain Reaction) dar. Ihr Prinzip ist in Abb. 12.21 am Bei-

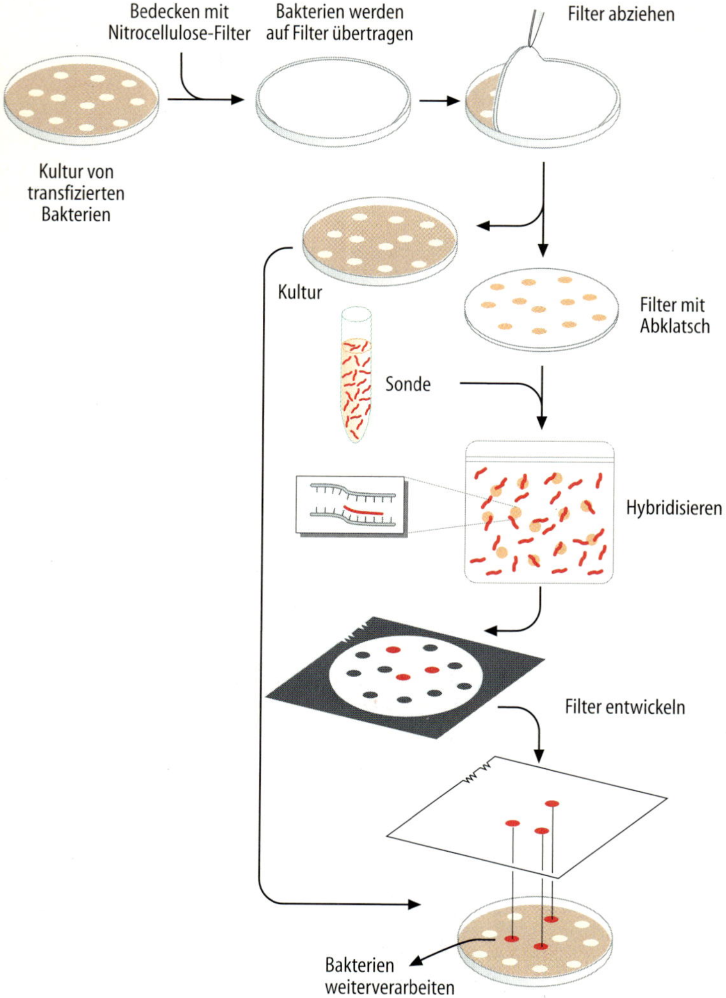

Abb. 12.20 Verfahren zum Screenen (durchmustern von Genbanken)

Abb. 12.21 Amplifizierung einer spezifischen DNA-Sequenz durch die Polymerasekettenreaktion. (Einzelheiten s. Text) ▶

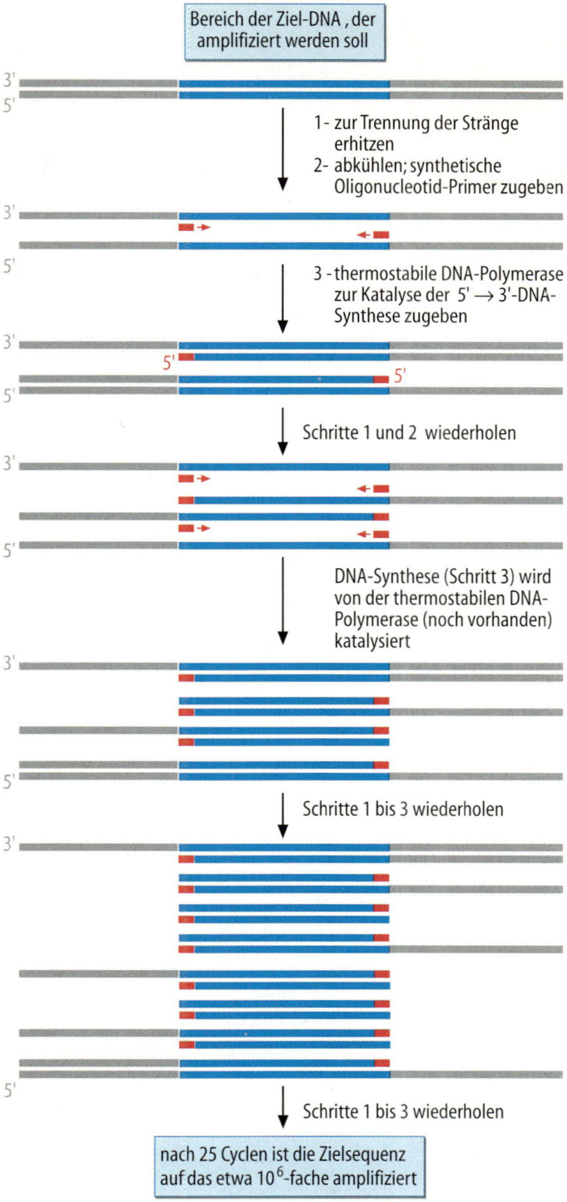
Bereich der Ziel-DNA , der amplifiziert werden soll
3'
5'
1- zur Trennung der Stränge erhitzen
2- abkühlen; synthetische Oligonucleotid-Primer zugeben
3'
5'
3 - thermostabile DNA-Polymerase zur Katalyse der 5' ⟶ 3'-DNA-Synthese zugeben
3'
5'
5'
5'
Schritte 1 und 2 wiederholen
3'
5'
DNA-Synthese (Schritt 3) wird von der thermostabilen DNA-Polymerase (noch vorhanden) katalysiert
3'
5'
Schritte 1 bis 3 wiederholen
3'
5'
Schritte 1 bis 3 wiederholen
nach 25 Cyclen ist die Zielsequenz auf das etwa 10^6-fache amplifiziert

spiel der Amplifizierung (Vermehrung) einer spezifischen Sequenz eines DNA-Doppelstrangs dargestellt:

- Der Doppelstrang wird durch Erhöhen der Temperatur auf 90 °C ***denaturiert***.
- Nach raschem Abkühlen auf etwa 50 °C werden zwei aus 15–25 Basen bestehende ***Oligonucleotide*** zugesetzt, die der Sequenz an den 5'-Enden der beiden Einzelstränge komplementär sind.
- Durch Zusatz einer ***DNA-Polymerase*** werden die beiden Einzelstränge zum jeweiligen Doppelstrang komplementiert, so daß nun zwei Doppelstränge vorhanden sind.

Derartige Reaktionscyclen können mehrfach wiederholt werden und ergeben eine exponentielle Zunahme der amplifizierten DNA.

!

Gentechnische Verfahren ermöglichen eine Vielzahl praktischer Anwendungen.

Gentechnische Verfahren haben eine große Zahl der unterschiedlichsten Anwendungsmöglichkeiten (Tabelle 12.3).

Von besonderer biotechnischer Bedeutung für die Medizin ist die Herstellung von seltenen oder sonst schwer zugänglichen Proteinen durch gentechnische Verfahren. Dies ist bis heute schon für eine Reihe von Proteinen realisiert worden, wie z. B.:

- Insulin
- Wachstumshormon
- Erythropoietin
- Interferone
- Interleukine.

Tabelle 12.3 Anwendung der Gentechnik (Auswahl)

Anwendung	Benötigte Verfahren
Analyse neuer Gene	Isolierung aus Genbanken, Sequenzierung
Herstellung schwer zugänglicher Proteine	Transformation von Bakterien mit Vektoren, die die Expression des betreffenden Gens als Protein ermöglichen (Expressionsvektoren)
Ausschalten von Genen	Verwenden von Antisense-DNA oder -RNA, homologe Rekombination mit Resistenzen
Herstellung transgener Tiere	Einführung von Fremdgenen in die Keimbahn durch Injektion in Oocyten Ausschaltung spezifischer Gene in embryonalen Stammzellen zur Herstellung von „knock out"-Mäusen

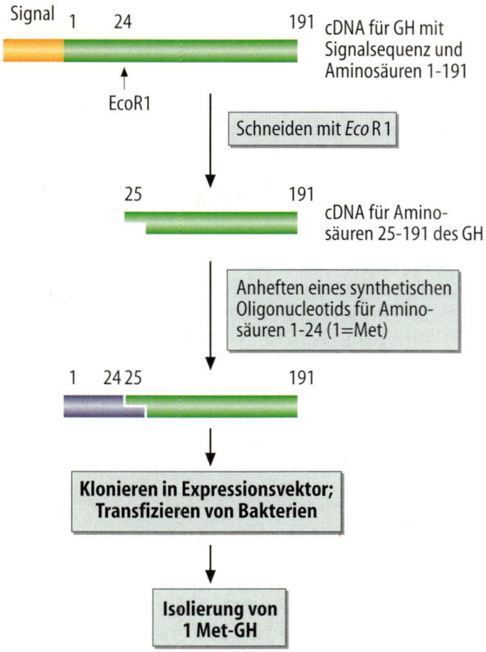

Abb. 12.22 Verfahren zur gentechnischen Herstellung von humanem Wachstumshormon. (Einzelheiten s. Text)

Das Prinzip des hierbei zur Anwendung kommenden Verfahrens ist in Abb. 12.22 am Beispiel der Herstellung von humanem ***Wachstumshormon*** (GH) dargestellt. Ausgangspunkt ist die vollständige cDNA für GH, welche noch die eukaryote Signalsequenz (S. 411) enthält. Die cDNA wird mit der Restriktionsendonuclease EcoR I gespalten, wobei ein für die Aminosäuren 25–191 des GH codierende Stück entsteht. An dieses wird ein synthetisches Oligonucleotid für die Aminosäuren 1–24 angeheftet, wobei die Aminosäure 1 Methionin sein muß, damit das Protein auch in Bakterien hergestellt werden kann (S. 402). Diese synthetische cDNA wird in einen ***Expressionsvektor*** kloniert und ermöglicht dann die Herstellung großer Mengen von humanem Wachstumshormon durch die transfizierten Bakterienzellen.

> **!** WICHTIG
>
> Unter dem Begriff Gentechnik werden alle Verfahren zusammengefaßt, die das Einbringen fremder DNA in Zellen, gegebenenfalls deren Einbau in das Wirtszellgenom und die Expression der darin enthaltenen Information beinhalten. Fremd-DNA muß dabei nach ihrer Isolierung in sogenannte Vektoren kloniert werden. Vektoren sind häufig bakterielle Plasmide. Daneben gibt es aber auch Vektoren für Hefezellen bzw. für tierische Zellen. Nach Transformation bzw. Transfektion der Empfängerzellen mit dem mit einer Fremd-DNA beladenen Vektor kann dieser in der Wirtszelle entweder autonom repliziert oder in das Genom der Wirtszelle eingebaut werden. Expressionsvektoren sind so aufgebaut, daß von ihnen die entsprechende mRNA hergestellt und damit das zu der betreffenden Fremd-DNA gehörige Gen als Protein exprimiert werden kann. Dieses Verfahren dient dazu, in der Medizin als Arzneimittel effektive, jedoch durch Anreicherung aus Geweben oder Blut nur sehr schwer zugängliche Proteine in großer Menge und Reinheit herzustellen. Mit Hilfe anderer gentechnischer Verfahren können z. B. Gene gezielt ein- oder ausgeschaltet oder sogenannte transgene Tiere hergestellt werden. Bei diesen handelt es sich um Organismen mit einem durch die Einbringung eines neuen oder veränderten Gens in die Keimbahn oder durch die Ausschaltung eines Gens in der Keimbahn veränderten Genom, durch das neue Eigenschaft auch auf Nachkommen übertragen werden können.

12.5 Pathobiochemie: Mutationen und Reparatur von DNA-Schäden

Daß Erkrankungen durch erbliche Defekte von am Stoffwechsel beteiligten Enzymen zustande kommen, wurde zu Beginn des 20. Jahrhunderts, besonders durch die Untersuchungen von Archibald E. Garrod klar. Inzwischen nimmt die Kenntnis der Erkrankungen, die durch ererbte oder erworbene Defekte der Gene spezifischer Proteine ausgelöst werden, aufgrund der immer weiter fortschreitenden Analyse des humanen Genoms ständig zu. Im Prinzip kann jedes der ca. 100000 Gene des humanen Genoms von einer Mutation betroffen sein, womit auch alle Genprodukte, d. h. neben Enzymen Transport- und Rezeptorproteine, Proteohormone, Transcriptionsfaktoren u. a., befallen sein können.

Veränderungen der DNA treten häufig auf und werden durch Reparaturenzyme beseitigt.

Die Stabilität der Arten über große Zeiträume läßt vermuten, daß Veränderungen in der Basensequenz der DNA außerordentlich selten sind. Erstaunlicherweise ist dies nicht der Fall. DNA-Veränderungen sind häufig und betreffen z.B.

- die auch bei normaler Körpertemperatur auftretende ***thermische Spaltung*** der N-glycosidischen Bindung von ***Purinbasen*** mit der Desoxyribose (ca. 5000 Purinbasen pro Zelle und 24 Stunden) oder
- die spontane ***Desaminierung*** von ***Cytosin*** in der DNA unter Bildung von Uracil. Auch diese Mutation ist häufig.
- DNA ist darüber hinaus anfällig gegenüber einer großen Zahl von schädigenden Agenzien. Ein Beispiel ist die durch ***ultraviolette Strahlung*** ausgelöste Dimerisierung benachbarter ***Thyminreste*** (Abb. 12.23).

Daß diese häufigen Veränderungen der DNA nicht zu bleibenden DNA-Schäden führen, ist auf die Existenz sehr effektiver ***DNA-Reparaturmechanismen*** zurückzuführen, deren prinzipielles Funktionieren in Abb. 12.24 dargestellt ist. Dabei lassen sich zwei Mechanismen unterscheiden:

- Die ***Basenexzisionsreparatur***. Hierbei wird in zwei Schritten ein als fehlerhaft erkanntes Desoxyribonucleotid entfernt und anschließend die Lücke mit DNA-Polymerase und Ligase wieder aufgefüllt.
- Die ***Nucleotidexzisionsreparatur***. Hierbei wird ein aus etwa 10–20 Nucleotiden bestehendes Oligonucleotid in der unmittelbaren Umgebung einer fehlerhaften Base entfernt und anschließend die Lücke wieder aufgefüllt.

Eine Voraussetzung für diese Reparaturmechanismen ist, daß sich der Schaden auf einen der beiden Einzelstränge der Doppelhelix beschränkt.

Stabile Mutationen sind die Ursache vieler vererbbarer und erworbener Erkrankungen.

Betreffen DNA-Schädigungen beide Einzelstränge des Doppelstrangs oder entgehen sie den Reparatursystemen (s.o.), so kommt es zu ***stabilen Mutationen***. Finden diese in Keimzellen statt, so entstehen

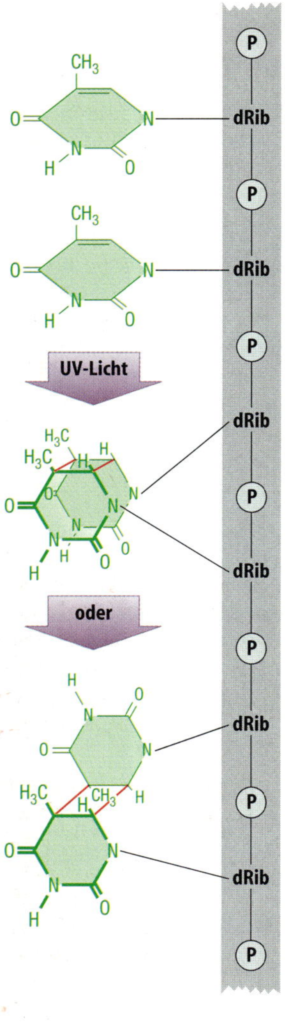

Abb. 12.23 Dimerisierung von benachbarten Thyminresten durch UV-Licht

daraus ***vererbbare*** (hereditäre) Erkrankungen, die stabil oder, wenn sie sich von Generation zu Generation verändern, dynamisch sein können. Treten Mutationen in somatischen Zellen auf, so entstehen häufig gutartige oder bösartige proliferative Erkrankungen.

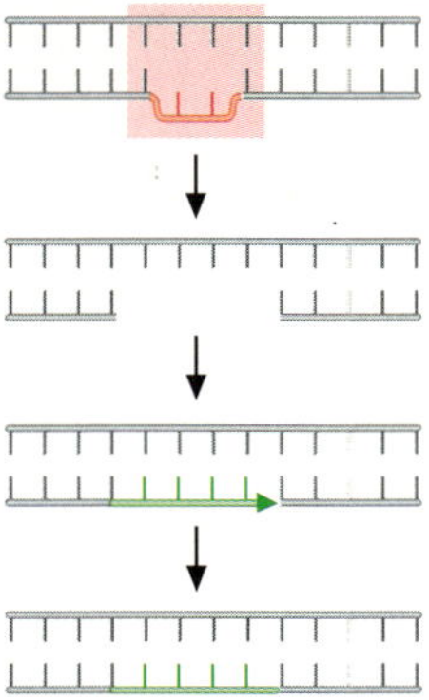

Abb. 12.24 Allgemeine Strategie zur Behebung von DNA-Schäden. (Einzelheiten s. Text)

Je nach der Art der Mutation kann zwischen

- Punktmutationen und
- Chromosomenmutationen

unterschieden werden.

Bei ***Punktmutationen*** sind einzelne Basen ausgetauscht oder deletiert. Der Austausch einzelner Basen führt dabei dann zu Änderungen der Struktur des zugehörigen Proteins, wenn durch den ***Basenaustausch*** das Codon so geändert wird, daß eine andere Aminosäure codiert wird. Bei ***Deletionen*** kommt es immer zu einer Änderung der Aminosäuresequenz des zugehörigen Proteins, da der Leseraster geändert wird (Rasterschubmutation).

Chromosomenmutationen betreffen häufig schon mikroskopisch sichtbare Änderungen an der Chromosomenstruktur. Chromosomen können vollständig entfernt oder verdoppelt sein; häufiger sind Brüche von Chromosomen mit einem als ***Translokation*** bezeichneten Austausch der Bruchstücke. Dabei fusionieren die Gene im Bereich der Bruchstellen, so daß Fusionsgene entstehen. Die Folgen von Mutationen können entsprechend der Natur des betroffenen Gens außerordentlich vielfältig sein. Prinzipiell kann man jedoch zwischen ***strukturellen*** bzw. ***regulatorischen*** Mutationen unterscheiden. Die strukturellen betreffen die qualitative Änderung der Proteinstruktur durch Aminosäuresubstitution, Veränderung des Leserasters oder vorzeitigen Abbruch der Proteinbiosynthese. Regulatorische Mutationen beeinträchtigen die Vorgänge der Genexpression und führen so zu quantitativen Änderungen der Proteinproduktion. Diese Mutationen sind meist in den Promotorregionen von Genen (S. 378) lokalisiert.

! WICHTIG

DNA ist relativ unstabil, da Basen sich spontan oder unter dem Einfluß schädigender Agenzien verändern bzw. besonders Purinbasen entfernt werden. Enzymatische Reparatursysteme sind imstande, Veränderungen der Basensequenzen zu korrigieren. Dies ist allerdings nur dann möglich, wenn die Veränderung nur einen der beiden Einzelstränge betrifft.

Betreffen die Veränderung der DNA-Struktur beide Einzelstränge der DNA oder entgehen sie den Reparaturmechanismen, so kommt es zu stabilen Mutationen, die immer dann Erkrankungen auslösen, wenn sie zu Funktionsstörungen des betroffenen Genprodukts, meist Proteins, führen. Strukturelle Mutationen sind dabei Veränderungen der Proteinstruktur, die bis zu seinem völligen Verschwinden führen können, regulatorische Mutationen betreffen die Regulation der Genexpression.

13 RNA und Genexpression

LERNZIELE
- Struktur und Klassifizierung von RNA
- Transcription
- Posttranscriptionale Modifikationen der RNA
- Abbau von mRNA
- Regulation der Genexpression
- Pathobiochemie

Die DNA besteht aus einer Sammlung von Genen, welche für den Aufbau aller Proteine codieren, darüber hinaus aber auch die Information für die Synthese anderer Nucleinsäuren, z.B. der ribosomalen RNA oder der Transfer-RNA enthalten. Zu einem gegebenen Zeitpunkt benötigt eine Zelle in Abhängigkeit von ihrer jeweiligen biologischen Aktivität nur einen geringen Teil der codierten Gene in Form der entsprechenden Genprodukte. Daraus ergibt sich, daß DNA-Abschnitte in eine für ihre weitere Verarbeitung geeignete Form umgeschrieben werden müssen. Dieser Vorgang wird auch als Transcription bezeichnet und beinhaltet die Herstellung der Kopie eines Gens in Form eines einzelsträngigen RNA-Moleküls.

Die Transcription findet im Zellkern statt und führt in der Regel noch nicht zu funktionsfähigen Molekülen. Die primären Transcriptionsprodukte müssen durch erhebliche posttranscriptionale Veränderungen so modifiziert werden, daß sie durch die Kernporen in das Cytosol gelangen können, um dort ihren verschiedenen Funktionen nachzukommen.

Die Transcription selbst, aber auch die posttranscriptionalen Modifikationen und sogar der Abbau der Transcriptionsprodukte unterliegen einer genauen Regulation.

13.1 Struktur und Klassifizierung von RNA

RNA bildet, ähnlich wie DNA, kettenförmige Moleküle, bei denen Nucleosidmonophosphate durch Phosphorsäurediesterbindungen zwischen dem C-Atom 3' des einen und dem C-Atom 5' des nächstfolgenden Nucleosidmonophosphates verknüpft sind (Abb. 13.1). Drei Unterschiede im Vergleich zur DNA sind für RNA charakteristisch:

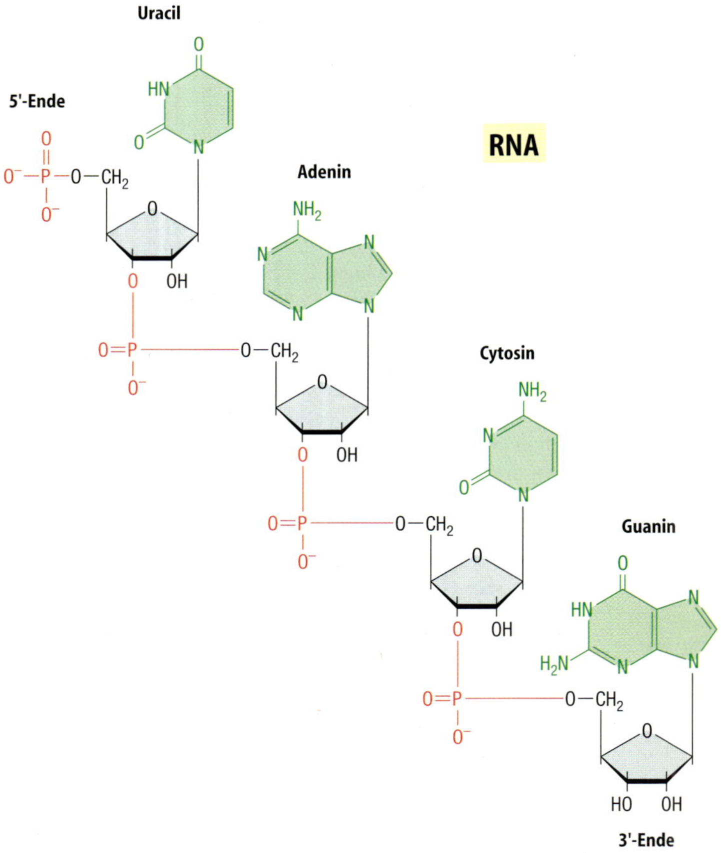

Abb. 13.1 Primärstruktur einer hypothetischen RNA-Sequenz

Tabelle 13.1 Klassifizierung der RNA

Bezeichnung	Nucleotidreste	Struktur	Funktion	Seite
Heterogene nucleäre RNA (hnRNA)	Sehr variabel	Einzelstrang	Primäres Transcriptionsprodukt	381
Messenger RNA (mRNA; Boten RNA)	Sehr variabel	Einzelstrang	Entsteht aus heterogener nucleärer RNA (hnRNA) und dient als Matrize bei der Proteinbiosynthese	374
Transfer RNA (tRNA)	– 110	Viele Basenpaarungen innerhalb eines Einzelstrangs	Bindung von Aminosäuren, Positionierung für Proteinbiosynthese	374
Ribosomale RNA (rRNA)	– 5400 als 28S, 18S, 5,8S und 5S rRNA	Einzelstrang, viele Basenpaarungen innerhalb des Einzelstrangs	Strukturelement bei der Bildung der großen und der kleinen ribosomalen Untereinheit	375
Small nuclear RNA (snRNA; kleine nucleare RNA)	– 300 als U1-U6-snRNA	Assoziiert an Proteine	Beim Spleißen der hnRNA als Bestandteil des Spleißosoms	383
Small cytoplasmic RNA (scRNA; kleine cytoplasmatische RNA)		Assoziiert an Proteine	Beim intrazellulären Proteintransport als Bestandteil des Signal recognition particles (SRP)	412

- RNA enthält die Pentose ***D-Ribose*** anstelle der für die DNA typischen Desoxyribose.
- RNA enthält die Pyrimidinbase ***Uracil*** anstelle der für DNA typischen Pyrimidinbase Thymin.
- RNA-Moleküle sind im Vergleich zu DNA-Molekülen wesentlich kürzer.

Zellen enthalten wesentlich mehr RNA als DNA. Man unterscheidet insgesamt sechs RNA-Klassen (Tabelle 13.1). Die folgenden Klassen sind von besonderer Bedeutung:

- Die ***Messenger-RNA*** (mRNA): mRNA-Moleküle entstehen aus der heterogenen nucleären RNA durch posttranscriptionale Modifikation und codieren in Form von Basentripletts die Aminosäuresequenz der verschiedenen Proteine.
- Die ***Transfer-RNA*** (tRNA): tRNA-Moleküle bestehen aus jeweils 65–110 Nucleotidresten. Sie bilden durch intramolekulare Hybridisierung Kleeblatt-förmige Strukturen (Abb. 13.2) und dienen als Adaptermoleküle für die Proteinbiosynthese (S. 396). Hierzu verfügen sie neben einer Bindungsstelle für Aminosäuren am 3'-Ende über die sog. Anticodon-Schleife. Diese enthält die Basensequenz, die dem Codon der zugehörigen Aminosäure komplementär ist.

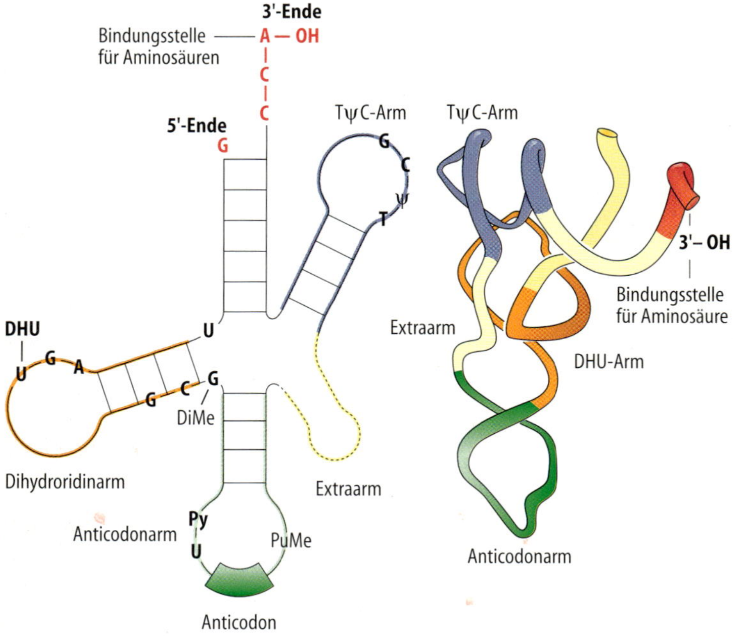

Abb. 13.2 *Links* schematische Darstellung der Struktur einer tRNA (Kleeblattstruktur). *Rechts* räumliche Struktur der Phenylalanin-tRNA

- Die ***ribosomale RNA*** (rRNA): rRNA-Moleküle stellen einen integrierenden Bauteil der für die Proteinbiosynthese verantwortlichen Ribosomen (S. 397) dar.

!

WICHTIG
RNA-Moleküle sind wesentlich kürzer als DNA-Moleküle, jedoch prinzipiell gleichartig aufgebaut, da sie aus Nucleosidmonophosphaten bestehen, die über Phosphorsäurediesterbrücken zwischen der 3′-OH-Gruppe der einen und der 5′-OH-Gruppe der nächstfolgenden Nucleosidgruppe verknüpft sind. Im Unterschied zur DNA wird als Zucker Ribose verwendet, außerdem enthält RNA die Pyrimidinbase Uracil statt der in der DNA vorkommenden Pyrimidinbase Thymin.

Von besonderer Bedeutung innerhalb der verschiedenen RNA-Arten sind die für Proteine codierenden Messenger-RNA-Moleküle (mRNA), die als Adapter bei der Proteinbiosynthese benötigten Transfer-RNA-Moleküle (tRNA) sowie die als Bauteile der Ribosomen verwendeten ribosomalen RNA-Moleküle (rRNA).

13.2 Transcription

Unter ***Transcription*** versteht man die Herstellung der Kopie eines Gens in Form eines einzelsträngigen RNA-Moleküls. Die beiden das Gen bildenden Einzelstränge der DNA haben dabei eine unterschiedliche Funktion:

- Der Strang, der als Matrize für die RNA-Synthese dient, wird auch als ***Matrizenstrang*** oder ***Minusstrang*** bezeichnet.
- Die Basensequenz des zum Matrizenstrang komplementären DNA-Strangs entspricht der Basensequenz des RNA-Transcriptes. Dieser Strang wird auch als ***codierender Strang, Plusstrang*** oder als ***Nicht-Matrizenstrang*** bezeichnet.

Die für die Transcription verantwortlichen Enzyme sind die ***DNA-abhängigen RNA-Polymerasen***. Ihre Funktion im Rahmen der Transcription ist in Abb. 13.3 dargestellt. Prinzipiell kann man die Transcription in drei Stadien einteilen:

- Bei der ***Initiation*** muß die Startstelle für die Transcription so aufgefunden werden, daß möglichst nur der für die Funktion

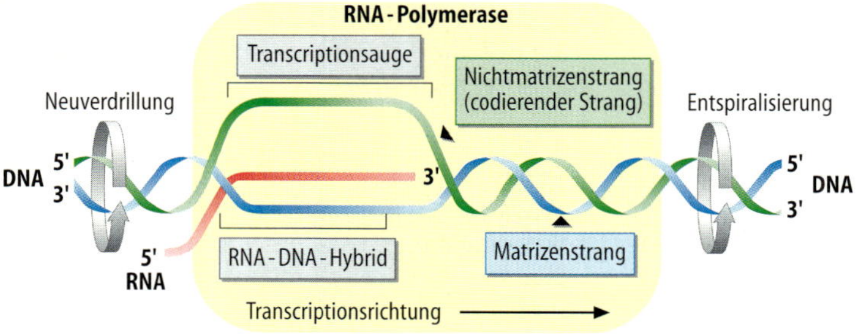

Abb. 13.3 Prinzip der DNA-Transcription durch RNA-Polymerasen. In der Gegend der Startstelle der Transcription muß die DNA lokal entwunden werden, worauf die RNA-Polymerase mit dem Transcriptionsvorgang beginnt und auf der DNA entlang läuft. Dabei muß vor der RNA-Polymerase die DNA entwunden und hinter ihr die DNA wieder zur Doppelhelix verwunden werden

des betreffenden Gens benötigte DNA-Abschnitt transcribiert wird. Hierfür sind ***Promotorregionen*** von Genen (S. 378) verantwortlich.

- Die ***Elongation*** setzt lediglich das Vorhandensein entsprechender Nucleosidtriphosphate und der RNA-Polymerase voraus.
- Die ***Termination*** der DNA benötigt eine Reihe unterschiedlicher Signale.

Der chemische Mechanismus der RNA-Polymerasen entspricht dem der DNA-Polymerasen.

Chemisch entspricht der Reaktionsmechanismus aller RNA-Polymerasen demjenigen der DNA-Polymerasen (Abb. 13.4):

- Das 3'-OH-Ende der RNA greift die Phosphorsäureanhydridbindung zwischen dem α- und β-Phosphat des nächsten anzukondensierenden Ribonucleotids an, so daß dieses unter Pyrophosphatabspaltung in die wachsende RNA-Kette eingebaut wird.
- Die Sequenz der durch diese Verlängerung eingebauten Ribonucleotide ist komplementär der Basensequenz des Matrizenstrangs und entspricht damit demjenigen des codogenen Strangs.
- Im Unterschied zu DNA-Polymerasen wird kein Primer benötigt, das neu gebildete RNA-Molekül hat infolgedessen ein Triphosphat-Ende.

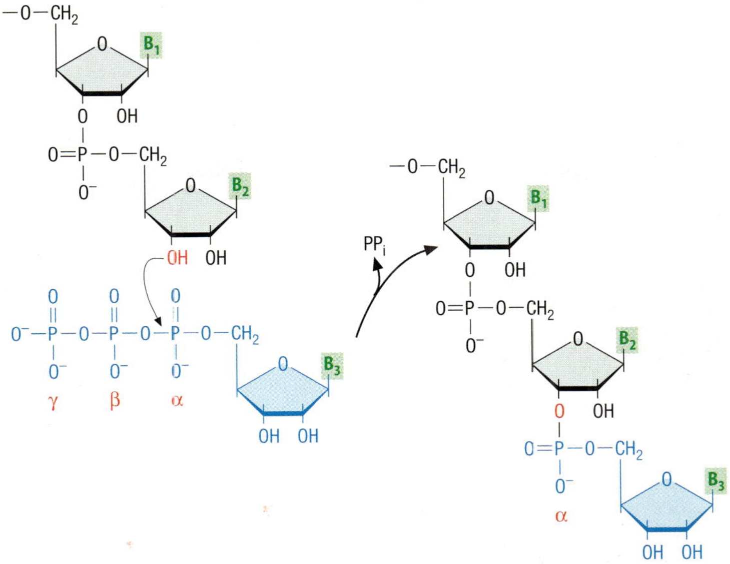

Abb. 13.4 Reaktionsmechanismus der RNA-Polymerasen. Analog zum Mechanismus der DNA-Polymerasen handelt es sich hier um den Angriff des 3'-OH-Endes der RNA auf die Phosphorsäureanhydridbindung zwischen α- und β-Phosphat des nächsten anzuheftenden Ribonucleotids

Prokaryonten besitzen eine, Eukaryonten drei unterschiedliche RNA-Polymerasen.

Die RNA-Polymerase von Prokaryonten ist ein tetramerer Enzymkomplex aus den Untereinheiten α_2, β, β'. Zur Auffindung der Startstelle der Transcription wird darüber hinaus der sogenannte Sigma-Faktor (σ-Faktor) benötigt.

Tabelle 13.2 Eukaryote RNA-Polymerasen

Typ	Vorkommen	Produkt	Hemmbarkeit durch α-Amanitin
RNA-Polymerase I	Nucleolus	Ribosomale RNA	–
RNA-Polymerase II	Nucleus	hnRNA, nach Prozessierung mRNA	+
RNA-Polymerase III	Nucleus	transfer-RNA	(+)

Eukaryote Zellen verfügen über drei unterschiedliche RNA-Polymerasen, die sich u. a. durch ihre Hemmbarkeit durch das Gift des Knollenblätterpilzes ***α-Amanitin*** unterscheiden lassen (Tabelle 13.2).

!

Die Transcription eukaryoter Gene beginnt mit der Bildung eines Initiationskomplexes aus unterschiedlichen Transcriptionsfaktoren.

Eukaryote RNA-Polymerasen sind nicht imstande, alleine an die DNA zu binden. Sie benötigen hierzu eine Reihe von Faktoren, die als allgemeine Transcriptionsfaktoren bezeichnet werden und den sog. Initiationskomplex bilden, der allerdings bei den einzelnen RNA-Polymerasen unterschiedlich aufgebaut ist. Das Prinzip seiner Bildung ist in Abb. 13.5 am Beispiel des Initiationskomplexes der RNA-Polymerase II dargestellt. Dabei ist folgendes von Bedeutung:

- Alle eukaryoten Gene verfügen neben dem eigentlichen codierenden Bereich über einen meist am 5'-Ende (also „oberhalb") der eigentlichen codierenden Sequenz gelegenen Bereich, der die benötigten Basensequenzen für die Bindung des Initiationskomplexes sowie für zusätzliche regulatorische Faktoren enthält und als ***Promotor*** oder ***Promotorregion*** bezeichnet wird (Abb. 13.6).
- Meist etwa 20 Basen oberhalb des Transcriptionsstartpunktes befindet sich im Promotor eine AT-reiche Sequenz, die auch als ***TATA-Box*** bezeichnet wird. Sie ist für die zur Transcription erforderliche Trennung der beiden DNA-Einzelstränge notwendig.
- An die TATA-Box bindet zunächst der ***Transcriptionsfaktor TF IID.***
- Nach Anlagerung der Transcriptionsfaktoren ***TF IIB*** und ***TF IIF*** bindet die RNA-Polymerase II.
- Der Initiationskomplex wird anschließend durch die Anlagerung weiterer Transcriptionsfaktoren komplettiert und ist dann aktiv.
- An weitere regulatorische Elemente, die sich durch spezifische Basensequenzen auszeichnen, lagern sich ***Transcriptionsaktivatoren*** an, die die Geschwindigkeit der Transcription durch die RNA-Polymerase regulieren.

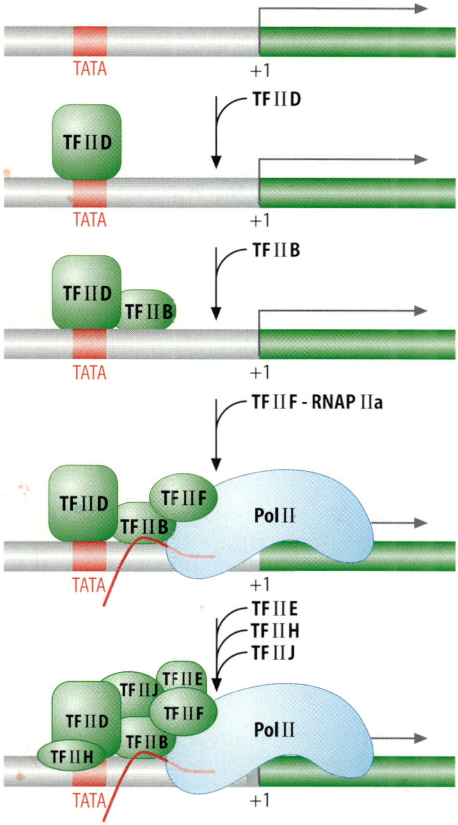

Abb. 13.5 Aufbau des RNA-Polymerase-II-Holoenzyms und Bindung an die TATA-Box. *TF* Transcriptionsfaktor. (Einzelheiten s. Text)

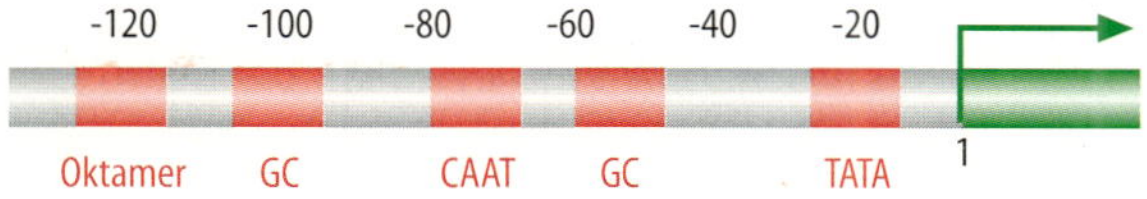

Abb. 13.6 Aufbau des Promotors eines eukaryoten Gens am Beispiel des Thymidinkinase-Promotors. An die Octamer-, CAAT-, und GC-Box lagern sich Transcriptionsaktivatoren an, die die RNA-Polymerase II aktivieren

Mechanismen für Elongation und Termination der Transcription sind nicht genau bekannt.

Die Proteine des Initiationskomplexes sind für die Elongation und Termination der Transcription eukaryoter Gene nicht mehr notwendig. Aus diesem Grund kommt es nach Start der Transcription zur Dissoziation des Initiationskomplexes, dessen Einzelheiten noch nicht vollständig aufgeklärt sind.

Für die Termination der Transcription eukaryoter Gene sind eine Reihe von Proteinfaktoren verantwortlich. Häufig hört die Transcription mehr als tausend Basenpaare unterhalb des 3'-Endes des codierenden Anteils auf. Bei der posttranscriptionalen Modifikation (s. u.) müssen derartige Enden entsprechend verkürzt werden.

Hemmstoffe der Transcription zeigen unterschiedliche Spezifität.

Eine Reihe von Hemmstoffen der Transcription haben sich als wertvolle Hilfsmittel zur Aufklärung des Transcriptionsmechanismus erwiesen. Häufig sind es schwere Zellgifte, gelegentlich können diese auch als Antibiotika zur Behandlung bakterieller Infektionen eingesetzt werden (Tabelle 13.3).

!

WICHTIG

Alle RNA-Moleküle entstehen durch den Vorgang der Transcription. Hierunter versteht man das Abschreiben eines als Gen bezeichneten Abschnitts der DNA in Form eines RNA-Moleküls.

Die für die Transcription verantwortlichen Enzyme sind die RNA-Polymerasen. Die von ihnen katalysierte Reaktion entspricht mechanistisch derjenigen der DNA-Polymerasen. Das freie 3'-OH-Ende eines Nucleotids bzw. RNA-Strangs greift nucleophil die Phosphorsäureanhydridbindung zwischen dem α- und β-Phosphat des anzuheftenden neuen Nucleosidtriphosphates an. Als Matrize für die RNA-Synthese dient der Matrizenstrang der DNA, dessen Basensequenz dementsprechend komplementär zu derjenigen der neu synthetisierten RNA ist. Eukaryote Organismen besitzen drei unterschiedliche RNA-Polymerasen, die jeweils für die Synthese der rRNA (RNA-Polymerase I), mRNA (RNA-Polymerase II) sowie tRNA (RNA-Polymerase III) verantwortlich sind.

Für die Initiation der Transcription eukaryoter Gene wird ein Komplex aus verschiedenen Transcriptionsfaktoren aufgebaut, der die RNA-Polymerase bindet und aktiviert. Die Assemblierung dieses Komplexes startet im allgemeinen durch die Bindung des Transcriptionsfaktors TFIID an die TATA-Box, eine etwa 20 Basen oberhalb des Transcriptionsstartpunktes gelegene AT-reiche Region. Die Aktivität der RNA-Polymerase wird durch Transcriptionsaktivatoren beeinflußt, die in größerem Abstand von der Transcriptionsstartstelle spezifische Sequenzen der Promotorregion der einzelnen Gene erkennen und an sie binden.

Tabelle 13.3 Hemmstoffe der Transcription

Verbindung	Wirkung	Eingesetzt als
Actinomycin D	Hemmung der Transcription durch Verformung der DNA	Hemmstoff der Transcription bei Pro- und Eukaryonten
Rifampicin	Hemmung der RNA-Polymerase von Prokaryonten	Antibiotikum
α-Amanitin	Hemmung der RNA-Polymerase II von Eukaryonten	Experimentell zur Hemmung der Transcription. α-Amanitin ist die Giftkomponente des Knollenblätterpilzes

13.3 Posttranscriptionale Modifikationen der RNA

Im allg. sind die primären RNA-Transcripte noch keine funktionsfähigen Moleküle. Sie müssen vielmehr durch den Vorgang der ***posttranscriptionalen Modifikation*** in die biologisch aktive Form überführt werden. Die Gene der tRNA- sowie der rRNA-Moleküle werden dabei durch entsprechende ***Nucleasen*** aus meist wesentlich größeren Präkursoren hergestellt. Wesentlich komplexer ist die Herstellung eukaryoter mRNA aus den primären Transcripten, die auch als ***heterogene nucleäre RNA*** (hnRNA) bezeichnet werden. Die hierbei ablaufende posttranscriptionale Modifikation (Abb. 13.7) besteht aus folgenden Schritten:

- Anheftung einer ***Kopfgruppe*** (Cap-Gruppe) am 5'-Ende. Diese schützt die RNA vor dem Abbau durch Nucleasen, ist ein Signal

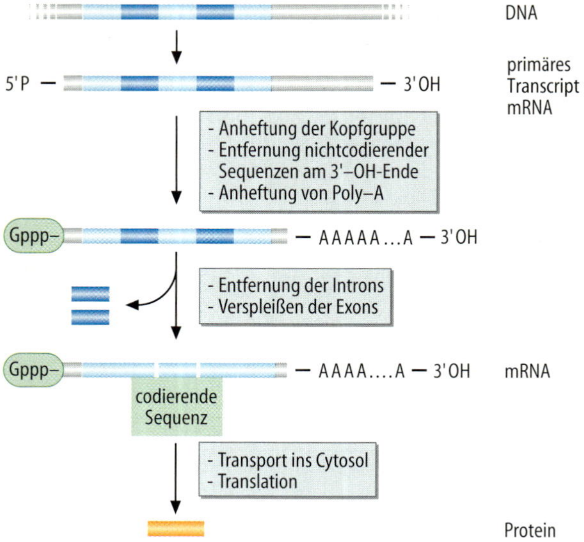

Abb. 13.7 Die einzelnen Schritte der posttranscriptionalen Modifikation der hnRNA zu mRNA-Molekülen

für den Transport der mRNA durch die Kernporen und wird für die Anheftung der mRNA an das entstehende Ribosom benötigt (S. 400).

- Modifikation am 3'-OH-Ende durch Anheftung eines ***Poly-A-Endes***. Dieses besteht aus 50 bis etwa 200 oder mehr ***Adenylresten*** (AMP-Resten), die ebenfalls einen Schutz der mRNA vor enzymatischem Abbau liefern und eine wichtige Funktion bei der Halbwertszeit der mRNA haben.
- Entfernung nicht codierender Sequenzen, der sogenannten ***Introns***.

Das Entfernen der Introns erfolgt durch einen als Spleißen bezeichneten Vorgang.

Die Gene der meisten Eukaryonten sind diskontinuierlich angeordnet (Abb. 13.8). Neben den auch als ***Exons*** bezeichneten codierenden Sequenzen finden sich nichtcodierende Sequenzen, die ***Introns*** genannt werden und zum Teil erheblichen Umfang haben. Ihre Entfernung und die Verknüpfung der Exons zu einem vollständigen mRNA-Mole-

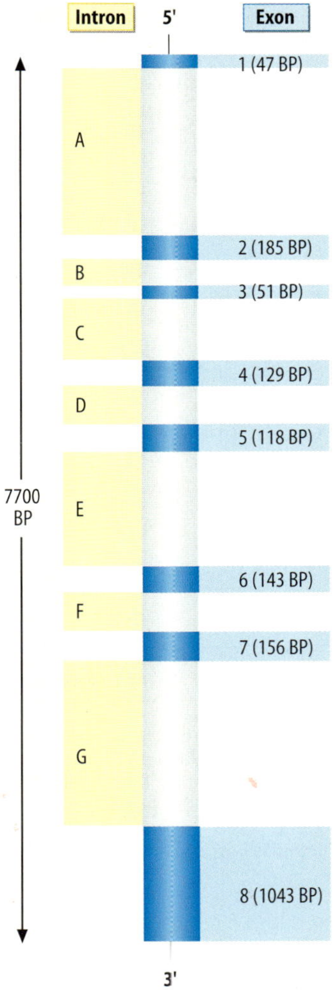

Abb. 13.8 Diskontinuierlicher Aufbau des Eialbumin-Gens vom Huhn. Die Gesamtlänge des Gens beträgt 7700 Basenpaare (*BP*). Es enthält 7 Introns (*A – G*) von insgesamt 5828 BP Länge. Die Exons (*1–8*) variieren in der Größe zwischen 47 und 1043 Basenpaaren und ergeben eine Gesamtlänge von 1872 BP

kül erfolgt durch eine zweifache ***Umesterung***, die auch als ***Spleißen*** (*engl.* splicing) bezeichnet wird (Abb. 13.9). Bei höheren Eukaryonten ist für das korrekte Spleißen der hn-RNA ein komplexer Apparat notwendig, bei dem eine Reihe von Ribonucleoproteinen benötigt wird und der auch als ***Spleißosom*** bezeichnet wird.

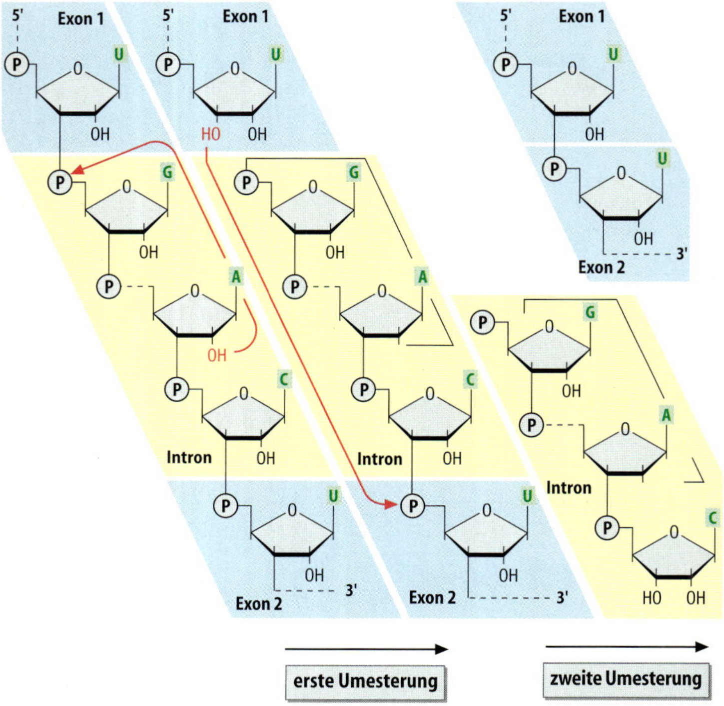

Abb. 13.9 Chemischer Mechanismus der Intronentfernung durch Spleißen. Eine freie OH-Gruppe eines meist innerhalb eines Introns lokalisierten Nucleotids greift die Phosphodiesterbindung am Exon-Intron-Übergang an. Dadurch kommt es an dieser Stelle zum Bruch des RNA-Strangs, im Intron bildet sich durch diesen Vorgang eine Lassostruktur. Das dabei entstandene freie 3′-Ende des ersten Exons greift nun am Übergang zum Exon II an, wodurch das Intron entfernt und die beiden Exons verspleißt werden

!

WICHTIG

Die durch die verschiedenen RNA-Polymerasen erzeugten Transcripte werden einer häufig umfangreichen posttranscriptionalen Modifikation unterzogen. Am komplexesten ist diese bei der Produktion der mRNA. Das primäre Transcript der entsprechenden Gene, die hnRNA, erhält eine Kopfgruppe am 5′-Ende sowie einen PolyA-Schwanz am 3′-Ende. Außerdem werden die in eukaryoten Genen häufig sehr umfangreichen Introns entfernt und die die codierende Region bildenden Exons verspleißt.

13.4 Abbau von mRNA

Die Genexpression eukaryoter Zellen wird in wesentlichem Ausmaß nicht nur von der Geschwindigkeit der RNA-Biosynthese, sondern auch von deren Abbau bestimmt. Dieser findet im cytosolischen Raum statt und wird durch eine Reihe unterschiedlicher ***RNasen*** katalysiert. Gewisse Strukturmerkmale der RNA bestimmen dabei die Geschwindigkeit ihres Abbaus. Im Prinzip kommen dabei die in Abb. 13.10 dargestellten Mechanismen vor.

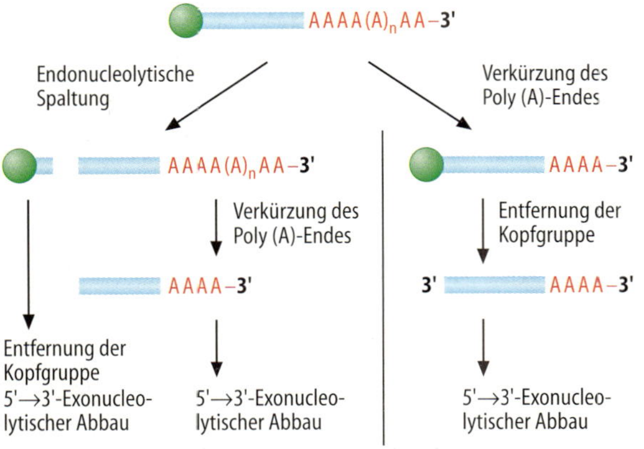

Abb. 13.10 Deadenylierung bzw. endonucleolytische Spaltung als Signal für den exonucleolytischen Abbau der mRNA

> **!** WICHTIG
> Nicht nur die Geschwindigkeit der Synthese, sondern auch die des Abbaus von RNA ist für die Genexpression geschwindigkeitsbestimmend. Der RNA-Abbau wird durch RNasen katalysiert und findet im cytosolischen Raum statt. Exonucleasen spalten dabei am jeweiligen Ende des RNA-Strangs, Endonucleasen in seinem Inneren.

13.5 Regulation der Genexpression

Die Möglichkeit, ihre Genexpression zu regulieren, ist für alle Zellen von entscheidender Bedeutung, da sie sich nur hierdurch an die variablen Umweltbedingungen anpassen können. Bei eukaryoten Zellen sind die hierbei realisierten Mechanismen außerordentlich vielfältig. Sie reichen von der Aktivierung von Genen durch Modifikation der DNA bis zur Regulation des mRNA-Abbaus (Tabelle 13.4). Von besonderer Bedeutung ist dabei die Regulation der Transcription durch ***regulierbare Transcriptionsfaktoren.***

Tabelle 13.4 Möglichkeiten, die Transcription eukaryoter Gene zu regulieren

Regulierter Schritt	Mechanismus	Vorkommen (Beispiele)
(In-)Aktivierung von Genen	Inaktivierung durch Methylierung an CG-Paaren, Aktivierung durch Demethylierung	Viele differenzierungsabhängige Gene, „Imprinting"
Initiation der Transcription	Aktivierung des Transcriptionskomplexes durch Liganden-aktivierte Transcriptionsfaktoren	Aktivierung der Transcription durch Steroidhormonrezeptoren, Rezeptoren für Metabolite u.a.
Hemmung der Transcription	Hemmung des Importes von Transcriptionsfaktoren in den Kern, Hemmung der Bindung von Transcriptionsfaktoren an DNA	Hemmung von NFϰB durch IϰB, SV 40 T-Antigen-Bindung an Promotoren, Hemmung der Transcription durch Histone
RNA-Editing	Posttranscriptionaler Basenaustausch auf der RNA	Erzeugung von Isoformen des Apolipoprotein B
Alternatives Spleißen	Verwendung alternativer Spleißstellen; Regulationsmechanismus unbekannt	Immunglobulingene, ribosomale Proteine, SV 40-Antigen, Ras, Calcitonin/CGRP-Gene u.a.
Transport und Lokalisierung der RNA	RNA-Bindungsproteine für den Transport spezifischer RNA's	Transport viraler RNA durch Rev-Protein
Abbau der RNA	Verhinderung des endonucleolytischen Abbaus durch RNA-Bindungsproteine	Stabilität der Transferrinrezeptor-mRNA

Regulierbare Transcriptionsfaktoren enthalten eine Ligandenbindungs-Domäne, eine DNA-Bindungsdomäne und eine Transaktivierungs-Domäne.

Regulierbare Transcriptionsfaktoren (Liganden-aktivierte Transcriptionsfaktoren, Enhancer) benötigen wenigstens drei Domänen:

- eine Domäne für die Bindung des ***aktivierenden Liganden***,
- eine Domäne für die ***DNA-Bindung***,
- eine Domäne, die die ***Transcription*** aktiviert (Trans-Aktivierungsdomäne);

Die Ligandenbindungs-Domäne und die Transaktivierungs-Domäne enthalten, einmal infolge der Verschiedenheit der möglichen Liganden, zum anderen aufgrund des unterschiedlichen Mechanismus der Transaktivierung, in ihrem Aufbau sehr unterschiedliche Strukturen. Anders ist es jedoch mit den DNA-Bindungsdomänen. Diese binden an sogenannte Cis-Elemente der DNA, die kaum mehr als 20 Basen enthalten und häufig ***palindromisch*** aufgebaut sind oder sehr ähnliche bzw. gleichartige, als ***Tandem*** wiederholte Sequenzen enthalten.

In den DNA-Bindungsdomänen finden sich häufig folgende Strukturen:

- die ***Zinkfingerstruktur***
- der ***Leucin-Zipper***
- die ***Helix-Loop-Helix***-Struktur;

Es handelt sich immer um Proteinmotive, die DNA-Sequenzen spezifisch erkennen und binden können

Zinkfingerstrukturen kommen vor allem in den regulierbaren Transcriptionsfaktoren vor, die die Großfamilie der Steroidhormonrezeptoren (S. 456) bilden. Aus diesem Grund wird ihr Aufbau hier genauer besprochen:

- Die Fingerstruktur entsteht dadurch, daß Cysteinyl- bzw. Histidylreste in der Peptidkette des DNA-Bindungsproteins so positioniert sind, daß sie durch ein Zinkatom komplexiert werden können, wobei eine schleifenförmige Struktur, der ***Zinkfinger***, entsteht.
- Diese Schleifen bilden α-helikale Strukturen oder ***β-Faltblätter***, die imstande sind, in der großen Furche der DNA basenspezifische Kontakte zu knüpfen (Abb. 13.11).

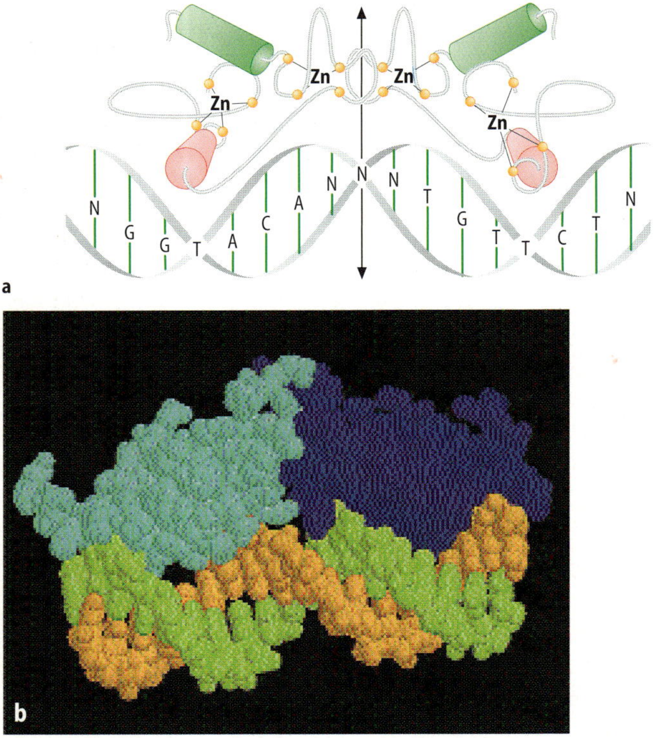

Abb. 13.11 a, b Zinkfingerstrukturen in der DNA-Bindungsdomäne des Glucocorticoidrezeptors. **a** Schematische Darstellung der Wechselwirkung zwischen DNA und aktiviertem Rezeptordimer; **b** aus Röntgenstrukturdaten gewonnene Daten der DNA-Rezeptorwechselwirkungen im Glucocorticoidrezeptor. (Aufnahme von SWISS-3DIMAGE, Universität Genf)

Aufgrund des palindromischen Aufbaus des zugehörigen Cis-Elementes der DNA sind funktionsfähige Liganden-aktivierte Transcriptionsfaktoren nur als ***Dimere*** aktiv. Meist handelt es sich um Homodimere, gelegentlich kommen auch Heterodimere verschiedener Transcriptionsfaktoren vor.

Auch die anderen Liganden-aktivierten Transcriptionsfaktoren wie Leucin-Zipper oder Helix-Loop-Helix-Strukturen sind dimere Proteine mit DNA-Bindungsdomänen und Transaktivierungsdomänen.

Alternatives Spleißen ist ein weiterer Mechanismus zur Transcriptionsregulierung.

Eine weitere häufig benutzte Möglichkeit zur Regulation der Genexpression eukaryoter Organismen beruht auf der Tatsache, daß bei vielen Genen das Spleißen der Transcripte nicht nur zum Entfernen der Introns dient, sondern auch unterschiedliche mRNA-Transcripte entstehen läßt. Dieser Vorgang wird als ***alternatives Spleißen*** bezeichnet und kommt in einer Reihe unterschiedlicher Varianten vor (Abb. 13.12). Von besonderer Bedeutung ist alternatives Spleißen für die Immunantwort, da speziell das ***Immunglobulin M*** in einer löslichen und einer membranfixierten Form vorkommt. Der Unterschied zwischen beiden Formen beruht darauf, daß die membrangebundene Form eine zusätzliche, durch alternatives Spleißen entstandene hydrophobe Transmembrandomäne enthält (S. 552).

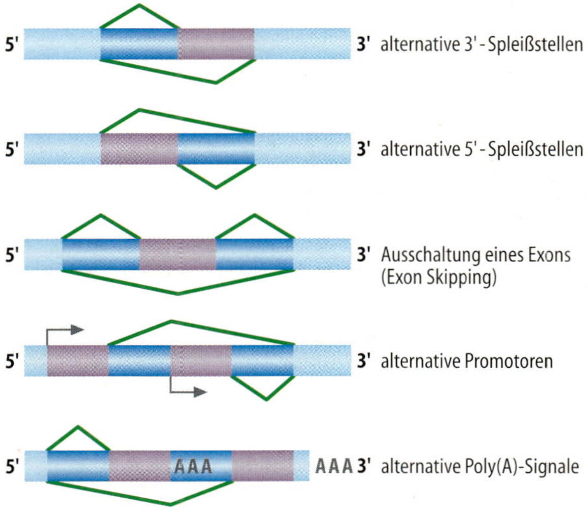

Abb. 13.12 Prinzipielle Möglichkeiten des alternativen Spleißens. Die verschiedenen in der Abbildung dargestellten Möglichkeiten des alternativen Spleißens führen zu jeweils unterschiedlichen Transcripten, die für funktionell unterschiedliche, strukturell jedoch ähnliche Proteine codieren, denen meist eine oder mehrere Domänen fehlen

mRNA-Editing führt zu Veränderungen der Basensequenz in der fertigen mRNA.

Unter dem Begriff des mRNA-Editing versteht man die Modifikation der fertigen mRNA durch Vorgänge, die zu einer Veränderung der Basensequenz führen. Beim Menschen ist das mRNA-Editing bei der Entstehung der beiden Isoformen des ***Apolipoproteins B***, nämlich ApoB-100 und ApoB-48 nachgewiesen worden:

- Das ApoB-100 wird in der Leber synthetisiert und hat ein Molekulargewicht von 513 kDa .
- Das ApoB-48 wird im Darm synthetisiert und hat ein Molekulargewicht von 250 kDa.

Die mRNA für beide Apolipoproteine, die durch dasselbe Gen codiert werden, ist dementsprechend identisch. Durch nur im Darm vorkommendes mRNA-Editing wird am Codon 2153 der Apolipoprotein B-mRNA ein Cytosin gegen ein Uracil ausgetauscht (Abb. 13.13). Hierdurch entsteht ein ***Terminationscodon***, und damit eine entsprechend verkürzte Form des Apolipoproteins B.

!

WICHTIG

Die Genexpression komplexer, vielzelliger Organismen kann auf einer Reihe unterschiedlicher Ebenen reguliert werden. Von besonderer Bedeutung ist dabei die Regulation der Transcriptionsaktivität der RNA-Polymerase durch regulierbare, d.h. Liganden-aktivierbare Transcriptionsfaktoren. Ein meist niedermolekularer Ligand, der häufig ein Hormon ist, bindet an den Transcriptionsfaktor und setzt ihn hierdurch in die Lage, im allgemeinen nach Dimerisierung, entsprechende sogenannte Enhancer-Elemente auf der DNA zu finden und an sie zu binden. Durch Assoziation mit dem Initiationskomplex der Transcription ergibt sich dann eine Änderung der Transcriptionsrate, meist eine Aktivierung.

Andere Möglichkeiten der Regulation der Genexpression beruhen auf alternativem Spleißen oder mRNA-Editing.

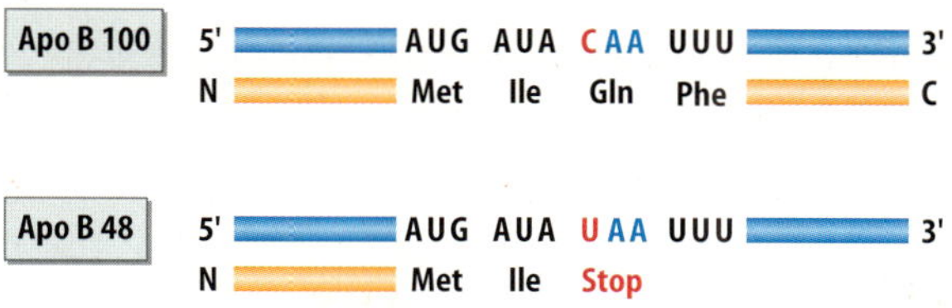

Abb. 13.13 Entstehung von ApoB-100 und ApoB-48 durch mRNA-Editing. (Einzelheiten s. Text)

13.6 Pathobiochemie

Die molekulare Ursache sehr vieler Erkrankungen läßt sich auf Änderungen der Genexpression spezifischer Proteine zurückführen. Im Prinzip kommen für die geänderte Genexpression folgende Möglichkeiten in Betracht:

- Mutationen im ***codierenden*** Bereich von Genen führen zur Synthese von fehlerhaften oder infolge des Entstehens von Abbruchcodons zu fehlenden Genprodukten.
- Mutationen in der ***Promotorregion*** (S. 378) von Genen erlauben zwar noch die Biosynthese des richtigen Genproduktes, da dessen Basensequenz nicht betroffen ist, jedoch gelangt das Gen unter die Kontrolle eines fehlerhaften Promotors. Seine regulierte Expression wird infolgedessen beeinträchtigt oder fehlerhaft werden. Die Auswirkungen derartiger ***regulatorischer Mutationen*** werden bei den betreffenden Stoffwechselwegen besprochen.
- Eine Reihe von Störungen der Genexpression wird durch exogene Faktoren ausgelöst. Hierzu gehört beispielsweise die Änderung der Genexpression entsprechender Proteine beim Mangel an den Vitaminen A bzw. D (S. 589, 593).

!

WICHTIG

Störungen der Genexpression als Ursache für Erkrankungen sind außerordentlich häufig.

Auf der Ebene der DNA können Mutationen Änderungen der Genexpression auslösen, wenn sie das Genprodukt infolge einer Mutation im codierenden Bereich verändern oder als regulatorische Mutationen auf der Basis von Mutation in der Promotorregion die Genexpression verändern.

Auch exogene Faktoren könnne durch direkte oder indirekte Wechselwirkung mit Transcriptionsfaktoren oder anderen regulatorischen Proteinen die Genexpression ändern und damit Erkrankungen auslösen.

14 Proteinbiosynthese und Proteinmodifikation

LERNZIELE
- Proteinbiosynthese
- Faltung von Proteinen
- Co- und posttranslationale Modifikationen von Proteinen
- Pathobiochemie

Neben der Identifikation der DNA als informationstragendem Molekül ist die Aufklärung des biochemischen Mechanismus der Proteinbiosynthese eine der größten Leistungen der biologischen Forschung dieses Jahrhunderts. Sie erfolgt in dem als Translation bezeichneten Vorgang durch Übersetzung des in der DNA und RNA verwendeten Nucleinsäurecodes in die für ein Protein jeweils spezifische Aminosäuresequenz. Als Adaptermoleküle dienen dabei die tRNA's. Für die Translation wird ein eigenes Organell, das Ribosom, benötigt

Mit dem Abschluß seiner Biosynthese ist ein Protein in aller Regel keineswegs funktionsbereit. Es muß sich in die für es einmalige und typische Raumstruktur falten, gegebenenfalls mit Cofaktoren ausgestattet und in vielen Fällen umfangreich posttranslational modifiziert werden.

14.1 Proteinbiosynthese

Bei der im Zellkern erfolgenden Transcription wird unter Beibehaltung der wesentlichen Eigenschaften des Informationscodes der jeweils benötigte Teil eines Genoms kopiert (S. 375). Entsteht dabei mRNA, so ist in ihr die Information für die Biosynthese eines Proteins enthalten. Das wesentliche Problem ist, daß eine Übersetzung der Nucleinsäurecodes in eine Sequenz von Aminosäuren durchgeführt werden muß.

Die Informationsspeicherung in Nucleinsäuren beruht auf aus drei Basen bestehenden Codons, die jeweils für eine der 20 proteinogenen Aminosäuren codieren.

Aus vielen genetischen Untersuchungen wurde abgeleitet, daß in einem für ein Protein codierenden Gen auf der DNA die Information für ein Peptid enthalten ist. Daraus folgt, daß die individuelle Sequenz der einzelnen Aminosäuren dieses Peptids in einem eindeutigen ***Code*** auf der DNA festgelegt sein muß. Für diesen stehen als „Buchstaben" die vier in einer festgelegten Sequenz vorkommenden Basen Adenin, Thymin, Guanin und Cytosin zu Verfügung. Um die 20 unterschiedlichen proteinogenen Aminosäuren zu codieren, wird pro Aminosäure eine Sequenz von mindestens drei Basen benötigt, die als ***Codon*** für eine Aminosäure bezeichnet werden.[1] Mit einer Sequenz von drei Basen pro Aminosäuren können allerdings $4^3 = 64$ Aminosäuren eindeutig festgelegt werden. Daraus geht hervor, daß wenigstens eine Reihe von Aminosäuren durch unterschiedliche Codeworte determiniert ist.

Der genetische Code ist degeneriert, universal und konservativ.

Abbildung 14.1 stellt den ***genetischen Code*** dar.

- Ein aus Basentripletts bestehender genetischer Code umfaßt 64 Codons. Drei von ihnen sind Startcodons, so daß noch 61 Codons für die 20 proteinogenen Aminosäuren verbleiben. Mit Ausnahme von ***Tryptophan*** und ***Methionin*** besitzen in der Tat alle Aminosäuren wenigstens zwei Basentripletts. Dieses Phänomen wird auch als ***Degeneriertheit*** des genetischen Codes bezeichnet.
- Der genetische Code ist ***universal***, da er sowohl für Prokaryonten als auch für Eukaryonten gilt.
- Der genetische Code ist degeneriert, jedoch lassen sich gewisse Gesetzmäßigkeiten erkennen. Bei den Basen in der dritten Position wird lediglich die Unterscheidung zwischen Purin- und Pyrimidinbasen getroffen. Die zweite Base eines Codons entscheidet darüber, ob das Triplett für eine hydrophobe, eine hydrophile oder eine amphiphile Aminosäure codiert. Daraus folgt, daß Mu-

[1] Mit einer Folge von je 2 Basen pro Aminosäure könnten nur $4^2 = 16$ Aminosäuren festgelegt werden.

1.Position	2.Position				3.Position
	U (A)	C (G)	A (T)	G (C)	
U (A)	Phe	Ser	Tyr	Cys	U (A)
	Phe	Ser	Tyr	Cys	C (G)
	Leu	Ser	Ende	Ende	A (T)
	Leu	Ser	Ende	Trp	G (C)
C (G)	Leu	Pro	His	Arg	U (A)
	Leu	Pro	His	Arg	C (G)
	Leu	Pro	Gln	Arg	A (T)
	Leu	Pro	Gln	Arg	G (C)
A (T)	Ile	Thr	Asn	Ser	U (A)
	Ile	Thr	Asn	Ser	C (G)
	Ile	Thr	Lys	Arg	A (T)
	Met[a]	Thr	Lys	Arg	G (C)
G (C)	Val	Ala	Asp	Gly	U (A)
	Val	Ala	Asp	Gly	C (G)
	Val	Ala	Glu	Gly	A (T)
	Val	Ala	Glu	Gly	G (C)

Abb. 14.1 Der genetische Code. Die hydrophoben Aminosäuren sind mit einem *gelben*, die hydrophilen mit einem *orangen* und die amphiphilen mit einem *braunen* Raster hinterlegt. Die drei Stopcodons sind *hervorgehoben*. In *Klammern* sind die entsprechenden Basen auf der DNA angegeben. [a] Startcodon

tationen im Bereich der dritten Position eines Codons meist keinerlei Konsequenzen für die Aminosäure haben. Mutationen im Bereich der ersten Base ändern zwar die Aminosäuresequenz, jedoch werden meist nur hydrophobe Aminosäuren gegen andere hydrophobe Aminosäuren ausgetauscht. Nur bei Mutationen im Bereich der zweiten Base können amphiphile durch hydrophile

Aminosäuren entstehen und damit die Proteinstruktur geändert werden. Diese Eigenschaft des genetischen Codes wird auch als ***konservativ*** bezeichnet.

!

Aminoacyl-tRNA-Moleküle sind die Adapter bei der Translation der Basensequenz der mRNA in die Aminosäuresequenz von Proteinen.

Aminosäuren sind nur dann Substrate für die Proteinbiosynthese, wenn sie in einem ATP-abhängigen Vorgang unter Katalyse von cytosolischen Enzymen an ***Transfer-RNA*** (tRNA) gebunden werden. tRNA dient bei der Proteinbiosynthese nämlich als ***Adapter:***

- Das aus der Basensequenz CCA bestehende 3'-Ende des tRNA-Moleküls bindet spezifisch eine Aminosäure.
- Das aus drei Basen bestehende sog. ***Anticodon*** ist dem für die entsprechende Aminosäure codierenden Codon komplementär (Abb. 14.2).
- Wenn die für die einzelnen Aminosäuren codierenden Abschnitte der mRNA in linearer Weise hintereinander liegen, so müssen sich die mit den entsprechenden Aminosäuren beladenen tRNA-

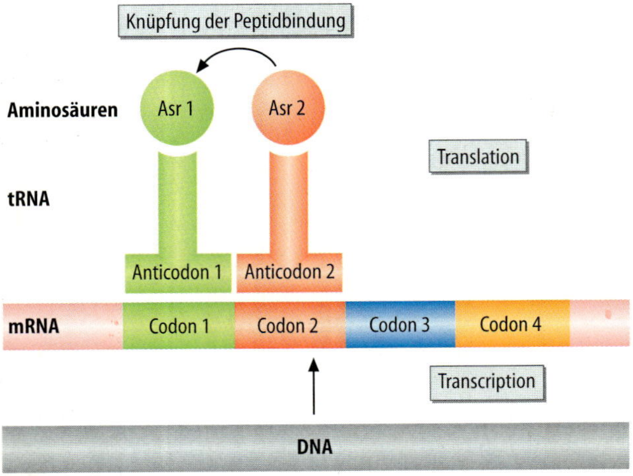

Abb. 14.2 Die schematische Darstellung des Prinzips der Proteinbiosynthese. Aminoacyl-tRNA-Moleküle wirken als Adaptoren, die sequenzspezifisch an die mRNA binden und damit die Reihenfolge der Aminosäuren in einem Protein festlegen

Moleküle hintereinander an die mRNA binden, um die Aminosäuren in die richtige Reihenfolge des Proteins zu bringen. Sie müßten dann nur noch durch ein entsprechendes Enzym miteinander verknüpft werden.

Die Beladung von tRNA-Molekülen mit Aminosäuren wird durch Aminoacyl-tRNA-Synthetasen katalysiert.

Die Beladung von tRNA-Molekülen mit den zugehörigen Aminosäuren ist ein enzymkatalysierter Vorgang:

- Für jede proteinogene Aminosäure gibt es wenigstens eine ***Aminoacyl-tRNA-Synthetase.***
- Im ersten Schritt der Aminoacylierung einer tRNA (Abb. 14.3) kommt es zur Reaktion der Carboxylgruppe der Aminosäure mit ATP, wobei unter Abspaltung von Pyrophosphat ein ***Aminoacyladenylat*** (Aminoacyl-AMP) gebildet wird.
- Das dabei entstehende energiereiche Carbonsäure-Phosphorsäureanhydrid wird in der zweiten Teilreaktion durch die am 3'-Ende der tRNA vorhandene freie OH-Gruppen angegriffen, so daß unter AMP-Abspaltung das ***Aminoacyl-tRNA-Molekül*** entsteht.

An die Genauigkeit der Aminoacyl-tRNA-Synthetasen werden besondere Anforderungen gestellt, da jede Beladung mit einer falschen Aminosäure zu einem Fehler im Protein führen würde. Aus diesem Grund verfügen einige Aminoacyl-tRNA-Synthetasen über eine ***Hydrolaseaktivität***, mit Hilfe derer falsch eingebaute Aminosäuren hydrolysiert werden können. Dieses Phänomen wird als ***Korrekturlesen*** der Aminoacyl-tRNA-Synthetasen bezeichnet.

Ribosomen sind die Organellen der Proteinbiosynthese.

Ribosomen, die für die Proteinbiosynthese verantwortlichen Organellen, kommen bei Prokaryonten im Cytosol, bei Eukaryonten sowohl im Cytosol wie auch in Bindung an das endoplasmatische Reticulum vor. Mit Ribosomen besetztes endoplasmatisches Reticulum wird auch als ***rauhes endoplasmatisches Reticulum*** bezeichnet.

Ribosomen lassen sich durch Zentrifugation unter entsprechenden Bedingungen in eine große sowie eine kleine Untereinheit aufteilen, wobei gewisse Unterschiede im Aufbau zwischen prokaryoten

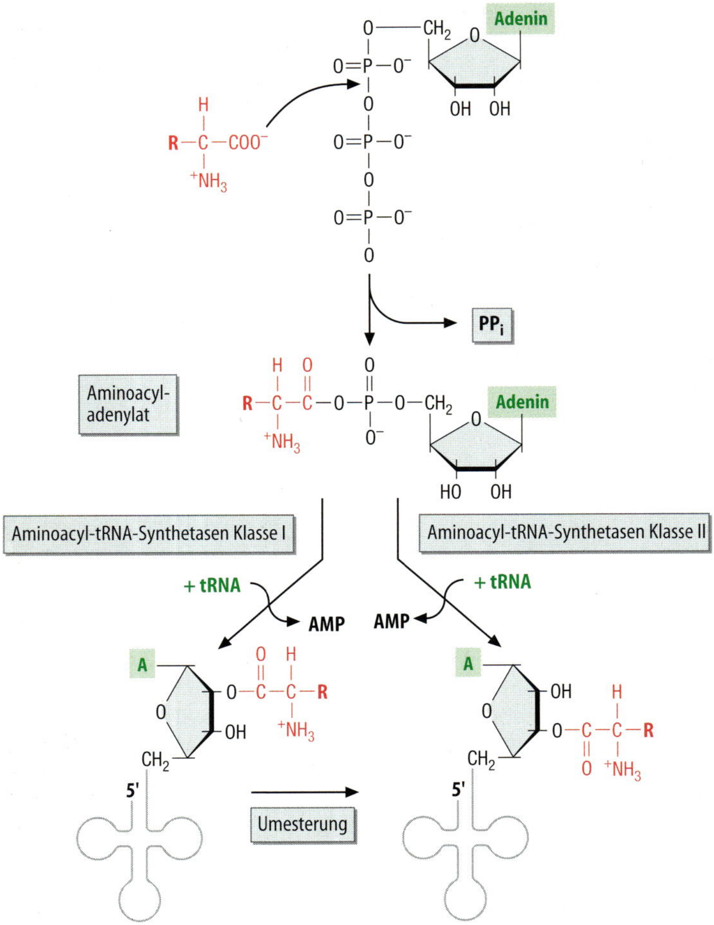

Abb. 14.3 Mechanismus der Aminoacylierung einer tRNA durch Aminoacyl-tRNA-Synthetasen. In der ersten Teilreaktion erfolgt die Bildung eines energiereichen Aminoacyl-Adenylates, in der zweiten Teilreaktion die Übertragung des Aminoacylrestes auf die tRNA. Die beiden Möglichkeiten dieser Teilreaktion, die die Grundlage der Unterscheidung von Aminoacyl-tRNA-Synthetasen in zwei Klassen bilden, sind dargestellt. (Einzelheiten s. Text)

Tabelle 14.1 Aufbau von pro- bzw. eukaryoten Ribosomen

	Prokaryote Ribosomen	Eukaryote Ribosomen
Sedimentationskonstante	70 S	80 S
große Untereinheit	50 S	60 S
kleine Untereinheit	30 S	40 S
Molekulargewicht (kD)	2570	4220
RNA's der großen Untereinheit	23 S; 5 S	285; 7.8 S; 5 S
RNA's der kleinen Untereinheit	16 S	18 S
Proteine in der großen Untereinheit	31	49
Proteine in der kleinen Untereinheit	21	33

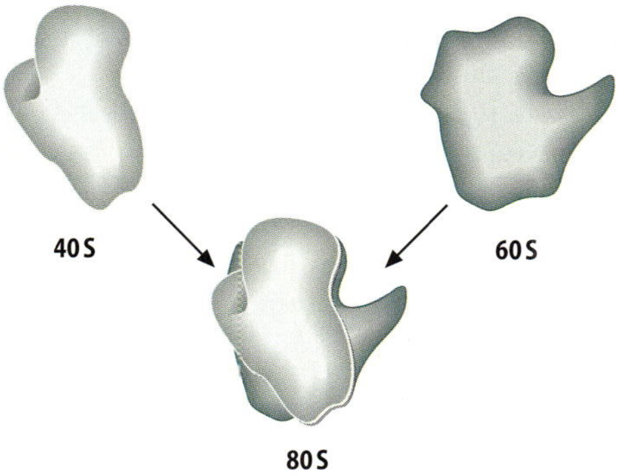

Abb. 14.4 Schematische Darstellung der Raumstruktur eines eukaryoten Ribosoms. Das Ribosom ist aus einer großen und einer kleinen Untereinheit aufgebaut, die große Untereinheit verfügt über einen Höcker und einen Stiel. Die kleine zeigt dagegen wenig auffallende Strukturmerkmale

und eukaryoten Ribosomen bestehen. Diese werden üblicherweise als Unterschiede der Sedimentationskonstanten, d.h. des Verhaltens bei der Ultrazentrifugation, angegeben (Tabelle 14.1).

Die Raumstruktur von Ribosomen ist relativ komplex (Abb. 14.4). Für die Funktion von Ribosomen entscheidende Positionen sind:

- die Bindungsstelle für die ***mRNA***,
- zwei unterschiedliche Bindungsstellen für Aminoacyl-tRNA, die als ***Peptidyl***- bzw. ***Aminoacyl-Stelle*** (P-Stelle bzw. A-Stelle) bezeichnet werden (s.u.),

Tabelle 14.2 Eukaryote Initiations-, Elongations- und Terminationsfaktoren der Proteinbiosynthese

Faktor	Funktion
Initiationsfaktoren	
eIF-1	Bindung der mRNA an das Ribosom
eIF-2	Transfer von Starter-Aminoacyl-tRNA auf die kleine ribosomale Untereinheit
eIF-2B	Guaninnucleotid-Exchange-Protein für eIF-2
eIF-3	Bindung der kleinen ribosomalen Untereinheit an eIF-2-Aminoacyl-$tRNA_i^{Met}$
eIF-4	Bindung der Kopfgruppe der mRNA
eIF-5	Assemblierung des vollständigen Ribosoms während der Initiation
Elongationsfaktoren	
eEF-1α	Transfer von Aminoacyl-tRNA auf die Aminoacylstelle des Ribosoms
eEF-1β	Guaninnucleotid-Exchange-Protein für eEF-1α
eEF-2	Translokation der Peptidyl-tRNA mit der mRNA auf die Peptidylstelle des Ribosoms
Terminationsfaktoren	
eRF	Freisetzungsfaktor (Release Factor)

- eine ***Peptidyltransferasestelle***, die die katalytische Aktivität für die Knüpfung neuer Peptidbindungen trägt und
- außerdem Bindungsstellen für ***regulatorische Faktoren***, die sog. Initiations-, Elongations- und Terminationsfaktoren (Tabelle 14.2.

!

Während der Initiationsphase der Proteinbiosynthese erfolgt die Zusammensetzung des funktionellen Ribosoms aus seinen Untereinheiten.

Für die ***Initiation*** der Proteinbiosynthese werden benötigt:

- die beiden ribosomalen Untereinheiten,
- mRNA mit einem Initiationscodon AUG,
- eine Starter-tRNA,
- eine Reihe von Initiationsfaktoren sowie
- GTP.

Abbildung 14.5 stellt die einzelnen Schritte des Initiationsvorgangs bei Eukaryonten zusammen:

- Bindung der Starter-Aminoacyl-tRNA an den ***eukaryoten Initiationsfaktor 2*** (eIF-2, Tabelle 14.2). Die Starteraminosäure ist im-

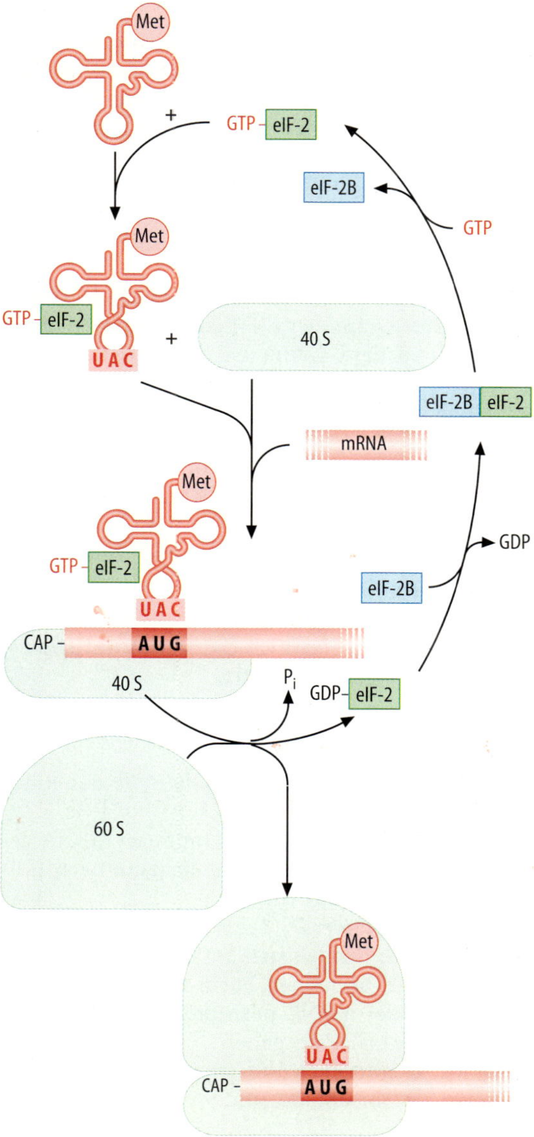

Abb. 14.5 eIF-2 und der eukaryote Initiationscyclus. (Einzelheiten s. Text)

mer ***Methionin.*** Das für den Start benützte $tRNA_i^{Met}$ hat im Anticodon die zum Startcodon AUG komplementäre Sequenz CAU.

- Der für die Beladung mit dem Starter-tRNA verantwortliche Initiationsfaktor eIF-2 gehört zu der Familie der ***G-Proteine***. In der aktiven, GTP-beladenen Form bindet er die Starter Aminoacyl-tRNA. Dieser Komplex lagert sich dann an die kleine 40 S-Untereinheit der Ribosomen an.
- Nach Anlagerung der mRNA an die kleine Untereinheit mit Hilfe von ***eIF-1*** wird die mRNA so lange abgesucht, bis das Startcodon AUG gefunden ist.
- Anschließend lagert sich die große 60S-Untereinheit des Ribosoms an, wobei unter Beteiligung des eIF-5 ***eIF-2*** unter Spaltung von GTP zu GDP abdissoziiert. Damit ist das funktionsfähige 80S-Ribosom assembliert, das sämtliche Bestandteile für die Proteinbiosynthese enthält. Die Starter-Aminoacyl-tRNA ist dabei auf der ***Peptidylstelle*** des Ribosoms lokalisiert.
- Zur Regenerierung von eIF-2 wird der Faktor ***eIF-2B*** benötigt, der als ***Guaninnucleotid-Austauschfaktor*** dient. Er katalyisert die Abspaltung des GDP von eIF-2, welches anschließend mit GTP beladen wird und dem nächsten Initiationscyclus zur Verfügung steht.

!

In der Elongationsphase erfolgt die Verlängerung der Peptidkette am Carboxylende.

Der Elongationscyclus bei der Proteinbiosynthese ist in Abb. 14.6 dargestellt. Man kann bei ihm folgende Schritte unterscheiden:

- Die ***Starter-Aminoacyl-tRNA*** ist an der ***Peptidylstelle*** des Ribosoms gebunden.
- An die freie ***Aminoacyl-Stelle*** muß nun die Aminoacyl-tRNA gebunden werden, deren ***Anticodon*** komplementär zum nächstfolgenden Basentriplett auf der mRNA ist.
- Der ***eukaryote Elongationsfaktor 1α*** (eEF-1α) ermöglicht das Auffinden dieser Position. Es handelt sich um ein G-Protein, welches in seiner aktiven, GTP-beladenen Form Aminoacyl-tRNA-Moleküle binden und auf der mRNA positionieren kann. Dabei wird das gebundene GTP zu GDP gespalten.
- Der ***eEF-1β*** dient als ***Guaninnucleotid-Austauschfaktor.*** GDP verläßt die Bindungsstelle am eEF-1α und wird durch GTP ersetzt.
- Die Knüpfung der Peptidbindung zwischen der auf der Peptidylstelle sitzenden Starter-Aminoacyl-tRNA und der auf der Ami-

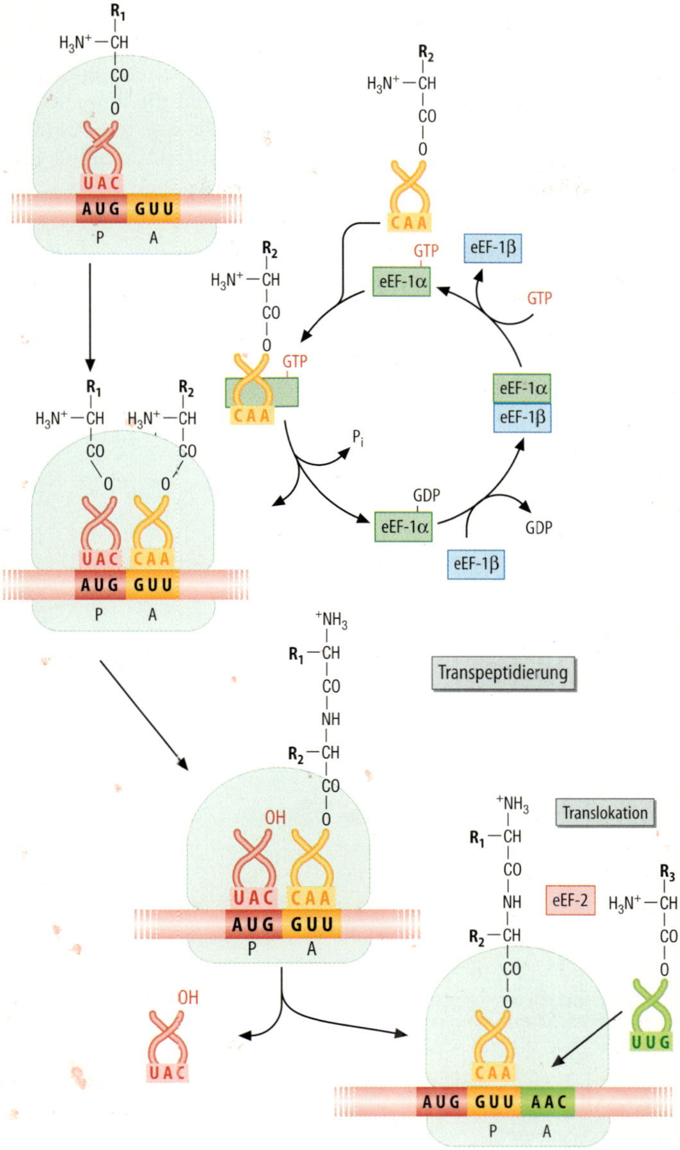

Abb. 14.6 Der Elongationscyclus bei Eukaryonten. (Einzelheiten s. Text)

noacyl-Seite sitzenden Aminoacyl-tRNA erfolgt durch die ***Peptidyl-Transferaseaktivität*** des Ribosoms.

- Im letzten Schritt des Elongationscyclus wird die jetzt unbeladene tRNA von der Peptidylstelle abgespalten und die neu entstandene ***Peptidyl-tRNA*** von der Aminoacyl-Stelle auf die ***Peptidylstelle*** translociert. Hierfür ist der Elongationsfaktor eEF-2 notwendig.

!

Für die Termination der Proteinbiosynthese sind Release Faktoren notwendig.

Zum ***Abbruch*** der Proteinbiosynthese kommt es, sobald eines der drei ***Stopcodons*** (S. 395) auf der Aminoacyl-Stelle des Ribosoms liegt. In diesem Fall bindet der ***eukaryote Release Faktor*** eRF zusammen

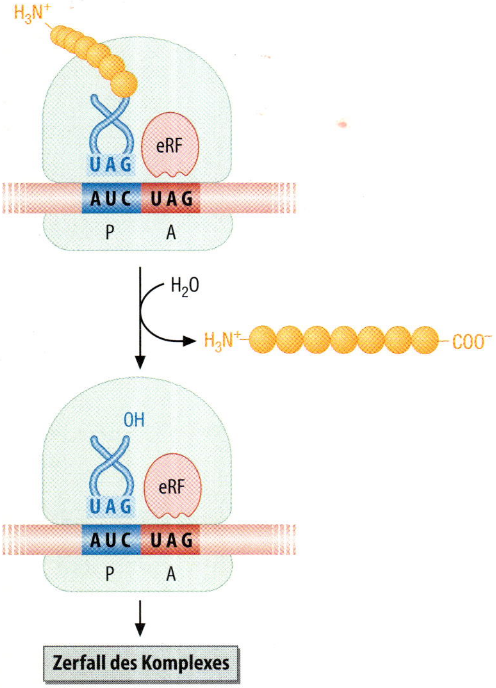

Abb. 14.7 Die Termination der Proteinbiosynthese. (Einzelheiten s. Text)

mit GTP an das Ribosom. Dies führt dazu, daß die Peptidyltransferase die Peptidkette von der Peptidylstelle auf Wasser überträgt. Dadurch wird die Peptidkette freigesetzt, gleichzeitig wird unter Spaltung des an das eRF gebundenen GTP's zu GDP die unbeladene tRNA von der Peptidylstelle abgegeben, anschließend zerfällt das Ribosom in seine Untereinheiten (Abb. 14.7).

!

Die Proteinbiosynthese kann auf der Ebene der Initiation reguliert werden.

Die Proteinbiosynthese kann auf der Ebene der ***Initiation*** reguliert werden, wobei der eukaryote Initiationsfaktor ***eIF-2*** von besonderer Bedeutung ist. eIF-2 positioniert die Starter-Aminoacyl-tRNA an die Startposition auf der mRNA (s. o.). Anschließend wird das an eIF-2 gebundene GTP zu GDP hydrolysiert. Eine Reihe von Verbindungen aktiviert eine ***eIF-2-Kinase***. Der phosphorylierte eIF-2 bindet den für seine Reaktivierung benötigten Guaninnucleotid Exchange-Factor eIF-2 b besonders fest und wird damit quasi aus dem Verkehr gezogen (Abb. 14.8).

Faktoren, die die eIF-2-Kinase regulieren, sind:

- ***Häm*** hemmt die eIF-2-Kinase und stimuliert auf diese Weise durch Reaktivierung von eIF-2 die Globinsynthese in Gegenwart von Häm in Reticulocyten.

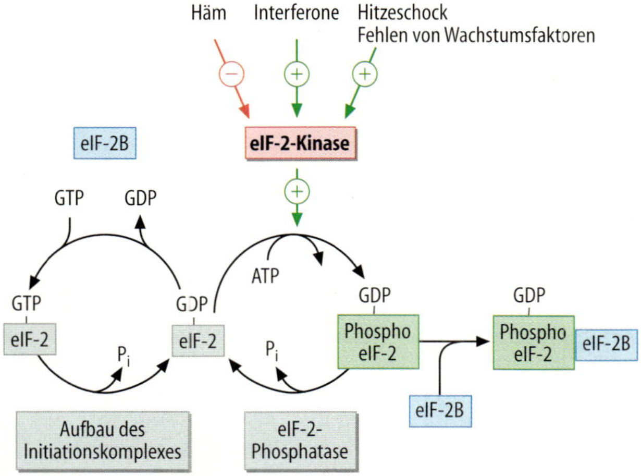

Abb. 14.8 Regulation des Initiationsfaktors eIF-2 durch Phosphorylierung/Dephosphorylierung. (Einzelheiten s. Text)

- ***Interferone*** aktivieren die eIF-2-Kinase. Da sie als Antwort auf virale Infekte von verschiedenen Zellen produziert werden, hemmen sie die ribosomale Proteinbiosynthese virusbefallener Zellen.
- ***Hitzeschock, Mangel an Wachstumsfaktoren*** und an ***Aminosäuren*** führen ebenfalls zu einer Aktivierung der eIF-2-Kinase und damit zur Hemmung der Proteinbiosynthese.

Verschiedene Antibiotika sind wirksame Hemmstoffe der Proteinbiosynthese.

Eine Reihe von ***Antibiotika***, darunter viele wichtige Medikamente, blockieren die Translation. Diejenigen von ihnen, die spezifisch nur die prokaryote Proteinbiosynthese hemmen, eignen sich für die Behandlung bakterieller Infektionskrankheiten (Tabelle 14.3).

!

WICHTIG

Für die Proteinbiosynthese werden die spezifischen, mit der ihnen jeweils zugehörigen Aminosäure beladenen tRNA-Moleküle (Aminoacyl-tRNA), die entsprechende mRNA, ribosomale Untereinheiten, Translationsfaktoren und GTP benötigt. Die Translation startet mit der Assoziation von mRNA an die kleine Untereinheit der Ribosomen, wonach die mit Methionin beladene Starter-tRNA an das Startcodon AUG bindet. Hierfür wird der Initiationsfaktor eIF-2 benötigt. Anschließend lagert sich die große ribosomale Untereinheit an, womit der Initiationskomplex gebildet ist. An das nächstfolgende Codon der mRNA lagert sich bei der Elongation der Proteinbiosynthese mit Hilfe des Faktors eEF-1α die mit dem entsprechenden Anticodon versehene und mit der Aminosäure beladene Aminoacyl-tRNA an. Durch Transpeptidierung wird nun die Bindung zwischen den beiden Aminosäuren geknüpft, anschließend die jetzt leere Starter-Aminoacyl-tRNA freigesetzt und die entstandene Peptidyl-tRNA auf die Peptidylstelle des Ribosoms verschoben. Dieser Vorgang wiederholt sich so oft, bis ein Stopcodon auftritt, an das ein Release Faktor bindet, der die Hydrolyse des gebildeten Proteins von der tRNA katalysiert. Anschließend zerfällt das Ribosom.

Eine Reihe von Mechanismen erlaubt die Regulation der Proteinbiosynthese, wobei dem Initiationsfaktor eIF-2 eine besondere Bedeutung zukommt, da er durch Phosphorylierung/Dephosphorylierung reguliert werden kann.

Tabelle 14.3 Hemmstoffe der Translation

Hemmstoff	Mechanismus der Hemmung	Therapeutische Anwendung
Tetracycline	Bindung der Aminoacyl-tRNA an Akzeptorstelle (vorwiegend bei 70 S-Ribosomen)	Breitbandantibiotikum
Streptomycin	Bindung an 30 S-Untereinheit mit nachfolgender Konformationsänderung des Ribosoms	Tuberkulose
Chloramphenicol	Hemmung der Peptidyltransferase von 70 S-Ribosomen	Breitbandantibiotikum (heute nur noch selten indiziert)
Fusidinsäure	Hemmung der Translokase	Staphylokokken
Puromycin	Kettenabbruch bei 70 S- und 80 S-Ribosomen	Nur experimentelle Anwendung
Cycloheximid	Hemmung der Translokase von 80 S-Ribosomen	Nur experimentelle Anwendung
Diphtherietoxin	Hemmung der Translokase von 80 S-Ribosomen	

14.2 Die Faltung von Proteinen

Durch den Vorgang der ribosomalen Translation entsteht zunächst keineswegs ein funktionsfähiges Protein. Die neu synthetisierte Aminosäurekette muß noch die für jedes Protein spezifische und einmalige ***Raumstruktur*** oder ***Konformation*** einnehmen.

!

Die Faltung von Proteinen zur aktiven Form ist durch die Primärstrukur vorgegeben.

Christian Anfinsen hat in den 50er Jahren durch elegante Experimente bewiesen, daß die Raumstruktur eines Proteins ausschließlich durch die in der Primärstruktur vorgegebenen Aminosäuresequenz determiniert wird.

Abbildung 14.9 stellt das dieser Aussage zugrundeliegende Experiment dar:

- ***Pankreas-Ribonuclease*** ist ein aus 124 Aminosäuren bestehendes relativ kleines Enzym mit vier Disulfidbindungen, die zwischen weit voneinander entfernten Cysteinylresten geknüpft sind.

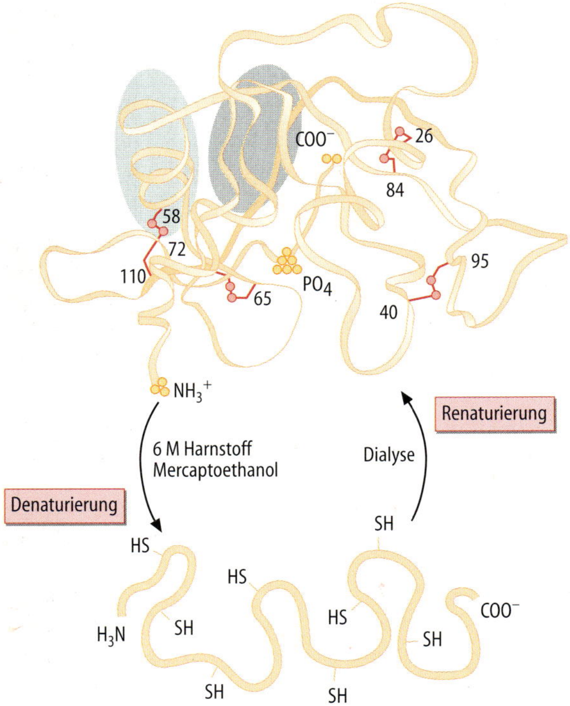

Abb. 14.9 Denaturierung und Renaturierung der Ribonuclease aus Pankreas. Die Behandlung des nativen Enzyms mit vier Disulfidbrücken mit einem Überschuß an Thiolen in Gegenwart hoher Harnstoffkonzentrationen führt zur Entfaltung und Denaturierung des Enzyms. Nach Entfernung von Harnstoff und Mercaptoethanol durch Dialyse erreicht das Enzym wieder seine ursprüngliche Aktivität und Raumstruktur. Es ist renaturiert

- Durch Zugabe eines ***Reduktionsmittels***, z. B. Mercaptoethanol HS-CH_2-CH_2-OH, können diese Disulfidbrücken gelöst werden.
- Setzt man außerdem ***Harnstoff*** in hohen Konzentrationen zu, löst sich die Raumstruktur der Ribonuclease auf, das Enzym ist biologisch inaktiv und damit denaturiert.
- Durch Entfernung des Harnstoffs durch Dialyse sowie unter dem Einfluß geringer Mengen eines Oxidationsmittels, z. B. gelösten Sauerstoffs, stellt sich die korrekte Raumstruktur wieder ein und die Disulfidbrücken werden richtig verknüpft.

Aus diesem und vielen gleichartigen Experimenten muß zwingend geschlossen werden, daß in der Tat die durch die Aminosäuresequenz vorgegebene Information ausreicht, damit ein Protein seine endgültige Raumstruktur erhält.

Für die korrekte Faltung in vivo werden Hilfsproteine benötigt.

Überträgt man die von Anfinsen gemachte Beobachtung auf den Zustand ***in vivo***, so gelangt man vor allem wegen der hohen zellulären Proteinkonzentration in erhebliche Schwierigkeiten. Es hat sich gezeigt, daß die Proteinfaltung in vivo ohne die Hilfe zusätzlicher Enzyme und Faktoren nicht auskommt. Als derartige Verbindungen sind identifiziert worden:

- Die ***Proteindisulfidisomerase*** katalysiert Disulfidaustauschreaktionen in Proteinen und beschleunigt so die Ausbildung der korrekten Disulfidbindungen.
- ***Prolyl-Cis-Trans-Isomerasen*** katalysieren die Isomerisierung von Peptidyl-Prolyl-Bindungen und ermöglicht so die Ausbildung von β-Schleifen in Proteinen.
- Als ***molekulare Chaperone*** bezeichnet man multimere Proteinkomplexe, die die Proteinaggregation während der Proteinfaltung bzw. -entfaltung hemmen und damit die Ausbildung der korrekten Raumstruktur erleichtern und beschleunigen.

Weitere Einzelheiten über Proteinfaltung in vitro und in vivo s. ausführliche Lehrbücher der Biochemie

!

WICHTIG
Proteine können in vitro durch Zugabe von denaturierenden Mitteln denaturiert werden. Sie verlieren dabei die für sie charakteristische Raumstruktur und damit die biologische Aktivität. Entfernt man das Denaturierungsmittel, z. B. durch Dialyse, so gewinnen Proteine ihre native, für sie typische Raumstruktur wieder zurück und sind biologisch aktiv. Dies zeigt, daß die Information für die Sekundär-, Tertiär- und Quartärstruktur von Proteinen in ihrer Primärstruktur, d. h. ihrer Aminosäuresequenz enthalten ist.

In vivo würde in vielen Fällen die spontane Ausbildung der nativen, biologisch aktiven Proteinstruktur viel zu lange dauern. Sie wird dadurch beschleunigt, daß eine Reihe von Hilfsenzymen bei der Knüpfung der Disulfidbrücken sowie der Isomerisierung von Prolylresten beteiligt ist. Außerdem übernehmen große, als Chaperone bezeichnete Enzymkomplexe eine katalytische Funktion bei der Ausbildung der korrekten Raumstruktur von Proteinen.

14.3 Co- und posttranslationale Modifikationen von Proteinen

!

Neu synthetisierte Proteine werden häufig kovalent modifiziert und erlangen erst dadurch ihre Funktionsfähigkeit.

Wichtige Beispiele für posttranslationale Modifikationen von Proteinen sind in Tabelle 14.4 zusammengestellt.

Besonders häufig ist die ***proteolytische Modifikation.*** Für immer mehr Proteine wird nachgewiesen, daß sie aus einem häufig wesentlich größeren Präkursor durch gezielte Proteolyse quasi herausgeschnitten werden müssen. Ein Beispiel hierfür ist das ***Proopiomelanocortin,*** der Präkursor für ACTH (S. 479). Über die Rolle der proteolytischen Modifikation bei der ***Proteinadressierung*** s. u.

Sehr häufig werden Proteine durch Anheftung von ***Kohlenhydratseitenketten*** modifiziert. Diese befinden sich an den Aminosäuren Serin, Threonin (O-glycosidisch) bzw. Asparagin (N-glycosidisch). Nahezu alle Membranproteine und die sezernierten Proteine tragen Kohlenhydratseitenketten.

Tabelle 14.4 Beispiele für posttranslationale Modifikationen von Proteinen

Modifikation	Mechanismus
Proteolyse	Entfernung von C- bzw. N-terminalen Aminosäuren, Entfernung von Signalpeptiden, proteolytische Spaltung von Präkursorproteinen
Glykosylierung	N- bzw. O-glykosidische Verknüpfung mit Kohlenhydratseitenketten
Anheftung von Lipidankern	Verknüpfung des Proteins mit Myristoyl- oder Farnesylresten, Übertragung auf einen Phosphatidylinosit-Anker
Modifikation einzelner Aminosäurereste	Acetylierung, Carboxylierung, Hydroxylierung, Phosphorylierung, Sulfatierung

Spezifische Aminosäuresequenzen sind für die Adressierung von Proteinen notwendig.

Die durch die ribosomale Proteinbiosynthese entstandenen Proteine sind entweder im Cytosol lokalisiert oder werden auf verschiedene zelluläre Kompartimente wie Mitochondrien, Lysosomen, Sekretvesikel, Zellkern u.a. verteilt oder als Membranproteine in die Plasmamembran eingebaut.

Die genannten Proteine enthalten als Adresse eine sogenannte ***Signalsequenz***, die meist N-terminal gelegen ist. Die Funktion dieser Signalsequenz bei der Adressierung ist in Abb. 14.10 dargestellt:

- Die Biosynthese der genannten Proteine beginnt zunächst wie diejenige aller anderen Proteine an Ribosomen, die im cytosolischen Raum lokalisiert sind.
- Die als erstes synthetisierte Signalsequenz (N-terminal gelegen) wird von einem ***Ribonucleoprotein-Partikel*** gebunden, das als

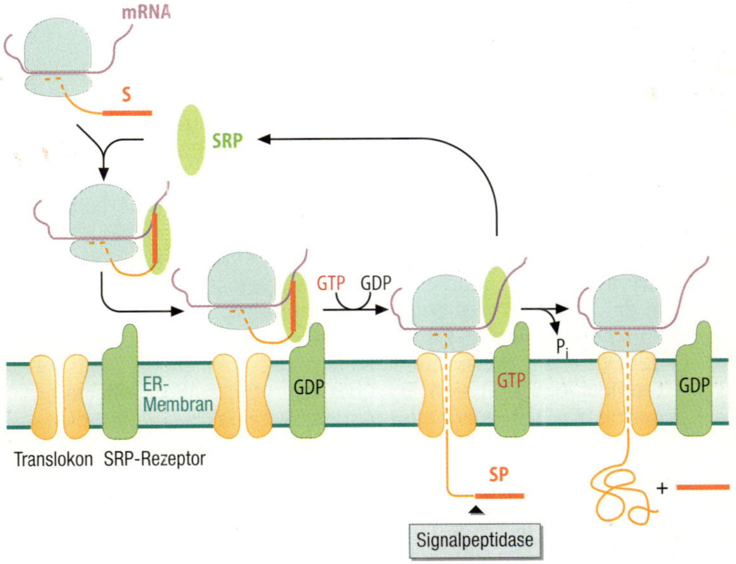

Abb. 14.10 Mechanismus der Signalpeptid-abhängigen Assoziation von Ribosomen an das endoplasmatische Reticulum und Import der Proteine in das Schlauchwerk des ER. *S* Signalsequenz; *SRP* signal recognition particle; *SP* Signalpeptidase. (Einzelheiten s. Text)

SRP bezeichnet wird (SRP, *engl.* signal recognition particle). Dadurch wird die weitere Translation der gebundenen mRNA blokkiert.

- Über einen spezifischen, auf der Oberfläche des endoplasmatischen Reticulums lokalisierten ***SRP-Rezeptor*** wird das SRP-beladene Ribosom an die Membranen des endoplasmatischen Reticulums gebunden, die jetzt als ***rauhes endoplasmatisches Reticulum*** (RER) erscheinen.
- Das an das RER gebundene Ribosom bindet an ein weiteres, als ***Translokon*** bezeichnetes Membranprotein, welches einen Kanal bildet, durch den der bereits synthetisierte Bereich des Proteins gefädelt wird.
- Im Inneren des RER befindet sich eine ***Signalpeptidase***, die spezifisch noch während der Translation das Signalpeptid abtrennt.

Lysosomale und Sekretproteine werden direkt in das Lumen des RER synthetisiert und von dort über den Golgi-Apparat in Sekretvesikel verpackt. Transmembranproteine bleiben mit ihrer Transmembranhelix in der RER-Membran stecken, gelangen aber auch von dort über Vesikeltransport an ihre Bestimmungsstelle (S. 445).

!

WICHTIG

Neu synthetisierte Proteine können durch Proteolyse, Glycosylierung, Anheftung von Lipidankern bzw. Modifikation einzelner Aminosäuren modifiziert werden. Im allgemeinen sind diese Modifikationen von entscheidender Bedeutung für die biologische Funktion der einzelnen Proteine.

Ein wichtiger Aspekt der proteolytischen Modifikation ergibt sich aus der Notwendigkeit, Proteine so zu adressieren, daß sie in der kompartimentierten eukaryoten Zelle ihren endgültigen Funktionsort finden. Das hierbei verwendete Prinzip beruht auf der Existenz sogenannter Signalpeptidsequenzen, die häufig N-terminal lokalisiert sind. Sie adressieren durch Wechselwirkung mit dem signal recognition particle Proteine an die Membranen des endoplasmatischen Reticulums, wodurch ein Kanal entsteht, durch den das Protein in das endoplasmatische Reticulum eingefädelt wird. Danach wird die Signalsequenz durch sogenannte Signalpeptidase abgetrennt und das Protein kann jetzt entsprechend weiterer Strukturmerkmale auf verschiedene zelluläre Kompartimente verteilt werden.

14.4 Pathobiochemie

Störungen im Bereich der Proteinbiosynthese können vielfältige Ursachen haben:

- ***Strukturmutationen*** und ***regulatorische Mutationen*** führen zu fehlerhaften oder in falscher Menge bzw. zum falschen Zeitpunkt synthetisierten Genprodukten.
- Störungen durch Beeinträchtigung der ***Translation*** führen zu einer Verminderung der Synthese spezifischer Proteine.
- Störungen in der ***posttranslationalen Modifikation*** von Proteinen führen zu fehlerhaft prozessierten und damit funktionsuntüchtigen oder funktionsgestörten Proteinen.

Da prinzipiell jedes Protein des Organismus von einer dieser Schädigungen betroffen sein kann, sind die Möglichkeiten außerordentlich groß. Ausgewählte Beispiele werden bei der Besprechung der jeweiligen Proteine geschildert.

!

WICHTIG
Die Symptomatik vieler Erkrankungen wird durch Störungen in der Biosynthese spezifischer Proteine geprägt. Die Ursachen hierfür können ebenso vielfältig sein wie die Ursachen der jeweiligen Erkrankungen.

15 Viren

LERNZIELE
- Einteilung von Viren
- RNA-Viren
- DNA-Viren
- Prionen

Viren sind infektiöse Strukturen, die überwiegend aus Nucleinsäuren und Proteinen bestehen. Sie verursachen beim Menschen Infektionen wie Grippe, Mumps, Windpocken, Kinderlähmung, Hepatitis und viele andere mehr.

Im Gegensatz zu Bakterien besitzen Viren keinen eigenen Stoffwechsel, sondern bedienen sich der vorhandenen Stoffwechselsysteme der Wirtszelle. Hierbei wird der wirtseigene Stoffwechsel weitgehend abgeschaltet und die Wirtszelle in den Dienst der Virusvermehrung gestellt. Die hierdurch ausgelösten Änderungen der Wirtszelle lösen häufig deren Absterben aus, daneben kommt es zu teilweise sehr heftigen Reaktionen des Immunsystems gegen befallene Zellen, die u.a. für die häufig schwere Symptomatik viraler Erkrankungen verantwortlich sind.

15.1 Aufbau und Einteilung von Viren

! **Viren bestehen aus einer Nucleinsäure, einer Proteinhülle und gelegentlich einer Hüllmembran.**

Viren sind infektiöse Partikel, die für eine große Zahl von Erkrankungen bei Bakterien, Pflanzen und Tieren verantwortlich sind und auch beim Menschen eine Vielzahl schwerer Erkrankungen auslösen können. Viele der klassischen, über die ganze Welt verbreiteten Seuchen wie z.B. Pocken, Poliomyelitis, Masern oder AIDS werden durch Viren verursacht.

Trotz ihres sehr unterschiedlichen morphologischen Erscheinungsbildes zeigen alle Viren grundsätzlich einen gleichartigen Aufbau:

- Sie enthalten einen ***Kern*** (Nucleus), der das genetische Material des Virus trägt. Dieser besteht bei ***DNA-Viren*** aus einzel- oder doppelsträngiger DNA, bei ***RNA-Viren*** aus einzel- oder doppelsträngiger RNA.
- Der Viruskern wird von einer Proteinhülle, dem sogenannten ***Capsid***, umgeben. Bei allen Virusarten ist das Capsid aus einer unterschiedlichen Anzahl einzelner Untereinheiten, den sogenannten ***Capsomeren***, aufgebaut.
- Viele Virusarten besitzen zusätzlich eine ***Hüllmembran***. Die Lipide dieser Membran bestehen im wesentlichen aus Teilen der Wirtszellmembran, die der Virus bei der Freisetzung „mitgenommen" hat.

Im allg. werden Viren nach der Art ihres genetischen Materials in DNA- bzw. RNA-Viren eingeteilt. Viren, deren Wirte Bakterienzellen sind, werden als ***Bakteriophagen*** oder einfacher als Phagen bezeichnet. Unter ***Viroiden*** versteht man kleinere, infektiöse RNA-Ketten, die keine Hülle besitzen und vor allem bei Pflanzen Erkrankungen auslösen können.

! **Viren besitzen keinen eigenen Stoffwechsel.**

Da Viren nur aus einer Nucleinsäure bestehen, die von einer Proteinhülle und gelegentlich einer Membran umgeben ist, verfügen sie über keinen eigenen Stoffwechsel. Zur Vermehrung ihrer Nucleinsäure sowie zur Biosynthese der ihre Hüllen bildenden Proteine bedienen sie sich des Replikations-, Transcriptions- und Translationsapparates der Wirtszelle. Durch die Expression spezifischer regulatorischer Gene sind Viren imstande, ihre Wirtszelle so umzuprogrammieren, daß diese weitestgehend in den Dienst der Virusvermehrung gestellt wird.

! **Der Infektionscyclus der Viren hat die intrazelluläre Virusvermehrung und die anschließende Virusfreisetzung zum Ziel.**

Im Infektionscyclus der Viren lassen sich eine Reihe unterschiedlicher Stadien unterscheiden:

- Die ***Adsorption*** ist der erste Schritt des Infektionscyclus der Viren. Man versteht hierunter die Bindung des Virus an die Zellmembran. Sehr häufig erfolgt dies durch Kreuzreaktion von Bestandteilen der Virusoberfläche mit Rezeptoren oder anderen spezifischen Strukturen auf der Zelloberfläche (Tabelle 15.1).
- Unter ***Penetration*** versteht man das Eindringen des Virus in die Viruszelle. Dies erfolgt sehr häufig durch Endocytose, gelegentlich unter Verwendung spezifischer Membranproteine. Manche Viren, besonders die Bakteriophagen, injizieren die infektiöse Nucleinsäure direkt in die Wirtszelle.
- Die folgende Phase im Infektionscyclus der Viren wird auch als ***Eklipse*** (*griech.* Verschwinden) bezeichnet. Die Virusteilchen sind völlig verschwunden, jedoch beginnt jetzt die virale Nucleinsäure mit der Umprogrammierung des Zellstoffwechsels für die Expression viraler Proteine und für die Replikation des viralen Genoms. Die hier im Einzelfall beschrittenen Mechanismen sind von Virus zu Virus unterschiedlich und können außerordentlich komplex sein.
- Für die ***Freisetzung*** des Virus aus der Wirtszelle stehen verschiedene Möglichkeiten zur Verfügung. Häufig führt die Virusvermehrung zur Zerstörung der Wirtszelle, was auch als ***lytischer Infektionscyclus*** bezeichnet wird, da dabei lytische Enzyme beteiligt sind. Gelegentlich wird das genetische Material des Virus in die DNA der Wirtszelle eingegliedert und kann über längere Zeit stumm bleiben. Bei einer Virusvermehrung muß die Zelle dann nicht notwendigerweise zerstört werden, allerdings bleibt die Fähigkeit zur Lyse noch erhalten. Dies wird als ***lysogener Infektionscyclus*** bezeichnet.

Tabelle 15.1 Als Virusrezeptoren dienende Zelloberflächenmoleküle (Auswahl)

Zelloberflächenmolekül	Virus
ICAM-1	Rhinovirus
CD4	HIV-1
Integrine	Coxsackie-Virus Adenovirus
Complementrezeptor 2	Epstein-Barr-Virus

! WICHTIG

Alle Viren haben einen grundsätzlich gleichartigen Aufbau aus einem das genetische Material enthaltenden Kern, einer als Capsid bezeichneten Proteinhülle sowie gelegentlich einer Hüllmembran.

Als genetisches Material kann RNA oder DNA verwendet werden, wobei jeweils je nach Virusart einzel- oder doppelsträngige Nucleinsäuren vorkommen.

Viren haben keinen eigenen Stoffwechsel, sondern müssen sich für die Biosynthese der von ihnen benötigten Makromoleküle der entsprechenden enzymatischen Ausstattung der Wirtszelle bedienen.

Für Virusinfektionen ist eine Reihe von Stadien charakteristisch: Bei der Adsorption kommt es zur Anlagerung des Virus an die Membran der Wirtszelle, bei der Penetration zum Eindringen des Virus in die Wirtszelle, bei der Virusvermehrung werden virale Strukturgene transcribiert und translatiert sowie das virale Genom repliziert. In der letzten Phase, der Freisetzungsphase oder lytischen Phase kommt es zur Virusfreisetzung.

15.2 RNA-Viren

Die RNA-Genome der wichtigsten für den Menschen infektiösen RNA-Viren (Tabelle 15.2) sind relativ klein und können je nach Virusart einsträngig bzw. doppelsträngig sein:

- Wenn die *einsträngige RNA* die Polarität einer mRNA hat ((+)-RNA), kann sie direkt als Matrize für die Proteinbiosynthese verwendet werden. Sie codiert dann u.a. für eine ***RNA-abhängige***

Tabelle 15.2 Humanpathogene RNA-Viren (Auswahl)

Virusgruppe	Größe der Nucleinsäure/ Zahl der Gene	Verursachte Krankheiten (Beispiel)
Picornaviren	2–2,8 kB/12	Poliomyelitis, Erkältungskrankheiten, Hepatitis A
Reoviren	15 kB/40	Schnupfen, Enteritis
Togaviren	3 kB/15	Röteln
Paramyxoviren	4–8 kB/30	Masern, Mumps
Retroviren	8–10 kB/10	AIDS

RNA-Polymerase, die einen (–)-Strang erzeugt, der als Matrize für neue (+)-Stränge dient.

- Ist die Polarität der einsträngigen RNA aber komplementär zur mRNA ((–)-RNA), so muß diese erst durch eine RNA-abhängige RNA-Polymerase transcribiert und damit zur Erzeugung viraler Proteine in eine mRNA umgeschrieben werden.
- Bei Viren mit ***doppelsträngiger RNA*** ((–/ +)-RNA) müssen zur Virusvermehrung beide Stränge transcribiert werden.
- Wegen ihres Infektionscyclus sind die ***Retroviren*** eine besondere Gruppe von RNA-Viren.

!

Das RNA-Genom von Retroviren wird in DNA umgeschrieben.

Die als ***Retroviren*** bezeichnete Gruppe von RNA-Viren ist von besonderem Interesse, u.a. da der Erreger von AIDS (*engl.* acquired immune deficiency syndrome), das ***AIDS-Virus*** oder ***HIV-1*** (*engl.* human immunodeficiency virus) zu den Retroviren zählt.

Abbildung 15.1 stellt den Aufbau des HIV-1-Virus dar. Er enthält:

- Das ***diploide*** aus 2 identischen (+)-RNA-Strängen bestehende Genom. An die für 10 Gene codierende Virus-RNA (Tabelle 15.3) ist als virales Protein die reverse Transcriptase (s.u.) assoziiert. Am 5'- und 3'-Ende enthält die HIV-1-RNA sog. LTR-Sequenzen (LTR, *engl.* long terminal repeat), die u.a. Bindungsstellen für Transcriptionsfaktoren der Wirtszelle enthalten sowie die Integration in das Wirtsgenom erleichtern.

Tabelle 15.3 HIV-1-Gene und Genprodukte. Die Strukturgene von HIV-1 codieren für Vorläuferproteine, aus denen durch die HIV-Protease die funktionellen Proteine geschnitten werden

Gen	Genprodukt(e)
Strukturgene	
GAG	Capsidproteine p17 und p24 sowie Proteine des Viruskerns
POL	HIV-Protease; Reverse Transcriptase; Integrase
ENV	Glycoproteine der Hülle: gp 120 und gp 41
Regulatorgene	
TAT	Proteine zur Regulation der Genexpression, der Virusreifung und Virusfreisetzung
REF	
TEV/TNF	
NEF	
VPR	
VIF	
VPU	

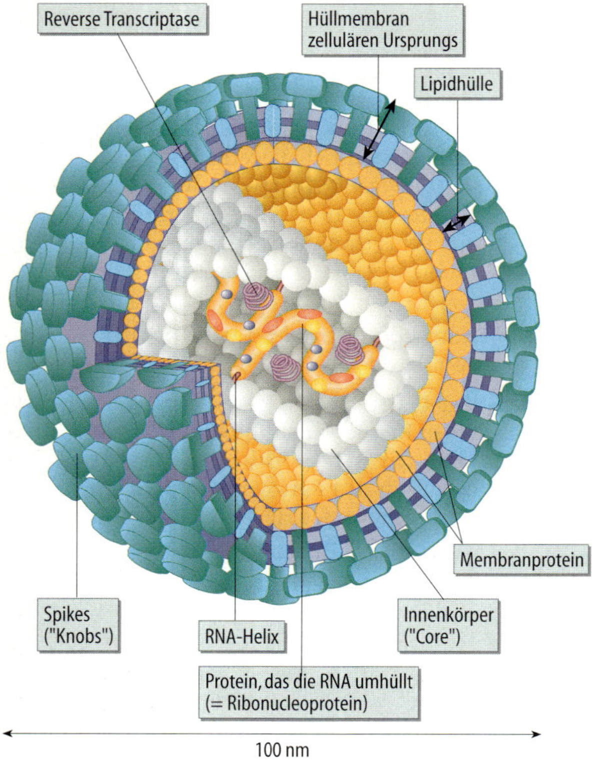

Abb. 15.1 Räumliches Modell des Immundefizienzvirus HIV-I, das beim Menschen AIDS erzeugt. (Nach Gatermann u. Gelderblom, Copyright Spiegel-Verlag Hamburg)

- Das zylindrische ***Nucleocapsid.***
- Die aus einer Reihe unterschiedlicher Proteine bestehende ***Hüllmembran.*** Von besonderer Bedeutung ist hierbei das als ENV-Protein (Hülle, *engl.* envelope) bezeichnete Protein, das für die Bindung des Virus an die Wirtszellmembran benötigt wird.

Abbildung 15.2 stellt den Infektionscyclus des HIV-1 dar:

- Die Aufnahme des HIV-1 erfolgt durch Bindung des ***viralen Hüllproteins gp 120*** (ENV) an ein spezifisches Membranprotein der Wirtszelle, das sogenannte ***CD4-Protein.*** Dieses findet sich lediglich auf T-Lymphocyten, epidermalen Langerhans-Zellen

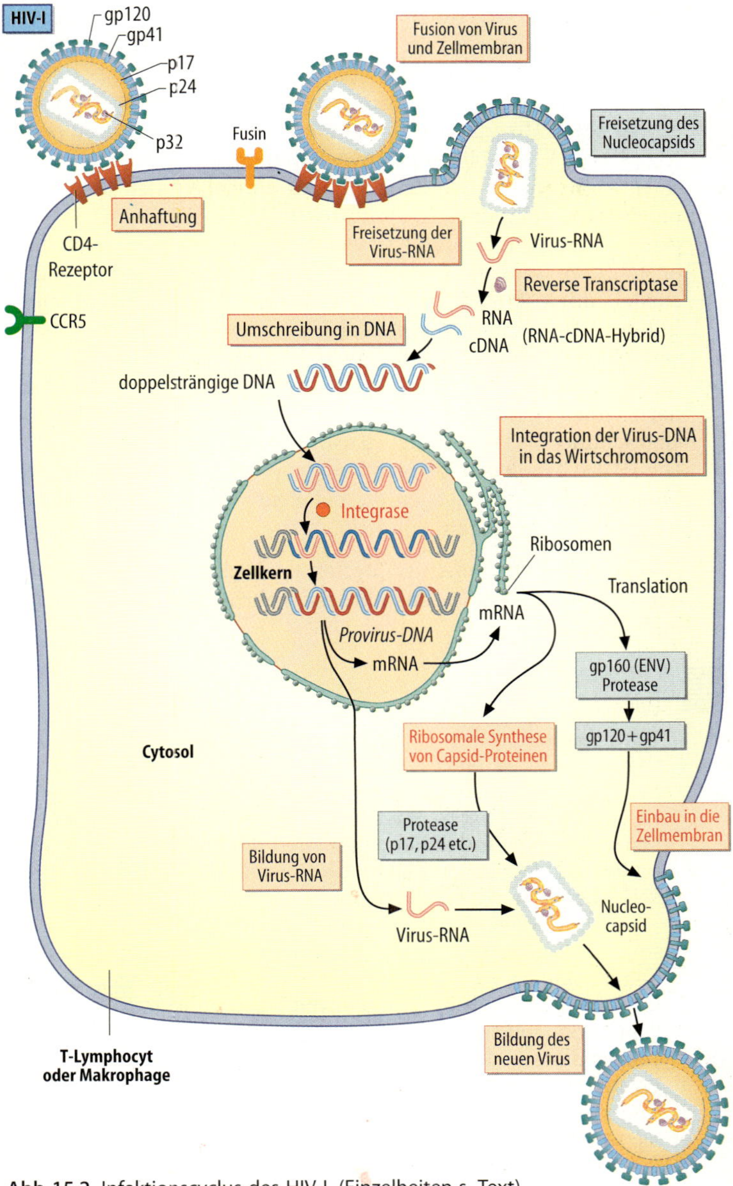

Abb. 15.2 Infektionscyclus des HIV-I. (Einzelheiten s. Text)

und Makrophagen (über die normale Funktion von CD4 s. S. 549). Hierdurch wird die ***Internalisierung*** des Virus durch Endocytose ausgelöst.

- Nach Zerfall des Nucleocapsids wird die virale RNA in ***DNA*** umgeschrieben. Hierzu wird die ***virale reverse Transcriptase*** benötigt, die als RNA-abhängige DNA-Polymerase dient.
- Nach Aufnahme in den Zellkern wird die der viralen RNA komplementäre DNA, die sog. ***Provirus-DNA***, in die Wirts-DNA integriert. Unter dem Einfluß wirtseigener, später viraler Transcriptionsfaktoren wird die Provirus-DNA transcribiert und die dabei entstehenden viralen Struktur- und Enzymproteine zusammen mit der RNA zu neuen infektiösen Viren assembliert.
- Das Nucleocapsid tritt von innen an die Zellmembran, in die vorher virale ***ENV-Proteine*** eingebaut worden sind, stülpt diese nach außen, wird schließlich vollständig von der Zellmembran abgeschnürt und damit die Virusfreisetzung abgeschlossen.
- Die HIV-1 befallenen T4-Lymphocyten sterben nach Wochen bis Monaten ab, nicht dagegen die befallenen Makrophagen, die als Virusreservoire dienen.

→ Näheres über den Infektionscyclus sowie den typischen Verlauf der HIV-1-Infektion s. ausführliche Lehrbücher der Biochemie und Virologie

!

WICHTIG

Trägt das Genom von einzelsträngigen RNA-Viren die (+)-Polarität, so dient es direkt als mRNA, muß allerdings durch eine virale RNA-abhängige RNA-Polymerase für die Replikation in einen RNA-Strang mit (–)-Polarität umgeschrieben werden, der als Matrize für die Produktion neuer Viren dient. RNA-Genome mit (–)-Polarität benötigen bereits zur Herstellung der mRNA eine RNA-abhängige RNA-Polymerase.

Von besonderer Bedeutung als Krankheitsauslöser sind die sogenannten Retroviren, zu denen u. a. das HIV-I gehört. In seinem Infektionscyclus zeigt es bei der Adsorption hohe Spezifität für das CD4-Oberflächenantigen von T-Lymphocyten. Nach der Penetration wird das diploide RNA-Genom durch eine reverse Transcriptase in DNA umgeschrieben und in das Genom der Wirtszelle integriert. HIV-I verfügt über 10 Gene. Die drei Strukturgene GAG, BOL und ENF codieren für die Capsidproteine, die reverse Transcriptase, die Integrase, sowie die Virusprotease und die Proteine der Virushülle. Von der Provirus-DNA werden sowohl die virale Nucleinsäure wie auch die viralen Proteine transcribiert und translatiert, wonach im Cytosol die neuen Viren zusammengesetzt werden. Diese werden unter Mitnahme eines Stücks Cytoplasmamembran der Wirtszelle freigesetzt.

15.3 DNA-Viren

Wichtige ***humanpathogene DNA-Viren*** sind in Tabelle 15.4 zusammengestellt.

Es handelt sich um Viren, deren Genom entweder vollständig oder partiell (Hepatitis B-Virus) doppelsträngig ist.[1]

Das Genom doppelsträngiger DNA-Viren wird in den Zellkern ***transloziert*** und dort unter Verwendung entsprechender zellulärer Enzyme transcribiert. Die dabei entstehende ***mRNA*** wird in die viralen Proteine translatiert. Für die Herstellung der ***viralen Genome*** werden unterschiedliche Strategien verfolgt. Bei den ***Hepadna-Viren*** schreibt eine virale reverse Transcriptase eine das Genom umspannende mRNA in DNA um. Andere Viren benützen virale bzw. durch entsprechende Regulatorproteine umfunktionierte Wirts-DNA-Polymerasen.

!

WICHTIG

Humanpathogene DNA-Viren haben im allgemeinen ein doppelsträngiges DNA-Genom. Dieses wird nach Translokation in den Kern der Wirtszelle unter Bildung der viralen Proteine transcribiert und translatiert, sowie die virale Nucleinsäure durch Replikation vermehrt.

Tabelle 15.4 Humanpathogene DNA-Viren (Auswahl)

Virusgruppe	Größe der Nucleinsäure/ Zahl der Gene	Verursachte Krankheit (Beispiel)
Papovaviren	3–5 kB/ 10	Warzen
Adenoviren	36 kB/ 50	Pharyngitis
Herpesviren	150 kB/ 180	Windpocken, Herpes
Pockenviren	160 kB/ 400	Pocken
Hepadnaviren	3,2 kB/ 4	Hepatitis B

[1] DNA-Viren mit einzelsträngigem Genom spielen als humanpathogene Viren eine geringe Rolle. Der Erreger der Ringelröteln gehört in diese Gruppe.

15.4 Durch Viren ausgelöste Zellschädigungen

Die durch Viren ausgelösten ***Zellschädigungen*** sind vielfältig und hängen nicht nur vom Infektionscyclus des Virus, sondern auch vom jeweiligen Differenzierungszustand der Wirtszelle ab:

- Eine direkte ***Zellzerstörung*** ergibt sich als Konsequenz der Virusvermehrung, die sämtliche anderen Aktivitäten der Zelle zum Stillstand bringt.
- Da über den ***MHC I-Komplex*** ständig Fragmente der in der Zelle synthetisierten Proteine und damit auch viraler Proteine präsentiert und durch cytotoxische T-Zellen erkannt und attackiert werden (S. 549), kommt es auf diese Weise durch das Immunsystem zur ***Eliminierung*** Virus-produzierender Zellen.
- Bei vielen Virusinfektionen findet sich eine Kombination von viral und immunologisch ausgelösten Zellschädigungen, die im allgemeinen zur ***Nekrose*** der Zelle führen.
- In selteneren Fällen leiten Viren eine ***Apoptose*** (programmierter Zelltod, S. 682) der von ihnen befallenen Zellen ein.
- Geringgradige oder gar keine Schädigungen der Wirtszelle ergeben sich dann, wenn die viralen Genome in das Wirtszellgenom eingebaut werden. Die Infektionsfolgen werden meist erst nach Aktivierung des integrierten Wirtsgenoms spürbar.
- Bei chronischen Virusinfektionen hat sich ein Gleichgewicht zwischen Virusvermehrung und Überleben der Zelle eingestellt. Es findet eine kontinuierliche, geringe Virusvermehrung und Freisetzung statt, die jedoch das Überleben der befallenen Zelle nicht beeinträchtigt. Solche chronischen Infektionen kommen z. B. beim Hepatitis B-Virus vor.

⇢ Zur Transformation von Wirtszellen und Tumorauslösung durch Viren s. Kap. 25

!

WICHTIG

Ursachen für den Zelluntergang nach Virusinfekten können das Daniederliegen des Zellstoffwechsels infolge Umprogrammierung auf Virusvermehrung sein, außerdem die Erkennung und Vernichtung virusbefallener Zellen durch unspezifische und spezifische Komponenten des Immunsystems. Viren, deren Genom in das Wirtsgenom integriert wird, können über lange Zeit stumm bleiben oder mit nur geringer Geschwindigkeit neue Viren freisetzen, was sehr häufig von den befallenen Zellen toleriert wird.

15.5 Körpereigene Abwehr, Prävention und Chemotherapie von Virusinfektionen

Dem von einem Virus befallenen Organismus steht eine Reihe von körpereigenen Abwehrmechanismen zur Verfügung.

! **Komponenten des unspezifischen und spezifischen Immunsystems kooperieren bei der Abwehr viraler Infekte.**

Das Immunsystem spielt eine entscheidende Rolle bei der körpereigenen Abwehr viraler Infektionen. Im einzelnen kann man dabei folgende Stufen der Abwehr unterscheiden:

- Die ***unspezifische, nicht adaptative Immunreaktion*** (S. 542) ist die erste Barriere gegen virale Infektionen. An ihr sind im wesentlichen die ***neutrophilen Granulocyten*** beteiligt, die über chemotaktische Signale an die Orte von Entzündungsreaktionen gelangen und die dort beteiligten Zellen und Komponenten phagocytieren oder abtöten. ***Makrophagen*** können körperfremdes Material durch Phagocytose aufnehmen und zerstören. Hierbei entstehen Peptide, die mit den MHC II-Proteinen interagieren und auf der Zelloberfläche präsentiert werden. Auf diese Weise wird das spezifische Immunsystem aktiviert. Natürliche Killerzellen entstehen aus den T-Lymphocytenvorläufern im Knochenmark und töten u. a. virusinfizierte Zellen ab. Der hierbei benutzte Erkennungsmechanismus ist noch nicht klar.
- Das ***Komplementsystem*** (S. 563) ist für die Eliminierung virusinfizierter Zellen von besonderer Bedeutung. Durch bestimmte Strukturen auf der Oberfläche von Viren oder virusinfizierten Zellen wird der alternative Weg der Komplementaktivierung eingeleitet, der die Lyse und damit das Abtöten der befallenen Zelle zum Ziel hat.
- Bei der ***spezifischen Immunantwort*** durch cytotoxische T-Lymphocyten wird deren Aktivierung durch die Präsentation von Peptidabschnitten viraler Proteine durch die auf den befallenen Zellen exprimierten MHC I-Proteine eingeleitet (S. 544). Auch dies führt zur Lyse der betroffenen Zelle.
- Die ***humorale, B-Lymphocyten vermittelte Immunantwort*** benutzt gegen Viren oder virusbefallene Zellen gerichtete Antikörper. Diese binden an spezifische Strukturen und werden dann

über Fc-Rezeptoren auf der Oberfläche von Makrophagen, Monocyten oder neutrophilen Granulocyten gebunden und phagocytiert. Außerdem wird der klassische Weg der Komplementaktivierung über Immunkomplexe ausgelöst.

Die Induktion von Cytokinen durch Viren ist ein weiterer Teil des körpereigenen Abwehrsystems.

Cytokine sind ein wichtiger Teil der unspezifischen Immunabwehr. Sie regulieren und koordinieren das Zusammenwirken immunologischer Systeme. Zu den Cytokinen gehören Interferone, Interleukine, Tumornekrosefaktoren, Kolonie-stimulierende Faktoren, Chemokine und transformierende Wachstumsfaktoren (TGF's). Für die Abwehr von Virusinfektionen sind besonders wichtig:

- Die ***Interferone*** α und β sind Cytokine, die von virusinfizierten Zellen produziert und sezerniert werden. Sie wirken über spezifische Rezeptoren auf fast allen Zellen. Dabei wird die Vermehrung des Virusgenoms, die Proteinbiosynthese und die Zellteilung gehemmt. Interferon γ wird von T-Helferzellen (S. 549) gebildet und ist ein Immunregulator.
- Indirekt mit Virusinfektionen in Zusammenhang zu bringen sind die ***Interleukine***, eine Gruppe von wenigstens 15 Proteinfaktoren, die für die Regulation der Immunantwort von besonderer Bedeutung sind (S. 464).

Durch Impfung läßt sich eine Prävention gegen Viruserkrankungen erreichen.

Durch ***Impfung*** (Immunisierung) läßt sich ein weitgehender Schutz vor Virusinfekten aufbauen. Bei der ***passiven Immunisierung*** werden Immunglobuline gegeben, die ein bestimmtes Virus neutralisieren können. Die effektivere ***aktive Immunisierung*** beruht auf der Induktion einer schützenden Immunantwort im Organismus. Hierbei werden lebende, abgeschwächte oder abgetötete Erreger benutzt, um eine Antikörperbildung ohne die gleichzeitige Erkrankung des Geimpften auszulösen. Durch flächendeckende aktive Immunisierung ist es gelungen, bestimmte als Seuchen auftretende Viruserkrankungen wie Pocken oder Poliomyelitis entweder auszurotten oder in ihrer Häufigkeit beträchtlich zu reduzieren.

Für die Chemotherapie von Virusinfektionen stehen Medikamente zur Verfügung, die spezifische virale Leistungen beeinträchtigen.

Da Viren über keinen eigenen Stoffwechsel verfügen, sondern sich vieler funktioneller Aktivitäten ihrer Wirte bedienen, ist es schwierig, spezifisch antiviral wirkende Medikamente zu entwickeln. Mit der stetigen Zunahme des Wissens über die Molekularbiologie von Viren haben sich doch einige erfolgreiche oder doch wenigstens erfolgversprechende Ansätze ergeben:

- Hemmstoffe der Virusreplikation sind häufig ***Nucleosidanaloga***. Diese konkurrieren mit natürlichen Basenderivaten, binden an die aktiven Zentren von Polymerasen und hemmen deren Funktion. Das Hauptproblem ist, Hemmstoffe zu finden, die viruseigene Nucleinsäurepolymerasen, nicht aber zelleigene Polymerasen treffen. Bei RNA-Viren bieten sich die für diese Virengruppe spezifischen reversen Transcriptasen als Ziel der Chemotherapie an.
- Andere Chemotherapeutika haben die Beeinflussung weiterer virusspezifischer Prozesse zum Ziel. So wirken spezifische ***Proteasehemmstoffe*** auf die Proteasen, die die viruscodierten Polyproteine in die funktionellen Proteine spalten, z. B. beim Infektionscyclus des HIV-I. Auch posttranskriptionelle Modifikationen viraler RNA können beeinflußt und so die Synthese viraler Proteine gehemmt werden.

!

WICHTIG

Die körpereigene Abwehr gegen Viren beruht einmal auf der Aktivität des Immunsystems. Komponenten des unspezifischen Immunsystems wie Granulocyten, Makrophagen oder Killerzellen erkennen relativ unspezifisch virusbefallene Zellen oder Viruspartikel und phagocytieren dieselben. Die Präsentation viraler Peptide durch virusbefallene Zellen führt zur Aktivierung cytotoxischer T-Lymphocyten, die diese Zellen zur Lyse und zum Absterben bringen. Eine Lyse derartiger Zellen wird außerdem durch Aktivierung des Komplementsystems hervorgerufen, wobei gegen virusbefallene Zellen gerichtete Antikörper als Auslöser eine besondere Rolle spielen.

Darüber hinaus löst der Virusbefall in den befallenen Zellen die Sekretion von Interferonen aus. Diese werden über entsprechende Rezeptoren von anderen Zellen gebunden und lösen anschließend eine Hemmung der Virusvermehrung, der Proteinbiosynthese sowie der Zellteilung aus.

Durch Impfung läßt sich eine Prävention vor Viruserkrankungen einführen. Von besonderer Bedeutung ist dabei die aktive Immunisierung. Sie beruht darauf, daß der Organismus mit abgetöteten oder abgeschwächten Viren infiziert wird. Dies führt zur Antikörperbildung, ohne eine Krankheit auszulösen.

Wegen des Fehlens eines eigenen Stoffwechsels ist die Auswahl an Chemotherapeutika gegen Virusinfektionen beschränkt. Zum Teil zielen diese auf Wirkstoffe, die die Vermehrung des viralen Genoms blockieren, zum Teil auf andere virale Aktivitäten, z. B. die Virusproteasen.

15.6 Prionen

Prionen wurden lange für Viren mit besonders langer Latenzzeit gehalten. Heute weiß man jedoch, daß es sich um infektiöse, falsch gefaltete Formen zellulärer Proteine handelt, die frei von Nucleinsäuren sind. Sie lösen ähnlich verlaufende Krankheiten bei Menschen (Kuru, Creutzfeldt-Jakob-Erkrankung) sowie bei Tieren (Bovine spongiforme Encephalopathie (BSE), Scrapie des Schafs) aus. In jedem Fall ist das Zentralnervensystem betroffen. Ursache der Erkrankung ist mit großer Wahrscheinlichkeit eine Modifikation eines physiologischen zellulären Proteins unbekannter Funktion, das als ***zelluläres Prionprotein*** (PrP^{c}) bezeichnet wird. Dieses Protein, das einen großen Anteil α-helikaler Strukturelemente besitzt, kann in eine überwiegend aus β-Faltblättern gebildete Konformation (PrP^{sc}) übergehen, die unlöslich ist, durch Protease nicht abgebaut werden kann und sich aus diesem Grund in den betroffenen Nervenzellen ablagert. Der Übergang von PrP^{c} in PrP^{sc} kann durch Mutationen, aber auch katalytisch durch geringe Mengen PrP^{sc} ausgelöst werden, was die Übertragbarkeit der Erkrankung erklärt.

!

WICHTIG

Prionen sind infektiöse Wirkstoffe ohne Nucleinsäure. Der Auslöser ist dabei das physiologischerweise vorkommende Prionprotein PrP^{c}. Wenn dieses falsch gefaltet ist, wird es in den befallenen Nervenzellen abgelagert und stört deren Funktion.

III Zellen und Organe

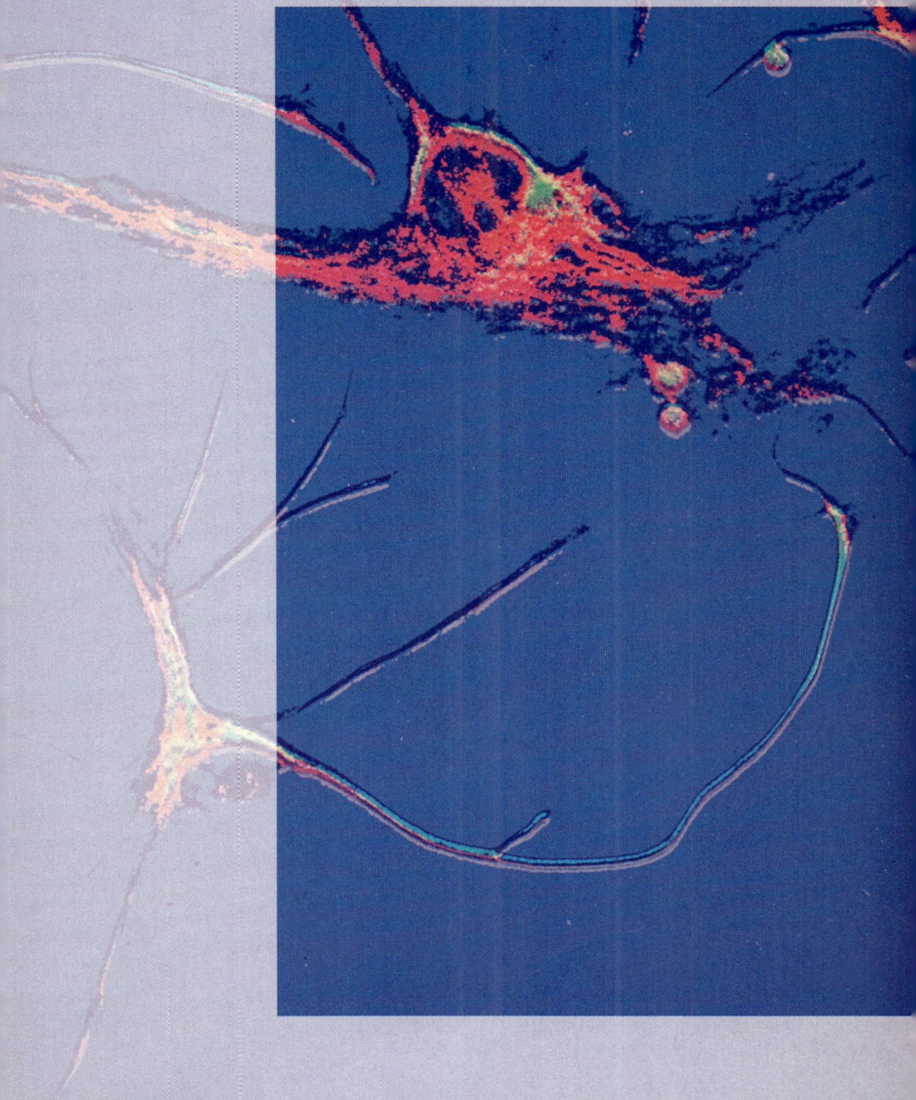

16 Aufbau und Funktion zellulärer Membranen und Organellen

LERNZIELE
- Membranen
- Intrazelluläre Organellen
- Cytoskelett

Die Kenntnis der einzelnen Stoffwechselwege und biochemischen Reaktionen muß durch eine genaue Analyse des Aufbaus eukaryoter Zellen, der Struktur und Funktion ihrer Organellen sowie der vielfältigen Wechselbeziehung mit anderen Zellen ergänzt werden, um biochemischen Veränderungen funktionelle Störung auf zellulärem Niveau zuordnen zu können. Grundlagen hierfür sind Kenntnisse über den Aufbau von Membranen als Lipiddoppelschichten, deren Funktionen im wesentlichen durch die in die Membranen eingelagerten Membranproteine vermittelt werden. Intrazelluläre Organellen sind ebenfalls von Membranen umhüllte Räume, in denen jeweils spezifische Reaktionen ablaufen. Hierdurch wird gewährleistet, daß die im Vergleich zu Prokaryonten wesentlich komplexere Stoffwechselregulation eukaryoter Zellen ablaufen kann. Essentiell für das Funktionieren eukaryoter Zellen ist darüber hinaus das Cytoskelett, das Zellen nicht nur in Form der intermediären Filamente Festigkeit verleiht, sondern darüber hinaus noch mit seinen Actinfilamenten Motilität und mit Hilfe der Mikrotubuli den intrazellulären Transport von Vesikeln und anderen zellulären Strukturen ermöglicht.

Der in diesem Kapitel dargestellte Stoff ist ein Grenzgebiet von Biochemie, Anatomie und vor allem Zellbiologie. Für den Interessierten sei deshalb besonders auf die weiterführenden Lehrbücher dieser Fächer verwiesen.

16.1 Membranen

Grundstruktur aller zellulären Membranen ist die Lipiddoppelschicht mit eingelagerten Proteinen.

In Kap. 1 (S. 5) wurde der prinzipielle Aufbau aller Zellen des menschlichen Organismus besprochen. Wie bei allen eukaryoten Zellen lassen sich neben dem ***Cytoskelett*** eine große Zahl von ***Membransystemen*** unterscheiden. Neben der die Zelle umschließenden und begrenzenden ***Plasmamembran*** finden sich intrazelluläre Membranen, die eine große Zahl von intrazellulären Reaktionsräumen umschließen. Diese werden auch als ***Kompartimente*** bezeichnet. Im folgenden werden Aufbau und Funktion der wesentlichen zellulären Strukturen und intrazellulären Kompartimente besprochen (s. auch S. 6):

Die verschiedenen Membranen tierischer Zellen bestehen überwiegend aus Proteinen und Lipiden, daneben kommen mit weniger als 10 % noch Kohlenhydrate vor (Tabelle 16.1).

Daß amphiphile Lipide (S. 155), speziell ***Phosphoglyceride*** und ***Sphingolipide*** Doppelschichten ausbilden können, ist für den Aufbau biologischer Membranen von besonderer Bedeutung. Dieses Phänomen beruht auf der Tatsache, daß sich die hydrophoben Kohlenwasserstoffketten der Fettsäurereste von amphiphilen Lipiden gegeneinander orientieren, während die hydrophilen Teile sich zur wässrigen Phase ausrichten. Die für den Membranaufbau verwendeten Lipide sind:

- die Phosphoglyceride ***Phosphatidylcholin, Phosphatidylethanolamin***, ***Phosphatidylserin*** und ***Phosphatidylinositol***,
- die Sphingolipide, besonders ***Sphingomyelin, Cerebroside***, ***Sulfatide*** und ***Ganglioside***, sowie
- ***Cholesterin***.

Abbildung 16.1 gibt einen Überblick über die Lipidstruktur einer Membran.

Tabelle 16.1 Zusammensetzung verschiedener zellulärer Membranen

	Protein %	Lipid %	Kohlenhydrat %
Hepatocyt-Plasmamembran	46	54	2–4
Erythrocyt-Plasmamembran	49	43	8
Innere Mitochondrienmembran	76	24	–
Myelinmembranen	18	79	3

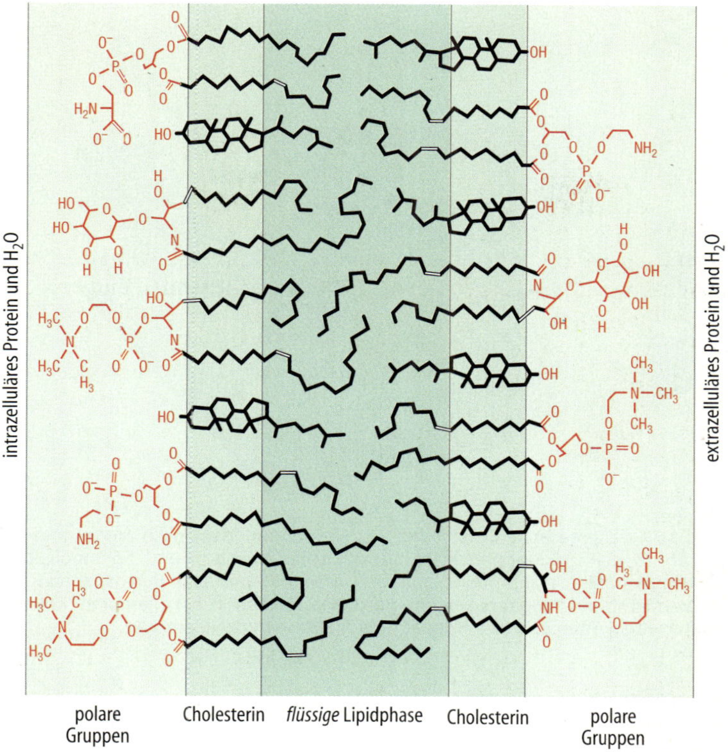

Abb. 16.1 Schematische Darstellung der Lipidstruktur einer Membran. Die polaren Gruppen der amphiphilen Lipide liegen zu beiden Seiten der Membran in Richtung der wässrigen Phase. Im Inneren der Lipidmembran finden sich die Fettsäureketten, während Cholesterinmoleküle auf beiden Seiten der Innenzone für eine gewisse Verfestigung sorgen. Im dargestellten Ausschnitt befinden sich sechs Moleküle Cholesterin, fünf Moleküle Phosphoglyceride und vier Moleküle Sphingolipide. Der Übersichtlichkeit halber wurden fast alle C-Atome weggelassen und auf die sterisch richtige Anordnung der Hydroxylgruppen der Glycolipide verzichtet

Der Proteingehalt der zellulären Membranen schwankt zwischen 20 und 80 %. Membranproteine weisen an bestimmten Arealen ihrer Oberfläche Anhäufungen von hydrophoben Aminosäuren auf, mit denen sie mit der hydrophoben Phase der Membranlipide in Wechselbeziehung treten. Diese werden auch als ***Transmembrandomänen*** bezeichnet. Wie in Abb. 16.2 dargestellt unterscheidet man:

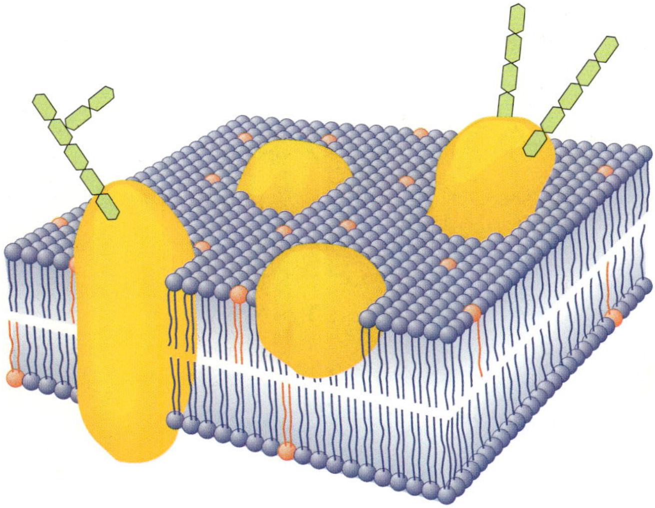

Abb. 16.2 Schematische Darstellung des Membranmodells nach Singer und Nicolson. In der Lipiddoppelschicht aus Phosphoglyceriden und Sphingolipiden schwimmen Membranproteine. Integrale Membranproteine durchspannen die ganze Membran. Periphere Membranproteine stecken in der Membran. Kohlenhydratseitenketten zeigen immer auf die Außenseite der Membran

- ***Integrale Membranproteine*** durchspannen die ganze Membran.
- ***Periphere Membranproteine*** sind nur einer Seite der Membran angelagert.
- Häufig tragen Membranproteine kovalent verknüpfte, gelegentlich verzweigte Kohlenhydratseitenketten und sind also ***Glycoproteine*** (S. 140). Die Kohlenhydratseitenketten befinden sich immer auf der zum extrazellulären Raum gerichteten Seite der Membran.

Funktionen der Plasmamembranproteine sind Transport, Signaltransduktion, Zell-Zell-Kontakt und Abwehr.

Die primäre Funktion der Plasmamembran aller Zellen ist die Abtrennung des Inneren der Zelle von der Umgebung. Für die meisten Biomoleküle, besonders Ionen, niedermolekulare Verbindungen wie Glucose, Aminosäuren u. a. und erst recht für größere Moleküle wie Proteine ist die Lipiddoppelschicht der Membran undurchlässig. Einigermaßen gut permeabel ist sie eigentlich nur für H_2O, gelöste Gase wie O_2, CO_2 und NH_3, sowie kleinere polare Moleküle wie ***Ethanol*** oder ***Harnstoff***.

Die in die Plasmamembran eingelagerten Proteine vermitteln eine Vielzahl von Funktionen, die für den Austausch von Stoffen sowie von Information zwischen dem Inneren der Zelle und dem extrazellulären Raum und damit der Umgebung benötigt werden. Im einzelnen handelt es sich um:

- Systeme für den ***Stofftransport***,
- ***Rezeptoren*** für die Erkennung extrazellulärer Signalmoleküle, die für die Umwandlung des extrazellulären in ein intrazelluläres Signal benötigt werden (Signaltransduktion),
- Systeme für den ***Zell-Zell-Kontakt***,
- Systeme für die Identifikation als „***Selbst***";

Die Zahl der Membran-assoziierten ***Transportsysteme*** ist außerordentlich groß (Tabelle 16.2). Die verschiedenen auf S. 9 beschriebenen Transportformen kommen je nach den zellulären Funktionen in unterschiedlicher Aktivität auf den einzelnen Zellen vor. Viele von ihnen sind ***ATP-abhängig***, so daß ein erheblicher Anteil der in der Zelle erzeugten Energie für die Transportarbeit aufgewandt werden muß.

Tabelle 16.2 Membranassoziierte Transportsysteme (Auswahl). Über die Definition der verschiedenen Transportformen s. S. 9

Name	Transportierte Verbindung	Transportmechanismus
NaK-ATPase	Na^+, K^+	Primär aktiver Transport (Antiport)
Ca-ATPase	Ca^{++}	Primär aktiver Transport (Uniport)
H^+-ATPase (Magen)	H^+; K^+	Primär aktiver Transport (Antiport)
MOAT	Bilirubin, organische Anionen	Primär aktiver Transport (Uniport)
Glucose-Transporter	Glucose, Na^+	Sekundär aktiver Transport (Symport)
Glucose-Carrier (GLUT 1–7)	Glucose	Erleichterte Diffusion (Uniport)
Adeninnucleotid-Translocase	ATP, ADP	Ladungsgetriebener Antiport
Thermogenin	H^+	Erleichterte Diffusion (Uniport)

Tabelle 16.3 An der Signaltransduktion beteiligte Membranproteine (Auswahl)

Rezeptortyp	Beispiel
7-Transmembrandomänenrezeptoren	Adrenozeptoren (S. 485) Glucagonrezeptor (S. 487) Rezeptoren für Geschmacks- und Geruchsstoffe
Tyrosinkinaserezeptoren	Insulinrezeptor (S. 490) IGF-1-Rezeptor (S. 468)
Cytokinrezeptoren	Wachstumshormonrezeptor (S. 468) Erythropoietinrezeptor (S. 461)
T-Zellrezeptoren	T-Zellrezeptor (S. 549)

Ein beträchtlicher Teil der Proteine der Plasmamembran dienen der ***Signaltransduktion*** (Tabelle 16.3 und S. 458). Extrazelluläre Signale, deren Bindung an einen Rezeptor eine spezifische intrazelluläre Antwort auslöst, können dabei nicht nur ***Hormone***, sondern auch ***Membranproteine*** benachbarter Zellen, ***Plasmaproteine***, ***Nahrungsbestandteile*** und körperfremde Verbindungen wie beispielsweise ***Arzneimittel*** sein.

Die Assoziation von Einzelzellen zu funktionellen Gebilden wie Geweben und Organen erfordert besonders enge und spezifische Verknüpfungen der einzelnen Zellen. Zu diesem Zweck gibt es spezifische ***Zell-Zell-Verbindungen*** und ***Zelladhäsionsmoleküle***. Von besonderer Bedeutung sind Zell-Zell-Verbindungen unter Einbeziehung des ***Cytoskeletts***. Sie dienen der mechanisch stabilen Verknüpfung von Zellen zu Gewebsverbänden (häufig Epithelien) oder zur Befestigung von Zellen auf der extrazellulären Matrix (häufig der Basalmembran). Wenn bei der Ausbildung der Zell-Zell- bzw. Zell-Matrix-Verknüpfung ***Actinfilamente*** (S. 449) beteiligt sind, so spricht man von ***Desmosomen Typ II***. Zell-Zell-Kontakte unter Einbeziehung der ***Intermediärfilamente*** (S. 450) des Cytoskeletts werden dagegen als ***Desmosomen Typ I*** bezeichnet. Der Aufbau der genannten Zell-Zell- bzw. Zell-Matrix-Kontakte erfolgt immer nach dem gleichen Prinzip (Abb. 16.3, Tabelle 16.4). Die Adhäsionsmoleküle sind im Fall von Zell-Zell-Kontakten die sogenannten ***Cadherine***, im Fall von Zell-Matrix-Kontakten die ***Integrine***. Die Wechselwirkungen von Cadherinen bzw. Integrinen sind calciumabhängig. Calciumunabhängige Zelladhäsionsmoleküle werden auch als ***CAM's*** bezeichnet (CAM, *engl.* cell adhesion molecule).

Häufig lösen Zell-Zell-Kontakte spezifische intrazelluläre Antworten aus, so daß die Abgrenzung zu Hormonrezeptoren (s. o.) willkürlich erscheint.

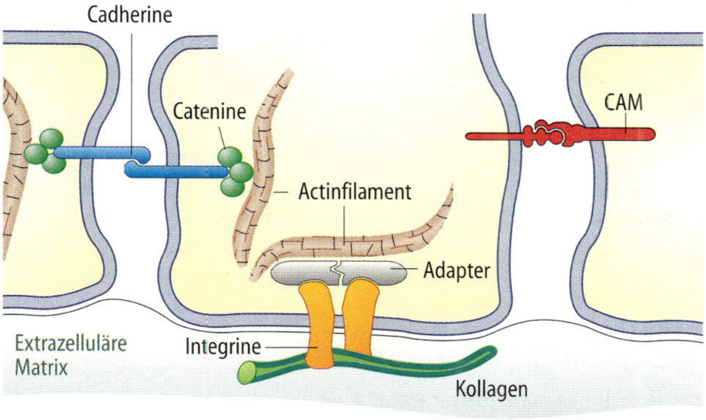

Abb. 16.3 Schematische Darstellung des Aufbaus von Zell-Zell- bzw. Zell-Matrix-Kontakten. (Einzelheiten s. Text)

Tabelle 16.4 Übersicht über Zell-Adhäsionsmoleküle

	Adhäsions-molekül (Auswahl)	Ligand	Ca^{++}-Abhängigkeit	Assoziation an Cytoskelett
Zell-Zell-Verbindungen	Cadherine	Cadherin auf Nachbarzelle	Ja	Actinfilamente; Intermediärfilamente
	Cell-Adhesion Molecules (CAM's)	CAM's auf Nachbarzelle	Nein	Nein
Zell-Matrix-verbindungen	Integrine	Extrazelluläre Matrixproteine	Ja	Actinfilamente, Intermediärfilamente

Alle Zellen des Organismus signalisieren dem Immunsystem, daß sie körpereigen, d.h. „***Selbst***" sind. Sie tun dies dadurch, daß sie Fragmente aller in der Zelle synthetisierter Proteine über die Komponenten des ***MHC I-Komplexes*** auf der Plasmamembran präsentieren (S. 546). Zellen, die fremde Proteinfragmente präsentieren, weil sie sich in Tumorzellen umgewandelt haben oder von Viren befallen sind, werden dann vom Immunsystem identifiziert und attackiert (S. 546).

Intrazelluläre Membranen sind die Begrenzungen der Kompartimente.

Die elektronenmikroskopische Betrachtung der Zellen des menschlichen Organismus zeigt ein verwirrendes System intrazellulärer Membranen (Abb. 16.4). Die einzige Ausnahme hiervon sind die Erythrocyten, die keine intrazellulären Membranen aufweisen.

Intrazelluläre Membranen umschließen eine Reihe von Kompartimenten. Es handelt sich um

- den ***Zellkern***, der von einer äußeren und von einer inneren Kernmembran umhüllt ist,
- die ***Mitochondrien,*** die über eine äußere und eine innere Mitochondrienmembran verfügen,
- die membranumhüllten ***Lysosomen*** und ***Peroxisomen***,
- das Membransystem des ***rauhen*** und ***glatten endoplasmatischen Reticulums*** und
- den ***Golgi-Apparat***.

Außer den genannten membranumhüllten Organellen sowie Membransystemen findet sich beim genauen Betrachten eines elektronenoptischen Bildes in allen Zellen eine Vielzahl ***membranumhüllter Vesikel.*** Diese sorgen für den gerichteten Austausch der verschiedensten Materialien sowie Membranbestandteile zwischen den einzelnen Kompartimenten der Zelle.

!

WICHTIG

Eine Vielzahl von Membranen und Membransystemen bestimmt das Erscheinungsbild und die Funktionen eukaryoter Zellen. Alle Membranen haben dabei einen gleichartigen Aufbau. Sie bestehen aus einer Lipiddoppelschicht aus amphiphilen Lipiden, die den Austausch vor allem hydrophiler Moleküle zwischen den beiden Seiten der Membran verhindert. In die Membranen eingelagert sind Membranproteine, die häufig als integrale Membranproteine die gesamte Dicke der Membran umspannen. Die meisten Membraneigenschaften werden durch die Funktionen der Membranproteine geprägt.

Die Plasmamembran stellt die Barriere zwischen intra- und extrazellulärem Raum dar. Zu den Funktionen der Plasmamembranproteine gehören vor allem der Transport der verschiedensten Verbindungen durch die Membran, daneben die Umsetzung extrazellulärer in intrazelluläre Signale durch eine

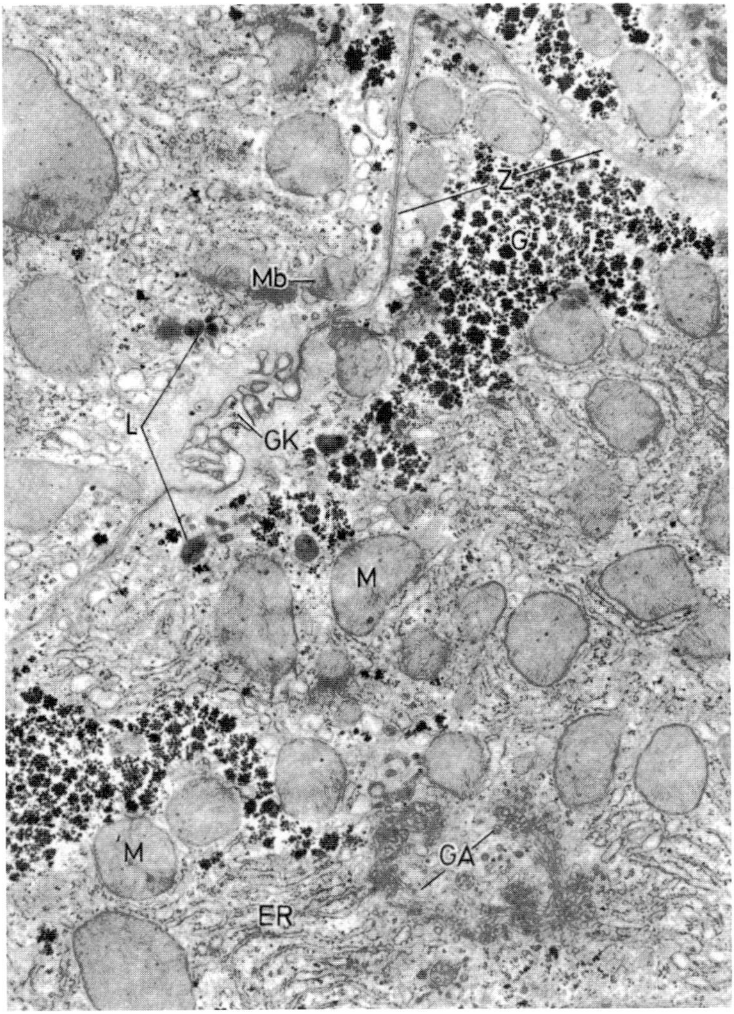

Abb. 16.4 Ausschnitt aus einer elektronenmikroskopischen Aufnahme einer Rattenleberzelle (Aufnahme von E. Siess, München). *Z* Zellmembran; *Mb* Peroxisom; *L* Lysosom; *GK* Gallenkapillare; *M* Mitochondrium; *ER* endoplasmatisches Reticulum; *GA* Golgi-Apparat. Vergrößerung 19000 : 1

Vielzahl von Rezeptoren, häufig Hormonrezeptoren, Zell-Zell-Wechselwirkungen und schließlich die Identifizierung als „Selbst".

Intrazelluläre Membranen sind dagegen die Begrenzung der auch als intrazelluläre Kompartimente bezeichneten Reaktionsräume.

16.2 Intrazelluläre Organellen

! **Im Zellkern wird DNA gespeichert, repliziert und transcribiert.**

Die auffälligste intrazelluläre Struktur ist der ***Zellkern*** (Abb. 16.5 oben). Er ist von einer Doppelmembran umhüllt, die die sogenannten ***Kernporen*** enthält, durch die der Transport von Proteinen, RNA-Molekülen und den ribosomalen Untereinheiten vonstatten geht.

Mit Ausnahme der mitochondrialen DNA (s. u.) findet sich die gesamte DNA der Zelle im Zellkern. Sie ist an Histon- und Nicht-Histonproteine gebunden und bildet das ***Chromatin*** (S. 338).

Der Zellkern hat vielfältige Beziehungen zu seiner Umgebung (Abb. 16.5 unten):

- Zur ***Mitose*** führende Signale werden im Cytosol erzeugt und gelangen von dort in den Kern.
- Für die ***Replikation*** oder ***Transcription*** benötigte Mononucleotide müssen durch die Kernmembran transportiert werden.
- ***mRNA*** muß durch die Kernmembran in das Cytosol transportiert werden.
- ***rRNA*** assoziiert noch im Kern mit im Cytosol erzeugten und in den Kern transportierten ribosomalen Proteinen zu ***ribosomalen Untereinheiten*** (S. 397).
- ***Histon***- und ***Nicht-Histonproteine***, die im Cytosol synthetisiert werden, müssen in den Kern translociert werden.
- Die ***NAD-Synthese*** erfolgt im Nucleolus.

Abb. 16.5 Aufbau und Funktionen eines Zellkerns. *Oben:* Idealisierte Darstellung eines elektronenmikroskopischen Schnittes durch einen Zellkern. *Unten:* Beziehungen zwischen Zellkern und Cytosol. *dNTP* Desoxyribonucleosidtriphosphat; *NTP* Ribonucleosidtriphosphat; *NMN* Nicotinatmononucleotid ▶

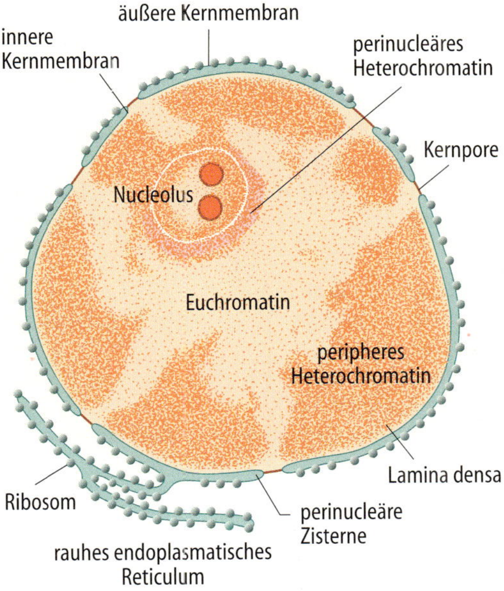
äußere Kernmembran
innere Kernmembran
perinucleäres Heterochromatin
Kernpore
Nucleolus
Euchromatin
peripheres Heterochromatin
Lamina densa
Ribosom
perinucleäre Zisterne
rauhes endoplasmatisches Reticulum

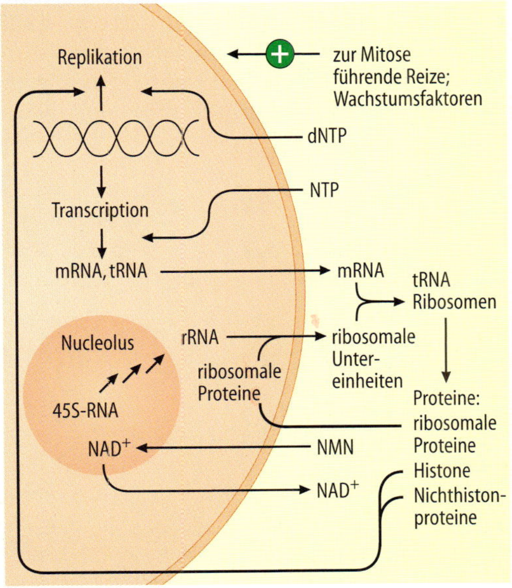
Replikation
zur Mitose führende Reize; Wachstumsfaktoren
dNTP
NTP
Transcription
mRNA, tRNA
mRNA
tRNA
Ribosomen
Nucleolus
rRNA
ribosomale Proteine
ribosomale Unter-einheiten
45S-RNA
Proteine: ribosomale Proteine
NAD+
NMN
NAD+
Histone
Nichthiston-proteine

In Mitochondrien wird der größte Teil der von Zellen benötigten Energie erzeugt.

Mitochondrien sind besonders hoch strukturierte zelluläre Organellen, zu deren Hauptfunktion die ***aerobe Reoxidation*** wasserstoffübertragender Coenzyme unter Bildung von ***ATP*** gehört (S. 233).

Mitochondrien sind annähernd ellipsoide, gelegentlich auch kugelförmige, 2–4 µm lange und 1 µm dicke Körperchen. Ihr Aufbau ist schematisch in Abb. 16.6 dargestellt. Man unterscheidet:

- eine ***äußere Mitochondrienmembran***,
- eine ***innere Mitochondrienmembran***, die sehr stark gefaltet ist und die sogenannten Cristae bildet,
- den zwischen den beiden Membranen gelegenen ***Intermembranraum***, sowie den ***Intercristaeraum*** und
- den von der inneren Mitochondrienmembran umhüllten ***Matrixraum***.

Neben den Enzymkomplexen der ***oxidativen Phosphorylierung*** enthalten Mitochondrien die vollständige Ausstattung für die ***β-Oxidation der Fettsäuren*** (S. 166) sowie für den ***Citratcyclus*** (S. 239). Mitochondrien sind außerdem imstande, einen Teil der von ihnen benötigten Proteine selbst zu synthetisieren. Sie verfügen hierzu über ein aus 16.569 Basenpaaren bestehendes ***ringförmiges DNA-Molekül*** ohne Histone, dessen Gene für die zwei rRNA mitochondrialer Ribosomen, die 22 für die mitochondriale Proteinbiosynthese benötigten tRNA's sowie für die 13 Proteine mitochondrialer Enzymkomplexe

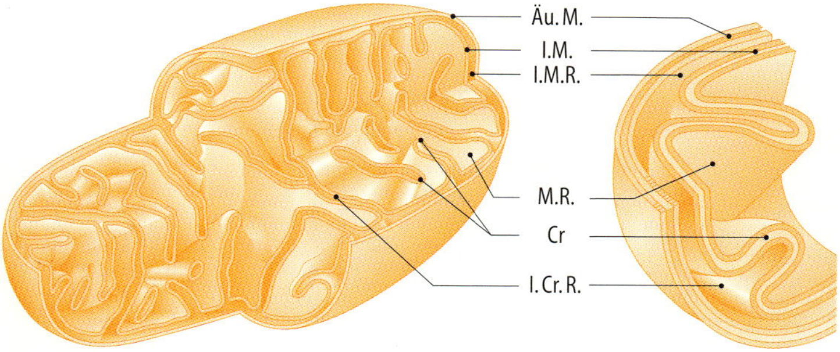

Abb. 16.6 Schematische Darstellung und Ausschnittsvergrößerung des Aufbaus eines Mitochondriums. *Äu. M.* äußere Membran; *I. M.* innere Membran; *I. M. R.* Intermembranraum; *CR* Cristae; *I. Cr. R.* Intercristaeraum; *M. R.* Matrixraum

codieren. Sowohl die mitochondriale DNA als auch mitochondriale RNA-Polymerasen und Ribosomen ähneln den entsprechenden Molekülen prokaryoter Organismen. Dies ist eine der Stützen der sog. ***Endosymbiontenhypothese*** der Mitochondrienentstehung.

Mitochondrien werden ***maternal*** vererbt, da die Mitochondrien der Spermienzellen bei der Befruchtung nicht in die Oocyte gelangen.

Lysosomen sind die Organellen der Abfallbeseitigung.

Im Gegensatz zu Mitochondrien sind ***Lysosomen*** nur von einer Membran umhüllt, innere Strukturen sind nicht erkennbar. Sie enthalten eine große Zahl hydrolytischer Enzyme (Tabelle 16.5). Diesen Enzymen gemeinsam ist ein pH-Optimum von etwa 5, das dem pH-Wert in den Lysosomen entspricht. Lysosomenentstehung und Funktion sind in Abb. 16.7 zusammengestellt:

- Lysosomen entstehen als Abschnürungen aus dem ***Golgi-Apparat.***
- Dabei entstehende ***primäre Lysosomen*** wandeln sich durch Fusion mit anderen Vesikeln in sekundäre Lysosomen um. Diese Vesikel können entweder funktionsunfähige zelluläre Strukturen

Tabelle 16.5 Lysosomale Hydrolasen (Auswahl)

Substrat	Enzym
Nucleinsäuren	DNase RNase Phosphodiesterase
Proteine	Cathepsin Kollagenase Elastase Peptidase
Lipide	Phospholipase Esterase Triacylglycerin-Lipase Glucocerebrosidase
Kohlenhydrate	α-Glucosidase α-Mannosidase β-Glucuronidase β-Galaktosidase Hyaluronidase
Verschiedene	Sulfatidase Neuraminidase

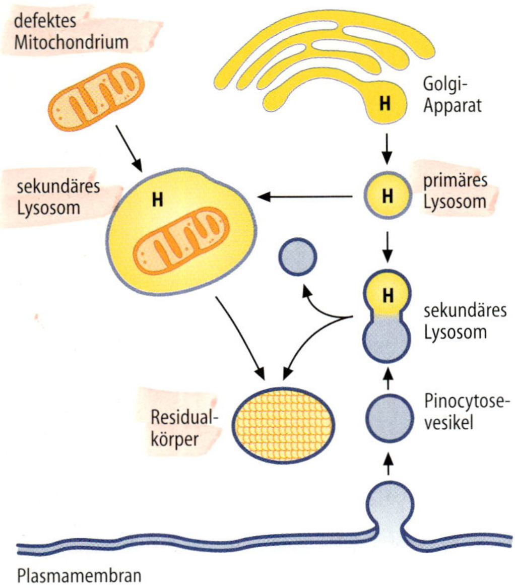

Abb. 16.7 Schematische Darstellung der Entstehung und Funktion von Lysosomen. *H* lysosomale Hydrolase. (Einzelheiten s. Text)

(z. B. Mitochondrien) oder aber durch Endocytose aufgenommene sein.

- Häufig erfolgt der Abbau der im sekundären Lysosom befindlichen Strukturen nur unvollständig, so daß dann sogenannte ***Residualkörper*** entstehen.

In Peroxisomen finden O_2-abhängige Reaktionen statt.

Intrazelluläre Organellen ähnlicher Größe wie Lysosomen sind die ***Peroxisomen.*** Sie enthalten besondere Enzyme des Fettsäureabbaus, die vor allem für die Verkürzung von Fettsäuren benötigt werden. Vor allem aber katalysieren sie sauerstoffabhängige Substratoxidationen, in deren Verlauf $\boldsymbol{H_2O_2}$ gebildet wird. Dieses wird durch eine ebenfalls in Peroxisomen enthaltene ***Katalase*** abgebaut:

$$2H_2O \rightleftharpoons 2H_2O + O_2$$

! **Im endoplasmatischen Reticulum und Golgi-Apparat werden Lipide, Glycoproteine und Membranen synthetisiert.**

Ein weit verzweigtes Netzwerk intrazellulärer Schläuche, Lamellen und Vesikel wird durch die Membransysteme des ***endoplasmatischen Reticulums*** (ER) und des ***Golgi-Apparates*** gebildet.

Morphologisch kann man zwischen ***rauhem*** und ***glattem ER*** unterscheiden:

- Am ***rauhen ER*** (RER) sind ***Ribosomen*** gebunden. Sie synthetisieren Proteine, die auf die verschiedenen intrazellulären Kompartimente verteilt oder aus der Zelle sezerniert werden müssen (S. 411).
- Im ***glatten ER*** (SER, *engl.* smooth ER) werden vor allem Lipide und Membranen synthetisiert und körpereigene und körperfremde Verbindungen einschließlich vieler Pharmaka metabolisiert.

Der ***Golgi-Apparat*** ist eine Ansammlung übereinander gestapelter Vesikel oder Zisternen mit hoch organisierter Membranstruktur (Abb. 16.8). Auf der den Membranen des RER zugeneigten Seite, der ***cis-Seite***, werden über Vesikeltransport im RER synthetisierte Proteine aufgenommen. Diese erhalten im Golgi-Apparat:

- einen Teil ihrer ***Kohlenhydratstruktur*** (S. 140);
- im Fall lysosomaler Proteine die für die Einlagerung in Lysosomen notwendigen ***Adressen*** (S. 411);

Durch entsprechend gerichteten ***Vesikeltransport*** nimmt der Golgi-Apparat intensiv an der ***Recyclisierung*** von Membranen teil. Bei jeder Endocytose müßte ja die Menge an intrazellulären Membranen zu- und bei jeder Exocytose entsprechend abnehmen. Daß dies nicht der Fall ist, wird durch entsprechende Bewegungen von Membranvesikeln ermöglicht.

⋯› Über die Details des Vesikeltransportes in eukaryoten Zellen s. ausführliche Lehrbücher der Biochemie

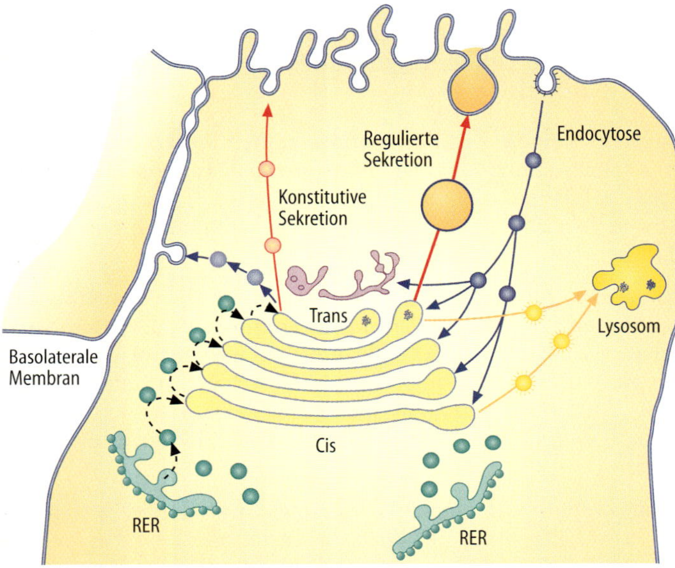

Abb. 16.8 Der Golgi-Apparat als zentrale Station für die Adressierung zellulärer Proteine. Im rauhen endoplasmatischen Reticulum synthetisierte Proteine werden im Golgi-Apparat schrittweise von cis nach trans transportiert und erhalten dabei ihre endgültigen Glycosylreste. Außerdem erfolgt ihre Verteilung in Sekretgranula, Vesikel bzw. Lysosomen. In den Golgi-Apparat werden darüber hinaus die durch Endocytose aufgenommenen Membranproteine transportiert

!

WICHTIG

Die verschiedenen intrazellulären Organellen sind für die Funktion eukaryoter Zellen unabdingbar.

Im Zellkern ist die genetische Information in Form von DNA gespeichert, die durch die ebenfalls im Zellkern lokalisierten Vorgänge der Replikation vermehrt und durch die Transcription in RNA umgeschrieben wird.

Mitochondrien sind besonders komplex aufgebaut und enthalten die Enzymsysteme des Citratcyclus, der β-Oxidation der Fettsäuren und vor allem Multienzymkomplexe der Atmungskette und oxidativen Phosphorylierung. Sie verfügen über eine eigene DNA, die repliziert, transcribiert und translatiert wird und für etwa 15% der mitochondrialen Proteine codiert.

Lysosomen enthalten Hydrolasen und sind für den Abbau nicht mehr benötigter intrazellulärer Strukturen oder durch Exocytose aufgenommener Materialien notwendig.

In Peroxisomen finden sauerstoffabhängige Reaktionen und die Entgiftung von H_2O_2 statt.

Von besonderer Bedeutung sind schließlich die Membransysteme des endoplasmatischen Reticulums und des Golgi-Apparates. In ihnen findet nicht nur die Synthese von Lipiden und Membranen statt, sondern auch die Synthese des Kohlenhydratanteils der Glycoproteine, Reaktionen der Biotransformation sowie schließlich die Adressierung von Proteinen, die auf die verschiedenen zellulären Kompartimente verteilt oder sezerniert werden müssen.

16.3 Cytoskelett

Es gehört zu den besonders wichtigen Erkenntnissen der modernen Zellbiologie, daß alle eukaryoten Zellen von einem Netzwerk aus spezifischen Proteinen durchzogen werden, das als ***Cytoskelett*** bezeichnet wird. In Tabelle 16.6 sind die einzelnen Komponenten des Cytoskeletts zusammengestellt. Man unterscheidet im Prinzip ***Mikrotubuli, Actinfilamente*** und ***intermediäre Filamente***. Mit Hilfe spezifischer Antikörper kann das Cytoskelett sichtbar gemacht werden (Abb. 16.9 a-c).

Tabelle 16.6 Elemente des Cytoskeletts

Typ	Monomere	Vorkommen und Funktion (Auswahl)
Mikrotubuli	α- und β-Tubulin	Bewegung und Transport von Organellen, Mitosespindel, Cilien, Flagellen
Actinfilamente	β- und γ-Actin	Zellmobilität, Phagocytose, Mikrovilli, Stereocilien
Intermediärfilamente	Vimentin	Mesenchymale Zellen, Endothelien
	Desmin	Muskelzellen
	Neurofilamentprotein	Axone
	Cytokeratine	Epitheliale Zellen
	Lamine	Zellkerne

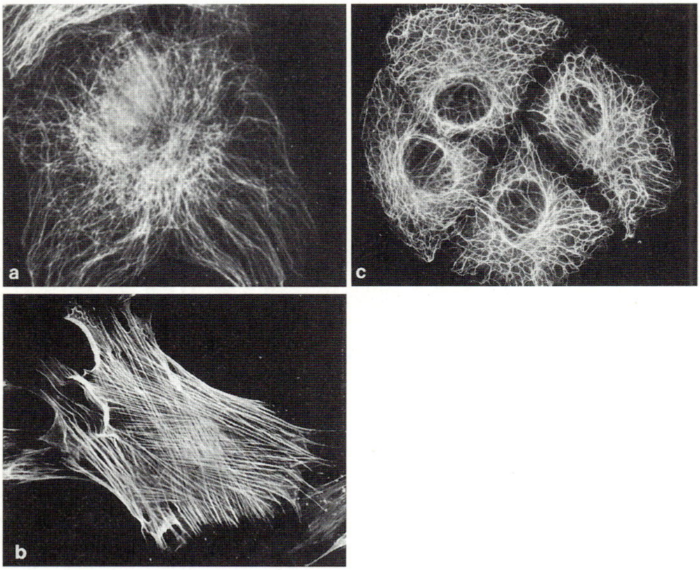

Abb. 16.9 a–c Darstellung wichtiger Elemente des Cytoskeletts durch Immunfluoreszenz-Mikroskopie. **a** Darstellung von Mikrotubuli. Die flexiblen Gebilde strekken sich vorwiegend in radiärer Anordnung über das Cytoplasma. **b** Darstellung von Actinfilamenten. Die starren Actinfilamentbündel erstrecken sich an der Bodenseite der Zelle über das gesamte Cytoplasma hin. **c** Darstellung von Intermediärfilamenten des Cytokeratintyps. Das wabige Flächenwerk der Filamentbündel erstreckt sich über das Cytoplasma und läuft auf die die interzellulären Bindungsstrukturen bildenden Desmosomen zu, an denen die Filamente verankert sind. (Aufnahmen von W. W. Franke, Heidelberg)

Mikrotubuli bestehen aus Tubulin und werden für Vesikeltransport, bei der Mitose und für den Aufbau von Cilien benötigt.

Mikrotubuli sind in allen eukaryoten Zellen vorkommende röhrenförmige Gebilde von 25 nm Durchmesser und sehr variabler Länge. Sie bestehen aus zwei globulären Proteinen, dem ***α***- sowie dem ***β-Tubulin*** (Abb. 16.10). Mikrotubuli sind dynamische Strukturen, die an sehr wichtigen zellbiologischen Phänomenen beteiligt sind:

- Mikrotubuli sind für die Ausbildung von ***Axonen*** und ***Dendriten*** unerläßlich und am ***axoplasmatischen Transport*** beteiligt.

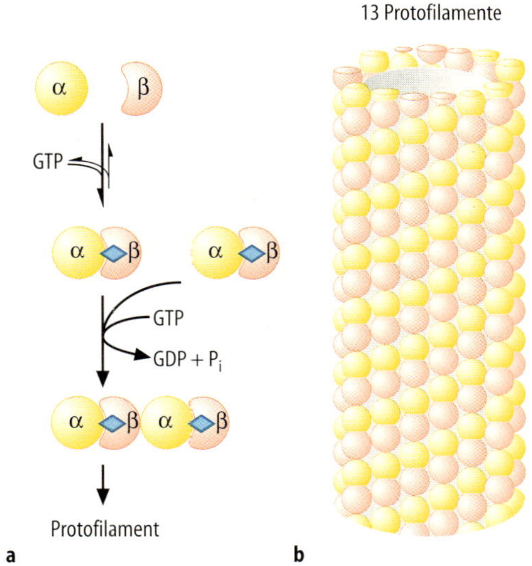

Abb. 16.10 a, b Assemblierung von Mikrotubuli aus Tubulindimeren. **a** Nach Bindung von GTP an α-, β-Tubulindimere bilden sich Protofilamente. **b** Je 13 Protofilamente bilden intermediär ein flaches Gebilde, welches sich zu dem röhrenförmigen Mikrotubuli rollt

- Mikrotubuli bilden während der Mitose die ***Teilungsspindel***.
- Mikrotubuli sind am intrazellulären ***Organellentransport*** beteiligt.
- Mikrotubuli bilden die den ***Cilien*** zugrundeliegende Struktur (Abb. 16.11 a,b).

Actinfilamente vermitteln Zell-Zell-Kontakte und sind für Motilität nötig.

Actinfilamente kommen nicht nur als α-Actin in verschiedenen Muskelzellen vor, sondern auch als ***β- und γ-Actin*** in vielen Nichtmuskelzellen. In Gegenwart von Mg^{2+}- und K^{+}-Ionen assoziieren globuläre Actinmonomere zu Actinfilamenten.

Actinfilamente kommen als ***Faserbündel*** vor, die vielen Zellen eine gewisse mechanische Stabilität verleihen und an der Ausbildung der ***Mikrovilli*** beteiligt sind. Durch Wechselwirkung mit ***Nichtmuskelmyosin*** und ***Tropomyosin*** vermitteln Actinfilamente das Phäno-

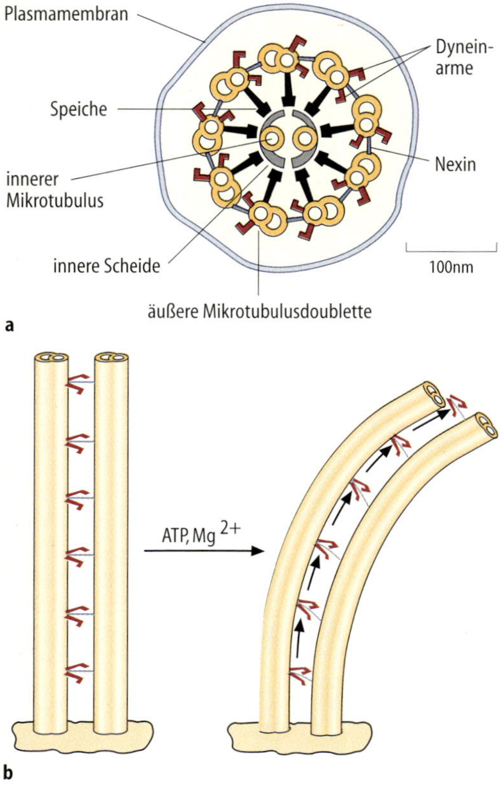

Abb. 16.11 a, b Aufbau und Funktion einer Cilie. **a** Querschnitt durch eine Cilie. Man erkennt neun äußere Mikrotubulusdoubletten sowie zwei innere Mikrotubuli (*orange*). Diese sind durch Speichenproteine miteinander verknüpft. Zwischen den äußeren Mikrotubulusdoubletten wird durch Dyneinarme sowie das Protein Nexin eine Verbindung hergestellt. **b** Zwei äußere Mikrotubulusdoubletten, die durch das Protein Dynein verbunden sind. In Anwesenheit von ATP wird die Dynein-ATPase aktiviert. Es kommt zum „Wandern der Dyneinarme auf der benachbarten Mikrotubulusdoublette. Da die Mikrotubuli der Cilie in der Basalplatte fest verankert sind, muß dies zu einer Verbiegung der Cilie führen

men der zellulären Motilität (Formveränderungen der Blutplättchen bei der Aggregation, Phagocytose, amöboide Fortbewegung vieler Zellen u. a.).

Intermediäre Filamente verleihen Zellen mechanische Stabilität.

Auch ***intermediäre Filamente*** sind Polymere aus monomeren Untereinheiten, die allerdings für einen gegebenen Zelltyp spezifisch sind. Die monomeren Bausteine sind lange faserförmige Moleküle, die leicht dimerisieren und als Dimere zu den Filamenten assoziieren.

Eine Hauptaufgabe der intermerdiären Filamente ist die Aufrechterhaltung der zellulären Stabilität bei mechanischer Belastung, die Vernietung epithelialer Schichten durch Desmosomen sowie die Aufrechterhaltung der von neuronalen Strukturen benötigten Festigkeit.

!

WICHTIG
Drei unterschiedliche Elemente bilden das Cytoskelett eukaryoter Zellen.

Mikrotubuli sind röhrenförmige Gebilde aus dem globulären Protein Tubulin. Sie werden für den Vesikeltransport, zum Aufbau des Spindelapparates bei der Mitose sowie zum Aufbau von Cilien benötigt.

Actinfilamente vermitteln den Zellen das Phänomen der Motilität, da sie in Wechselwirkung mit dem Muskelmyosin treten können. Außerdem sind sie für den Aufbau von Zell-Zell-Kontakten notwendig.

Intermediäre Filamente verleihen den Zellen schließlich mechanische Stabilität.

17 Biochemie und Pathobiochemie des endokrinen Systems

LERNZIELE

- Hormone als extrazelluläre Botenstoffe
- Kontrolle von Wachstum und Differenzierung
- Regulation des Intermediärstoffwechsels
- Regulation des Calcium- und Phosphatstoffwechsels
- Regulation des Wasser- und Elektrolytstoffwechsels
- Peptidhormone des Hypophysenhinterlappens
- Gewebshormone

Die zellulären Funktionen höherer Organismen müssen besonders genau reguliert werden. Eine entscheidende Rolle hierbei spielt das endokrine System. Es besteht aus endokrinen Drüsen, welche Hormone in die Blutbahn abgeben, die dort ihre Zielzellen finden. Entwicklungsgeschichtlich älter ist das System der Gewebshormone und Cytokine, die für autokrine und parakrine Signalvermittlung zuständig sind. Die Identifizierung und Charakterisierung der von Hormonen und Cytokinen benutzten Signaltransdruktionswege haben in jüngster Zeit neue Erkenntnisse über die Regulation des Zellstoffwechsels erbracht.

Störungen der Funktion des endokrinen Systems führen zu klinisch gut definierten Krankheitsbildern. In zunehmendem Maße stellen sich darüber hinaus viele scheinbar nicht endokrine Krankheitsbilder als Konsequenzen einer gestörten Regulation durch Cytokine oder Gewebshormone dar, so daß diesem System eine besondere klinische Bedeutung zukommt.

17.1 Hormone als extrazelluläre Botenstoffe

Hormone regulieren in vielzelligen Organismen Stoffwechselleistungen, Wachstum und Differenzierung.

Mit der Entstehung vielzelliger Organismen und der immer weitergehenden Spezialisierung von Zellgruppen zu Organen und Geweben mit spezifischen Funktionen ergab sich die Notwendigkeit der Signalübermittlung von Zelle zu Zelle. Diese humorale Signalübermittlung bedient sich chemischer Verbindungen als materieller ***Signalüberträger,*** die auch als ***Hormone*** oder allgemeiner als ***Signalstoffe*** bezeichnet werden. Die bei der Signalübertragung prinzipiell realisierten Möglichkeiten sind in Abb. 17.1 zusammengestellt:

- Um ***parakrine Signalübermittlung*** handelt es sich, wenn der Signalstoff durch Diffusion von der sezernierenden auf die benachbarte Zelle gelangt, die über einen spezifischen Rezeptor verfügen muß. Derartige Signalstoffe werden auch als ***Gewebshormone*** bezeichnet.
- Um ***juxtakrine Signalübermittlung*** handelt es sich, wenn der Signalstoff in der Plasmamembran der produzierenden Zelle verankert ist und für die Wechselwirkung mit dem entsprechenden Rezeptor auf der Zielzelle ein direkter Zell-Zell-Kontakt nötig ist.

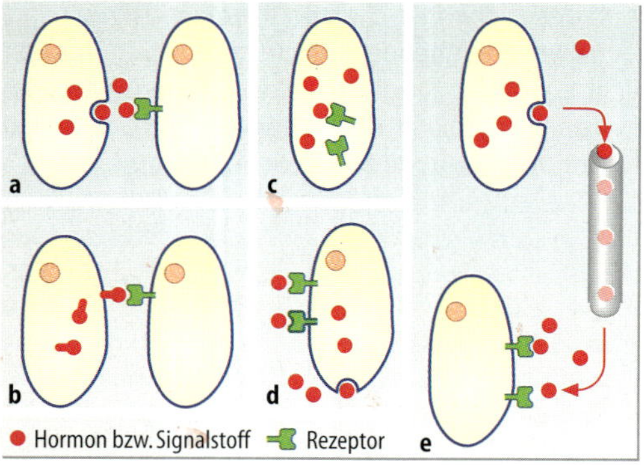

Abb. 17.1 a–e Möglichkeiten der interzellulären Signalübermittlung. **a** parakrin, **b** juxtakrin, **c** intern autokrin, **d** extern autokrin, **e** endokrin

- Um ***endokrine Signalübermittlung*** handelt es sich, wenn der Signalstoff von einer endokrinen Drüse in die Blutbahn abgegeben wird, um seine Funktion an einer weiter entfernten Zelle auszuüben. Man spricht in diesem Fall auch von ***Hormonen.***
- Bei der ***autokrinen Signalübermittlung*** wirken die von einer sezernierenden Zelle gebildeten Signalmoleküle auf diese Zelle selbst zurück.

Hormone lassen sich nach funktionellen Gesichtspunkten einteilen.

Hormone oder extrazelluläre Signalstoffe lassen sich nach dem Typ der sezernierenden Zelle einteilen:

- ***Glanduläre Hormone*** werden von spezifischen, in endokrinen Drüsen lokalisierten sekretorischen Zellen synthetisiert. Sie wirken i.allg. ***endokrin.***
- ***Gewebshormone*** werden von in den verschiedensten Geweben lokalisierten endokrin aktiven Zellen gebildet und abgegeben. Sie wirken i.allg. ***parakrin.***
- ***Cytokine*** werden von den verschiedensten Zellen gebildet und regulieren meist als ***parakrine*** Faktoren Proliferation bzw. Differenzierung und Funktion ihrer Zielzellen. Von besonderer Bedeutung sind die Cytokine, die Proliferation und Differenzierung der zellulären Bestandteile des Blutes regulieren (S. 463).

Alternativ zur Einteilung nach den produzierenden Zellen können Hormone bzw. Signalstoffe auch nach funktionellen Aspekten eingeteilt werden (Abb. 17.2):

- In den ersten beiden Gruppen befinden sich diejenigen Hormone, die ***Wachstum*** und ***Differenzierungsvorgänge*** beeinflussen. Es handelt sich um Cytokine sowie eine Reihe glandulärer Hormone.
- In der dritten Gruppe befinden sich Hormone, die für die schnelle Umstellung des ***Stoffwechsels*** verantwortlich sind.
- In der vierten Gruppe finden sich die Hormone, die die Funktion des ***Gastrointestinaltrakts*** regulieren.
- In der fünften Gruppe finden sich die Hormone, die in den Stoffwechsel von ***Phosphat*** und ***Calcium*** eingreifen.
- In der sechsten Gruppe befinden sich die Hormone für die Regulation des Stoffwechsels von ***Wasser*** und ***Elektrolyten.***

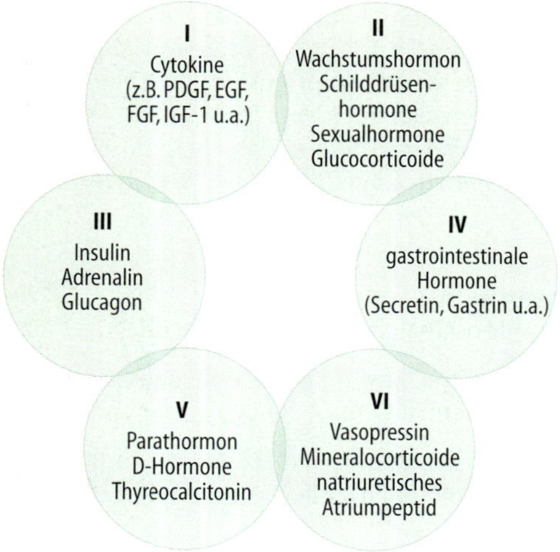

Abb. 17.2 Einteilung der Hormone nach funktionellen Zusammenhängen. (Einzelheiten s. Text)

Der molekulare Mechanismus der Hormonwirkung beruht auf der Wechselwirkung des Hormons mit einem Rezeptorprotein.

Ein schon zu Beginn des Jahrhunderts formuliertes Konzept über den Mechanismus der Hormonwirkung postuliert, daß Hormone ihre Funktion nur in solchen Zellen erfüllen können, die über einen entsprechenden, spezifischen ***Hormonrezeptor*** verfügen. Man kann im Prinzip zwei Typen von Hormonrezeptoren unterscheiden:

- Die Wechselwirkung der ***intrazellulären Hormonrezeptoren*** mit dem Hormon setzt die Aufnahme des Hormons in die Zielzelle voraus.
- Bei den ***Plasmamembranrezeptoren*** erzeugt die Bindung des Hormons an den Rezeptor ein ***intrazelluläres Signal***, das gelegentlich auch als ***zweiter Botenstoff*** (*engl.* 2nd messenger) bezeichnet wird.

Intrazellulär lokalisierte Hormonrezeptoren sind ligandenaktivierte Transcriptionsfaktoren.

Eine Reihe von Hormonen, v. a. die Steroidhormone, die Schilddrüsenhormone, die Vitamin D-Hormone, aber auch die Vitamin A-Säure (Retinsäure) wirken durch Änderung der ***Transcription*** spezifischer Gene. Ihr Wirkungsmechanismus beruht generell darauf, daß sie Liganden und Aktivatoren spezifischer ***Transcriptionsfaktoren*** sind. Die meisten von ihnen bilden die Familie der Steroidrezeptoren. Das Prinzip ihres Wirkungsmechanismus ist in Abb. 17.3 am Beispiel der Aktivierung des Glucocorticoid-Rezeptors (S. 388) dargestellt:

- Glucocorticoide sind gut durch die Plasmamembran ihrer Zielzellen permeabel.
- Glucocorticoide binden im Cytosol der Zielzellen an den ***Glucocorticoid-Rezeptor***, der dort inaktiv im Komplex mit dem Hitzeschockprotein Hsp 90 und einem Protein p 59 vorliegt.
- Bindung des Glucocorticoids an den Rezeptor löst die Abdissoziation von Hsp 90 und p 59 sowie die ***Dimerisierung*** des Rezeptors aus.
- Der dimere, durch das Glucocorticoid aktivierte Rezeptor wird in den Zellkern transloziert und bindet in der Promotorregion entsprechend regulierter Gene an spezifische Basensequenzen, sogenannte ***Enhancer-Sequenzen***.
- Dies führt zu Änderungen der ***Expression*** der entsprechend regulierten Gene.

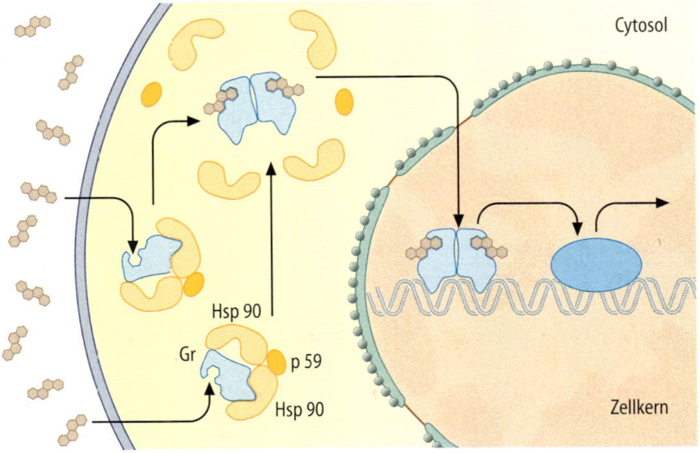

Abb. 17.3 Aktivierung intrazellulärer Hormonrezeptoren durch Liganden. Die Abbildung zeigt den bei Glucocorticoiden aufgedeckten Mechanismus. *Gr* Glucocorticoidrezeptor; *Hsp 90* Hitzeschockprotein Hsp 90; *p59* Protein p59. (Einzelheiten s. Text)

Tabelle 17.1 Hormone als Aktivatoren von ligandenaktivierten Transcriptionsfaktoren (Auswahl)

Gruppe	Hormone	Seite
Steroidhormone	Glucocorticoide Mineralocorticoide Progesteron Estrogene Androgene	479 500 477 477 473
Schilddrüsenhormone	Trijodthyronin	468
Vitamin D-Hormone	1,25-Dihydroxycholecalciferol	496
Retinoate	all-trans-Retinoat 9-cis-Retinoat	591 591

In Tabelle 17.1 findet sich eine Zusammenstellung von Hormonen, die den geschilderten Wirkungsmechanismus benutzen.

!

Bindung von Hormonen an Rezeptoren in der Plasmamembran löst die Bildung intrazellulärer Signalkaskaden aus.

Die Mehrzahl von Hormonen bzw. Signalstoffen wirkt über in der ***Plasmamembran*** lokalisierte Rezeptoren. Diese lassen sich in die Gruppen einteilen, die in Tabelle 17.2 dargestellt sind:

Ligandenaktivierte Ionenkanäle: Entsprechende Ionenkanäle werden durch die jeweiligen Liganden (Hormone, Transmitter etc.) geöffnet oder geschlossen. Eine Signalweiterleitung in den intrazellulären Raum ist nicht notwendig.

Tabelle 17.2 Einteilung der Plasmamembranrezeptoren

Rezeptortyp	Signaltrans-duktion	Beispiel	Seite
Ligandenaktivierte Ionenkanäle	Keine	Nicotinischer Acetylcholin-rezeptor	
7-Transmembrando-mänen-Rezeptoren	Heterotrimere G-Proteine	β-adrenerge Rezeptoren α_1-adrenerger Rezeptor	484 485
Tyrosinkinase-Rezeptoren	Proteine mit SH_2-Domänen	Insulinrezeptor Wachstumsfaktorrezeptoren	490 460
Cytokinrezeptoren	JAK's, STAT's	Wachstumshormonrezeptoren	461
Guanylatcyclasen	Keine	ANF-Rezeptor	462

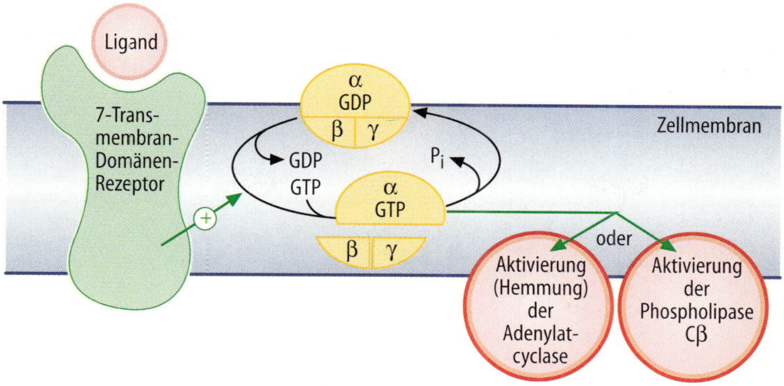

Abb. 17.4 Molekularer Mechanismus der Signaltransduktion von 7 Transmembrandomänen-Rezeptoren. (Einzelheiten s. Text)

Rezeptoren mit sieben Transmembrandomänen: Derartige Rezeptoren haben als Gemeinsamkeit, daß sie mit 7 ***Transmembrandomänen*** in der Plamamembran verankert sind. Für ihre Signaltransduktion benötigen sie immer ***heterotrimere G-Proteine*** (Abb. 17.4):

- Der durch das Hormon aktivierte Rezeptor führt an dem aus einer α-, β- und γ-Untereinheit bestehenden G-Protein zum Austausch von GDP gegen GTP an der α-Untereinheit sowie zur Dissoziation.
- Die GTP-beladene α-Untereinheit kann, je nach ihrer Spezifität entweder die ***Adenylatcyclase*** aktivieren oder hemmen oder aber die ***Phospholipase Cβ*** aktivierten.
- Als intrazelluläre Signale (zweite Botenstoffe) entstehen dabei entweder ***cAMP*** oder durch Spaltung von Phosphatidylinositol-

Tabelle 17.3 Effekte von cAMP, Inositoltrisphosphat und Diacylglycerin

	Effekt	Folge
cAMP	Aktivierung der Proteinkinase A	Phosphorylierung und Aktivierung/Inaktivierung regulierter Enzyme (z. B. Glycogenstoffwechsel, Lipolyse etc.)
Inositoltrisphosphat	Aktivierung des ligandenaktivierten Calciumkanals im ER	Erhöhung der cytosolischen Calciumkonzentration, Aktivierung von Zellen
Diacylglycerin	Aktivierung der Proteinkinase C	Phosphorylierung von Rezeptoren, Transcriptionsfaktoren u. a.

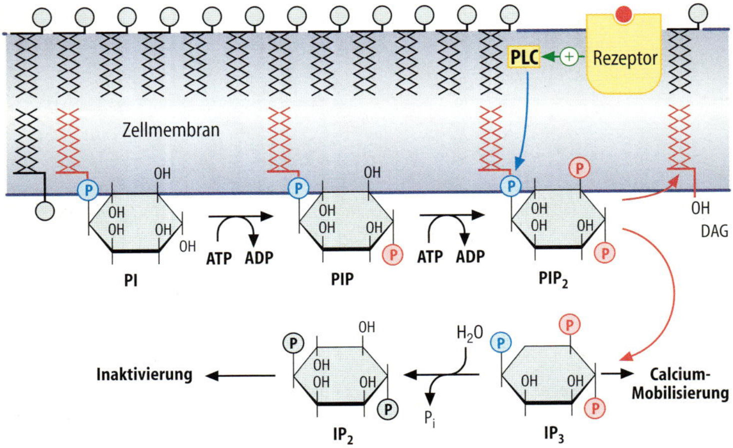

Abb. 17.5 Biosynthese und Spaltung von Phosphatidylinositol-4,5-Bisphosphat (PIP_2). Für die Biosynthese von PIP_2 aus Phosphatidylinositol sind zwei Kinasen notwendig, die Spaltung von PIP_2 erfolgt unter Katalyse einer spezifischen Phospholipase C. Dabei entsteht Inositol-Trisphosphat *(IP3)* und Diacylglycerin *(DAG)*

bisphosphat ***Inositoltrisphosphat*** (IP_3) und ***Diacylglycerin*** (Abb. 17.5).

Die biologischen Effekte der genannten intrazellulären Botenstoffe sind in Tabelle 17.3 zusammengestellt.

Tyrosinkinaserezeptoren: Der Mechanismus der Signaltransduktion durch ***Tyrosinkinaserezeptoren*** ist in Abb. 17.6 dargestellt:

- Die Bindung des Liganden führt zur ***Dimerisierung*** der Tyrosinkinaserezeptoren.
- Tyrosinkinaserezeptoren verfügen über eine ***Tyrosinkinaseaktivität*** in ihrem cytosolischen Anteil, die durch die Bindung des Liganden aktiviert wird und zur ***Autophosphorylierung*** des Rezeptors führt.
- An die ***Phosphotyrosinreste*** des Rezeptors können Proteine mit sogenannten ***SH_2-Domänen*** andocken und werden auf diese Weise aktiviert.
- Phosphorylierungskaskaden führen zu Änderungen der Genexpression. Bei manchen Rezeptoren wird die Phospholipase Cγ aktiviert. Dieses Enzym spaltet ähnlich wie die Phospholipase

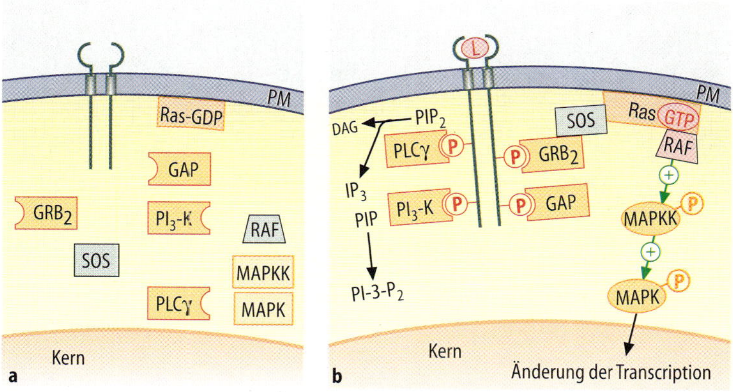

Abb. 17.6 a, b Intrazelluläre Signalkette nach ligandeninduzierter Phosphorylierung von Tyrosylresten der Tyrosinkinaserezeptoren. **a** Ohne Liganden liegen die Rezeptoren in monomerer Form vor, im Cytosol befinden sich eine Reihe von Proteinen, die nach Aktivierung mit dem Rezeptor interagieren können. **b** Die Bindung des Liganden löst die Dimerisierung des Rezeptors aus. Über sogenannte SH 2-Domänen können eine Reihe von Proteinen an Phosphotyrosylreste des Rezeptors andocken. Eines der Adapterproteine in GRB_2 bindet ein Guaninnucleotid releasing Protein, SOS, welches das kleine G-Protein Ras aktiviert. Hieran schließt sich eine Kaskade von Proteinkinasen an, die eine Änderung der Genexpression und die Auslösung von Proliferation zur Folge hat. *MAPKK* Map-Kinase-Kinase; *MAPK* MAP-Kinase; *MAP* mitogenaktivierte Proteinkinase

Cβ Phosphatidylinositol-Bisphosphat und erzeugt damit ***Inositoltrisphosphat*** und ***Diacylglycerin*** (S. 460).

Cytokinrezeptoren: Cytokinrezeptoren bilden eine Familie von Hormonrezeptoren, die gewisse strukturelle Ähnlichkeiten mit den Tyrosinkinaserezeptoren haben, sich jedoch von diesen durch das Fehlen einer Tyrosinkinaseaktivität in ihrem cytoplasmatischen Anteil unterscheiden. Abbildung 17.7 gibt den für sämtliche Rezeptoren dieser Gruppe gültigen Signaltransduktionsmechanismus wieder:

- Die Bindung des Liganden löst die ***Dimerisierung*** des Rezeptors aus.
- Der dimerisierte Rezeptor kann ***tyrosinspezifische Proteinkinasen,*** sog. ***Jak's*** binden.
- Jak's phosphorylieren spezifische ***Tyrosylreste*** der Rezeptoren, an die anschließend über SH_2-Domänen sogenannte ***STAT's*** (*engl.* signal transducers and activators of transcription) binden.

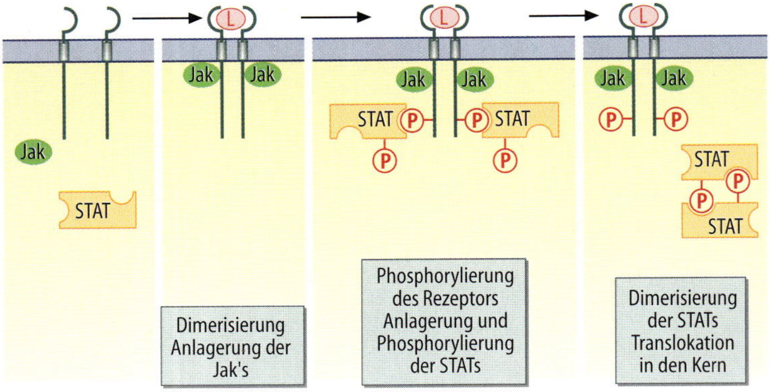

Abb. 17.7 Signaltransduktionsmechanismus der Cytokinrezeptoren. (Einzelheiten s. Text)

- Nach Phosphorylierung ***dimerisieren*** die STAT's und werden in den Kern transloziert, wo sie die ***Transcription*** spezifischer Gene verändern.

Membrangebundene Guanylatcyclase: Die ***membrangebundene Guanylatcyclase*** ist ein monomeres Transmembranprotein, auf dessen extrazellulärer Seite die Bindungsstelle für aktivierende Liganden liegt. Nur wenn diese gebunden haben, erfolgt eine cGMP-Produktion aus GTP durch das Enzym. Liganden, die die membrangebundene Guanylatcyclase aktivieren können, sind die sog. ***Guanyline***. Zu ihnen gehört u. a. das ***natriuretische Atriumpeptid*** (S. 503). cGMP aktiviert cGMP-abhängige Proteinkinasen und cGMP-abhängige Natriumkanäle.

Außer der membrangebundenen Guanylatcyclase kommt in vielen Zellen eine lösliche Guanylatcyclase vor. Dieses dimere Enzym wird durch ***Nitroxid*** (NO) aktiviert. Nitroxid ist ein erst in der jüngsten Zeit entdecktes intra- und interzelluläres Signalmolekül. Es entsteht enzymatisch unter Katalyse der ***Nitroxidsynthase*** aus Arginin.

!

WICHTIG

Hormone regulieren in vielzelligen Organismen Stoffwechselleistungen, Wachstum und Differenzierung. Glanduläre Hormone werden in spezifischen endokrinen Drüsen gebildet, Cytokine und Gewebshormone von endokrin aktiven, in verschiedenen Geweben verteilten Zellen.

Hormone stellen extrazelluläre Signale dar, die eine intrazelluläre Antwort auslösen. Sie müssen deswegen von Zellen durch spezifische Rezeptoren erkannt und gebunden werden. Derartige Rezeptoren können intrazellulär lokalisiert sein und sind dann meist durch Hormone (Liganden) aktivierte Transcriptionsfaktoren. Die größere Gruppe von Hormonrezeptoren sind Proteine der Plasmamembran. Sie lassen sich in Liganden-aktivierte Ionenkanäle, Rezeptoren mit 7 Transmembrandomänen, Tyrosinkinaserezeptoren und Cytokinrezeptoren einteilen. Jedem dieser Hormontypen kommt ein spezifischer Signaltransduktionsweg zu.

17.2 Regulation von Wachstum und Differenzierung

Cytokine regulieren als lokal wirkende Faktoren Wachstum und Differenzierung spezifischer Zellen und Gewebe.

Unter dem Begriff ***Cytokine*** faßt man eine große Zahl von Wachstums- und Differenzierungsfaktoren (bis heute weit über 100) zusammen, die von den verschiedensten Zellen freigesetzt werden können und überwiegend, allerdings nicht ausschließlich, als lokal wirkende Faktoren Wachstum und Differenzierung spezifischer Zellen und Gewebe regulieren (Tabelle 17.4):

- Eine Reihe sogenannter ***Wachstumsfaktoren*** (bFGF, EGF, PDGF) wirken als mitogene Faktoren auf viele Zellarten, besonders jedoch auf mesenchymale Zellen. Sie sind u.a. wichtig für ***Wundheilung***.
- Die große Gruppe der ***Interleukine*** hat mitogene und differenzierende Wirkung, vor allem an Lymphocyten und Makrophagen und spielen bei der Regulation der ***Immunantwort*** (S. 547) eine bedeutende Rolle.
- ***Erythropoietin*** wird von Nieren und Hepatocyten abgegeben und stimuliert die Erythropoese im Knochenmark.
- ***TGFβ*** ist ein Wachstumsinhibitor für viele Zellen.
- ***TNFα*** hat eine cytotoxische Wirkung auf manche Tumorzellen, ist jedoch für andere Zellen ein Mitogen

Tabelle 17.4 Cytokine (Auswahl)

Bezeichnung	Produziert von	Rezeptorfamilie	Wirkung
bFGF (basic fibroblast growth factor)	Mesodermale und neuroektodermale Zellen, Endothelzellen	Tyrosinkinase	Mitogen für viele Zellen, Modulator der Zelldifferenzierung
EGF (epidermal growth factor)	Hirn, Niere, Speicheldrüse	Tyrosinkinase	Mitogen für viele Zellarten
EPO (erythropoietin)	Nieren, Hepatocyten	Cytokinrezeptor	Stimulierung der Erythropoese
IL 1–15 (Interleukine 1–15)	Verschiedene Klassen von Leukocyten	Cytokinrezeptor	Mitogene und differenzierende Wirkung v.a. auf Lymphocyten und Makrophagen
PDGF (platelet derived growth factor	Megakaryocyten, Makrophagen, Endothelzellen	Tyrosinkinase	Mitogene Wirkung für mesenchymale Zellen
TGFβ (transforming growth factor β)	Megakaryocyten, Makrophagen, Lymphocyten	eigene Familie	Wachstumsinhibitor für viele Zellen
TNF α (tumor necrosis factor α)	Makrophagen, Fibroblasten, glatte Muskelzellen	Cytokinrezeptor	Mitogen für Fibroblasten, Cytolyse von Tumorzellen in vitro, chemotaktische Wirkung

!

Für Wachstum und Differenzierung verantwortliche Hormone werden durch ein hierarchisches System glandotroper Hormone reguliert.

Für die eigentlichen, von endokrinen Drüsen gebildeten und Wachstum und Differenzierung regulierenden Hormone spielt das in Abb. 17.8 dargestellte Regulationssystem aus ***Hypothalamus*** und ***Hypophysenvorderlappen*** eine bedeutende Rolle:

- Aus dem Hypothalamus werden unter dem Einfluß neuraler oder humoraler Stimuli ***Freisetzungshormone*** (Releasing Hormones, Liberine) abgegeben.

Abb. 17.8 Prinzip der Regulation des hypothalamisch-hypophysären Systems und seiner peripheren Zielgewebe ▶

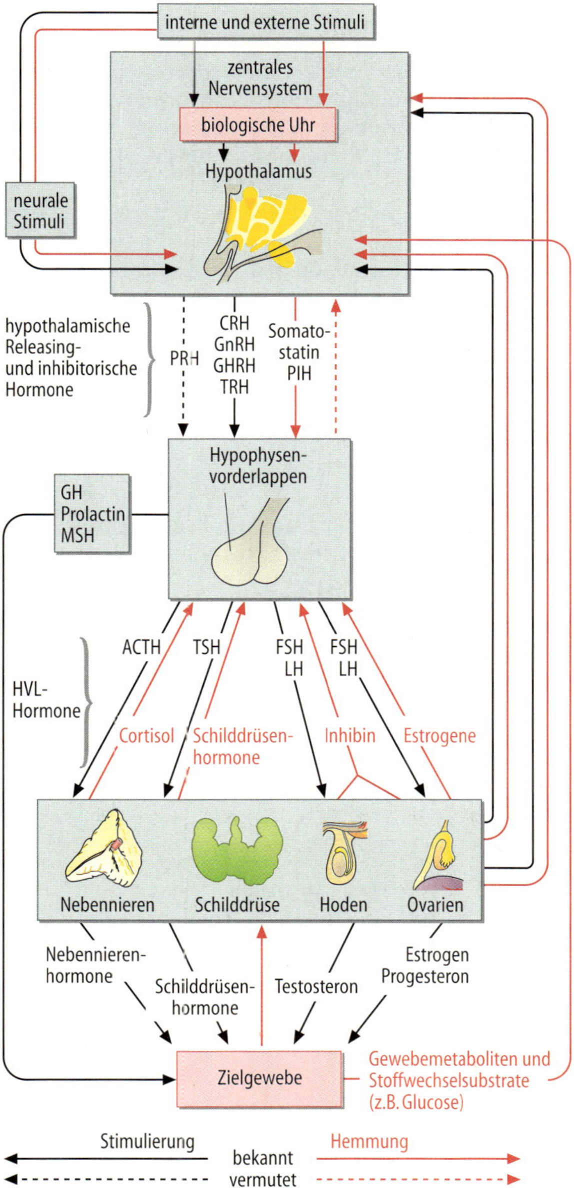
interne und externe Stimuli
zentrales Nervensystem
biologische Uhr
Hypothalamus
neurale Stimuli
hypothalamische Releasing- und inhibitorische Hormone
PRH
CRH
GnRH
GHRH
TRH
Somato-statin
PIH
Hypophysen-vorderlappen
GH
Prolactin
MSH
ACTH
TSH
FSH
LH
FSH
LH
HVL-Hormone
Cortisol
Schilddrüsen-hormone
Inhibin
Estrogene
Nebennieren
Schilddrüse
Hoden
Ovarien
Nebennieren-hormone
Schilddrüsen-hormone
Testosteron
Estrogen
Progesteron
Zielgewebe
Gewebemetaboliten und Stoffwechselsubstrate (z.B. Glucose)
Stimulierung
Hemmung
bekannt
vermutet

- ***Freisetzungshormone*** (Releasing Hormones, RH) wirken spezifisch auf hormonproduzierende Zellen des Hypophysenvorderlappens. Sie bewirken dort die Freisetzung ***glandotroper Hormone.***
- Hormone, die die Freisetzung glandotroper Hormone hemmen, sog. ***Release Inhibiting Hormones*** (RIH) werden im Hypothalamus gebildet und wirken als Antagonisten der Freisetzungshormone.
- Glandotrope Hormone stimulieren die Aktivität ***peripherer Hormondrüsen.***
- Die von den peripheren Hormondrüsen freigesetzten ***effektorischen Hormone*** wirken im Sinn einer negativen Rückkopplung hemmend auf Hypophysenvorderlappen und Hypothalamus.

Über derartige Regelkreise wird die Plasmakonzentration von ***Schilddrüsenhormonen, Glucocorticoiden, männlichen*** und ***weiblichen Sexualhormonen, Körperwachstum*** sowie die Funktion der ***laktierenden Brustdrüse*** reguliert.

Wachstumshormon wirkt über die Produktion insulinähnlicher Wachstumsfaktoren.

Biosynthese und Sekretion: ***Wachstumshormon*** (somatotropes Hormon, STH, Somatotropin, growth hormone, GH) wird in den acidophilen Zellen des Hypophysenvorderlappens synthetisiert. Es handelt sich um ein Peptidhormon mit einem Molekulargewicht von etwa 21.000. Die Regulation der Sekretion von STH ist in Abb. 17.9 dargestellt:

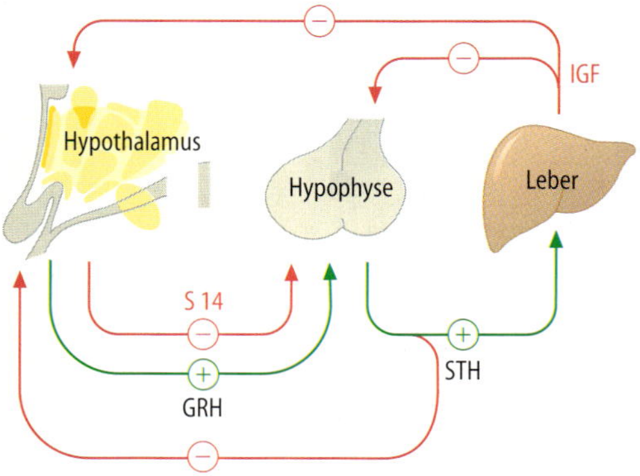

Abb. 17.9 Regulation der Wachstumshormon-Sekretion. *S14* Somatostatin

- ***GRH*** (growth hormone releasing hormone, Somatoliberin) wird durch Dopamin, bei Tiefschlaf oder bei Hypoglycämien von hypothalamischen Zellen freigesetzt und steigert die ***STH-Sekretion*** des Hypophysenvorderlappens.
- ***STH*** gelangt auf dem Blutweg zur Leber und löst dort, in geringerem Umfang auch in anderen Geweben, die Synthese der ***insulinähnlichen Wachstumsfaktoren IGF-1*** und ***IGF-2*** aus. IGF-1 und IGF-2 sind einkettige Polypeptide aus 67 bzw. 70 Aminosäuren, die etwa 50% Homologie zu Proinsulin und etwa 70% zueinander aufweisen (Abb. 17.10).
- Die ***IGF's*** sind für die Wirkungen des Wachstumshormons v. a. auf das Knochenwachstum verantwortlich (s. u.).
- Die ***IGF's*** hemmen die GRH-Ausschüttung des Hypothalamus sowie die STH-Ausschüttung der Hypophyse.
- ***Somatostatin*** wird im Hypothalamus gebildet und hemmt die STH-Sekretion der Hypophyse.

Zelluläre Wirkungen: Wachstumshormon ist für das ***Längenwachstum*** des Skeletts notwendig, welches an den ***Epiphysenfugen*** der Röhrenknochen stattfindet. Hier wird durch die ***Chondrocyten*** die extrazelluläre Matrix gebildet. Dieser Vorgang wird allerdings nicht direkt durch STH, sondern durch die unter seinem Einfluß v. a. in der Leber gebildeten ***IGF-1*** und ***IGF-2*** stimuliert.

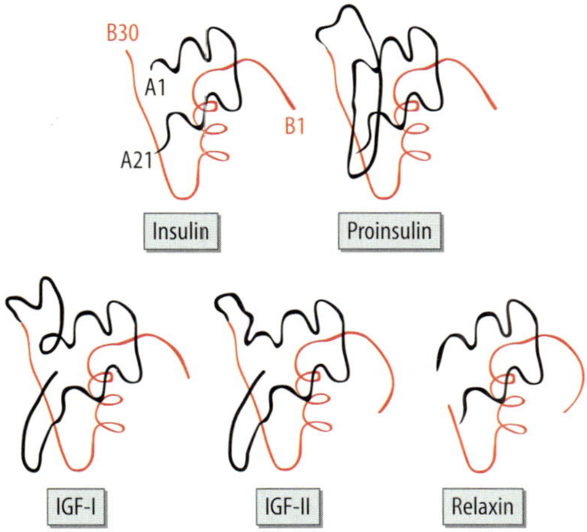

Abb. 17.10 Insulin und die Familie der Insulin-ähnlichen Hormone

Über den in vielen Zellen exprimierten STH-Rezeptor hat STH noch einige ***metabolische Effekte***. Zu diesen gehört eine Verminderung der Glucoseaufnahme sowie eine Stimulierung der Lipolyse. Aus diesem Grund kommt es bei einer Überproduktion von STH zu einer gestörten Glucosetoleranz und gelegentlich zu Diabetes mellitus.

Neben ihrer Wirkung auf die Chondrocyten der Epiphysenfugen haben die IGF's eine Reihe ***insulinähnlicher Effekte***, die allerdings erst in hohen Konzentrationen zum Tragen kommen. So stimulieren sie Glucoseaufnahme sowie Lipogenese im Fettgewebe und hemmen die durch Katecholamine stimulierte Lipolyse.

Biochemischer Mechanismus: Der STH-Rezeptor, der v.a. in der Leber, daneben aber auch in vielen anderen Geweben nachweisbar ist, gehört in die Gruppe der ***Cytokinrezeptoren***.

IGF-1 und -2 haben unterschiedliche Zellmembranrezeptoren. Der ***IGF-1-Rezeptor*** ist ein Tetramer aus je 2 α- und β-Untereinheiten, der große Ähnlichkeit mit dem Insulinrezeptor aufweist (S. 490). Der IGF-2-Rezeptor ist dagegen ein einkettiges Glycoprotein.

Pathobiochemie: Störungen der STH-Biosynthese und -Sekretion sind relativ seltene Erkrankungen. Eine STH-Überpoduktion aufgrund von STH-produzierenden Tumoren der Hypophyse führt zum ***Riesenwuchs***, wenn sie vor dem Schließen der Epiphysenfugen, also in der Wachstumsphase, auftritt. Später bewirkt eine Steigerung der STH-Sekretion nur noch apositionelles Knochenwachstum und eine Vergrößerung der Eingeweide, also eine ***Akromegalie*** und eine ***Visceromegalie***. Tritt während der Wachstumsphase eine Verminderung der STH-Produktion ein, so kommt es zum sogenannten ***hypophysären Zwergwuchs***. Dieser kann heute gut mit rekombinantem Wachstumshormon behandelt werden.

! Schilddrüsenhormone sind für Wachstum und Differenzierung notwendig und stimulieren die Synthese spezifischer Proteine.

Biosynthese und Sekretion: Die Hormone der Schilddrüse sind das ***Tetrajodthyronin*** oder ***Thyroxin*** (T_4) sowie das ***Trijodthyronin*** (T_3) (Abb. 17.11). T_3 und T_4 sind jodierte Derivate des Tyrosins. Aus diesem Grund ist der Stoffwechsel der Schilddrüse eng mit dem des Jods verbunden. Die Biosynthese der Schilddrüsenhormone erfolgt in mehreren Schritten (Abb. 17.12, 17.13):

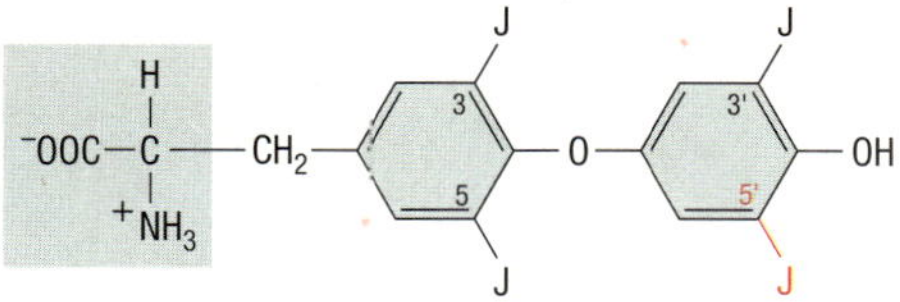

Abb. 17.11 Struktur von T_3 und T_4. *Rot* zusätzliches Jodatom im T_4

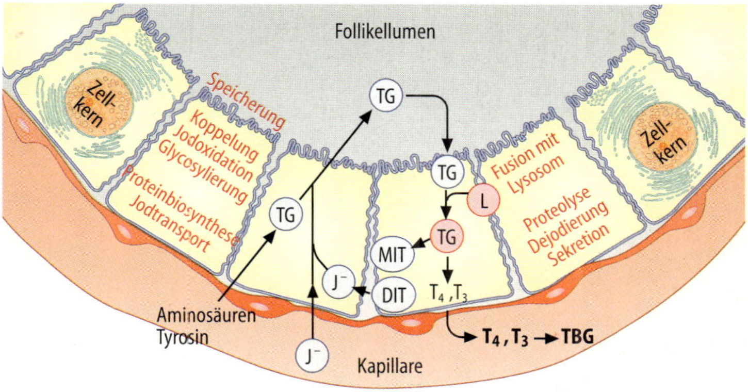

Abb. 17.12 Biosynthese der Schilddrüsenhormone in Form der Thyreoglobinvorstufe *(TG)* in den Epithelzellen, Sekretion des Thyreoglobulins in das Follikellumen, Rückaufnahme in die Epithelzelle, Fusion mit Lysosomen *(L)* und anschließende Proteolyse sowie Freisetzung der Schilddrüsenhormone. *MIT* Monojodtyrosin; *DIT* Dijodtyrosin

- Jod wird als ***Jodid*** mit der Nahrung zugeführt und in den Epithelzellen der Schilddrüse durch eine nur dort vorkommende ***Jodid-ATPase*** gegen ein Konzentrationsgefälle aufgenommen und gespeichert.
- Durch eine ***Jodidperoxidase*** wird Jodid oxidiert, wahrscheinlich bis zum ***Jodoniumion***:

  $$H_2O_2 + I^- \rightarrow I^+ + 2OH^-$$

- Das reaktionsfähige Jodoniumion jodiert Tyrosylreste des für die Schilddrüse spezifischen Glycoproteins ***Thyreoglobulin*** an den Positionen 3 und 5 des aromatischen Rings (Abb. 17.13).
- Durch ein spezifisches ***Kopplungssystem*** erfolgt die Kopplung zweier jodierter Tyrosylreste, wobei Thyreoglobulin-gebundenes Tri- bzw. Tetrajodthyronin entsteht.

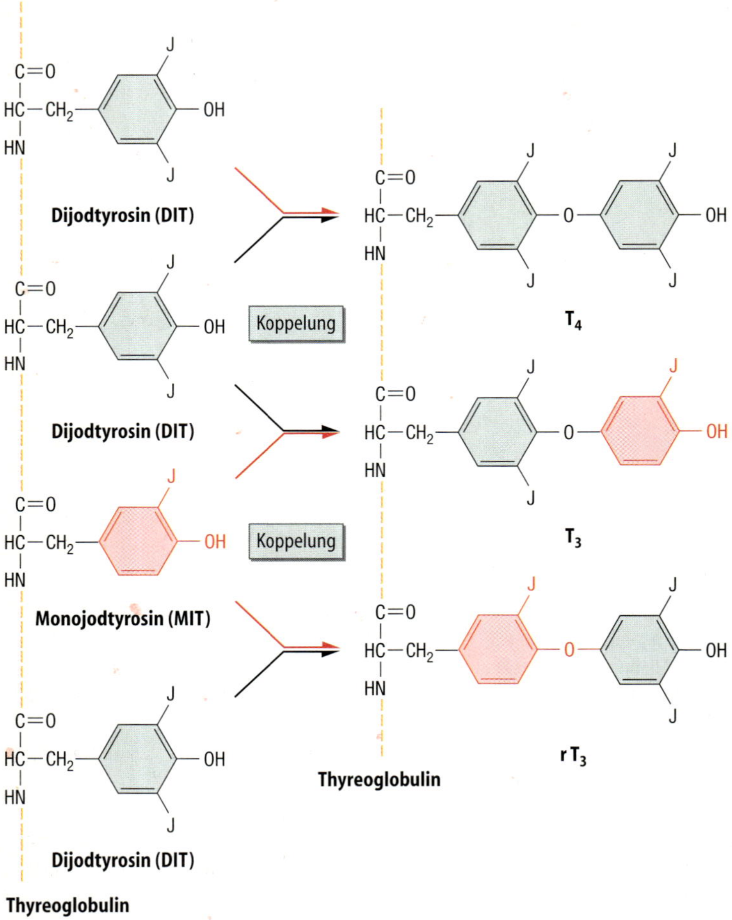

Abb. 17.13 Jodierung einzelner Tyrosylreste des Thyreoglobulins und anschließende intramolekulare Übertragung von Monojodtyrosin *(MIT)* bzw. Dijodtyrosin *(DIT)* auf DIT unter Bildung von T_3 bzw. T_4. Wird DIT auf MIT übertragen, so entsteht inaktives sogenanntes reverses T_3 *(rT_3)*

- Anschließend wird Thyreoglobulin in das Follikellumen der Schilddrüse sezerniert und dort ***gespeichert***.
- Für die ***Sekretion*** von T_4 und T_3 wird Thyreoglobulin durch Endocytose in die Schilddrüsenepithelzellen aufgenommen. Thyreoglobulin wird in Lysosomen ***proteolytisch*** abgebaut und als Endprodukte T_3 und T_4 von den Epithelzellen ans Blut abgegeben.

Biosynthese und Sekretion der Schilddrüsenhormone werden durch das hypothalamisch-hypophysäre System reguliert (Abb. 17.8):

- Das in den basophilen Zellen des Hypophysenvorderlappens gebildete ***thyreotrope Hormon*** (TSH) stimuliert die Jodidaufnahme, den Einbau von Jod in das Thyreoglobulin und die Biosynthese und Sekretion von T_3 und T_4.
- Die Sekretion von TSH wird durch hohe ***T_4-Spiegel*** gehemmt.
- Das im Hypothalamus gebildete **TRH** (TSH-releasing hormone, Thyreoliberin) stimuliert die TSH-Sekretion und
- *T_4* hemmt die TRH-Freisetzung durch den Hypothalamus.

Zelluläre Wirkungen: In physiologischen Konzentrationen haben Schilddrüsenhormone eine stimulierende Wirkung auf den Zellstoffwechsel:

- Schilddrüsenhormone steigern den ***Sauerstoffverbrauch*** nahezu aller Gewebe. Dieser Effekt ist auf einen gesteigerten Substratumsatz sowie eine erhöhte Expression der ***NaK-ATPase*** zurückzuführen. Mit dem gesteigerten Energieumsatz der Gewebe geht auch eine gesteigerte ***Thermogenese*** einher.
- Schilddrüsenhormone aktivieren ***Gluconeogenese, Glycogenolyse*** und ***Lipogenese*** durch Induktion der jeweils beteiligten Schlüsselenzyme.
- Schilddrüsenhormone stimulieren durch Aktivitätszunahme der ***HMG-CoA-Reduktase*** die Cholesterinsynthese. Da gleichzeitig auch der Cholesterinumsatz und -abbau gesteigert ist, kommt es zu einer ***Erniedrigung*** des Cholesterinspiegels im Blut.
- Schilddrüsenhormone fördern das ***Körperwachstum*** durch Stimulierung der Biosynthese von ***STH*** in der Hypophyse und durch einen direkten Effekt auf den Knochen.
- Schilddrüsenhormone erhöhen die ***Kontraktilität*** des Herzmuskels durch Zunahme der β-Rezeptoren im Myocard und eine Steigerung der Myosinexpression.
- Schilddrüsenhormone besitzen eine Schlüsselfunktion bei ***Differenzierungsvorgängen***, vor allem der Hirnentwicklung bei Neugeborenen.

Biochemischer Mechanismus: Für das Verständnis der molekularen Wirkung der Schilddrüsenhormone sind drei Dinge wichtig:

- Durch ***5'-Dejodasen*** wird in peripheren Geweben T_4 in das biologisch wesentlich aktivere T_3 umgewandelt.
- Aus dem Cytosol der jeweiligen Zielzelle gelangt T_3 in den ***Zellkern*** und bindet dort an ***T_3-Rezeptoren***. Diese gehören zur Familie der Liganden-aktivierten Transcriptionsfaktoren (S. 387) und haben Strukturähnlichkeiten zur Familie der Steroidhormonrezeptoren. T_3-aktivierte T_3-Rezeptoren bilden ***Homodimere*** und ***Heterodimere*** mit dem ***Retinoat-X-Rezeptor*** (RXR, S. 591).
- Homo- bzw. Heterodimere des T_3-Rezeptors beeinflussen die ***Expression*** spezifischer Gene.

Pathobiochemie: Erkrankungen der Schilddrüse gehören zu den häufigeren endokrinen Störungen. Im Prinzip kann man zwischen ***Schilddrüsenunterfunktion*** (Hypothyreose), ***Schilddrüsenüberfunktion*** (Hyperthyreose) und der ***Vergrößerung*** des Schilddrüsengewebes (Struma, Kropf) unterscheiden (Tabelle 17.5):

- Beim angeborenen Fehlen, bei Minderentwicklung oder bei Störungen der Biosynthese der Schilddrüsenhormone kommt es zum ***Kretinismus***. Dieser Zustand ist durch eine Wachstumsstörung, eine zum Schwachsinn führende Störung der Gehirnent-

Tabelle 17.5 Übersicht über die Erkrankungen der Schilddrüse

Funktionsstörung	Ursache	Folge
Hypothyreose	Angeborene Defekte des hypothalamisch-hypophysären Regelkreises, TSH-Resistenz der T_3- und T_4-Synthese.	Kretinismus
	Erworben durch Autoantikörper, verschiedene Proteine der Schilddrüsenepithelzellen oder bei Jodmangel	Erniedrigung des Grundumsatzes, Verminderung der Thermogenese
Hyperthyreose	Autoantikörper gegen den TSH-Rezeptor (80 % der Fälle), die wie TSH wirken	Morbus Basedow: Erhöhung des Grundumsatzes, gesteigerte Thermogenese, Gewichtsverlust, Tachykardie, Exophthalmus
Struma	Jodidmangel	Vergrößerung der Schilddrüse

wicklung und eine allgemeine Verlangsamung der Stoffwechselprozesse gekennzeichnet. Bei rechtzeitiger Entdeckung des Krankheitsbildes unmittelbar nach der Geburt kann die Erkrankung durch Gabe von Schilddrüsenhormon gut behandelt werden.

- Die verschiedenen Formen der ***Schilddrüsenüberfunktion*** sind durch eine Steigerung des Sauerstoffverbrauchs, der Thermogenese und des Grundumsatzes gekennzeichnet. Die Patienten klagen über Nervosität, eine Beschleunigung des Herzschlages und häufig über einen Exophthalmus (Glotzauge), der durch eine Vergrößerung des retroorbitalen Fettgewebes verursacht wird.
- Die bei uns häufigste Erkrankung der Schilddrüse ist der ***Kropf***, der meist ohne deutliche Störung der Schilddrüsenfunktion einhergeht (euthyreote Struma). Verursacht wird der Kropf durch einen ***Jodidmangel***. Dieser führt primär zum Rückgang der Produktion von Schilddrüsenhormonen. Damit entfällt die durch Schilddrüsenhormone ausgelöste Hemmung der TRH- und TSH-Sekretion in Hypothalamus und Hypophyse, so daß die ***TSH-Spiegel*** im Blut ansteigen. TSH stimuliert nicht nur die Biosynthese und Sekretion der Schilddrüsenhormone, sondern hat auch einen ***trophen*** Effekt auf die Schilddrüse, die mit einer Hypertrophie und Hyperplasie auf die erhöhten TSH-Konzentrationen reagiert. Der Sinn dieser Regulation ist die Vergrößerung der Menge an Epithelzellen der Schilddrüse, womit die Jodidextraktion aus dem Serum gesteigert wird. Die Prävention der Erkrankung besteht in einer Erhöhung der Jodidzufuhr, z. B. durch jodiertes Speisesalz.

! Androgene fördern die Entwicklung männlicher Geschlechtsmerkmale.

Biosynthese und Sekretion: Der Sammelbegriff ***Androgene*** gilt für alle Steroidhormone, die die Entwicklung der männlichen Geschlechtsmerkmale fördern. Androgene werden von der ***Nebennierenrinde*** und v. a. von den ***Leydig-Zellen*** des Hodens synthetisiert (Abb. 17.14). Die Synthese verläuft in folgenden Schritten:

- Durch oxidative Verkürzung der Seitenkette des Cholesterins entsteht aus diesem ***Pregnenolon*** bzw. ***Progesteron***.
- Die oxidative vollständige Abspaltung der Seitenkette führt zu den androgen wirksamen Hormonen ***Dehydroepiandrosteron***, ***Androstendion*** sowie ***Testosteron***.

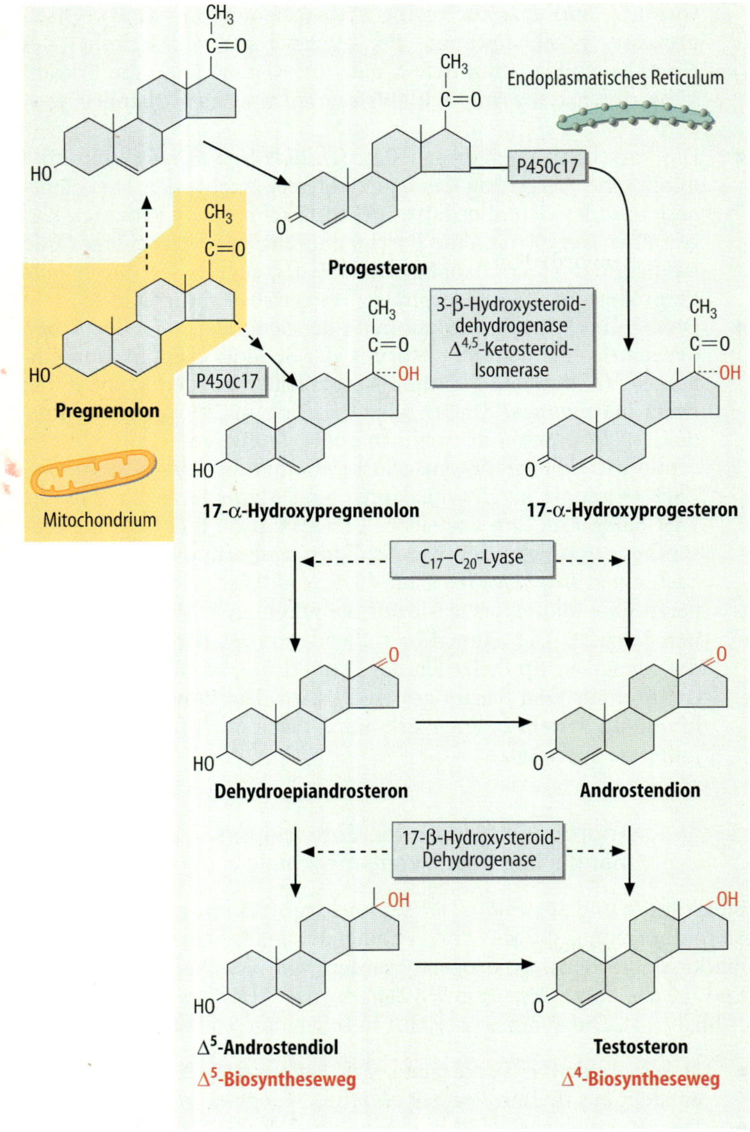

Abb. 17.14 Biosynthese des Testosterons aus Pregnenolon über den Δ4- oder den Δ5-Stoffwechselweg

Der überwiegende Teil der Androgene wird im Hoden synthetisiert, da nach Kastration der Androgenspiegel im Blut auf deutlich erniedrigte Werte absinkt.

Die Androgensynthese wird durch das ***hypothalamisch-hypophysäres*** System reguliert, das außerdem die ***Spermatogenese*** steuert (Abb. 17.15). Seine Bestandteile sind:

- Ein als ***LH-RH*** (Luteinisierungshormon-Releasing hormone) bezeichnetes, vom Hypothalamus freigesetztes Peptid, das im Hypophysenvorderlappen die Synthese und Freisetzung der sogenannten ***Gonadotropine*** stimuliert und deswegen auch als GNRH bezeichnet wird.
- Das Gonadotropin ***LH*** (Luteinisierungshormon) ist ein Proteohormon, das in den Leydig-Zellen des Hodens die ***Androgensynthese*** und in gewissem Umfang die Synthese von Estrogenen aus Androgenen (S. 477) stimuliert.
- Das im Hypophysenvorderlappen gebildete Gonadotropin ***FSH*** (Follikel-stimulierendes Hormon) stimuliert zusammen mit ***Testosteron*** die Aktivität der ***Sertoli-Zellen*** des Hodens. Diese ernähren die sich entwickelnden Spermatozoen und produzieren

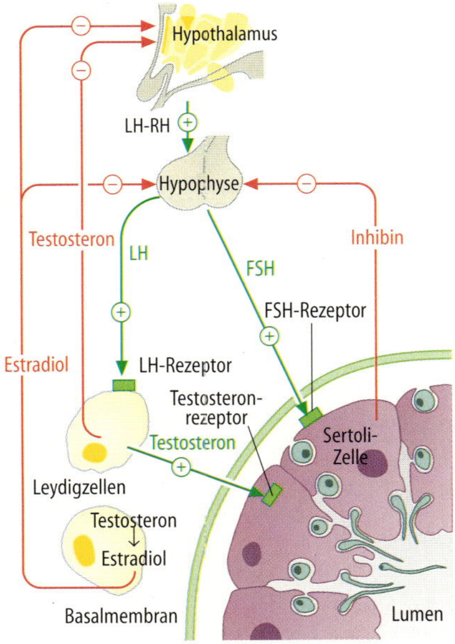

Abb. 17.15 Rückkopplungshemmung von Hypothalamus und Hypophyse durch Testosteron, Östradiol sowie Inhibin

Proteine, die in das Tubuluslumen sezerniert werden, sowie andere für die Spermienbewegung wichtige Verbindungen.

- ***Testosteron*** sowie in gewissem Umfang die in den Leydig-Zellen produzierten ***Estrogene*** hemmen die LH-RH-Freisetzung aus dem Hypothalamus sowie die Gonadotropinfreisetzung aus der Hypophyse. Einen gleichartigen Effekt hat das von den Sertolizellen abgegebene Protein ***Inhibin***.

Zelluläre Wirkungen: Androgene, besonders das ***Testosteron***, fördern Wachstum und Entwicklung der ***männlichen Fortpflanzungsorgane*** wie Samenleiter, Prostata, Vesikulardrüsen und Penis. Außerdem sind sie für die normale ***Spermatogenese*** unerläßlich. Auch die Ausbildung der ***sekundären männlichen Geschlechtsmerkmale*** wird durch Androgene reguliert.

Außer seinen typisch androgenen Wirkungen hat Testosteron einen ausgeprägten ***anabolen Effekt***. Es führt zu einer vermehrten Proteinbiosynthese in der Muskelzelle und damit zur Massenzunahme der Muskulatur.

In der Pubertät steigt der Testosteronspiegel an, was zu einer Steigerung der Wachstumsrate des Skeletts und anschließend zum ***Schluß*** der Epiphysenfugen und zum Stop des Wachstums führt.

Biochemischer Mechanismus: In vielen Geweben (Prostata, Samenbläschen, Talgdrüsen, Nieren, Hoden und Gehirn) wird Testosteron durch das Enzym ***5α-Reduktase*** zu Dihydrotestosteron (Abb. 17.16) reduziert. Dieses Androgen hat im Vergleich zum Testosteron die zweieinhalbfache biologische Aktivität.

Wie andere Steroidhormone bindet Testosteron oder 5α-Dihydrotestosteron an spezifische cytosolische ***Rezeptoren***, die zur Großfamilie der ***Steroidhormonrezeptoren*** (S. 387) gehören. Diese Rezeptoren sind Liganden-aktivierte Transcriptionsfaktoren, die die Trans-

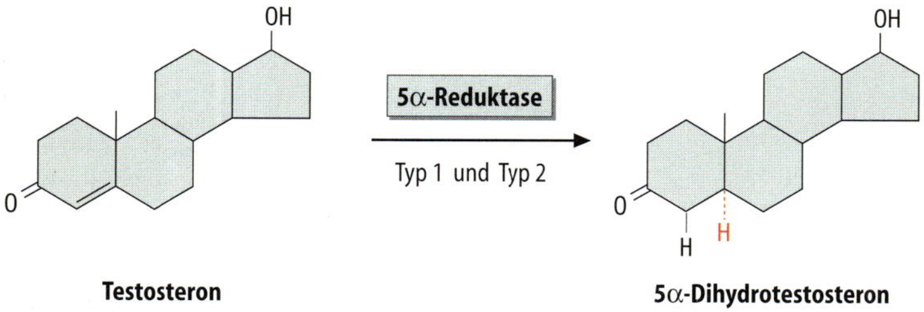

Abb. 17.16 Umwandlung von Testosteron in 5α-Dihydrotestosteron

cription der für die Androgenwirkung spezifischen Proteine regulieren.

Estrogene fördern die Entwicklung weiblicher Geschlechtsmerkmale und regulieren zusammen mit Gestagenen den Menstruationscyclus.

Biosynthese und Sekretion: Estrogene werden v. a. in Thekazellen der Graf'schen Follikel und im Corpus luteum gebildet. Geringere Mengen entstehen auch in den Testes, der Nebennierenrinde und dem Fettgewebe.

Wie die aller anderen Steroidhormone geht auch die Estrogenbiosynthese vom Cholesterin aus. Sie führt zunächst auf bekannten Wegen zu den Androgenen, die nach entsprechender Hydroxylierung die Methylgruppe am C-Atom 19 verlieren. Nach Aromatisierung des Rings A entstehen die beiden wichtigsten Estrogene, das ***Estradiol***, sowie das ***Estron*** (Abb. 17.17).

Der wichtigste Vertreter der Gestagene ist das ***Progesteron***. Es ist ein Zwischenprodukt bei der Biosynthese einer Reihe von Steroidhormonen (Abb. 17.14) und wird im Corpus luteum gebildet, das sich nach dem Eisprung aus dem Graf'schen Follikel bildet. Besonders

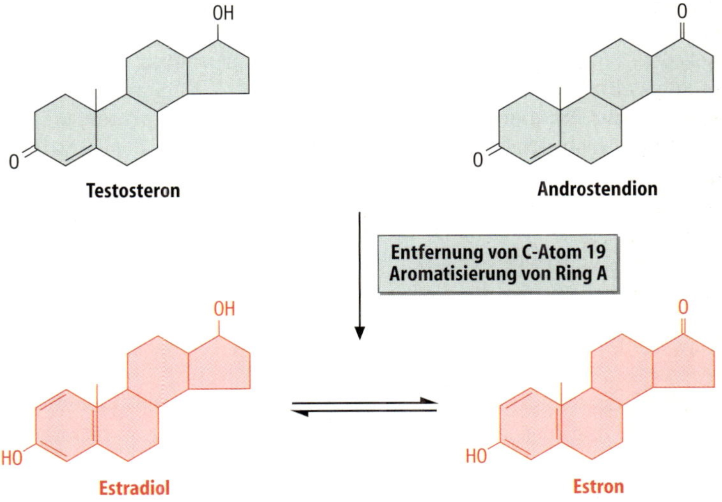

Abb. 17.17 Biosynthese der Östrogene aus Androgenen. Zur Synthese von Testosteron und Androstendion s. Abb. 17.14

im zweiten Teil der Schwangerschaft entsteht Progesteron auch in der Placenta.

Wie beim männlichen Organismus sind auch beim weiblichen das hypothalamische ***LH-RH*** und die hypophysären Gonadotropine ***LH*** und ***FSH*** die entscheidenden regulatorischen Polypeptide. Allerdings zeigen die Gonadotropine bei der Frau einen sehr spezifischen Rhythmus, der für den Ablauf des ***Menstruationscyclus*** verantwortlich ist. In der ersten Hälfte des Menstruationscyclus kommt es unter dem Einfluß leicht erhöhter FSH-Spiegel zur Rekrutierung und Reifung eines ***Follikels***. Dabei ist eine Proliferation der Granulosazellen sowie die Induktion von Rezeptoren für Estradiol und Progesteron für diese Zellen typisch. LH stimuliert die Androgensynthese in den Theka-Interna-Zellen. Diese Androgene werden von den Theka-Zellen freigesetzt, diffundieren über die Follikelflüssigkeit in die Granulosazellen und werden dort zu ***Estrogenen*** aromatisiert. Der Gipfel der Estradiolspiegel wird einen Tag vor dem steilen Anstieg des LH-Spiegels erreicht, der für die Ovulationsphase typisch ist. Nach der Ovulation entsteht aus dem Zellkomplex von Granulosa und Theka-Interna-Zellen das ***Corpus luteum***, das für 7–8 Tage nach dem LH-Gipfel erhalten bleibt. Unter dem Einfluß von LH wird die ***Progesteronsekretion*** durch das Follikelepithel stimuliert. Gleichzeitig hemmt das Hormon die Estrogenproduktion.

Zelluläre Wirkungen: Estrogene sind für die Ausprägung und die Aufrechterhaltung der sekundären weiblichen Geschlechtsmerkmale verantwortlich. Darüber hinaus haben sie eine schwache proteinanabole Wirkung. Nach der Pubertät induzieren Estrogene die Proliferationsphase der Uterusschleimhaut und bereiten den Uterus auf die anschließende Gestagenwirkung (s. u.) und die Schwangerschaft vor. Gleichzeitig kommt es zu charakteristischen Veränderungen im Eileiterepithel und in der Vagina.

Progesteron wird im Menstruationscyclus v. a. nach der Ovulation gebildet und führt zum Wachstum des Uterus sowie zur Umwandlung des Endometriums vom Proliferations- zum Sekretionsstadium, wodurch die Nidation des befruchteten Eis und die Ernährung des entstehenden Embryos vorbereitet wird. ***Progesteron*** hemmt die Ovulation und über eine hypothalamische Rückkopplung die Sekretion von LH durch die Hypophyse.

Biochemischer Mechanismus: Estrogene und Gestagene binden an spezifische cytosolische Rezeptoren, die beide zur Großfamilie der

Steroidhormonrezeptoren gehören und aus diesem Grunde ligandenaktivierte Transcriptionsfaktoren sind.

!

Glucocorticoide lösen die bei längeren Hungerperioden auftretenden Stoffwechselveränderungen aus.

Biosynthese und Sekretion: Abbildung 17.18 zeigt die wichtigsten Stufen der Glucocorticoidbiosynthese, wobei auch hier wieder von Cholesterin ausgegangen werden kann:

- Durch oxidative Kettenverkürzung, anschließende Oxidation am C-Atom 3 und Verschiebung der Doppelbindung in den Ring A entsteht aus Cholesterin über ***Pregnenolon*** das ***Progesteron.***
- Durch dreifache ***Hydroxylierung*** an den Positionen 17α, 11β und 21β entsteht das ***Cortisol.***
- Durch Oxidation der OH-Gruppe in Position 11 zur Ketogruppe entsteht aus Cortisol das ***Cortison.***

Sowohl die Synthese als auch die Sekretion von Cortisol wird durch das hypothalamisch-hypophysäre System reguliert (Abb. 17.8):

- Vom Hypothalamus wird unter dem Einfluß verschiedener Faktoren das ***CRH*** (Corticotropin releasing hormone, Corticoliberin) freigesetzt.
- CRH löst die Sekretion des adrenocorticotropen Hormons ***ACTH*** durch die Hypophyse aus. ACTH ist ein aus 39 Aminosäuren bestehendes Peptid, welches strukturelle Beziehungen zum Melanocyten-stimulierenden Hormon aufweist.
- ACTH stimuliert in der Nebennierenrinde Biosynthese und Abgabe von ***Cortisol.***
- Cortisol hemmt im Sinne einer negativen Rückkopplung die ***ACTH-Sekretion*** des Hypophysenvorderlappens sowie die ***CRH-Sekretion*** des Hypothalamus.

Zelluläre Wirkungen: Die biologische Bedeutung der Glucocorticoidhormone besteht darin, daß sie dem Organismus die Möglichkeit zum Überstehen längerer Hungerperioden geben:

- In extrahepatischen Geweben wird die ***Proteolyse*** und die Abgabe von ***Aminosäuren*** an die Blutbahn stimuliert.
- In der Leber dienen diese Aminosäuren der ***Gluconeogenese*** (S. 114), was die Energieversorgung der glucoseabhängigen Gewebe des Organismus gewährleistet.

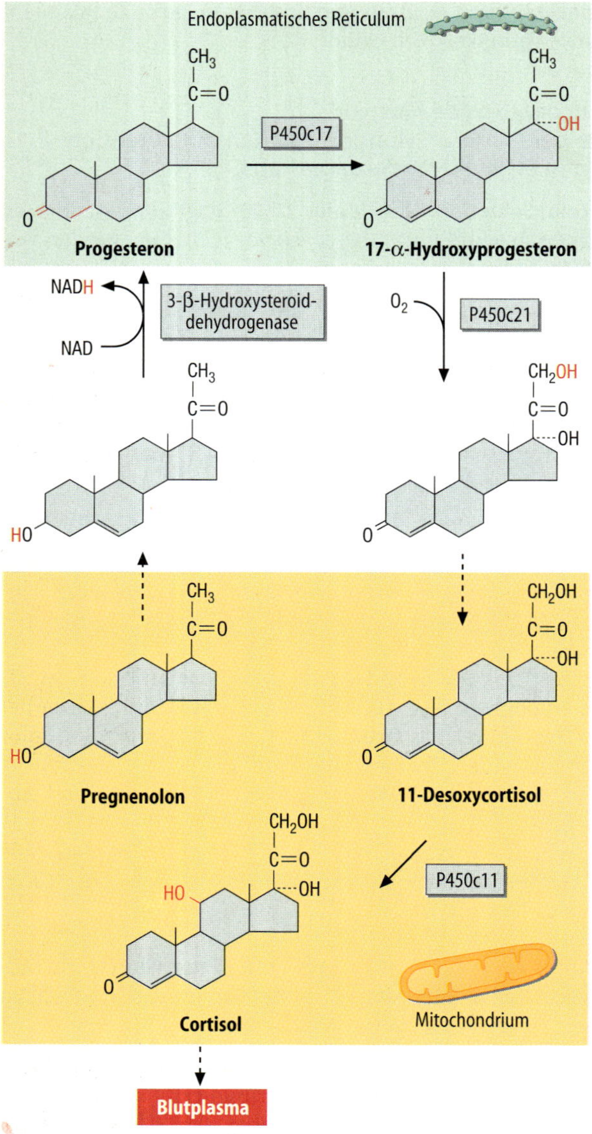

Abb. 17.18 Biosynthese des Cortisols. Man beachte, daß die Zwischenprodukte der Biosynthese in unterschiedlichen Kompartimenten der Zelle vorkommen

Die Mechanismen der Auslösung der Proteolyse in den extrahepatischen Geweben sind noch nicht genau bekannt. Die durch Glucocorticoide ausgelöste Stimulierung der Gluconeogenese in der Leber kommt vor allen Dingen dadurch zustande, daß Cortisol zu einer Aktivitätssteigerung vieler für den Umbau von Aminosäuren zu Glucose benötigten Enzyme sorgt. Es handelt sich vor allen Dingen um eine Zunahme der Aktivitäten der verschiedenen ***Aminotransferasen***, daneben der für die Gluconeogenese verantwortlichen Schlüsselenzyme ***Pyruvatcarboxylase, Phosphoenolpyruvatcarboxykinase, Frctose-1,6-Bisphosphatase*** und ***Glucose-6-Phosphatase.***

Die katabolen Wirkungen von Glucocorticoiden in extrahepatischen Geweben werden therapeutisch ausgenützt:

- Glucocorticoide haben einen ***immunsuppressiven*** Effekt, der durch eine Hemmung der Proteinbiosynthese in lymphatischen Geweben erklärt werden kann. Außerdem werden andere zelluläre Abwehrreaktionen, wie z.B. die Leukocyteneinwanderung in Entzündungsgebiete, gehemmt.
- Glucocorticoide wirken ***entzündungshemmend.***

Die katabolen Wirkungen von Glucocorticoiden sind auch die Ursache der Nebenwirkungen, wenn Glucocorticoide zum Zweck der Entzündungshemmung oder der Immunsuppression angewandt werden. Diese Nebenwirkungen betreffen Muskelgewebe und Knochen, beim letzteren können sie durch Demineralisierung zu ***Osteoporose*** führen. Durch die gesteigerte Gluconeogenese kommt es zu einer Belastung des Organismus mit Kohlenhydraten, die unter gegebenen Bedingungen zum Ausbruch eines ***Diabetes mellitus*** (Steroiddiabetes) führt.

Biochemischer Mechanismus: Nach Aufnahme in die Zellen binden Glucocorticoide an den ***Glucocorticoidrezeptor***, der zur Familie der Steroidhormonrezeptoren gehört. Nach Dimerisierung tritt der aktivierte Rezeptor in den Kern ein und bindet dort an die ***Enhancer-Elemente*** der unter Glucocorticoidregulation stehenden Gene. Dadurch wird deren Transcription meist stimuliert, seltener gehemmt (S.456).

Pathobiochemie: Charakteristisch für eine ***Nebennierenrinden-Überfunktion*** ist die permanente Erhöhung des Plasmacortisolspiegels. Dies führt zu ***Glucoseintoleranz*** und ***Diabetes***, gesteigertem ***Bluthochdruck***, einer ***Stammfettsucht*** und häufig einer Reduktion der Muskelmasse an den Extremitäten. Ursächlich sind in zwei Drittel aller Fälle eine tumorbedingte Mehrproduktion von ***CRH*** im Hypothalamus bzw. ***ACTH*** in der Hypophyse. Diese Erkrankung wird nach ihrem Erstbeschreiber auch als ***Cushing-Syndrom*** bezeichnet. Seltener kommt es zur Nebennierenrinden-Überfunktion aufgrund von Adenomen oder Carcinomen der Nebennierenrinde.

Eine ***Unterfunktion der Nebennierenrinde*** führt zu einer chronischen Erniedrigung der Plasmacortisolspiegel. Die Ursache ist meist auf eine Zerstörung der Zellen der Zona fasciculata der Nebennierenrinde zurückzuführen. Seltener liegen einem Hypocortisolismus genetische Defekte der Enzyme zugrunde, die für die Biosynthese aus Cholesterin verantwortlich sind. Betreffen diese die Hydroxylasen, meistens die 21-Hydroxylase, so kommt es wegen der verminderten Cortisolspiegel zu einem Anstieg der ACTH-Konzentration und ACTH-Wirkung auf die Nebennierenrinde. Das dadurch vermehrt gebildete Progesteron wird vermehrt zur ***Androgenbiosynthese*** verwendet. Dies führt bei Jungen zur frühzeitigen Pubertät (pubertas praecox), bei Mädchen zur Virilisierung. Die Erkrankung wird auch als ***Adrenogenitales Syndrom*** bezeichnet.

!

WICHTIG

Cytokine sind eine Gruppe von über 100 das Wachstum und die Differenzierung regulierenden Gewebshormonen. Zu ihnen gehören eine Reihe von Wachstumsfaktoren, die auf die unterschiedlichsten Zellen mitogene Effekte ausüben. U.a. spielen sie bei der Wundheilung eine besondere Rolle. Weitere Cytokine sind die Interleukine, die vor allem an Lymphocyten und Makrophagen wirken und die Immunantwort regulieren. Das von Nieren und Hepatocyten abgegebene Erythropoietin reguliert die Erythropoese und gehört ebenfalls in diese Gruppe.

Glandotrope Hormone, die Wachstum und Differenzierung regulieren, sind das im Hypophysenvorderlappen gebildete Wachstumshormon, die Schilddrüsenhormone, die Sexualhormone und schließlich die Glucocorticoide. Ihnen allen ist gemeinsam, daß sie durch ein hypothalamisch-hypophysäres System glandotroper Hormone reguliert werden, welches über den Hypothalamus mit dem Zentralnervensystem verknüpft ist und nervale Reize verarbeiten kann.

17.3 Regulation des Intermediärstoffwechsels

!

Adrenalin und Noradrenalin ermöglichen eine schnelle Substratmobilisierung.

Biosynthese und Sekretion: ***Adrenalin*** und ***Noradrenalin*** bilden zusammen mit Dopamin die Gruppe der ***Katecholamine***. Ihre Biosynthese geht von der Aminosäure ***Tyrosin*** aus (Abb. 17.19):

- Tyrosin wird durch die Tyrosinhydroxylase zu ***Dihydroxyphenylalanin*** (DOPA) hydroxyliert.
- Dopa wird Pyridoxalphosphat-abhängig zu ***Dopamin*** decarboxyliert.

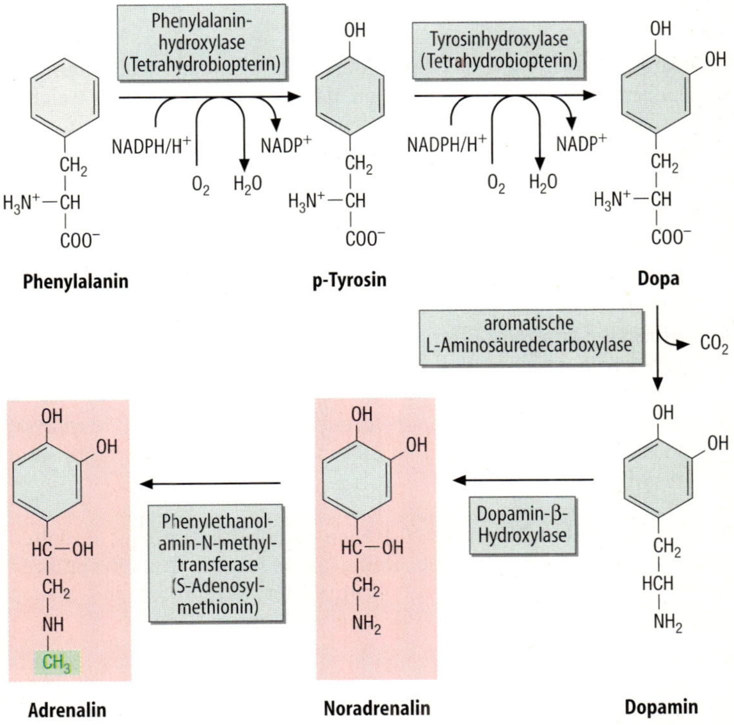

Abb. 17.19 Biosynthese der Katecholamine. (Einzelheiten s. Text)

- Dopamin wird durch die Dopamin-β-Hydroxylase unter Bildung von ***Noradrenalin*** hydroxyliert.
- Im Nebennierenmark, nicht aber in den adrenergen Ganglien, erfolgt die N-Methylierung von Noradrenalin zu ***Adrenalin.*** Das benötigte Enzym ist die Phenylethanolamin-N-Methyltransferase, die benötigte Methylgruppe stammt vom S-Adenosylmethionin (S. 285).

Demnach wird Noradrenalin ausschließlich in ***adrenergen Nervenendigungen*** als Neurotransmitter, Adrenalin und Noradrenalin jedoch im ***Nebennierenmark*** als Hormon synthetisiert.

Sowohl in den sympathischen Nervenendigungen als auch im Nebennierenmark werden Katecholamine in spezifischen, von einer Membran umhüllten Granula gespeichert. Die Sekretion der Katecholamine wird durch neurale Reize ausgelöst. Der dabei wirksame chemische Transmitter ist das ***Acetylcholin.*** Die Sekretion erfolgt durch Exocytose.

Zelluläre Wirkungen: Das Nebennierenmark bildet zusammen mit den adrenergen Nervenendigungen das ***adrenerge System***, welches in Notfallsituationen aktiviert wird und so eine Reaktion auf Gefahren ermöglicht. Diese besteht in spezifischen Reaktionen der glatten Muskulatur, der Blutgefäße, der Frequenz und Kontraktionskraft des Herzen, sowie in einer Reihe von Stoffwechseleffekten:

- Adrenalin und Noradrenalin stimulieren in der Leber und im Skelettmuskel die ***Glycogenolyse***, wodurch es zu einem Anstieg der Glucose- und Lactatkonzentration im Blut kommt.
- Adrenalin und Noradrenalin stimulieren in der Leber die ***Gluconeogenese***, was ebenfalls zur Erhöhung der Blutglucosekonzentration beiträgt.
- Adrenalin und Noradrenalin fördern am Fettgewebe die ***Lipolyse***, so daß die Konzentration an nicht veresterten Fettsäuren im Blut zunimmt.

Biochemischer Mechanismus: Adrenalin und Noradrenalin entfalten ihre Wirkungen durch eine Reihe unterschiedlicher Rezeptoren (Adrenoceptoren), die alle zur Gruppe der Rezeptoren mit sieben Transmembrandomänen (S. 459) gehören (Tabelle 17.6):

- Die in verschiedenen Organen in unterschiedlichem Ausmaß verteilten ***β-Rezeptoren*** wirken immer über eine Aktivierung des ***Adenylatcyclasesystems*** (S. 459) und verursachen somit in den jeweiligen Zielzellen eine Erhöhung der Konzentration an cAMP.

Tabelle 17.6 Funktion und Mechanismus von Katecholaminrezeptoren

Rezeptor	Signaltransduktion	Intrazelluläres Signalmolekül	Effekt
$\alpha 1$	G-Protein vermittelte Aktivierung der Phospholipase $C\beta$	Inositoltrisphosphat; Ca^{++}-Freisetzung	Glycogenolyse; Vasokonstriktion u. a. im Splanchnicusgebiet
$\alpha 2$	G_i-Protein vermittelte Hemmung der Adenylatcyclase	Senkung des cAMP-Gehaltes	Hemmung der Lipolyse; Hemmung der Insulinsekretion
β_1	G_s-Protein vermittelte Stimulierung der Adenylatcyclase	Steigerung des cAMP-Gehaltes	Steigerung von Glycogenolyse und Gluconeogenese der Leber; Stimulierung der Insulinsekretion; Steigerung der Kontraktionskraft des Herzens
β_2	G_s-Protein vermittelte Stimulierung der Adenylatcyclase	Steigerung des cAMP-Gehaltes	Steigerung der Lipolyse des Fettgewebes; Vasodilatation in Skelettmuskulatur
β_3	G_s-Protein vermittelte Stimulierung der Adenylatcyclase	Steigerung des cAMP-Gehaltes	Steigerung der Lipolyse und Thermogenese im braunen Fettgewebe

- ***α_1*-Rezeptoren** stimulieren die ***Phospholipase $C\beta$*** und damit den Abbau von Phosphatidylinositol-Bisphosphat zu Inositoltrisphosphat und Diacylglycerin. Sie führen damit in den zugehörigen Geweben zu einer Erhöhung der cytosolischen Calciumkonzentration und einer Aktivierung der Proteinkinase C (S. 459).
- ***α_2*-Rezeptoren** führen dagegen zu einer Hemmung des ***Adenylatcyclasesystems*** und zur Erniedrigung der zellulären cAMP-Konzentrationen.

Da die verschiedenen Rezeptoren gewebespezifisch verteilt sind, führt die Erhöhung der Konzentration von Adrenalin und Noradrenalin zu der typischen oben geschilderten Reaktion auf Notfallsituationen.

Ebenso rasch wie die Katecholaminwirkung einsetzt, muß sie auch wieder beendet werden können. Aus diesem Grund ist der in Abb. 17.20 dargestellte Abbau von Adrenalin und Noradrenalin außerordentlich rasch. Er erfolgt durch die Enzyme ***Katechol-O-Methyltransferase*** und ***Monoaminoxidase*** durch O-Methylierung und oxidative Desaminierung unter Bildung des 3-Methoxy-4-Hydroxy-Mandelsäurealdehyds, der zu Mandelsäurederivat oxidiert bzw. zum Phenylglycolderivat reduziert werden kann.

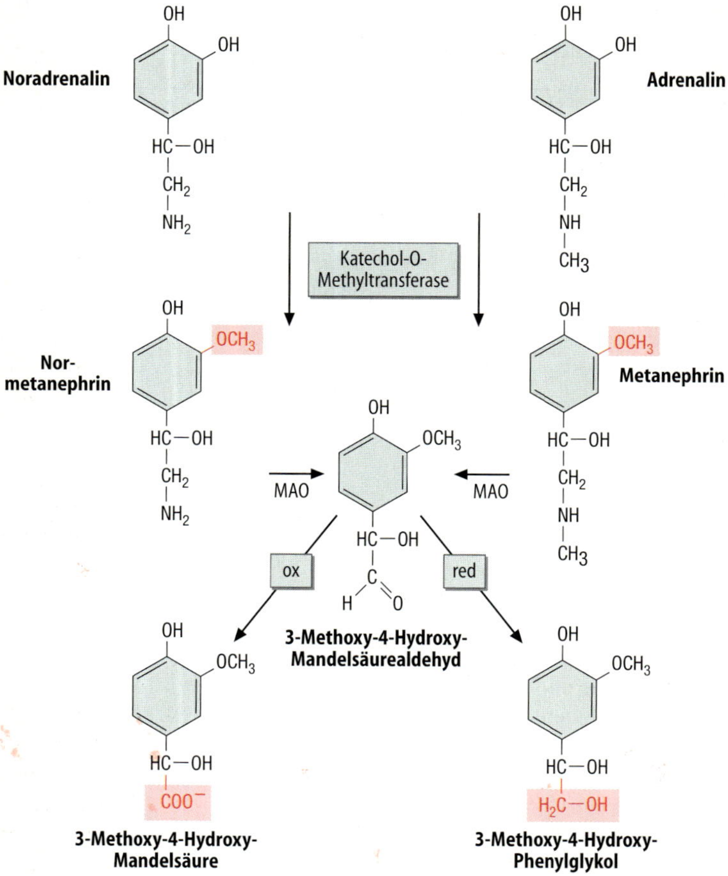

Abb. 17.20 Abbau der Katecholamine durch Katechol-O-Methyltransferase und Monoaminoxidase

Glucagon ist für die Stoffwechselveränderungen bei Hunger verantwortlich.

Biosynthese und Sekretion: Glucagon ist ein durch die α-Zellen der Langerhans-Inseln des Pankreas synthetisiertes Peptidhormon. Es wird aus einer höhermolekularen Vorstufe, dem ***Präproglucagon,*** synthetisiert und in den α-Zellen in Form spezifischer Granula gespeichert.

Der für die Glucagonabgabe entscheidende Reiz ist der ***Abfall*** der Glucosekonzentration in der extrazellulären Flüssigkeit. Der kritische Wert für die Erhöhung der Plasmaglucagonkonzentration liegt bei einer Glucosekonzentration von etwa 2,8 mmol/l. Außer durch einen Abfall der Glucosekonzentration führt ein Anstieg der Aminosäurekonzentration im Blut zu einer gesteigerten Glucagonfreisetzung.

Zelluläre Wirkungen: Das wesentliche Zielorgan des Glucagons ist die Leber. Glucagon ist hier ein wichtiger Antagonist des Insulins.

Es führt zu einer Hemmung der Glycogenbiosynthese und Steigerung des Glycogenabbaus und fördert die Gluconeogenese. Sein Effekt ist damit eine Steigerung der ***Glucoseabgabe*** durch die Leber und eine Erhöhung der Blutglucosekonzentration. Der lipolytische Effekt des Glucagons am Fettgewebe ist von fraglicher physiologischer Bedeutung.

Biochemischer Mechanismus: Glucagon wirkt über einen spezifischen Rezeptor mit sieben Transmembrandomänen (S. 459). Bindung des Glucagons an diesen Rezeptor führt über einen G-proteinvermittelten Vorgang zu einer Stimulierung der ***Adenylatcyclaseaktivität*** und damit zu erhöhten cAMP-Spiegeln in der Leber.

! **Insulin ist das wichtigste anabole Hormon.**

Biosynthese und Sekretion: Insulin ist ein Peptidhormon aus 51 Aminosäuren. Diese liegen in Form von zwei Ketten, der A- und der B-Kette vor, die durch zwei Disulfidbrücken verknüpft sind. Die Struktur der A-Kette wird durch eine weitere Disulfidbrücke stabilisiert.

Die Biosynthese und Speicherung von Insulin erfolgt in den β-Zellen der Langerhans'schen Inseln des Pankreas (Abb. 17.21):

- Insulin wird in Form eines Vorläufermoleküls des ***Präproinsulins*** gebildet.
- Das ***Präproinsulin-Gen*** enthält zwei Introns und drei Exons. Die zugehörige mRNA codiert für die Aminosäuresequenz des Präproinsulins.
- Präproinsulin besteht, vom N-Terminus an gerechnet, aus einer ***Signalsequenz***, an die sich die 30 Aminosäuren der ***B-Kette*** anschließen. Die letzten 21 Aminosäuren bis zum Carboxy-Terminus bilden die Sequenz der ***A-Kette***. Das in der Mitte liegende Stück besteht je nach Spezies aus 30–35 Aminosäuren und wird auch als ***C-Peptid*** (*engl.* connecting peptide) bezeichnet.

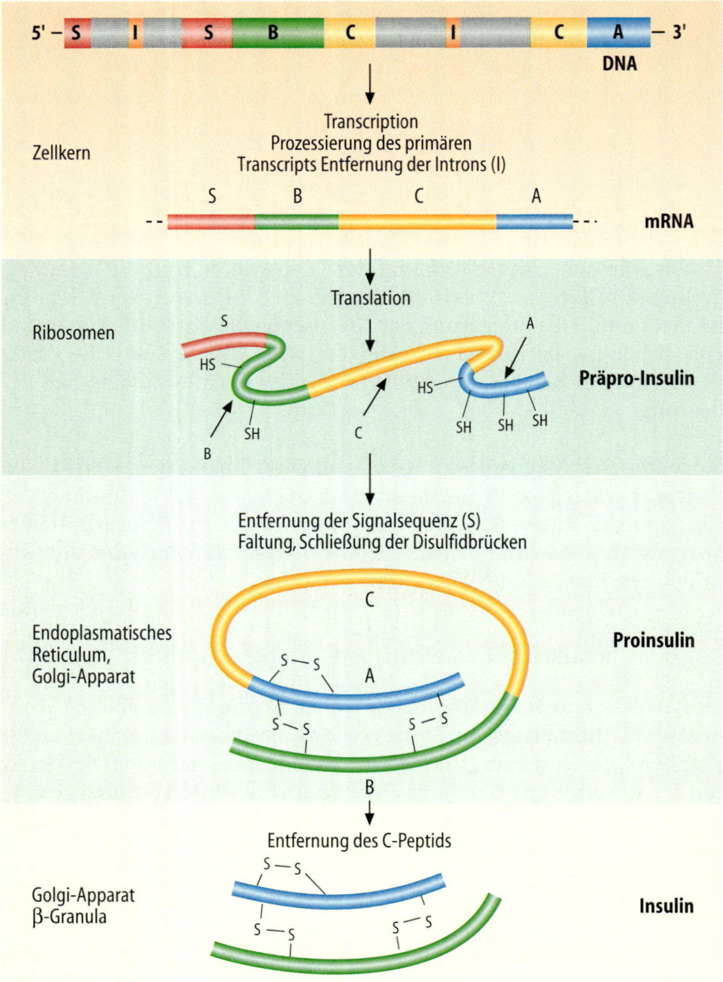

Abb. 17.21 Biosynthese von Insulin. Das Insulingen enthält zwei große Introns *(I)*. Diese werden posttranskriptional entfernt. Nach Translation der dabei entstehenden RNA entsteht Präpro-Insulin, welches posttranslational prozessiert werden muß, damit natives Insulin entsteht. *S* Exon für Signalpeptid

- Die Tertiärstruktur des Präproinsulins gewährleistet, daß die für die Ausbildung der ***Disulfidbrücken*** notwendigen Cysteinylreste in enge Nachbarschaft geraten, so daß ihre Oxidation leicht möglich ist.
- Zur Fertigstellung von Insulin muß die Signalsequenz entfernt und anschließend nach dem Schließen der Disulfidbrücke durch spezifische Proteasen das ***C-Peptid*** abgespalten werden.

Insulin gelangt vom rauhen endoplasmatischen Reticulum in den Golgi-Apparat und von dort in die für β-Zellen typischen Sekretgranula, die auch als ***β-Granula*** bezeichnet werden.

Die durch Exocytose der β-Granula ausgelöste ***Insulinsekretion*** hängt von der Höhe der Glucosekonzentration im extrazellulären Raum ab. Steigt diese über den im Nüchternzustand vorliegenden Wert von etwa ***4 mmol/l*** an, so kommt es rasch zu einer Insulinfreisetzung. Bis zu einer Glucosekonzentration von etwa 15 mmol/l besteht eine Proportionalität zwischen der Menge freigesetzten Insulins und der Glucosekonzentration.

Verbindungen, die über den Glucoseeffekt hinaus Insulinsekretion stimulieren oder hemmen, sind ***verzweigtkettige Aminosäuren***, ***gastrointestinale Hormone***, vor allem das ***GIP*** (S. 610) sowie Pharmaka, besonders die in der Diabetes-Therapie verwendeten ***Sulfonylharnstoffe***. Wichtige physiologische Hemmstoffe der Insulinsekretion sind die Katecholamine.

Zelluläre Wirkungen: Die wichtigsten zellulären Wirkungen des Insulins sind in Tabelle 17.7 zusammengestellt. Insulin ist vor allem für das Umschalten auf die ***resorptive Phase*** des Stoffwechsels notwendig, bei der aufgrund ihrer Masse die Muskulatur, das Fettgewebe und die Leber die größte Rolle spielen.

Aus den Insulinwirkungen ergeben sich für den Organismus folgende Konsequenzen:

- Mit der Nahrung aufgenommene Kohlenhydrate werden nach der Resorption in der Leber sowie der Muskulatur für die Synthese von ***Glycogen*** und damit zur Energiespeicherung verwendet. Gleichzeitig kommt es durch die gesteigerte Glucoseaufnahme zu einem Absinken der ***Blutglucosekonzentration***. Im Fettgewebe wird die vermehrt aufgenommene Glucose wenigstens teilweise zur ***Triacylglycerinsynthese*** verwendet.
- In Leber, Fettgewebe und Muskulatur wird unter Insulineinfluß die ***Triacylglycerinsynthese*** stimuliert. Substrate hierfür sind

Tabelle 17.7 Stoffwechselwirkungen von Insulin

Wirkungstyp	Effekt	Stoffwechselwirkung
Schnell	Steigerung des Glucosetransports in Skelettmuskel und Adipocyt	Senkung der Blutglucosekonzentration; Steigerung der Glycogensynthese und Glycolyse der Skelettmuskulatur; Steigerung der Triacylglycerinsynthese im Fettgewebe
	Aktivierung der Glycogensynthase	Steigerung der Glycogensynthese in Leber und Skelettmuskulatur
	Aktivierung der cAMP-spezifischen Phosphodiesterase	Senkung des cAMP-Spiegels; in Fettgewebe Hemmung der Lipolyse; in Leber und Skelettmuskel Hemmung der Glycogenolyse und Stimulierung der Glycogensynthese; in Leber Hemmung der Gluconeogenese
	Steigerung des Aminosäuretransports in Skelettmuskel	Steigerung der zellulären Aminosäurekonzentration; Stimulierung der Proteinbiosynthese
Langsam	Induktion der Lipoproteinlipase	Steigerung der Spaltung von VLDL-Triacylglycerinen; Stimulierung der Triacylglycerinbiosynthese
	Induktion von Glucokinase, Phosphofructokinase, Pyruvatkinase	Stimulierung der Glycolyse
	Repression von Pyruvat-Carboxylase, PEP-Carboxykinase, Fructose-1,6-Bisphosphatase und Glucose-6-Phosphatase	Hemmung der Gluconeogenese

Nahrungskohlenhydrate, daneben aber auch die mit der Nahrung aufgenommenen ***Lipide***.

- In den drei genannten Geweben werden Aminosäuren verstärkt aufgenommen und für die ***Proteinbiosynthese*** verwendet. Gleichzeitig ist die Proteolyse und in der Leber die Harnstoffbildung vermindert.

Biochemischer Mechanismus: Sämtliche Insulinwirkungen werden durch die Bindung des Insulins an den Insulinrezeptor ausgelöst (Abb. 17.22):

- Der Insulinrezeptor ist ein *tetrameres Transmembranprotein* der Struktur $\alpha_2\beta_2$.

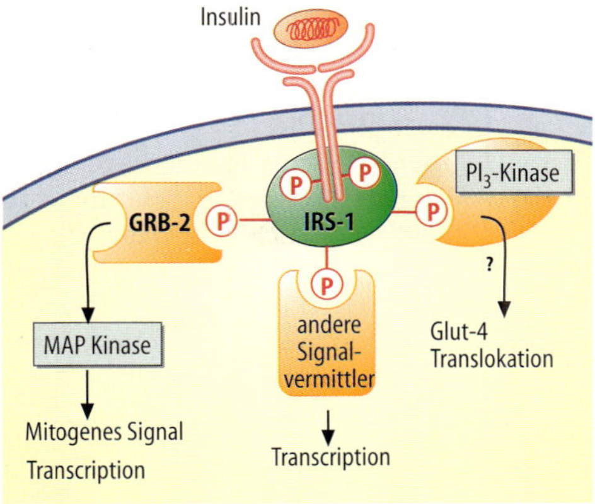

Abb. 17.22 Modell der insulinvermittelten Signaltransduktion. (Einzelheiten s. Text)

- Der Insulinrezeptor gehört in die Familie der ***Tyrosinkinase-Rezeptoren.*** Nach Bindung von Insulin an die α-Untereinheiten wird die Tyrosinkinaseaktivität der β-Untereinheiten aktiviert und es kommt zur Phosphorylierung spezifischer Tyrosylreste der β-Untereinheiten des Rezeptors.
- Über SH2-Domänen dockt das ***Insulinrezeptor-Substrat-1*** (IRS-1) an den Insulinrezeptor an, was zur Phosphorylierung spezifischer Tyrosylreste von IRS-1 führt.

Die Signaltransduktionsvorgänge, die vom IRS-1 zu den verschiedenen Insulineffekten führen, sind im einzelnen noch nicht genau bekannt:

- Insulin stimuliert die ***Glucoseaufnahme*** in Skelettmuskulatur und Fettgewebe durch Translokation des Glucosetransporters ***GLUT-4*** in die Plasmamembran (S. 126). Dies führt zu einer Steigerung der Glycogenbiosynthese in den genannten Geweben.
- In Leber und Fettgewebe führt Insulin zu einer Aktivierung der ***cAMP-Phosphodiesterase*** und dadurch zu einer Verminderung der cAMP-Spiegel. Dieser Effekt tritt deutlich zutage, wenn das Adenylatcyclasesystem beispielsweise durch Katecholamine aktiviert ist. Die erniedrigten cAMP-Spiegel führen zu einer Hemmung der Glycogenolyse und Stimulierung der Glycogensynthese, zu einer Hemmung der Gluconeogenese und Stimulierung der Glycolyse. Am Fettgewebe wird die Lipolyse reduziert, so daß die Fettsäurekonzentration im Serum absinkt.

- Vor allem in der Leber ist Insulin ein ***Induktor*** der Schlüsselenzyme des Glucosestoffwechsels, wie Glucokinase, Phosphofructokinase und Pyruvatkinase. Darüber hinaus wird die Biosynthese von Glycogen aus Glucose stimuliert.
- Insulin ist ein spezifischer ***Induktor*** weiterer Enzyme, vor allem der ***Lipoproteinlipase.*** Dies löst eine gesteigerte Spaltung von Chylomikronen und VLDL (S. 209) aus, so daß die dabei freigesetzten Fettsäuren vermehrt, vor allem in Leber und Fettgewebe aufgenommen und zur Triacylglycerinbiosynthese verwendet werden können. Weitere Enzyme, deren Biosynthese durch Insulin reguliert wird, sind in Tabelle 17.8 zusammengestellt.

! Insulinmangel führt zu Diabetes mellitus.

Der Diabetes mellitus ist eine Stoffwechselerkrankung, welche auf einem ***Insulinmangel*** beruht. Dabei können zwei Diabetesformen unterschieden werden.

Typ I-Diabetes: Der Typ I-Diabetes tritt meist in juvenilem Alter auf. Er ist gekennzeichnet durch eine aufgrund von Virusinfekten oder Autoimmunreaktionen ausgelöste Zerstörung der β-Zellen mit ***akutem Insulinmangel.*** Die Konsequenzen für den Organismus sind:

- Verminderung der Glucoseaufnahme und Oxidation im Fettgewebe mit Hemmung der Fettsäure- und Triacylglycerinbiosyn-

Tabelle 17.8 Enzyme, deren Biosynthese durch Insulin reguliert wird (Auswahl)

Gewebe	Insulin	
	Induziert	Reprimiert
Fettgewebe	Glut-4 Phosphofructokinase Pyruvatkinase Acetyl-CoA-Carboxylase Fettsäuresynthase Lipoproteinlipase	
Leber	Glucokinase Phosphofructokinase Pyruvatkinase Acetyl-CoA-Carboxylase Fettsäuresynthase	Pyruvatcarboxylase PEP-Carboxykinase Fructose-2,6-Bisphosphatase Glucose-6-Phosphatase
Muskulatur	Glut-4 Aminosäuretransport-Systeme	

these. Durch das Überwiegen insulinantagonistischer Hormone ist die ***Lipolyse*** mit Freisetzung von Glycerin und nichtveresterten Fettsäuren in die Blutbahn gesteigert. Dies führt zu einem Überangebot mit gesteigerter ***Fettsäureoxidation*** in der Leber und überschießender Produktion von ***Ketonkörpern***. Die Konsequenz sind Ketonämie und Ketonurie.

- Hemmung von Glucosetransport und Glucoseoxidation in der Muskulatur bei gleichzeitiger Verminderung der ***Glycogenbiosynthese*** und Steigerung der ***Proteolyse***.
- Steigerung der ***Gluconeogenese*** aus Aminosäuren in der Leber, sowie gesteigerte ***Harnstoffbiosynthese***.

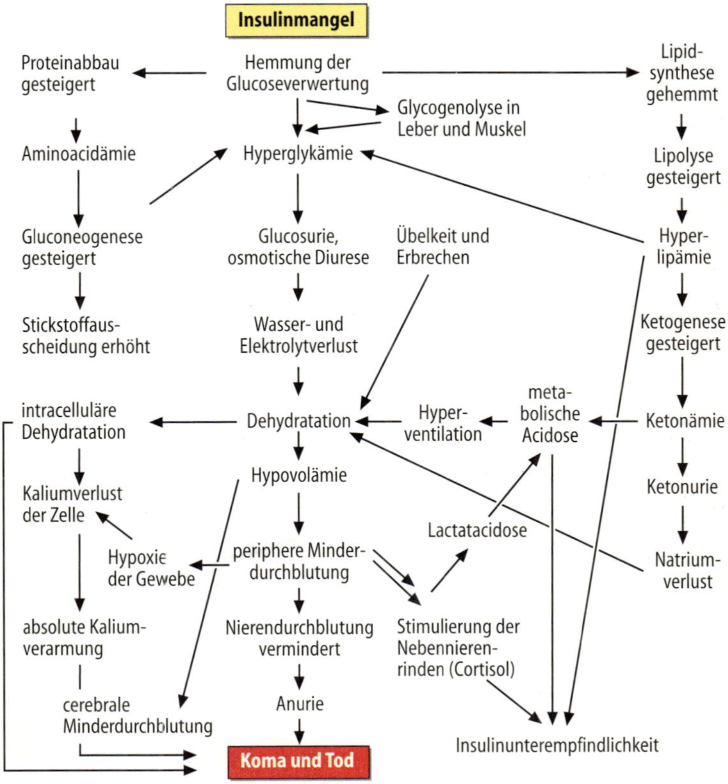

Abb. 17.23 Mechanismen der Entstehung des Coma diabeticum. (Einzelheiten s. Text)

- Unter akutem Insulinmangel erreichen die oben genannten Fehlregulationen in kürzester Zeit ein bedrohliches Ausmaß. Es kommt zum ***Coma diabeticum***, dessen Fehlregulationen schematisch in Abb. 17.23 zusammengefaßt sind. Neben der Insulinsubstitution ist bei der Behandlung des Coma diabeticum v. a. eine ausreichende Flüssigkeitszufuhr und die Korrektur der Elektrolytstörungen erforderlich.

Typ II-Diabetes: Der Typ II-Diabetes ist für das höhere Lebensalter typisch. Trotz deutlicher Hyperglycämie finden sich häufig leicht erniedrigte, normale oder in Einzelfällen sogar erhöhte Insulinkonzentrationen im Blut. Sehr häufig geht der Typ II-Diabetes mit ***Übergewicht, Hyperlipidämie*** und ***Hypertonie*** einher. Diese Kombination wird auch als ***metabolisches Syndrom*** bezeichnet und bessert sich meist nach Gewichtsreduktion, so daß gelegentlich sogar die Behandlungsbedürftigkeit des Diabetes verschwindet. Ursache des Typ II-Diabetes ist eine ***Insulinresistenz***, vor allem in der Muskulatur. An der Aufklärung der Ursache der Insulinresistenz wird gegenwärtig intensiv gearbeitet.

!

WICHTIG

Die für die schnelle Stoffwechselregulation verantwortlichen Hormone sind das Insulin und seine Gegenspieler, die Katecholamine Adrenalin und Noradrenalin, sowie das Glucagon.

Insulin ist das wichtigste anabole Hormon. Es wird in den β-Zellen der Langerhans'schen Inseln des Pankreas gebildet und beeinflußt den Kohlenhydratstoffwechsel durch Stimulierung des Glucosetransportes in Muskulatur und Fettgewebe. Es hemmt die Gluconeogenese der Leber und stimuliert die Glycogensynthese. Am Fettgewebe führt Insulin zu einer Hemmung der Lipolyse und Stimulierung der Triacylglycerinbiosynthese. Insulin hat einen stimulierenden Effekt auf die Proteinbiosynthese, daneben ist es ein Induktor vieler Schlüsselenzyme der anabolen Stoffwechselwege.

Glucagon stimuliert hauptsächlich an der Leber die Adenylatcyclase und führt so zu einer Stimulierung der Glycogenolyse sowie der Gluconeogenese.

Die Katecholamine Adrenalin und Noradrenalin sind ebenfalls Stimulatoren der Adenylatcyclaseaktivität. In der Leber führt dies zu einem ähnlichen Effekt wie Glucagon, am Fettgewebe zu einer starken Stimulierung der Lipolyse. Insgesamt bewirken die Insulin-antagonistischen Hormone die Mobilisierung der vorher unter Insulineinwirkung gespeicherten Substrate.

Insulinmangel führt zu Diabetes mellitus, der unbehandelt zu Coma und Tod führen kann. Als Typ II-Diabetes ist er ein häufiges, oft mit Übergewicht, Hyperlipidämie und Hypertonie einhergehendes Krankheitsbild.

17.4 Regulation des Calcium- und Phosphatstoffwechsels

Die Konzentration an ionisiertem Calcium wird im Blut erstaunlich konstant gehalten und liegt bei etwa 1.1–1.4 mmol/l. Etwa gleich viel kommt darüber hinaus in proteingebundener Form vor. Diese Konstanz ergibt sich durch das Zusammenwirken von ***Vitamin D*** mit dem aus den Nebenschilddrüsen stammenden ***PTH*** sowie dem ***Thyreocalcitonin*** aus den C-Zellen der Schilddrüse.

PTH ist für die Calciummobilisierung aus dem Knochen verantwortlich.

Biosynthese und Sekretion: ***Parathormon*** (PTH) ist ein Peptidhormon aus 84 Aminosäuren, von denen allerdings nur die ersten 29 N-terminalen für die biologische Wirkung verantwortlich sind. PTH wird in den Nebenschilddrüsen nicht gespeichert sondern kontinuierlich synthetisiert und sezerniert.

Es besteht eine direkte Abhängigkeit der ***PTH-Sekretion*** vom Spiegel an ionisiertem Calcium im Serum. Fällt dieser ab, so steigt prompt die Konzentration an PTH an. Für diesen Effekt des Calciums ist ein in der Plasmamembran der Zellen der Epithelkörperchen lokalisierter ***Calciumrezeptor*** verantwortlich. Es handelt sich um einen 7-Transmembran-Domänenrezeptor, der über ein inhibitorisches G-Protein mit der Adenylatcyclase verknüpft ist (S. 459).

Zelluläre Wirkungen: Nach Zufuhr von PTH findet sich im Plasma ein Abfall der Konzentration des anorganischen Phosphates sowie ein Anstieg des Calciums. Diese Effekte lassen sich auf die PTH-Wirkung an drei Geweben erklären:

- Am ***Knochen*** führt PTH nach einer Latenzphase von etwa 60 Minuten zu einer Calciummobilisierung, die auf einer ***Osteoklastenaktivierung*** geruht.

- An den ***Nieren*** führt PTH zu einer Hemmung der Phosphatreabsorption mit entsprechender ***Phosphaturie*** sowie zu einer ***Verminderung*** der ***Calciumausscheidung.*** Außerdem stimuliert PTH die Hydroxylierung von 25-Hydroxycholecalciferol zum biologisch aktiven ***1,25-Dihydroxycholecalciferol.*** Dieses steigert die intestinale Calciumresorption.
- An der ***Dünndarmmucosa*** stimuliert PTH die Resorption von ***Calcium*** und ***Magnesium.***

Biochemischer Mechanismus: PTH wirkt auf seine Zielzellen über einen 7-Transmembrandomänenrezeptor, welcher über stimulierende G-Proteine mit der Adenylatcyclase verknüpft ist. Die meisten, wenn nicht alle Effekte des PTH's können durch Behandlung mit cAMP imitiert werden.

!

Thyreocalcitonin führt zum Calciumeinbau in den Knochen.

Biosynthese und Sekretion: ***Thyreocalcitonin*** ist ein Polypeptid aus 32 Aminosäuren, das in den ***C-Zellen*** der Schilddrüse durch proteolytische Prozessierung eines aus 136 Aminosäuren bestehenden Präcursors gebildet wird. Jede Erhöhung des Spiegels an ionisiertem Calcium im Plasma führt zu einer Thyreocalcitoninabgabe aus der Schilddrüse.

Zelluläre Wirkungen: Am Knochengewebe wirkt Thyreocalcitonin als direkter ***Antagonist*** des PTH's, d.h. es hemmt die Calciumfreisetzung. Der Hormoneffekt wirkt sich über eine Hemmung der Osteoklastentätigkeit sowie über die Stimulierung von Knochenanbauprozessen aus.

Biochemischer Mechanismus: Calcitoninrezeptoren kommen in zwei Isoformen vor und gehören zur Familie von 7-Transmembrandomänenrezeptoren. Je nach Subtyp sind diese über G-Proteine an das Adenylatcyclasesystem bzw. Phospholipase Cβ gekoppelt (S. 459).

!

Das Vitamin D-Hormon induziert die für die Calciumresorption im Intestinaltrakt notwendigen Proteine.

Biosynthese: Die D-Vitamine oder Calciferole leiten sich von den Steroiden ab. Ergocalciferol (Vitamin D_2) und ***Cholecalciferol*** (Vitamin

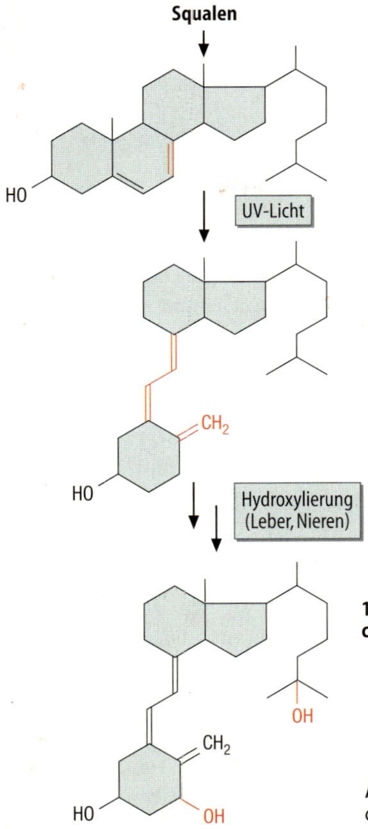

Abb. 17.24 Biosynthese von 1,25-Dihydroxycholecalciferol aus Squalen

D_3) (Abb. 17.24) entstehen aus den entsprechenden Provitaminen, dem pflanzlichen Ergosterol bzw. dem ***7-Dehydrocholesterin***. Dieses kann aus Squalen oder Cholesterin synthetisiert werden und wird durch Bestrahlung mit UV-Licht in ***Cholecalciferol*** umgewandelt. Diese Reaktion setzt nur eine ausreichend lange UV-Bestrahlung der Haut voraus. Damit gehört Cholecalciferol nicht in die Gruppe der Vitamine sondern steht eher den ***Steroidhormonen*** nahe. Erst die in den Industriegesellschaften herrschenden Lebensbedingungen haben die von der Sonnenbestrahlung limitierte Fähigkeit des Organismus zur Vitamin D-Synthese gezeigt.

In die biologisch aktive Form wird Cholecalciferol durch zweifache Hydroxylierung umgewandelt:

- Durch eine in der Leber vorkommende Hydroxylase erfolgt die Hydroxylierung in Position 25.
- Durch eine in den Nieren vorkommende Hydroxylase erfolgt die Hydroxylierung in Position 1.
- Durch die zweifache Hydroxylierung entsteht das biologisch aktive ***1,25-Dihydroxycholecalciferol.***

Zelluläre Wirkungen: 1,25-Dihydroxycholecalciferol stimuliert die intestinale ***Calciumresorption*** durch Induktion eines Calciumtransportsystems. Außerdem führt 1,25-Dihydroxycholecalciferol sehr wahrscheinlich ebenfalls durch Aktivierung eines Calciumtransportsystems am Knochen zur Calciummobilisierung.

Biochemischer Mechanismus: 1,25-Dihydroxycholecalciferol benutzt einen intrazellulären Rezeptor, der zur Familie der ***Steroidhormonrezeptoren*** gehört und damit ein ligandenaktivierter Transcriptionsfaktor (S. 387) ist.

!

WICHTIG

Calciumaufnahme, Calciumstoffwechsel und Calciumausscheidung sind nicht nur mit dem Stoffwechsel des Skelettsystems eng verknüpft, sondern auch mit der Aufrechterhaltung nahezu aller zellulärer Funktionen. Die am Calciumstoffwechsel beteiligten Hormone sind das PTH, das Thyreocalcitonin, sowie die D-Vitamine.

PTH bewirkt über G-Protein-gekoppelte Rezeptoren die Calciummobilisierung aus dem Knochen und vermindert die Calciumausscheidung durch die Nieren. Ein PTH-Antagonist ist das Thyreocalcitonin. Es vermindert die Zahl der Osteoklasten und stimuliert den Calciumeinbau in den Knochen.

Die D-Vitamine sind eigentlich vom Cholesterin abgeleitete Hormone, deren Biosynthese allerdings einen durch UV-Bestrahlung ausgelösten Schritt beinhalten, der unter den Zivilisationsbedingungen nicht immer gewährleistet ist. Sie fördern die intestinale Calciumresorption.

Störungen in der Sekretion der im Calciumstoffwechsel regulierten Hormone führen meist zu schweren Störungen des Skelettaufbaus.

!

Über- bzw. Unterversorgung mit PTH bzw. Vitamin D führt zu Störungen des Skelettsystems.

Erkrankungen der Nebenschilddrüse mit Unter- bzw. Überfunktion sind relativ selten. Dagegen kommt eine Minderversorgung mit Vitamin D häufiger vor und führt zu schweren Krankheitsbildern. Einige Erkrankungen der Hormone des Calcium- und Phosphatstoffwechsels sind in Tabelle 17.9 zusammengestellt.

Tabelle 17.9 Pathobiochemie der Hormone des Calcium- und Phosphatstoffwechsels

Erkrankung	Häufigste Ursachen	Symptome
Hypoparathyreoidismus	Meist Entfernung der Nebenschilddrüsen bei Schilddrüsenoperationen	Plasmacalcium erniedrigt, Plasmaphosphat erhöht. PTH-Spiegel erniedrigt
Primärer Hyperparathyreoidismus	Tumoren der Nebenschilddrüsen	Knochenentkalkung, Spontanfrakturen, Kalkablagerung in Weichteilen, Nierensteine, Plasmacalcium und PTH erhöht
Sekundärer Hyperparathyreoidismus	Überfunktion der Nebenschilddrüse aufgrund von Hypocalciämien verschiedenster Genese	Plasmacalcium erniedrigt, PTH erhöht
Gesteigerte Produktion von Thyreocalcitonin	Ektopische Produktion durch verschiedene Tumoren	Meist keine durch Thyreocalcitonin ausgelösten Symptome
Rachitis (D-Hypovitaminose)	Mangel an D-Vitaminen infolge Fehlernährung oder mangelnder UV-Exposition	Mineralisationsstörungen des Skelettsystems; mangelnde Ca-Resorption
Osteomalacie	Verminderte Vitamin D-Resorption	Wie oben
D-Hypervitaminose	Überdosierung von Vitamin D	Knochenentkalkung, Nephrocalcinose

17.5 Regulation des Wasser- und Elektrolytstoffwechsels

Mineralocorticoide sind zur Verhinderung von Natriumverlusten des Organismus lebensnotwendig.

Biosynthese und Sekretion: Die beiden von den Nebennieren produzierten Mineralocorticoide sind das 11-Desoxycorticosteron, sowie vor allen Dingen ***Aldosteron*** (Abb. 17.25). Die Biosynthese geht wie die der anderen Steroidhormone vom Cholesterin aus und umfaßt folgende Schritte:

- Umwandlung von Cholesterin in ***Progesteron***,
- ***Hydroxylierungen*** an den C-Atomen 21, 18 und 11β,
- Oxidation der CH_2-OH-Gruppe am C-Atom 11 zur ***Aldehydgruppe***;

Biosynthese und Sekretion von Aldosteron werden durch das Octapeptid ***Angiotensin II*** maximal stimuliert. Abbildung 17.26 stellt die einzelnen Komponenten des sogenannten Renin-Angiotensin-Systems dar:

- Bei ***Hypovolämie***, einem ***Druckabfall*** im Bereich des ***Vas efferens*** des Glomerulums oder einem Abfall der ***Natriumkonzentration*** im Harn des distalen Tubulus geben die ***juxtaglomerulären Zellen*** der Niere die Protease ***Renin*** in die Zirkulation ab.
- Renin spaltet dort das Glycoprotein ***Angiotensinogen*** an einer spezifischen Spaltstelle, so daß das Decapeptid ***Angiotensin I*** entsteht.
- Durch eine in vielen Geweben nachweisbare, als ***Angiotensin converting Enzyme*** (ACE) bezeichnete Protease werden zwei weitere Aminosäuren vom Angiotensin I unter Bildung des biologisch aktiven ***Angiotensin II*** abgespalten.
- Angiotensin II ist der stärkste Stimulator der ***Aldosteronsekretion*** durch die Nebennierenrinde. Darüber hinaus hat es einen ***vasoconstriktiven*** Effekt und erhöht den Blutdruck.

Zelluläre Wirkungen: Aldosteron und das schwächer als Mineralocorticoid wirksame 11-Desoxycorticosteron steigern die Reabsorption von ***Natrium***- und ***Chloridionen*** durch den proximalen und den distalen Nierentubulus. Gleichzeitig kommt es zu einer gesteigerten

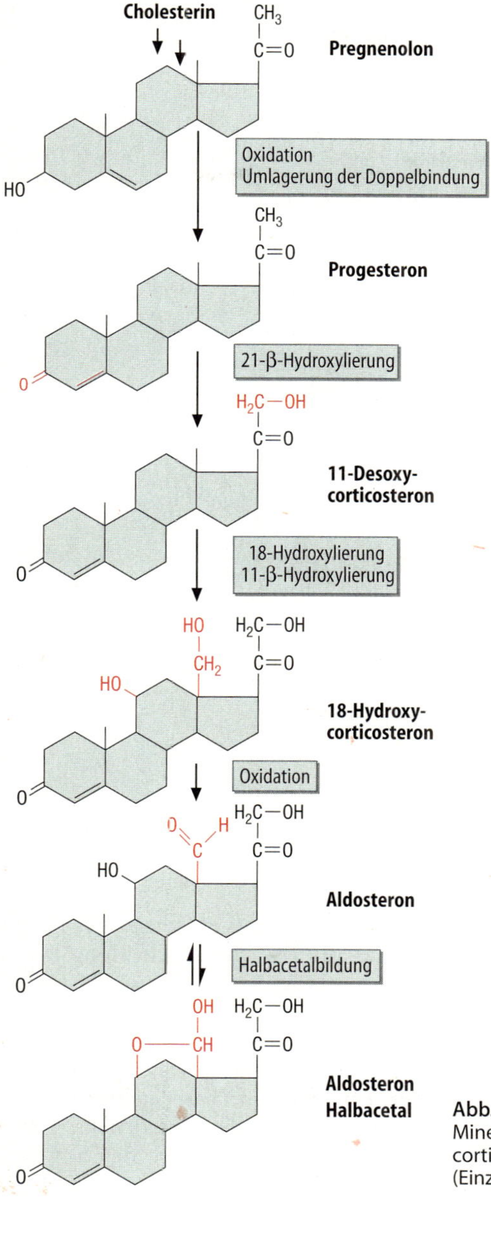

Abb. 17.25 Biosynthese der Mineralocorticoide 11-Desoxycorticosteron und Aldosteron. (Einzelheiten s. Text)

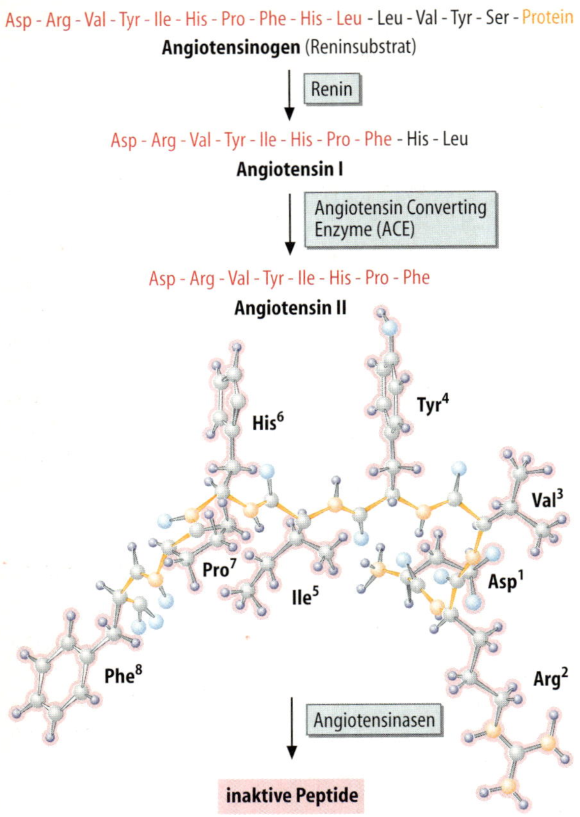

Abb. 17.26 Biosynthese und Abbau von Angiotensin II. (Einzelheiten s. Text)

Ausscheidung von Kalium und Ammoniumionen sowie von Protonen. In ähnlicher Weise wird auch die Natriumausscheidung durch die Schweißdrüsen, die Speicheldrüsen und die Intestinalflüssigkeit verlangsamt.

Biochemischer Mechanismus: Aldosteron und 11-Desoxycorticosteron aktivieren den ***Mineralocorticoidrezeptor***. Dieser gehört zur Familie der Steroidhormonrezeptoren und ist ein ligandenaktivierter Transcriptionsfaktor. Gene, deren Transcription durch den aktivierten Mineralocorticoidrezeptor stimuliert werden, sind:

- ein in der apikalen Zellmembran der Tubulusepithelien gelegener *Natriumkanal*,
- eine *NaK-ATPase*,
- einige *Enzyme* des Citratcyclus;

Das natriuretrische Atriumpeptid stimuliert die renale Natriumausscheidung.

Biosynthese und Sekretion: Das ***natriuretische Atriumpeptid*** (Synonym: ANF; *engl.* atrial natriuretic factor) ist ein aus 33 Aminosäuren bestehendes Peptid, welches durch limitierte Proteolyse aus einem wesentlich größeren Präkursor hergestellt wird. Seine Synthese findet vor allem im rechten Vorhof des Herzens statt.

Der auslösende Reiz für die Sekretion des ANF ist ein mit einer Vorhofdehnung einhergehender Anstieg des ***Vorhofdrucks.*** Dieser kann durch Volumen- oder Kochsalzbelastung, aber auch pharmakologisch durch ***Vasopressin*** (S. 505) oder ***Katecholamine*** (S. 483) ausgelöst werden.

Zelluläre Wirkungen: ANF steigert die renale Wasser- und Salzausscheidung. Direkte Wirkungen des ANF sind:

- Erhöhung der ***glomerulären Filtrationsrate*** durch Relaxation der glatten Muskulatur der renalen Arteriolen,
- Hemmung der ***Natriumrückresorption*** in Tubulusepithelien,
- Hemmung der ***Aldosteronfreisetzung*** durch die Nebennierenrinde,
- Hemmung der ***Reninfreisetzung*** der Niere;

Biochemischer Mechanismus: Rezeptoren für ANF sind in den Glomerula und den medullären und papillären Vasa recta der Nieren, daneben auch im Zentralnervensystem, der Nebennierenrinde, der glatten Muskulatur der Arteriolen und Endothelzellen gefunden worden. ANF aktiviert die ***membrangebundene Guanylatcyclase*** und führt auf diese Weise in seinen Zielgeweben zu erhöhten cGMP-Spiegeln, die für die ANF-Wirkung verantwortlich sind.

Eine gesteigerte Aldosteronsynthese oder Störungen im Renin-Angiotensin-System führen zur Hypertonie.

Eine Überproduktion von Mineralocorticoiden kommt als ***primärer Hyperaldosteronismus*** als Folge von Adenomen oder Carcinomen der Nebennierenrinde vor. Bei den betroffenen Patienten findet sich eine erhöhte ***Natriumretention*** bei gesteigerter Kaliumausscheidung. Daraus ergibt sich vor allem eine Wasserretention mit Ausbildung von ***Ödemen*** und häufig von ***Hypertonie***. Der ***sekundäre Hyperaldosteronismus*** ist durch eine gesteigerte Aldosteronproduktion als Folge einer Überaktivität im ***Renin-Angiotensin-System*** gekennzeichnet.

Alle mit Hypovolämie bzw. Hyponatriämie einhergehenden Zustände führen zu einer gesteigerten Reninsekretion und damit zu erhöhten ***Angiotensin II-Spiegeln***. Eine primäre Reninüberproduktion entwickelt sich bei einseitiger Stenose der Nierenarterien. Die dabei herabgesetzte renale Durchblutung löst in der befallenen Niere eine massiv gesteigerte Reninproduktion und -freisetzung aus, die Folge ist eine massive Hypertonie.

!

WICHTIG

Für die Aufrechterhaltung der Lebensvorgänge aller Landlebewesen ist eine genaue Regulation des Elektrolyt- und Wasserhaushalts notwendig. Die den Elektrolythaushalt regulierenden Hormone sind die Mineralocorticoide und das natriuretische Atriumpeptid.

Die Mineralocorticoide sind Steroidhormone der Nebenniere. Sie lösen eine Natrium- und damit Wasserretention in den Nieren aus, vermindern die Natriumausscheidung im Colon und stimulieren die Kaliumausscheidung. Mit den Mineralocorticoiden eng verknüpft ist das Renin-Angiotensin-System. Durch die Protease Renin und das Angiotensin Converting Enzyme entsteht aus Angiotensinogen das Octapeptid Angiotensin II. Dieses führt zu einer Vasoconstriktion und ist darüber hinaus der stärkste Stimulator der Aldosteronsynthese und -sekretion.

Ein Antagonist der Mineralocorticoide ist das natriuretische Atriumpeptid. Es wird in myoendokrinen Zellen des Myocards freigesetzt, wobei der auslösende Reiz eine Vorhofdehnung ist. Das natriuretische Atriumpeptid steigert die glomeruläre Filtrationsrate und damit die Ausscheidung von Natrium und Wasser.

17.6 Peptidhormone des Hypophysenhinterlappens

Vasopressin erhöht den peripheren Gefäßwiderstand und wirkt antidiuretisch.

Biosynthese und Sekretion: ***Vasopressin*** wird in den neurosekretorischen Neuronen der paraventriculären Kerne des Hypothalamus gebildet. Das primäre Translationsprodukt des Vasopressin-Gens ist das ***Präprovasopressin***, aus dem nach Abtrennung der N-terminalen Signalsequenz das N-terminal gelegene Nonapeptid Vasopressin entsteht. Der Rest des Moleküls wird als ***Neurophysin II*** bezeichnet. Er ist das Trägerprotein für Vasopressin, das vom Ort der Biosynthese entlang entsprechender Axone in den Hypophysenhinterlappen, den Ort der Vasopressin-Sekretion, transportiert wird.

Der wichtigste auslösende Reiz für die Vasopressin-Sekretion ist eine Zunahme der ***Serumosmolarität***, die über Osmorezeptoren des Zentralnervensystems registriert und als nervaler Reiz an den Hypophysenhinterlappen weitergegeben wird.

Zelluläre Wirkung: Vasopressin erhöht den Blutdruck durch Erhöhung des ***peripheren Widerstands*** der glatten Muskelzellen der Blutgefäße. Außerdem wirkt Vasopressin stark antidiuretisch und wird infolgedessen auch als **antidiuretisches Hormon** (ADH) bezeichnet.

Biochemischer Mechanismus: Vasopressin wirkt über zwei unterschiedliche Rezeptortypen:

- ***V_1-Rezeptoren*** in den glatten Muskelzellen der Blutgefäße gehören in die Familie der Rezeptoren mit sieben Transmembrandomänen und sind über G-Proteine an den Phosphatidylinositolcyclus gekoppelt. Ihre Aktivierung führt zu einer Erhöhung der cytosolischen Calciumkonzentration.
- **V_2-Rezeptoren** sind ebenfalls 7 Transmembrandomänen-Rezeptoren, die jedoch über G-Proteine an die Adenylatcyclase gekoppelt sind. Sie kommen in den Epithelien der Sammelrohre der Niere vor und lösen die Verlagerung von Wasserkanal-Molekülen (Aquaporinen) aus intrazellulären Vesikeln in die Plasmamembran der Epithelzellen aus (Abb. 17.27).

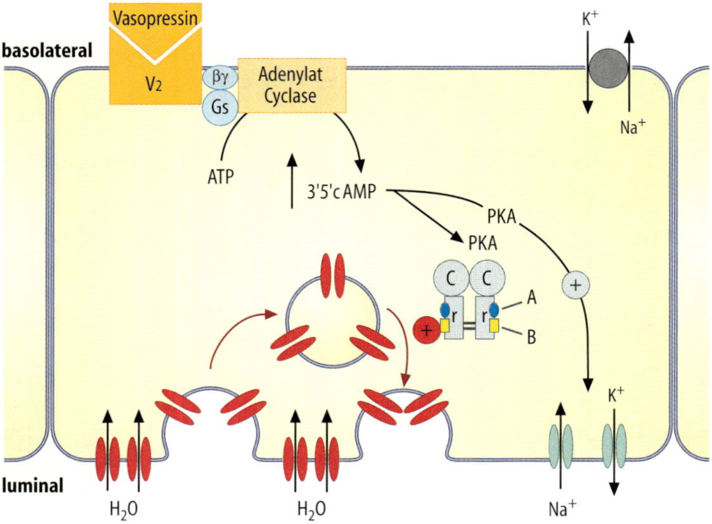

Abb. 17.27 Wirkungsmechanismus von Vasopressin an den Sammelrohrepitelien der Nieren. (Einzelheiten s. Text)

Vasopressin reguliert zusammen mit Mineralocorticoiden und Angiotensin II den Wasser- und Elektrolytstoffwechsel.

Das Zusammenspiel von ANF, Vasopressin, Angiotensin II und Aldosteron erlaubt die Regulation des Wasser- und Elektrolythaushalts, sowie die des peripheren Gefäßwiderstandes. Die für die Abgabe der genannten Hormone spezifischen Reize sind Änderungen des Plasmavolumens, der Plasmaosmolarität bzw. Natriumverluste. Das Zusammenspiel der genannten Hormone ist in Abb. 17.28 zusammengestellt.

Ocytocin: Das ebenfalls im Hypophysenhinterlappen vorkommende Peptidhormon ***Ocytocin*** (Oxytocin) unterscheidet sich vom Vasopressin lediglich in zwei Aminosäuren. Ocytocin bringt die Uterusmuskulatur zur Kontraktion.

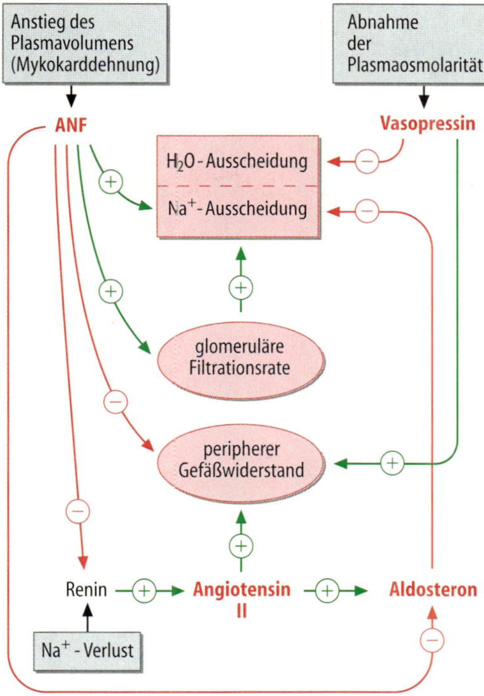

Abb. 17.28 Überblick über die hormonelle Regulation des Wasser- und Elektrolythaushaltes durch ANF, Vasopression, Angiotensin II und Aldosteron. (Einzelheiten s. Text)

!

WICHTIG

Vasopressin ist ein Hormon, das im Hypothalamus gebildet und im Hypophysenhinterlappen sezerniert wird. Der auslösende Reiz ist eine Zunahme der Osmolarität des Plasmas. Vasopressin stimuliert die Wasser- und Natriumrückresorption in den Sammelrohrepithelien der Nieren, außerdem erhöht es den peripheren Widerstand und führt so zu einer Blutdruckerhöhung.

Für die Regulation des Wasser- und Elektrolythaushalts sowie des peripheren Gefäßwiderstandes sind die Hormone ANF, Vasopressin, Angiotensin II und Aldosteron entscheidend. Die für ihre Abgabe spezifischen Reize sind Änderungen des Plasmavolumens, der Plasmaosmolarität bzw. Natriumverluste.

17.7 Gewebshormone

Als ***Gewebshormone*** bezeichnet man Hormone, die nicht in endokrinen Drüsen gebildet werden, sondern für deren Produktion einzelne, häufig über die verschiedensten Gewebe verteilte Einzelzellen verantwortlich sind. Prinzipiell lassen sich Gewebshormone in vier Gruppen einteilen:

- Amine,
- Kinine,
- Eikosanoide,
- gastrointestinale Hormone;

Eine Zusammenstellung der wichtigsten Gewebshormone findet sich in Tabelle 17.10.

> **!** WICHTIG
> Eine Reihe von Gewebshormonen ist für Entzündungsreaktionen von besonderer Bedeutung. Es handelt sich um die biogenen Amine Histamin und Serotonin, die Kinine Bradykinin und Kallidin, sowie die Eicosanoide.

Tabelle 17.10 Die wichtigsten Gewebshormone (Auswahl)

	Bildungsort	Abbau	Wirkung
Amine			
Serotonin	Enterochromaffine Zellen des Intestinaltraktes Zentralnervensystem	Monoaminoxidase: 5-Hydroxyindolacetaldehyd; Ausscheidung als Hydroxyindolacetat	Erhöhung der Darmmobilität
Histamin	Mastzellen des Bindegewebes	Histaminase: Abbau zum Aldehyd; Ausscheidung als Imidazolylacetat	Vasodilatation; Erhöhung der Kapillarpermeabilität
Peptide			
Die Kinine Bradykinin Kallidin	Im Blutplasma durch proteolytische Abspaltung aus Kininogen	Abspaltung der C-terminalen Aminosäure	Vasodilatation; Erhöhung der Kapillarpermeabilität; Leukocytenmigration
Prostaglandine			
	In vielen Zellen aus mehrfach ungesättigten Fettsäuren, besonders Arachidonsäure; Einteilung in 4 Hauptgruppen (Prostaglandin A, D, E bzw. F)	Unbekannt	Prostaglandin A: Hemmung der Magensaftsekretion Prostaglandin E: Kontraktion der Muskulatur des schwangeren Uterus; Hemmung der Lipolyse; Steigerung der Hormonsekretion Prostaglandin F: Kontraktion der Gefäßmuskulatur; Blutdrucksteigerung; Kontraktion der Bronchialmuskulatur
Leukotriene			
	In vielen Zellen aus mehrfach ungesättigten Fettsäuren, besonders Arachidonsäure	Unbekannt	Kontraktion der Bronchialmuskulatur; Chemotaxis für Leukocyten; Entzündungsreaktion

18 Das Blut

LERNZIELE
- Erythrocyten
- Thrombocyten und Blutgerinnung
- Blutplasma

Blut ist ein flüssiges Organ, das aufgrund seiner vielfältigen Funktionen im Stoffwechsel für den Organismus von ganz besonderer Bedeutung ist. Es enthält corpusculäre und nichtcorpusculäre Anteile. Corpusculär sind die auf den Transport von Sauerstoff und CO_2 spezialisierten Erythrocyten, die mit Abwehrreaktionen betrauten Lymphocyten, Granulocyten und Monocyten sowie die für die Blutgerinnungsreaktionen verantwortlichen Thrombocyten. Das nichtcorpusculäre Blutplasma stellt ein wässriges Medium dar, das eine große Zahl von Proteinen enthält, die die Träger von Abwehr- und von Transportfunktionen sind und so wichtige Komponenten wie das Blutgerinnungs-, Fibrinolyse- und Komplementsystem enthalten. Darüber hinaus wird im Blut eine große Menge von niedermolekularen Substanzen, vor allem die Energieträger Glucose, Lactat, Ketonkörper, Fettsäuren und Aminosäuren sowie alle ausscheidungspflichtigen Verbindungen, besonders die sogenannte Reststickstoff-Fraktion, transportiert. Für die Aufrechterhaltung des Blut-pH dienen schließlich die Puffersysteme des Blutes.

Blut ist ein flüssiges Organ. Da es vom Herzen im Gefäßsystem umgepumpt wird, stellt es eine ideale Verbindung zwischen den verschiedenen Geweben des Organismus dar. Zu seinen Aufgaben gehören:

- Transport von Sauerstoff und Kohlendioxid,
- Transport von aufgenommenen Nahrungsstoffen zu den verschiedenen Geweben,
- Transport von Stoffwechselendprodukten zu den Ausscheidungsorganen Leber und Niere,
- Abwehr körperfremder Organismen und Verbindungen.

Im Blut kann man zwischen corpusculären Elementen und dem wässrigen, proteinhaltigen, als Plasma bezeichneten Medium unterscheiden. ***Erythrocyten*** und ***Thrombocyten*** dienen dem Transport der Atemgase bzw. der Blutgerinnung, ***Leucocyten*** und ***Lymphocyten*** der Abwehr (wegen seiner besonderen Bedeutung wird dieser Vorgang eigens in Kap. 19 besprochen).

18.1 Die Erythrocyten

Hämoglobin ist das auf den Transport der Atemgase spezialisierte Protein.

Erythrocyten stellen mit 4–6 Millionen pro Mikroliter den mengenmäßig bedeutendsten Anteil der corpusculären Elemente des Blutes dar. Sie sind bei Säugetieren kern- und mitochondrienlose Zellen, deren einzige Aufgabe im Transport von Sauerstoff von der Lunge zu den Geweben sowie dem Rücktransport von CO_2 von den Geweben zur Lunge besteht. Zur Erfüllung dieser Aufgabe enthalten sie in hoher Konzentration als spezifisches Transportprotein das ***Hämoglobin***:

- Alle beim Menschen vorkommenden Hämoglobine sind ***tetramere*** Moleküle aus zwei identischen Untereinheiten mit einem Molekulargewicht von je etwa 16000 (Abb. 18.1).
- Jede Untereinheit des Hämoglobins enthält in zentraler Position als prosthetische Gruppe das ***Häm***, das über eine kovalente Bindung mit einem Histidylrest der Proteinkette verknüpft ist.
- Beim ***Erwachsenenhämoglobin***, dem HbA, werden die beiden Untereinheiten als α- bzw. β-Ketten bezeichnet, so daß seine Summenformel $Hb\alpha_2\beta_2$ lautet.
- Während des größten Teils der Fetalphase findet sich ein als ***fetales Hämoglobin*** (HbF) bezeichnetes Hämoglobin, das sich vom HbA dadurch unterscheidet, daß die β-Ketten durch γ-Ketten ausgetauscht sind. Seine Summenformel lautet $Hb\alpha_2\gamma_2$.

Die Hämgruppe und ihre Beziehungen zu den einzelnen Peptidgruppen des Hämoglobins sind in Abb. 18.2 dargestellt:

- Häm besteht aus einem ***Tetrapyrrol***, welches über die vier Stickstoffatome der Pyrrolringe ein ***Eisenatom*** als Komplex gebunden hat.

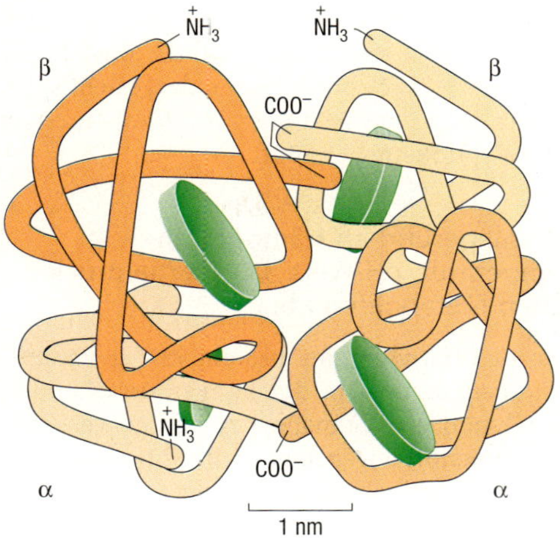

Abb. 18.1 Die Konformation des Hämoglobintetramers. Die *grünen* Scheiben stellen Hämgruppen dar

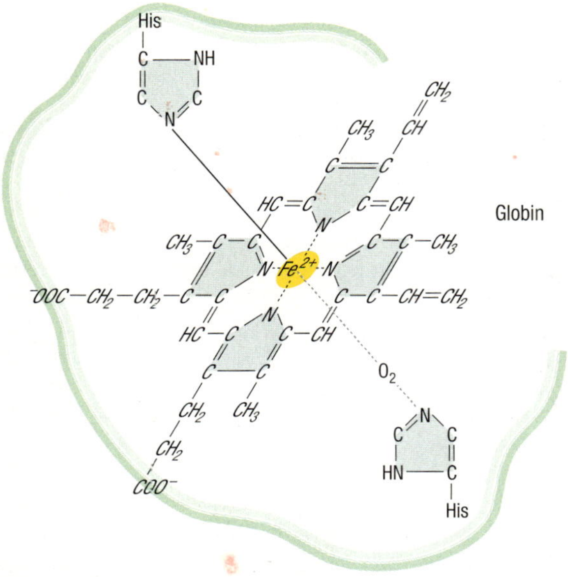

Abb. 18.2 Bindung von Häm im oxigenierten Hämoglobinmolekül

- Die Bindung des Eisens erfolgt über eine Hauptvalenz mit dem Stickstoff der ***Pyrrolringe*** A und C, während die Bindungen mit den Pyrrolringen B und D als Nebenvalenzen dargestellt sind.
- Eine weitere Hauptvalenz des Eisens ist an den Imidazolstickstoff eines ***Histidylrestes*** der Peptidkette geknüpft.

!

Die Sauerstoffanlagerung an Hämoglobin hängt von Temperatur, pH-Wert, CO_2-Partialdruck und spezifischen Metaboliten ab.

Eine der Hauptfunktionen des Hämoglobins besteht in der ***reversiblen Bindung*** von Sauerstoff unter dem in der Lunge herrschenden hohen Sauerstoffpartialdruck und dem Transport zu den O_2-verbrauchenden Geweben, wo der Sauerstoff abgegeben wird. Abbildung 18.3 zeigt die Abhängigkeit der Sauerstoffbeladung des Hämoglobins vom Sauerstoffpartialdruck. Die dem Vorgang zugrundeliegende Gleichung[1] lautet:

$$Hb + O_2 \rightleftharpoons Hb\,(O_2)$$

Diese Reaktion ist ***keine Oxidation*** des Hämoglobins, sondern nur eine Sauerstoffbeladung, weswegen man auch von Oxygenierung spricht.

An der Kinetik der Sauerstoffbeladung von Hämoglobin ist folgendes bemerkenswert:

- Die Anlagerung des Sauerstoffs erfolgt an das ***zweiwertige Eisen*** des Häms, so daß pro Hämoglobintetramer insgesamt vier O_2 gebunden werden können.
- Bei der Sauerstoffbeladung ist ein ***kooperativer Effekt*** zu beobachten, wie dem sigmoiden Verlauf der Beziehung zwischen Sauerstoffsättigung und Sauerstoffpartialdruck entnommen werden kann. Die Anlagerung von Sauerstoff erfolgt also um so leichter, je mehr Untereinheiten bereits mit Sauerstoff beladen sind. Dieses Verhalten ist demjenigen der Substratbindung ***allosterischer Enzyme*** (S. 78) analog.
- Die Kooperativität der Sauerstoffbeladung setzt voraus, daß Hämoglobin aus mehreren Untereinheiten besteht. Das zu einer Hä-

---

[1] Diese allgemein übliche Darstellung der Oxygenierungsreaktion repräsentiert nur die Reaktion einer Untereinheit. Streng genommen müßte sie lauten: $Hb_4 + 4O_2 \rightleftharpoons Hb_4\,(O_2)_4$.
Nach Konvention werden auch in den folgenden Gleichungen immer nur Reaktionen einer Untereinheit dargestellt.

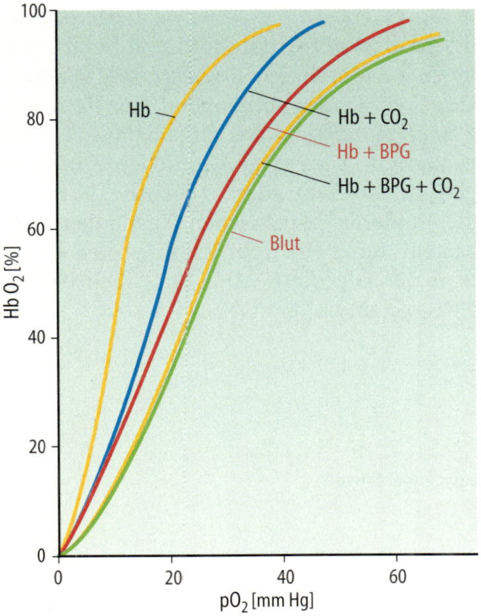

Abb. 18.3 Sauerstoffanlagerungskurven an Hämoglobin in Anwesenheit verschiedener Effektoren. *BPG* 2,3-Bisphosphoglycerat

moglobinuntereinheit strukturhomologe ***Myoglobin*** ist das sauerstoffspeichernde Protein der Muskelzelle. Hier erfolgt die Sauerstoffanlagerung nach der Kinetik einer klassischen Sättigungskurve (S. 68). Da Myoglobin monomer ist, läßt sich kein kooperativer Effekt nachweisen.

Der Verlauf der Sauerstoffanlagerungskurve läßt sich durch eine Reihe von Faktoren wie ***pH-Wert*** und ***CO_2-Partialdruck*** sowie einigen ***Metaboliten*** nach rechts bzw. nach links verschieben:

- Unter dem Begriff ***Bohr-Effekt*** versteht man die Tatsache, daß jede Erhöhung der H^+- bzw. CO_2-Konzentration zu einer ***Rechtsverschiebung*** der Sauerstoffbindungskurve führt. Dies ist für die ***Desoxygenierung*** des Hämoglobins von großer Bedeutung. Im Gegensatz zu den Lungen herrscht in den Geweben ein niedriger O_2- und hoher CO_2-Partialdruck, außerdem ist die H^+-Konzentration größer, was die Desoxygenierung von Hämoglobin erleichtert.

- ***2,3-Bisphosphoglycerat*** lagert sich an das desoxygenierte Hämoglobinmolekül an und setzt dessen Sauerstoffaffinität herab. Wie beim Bohr-Effekt ergibt sich dadurch eine ***Erleichterung*** der Sauerstoffabgabe in den Geweben. Dieser Vorgang hat eine besondere Bedeutung bei der ***Höhenanpassung*** des Organismus. In Gebirgshöhen ab 4.500 m kommt es zu einer deutlichen Zunahme der 2,3-Bisphosphoglycerat-Konzentration, ebenso übrigens auch bei Anämien oder anderen hypoxischen Zuständen. 2,3-Bisphosphoglycerat entsteht durch einen für Erythrocyten spezifischen Umweg während der Glycolyse (Abb. 18.4). Die beiden hierfür notwendigen Enzyme sind:

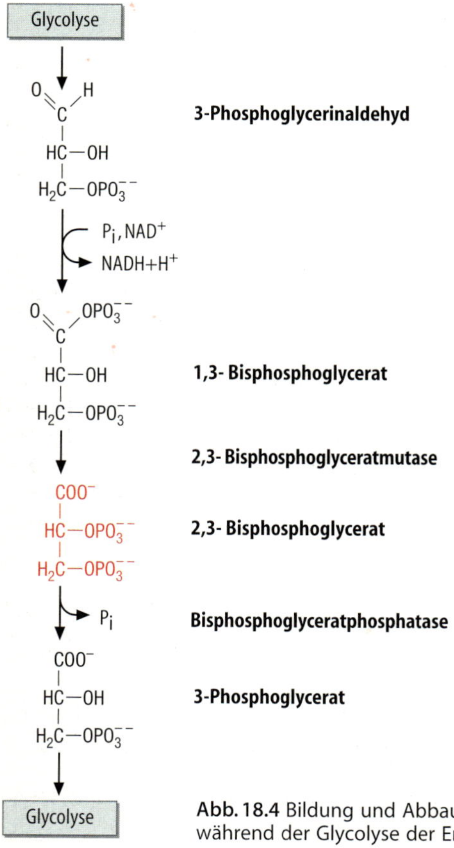

Abb. 18.4 Bildung und Abbau von 2,3-Bisphosphoglycerat während der Glycolyse der Erythrocyten

- die ***2,3-Bisphosphoglyceratmutase*** und
- die ***Bisphosphoglyceratphosphatase.***

Beide Enzyme kommen in Erythrocyten in besonders hoher Konzentration vor. Man beachte allerdings, daß dies dazu führt, daß die Glycolyse ohne ATP-Gewinn abläuft. Daß dies für den Erythrocyten trotzdem unschädlich ist, erklärt sich aus der Tatsache, daß nur ein kleiner Teil des Glucosestoffwechsels für die Erzeugung von 2,3-Bisphosphoglycerat verwendet wird.

Im Vergleich zum Sauerstoff hat das ***Kohlenmonoxid*** (CO) eine etwa 300 mal höhere Affinität zum Hämoglobin. Es vermindert die Sauerstoffbindung und damit die Kapazität des Sauerstofftransports im Blut. Gleichzeitig führt CO zu einer ***Linksverschiebung*** der Sauerstoffbindungskurve, so daß auch die Sauerstoffabgabe in den Geweben behindert wird. Die einzig sinnvolle Therapie einer CO-Vergiftung besteht in einer Erhöhung des Sauerstoffpartialdruckes, so daß HbCO in HbO_2 überführt werden kann.

Sowohl Sauerstoff wie auch CO können nur dann von Hämoglobin gebunden werden, wenn das Hämeisen in ***zweiwertiger*** Form vorliegt. Dieses kann jedoch besonders bei höheren Sauerstoffpartialdrucken nach der Gleichung

$$Hb\,(Fe^{2+}) + O_2 \rightarrow Hb\,(Fe^{3+}) + O_2^-$$

zu ***Methämoglobin*** mit einem dreiwertigen Eisen oxidiert werden. Dabei entsteht aus dem Sauerstoff das toxische ***Peroxid-Anion***, welches durch die ***Superoxiddismutase*** in H_2O_2 umgewandelt und anschließend durch die ***Peroxidase*** entgiftet wird (S. 255).

Im Gegensatz zum Hämoglobin kann Methämoglobin keinen Sauerstoff mehr binden. Eine Anhäufung von Methämoglobin in den Erythrocyten wird durch die ***Methämoglobinreduktase*** verhindert, die die NADH-abhängige Reduktion von Methämoglobin katalysiert:

$$2Hb\,(Fe^{3+}) + NADH \rightarrow 2Hb\,(Fe^{2+}) + NAD^+ + H^+$$

Bei Patienten mit dem relativ seltenen angeborenen Mangel an Methämoglobinreduktase kann die Methämoglobinkonzentration auf Werte bis zu 30% ansteigen, was zu einer mangelnden Sauerstoffversorgung der Gewebe führt.

! Hämoglobin ist für den CO_2-Transport unerläßlich.

Da im Gewebestoffwechsel CO_2 in Mengen entsteht, die die maximale physikalische Löslichkeit dieses Gases im Serum übersteigen, benötigt der Organismus auch für den Transport des CO_2 Hilfsmechanismen:

- 10% des CO_2 können in ***physikalischer Lösung*** transportiert werden.
- 10% des CO_2 reagieren mit nichtprotonierten Aminogruppen des Hämoglobins, meist N-terminalen Valinresten. Dabei entstehen entsprechende ***Carbaminoderivate***:

  $$CO_2 + R\text{-}NH_2 \rightarrow R\text{-}NH\text{-}COO^- + H^+$$

- Der weitaus größte Teil des CO_2 wird durch die in den Erythrocyten in hoher Aktivität vorkommende ***Carboanhydrase*** zu ***Hydrogencarbonat*** hydratisiert:

  $$CO_2 + H_2O \rightleftharpoons HCO_3^- + H^+$$

  Das gebildete Hydrogencarbonat gelangt entlang des Konzentrationsgefälles aus den Erythrocyten in das Blutplasma, die Protonen dienen der Protonierung von Desoxyhämoglobin. Dies ist deswegen möglich, weil Hämoglobin nach der Sauerstoffabgabe zu einer schwächeren Säure wird.

···> Weitere Einzelheiten über den O_2- und CO_2-Transport im Blut s. ausführliche Lehrbücher der Physiologie

! Mutationen im Hämoglobinmolekül können zu Hämoglobinopathien führen.

Unter der Bezeichnung ***Hämoglobinopathie*** versteht man im Gefolge von Mutationen (S. 367) entstandene Änderungen der Primärstruktur einzelner Hämoglobinuntereinheiten. Soweit es sich um Punktmutationen handelt, können diese wegen der Degeneriertheit des genetischen Codes (S. 369) folgenlos bleiben oder zum Austausch von Aminosäuren mit gleichen Eigenschaften führen und damit die Funktion des Hämoglobins allenfalls wenig beeinträchtigen. Sie können auch den Austausch von Aminosäuren betreffen, die für die Funktion des Hämoglobins von großer Bedeutung sind.

Tabelle 18.1 stellt eine Auswahl genetischer Störungen der Aminosäuresequenz von Hämoglobinen zusammen. Von besonderer Bedeutung ist die ***Sichelzell-Anämie***, die in Europa nur selten, jedoch häufiger in Afrika bei Schwarzen auftritt. Klinisch findet sich bei den Betroffenen, besonders bei den Homozygoten, eine schwere Störung der Sauerstofftransportfunktion der Erythrocyten, die besonders im desoxygenierten Zustand dazu neigen, sich sichelförmig zu

Tabelle 18.1 Genetische Störungen der Aminosäurensequenz von Hämoglobinen (Auswahl aus über 250 bekannten Varianten)

Hämoglobin		Störung		Substitution		
HbS		Sichelzellbildung	β^6	Glu	→	Val
HbM	Iwate	Methämoglobinbildung	α^{87}	His	→	Tyr
HbM	Boston	Methämoglobinbildung	α^{58}	His	→	Tyr
HbM	Hyde Park	Methämoglobinbildung	β^{92}	His	→	Tyr
HbM	Saskatoon	Methämoglobinbildung	β^{63}	His	→	Tyr
HbM	Milwaukee I	Methämoglobinbildung	β^{67}	Val	→	Glu
HbM	Hammersmith	Abspaltung des Hämanteils	β^{42}	Phe	→	Ser

verformen und zu hämolysieren. Die Ursache der Erkrankung besteht im Austausch eines hydrophilen Glutamatrestes in Position 6 der β-Kette gegen die hydrophobe Aminosäure ***Valin***. Im desoxygenierten Zustand neigt ein derartiges Hämoglobin zur Aggregation, was die Sichelzellen und Hämolyse verursacht.

Die homozygote Form der Erkrankung ist im allgemeinen tödlich. Dagegen zeigen heterozygote Krankheitsträger zwar eine deutliche Anämie, jedoch verläuft bei ihnen die ***Malaria tropica*** milder als bei Normalpersonen. Offenbar ist der Lebenscyclus des Malariaerregers in den Sichelzellen gestört. Auf jeden Fall bietet dieser Befund eine Erklärung für die Tatsache, daß die Sichelzell-Anämie in Malariagebieten häufiger vorkommt.

Thalassämien werden dagegen dadurch verursacht, daß die Biosynthese ganzer Untereinheiten des Hämoglobins gestört ist (bei der α-Thalassämie diejenige der α-Ketten, bei der β-Thalassämie diejenige der β-Ketten). Als Folge der Erkrankung entstehen bei der α-Thalassämie Hämoglobine mit vier β-Ketten (HbH), bei der β-Thalassämie kommt es dagegen zum Persistieren embryonaler Hämoglobine. Die homozygoten Formen der Thalassämien führen meist zum Tod im frühen Kindesalter, dagegen haben heterozygote Patienten eine bessere Lebenserwartung.

!

Häm wird aus Glycin und Succinyl-CoA synthetisiert.

Die Biosynthese der Hämgruppe des Hämoglobins geht von ***Succinyl-CoA*** und der Aminosäure ***Glycin*** aus (Abb. 18.5):

- Succinyl-CoA und Glycin kondensieren unter Decarboxylierung des Glycins und CoA-Abspaltung zu ***δ-Aminolävulinsäure***. Diese

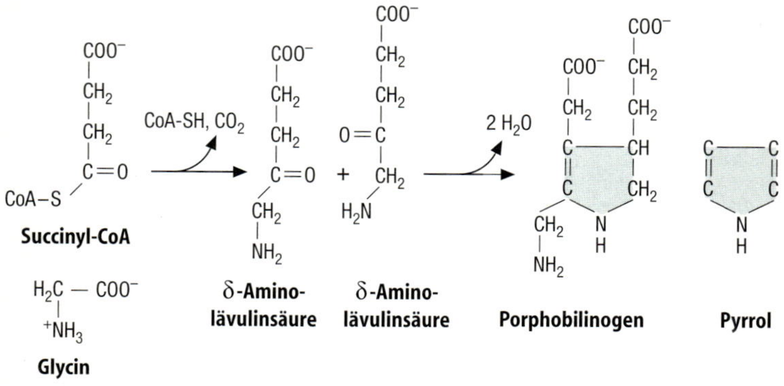

Abb. 18.5 Biosynthese von Porphobilinogen aus Succinyl-CoA und Glycin

durch das Enzym ***δ-Aminolävulinsäure-Synthase*** katalysierte Reaktion ist Pyridoxalphosphat-abhängig.

- Zwei Moleküle δ-Aminolävulinsäure kondensieren unter Wasserabspaltung zu ***Porphobilinogen.*** Dieses Molekül enthält die für das Häm typische ***Pyrrolstruktur.***
- Unter Desaminierung kondensieren vier Porphobilinogenmoleküle zu einer Tetrapyrrolverbindung, dem ***Uroporphyrinogen III*** (Abb. 18.6). Die vier Pyrrolringe tragen jeweils einen Acetyl- bzw. Propionylrest und sind durch Methylengruppen verknüpft. Beim Uroporphyrinogen III sind im Ring D infolge der Aktivität der ***Porphobilinogenisomerase*** die Acetyl- und Propionylreste vertauscht.
- Uroporphyrinogen III wird decarboxyliert und zweimal oxidiert. Das dabei entstehende ***Protoporphyrin III*** enthält jetzt die für Häm typischen Methingruppen zwischen den Pyrrolringen und nimmt unter Beteiligung der ***Ferrochelatase*** das Eisenatom auf.

Die Hämbiosynthese wird sehr genau reguliert. Häm als Endprodukt der Synthese ist ein allosterischer Inhibitor des geschwindigkeitsbestimmenden Enzyms der Biosynthese, der ***δ-Aminolävulinsäure-Synthase.*** Außerdem reprimiert Häm die Biosynthese dieses Enzyms.

Beim Menschen gibt es eine Reihe von als ***Porphyrien*** bezeichneten Erkrankungen, bei denen ein Enzymdefekt eines der für die Hämsynthese benötigten Enzyme vorliegt. Da dies immer zu einem Absinken des Hämgehalts der Zellen führt, wird die ***δ-Aminolävulinsäure-Synthase*** entsprechend aktiviert. Dies führt jedoch infolge des Enzymdefektes nicht zu vermehrter Biosynthese von Häm, sondern

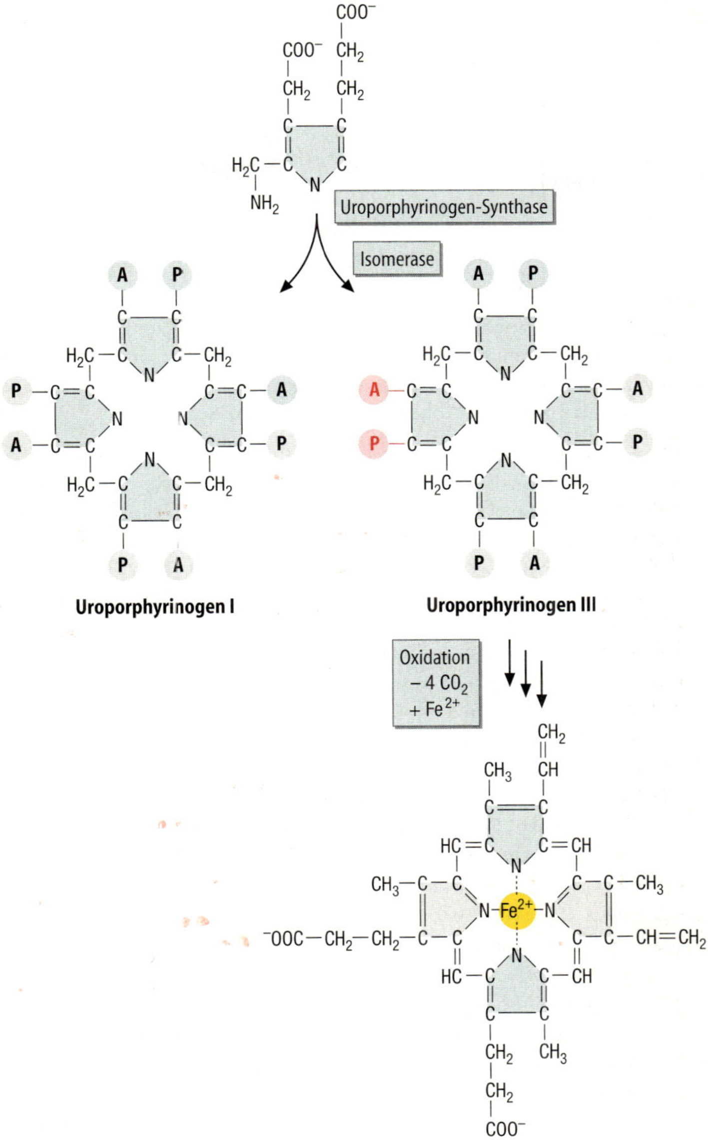

Häm

Abb. 18.6 Biosynthese von Häm aus Porphobilinogen

von toxischen Zwischenprodukten. Diese zeichnen sich im allgemeinen dadurch aus, daß sie wegen ihrer typischen Lichtabsorption häufig zu ***Photosensibilisierung*** führen, besonders wenn sie in der Haut abgelagert werden. Betrifft der Defekt dagegen den geschwindigkeitsbestimmenden Schritt der Hämsynthese, die ***δ-Aminolävulinsäure-Synthase***, so stellt sich eine sogenannte ***sideroblastische Anämie*** ein.

Häm wird in den reticuloendothelialen Zellen zu Bilirubin und im Darm zu Stercobilin abgebaut.

Das sowohl im Hämoglobin wie auch in den verschiedenen hämhaltigen Enzymen (Hämproteine, z. B. Cytochrome) enthaltene Häm kann im Gegensatz zu den anderen Bestandteilen der Hämproteine nicht wiederverwertet werden, sondern muß dem Abbau zugeführt werden. Dieser verläuft in den in Abb. 18.7 dargestellten Schritten:

- Häm wird an der zwischen den Pyrrolringen A und B vorliegenden Methinbrücke oxidativ gespalten, wobei Eisen und Kohlenmonoxid freigesetzt werden. Die die Reaktion katalysierende ***Hämoxygenase*** gehört zur Gruppe der Monooxygenasen.
- Das dabei entstehende ***Biliverdin*** wird durch die Biliverdinreduktase zum ***Bilirubin*** reduziert, wobei NADPH als Donor der Reduktionsäquivalente dient.
- Das praktisch wasserunlösliche Bilirubin wird an Albumin gebunden, zur Leber transportiert und dort zum ***Bilirubindiglucuronid*** glucuronidiert.
- Bilirubindiglucuronid wird über ein spezifisches Transportsystem in die ***Galle*** ausgeschieden.
- Im Darm wird unter der Einwirkung von Darmbakterien Glucuronsäure abgespalten und Bilirubin zum ***Stercobilin*** abgebaut.
- Ein Teil der Zwischenprodukte des Bilirubinabbaus zum Stercobilin wird im Darm wieder reabsorbiert und über die Pfortader der Leber zugeleitet, wo er erneut ausgeschieden wird (enterohepatischer Kreislauf der Gallenfarbstoffe). Ein kleiner Teil gelangt über den großen Kreislauf zur Niere und wird dort in den Urin ausgeschieden. So ist das auch unter physiologischen Bedingungen in Spuren im Urin nachweisbare ***Urobilinogen*** mit Stercobilinogen identisch.

Abb. 18.7 Die wichtigsten Abbauprodukte des Häm. *P* Propyl; *V* Vinyl; *M* Methyl; *UDP-GlcUA* Uridindiphosphat-Glucuronat ▶

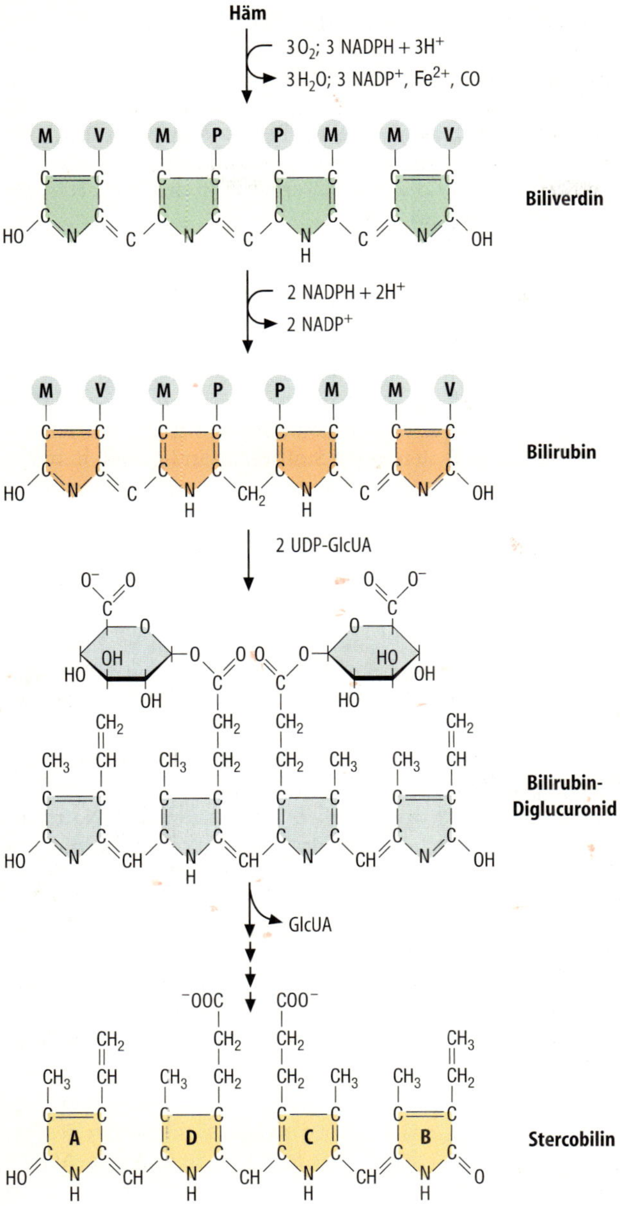
Häm
3 O2; 3 NADPH + 3H+
3 H2O; 3 NADP+, Fe2+, CO
Biliverdin
2 NADPH + 2H+
2 NADP+
Bilirubin
2 UDP-GlcUA
Bilirubin-
Diglucuronid
GlcUA
Stercobilin
A
D
C
B

Die Menge der täglichen Ausscheidung an Bilirubindiglucuronid entspricht in etwa der Menge des abgebauten Hämoglobins, da dieses den weitaus größten Teil des Häms im Körper ausmacht. Da der tägliche Hämoglobinumsatz etwa 90 mg/kg Körpergewicht beträgt, läßt sich errechnen, daß täglich etwa 220 mg Bilirubin gebildet und zum größten Teil als Stercobilin mit den Faeces ausgeschieden werden.

Über das Schicksal und die Wiederverwertung des beim Hämabbaus freiwerdenden Eisens s. S. 599.

! Der Erythrocytenstoffwechsel ist auf den Abbau von Glucose spezialisiert.

Die Erythrocyten sind auf den Sauerstoff- und CO_2-Transport spezialisierte Zellen. Sie haben im Verlauf ihres Reifungsprozesses die intrazellulären Membranen und Kompartimente sowie Mitochondrien und den Kern verloren. Damit fehlen ihnen Stoffwechselmöglichkeiten wie:

- membrangebundene Biosynthesen, z. B. Lipidsynthese,
- sauerstoffverbrauchende Stoffwechselprozesse,
- Energiegewinnung durch oxidative Phosphorylierung und
- Replikation, Transcription und Proteinbiosynthese.

Die einzige Möglichkeit der ATP-Gewinnung besteht in Erythrocyten in der ***Glycolyse***, deren Endprodukt das Lactat ist, da Pyruvat wegen des Fehlens von Mitochondrien nicht weiter abgebaut werden kann. Das hierbei gebildete ***ATP*** wird vor allem für den aktiven Transport von Ionen benötigt. Erythrocyten enthalten eine aktive ***NaK-ATPase*** sowie eine ***Calcium-ATPase***. Mit Hilfe beider Enzyme wird die im Vergleich zur extrazellulären Flüssigkeit niedrige intrazelluläre Natrium- und Calcium-, sowie hohe intrazelluläre Kaliumkonzentration aufrecht erhalten. Darüber hinaus wird ATP zur Aufrechterhaltung der ***Erythrocytenform*** sowie für die Biosynthese von ***Glutathion*** benötigt.

Glutathion ist ein Tripeptid aus Glutamat, Cystein und Glycin (Abb. 18.8). Dieses kommt in allen Zellen des Organismus, in Erythrocyten jedoch in besonders hoher Konzentration vor. Seine Biosynthese erfolgt enzymkatalysiert in zwei ATP-abhängigen Reaktionen.

Glutathion gehört wegen seiner SH-Gruppe zu den ***Sulfhydrylverbindungen***. In reduzierter Form schützt es die SH-Gruppen von Proteinen (Hexokinase, Glycerinaldehydphosphat-Dehydrogenase, Hämoglobin der Erythrocyten) vor der Oxidation, die wegen des besonders hohen Sauerstoffpartialdruckes leicht erfolgen kann. Außerdem ist Glutathion Bestandteil des in Abb. 18.9 am Beispiel des H_2O_2

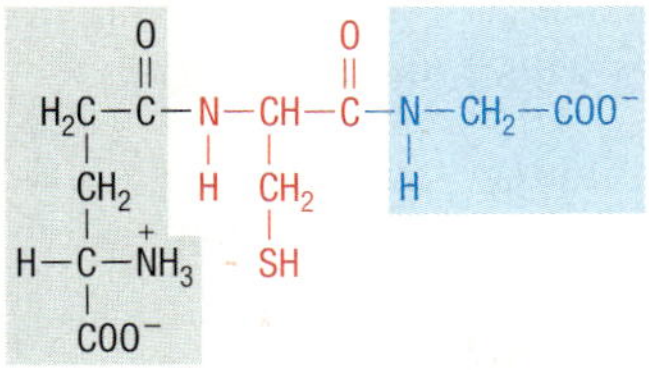

Abb. 18.8 Struktur des Tripeptids Glutathion

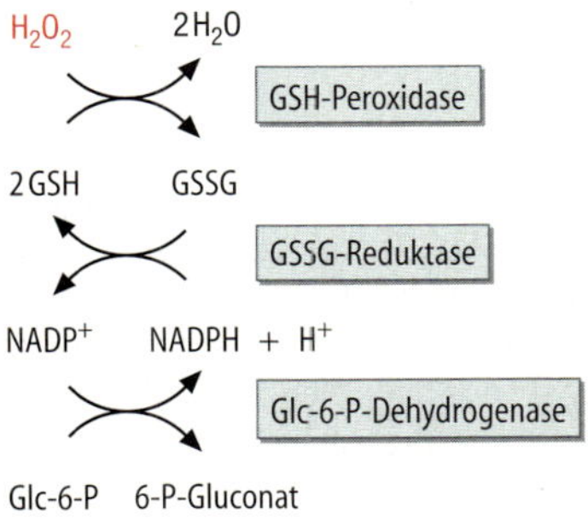

Abb. 18.9 Entgiftung von H_2O_2 durch die GSH-Peroxidase. *GSH* reduziertes Glutathion; *GSSG* Glutathiondisulfid

dargestellten Systems zur ***Entgiftung von Peroxiden***, deren Bildung in Erythrocyten wegen der hohen Sauerstoffkonzentration ebenfalls leicht erfolgt:

- Durch die ***GSH-Peroxidase*** wird Glutathion unter Reduktion der Peroxide zu ***Glutathiondisulfid*** oxidiert.
- Die Rückgewinnung reduzierten Glutathions erfolgt in einem NADPH-abhängigen Prozeß durch die ***Glutathionreduktase.***
- Die Regenerierung des NADPH erfolgt durch die ***Glucose-6-Phosphatdehydrogenase*** und ist damit an den ***Pentosephosphatweg*** geknüpft.
- In Erythrocyten erfolgt etwa 10% des Glucoseumsatzes über den Pentosephosphatweg und dient damit der ***Peroxideliminierung.***
- Bei genetischen Defekten im Pentosephosphatweg, vor allem dem ***Glucose-6-Phosphat-Dehydrogenase-Mangel***, kommt es zu einer Störung der Erythrocytenfunktion, die sich als ***hämolytische Anämie*** äußert.

Die Erythropoese findet im Knochenmark statt.

Die als ***Erythropoese*** bezeichnete Neubildung von Erythrocyten ist ein außerordentlich aktiver Vorgang, der während der Fetalphase in der Leber, danach im ***Knochenmark*** stattfindet:

- Die Gesamtmenge der Erythrocyten im menschlichen Blut beträgt $2{,}5 \times 10^{13}$.
- Erythrocyten leben 110–130 Tage.
- Pro Sekunde werden etwa 2,4 Millionen Erythrocyten neu produziert.

Aus diesen Daten wird verständlich, daß das Knochenmark, in dem die Erythropoese des Erwachsenen abläuft, zu den teilungsaktivsten Organen des Organismus gehört. Es reagiert besonders empfindlich auf einen Mangel der Cofaktoren der Purin- und Pyrimidinbiosynthese und anderer für die Zellteilung notwendiger Verbindungen. Aus diesem Grund führt ein Mangel oder Fehlen von ***Folsäure*** (S. 585) bzw. ***Vitamin*** $\boldsymbol{B_{12}}$ (S. 586) zu einer typischen Anämieform, der ***megaloblastischen Anämie.*** Wesentlich häufiger sind allerdings Anämien als Folge einer mangelhaften Zufuhr von Eisen (S. 598), sog. ***Eisenmangelanämien***.

Der wichtigste Faktor für die Regulation der Erythropoese ist das Hormon ***Erythropoietin.*** Es handelt sich um ein Glycoprotein mit einem Molekulargewicht von etwa 35.000, welches vor allem in den ***Nieren*** und zu einem kleineren Teil in der Leber gebildet wird. Der wichtigste Reiz für die Erythropoietinausschüttung ist ein ***Abfall des Sauerstoffpartialdruckes*** im arteriellen Blut. Erythropoietin bewirkt im Knochenmark eine Steigerung der Erythropoese, die in folgenden Stufen abläuft:

- Aus pluripotenten Stammzellen entstehen zunächst ***myeloische Stammzellen.***
- Aus myeloischen Stammzellen entstehen im Verlauf mehrerer Zellteilungen unter dem Einfluß von Erythropoietin ***Proerythroblasten*** und anschließend ***Erythroblasten.***
- Schon während der Teilung der Proerythroblasten setzt die Biosynthese von ***Hämoglobin*** ein. Gleichzeitig kondensiert der Kern und wird schließlich aus der Zelle ausgestoßen. Außerdem gehen die anderen intrazellulären Membranen und Kompartimente durch Abbau verloren.
- Nachdem diese Vorgänge abgeschlossen sind, tritt der Erythrocyt in den Kreislauf über. Er enthält noch ein mit bestimmten

Farbstoffen anfärbbares Reticulum, das aus ribosomaler RNA und den Resten der Zellorganellen besteht und innerhalb der ersten 48 Stunden verlorengeht. In diesem Stadium werden Erythrocyten auch als ***Reticulocyten*** bezeichnet.

Seit einiger Zeit steht gentechnisch hergestelltes Erythropoietin zur Verfügung. Es hat zu einer Verbesserung der Behandlungsmöglichkeiten mancher Anämieformen geführt.

! **Erythrocyten sind die wichtigsten Träger von Blutgruppeneigenschaften.**

Bereits vor mehr als einhundert Jahren ist bemerkt worden, daß man beim Mischen des Blutes verschiedener Individuen immer wieder Auftreten von schweren ***Aggregationsreaktionen*** der Erythrocyten beobachten kann. Dieses Phänomen, das z. B. für Bluttransfusionen von entscheidender Bedeutung ist, ist auf das Vorhandensein von ***Blutgruppensubstanzen*** auf der Oberfläche von

- Erythrocyten,
- Thrombocyten,
- Leucocyten,
- allen Endothelzellen, vielen Epithelzellen und
- Spermatozoen zurückzuführen.

Beim Menschen sind 14 Blutgruppensysteme bekannt, die aus mehr als 100 verschiedenen Blutgruppen-Antigenen bestehen. Am längsten bekannt ist das ***AB0-System*** (Tabelle 18.2). Die Unterscheidung der Blutgruppen nach dem AB0-System beruht darauf, daß prinzipiell Träger der ***Blutgruppensubstanzen A***, ***B*** oder ***AB*** unterschieden werden können, in deren Serum jeweils die Antikörper ***Anti-B, Anti-A*** bzw. ***keine*** Antikörper vorkommen. Bei Menschen mit der Blutgruppe 0 befindet sich auf der Zelloberfläche die ***Blutgruppensubstanz H*** und im Serum die Antikörper ***Anti-A*** und ***Anti-B.***

Die antigenen Eigenschaften, die zu den einzelnen Blutgruppensubstanzen gehören, sind unterschiedlich aufgebaute ***Oligosaccharid-***

Tabelle 18.2 Das AB0-System und die prozentuale Verteilung der Träger in Mitteleuropa

Blutgruppe	Antigen auf Erythrocyten	Antikörper im Serum
A (40%)	A	Anti-B (β)
B (16%)	B	Anti-A (α)
AB (4%)	A und B	-
0 (40%)	H	Anti-A und Anti-B

reste, die auf membrangebundenen Glycoproteinen oder Sphingolipiden vorkommen. Die Produktion von Antikörpern gegen sie wird durch Darmbakterien ausgelöst, die auf ihrer Zelloberfläche analoge Verbindungen tragen. Wegen der ***Immuntoleranz*** gegen „selbst" werden natürlich keine Antikörper gegen die eigenen Blutgruppensubstanzen gebildet.

⋯ Über den Aufbau der Blutgruppensubstanzen s. ausführliche Lehrbücher der Biochemie

!

WICHTIG

Erythrocyten sind bei Säugern und damit beim Menschen die mengenmäßig überwiegenden corpusculären Elemente des Blutes. Sie sind auf den Transport von Sauerstoff von den Respirationsorganen zu den sauerstoffverbrauchenden Zellen und den Transport von CO_2 von den Zellen zu den Respirationsorganen spezialisiert.

Um ihrer Aufgabe im Rahmen des Sauerstofftransportes nachzukommen, enthalten Erythrocyten das aus je 2 α- und 2 β-Untereinheiten bestehende Hämoglobin. Jede der Untereinheiten enthält eine Hämgruppe, die aus vier über Methinbrücken bestehenden Pyrrolringen zusammengesetzt ist. Die Pyrrolringe binden ein zentrales Eisenatom, das im zweiwertigen Zustand zur reversiblen Bindung bzw. Abgabe von Sauerstoff imstande ist.

Die Biosynthese der Hämgruppe, die auch in anderen Proteinen, den sogenannten Hämproteinen, vorkommt, geht von Succinyl-CoA und Glycin aus. Über die Zwischenstufe δ-Aminolävulinsäure wird das Pyrrolderivat Porphobilinogen gebildet. Vier Porphobilinogene kondensieren zu Uroporphyrinogen III, aus dem über verschiedene Zwischenstufen Häm gebildet wird. Der Abbau der Hämgruppe erfolgt vor allem in der Milz und führt nach Ringspaltung zum Bilirubin, das in der Leber glucuronidiert und in die Gallenflüssigkeit ausgeschieden wird. Im Darm wird Bilirubin durch das Einwirken der Darmbakterien weiter zum Stercobilin abgebaut.

Erythrocyten enthalten keinerlei Kompartimente und sind zu ihrer Energiegewinnung auf Glycolyse angewiesen. Das dabei entstehende ATP wird vor allem für die Aufrechterhaltung der Ionenkonzentration in den Erythrocyten benötigt.

Erythrocyten enthalten große Mengen an Glutathion, welches vor allem für die Entgiftung von Peroxiden benötigt wird, die in diesen Zellen infolge der hohen Sauerstoffkonzentration besonders leicht entstehen.

18.2 Thrombocyten und Blutgerinnung

Durch den Mechanismus der ***Blutstillung*** schützt sich der Organismus bei Verletzungen der Blutgefäße vor Blutverlust. Die Blutstillung besteht aus:

- einer ***reflektorischen Kontraktion*** der verletzten Blutgefäße und
- der Bildung eines ***Thrombus***, der das verletzte Blutgefäß schließt.

Für die Bildung eines derartigen Thrombus sind

- ***aggregierte Thrombocyten*** und
- das ***plasmatische System der Blutgerinnung*** notwendig.

! **Bei Verletzungen aggregieren Thrombocyten und bewirken einen Gefäßverschluß.**

Thrombocyten entstehen durch Abschnürung aus ***Megakaryocyten*** des Knochenmarks. Ihre Lebensdauer beträgt 8–10 Tage. Thrombocyten enthalten keinen Zellkern mehr, jedoch noch Mitochondrien und eine Reihe von Sekretgranula. Ihren Energiestoffwechsel decken sie überwiegend aus aerober Glycolyse. Geraten sie mit ***geschädigten Blutgefäßen*** in Kontakt, bei denen die unter dem Endothel liegenden Komponenten der extrazellulären Matrix wie ***Kollagen, Laminin*** oder ***Fibronektin*** freiliegen, so kommt es mit Hilfe spezifischer Rezeptoren auf der Thrombocytenoberfläche zur Anheftung der Thrombocyten, sowie schließlich zur ***Thrombocytenaggregation***. Der dabei gebildete Thrombus erlangt die notwendige Festigkeit allerdings erst durch die Vorgänge der ***plasmatischen Blutgerinnung***.

! **Die Blutgerinnung beruht auf der proteolytischen Spaltung von Fibrinogen zu Fibrin.**

Das entscheidende Ereignis bei der Blutgerinnung ist die Polymerisierung des löslichen Proteins Fibrinogen zum unlöslichen Fibrin. Diese Reaktion verläuft in mehreren Stufen (Abb. 18.10):

- ***Fibrinogen*** ist ein hexameres Molekül der Struktur $\alpha2\beta2\gamma2$. Es besteht aus zwei Hälften, bei denen je eine α-, β- und γ-Kette über Disulfidbrücken miteinander eine stäbchenförmige Struktur ausbilden. Die beiden Hälften sind ebenfalls über Disulfidbrücken miteinander verknüpft.

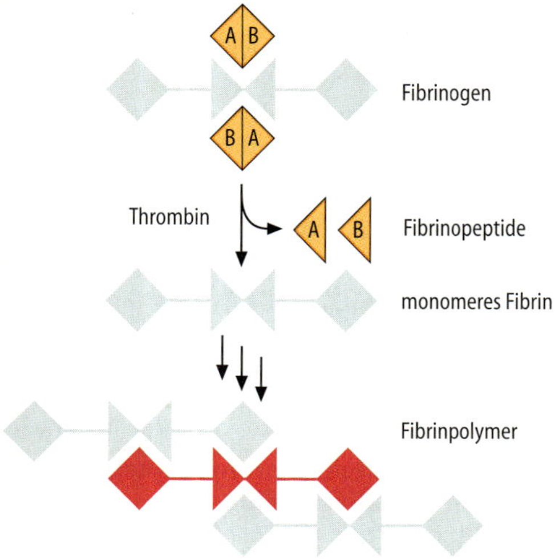

Abb. 18.10 Schematische Darstellung der Fibrinpolymerisierung. Aus Fibrinogen werden durch die Protease Thrombin die Fibrinpeptide A und B abgespalten. Dadurch freigelegte hydrophobe Bezirke treten mit globulären Domänen benachbarter Fibrinmoleküle in Wechselwirkung

- Die Bildung von ***Fibrin*** aus Fibrinogen beginnt mit der proteolytischen Abspaltung der beiden kleinen Fibrinopeptide A und B durch die Serinprotease ***Thrombin***.
- Dadurch entstehen an der Spaltstelle hydrophobe Strukturen, die mit den globulären Endstücken an den terminalen Enden der beiden Molekülhälften in Verbindung treten können.
- Dieser Vorgang wiederholt sich bis zum Aufbau von langen polymeren ***Fibrinaggregaten***.
- Durch den als ***Transglutaminase*** (Abb. 18.11) wirkenden aktivierten ***Faktor XIIIa***[1] entstehen kovalente ***Quervernetzungen*** im polymeren Fibrin.

Die für die Abspaltung der Fibrinopeptide verantwortliche Serinprotease Thrombin (Faktor IIa) wird durch proteolytische Aktivierung aus ***Prothrombin*** (Faktor II) gebildet (Abb. 18.12):

[1] An der Blutgerinnung beteiligte Proteinfaktoren werden mit römischen Ziffern bezeichnet. Das Suffix a gibt an, daß es sich um eine aktivierte Form eines derartigen Proteins handelt. Meist erfolgt die Aktivierung durch enzymatische Abspaltung eines Peptids.

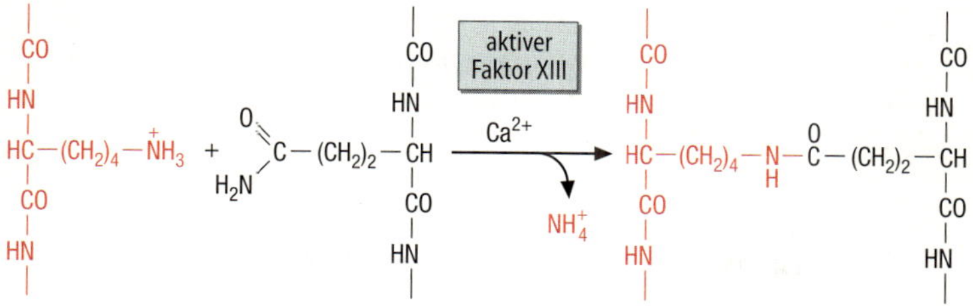

Abb. 18.11 Knüpfung einer kovalenten Bindung zwischen Lysyl- und Glutaminylresten von Fibrinmonomeren durch den als Transglutaminase wirkenden Faktor XIIIa

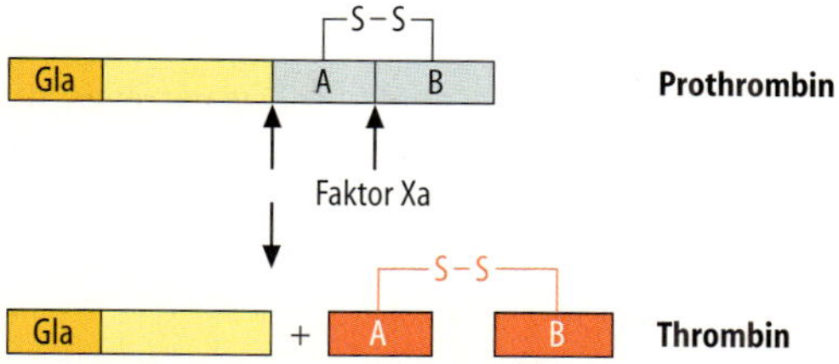

Abb. 18.12 Entstehung von Thrombin aus Prothrombin durch den als Prothrombinase wirkenden aktivierten Faktor Xa. Der aktivierte Faktor Xa spaltet das Prothrombinmolekül an zwei Stellen *(Pfeile)*. Dadurch wird Prothrombin in ein N-terminales Peptid sowie die Protease Thrombin gespalten. Diese besteht aus zwei als A und B bezeichneten Peptiden, die durch eine Disulfidbrücke verknüpft sind. *Gla* γ-Carboxyglutamylreste

- Prothrombin wird in der Leber synthetisiert und enthält bis zu 14 ***γ-Carboxyglutamylreste***, die unter Einwirkung von ***Vitamin K*** (S. 595) synthetisiert werden.
- Die Aktivierung des Prothrombins zu Thrombin beruht auf der ***proteolytischen Spaltung*** an der Plasmamembran vor allem von Thrombocyten. Dort vorhandene Phospholipide binden Calcium und das wegen der γ-Carboxyglutamylreste stark negativ geladene ***Prothrombin.***
- Für die Spaltung von Prothrombin zu Thrombin (Abb. 18.12) ist ein als ***Prothrombinase*** bezeichneter Komplex aus den Blutgerinnungsfaktoren Va und Xa verantwortlich. Xa ist wieder eine Serinprotease.
- Der Gerinnungsfaktor Va entsteht durch Aktivierung des Gerinnungsfaktors V durch einen in der Plasmamembran von Throm-

bocyten befindlichen Rezeptor. Für die Aktivierung der Gerinnungsprotease X zur ***Gerinnungsprotease Xa*** ist das ***intravasculäre*** bzw. ***extravasculäre*** System der Blutgerinnung verantwortlich.

> ! **Die Aktivierung des Faktors X erfolgt im extravasculären System durch Gefäßverletzungen und im intravasculären durch Kontakt mit benetzbaren Oberflächen.**

Ein entscheidender Faktor für die Aktivierung der Prothrombinase ist die Aktivierung des Faktors X zum Faktor Xa. Hierfür stehen das extra- bzw. das intravasculäre System zur Verfügung (Abb. 18.13).

Extravasculäres System der Aktivierung des Faktors X: Das extravasculäre System der Aktivierung des Faktors X gewährleistet die rasche Blutgerinnung nach Verletzungen. Sie läuft mit folgenden Schritten ab:

- Durch die Verletzung wird das ***Gewebsthromboplastin*** (Gewebsfaktor III) freigelegt.
- Gewebsthromboplastin ist ein Membranprotein, dessen extrazelluläre Domäne ein Rezeptor für den ***Faktor VII*** ist.
- Durch die Bindung an Gewebsthromboplastin wird der Faktor VII zu ***Faktor VIIa*** aktiviert und bildet zusammen mit Calcium und Phospholipiden eine Serinprotease, die den Faktor X zum ***Faktor Xa*** aktiviert.

Intravasculäres System der Aktivierung des Faktors X: Das Intravasculäre System für die Erzeugung des Faktors Xa gibt die Möglichkeit zur Blutgerinnung im intakten Gefäßsystem und tritt beispielsweise bei Verlangsamung der Strömungsgeschwindigkeit des Blutes auf. Es läuft in folgenden Schritten ab:

- Der Faktor XII wird zum ***Faktor XIIa*** aktiviert, wofür außer Kontakt mit dem Gefäßendothel auch aus Präkallikrein entstandenes ***Kallikrein*** (S. 623) notwendig ist.
- Der ***Faktor XIIa*** ist eine Protease, die einerseits weiteres Kallikrein aus Präkallikrein erzeugt, andererseits den Faktor XI zum Faktor XIa spaltet.
- Der ***Faktor XIa*** ist eine Protease, die in Anwesenheit von Calciumionen den Faktor IX zum ***Faktor IXa*** spaltet.
- Im Komplex mit Phospholipiden und Calcium ist der Faktor IXa imstande, den Faktor X proteolytisch zu ***Faktor Xa*** zu aktivieren.

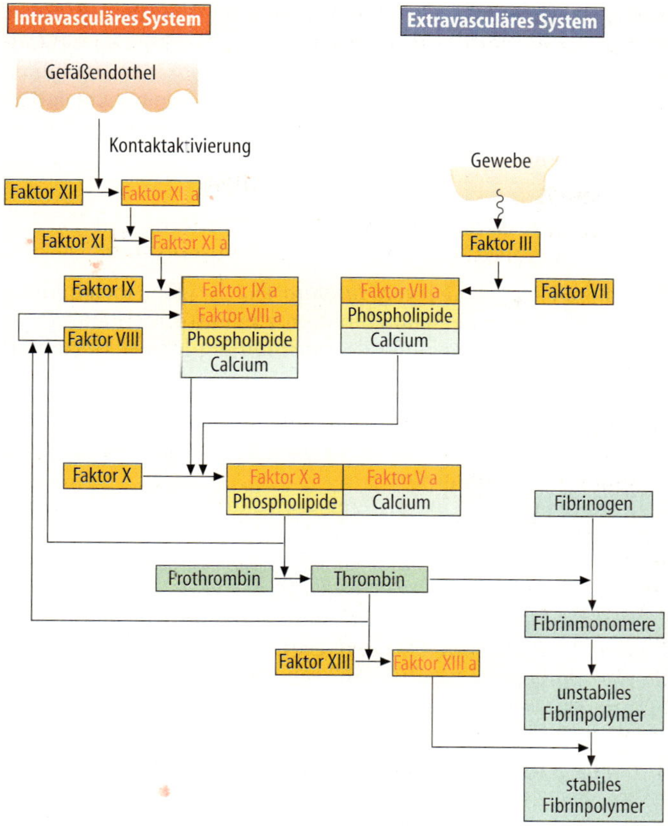

Abb. 18.13 Schema der Blutgerinnung durch das intra- und extravaskuläre System. Die aktivierten Faktoren sind *rot* gekennzeichnet. (Einzelheiten s. Text)

- Diese Aktivierungsreaktion erfolgt allerdings außerordentlich langsam. Sie wird durch den Faktor VIII und noch effektiver durch ***Faktor VIIIa*** um mehrere Größenordnungen beschleunigt. Für die Aktivierung von Faktor VIII zu VIIIa ist der ***Faktor XIa*** oder ***Thrombin*** notwendig.

Die Biosynthese und Sekretion der für die Blutgerinnung notwendigen Faktoren VII, IX, X sowie Prothrombin werden durch die ***K-Vitamine*** reguliert. Diese dienen als Cofaktoren bei der ***γ-Carboxylierung*** von Glutamylseitenketten, die im aminoterminalen Bereich der genannten

Blutgerinnungsenzyme liegen (S. 595). Durch die Einführung dieser zusätzlichen Carboxylgruppen werden die Wechselwirkungen mit ***Calciumionen*** und den für die Aktivierung notwendigen Membranphospholipiden ermöglicht. Die Bindung an Membranen ermöglicht außerdem die Lokalisierung des Gerinnungsvorganges auf die Stelle der Gewebsverletzung und verhindert eine generalisierte Blutgerinnung.

Inhibitorische Mechanismen verhindern die Ausbreitung einer lokalen Blutgerinnung.

Das Blut enthält eine Reihe von ***Inhibitoren***, die die Fibrinbildung verzögern und damit eine Schutzfunktion zur Aufrechterhaltung der Zirkulation und zur Vermeidung der Ausbreitung lokaler Gerinnungen ausüben.

- Das Protein ***Antithrombin III*** hemmt die aktivierten Faktoren XIIa, XIa, IXa, Xa und Thrombin durch Bildung eines stabilen Enzyminhibitor-Komplexes.
- Die ***Proteine C*** und ***S*** inaktivieren die Faktoren Va und VIIIa.
- ***Heparine*** sind stark sulfatierte Glycosaminoglycane, die in den Mastzellen der perikapillären Geweben der Lungen und der Leber sowie in den Granulocyten des Blutes vorkommen. Sie verstärken die Aktivität von ***Antithrombin III*** durch Bildung eines ***Heparin-Antithrombin III-Komplexes***, der ein starker Inhibitor aller ***Serinproteasen*** und damit auch der Proteasen des Blutgerinnungssystems ist.

Die Protease Plasmin spaltet Fibrinpolymere.

Das Blutgerinnungssystem befindet sich in einem dynamischen Zustand. Dies bedeutet, daß ständig Fibrin entsteht und nach seiner Ablagerung auch wieder abgebaut werden muß. Außerdem ist für eine erfolgreiche Wundheilung die Auflösung von Fibrinpfropfen für die Rekanalisierung von Blutgefäßen notwendig. Die hierfür notwendige Protease wird als ***Plasmin*** bezeichnet und löst Fibrin unter Bildung von löslichen Spaltprodukten. Analog dem Blutgerinnungssystem unterliegt auch das fibrinolytische System einer ***proteolytischen Aktivierung*** durch spezifische Serinproteasen:

- Plasmin entsteht aus einer größeren Vorstufe, dem ***Plasminogen***.
- Proteasen, die für diesen Vorgang zuständig sind, werden als ***Plasminogen-Aktivatoren*** bezeichnet und unterliegen einer komplexen Regulation.

Tabelle 18.3 Hemmstoffe der Blutgerinnung (Auswahl)

Verbindung	Mechanismus
in vivo Vitamin K-Antagonisten	Verhindern die Vitamin K-abhängige γ-Carboxylierung von Blutgerinnungsfaktoren
in vitro Heparin Citrat, EDTA	Aktiviert (auch in vivo) Antithrombin III; Bindet das für die Blutgerinnung notwendige Calcium

- Körpereigene Plasminogen-Aktivatoren sind die ***Urokinase*** sowie der ***Gewebsplasminogen-Aktivator*** (t-PA). Der letztere kann heute gentechnisch hergestellt werden und wird bei der Therapie von Gefäßverschlüssen verwendet.

Streptokinase ist ein aus Streptokokken gewonnenes Protein, welches mit Plasminogen einen Komplex bildet, der weitere Plasminogenmoleküle in Plasmin umwandelt.

!

Die Blutgerinnung kann in vivo und in vitro gehemmt werden.

Eine Reihe von Wirkstoffen (Tabelle 18.3) hemmt die Blutgerinnung. Von besonderer Bedeutung sind die ***Vitamin K-Antagonisten.*** Diese hemmen die γ-Carboxylierung von Blutgerinnungsfaktoren, da sie Vitamin K bei der posttranslationalen Modifikation der Faktoren VII, IX, X sowie des Prothrombins kompetitiv verdrängen.

!

Störungen von Blutgerinnung und Fibrinolyse können durch Mutationen der beteiligten Proteine ausgelöst werden.

Eine Reihe von Erkrankungen, die mit Störungen der Blutgerinnung bzw. der Fibrinolyse einhergehen, beruhen auf ***genetischen Defekten*** der Blutgerinnungs- bzw. Fibrinolyseproteine (Tabelle 18.4). Die bekannteste Erkrankung aus dieser Gruppe ist die ***Hämophilie A***, die durch einen Mangel an Faktor VIII zustande kommt. Die Erkrankung ist durch eine erhöhte Blutungsneigung charakterisiert, wobei vor allem Blutungen nach geringfügigen Verletzungen unstillbar sind.

Die Hämophilie A wird ***X-chromosomal*** vererbt, das Gen für den Faktor VIII macht etwa 0,1 % des X-Chromosoms aus. Die Hämophilie A tritt mit einer Häufigkeit von 1 : 50000 beim männlichen Geschlecht auf und ist damit die häufigste schwere Blutgerinnungsstö-

Tabelle 18.4 Angeborene Blutgerinnungsstörungen (Auswahl)

Bezeichnung	Defektes Protein	Symptom
Hämophilie A	Faktor VIII	Erhöhte Blutungsneigung
Hämophilie B	Faktor IX	Erhöhte Blutungsneigung
APL Resistenz	Faktor V	Thrombosen, da Faktor V wegen einer Punktmutation nicht mehr vom Protein C gespalten werden kann

rung des Menschen. Sie manifestiert sich klinisch nur bei Männern, heterozygote Frauen bleiben aufgrund ihres zweiten intakten X-Chromosoms symptomlos.

Ein partieller Mangel an Hemmstoffen der Blutgerinnung begünstigt die Entstehung von ***Thrombosen***, d.h. die Bildung von Blutgerinnseln innerhalb der nicht eröffneten Blutbahn. Die häufigste Ursache hierfür ist die sogenannte ***APC-Resistenz***. Sie beruht darauf, daß das aktivierte Protein C sein Substrat, den Faktor V, nicht spalten kann, da durch eine Mutation im Faktor V-Gen die Spaltstelle verändert ist.

!

WICHTIG

Jede Verletzung des Blutgefäßsystems würde zu einem unter Umständen tödlichen Blutverlust führen, wenn durch das Blutstillungssystem Blutungen nicht rasch zum Erliegen gebracht werden könnten.

In der ersten Phase beruht die Blutstillung auf einer Kontraktion der Blutgefäße. Außerdem kommt es anschließend im verletzten Gefäßbereich zu einer durch die freigelegte extrazelluläre Matrix verursachten Thrombocytenaggregation. Der sich dabei bildende Thrombus wird durch die Bildung eines Fibrinpfropfes verfestigt.

Fibrin entsteht durch proteolytische Spaltung von Fibrinogen und anschließende Quervernetzung der Fibrinpolymere. Für die Fibrinogenspaltung ist die Protease Thrombin verantwortlich, die aus einer inaktiven Vorstufe durch limitierte Proteolyse aus Prothrombin entsteht. Für diese Reaktion ist eine sogenannte Prothrombinase verantwortlich, die durch proteolytische Kaskaden entweder bei Gefäßverletzungen im extravasculären System oder beispielsweise bei Verlangsamung des Blutflusses im intravasculären System aktiviert werden kann.

Um eine einmal in Gang gekommene Blutgerinnungsreaktion nicht zu weit fortschreiten zu lassen, kommen im Blut einige Inhibitoren des Blutgerinnungssystems vor. Zu ihnen gehört vor allem das Antithrombin III, welches durch Heparin aktiviert werden kann, darüber hinaus die Proteine C und S.

Bereits gebildetes Fibrin kann durch die zum fibrinolytischen System gehörende Protease Plasmin abgebaut werden. Plasmin kommt als inaktive Vorstufe in Form des Plasminogens im Blut vor. Plasminogen wird ebenfalls durch limitierte Proteolyse aktiviert, wobei sogenannte Plasminogenaktivatoren notwendig sind.

18.3 Blutplasma

Die nicht corpusculären Bestandteile des Blutes können in ***hochmolekulare*** Bestandteile wie ***Proteine*** und ***Lipoproteine***, sowie in ***niedermolekulare*** Bestandteile eingeteilt werden.

! **Blutplasma enthält weit über 100 unterschiedliche Proteine.**

Nach Abtrennung der corpusculären Elemente des Blutes erhält man das ***Blutplasma***. Dieses enthält weit über 100 unterschiedliche Proteine als physiologische Bestandteile. Es handelt sich überwiegend um ***Glycoproteine***, die meist in der Leber oder im Lymphgewebe synthetisiert werden.

Eine Grobauftrennung der Plasmaproteine ist durch die ***Trägerelektrophorese*** möglich (Abb. 18.14). Dabei lassen sich fünf Fraktionen unterscheiden, nämlich Albumin, $\alpha1$-, $\alpha2$-, β- und γ-Globuline. Die relativen Verhältnisse der einzelnen Fraktion geben gewisse Aufschlüsse über zugrundeliegende Erkrankungen wie Lebererkrankungen, Infektionen, Störungen des Immunsystems u. a. Eine Verfeinerung dieser Methode läßt sich durch die ***Immunelektrophorese*** oder andere immunologische Verfahren erzielen, die jedoch einen wesentlich größeren analytischen Aufwand erfordern.

Nach ihrer Funktion lassen sich die Plasmaproteine in mehrere Gruppen einteilen:

- ***Immunglobuline*** sind mit der Abwehrfunktion betraut, ihre Funktion wird in Kap. 19 besprochen.
- Bei den ***Komponenten des Komplementsystems*** handelt es sich um insgesamt etwa 19 Proteine, deren Zusammenspiel für die

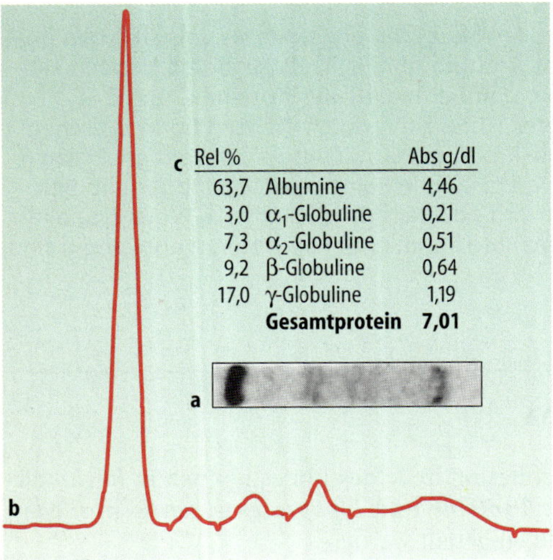

Abb. 18.14 a–c Trennung der Proteine eines normalen Serums auf Celluloseacetatfolie. **a** Trägermaterial nach Beendigung der Elektrophorese. **b** Die bei der photometrischen Auswertung der Färbebänder entstandene Extinktionskurve *(rot)*. **c** Die Zahlen geben die Werte an, die bei der Integration der Flächen unter den einzelnen Gipfeln der Extinktionskurve ermittelt werden (Relativprozente). Bei bekanntem Gesamtproteingehalt kann daraus die absolute Menge der einzelnen Fraktionen berechnet werden *(g/dl)*

Komplementaktivierung und Komplementfunktion von großer Bedeutung ist (S. 561).

- Bei den Proteinen der ***Blutgerinnung*** und ***Fibrinolyse*** handelt es sich um ein Kaskadensystem von Proteasen einschließlich der zugehörigen ***Proteinaseinhibitoren***, das auf den S. 529–536 besprochen wird.
- Zu den Hauptfunktionen der ***Transportproteine*** gehört der Transport anderer Proteine bzw. schlecht wasserlöslicher Verbindungen. Ein Hauptvertreter dieser Gruppe ist das ***Albumin***. Andere Proteine sind für den Transport von Steroidhormonen, fettlöslichen Vitaminen, Cobalamin sowie Spurenelementen verantwortlich. ***α2-Haptoglobin*** ist ein für den Hämoglobintransport im Blut verantwortliches Protein.
- ***Lipoproteine*** stellen Komplexe aus Lipiden und Apolipoproteinen dar und sind für den Transport der verschiedenen Lipidgruppen im Blut verantwortlich. Funktion und Stoffwechsel der Lipoproteine werden in Kap. 6 besprochen.

- ***Akute Phase Proteine*** werden von der Leber in der akuten Phase von Entzündungsreaktionen freigesetzt und sind Bestandteile des angeborenen Abwehrsystems (S. 542).

Im Blut transportierte niedermolekulare Stoffe spiegeln Aufnahme, Austausch zwischen Geweben sowie Ausscheidung von Substraten und Ionen wider.

Als niedermolekulare Komponenten des Blutplasmas werden die Energieträger ***Glucose, Lactat, Ketonkörper, Fettsäuren*** sowie ***Aminosäuren*** transportiert. Die ihrer enteralen Resorption, ihrem Transport im Blut sowie ihrem Stoffwechsel in unterschiedlichen Geweben zugrundeliegenden Vorgänge sind in den entsprechenden Kapiteln besprochen.

Die sogenannte ***Reststickstoff-Fraktion*** gibt Auskunft über den Umsatz im Aminosäure- und Proteinstoffwechsel sowie die Funktion der Nieren. Zu dieser Fraktion gehören als wichtigstes Endprodukt des Aminosäurestoffwechsels der ***Harnstoff***, daneben die ***Harnsäure*** als Endprodukt des Purinstoffwechsels, das ***Kreatin*** und ***Kreatinin*** sowie freie Aminosäuren. Jeder stärkere Anstieg des Reststickstoffs im Serum wird als ***Azotämie*** oder ***Urämie*** bezeichnet und beruht auf der mangelnden Ausscheidung harnpflichtiger Substanzen durch die Nieren.

Außer Energieträgern und ausscheidungspflichtigen Verbindungen wird im Plasma eine große Zahl weiterer Verbindungen transportiert, z. B. ***Alkali-*** und ***Erdalkalimetalle*** sowie ***Spurenelemente***. Darüber hinaus ist das Plasma der Träger der ***Puffersysteme*** des Blutes.

Über Säurebasenhaushalt und Puffersysteme des Blutes s. Lehrbücher der Physiologie

WICHTIG

Blutplasma enthält weit über 100 unterschiedliche Proteine, deren Funktion u. a. die Abwehr, der Transport der verschiedensten meist hydrophoben Verbindungen sowie das Blutgerinnungs- und Fibrinolysesystem ist. Außerdem werden im Blutplasma eine große Zahl niedermolekularer Stoffe, vor allem resorbierte Nahrungsstoffe, Vitamine, Ionen und ausscheidungspflichtige Substanzen transportiert. Schließlich ist das Blutplasma Träger der Puffereigenschaften des Blutes.

19 Unspezifische und spezifische Abwehr

LERNZIELE

- Das unspezifische Abwehrsystem
- Antigene und Antigenpräsentation
- Mechanismen der Immunantwort
- Aufbau, Biosynthese und Funktion von Immunglobulinen
- Komplementsystem
- Immuntoleranz

Zur Abwehr körperfremder Moleküle, Molekülverbände und Organismen steht ein umfangreiches Arsenal zur Verfügung, das sich in das unspezifische Abwehrsystem und das adaptive Immunsystem einteilen läßt.

Das erstere schützt den Organismus in der Frühphase von Infekten, bis das adaptive Immunsystem aktiv geworden ist. Es besteht im wesentlichen aus zellulären, phagocytierenden Elementen sowie dem auf dem alternativen Weg aktivierten Komplementsystem.

Von größerer Bedeutung ist das adaptive Immunsystem. Es beruht auf der Aktivität von Lymphocyten, die als T- und B-Lymphocyten vorkommen. Beide Lymphocytenpopulationen werden durch den Kontakt mit Fremdstoffen, die auch als Antigene bezeichnet werden, aktiviert. T-Lymphocyten sind dabei darauf spezialisiert, fremde Erreger zu attackieren und zu lysieren. B-Lymphocyten produzieren und sezernieren spezifische Plasmaproteine, die Antikörper oder Immunglobuline. Diese sind imstande, sehr spezifisch mit Antigenen in Wechselwirkung zu treten und diese zu binden. Dies ist dann das Signal zur Eliminierung des Antigens, die beispielsweise durch Phagocytose oder aber durch Lyse infolge der Aktivierung des Komplementsystems auf dem klassischen Weg erfolgen kann.

19.1 Das unspezifische Abwehrsystem

Das angeborene oder unspezifische Abwehrsystem schützt den Organismus für einige Tage, bis andere Systeme, z.B. die Lymphocyten, aktiviert werden. Im Mittelpunkt dieses Abwehrsystems stehen

- das ***Komplementsystem***, wenn es über den alternativen Weg aktiviert wird (S. 564), sowie
- ***Makrophagen***, deren Aktivierung zur Freisetzung von Interleukin 6 und 1 (IL-6, IL-1) führt und damit in der Leber die Sekretion von ***akute-Phase-Proteinen*** (S. 623) auslöst. Diese machen Bakterien für das Komplementsystem angreifbar.

!

WICHTIG
Die erste Antwort des Organismus auf bakterielle Infekte benützt das angeborene Abwehrsystem. Es beruht auf der Aktivität phagocytierender Makrophagen sowie dem über den alternativen Weg aktivierten Komplementsystem.

19.2 Antigene und Antigenpräsentation

Die besondere Leistungsfähigkeit der erworbenen, adaptiven Immunantwort beruht darauf, daß die einzelnen zellulären Bestandteile des Immunsystems die hochspezifische Eliminierung körperfremder Moleküle oder Molekülaggregate, die als ***Antigene*** bezeichnet werden, erlernen. Dies macht verständlich, warum das Immunsystem auch solche Stoffe als Antigene erkennen kann, die erst in jüngster Zeit erstmalig chemisch synthetisiert wurden und damit Verbindungen darstellen, die theoretisch im Bauplan des Organismus gar nicht vorhanden sein können (z.B. Arzneimittel).

!

Vom Immunsystem spezifisch als fremd erkannte Strukturen werden als Antigene bezeichnet.

Jede Verbindung, die eine Aktivierung der adaptiven Immunantwort auslöst, wird als Antigen bezeichnet. Verbindungen, die als Antigene dienen können, sind:

- ***körperfremde Substanzen höheren Molekulargewichts***, überwiegend Proteine, gelegentlich aber auch Nucleinsäuren, Polysaccharide, komplexe Oberflächenstrukturen von Bakterien, Viren sowie Pflanzen- und Staubteilchen.
- Als körperfremd und damit antigen können auch molekulare Strukturen erkannt werden, die unter pathologischen Umständen im Organismus selbst gebildet werden. Dies trifft vor allem für Proteine zu, die durch das virale Genom codiert, aber intrazellulär synthetisiert werden.
- In sehr seltenen Fällen kommt es zur Ausbildung von Antikörpern gegen körpereigene Verbindungen, was entsprechende Krankheitserscheinungen auslöst. Man spricht dann von sogenannten ***Autoimmunerkrankungen***.

Eine genaue Analyse des Verhältnisses von Molekülgröße und Auslösung der Immunantwort hat ergeben, daß häufig nur ein kleiner Teil eines Makromoleküls zur Auslösung der Immunantwort ausreicht. Bei Proteinen hat ein derartiges ***Epitop*** oder ***antigene Determinante*** meist eine Größe von etwa 10 Aminosäuren. Auf einem Protein sind demnach eine größere Zahl derartiger Epitope vorhanden, was für die Spezifität der Immunantwort (s. u.) von großer Bedeutung ist.

Der Organismus kann auch auf niedermolekulare Verbindungen mit einer Antikörperbildung reagieren (Arzeimittelallergien, z. B. Penicillinallergie). In diesem Fall spricht man nicht von Antigenen sondern von ***Haptenen***. Ein Hapten löst nur dann eine Immunantwort aus, wenn es relativ fest an ein Trägerprotein gebunden ist.

! **Die Präsentation von Antigenen bzw. Antigenfragmenten ist eine Voraussetzung für die Immunantwort.**

Die Tatsache, daß immer eine größere Zahl von Oberflächenbereichen eines Makromoleküls als Epitope dienen und daß jedes einzelne dieser Epitope die Ausbildung einer spezifischen Immunantwort im Organismus auslösen kann, konnte durch die Entdeckung der ***Antigenpräsentation*** als einem Grundprinzip bei der Antigenerkennung befriedigend erklärt werden. Dieses Konzept sieht folgende Schritte bei der Antigenerkennung vor:

- Beim erstmaligen Kontakt eines Antigens mit dem Organismus wird dieses Antigen von ***Antigen-präsentierenden Zellen*** internalisiert. Handelt es sich von vornherein um ein intrazelluläres Antigen, ist dieser Schritt nicht notwendig.

- Nach der Internalisierung wird das Antigen intrazellulär durch ***Proteolyse*** fragmentiert.
- Die dabei entstehenden Fragmente werden zusammen mit spezifischen Membranproteinen auf der ***Zelloberfläche*** präsentiert.
- Die für die Präsentation notwendigen Proteine wurden ursprünglich bei Transplantationsexperimenten identifiziert und infolgedessen auch als ***Haupthistokompatibilitätskomplex*** (***MHC***-Komplex, *engl.* major histocompatibility complex) bezeichnet. Proteine des MHC-Komplexes kommen in den Klassen I und II vor. Da MHC-Proteine besonders auf Lymphocyten nachweisbar sind, werden sie auch als ***humane Lymphocytenantigene*** (HLA) bezeichnet.

MHC-I- bzw. MHC-II-Proteine unterscheiden sich nicht nur im Aufbau, sondern auch in ihrer Funktion (Abb. 19.1; Abb. 19.2 a,b).

MHC-I-Proteine: MHC-I-Proteine finden sich auf allen ***kernhaltigen Zellen***, es handelt sich um monomere, integrale Membranproteine mit drei extrazellulären Domänen α_1, α_2 und α_3. MHC-I-Proteine sind mit einem ***β_2-Mikroglobulin*** assoziiert.

Peptide, die von MHC-I-Proteinen präsentiert werden, entstehen durch Proteolyse ***intrazellulär synthetisierter*** Proteine im ***Proteasom***

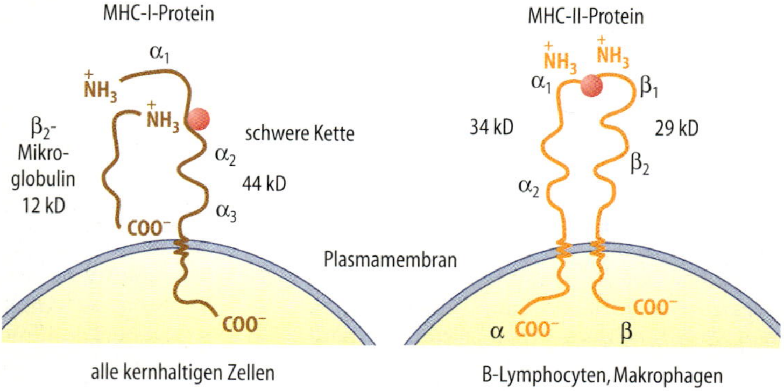

Abb. 19.1 Der Aufbau der MHC-Proteine. Das MHC-I-Protein ist ein monomeres integrales Membranprotein. Das präsentierte Peptid befindet sich in einer Spalte zwischen den Domänen $\alpha1$ und $\alpha2$. Ein weiterer Bestandteil des MHC-I- Komplexes ist das $\beta2$-Mikroglobulin. Das MHC-II-Protein ist ein symmetrisches Heterodimer aus einer α- und einer β-Kette. Die Peptidbindungsstelle wird durch die beiden N-Terminalen Domänen gebildet

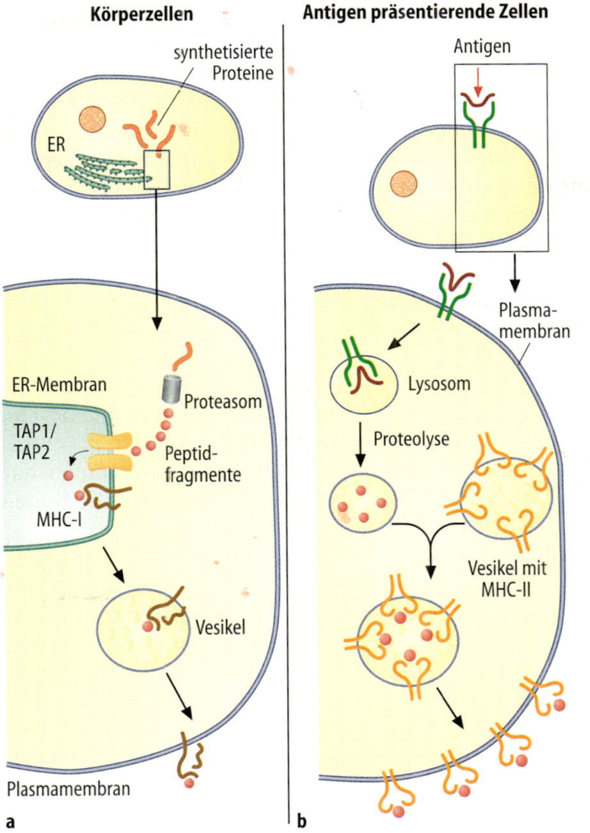

Abb. 19.2 a, b Antigenpräsentation durch MHC-Proteine. **a** Ein Teil der intrazellulär synthetisierten Proteine wird im Proteasom fragmentiert. Die dabei entstehenden Peptide werden durch einen Transportkomplex in das endoplasmatische Reticulum transportiert, wo sie von MHC-I-Proteinen gebunden und mit ihnen an die Zelloberfläche transportiert werden. **b** Extrazelluläre Antigene werden Rezeptor-vermittelt von Antigen-präsentierenden Zellen durch Endocytose aufgenommen und lysosomal zu Peptiden fragmentiert. Nach Fusionierung mit aus dem Golgi-Apparat stammenden, MHC-II-Proteine enthaltenden Vesikeln erfolgt die Bindung an MHC-II-Proteine und der anschließende Transport an die Zelloberfläche

(S. 264). Unter Vermittlung des ***TAP-1/TAP-2-Transportkomplexes*** gelangen die dabei entstehenden Fragmente in das endoplasmatische Reticulum und werden dort von MHC-I-Proteinen in einer Spalte zwischen der α_1- und α_2-Domäne gebunden. Anschließend werden sie vesikulär an die Zelloberfläche transportiert und dort präsentiert (Abb. 19.2 a). Dies führt dazu, daß jede Körperzelle ihrer Umgebung einen Satz von Peptiden präsentiert, durch den sie als „***selbst***" erkennbar ist. Werden Körperzellen z. B. von Viren befallen, die den zelleigenen Proteinbiosyntheseapparat in ihren Dienst stellen, werden ***körperfremde, virale*** Peptidfragmente präsentiert, die eine Identifikation und Eliminierung derartiger Zellen durch das Immunsystem möglich machen. Auf ähnliche Weise können transformierte Zellen entfernt werden.

MHC-II-Proteine: MHC-II-Proteine werden nur auf ***B-Lymphocyten, Makrophagen*** und den ***Langerhans-Zellen des Immunsystems*** exprimiert. Das MHC-II-Protein ist ein symmetrisches Heterodimer aus einer α- und β-Kette. Die Peptidbindungsstelle wird durch die beiden N-terminalen Domänen gebildet (Abb. 19.1).

Zellen, die MHC-II-Proteine enthalten, sind sogenannte ***Antigenpräsentierende Zellen.*** In ihnen werden die Antigene nach Bindung an entsprechende Rezeptoren durch Endocytose aufgenommen und in ***sekundären Lysosomen*** (S. 443) zu Peptiden fragmentiert. Diese werden von MHC-II-Proteinen gebunden und anschließend vesikulär in die Plasmamembran translociert (Abb. 19.2 b).

Die Gene für die Proteine des MHC-Komplexes liegen auf Chromosom 16. Sie kommen dort in einer Vielzahl verschiedener ***Allele*** vor, durch die sich einzelne Menschen voneinander unterscheiden. Alle Gene des menschlichen MHC-Komplexes werden ***codominant*** exprimiert, d. h. gleichberechtigt vom väterlichen oder mütterlichen Chromosom. Die Gene kommen in jedem Haplotyp insgesamt zweimal vor. Dies bedeutet, daß jede Zelle eines Menschen sechs möglicherweise verschiedene MHC-I-Proteine und aufgrund von α-β-Mischungen noch mehr MHC-II-Proteine exprimiert. Damit wird die Wahrscheinlichkeit, daß ein Individuum mit einem nichtverwandten anderen Individuum zufällig die gleichen MHC-Gene besitzt, außerordentlich gering. Diese Unterschiede in der Ausstattung mit MHC-Proteinen sind für die ***Abstoßungsreaktion*** bei Transplantationen verantwortlich.

! WICHTIG

Das adaptive Immunsystem dient der spezifischen Eliminierung körperfremder Moleküle oder Molekülaggregate, die als Antigene bezeichnet werden. Es ist imstande, diese Fähigkeit quasi zu erlernen, was es möglich macht, auch neue chemische Verbindungen als Antigene zu erkennen.

Die meisten Antigene sind Proteine oder Polysaccharide mit höherem Molekulargewicht. Zur Auslösung einer Immunantwort ist allerdings häufig nur ein kleiner als Epitop bezeichneter Bereich des als Antigen wirkenden Makromoleküls notwendig, Verbindungen geringeren Molekulargewichtes können nur dann eine Immunantwort auslösen, wenn sie an ein Protein assoziiert sind. Sie werden in diesem Fall als Haptene bezeichnet.

Eine wesentliche Voraussetzung für die Immunantwort ist die Präsentation von Antigenen bzw. Antigenfragmenten. Dieses Phänomen beruht darauf, daß durch Endocytose aufgenommene oder intrazellulär synthetisierte Antigene durch Proteolyse fragmentiert und anschließend mit MHC-Proteinen auf der Zelloberfläche präsentiert werden. MHC-Proteine der Klasse I kommen dabei auf allen Körperzellen vor, solche der Klasse II lediglich auf sogenannten Antigen-präsentierenden Zellen, also Makrophagen und B-Lymphocyten.

19.3 Mechanismen der Immunantwort

T- bzw. B-Lymphocyten sind die zellulären Komponenten des adaptiven Immunsystems.

Die Lymphocyten sind die wichtigsten Träger des adaptiven Abwehrsystems des Organismus gegen Antigene jeder Art. Außerdem richtet sich ihre Aktivität gegen fremde (Bakterien) oder veränderte eigene Zellen (z. B. Krebszellen), welche auf ihrer Oberfläche spezifische Strukturen, die ***antigenen Strukturen***, enthalten.

Im ***peripheren Blut*** lassen sich etwa 2000–4000 Lymphocyten/mm^3 nachweisen. Diese Zahl stellt jedoch nur einen geringen Teil der Gesamtpopulation dar. 99 % der insgesamt etwa 10^{12} Lymphocyten des Organismus befinden sich im ***Knochenmark,*** im ***Thymus*** und in den Lymphknoten.

Im Organismus existieren zwei unterschiedliche Lymphocytenfamilien:

- Die ***B-Lymphocyten*** machen etwa 10 % des zirkulierenden Lymphocytenpools aus. Um funktionsfähig zu werden, machen B-Lymphocyten eine ***Differenzierung*** durch, die bei Säugern im Lymphknoten, der Milz und anderen sekundären Lymphorganen stattfindet. Differenzierte B-Lymphocyten werden durch ***Kontakt*** mit einem Antigen aktiviert, welches zunächst an entsprechende Oberflächenrezeptoren der B-Lymphocyten, die ***B-Zellrezeptoren***, gebunden ist. Dies löst die Umwandlung zu sogenannten ***Plasmazellen*** aus, die spezifische, gegen das Antigen gerichtete ***Immunglobuline*** oder *Antikörper* bilden und durch Sekretion an das Blut abgeben. Damit sind Lymphocyten und die von ihnen abgeleiteten Plasmazellen die Träger der ***humoralen Immunantwort.***
- ***T-Lymphocyten*** machen etwa 70 % der im Blut zirkulierenden Lymphocyten aus. Ihre ***Differenzierung*** erfolgt im Thymus. T-Lymphocyten verfügen über einen als ***T-Zellrezeptor*** bezeichneten, in der Plasmamembran lokalisierten Proteinkomplex (s. u.). Dieser kann Antigene binden, die ihm mit Hilfe der ***MHC-Komplexe*** präsentiert werden. Die maximale Bindungsfähigkeit erlangt der T-Zellrezeptor allerdings nur zusammen mit einem Corezeptor. Dieser kommt in zwei unterschiedlichen Formen vor, die jeweils T-Lymphocyten-Subtypen charakterisieren und deren Funktion bestimmen.
- ***Cytotoxische T-Lymphocyten*** tragen den Corezeptor ***CD 8*** (*CD = engl.:* cluster of differentiation). Ihr T-Zellrezeptor reagiert mit MHC-I-Proteinen, die „fremde“ Antigenpeptide tragen und damit potentiell mit allen virusinfizierten bzw. transformierten Körperzellen.
- ***T-Helfer-Lymphocyten*** und ***inflammatorische T-Lymphocyten*** tragen den Corezeptor ***CD 4.*** Ihr T-Zellrezeptor reagiert mit MHC-II-Proteinen, die „fremde“ Antigenpeptide tragen und damit potentiell mit Antigen-präsentierenden Zellen.
- Etwa 20 % der im Blut zirkulierenden Zellen läßt sich keiner der genannten Subtypen zuordnen

Die Aktivierung von T-Lymphocyten führt zu ihrer Differenzierung zu Effektorzellen.

Die Aktivierung von T-Lymphocyten zu ***Effektorzellen*** setzt den Kontakt mit Antigen-präsentierenden Zellen voraus. Dabei sind folgende Schritte von Bedeutung:

- T-Lymphocyten verfügen über einen ***T-Zellrezeptor***. Dieser ist ein aus einer α- und einer β-Kette bestehendes dimeres ***Transmembranprotein***, das auf der extrazellulären Seite eine variable Region besitzt. Diese entsteht ähnlich wie bei den Immunglobulinen der B-Lymphocyten durch ***genetische Rekombination*** aus einer Vielzahl von V-, D- und J-Genen (s. u.). Dies führt dazu, daß die T-Zellrezeptoren eine ähnliche Vielfalt wie die Antikörper aufweisen.
- Mit Hilfe des T-Zellrezeptors werden hoch spezifische Peptidantigene erkannt, die mit MHC-I- bzw. MHC-II-Proteinen präsentiert werden.
- Die Bindung des entsprechenden Liganden an den T-Zellrezeptor löst die Sekretion von IL-2 sowie die Expression eines Il-2-Rezeptors durch die T-Lymphocyten aus. IL-2 stimuliert als autokriner Wachstumsfaktor die Proliferation der T-Lymphocyten.

Aktivierung von T-Lymphocyten zu cytotoxischen CD 8-T-Lymphocyten: T-Lymphocyten mit dem Corezeptor ***CD 8*** treten mit Hilfe ihres ***T-Zellrezeptors*** in Wechselwirkung mit Zellen, die Antigenpeptide mit Hilfe der ***MHC-I-Proteine*** präsentieren. In Frage kommen also grundsätzlich alle Körperzellen, die von ihnen selbst synthetisierte aber als „***nicht selbst***“ erkannte Peptide präsentieren. Meist handelt es sich um ***virusinfizierte*** oder ***transformierte*** Zellen. Abbildung 19.3 stellt den dabei entstehenden Komplex dar.

Die Bindung des entsprechenden Liganden an den T-Zellrezeptor löst eine komplexe ***Signaltransduktion*** aus, die letztendlich zur Änderung der ***Genexpression*** in den jetzt aktivierten cytotoxischen T-Lymphocyten führt. Dies beinhaltet die Synthese cytotoxischer Proteine wie Membranporen-bildende ***Perforine*** und ***Proteasen***, die die Antigen-präsentierenden Zellen gezielt abtöten.

Aktivierung von CD 4-T-Lymphocyten zu CD 4-T-Helferzellen: T-Lymphocyten mit dem ***Corezeptor CD 4*** treten mit Antigen-präsentierenden Zellen in Kontakt, die ***MHC-II-Proteine*** präsentieren. Es handelt sich also im wesentlichen um ***Makrophagen*** und ***B-Lympho-***

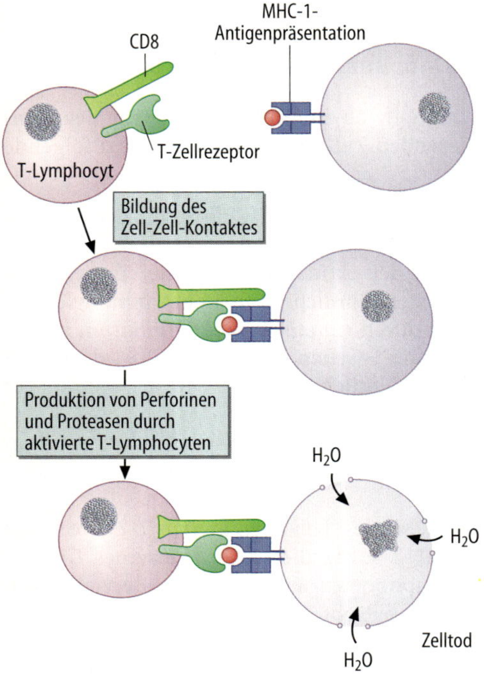

Abb. 19.3 Molekularer Organismus der Signalübertragung in CD8-T-Lymphocyten. (Einzelheiten s. Text)

cyten. Abbildung 19.4 stellt den Ablauf dieses Vorgangs dar. Die Antigenpräsentation durch B-Lymphocyten und die Bindung an den T-Zellrezeptor führt zur Expression des Proteins B 7 auf dem B-Lymphocyten, das mit dem CD 28 des T-Lymphocyten interagiert. Die Konsequenz dieser Vorgänge ist, daß in den T-Lymphocyten IL-2 und v. a. IL-4 gebildet werden, die für die Umwandlung von B-Lymphocyten in Antikörper-produzierende Plasmazellen verantwortlich sind.

Eine Untergruppe der CD 4-T-Lymphocyten geht bei ihrer Aktivierung in ***inflammatorische CD 4-T-Lymphocyten*** über. Diese bilden eine Reihe von Cytokinen wie z. B. ***Interferon γ*** oder ***TNF-β*** (S. 463) und können mit diesen Makrophagen aktivieren oder infizierte Zellen abtöten, so daß sie von Makrophagen phagozytiert werden. Sie spielen damit eine wichtige Rolle bei der Abwehr intrazellulärer Pa-

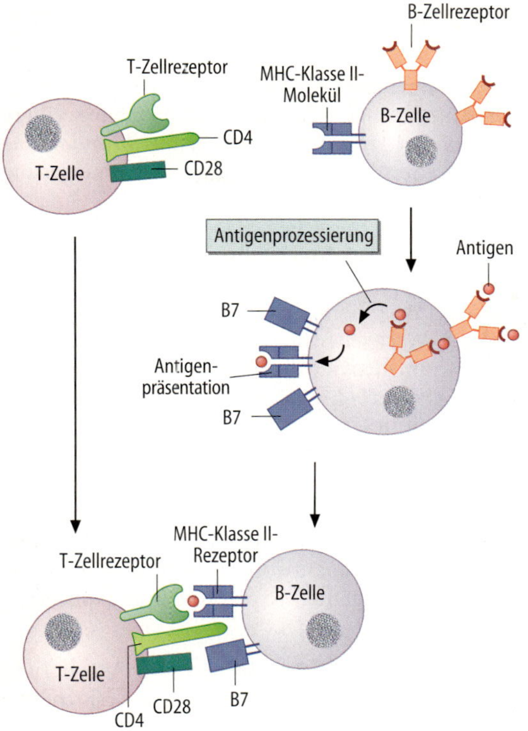

Abb. 19.4 Wechselwirkung zwischen B- und T-Lymphocyten. Die Reaktion von Antigenpeptid-beladenem MHC-II-Protein mit dem T-Zellrezeptor führt zur Expression des Proteins B7, das mit dem CD28 des T-Lymphocyten interagiert. Dies führt zur vermehrten Freisetzung der Interleukine 2 und 4

thogene, die den Tötungsversuchen nichtaktivierter Makrophagen widerstanden haben.

!

Die Aktivierung von B-Lymphocyten führt zur Differenzierung zu Antikörper-sezernierenden Plasmazellen.

Die Aktivierung von B-Lymphocyten ist ein komplexer, mehrstufiger Prozeß, der mit der Expression des ***B-Lymphocytenrezeptors*** auf B-Lymphocyten beginnt und mit deren Umwandlung in eine Antikörper-produzierende ***Plasmazelle*** endet. Die einzelnen Stufen dieses Vorgangs sind:

- Die Expression des B-Zellrezeptors auf der Oberfläche von B-Lymphocyten. Strukturell entspricht der B-Zellrezeptor einem ***monomeren IgM-Molekül*** mit einer ***Transmembrandomäne*** (S. 389), dessen Antigenbindungsstelle durch Genumlagerung (s. u.) entstanden ist.
- Bindet ein Antigen an den B-Zellrezeptor, so wird der entstehende ***Liganden-Rezeptor-Komplex*** internalisiert, lysosomal fragmentiert und die dabei entstehenden Antigenpeptide mit Hilfe von ***MHC II-Proteinen*** präsentiert.
- Die oben geschilderte Wechselwirkung mit ***CD 4-positiven T-Lymphocyten*** führen zur Aktivierung der B-Lymphocyten. Es kommt zur Freisetzung von ***IL-4***, welches die ***klonale Expansion*** (s. u.) des B-Lymphocyten in Gang setzt.
- Schließlich differenzieren die aktivierten B-Lymphocyten zu ***Plasmazellen***, die auf die Synthese und Sekretion von ***Immunglobulinen*** (s. u.) spezialisiert sind. Eine Alternative ist die Umwandlung der aktivierten B-Lymphocyten in ***Gedächtniszellen***, die zwar bei der primären Immunantwort keine Immunglobuline sezernieren, dies aber bei erneuter Exposition mit demselben Antigen tun.

···› Über weitere Einzelheiten der Differenzierung und Aktivierung von Lymphocyten s. ausführliche Lehrbücher der Biochemie bzw. Immunologie

!

WICHTIG

T- bzw. B-Lymphocyten sind die zellulären Komponenten des adaptiven Immunsystems. Durch den Kontakt mit Antigen-präsentierenden Zellen können T-Lymphocyten entweder zu cytotoxischen CD8-T-Lymphocyten oder zu CD4-Helfer-T-Lymphocyten aktiviert werden. Im ersteren Fall treten T-Lymphocyten mit Hilfe eines spezifischen T-Zellrezeptors in Wechselwirkung mit Zellen, die Antigenfragmente mit Hilfe der MHC-I-Proteine präsentieren. Dies führt zur Expression cytotoxischer Proteine, wie porenbildender Perforine und Proteasen, die die Antigen-präsentierenden Zellen gezielt abtöten.

Die Aktivierung von CD4-T-Lymphocyten erfolgt durch Kontakt mit Antigen-präsentierenden Zellen, die MHC-II-Proteine präsentieren. Es handelt sich im wesentlichen um Makrophagen und B-Lymphocyten. Die Aktivierung zur CD4-T-Helferzelle führt zur Freisetzung der IL-2 und IL-4, die für die Umwandlung von B-Lymphocyten in Antikörper-produzierende Plasmazellen verantwortlich sind.

Die Aktivierung von B-Lymphocyten beginnt mit der Expression eines spezifischen B-Lymphocyten-Rezeptors, der strukturell einem monomeren IgM-Molekül mit einer Transmembrandomäne entspricht. Die Bindung eines Antigens an den B-Lymphocyten-Rezeptor führt zur Internalisierung und lysosomalen Fragmentierung des Antigens, das anschließend mit MHC-II-Proteinen präsentiert wird. Nach Kontakt mit einer T-Helferzelle (s. o.) erfolgt die klonale Expansion des B-Lymphocyten sowie die anschließende Differenzierung zu Antikörper-produzierenden Plasmazellen.

19.4 Aufbau, Biosynthese und Funktion von Immunglobulinen

!

Immunglobuline sind tetramere Proteine mit einer antigenbindenden Domäne.

Immunglobuline sind von ***Plasmazellen*** synthetisierte und sezernierte Glycoproteine, die mit Antigenen reagieren können. In der Serumelektrophorese wandern sie mit der Fraktion der ***γ-Globuline.*** Sie werden auch als ***Antikörper*** bezeichnet.

Abbildung 19.5 zeigt am Beispiel des ***Immunglobulins G*** (IgG) den Aufbau eines charakteristischen Antikörpermoleküls. IgG kommt im Vergleich zu den anderen Immunglobulinen im menschlichen Serum in der höchsten Konzentration vor. Seine Strukturelemente finden sich jedoch auch in den anderen Immunglobulinklassen:

- IgG ist ein symmetrisches, aus insgesamt ***vier Ketten*** aufgebautes Protein.
- Je zwei identische ***schwere Ketten*** (H-Ketten, heavy chains) und zwei ***leichte Ketten*** (L-Ketten, light chains) werden durch nichtkovalente Bindungen sowie durch Disulfidbrücken verknüpft, so daß eine stabile Y-förmige Struktur entsteht.

Durch Spaltung mit der Protease ***Papain*** lassen sich Antikörper in drei Fragmente zerlegen (Abb. 19.5):

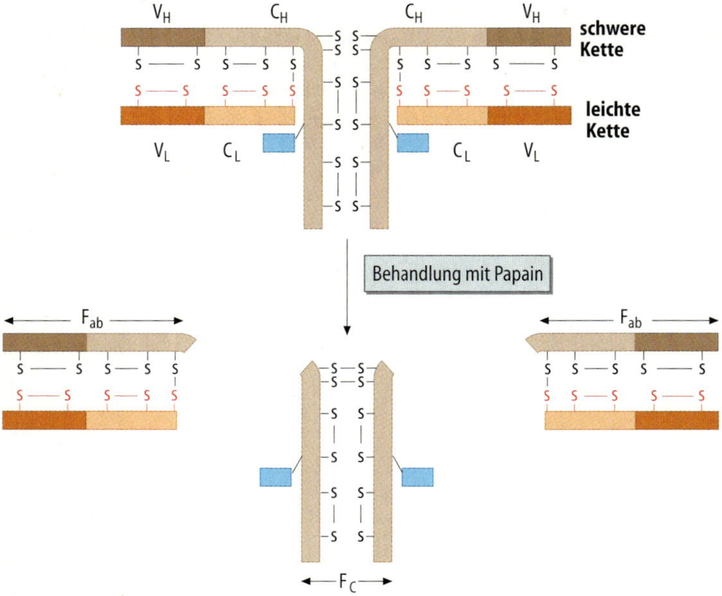

Abb. 19.5 Aufbau eines Antikörpers der IgG-Klasse. Die Ketten sind über nicht-kovalente Bindungen sowie drei Disulfidbrücken miteinander verbunden. Auch innerhalb einer Kette werden jeweils innerhalb einer Homologieregion (V_L, C_L, V_H, C_H1–3) Disulfidbrücken ausgebildet. Die Aufspaltung mit der Protease Papain führt zu zwei F_{ab}-Fragmenten und einem F_c-Fragment. *Blau* hervorgehoben ist der Kohlenhydratanteil

- Die beiden ***F_{ab}-Fragmente*** sind imstande, Antigene zu binden. Sie bestehen aus den beiden Schenkeln des Y-förmigen Immunglobulins, die jeweils aus den ***L-Ketten***, sowie einem Teil der ***H-Ketten*** gebildet werden.
- Das ***F_c-Fragment*** wird aus dem verbleibenden Rest der H-Ketten gebildet. Es enthält den gesamten Kohlenhydratanteil des Antikörpers.

Vergleicht man die Aminosäuresequenz von Antikörpermolekülen, so lassen sich Bereiche feststellen, die keine oder nur sehr geringe Unterschiede aufweisen, weswegen man sie auch als ***invariabel*** oder ***konstant*** bezeichnet. Der konstante Teil der H-Kette wird dementsprechend als C_H, derjenige der leichten Kette als C_L bezeichnet.

Speziell in der Gegend der Antigenbindungsstelle findet sich jedoch eine außerordentliche Variabilität der Aminosäuresequenz, so daß hier von ***variablen*** bzw. sogar ***hypervariablen Bezirken*** gesprochen wird. Für die H-Ketten spricht man von vom ***V_H-Bereich***, für die L-Ketten vom V_L-Bereich. Diese Variabilität spiegelt die Tatsache wider, daß Antikörper in sehr spezifischer Weise mit den verschiedensten Antigenen zu reagieren haben, was nur durch genaue Anpassung der Antikörperstruktur nach dem „Schlüssel-Schloß-Prinzip" an das jeweilige Antigen gelingt. Man nimmt an, daß der Organismus imstande ist, spezifische Antikörper gegen etwa 10^7–10^8 unterschiedliche Antigene zu bilden.

Die im menschlichen Plasma vorkommenden Immunglobuline werden in ***fünf Klassen*** unterteilt (Tabelle 19.1). Diese Unterteilung beruht darauf, daß die ***schweren Ketten*** der Immunglobuline in fünf Varianten vorkommen, die mit den griechischen Buchstaben γ, α, μ, δ und ε bezeichnet werden. So gehört ein Immunglobulin bei identischer leichter Kette zur Klasse IgG, wenn die schwere Kette dem γ-Typ zugehört, zum Typ IgA, wenn sie dem α-Typ zugehört usw.

Die Immunglobulinklassen haben unterschiedliche Funktionen:

- ***IgG*** sind mengenmäßig der wichtigste Vertreter der Immunglobuline und kommen im Plasma sowie der Kolostralmilch vor. IgG binden z. B. von Bakterien gebildete, im Plasma vorkommende ***Toxine***, aber auch ***Mikroorganismen***, so daß diese besser phagocytiert oder durch das Komplementsystem (s. u.) eliminiert werden können.
- ***IgA*** kommen im Speichel, der Tränen- und Nasalflüssigkeit, dem Schweiß, sowie in den Sekreten der Lungen und des Gastrointestinaltraktes vor. Sie liegen dort als Dimere in Kombination mit

Tabelle 19.1 Die Immunglobuline des menschlichen Serums

	IgG	IgA	IgM	IgD	IgE
Molekulargewicht	150 kD	160 kD (+ Aggregate)	900 kD (+ Aggregate)	184 kD	190 kD
Schwere Ketten	γ	α	μ	δ	ε
Leichte Ketten	κ/λ	κ/λ	κ/λ	κ/λ	κ/λ
Gesamtkohlenhydrate [%]	2,9	7,5	10,9		10,7
Gehalt im Normalplasma [g/l]	8–18	0,9–4,5	0,6–2,8	0,003–0,4	$1–14 \times 10^{-4}$

einem ***Joining Protein*** (J-Protein) sowie einem weiteren Glycoprotein, der sogenannten ***sekretorischen Komponente*** (SC-Komponente) (S. 618) vor. Die Funktion der IgA liegt im Schutz der ***Schleimhautoberfläche*** des Organismus vor bakteriellen Infektionen.

- ***IgM*** sind pentamere Aggregate. Sie werden hierzu wie die IgA durch ein J-Protein verknüpft. IgM gehören zu den frühesten im Verlauf einer Immunantwort produzierten Immunglobulinen. Sie sind besonders wirksame Aktivatoren des ***Komplementsystems*** (S. 561).
- ***IgE*** spielen eine besondere Rolle bei allergischen Reaktionen. Sie binden an einen spezifischen Rezeptor der ***Mastzellen*** und bewirken auf diese Weise nach Kontakt mit Antigen die Freigabe von Mediatorsubstanzen wie ***Histamin*** u. a. (S. 509).
- Über die biologische Funktion der ***IgD*** ist wenig bekannt.

Die Antikörpervielfalt kommt durch genetische Rekombination zustande.

Die Fähigkeit zur Produktion von etwa 10^7–10^8 unterschiedlichen Antikörperspezifitäten bedeutet, daß jeweils spezifische Aminosäuresequenzen in den variablen Teilen der F_{ab}-Fragmente der Antikörpermoleküle synthetisiert werden.

Diese Variabilität der V-Regionen und damit der Antikörpervielfalt wird durch ***genetische Rekombination*** hervorgerufen. Abbildung 19.6 stellt deren Mechanismus am Beispiel der Herstellung einer L-Kette eines Immunglobulins dar:

- Bei nicht differenzierten B-Lymphocyten liegen – wie übrigens auch in allen anderen somatischen Zellen des Organismus – im Genom einige hundert sogenannte ***V-Gene*** (V-Segmente) vor, die für die ersten 95 N-terminalen Aminosäuren des V-Teils einer L-Kette codieren.
- Davon abgesetzt finden sich fünf ***J-Gene***, von denen jedes die genetische Information für weitere fünf Aminosäuren des V-Teils der L-Kette enthält.
- Etwas weiter davon entfernt liegt schließlich das ***C-Gen***, das für den konstanten Teil der L-Kette codiert.
- Die Entwicklung von funktionsfähigen B-Lymphocyten beginnt mit der Verknüpfung eines ***beliebigen*** V-Gens an ein ***beliebiges*** J-Gen. Dabei werden die dazwischenliegenden Gensegmente eliminiert.

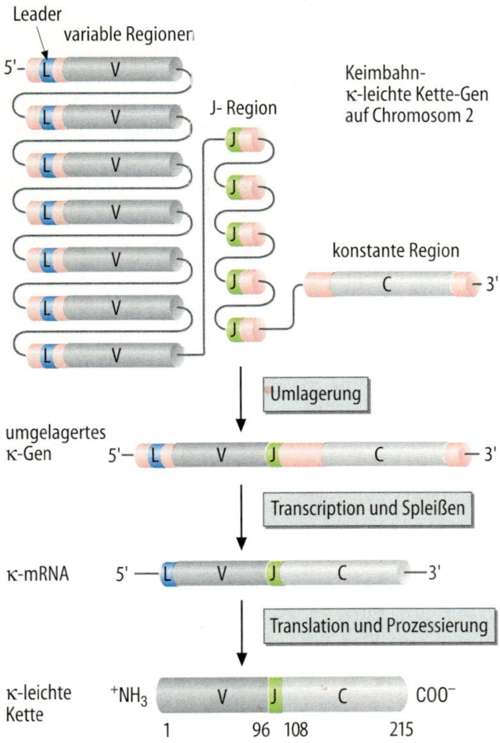

Abb. 19.6 Biosynthese einer L-Kette eines Immunglobulins durch genetische Rekombination. *L* Signalsequenz für die Einschleusung ins rauhe endoplasmatische Reticulum. (Einzelheiten s. Text)

- Die zwischen dem erwählten J-Gen und dem C-Gen gelegenen DNA-Abschnitte werden zwar noch transcribiert, danach aber durch Spleißen (S. 389) entfernt, so daß schließlich eine aus einem ***V-***, einem ***J-*** und einem ***C-Gentranscript*** bestehende mRNA entsteht, die die Matrize für die Herstellung einer fertigen L-Kette liefert. Allein mit den ca. 200 V-, den fünf J-Genen und einem C-Gen können also etwa 1000 L-Ketten mit verschiedenen variablen Teilen entstehen.

Im Prinzip erfolgt die Herstellung der H-Ketten in ähnlicher Weise. Aus den V- und den J-Genen lassen sich hier allerdings noch weitere Gene, die sogenannten ***D-Gene*** (*D* Diversität) nachweisen. Man geht davon aus, daß beim Menschen je eines aus etwa 75–100 V-Genen, 10–20 D-Genen und 6 J-Genen für die H-Kette kombiniert werden. Bei beliebiger Kombination können somit etwa 12000 H-Ketten hergestellt werden. Da L- und H-Ketten wiederum beliebig kombinierbar sind, lassen sich auf diese Weise etwa 10^7–10^8 unterschiedliche Antikörperspezifitäten erreichen.

Die oben geschilderten Rekombinationsereignisse finden während der Reifung von B-Lymphocyten aus Stammzellen des Knochenmarks ***unabhängig*** von der Anwesenheit eines Antigens statt. Dies führt zu einer entsprechend großen Zahl von B-Lymphocyten, die sich nur dadurch unterscheiden, daß jede ein ***anderes Gen*** für L- und H-Ketten besitzt. Diese Gene werden auch unabhängig von der Anwesenheit eines Antikörpers transcribiert und exprimiert, wobei zunächst eine ***schwere Kette*** des ***Typs μ*** verwendet wird, die im Gegensatz zu dem später vorhandenen IgM eine ***Transmembrandomäne*** besitzt. Dieser Subtyp des IgM dient danach als ***membrangebundener B-Zellrezeptor*** (s. o.) in der Plasmamembran von B-Lymphocyten, die in diesem Zustand lange verbleiben können. Ihre Aktivierung erfolgt erst bei Kontakt mit einem ***Antigen***, welches eine zum B-Zellrezeptor passende Determinante trägt. Durch die oben geschilderten Vorgänge (S. 551) erfolgt dann eine ***Proliferation*** dieses B-Lymphocyten, die auch als ***klonale Expansion*** bezeichnet wird und anschließend die ***einer*** Differenzierung zu ***Plasmazellen***, die die entsprechenden Antikörper produzieren und sezernieren. Dieser Vorgang wird auch als ***klonale Selektion*** bezeichnet.

Da die meisten Antigene über mehrere antigene Determinanten verfügen, werden auch mehrere unterschiedliche B-Lymphocyten aktiviert, so daß eine entsprechend größere Zahl von Plasmazellklonen entsteht. Die von ihnen gebildeten Antikörper werden in ihrer Gesamtheit auch als ***polyklonale Antikörper*** bezeichnet.

! **Die verschiedenen Immunglobulinklassen unterscheiden sich nur durch ihre schweren Ketten.**

Zu Beginn jeder Immunantwort werden zunächst IgM-Moleküle gebildet. Im Serum machen diese jedoch nur 10% der Immunglobuline aus, die überwiegend aus IgG bestehen. Die Grundlage dieses Phänomens ist der sog. Immunglobulin-Klassenwechsel:

- Nach der Zusammensetzung des variablen Teils der H-Ketten wird dieser zunächst mit der Cμ-Gensequenz verknüpft, die den

D-Genen am nächsten liegt. Dies führt zur Bildung von IgM-Immunglobulinen.

- Unter dem Einfluß von Cytokinen (IL-4, IL-5, TGFβ) kann es anschließend zur Verknüpfung der Gensequenz für den variablen Teil der H-Kette mit den weiter entfernt liegenden Cγ-, Cα- und Cε- Genen kommen, so daß IgG-, IgA- und IgE-Immunglobuline gebildet werden können.
- Die von einem aktivierten B-Lymphocyten bzw. einer Plasmazelle gebildeten Antikörperklassen unterscheiden sich nur in den C-Teilen der H-Ketten

!

Monoklonale Antikörper erkennen jeweils nur ein Epitop eines Antigens.

Für viele experimentelle und diagnostische Zwecke ist es von Vorteil, statt des üblichen polyklonalen Antikörpergemisches nach Immunisierung mit einem Antigen eine einheitliche, nur von einem B-Zellklon produzierte Antikörperspezies zur Verfügung zu haben. Ein Verfahren zur Herstellung derartiger ***monoklonaler Antikörper*** ist vor einigen Jahren von Köhler und Milstein entwickelt worden (Abb. 19.7):

- Zunächst wird eine Maus mit dem in Frage kommenden Antigen immunisiert. Hierbei entsteht je nach Art des Antigens eine mehr oder weniger große Zahl von ***aktivierten B-Lymphocyten***, die aus der Milz isoliert werden können.
- Um jeweils einen einzigen dieser B-Lymphocyten zu isolieren und seine Antikörperproduktion für möglichst lange Zeit aufrecht zu erhalten, werden ***Milzzellen*** der immunisierten Maus experimentell mit ***Myelomzellen*** fusioniert, wobei sog. ***Hybridomzellen*** entstehen.
- Da Myelomzellen als bösartig entartete Plasmazellen immortal sind, führt die Fusionierung zur ***Immortalisierung*** der Hybridomzellen. Diese können beliebig lange in Zellkultur gehalten werden und sind zur ***Antikörperproduktion*** imstande.
- Durch entsprechende ***Selektionsverfahren*** werden nichtfusionierte Myelomzellen bzw. B-Lymphocyten abgetrennt.
- Durch Vereinzeln der Hybridomzellen lassen sich Klone herstellen, die von je einem B-Lymphocyten abstammen und damit nur ***eine*** Antikörperspezies erzeugen.

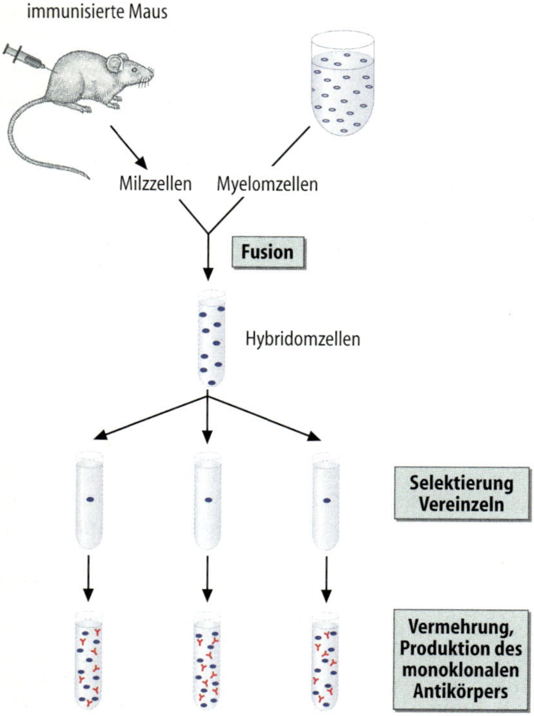

Abb. 19.7 Herstellung eines monoklonalen Antikörpers. (Einzelheiten s. Text)

> **!** WICHTIG
>
> Immunglobuline sind von Plasmazellen synthetisierte und sezernierte Glycoproteine, die spezifisch mit Antigenen reagieren können. Die allen Immunglobulinen zugrunde liegende Struktur ist ein Y-förmiges Proteinmolekül, welches aus je zwei leichten und zwei schweren Ketten zusammengesetzt ist. Man kann insgesamt fünf Klassen von Antikörpern unterscheiden, die sich durch Unterschiede des konstanten Teils der schweren Kette auszeichnen und unterschiedliche Funktionen haben. Die Antigen-bindende Domäne ist dabei in den ersten 90–100 N-terminalen Aminosäuren der schweren und leichten Kette lokalisiert.

Die Erzeugung der Vielfalt der Antigenbindungsstellen in Immunglobulinen (ca. 10^7- 10^8) erfolgt ohne Kontakt mit einem Antigen während der Reifung der B-Lymphocyten durch genetische Rekombination einer großen Zahl von V-, J- und D-Genen.

Da die meisten Antigene mehrere Epitope besitzen, löst der Kontakt des Antikörpers mit dem Immunsystem die Aktivierung einer größeren Zahl unterschiedlicher B-Lymphocyten aus, die ein Gemisch von gegen die verschiedenen Epitope gerichteten Antikörpern produzieren (polyklonale Antikörper). Ein experimentelles Verfahren zur Herstellung monoklonaler Antikörper beruht darauf, daß die nach Immunisierung eines Versuchstiers entstandenen aktivierten B-Lymphocyten mit Myelomzellen hybridisiert und dadurch immortalisiert werden. Vereinzelt man die entstehenden Hybridom-Zellen, so sind diese imstande, in Kultur einen Klon zu bilden, der jeweils nur ein Immunglobulin mit einer typischen Spezifität produziert.

19.5 Das Komplementsystem

Durch die nach entsprechender Aktivierung der B-Lymphocyten erfolgende Immunglobulinproduktion und durch die darauffolgende Bildung der Antigen-Antikörperkomplexe werden antigene Strukturen zwar mit Antikörpern „markiert"[1], sie sind jedoch damit noch nicht unschädlich gemacht.

Bei löslichen Antigen-Antikörperkomplexen erfolgt die Eliminierung durch ***Granulocyten***, die einen ***Fc-Rezeptor*** besitzen, der Antigen-Antikörperkomplexe bindet, die danach durch ***Phagocytose*** aufgenommen und abgebaut werden.

Anders ist es dagegen bei der Eliminierung von Bakterienzellen. Wenn diese mit Antikörpern markiert sind, kommt es zur Aktivierung des ***Komplementsystems*** (Abb.19.8). Dieses ist aus mindestens 20 verschiedenen Plasmaproteinen zusammengesetzt, die ähnlich wie die Proteine der Blutgerinnung oder der Fibrinolyse in einem

[1] Eine derartige Markierung von antigenen Strukturen auf Zelloberflächen wird auch als Opsonierung bezeichnet. Immunglobuline sowie Komplementkomponenten wie C3b sind sog. Opsonine.

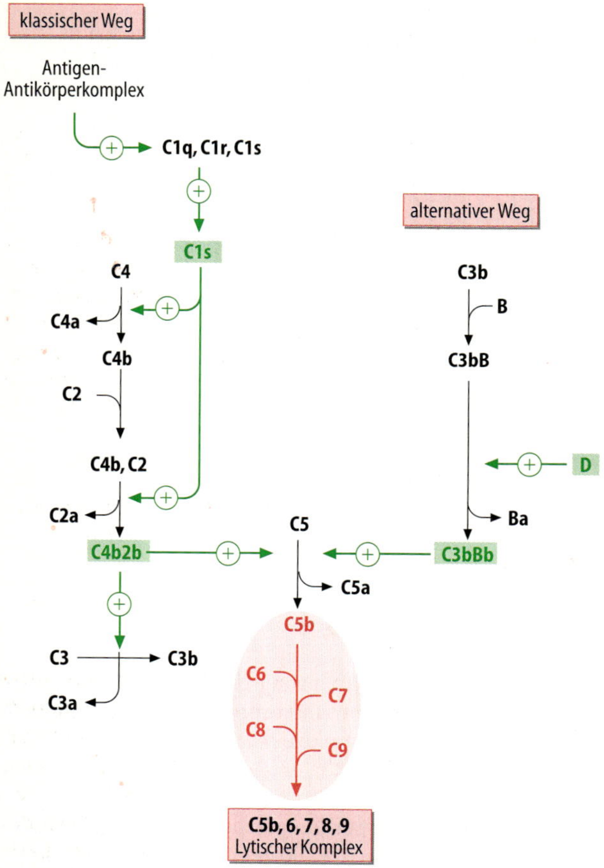

Abb. 19.8 Aktivierung des Komplementsystems über den klassischen bzw. den alternativen Weg. Aktive Proteasen sind *grün* dargestellt, proteolytische, zur Aktivierung führende Reaktionen sind mit *grünen Pfeilen* hervorgehoben. (Weitere Einzelheiten s. Text)

Kaskadensystem zusammenwirken, bei dem spezifische Proteasen durch limitierte Proteolyse aktiviert werden. Die einzelnen Komponenten des Komplementsystems werden mit *C* (*engl.* complement) und einer Ziffer bezeichnet, aktive Proteasen zusätzlich meist mit einer Überstreichung.

!

Die Aktivierung des Komplementsystems führt zur Ausbildung der Zellyse.

Die ***Lyse*** der vom Komplementsystem attackierten (Bakterien-)Zellen beruht auf der Bildung einer auch elektronenoptisch sichtbaren ***Pore*** in der Zellmembran, die durch die Komponenten ***C5b, C6, C7, C8*** und ***C9*** des Komplementsystems gebildet wird. Der Auslöser hierfür ist die Komponente ***C5b***, die durch ***limitierte Proteolyse*** aus der Komplementkomponente C5 entsteht. Die Pore ermöglicht beispielsweise das Eindringen von Ionen in die betroffene Zelle bzw. den Verlust zellulärer Komponenten und führt damit schließlich zur Zellyse.

Für die Aktivierung der Komplementkomponente C5 zu C5b stehen zwei Wege zur Verfügung, der ***klassische*** bzw. der ***alternative Weg***.

!

Die Aktivierung des Komplementsystems auf dem klassischen Weg benötigt wenigstens zwei benachbarte F_c-Enden von Antikörpermolekülen, die ein zelluläres Antigen gebunden haben.

Der klassische Weg der Komplementaktivierung führt in folgenden Schritten zur proteolytischen Aktivierung des Faktors C5:

- Zunächst bindet die Komplementkomponente ***C1q*** an ein ***Antigen-Antikörper-Aggregat*** auf der Oberfläche der zu lysierenden Zelle. Damit dies erfolgreich geschehen kann, sind wenigstens ***zwei*** benachbarte F_c-Teile von Antikörpern notwendig. Damit ist der wirksamste Aktivator des Komplementsystems das pentamere ***IgM***, bei der die Nachbarschaft der F_c-Teile vorgegeben ist.
- An C1q lagern sich die Komponenten ***C1r*** und ***C1s*** an. Dies führt zur Aktivierung der proteolytischen Aktivität von C1s.
- C1s spaltet die Komplementkomponente C4 zu C4a und C4b, wobei das Bruchstück C4b an die mikrobielle Oberfläche bindet.
- An C4b bindet C2, das anschließend von C1s zu C2b und C2a gespalten wird.
- Der Komplex der Komplementkomponenten C4b und C2b (***C4b,2b***) ist proteolytisch als C3/C5-Konvertase aktiv.
- Die C3/C5-Konvertase spaltet die Komplementkomponente C3 in C3a und C3b. C3b opsoniert z. B. Bakterienoberflächen und liefert diese damit dem Angriff durch Makrophagen aus. Außerdem setzt es den alternativen Weg der Komplementaktivierung in Gang und verstärkt so den klassischen Weg.

- Die C3/C5-Konvertase spaltet C5 in C5a und C5b, welches die Bildung des lytischen Komplexes auslöst

!

Der alternative Weg der Komplementaktivierung ist Antikörper-unabhängig.

Der alternative Weg der Komplementaktivierung ist vermutlich immer in geringem Umfang aktiv. Er verläuft in folgenden Schritten:

- In geringen Mengen durch die Aktivität von Plasmaproteasen entstehendes ***C3b*** wird von (Bakterien-)Zelloberflächen gebunden und lagert sich mit einer als ***B*** bezeichneten Komplementkomponente zusammen.
- Dieser Komplex ist Substrat der ***Protease D***, welches nun die B-Untereinheit des Komplexes C3bB spaltet.
- Der dabei entstehende ***C3b,Bb-Komplex*** dient als C5-Konvertase und löst damit ebenfalls die Bildung des lytischen Komplexes aus.

Da die Komplementkomponente C3b sowohl in einer Antikörper-abhängigen Reaktion gebildet werden kann, als auch spontan durch Plasmaproteasen entsteht und dann auf der Oberfläche von Bakterien fixiert wird, stellt das Komplementsystem eine Verbindung des adaptiven mit dem angeborenen Immunsystem dar. Es ist für die Eliminierung von Bakterien von entscheidender Bedeutung. Darüber hinaus lösen die löslichen Komplementfragment C3a, C4a und C5a eine ***lokale Entzündungsreaktion*** aus. Sie führen zu Kontraktionen der glatten Muskulatur, erhöhen die Gefäßpermeabilität und rekrutieren Granulocyten und Monocyten an Gefäßwände, was die Voraussetzung für die Einwanderung in das Entzündungsgebiet darstellt.

!

WICHTIG

Die wesentliche Funktion des Komplementsystems besteht in der gezielten Abtötung fremder Organismen, meist Bakterienzellen. Zu diesem Zweck bilden die Komplementproteine C5b, C6, C7, C8 und C9 in der attackierten Zelle eine Pore, die den Einstrom von Wasser und Ionen ermöglicht und zur Lyse der attackierten Zelle führt.

Die Porenbildung wird eingeleitet durch eine proteolytische Aktivierung der Komplementkomponente C5 zu C5b. Hierfür ist der klassische bzw. der alternative Weg der Komplementaktivierung verantwortlich.

Beim klassischen Weg erfolgt die Aktivierung durch Bindung der Komplementkomponenten C1 q an Immunglobuline, die Epitope auf der Oberfläche von Bakterienzellen gebunden haben. Dies löst eine proteolytische Kaskade aus, an deren Ende die Aktivierung der C5-Konvertase und die Bildung von C5 b aus C5 steht.

Im alternativen Weg genügt zur Aktivierung die Fixierung der Komplementkomponente C3 b auf Bakterienoberflächen. Zusammen mit den Faktoren B und D wird hierdurch ebenfalls eine C5-Konvertase erzeugt, die C5 in C5 b umwandelt.

19.6 Immuntoleranz

Ein bemerkenswertes Phänomen ist die Fähigkeit des Immunsystems, zwischen „selbst" und „fremd" zu unterscheiden. Dies wird durch eine Reihe unterschiedlicher Mechanismen ermöglicht:

- Möglicherweise exprimieren noch ***unreife B-Lymphocyten*** einen funktionellen Rezeptor auf ihrer Oberfläche. Trifft dieser auf ein körpereigenes und für ihn passendes Antigen, wird der betreffende B-Lymphocyt eliminiert. Da körpereigene Antigene immer im Überfluß vorhanden sind, würde ein solcher Mechanismus zum Verschwinden solcher B-Lymphocyten führen, die eine Spezifität gegen körpereigene Antigene aufweisen.
- Eine weitere Möglichkeit ist die Eliminierung der gegen „selbst"-Antigene gerichteten ***T-Lymphocyten***. Dieser Vorgang findet im Thymus statt und beruht darauf, daß T-Lymphocyten, die von Thymusmakrophagen präsentierte „selbst"-MHC-Proteine in Assoziation mit „selbst"-Antigenpeptiden erkennen, auf noch unbekannte Weise zerstört werden. Damit bleiben nur die Zellen übrig, die Rezeptoren für „selbst"-MHC in Assoziation mit „fremd"-Antigenpeptiden bzw. „fremd"-MHC mit beliebigen Antigenpeptiden besitzen und mit den entsprechenden T-Zellrezeptoren reagieren können (S. 549).
- Da dieser Vorgang auch ***T-Helfer-Lymphocyten*** betreffen muß, verhindert er auch eine B-Zell-Differenzierung und Immunglobulinproduktion, da die für beide Vorgänge notwendigen Interleukine nicht gebildet werden könnten. Da aktivierte B-Lymphocyten ohne diese Faktoren innerhalb weniger Tage absterben, führt dieser Mechanismus zur Immuntoleranz.

!

WICHTIG

Es kommt nur selten und unter pathologischen Bedingungen vor, daß sich die Aktivitäten des adaptiven Immunsystems gegen den eigenen Organismus richten. Bei diesem Vorgang entstehen dann die sogenannten Autoimmunerkrankungen. Normalerweise werden sie durch das Phänomen der Immuntoleranz verhindert. Diese beruht darauf, daß es keine T- bzw. B-Lymphocyten gibt, die mit Hilfe ihrer Rezeptoren die Kombination „selbst"- MHC mit „selbst"- Antigenpeptid erkennen können.

19.7 Pathobiochemie des Immunsystems

Erkrankungen des Immunsystems sind relativ häufig und reichen von relativ harmlosen Erscheinungen wie dem ***Heuschnupfen*** bis hin zu lebensbedrohenden Erkrankungen wie beispielsweise ***AIDS*** (S. 419) oder schweren Autoimmunerkrankungen. Tabelle 19.2 stellt eine Auswahl dieser Erkrankungen zusammen. Prinzipiell kann unterschieden werden zwischen Defekten des Immunsystems und Erkrankungen, die durch seine Überaktivität ausgelöst sind.

Immunschwächeerkrankungen können erblich oder erworben sein. Die Ursachen der erblichen Immunschwächeerkrankungen beruhen häufig darauf, daß keine T- bzw. B-Lymphocyten gebildet werden können oder die Immunantwort wegen Defekten in den notwendigen Signaltransduktionsketten nicht ablaufen können. Besonders bekannt ist der ***schwere kombinierte Immundefekt*** (SCID). Er kann u. a. durch einen genetischen Defekt der ***Adenosindesaminase*** (S. 326) hervorgerufen werden. Dadurch sammeln sich toxische Zwischenprodukte des Purinstoffwechsels an, die die T-Lymphocytenentwicklung hemmen.

Die wichtigste erworbene Immunschwächeerkrankung ist ***AIDS*** (S. 419). Diese durch ***HIV*** verursachte Erkrankung führt nach mehrjähriger Latenzzeit zum allmählichen Verschwinden von ***CD 4-T-Lymphocyten***, da diese bevorzugt von HIV befallen werden. Die Patienten gehen dann an einem allgemeinen Zusammenbruch des Immunsystems zugrunde, der durch das Auftreten sogenannter ***opportunistischer Infektionen*** und einiger ***Krebsarten*** gekennzeichnet ist.

Besonders vielfältig sind die Erkrankungen des Immunsystems, die auf einer überschießenden oder fehlerhaften Immunreaktion be-

Tabelle 19.2 Störungen der Funktion des Immunsystems (Auswahl)

	Ursache	Erkrankungen (Beispiele)	Folgen
Immunschwäche	Gendefekte	ADA-Mangel	Allgemeine Infektanfälligkeit wegen des Fehlens von T-Zellen
	HIV-Infektion	AIDS	Tod nach Verschwinden von CD4-T-Lymphocyten wegen Befall mit HIV
Verstärkte Immunreaktionen	Verstärkte IgE-Produktion	Allergien vom Soforttyp	Heuschnupfen, Asthma bronchiale
	Überaktivität inflammatorischer T-Lymphocyten	Überempfindlichkeitsreaktionen vom verzögerten Typ	Kontakthypersensibilität der Haut
	Antikörperproduktion gegen „Selbst"	Autoimmunerkrankungen	Typ I-Diabetes Hyperthyreose
	Aktivierung von cytotoxischen T-Lymphocyten gegen „fremd"-MHC-I-Proteine	Transplantatabstoßung	–

ADA Adenosindesaminase.

ruhen. So reichen IgE-vermittelte allergische Reaktionen vom ***Heuschnupfen*** und ***Asthma bronchiale***, bei dem das Allergen durch Inhalation aufgenommen wird, bis zur ***Nahrungsmittelallergie*** und im schlimmsten Fall der zum Tod führenden ***systemischen Anaphylaxie***, wenn das Allergen intravenös zugeführt wird. Zugrunde liegt eine Prädisposition für IgE-vermittelte Immunantworten, die häufig vererbt wird und besonders gehäuft bei einem bestimmten MHC-II-Genotyp vorkommt. ***Autoimmunreaktionen***, die bei der Auslösung so schwerer Erkrankungen wie der ***Hyperthyreose*** (S. 472) bzw. dem ***Typ I-Diabetes mellitus*** (S. 492) beteiligt sind, beruhen auf einer gestörten Immuntoleranz. Von besonderer Bedeutung ist das Phänomen der ***Transplantatabstoßung.*** Hier steht die Aktivierung ***cytotoxischer T-Lymphocyten*** durch die fremden, vom Spender stammenden MHC-I-Proteine im Vordergrund.

! WICHTIG

Störungen des Immunsystems führen zu schweren Krankheiten. Eine Minderaktivität des Immunsystems wird als Immunschwäche bezeichnet und kann als Gendefekt auftreten oder erworben sein. Die Überaktivität des Immunsystems äußert sich u.a. in allergischen Reaktionen, Autoimmunerkrankungen sowie bei der Transplantatabstoßung.

20 Ernährung, Verdauung, Resorption

LERNZIELE
- Benötigte Nahrungsbestandteile für die Energiegewinnung
- Vitamine und Spurenelemente
- Gastrointestinale Sekrete
- Verdauung und Resorption von einzelnen Nahrungsbestandteilen
- Immunsystem des Intestinaltraktes
- Pathobiochemie

Die in den Lebensmitteln enthaltenen Nährstoffe werden oxidiert, um das für die Aufrechterhaltung von Stoffwechselprozessen benötigte ATP zu erzeugen. Sie dienen darüber hinaus aber auch als Bausteine zum Aufbau der verschiedenen Bestandteile von Zellen, Geweben und Organen. Eine besondere Bedeutung kommt dabei den sogenannten essentiellen Nahrungsbestandteilen zu. Es handelt sich hierbei um Verbindungen, die im Organismus selbst nicht aus einfachen Bestandteilen synthetisiert werden können. Zu ihnen gehören die acht für den Menschen essentiellen Aminosäuren, ohne deren ständige Zufuhr mit den Nahrungsproteinen keine körpereigene Proteinbiosynthese möglich ist. Essentielle Nahrungsbestandteile sind außerdem die essentiellen Fettsäuren. Bei ihnen handelt es sich um mehrfach ungesättigte Fettsäuren, die für den Membranaufbau, aber auch für die Herstellung wichtiger Signalmoleküle notwendig sind. Vitamine dienen der Herstellung wichtiger Coenzyme im Stoffwechsel. Ebenso haben die Spurenelemente eine Reihe wichtiger Aufgaben, meist als Bestandteile von Enzymen.

Im Gastrointestinaltrakt erfolgt die Verdauung und Resorption der Nahrungsstoffe. Der erstere Vorgang dient dazu, die meist aus Makromolekülen bestehenden Nahrungsstoffe wie Kohlenhydrate, Proteine und Lipide in die ihnen zugrunde liegenden monomeren Bestandteile zerlegt werden. Hierzu sind die Verdauungsenzyme des Intestinaltraktes sowie die im Magen gebildete Salzsäure notwendig. Erst nach der vollständigen Zerlegung der Nahrungsstoffe kann ihre Resorption, d.h. die endgültige Aufnahme in den Körper erfolgen. Prinzipiell müssen dabei alle Nahrungsstoffe durch die Epithelzellen des Intestinaltraktes transportiert werden. Für Zucker und Aminosäuren stehen hier spezifische, sekundär aktive Transportsysteme zur Verfügung. Die Aufnahme von Lipiden erfolgt nach deren Assoziation zu Mizellen. In den Mucosazellen werden aus den Nahrungslipiden nach Resynthese von Triacylglycerinen Chylomikronen gebildet, die an die Lymphbahnen abgegeben werden.

Ein komplexes System von gastrointestinalen Hormonen reguliert die Aktivität der Verdauungsdrüsen sowie die Motilität des Darms und sorgt schließlich dadurch für die hohe Effizienz von Verdauung und Resorption. Im Intestinaltrakt kommt der Organismus auch mit einer beachtlichen Zahl an Fremdstoffen sowie fremden Organismen wie Parasiten in Kontakt. Zu ihrer Eliminierung dient das umfangreiche gastrointestinale Immunsystem.

20.1 Für die Energiegewinnung benötigte Nahrungsbestandteile

Die Energieausbeute bei der biologischen Oxidation der Nahrungsstoffe entspricht ihrem physikalischen Brennwert.

Bei ausgeglichener Ernährung bleibt das Körpergewicht des gesunden Erwachsenen konstant. Er nimmt also genau soviel Nahrungsstoffe auf, wie zur Deckung des Energiebedarfs notwendig sind. Untersucht man die dabei entstehenden Ausscheidungsprodukte, so sind dies vor allem ***CO_2***, ***Wasser*** und ***Harnstoff***. Diese Verbindungen entstehen auch, wenn die wichtigsten Nahrungsbestandteile, nämlich Kohlenhydrate, Fette und Proteine in einer Kalorimeterbombe mit Sauerstoff verbrannt werden. Eine Ausnahme hiervon macht lediglich der beim Aufbau von Proteinen und Aminosäuren anfallende Ammoniak, der im tierischen Organismus in Form des Harnstoffs ausgeschieden wird, in der Kalorimeterbombe jedoch zu ***Salpetersäure*** oxidiert wird.

- Da im Stoffwechsel aus Kohlenhydraten, Fetten und Proteinen dieselben Endprodukte entstehen wie bei deren Oxidation in der Kalorimeterbombe, muß nach den Gesetzen der Thermodynamik die Energieausbeute beim Stoffwechsel dem Energiegewinn bei der Oxidation in der Kalorimeterbombe entsprechen. Daraus ergibt sich, daß für die Berechnung des ***physiologischen***

Tabelle 20.1 Physikalische Brennwerte der Grundstoffe der Nahrung sowie von Ethanol

1 g Protein	= 17,2 kJ (4,1 kcal)
1 g Kohlenhydrat	= 17,2 kJ (4,1 kcal)
1 g Fett	= 39,1 kJ (9,3 kcal)
1 g Ethanol	= 29,8 kJ (7,1 kcal)

Brennwertes eines Nahrungsmittels in erster Näherung dessen Brennwert aus dem Kalorimeter eingesetzt werden kann (Tabelle 20.1). Genaueres s. Lehrbücher der Physiologie bzw. der Ernährungslehre.

- Die Ermittlung des Energieumsatzes im Organismus kann durch Bestimmung der Wärmeproduktion in einem Kalorimeter erfolgen. Dieses auch als ***direkte Kalorimetrie*** bezeichnete Verfahren ist technisch aufwendig. Eine Alternative ist die ***indirekte Kalorimetrie.*** Hierbei geht man von der Tatsache aus, daß der Wasserstoff aller Substrate in der mitochondrialen Atmungskette mit Sauerstoff unter Wasserbildung reagiert, wobei gleichzeitig Energie freigesetzt wird. Damit wird der Sauerstoffverbrauch ein indirekter Parameter für die ***Nährstoffoxidation*** im Organismus und den Energieumsatz.

Die Berechnung der Energiebilanz eines Organismus aus der Menge an zugeführten Nahrungsstoffen kann leicht zu fehlerhaften Ergebnissen führen:

- Bei Überernährung ergibt sich eine ***positive Energiebilanz***, da im Überschuß zugeführte Nahrungsstoffe in körpereigene Speicherverbindung umgewandelt werden.
- Bei Unterernährung ergibt sich eine ***negative Energiebilanz***, da die Energiespeicher des Organismus zur Deckung des Fehlbetrages herangezogen werden.

Der Organismus verfügt über drei wichtige Energiespeicher:

- ***Glycogen*** ist der einzige Kohlenhydratspeicher und kommt im wesentlichen in der Leber und in der Muskulatur vor. Beim 70 kg schweren, normal Ernährten beträgt seine Menge etwa ***400 g.***
- Die im Fettgewebe gespeicherten ***Triacylglycerine*** sind die wichtigsten Lipidspeicher. Beim normal ernährten, 70 kg schweren Menschen finden sich etwa ***10–12 kg Fett,*** v. a. im Fettgewebe. Bei positiver Energiebilanz kann die Fettspeicherung unter Umständen groteske Formen annehmen.

- Einen potentiellen Speicher stellt auch das im Organismus vorhandene Protein, besonders das ***Muskelprotein*** dar. Im Gegensatz zu den anderen Speicherformen kann es jedoch nicht zu weniger als etwa 50% abgebaut werden, da sonst Proteine verloren gingen, die für die Strukturerhaltung des Organismus unentbehrlich sind.

Kohlenhydrate, Fette und Proteine können nicht ohne weiteres ineinander überführt werden. Der Abbau von Fetten führt zum Acetyl-CoA, welches nicht in Glucose umgewandelt werden kann. Der umgekehrte Vorgang, d.h. die Lipogenese aus Kohlenhydraten ist dagegen ohne weiteres möglich, wenn auch dieser Stoffwechselweg beim Menschen von eher untergeordneter Bedeutung ist. Auch die beim Proteinabbau entstehenden Aminosäuren können nur dann zur Gluconeogenese beitragen, wenn es sich um sogenannte glucogene Aminosäuren handelt. Glucogen sind diejenigen Aminosäuren, deren Abbau Pyruvat oder Zwischenprodukte des Citratcyclus mit fünf oder vier C-Atomen liefert (S. 279).

! **Die Zufuhr von Nahrungsproteinen ist zur Deckung obligater Stickstoffverluste notwendig.**

Aminosäuren werden vom Organismus für folgende Zwecke benötigt:

- Die ***20 proteinogenen Aminosäuren*** sind das Ausgangsmaterial für die Synthese sämtlicher vom Organismus benötigter ***Proteine.***
- ***Aminosäurestickstoff*** wird für die Biosynthese stickstoffhaltiger Verbindungen wie ***Purine*** oder ***Pyrimidine*** u.a. benötigt.
- Nach ***Decarboxylierung*** liefern manche Aminosäure ***Signalmoleküle*** (z.B. Histamin, Serotonin).
- Die ***glucogenen Aminosäuren*** (S. 279) dienen v.a. bei Nahrungskarenz der ***Gluconeogenese.***

Für die Proteinbiosynthese benötigt der Organismus 20 proteinogene Aminosäuren. Von diesen sind acht sogenannte ***essentielle Aminosäuren*** (Tabelle 20.2). Sie zeichnen sich dadurch aus, daß ihr C-Skelett vom Organismus nicht synthetisiert werden kann. Sie sind jedoch Bestandteile des Nahrungsproteins und müssen deswegen mit der Nahrung aufgenommen werden. Im Gegensatz dazu können die nichtessentiellen Aminosäuren auch ohne Proteinzufuhr vom Organismus synthetisiert werden. Voraussetzung ist nur, daß genügend Stickstoff, wenigstens in Form von NH_3 zur Verfügung steht.

Tabelle 20.2 Für den Menschen essentielle Aminosäuren

Aminosäure	Bedarf des Erwachsenen mg/kg Körpergewicht/Tag
Lysin	12
Methionin	10
Threonin	8
Isoleucin	12
Valin	14
Leucin	16
Phenylalanin	16
Tryptophan	3

Bei ausgeglichener Ernährung scheidet ein gesunder Erwachsener im Stoffwechselgleichgewicht genau diejenige Menge stickstoffhaltiger Verbindungen aus, die dem Stickstoffgehalt des zugeführten Nahrungsproteins entspricht. Er hat also eine ***ausgeglichene Stickstoffbilanz***. Das Hauptausscheidungsorgan stickstoffhaltiger Verbindungen ist die ***Niere***, die ausgeschiedenen Verbindungen sind

- Harnstoff
- Kreatinin
- Ammoniak und
- in geringem Umfang Aminosäuren.

Über einen relativ weiten Bereich ist die Stickstoffausscheidung proportional der Proteinzufuhr. Nimmt diese allerdings auf sehr niedrige Werte ab oder ernährt man sich gar proteinfrei, so stellt sich ein relativ konstanter Wert der Ausscheidung stickstoffhaltiger Verbindungen ein, wobei niemals der Wert 0 erreicht wird. Unter derartigen Bedingungen stellt sich also eine ***negative Stickstoffbilanz*** ein, d.h., es werden mehr stickstoffhaltige Verbindungen ausgeschieden als der Proteinzufuhr entspricht. Dieser ***obligatorische Stickstoffverlust*** beträgt bei proteinfrei ernährten erwachsenen Männern 54 mg/kg (Tabelle 20.3). Da Proteine ziemlich genau 16% Stickstoff enthalten, läßt sich daraus errechnen, daß der tägliche Stickstoffverlust einer Menge von ***340 mg Protein/kg Körpergewicht*** entspricht. Auf einen 70 kg schweren Erwachsenen umgerechnet bedeutet dies, daß bei proteinfreier Ernährung ein Verlust von etwa 24 g Protein/24 Std. auftritt. Theoretisch müßte eine tägliche Proteinzufuhr in dieser Höhe zur Aufrechterhaltung einer ausgeglichenen Stickstoffbilanz ausreichen. Aus Sicherheitsgründen nimmt man aber einen höheren Wert an, so daß nach Empfehlung der Weltgesundheitsorganisation eine

Tabelle 20.3 Obligatorischer Stickstoffverlust erwachsener Männer bei proteinfreier Ernährung und der entsprechende Verlust von Körperprotein. (Einzelheiten s. Text)

Obligatorische Verluste	Täglicher Stickstoffverlust mg/kg Körpergewicht		Entsprechende Proteinmenge g/kg Körpergewicht	
Urin (Harnstoff, Kreatinin, Ammoniak)	37		0,23	
		49		0,31
Faeces (nicht resorbierte Aminosäuren, in den Darm sezerniertes und nicht resorbiertes Protein), abgeschilferte Mucosazellen, Darmbakterien	12		0,08	
Haut [Sekrete der (Schweiß-)Drüsen (Harnstoff), abgestoßene Epithelzellen, Haare, Nägel]		3		0,02
Untergeordnete Ausscheidungswege		2		0,01
Gesamt (Durchschnittswert)		54		0,34
Gesamt (obere Grenze für den einzelnen[a])		70		0,45

[a] Zusätzliche 30% zum Durchschnittswert, um den oberen Bereich der Ausscheidung (zweifache Standardabweichung vom Mittelwert) abzudecken.

tägliche Proteinzufuhr von 0,7–1 g/kg Körpergewicht zur Aufrechterhaltung der Gesundheit empfohlen wird.

Ein wichtiger Wert für die Beurteilung eines Nahrungsstoffes als Proteinquelle ist die sogenannte ***biologische Wertigkeit***. Theoretisch erreicht sie beim Menschen dann den maximal nötigen Wert, wenn ein mit der Nahrung zugeführtes Protein dieselbe Aminosäurezusammensetzung wie diejenige menschlicher Proteine hat. Es ist klar, daß ein Protein, dessen Aminosäurezusammensetzung hiervon wesentlich abweicht, eine niedrigere biologische Wertigkeit hat.

Die tierischen Proteine aus Milch und Fleisch haben eine hohe biologische Wertigkeit, während pflanzliche Proteine deutlich niedrigere Werte zeigen. Gelatine, der die Aminosäure Tryptophan fehlt, hat beispielsweise eine besonders niedrige biologische Wertigkeit.

Der mengenmäßig wichtigste Nahrungsbestandteil sind Kohlenhydrate.

Bei normaler Ernährung sind Kohlenhydrate der wichtigste Nahrungsbestandteil. Sie dienen in erster Linie der Deckung des Energiebedarfs, daneben auch als Ausgangsprodukt für die Biosynthese einer großen Zahl von Verbindungen wie Lipiden, nichtessentiellen Aminosäuren usw. Bei der europäischen Durchschnittskost wird der größte Teil der mit der Nahrung zugeführten Kohlenhydrate in Form von ***Stärke*** bzw. ***Saccharose*** zugeführt. Vergleichsweise gering ist zusätzlich die Kohlenhydratzufuhr in Form von Fructose. Neugeborene und Säuglinge decken den größten Teil ihres Kohlenhydratbedarfs durch ***Lactose*** (S.91).

Bei ausgeglichener Ernährung sollten etwa 50–55 % des Energiebedarfs durch Kohlenhydrate gedeckt werden.

Fette sind der energiedichteste Nahrungsbestandteil und enthalten lipidlösliche Vitamine.

Nahrungslipide sind das energiedichteste Nahrungsmittel, da sie pro Gramm etwa 40 kJ enthalten. Sie eignen sich aus diesem Grund besonders gut zur Deckung eines erhöhten Energiebedarfs, wie er z.B. bei schwerster körperlicher Arbeit auftritt.

Nahrungslipide bestehen im wesentlichen aus ***Triacylglycerinen***. In der Nahrung sind Lipide darüber hinaus die Träger fettlöslicher, essentieller Nahrungsbestandteile, vor allem der ***fettlöslichen Vitamine*** (S. 578) sowie der ***essentiellen Fettsäuren*** (S.576). Außerdem gehört ***Cholesterin*** zu den Nahrungslipiden.

Der tägliche Bedarf an Nahrungslipiden liegt bei etwa 60 g/24 Std. Damit ist auch der Bedarf an fettlöslichen Vitaminen und essentiellen Fettsäuren gedeckt. Unter den bei uns herrschenden Ernährungsbedingungen wird allerdings pro Tag bis zu 130 g Fett zugeführt. Dies hat einige bemerkenswerte Konsequenzen:

- Wegen der schlechten Wasserlöslichkeit erfolgt der Fett-Transport im Blut immer in Form von ***Lipoproteinen*** (S. 207). Steigt die Konzentration besonders der cholesterinreichen Lipoproteine (LDL, S. 210) über den physiologischen Wert an, so besteht die Gefahr, daß Fette in der Gefäßwand abgelagert werden und dort der Bildung ***arteriosklerotischer Plaques*** Vorschub leisten.
- Ein großer Teil des im Überschuß zugeführten Nahrungsfettes wird im Fettgewebe gespeichert, führt also zur ***Adipositas*** (S. 642).

Tabelle 20.4 Die essentiellen Fettsäuren

Name	Struktur
Linolsäure (18:2)	$CH_3(CH_2)_4CH = CHCH_2CH = CH(CH_2)_7COO^-$
Linolensäure (18:3)	$CH_3CH_2CH = CHCH_2CH = CHCH_2CH = CH(CH)_2)_7 - COO^-$
Arachidonsäure (20:4)	$CH_3(CH_2)_4(CH = CHCH_2)_4(CH_2)_2 - COO^-$

Essentielle Fettsäuren gehören zur Gruppe der ungesättigten Fettsäuren und können vom Organismus nicht synthetisiert werden (Tabelle 20.4). Lediglich die Arachidonsäure wird aus Linolsäure gebildet und steht damit ebenfalls in enger Beziehung zur Gruppe der essentiellen Fettsäuren.

Essentielle Fettsäuren sind wichtige Bausteine von ***Membranlipiden*** und außerdem Ausgangspunkt für die Biosynthese der ***Eicosanoide*** (Prostaglandine und Derivate, Leukotriene, S. 180)

!

WICHTIG

Die Hauptbestandteile der Nahrung sind Kohlenhydrate, Lipide und Proteine. Nahrungskohlenhydrate bestehen bei unseren Ernährungsgewohnheiten überwiegend aus Stärke, in geringerem Umfang aus Saccharose und Lactose. Bei ihrer Verdauung entsteht überwiegend Glucose, die resorbiert wird und als Brennstoff für die Erzeugung von ATP sowie als Ausgangsmaterial für viele Biosynthesen dient. Die Nahrungslipide, überwiegend Triacylglycerine, sind die Träger der essentiellen Fettsäuren und der fettlöslichen Vitamine. Außerdem ist in ihnen das Nahrungscholesterin enthalten. Nach ihrer Resorption werden sie im Blut in Form von Chylomikronen transportiert.

Nahrungsproteine sind deswegen von großer Bedeutung, weil sie den Organismus mit den für die körpereigene Biosynthese benötigten Baustoffen versorgen. Dies trifft besonders für die essentiellen Aminosäuren zu, die im Organismus selbst nicht synthetisiert werden können.

20.2 Vitamine und Spurenelemente

Vitamine können vom menschlichen Organismus nicht synthetisiert werden.

Vitamine sind Nahrungsbestandteile, die nur in geringsten, katalytisch wirksamen Mengen in der Nahrung enthalten sein müssen.

- Sie können vom Organismus nicht synthetisiert werden.
- Sie haben essentielle Funktionen z. B. als Coenzyme oder Cofaktoren vieler Reaktionen.

Tabelle 20.5 stellt die bekannten Vitamine zusammen, die in ***wasser-*** bzw. ***fettlösliche Vitamine*** eingeteilt werden können. Die früher übliche Kennzeichnung mit den großen Buchstaben des Alphabets wird heute mehr und mehr durch eine Nomenklatur ersetzt, die auf chemischen Trivialnamen beruht.

Die mangelhafte bzw. fehlende Versorgung mit einem Vitamin führt zu einem als ***Hypovitaminose*** bzw. ***Avitaminose*** bezeichneten Zustand, der im allgemeinen mit einer Reihe mehr oder weniger spezifischer pathologischer Veränderungen einhergeht. Allen Vitaminmangelzuständen ist gemeinsam, daß ein vollständiges Fehlen eines bestimmten Vitamins in der Nahrung in kürzerer oder längerer Zeit zum Tod führt.

Zustände mit überhöhter Vitaminzufuhr können zur ***Hypervitaminose*** führen und kommen praktisch erst seit der Einführung von Vitaminpräparaten in hochgereinigter Form vor. Wasserlösliche Vitamine werden leicht über die Nieren ausgeschieden, so daß bei ihnen das Krankheitsbild einer Hypervitaminose nicht auftritt. Anders ist es bei den fettlöslichen Vitaminen, die im Organismus in den verschiedensten Organen gespeichert werden können. Zufuhr hoher Mengen derartiger Vitamine in Form von Arzneimitteln führt zu einer entsprechenden Hypervitaminose mit spezifischer Symptomatik.

Vitamine dienen als Coenzyme oder Cofaktoren.

Für die in Tabelle 20.5 zusammengestellten Vitamine ist nicht nur die biologisch aktive Form, sondern auch der molekulare Wirkungsmechanismus genau bekannt. Im allgemeinen dienen Vitamine nach entsprechender Modifikation ihrer Struktur als ***Coenzyme***

Tabelle 20.5 Einteilung der Vitamine nach ihrer Löslichkeit

Buchstabe	Name	Biologisch aktive Form	Biochemische Funktion
Fettlösliche Vitamine			
A	Retinol	Retinol bzw. Retinal	Photorezeption, Stabilisierung von Membranen
D	Cholecalciferol	1,25-Dihydroxycholecalciferol	Regulation der extrazellulären Calciumkonzentration
E	Tocopherol	Tocochinon (?)	Schutz von Membranlipiden vor (Per-)Oxidation
K	Phyllochinon	Difarnesylnaphthochinon	Carboxylierung von Glutamylresten in Proteinen (Coenzym)
Wasserlösliche Vitamine			
C	Ascorbinsäure	Ascorbinsäure	Redoxsystem, Hydroxylierungen (Coenzym)
B_1	Thiamin	Thiaminpyrophosphat	Dehydrierende Decarboxylierungen (Coenzym)
B_2	Riboflavin	FMN, FAD	Wasserstoffübertragungen (Coenzym)
	Niacin(amid)	NAD^+, $NADP^+$	Wasserstoffübertragungen (Coenzym)
B_6	Pyridoxin	Pyridoxalphosphat	Transaminierungen, Decarboxylierungen, Transsulfurierung (Coenzym)
	Pantothensäure	CoA-SH	Acylübertragungen (Coenzym)
	Biotin	Biocytin	Carboxylierungen (Coenzym)
	Folsäure	Tetrahydrofolsäure	1-Kohlenstoffatom-Übertragungen (Coenzym)
B_{12}	Cobalamin	5′-Desoxyadenosylcobalamin Methylcobalamin	C-C-Umlagerungen (Coenzym) 1-Kohlenstoffatom-Übertragungen (Coenzym)

im Stoffwechsel. Sie sind für ***Carboxylierungen, Decarboxylierungen, Redoxreaktionen*** und ***Gruppenübertragungen*** unerläßliche Verbindungen.

Aufgrund der genauen Kenntnis ihrer biologischen Funktion sind für eine Reihe von Vitaminen kompetitive Hemmstoffe synthetisiert worden, sogenannte ***Antivitamine.*** Zum Teil haben sich derartige Wirkstoffe als wertvolle Werkzeuge bei der Untersuchung des Wirkungsmechanismus von Vitaminen erwiesen, zum Teil werden sie je-

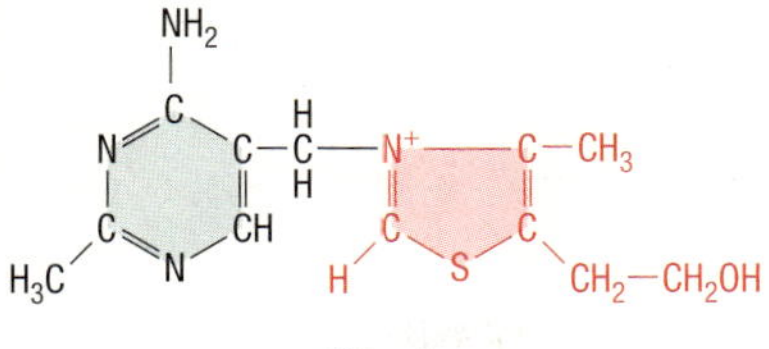

Abb. 20.1 Thiamin. Der für die Wirkung verantwortliche Teil des Moleküls ist *rot* hervorgehoben

doch auch therapeutisch verwendet, z. B. als ***Vitamin K-Antagonisten*** oder ***Folsäureantagonisten*** (S. 535, 586).

Thiamin (Vitamin B1): Thiamin besteht aus einem substituierten Thiazolring sowie einem Pyrimidinring (Abb. 20.1). Seine biologisch aktive Form ist das ***Thiaminpyrophosphat.*** Es wirkt als Coenzym bei

- dehydrierenden Decarboxylierungen sowie
- der Transketolase.

Der Wirkungsmechanismus beruht auf der Acidität des dem Stickstoff im Thiazolring benachbarten C-Atoms, das Verbindungen mit Ketogruppen anlagern und auf diese Weise reaktionsfreudiger machen kann.

Beispielhaft für die biochemische Funktion des Thiaminpyrophosphats ist die dehydrierende Decarboxylierung des Pyruvats durch die ***Pyruvatdehydrogenase.***

Thiaminmangelzustände sind relativ selten. In unseren Breiten finden sie sich gelegentlich bei Alkoholikern als Folge der durch die Alkoholkrankheit bedingten Fehlernährung.

Riboflavin (Vitamin B2): Abbildung 20.2 zeigt die chemische Struktur des Riboflavins sowie der von ihm abgeleiteten wasserstoffübertragenden Coenzyme ***Flavinmononucleotid*** (FMN) sowie ***Flavinadenindenucleotid*** (FAD). Flavinnucleotide enthaltende Enzyme (Flavoproteine) katalysieren

- oxidative Desaminierungen,
- Dehydrierungen von CH_2-CH_2-Gruppen zu CH = CH-Gruppen,
- Oxidationen von Aldehyden zu Säuren sowie
- Transhydrogenierungen (Abb. 20.3).

Nikotinsäureamid: Die biologisch aktive Form von Nikotinsäureamid bzw. Nikotinsäure sind die wasserstoffübertragenden Coenzyme

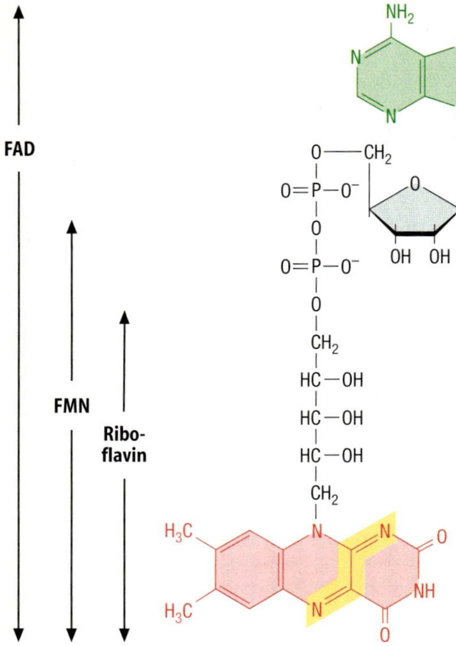

Abb. 20.2 Riboflavin und die von ihm abgeleiteten Coenzyme. Die Stickstoffatome, an denen die Anlagerung von 2 H erfolgt, sind *gelb* hervorgehoben

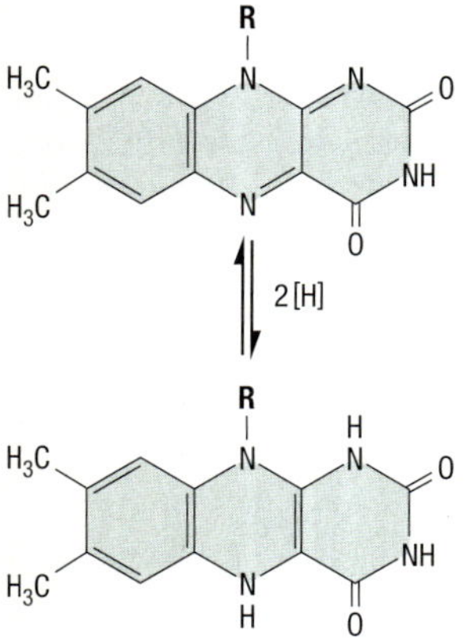

Abb. 20.3 Mechanismus der Flavin-katalysierten Redoxreaktion

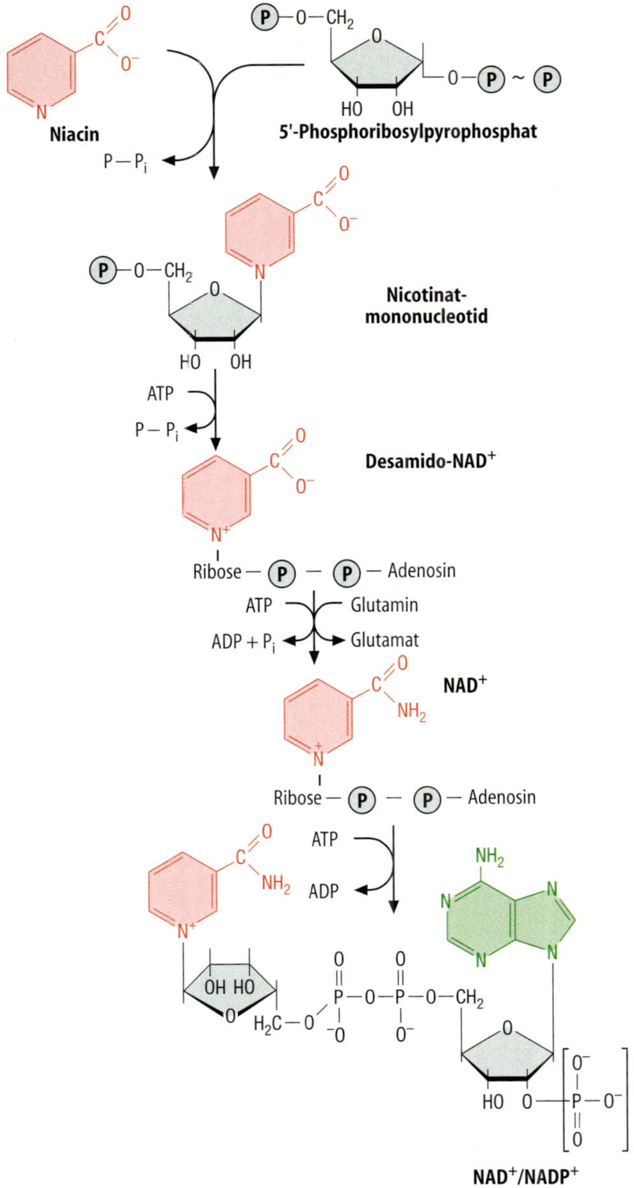

Abb. 20.4 Biosynthese von NAD^+ und $NADP^+$ aus Nikotinsäure

NAD$^+$ sowie ***NADP***$^+$ (Abb. 20.4). Als Zwischenprodukt bei der im Nucleolus stattfindenden NAD^+ ($NADP^+$)-Biosynthese tritt ***Nikotinsäuremononucleotid*** auf, welches in geringem Umfang beim Stoffwechsel des Tryptophans aus Chinolinsäure entsteht (S. 283).

Redoxreaktionen mit NAD^+ bzw. $NADP^+$ (Abb. 4.1) sind im Intermediärstoffwechsel außerordentlich häufig, so daß ein Nikotinsäuremangel zu schweren aber unspezifischen Stoffwechselstörungen führt. Diese treten allerdings nur dann auf, wenn die Nahrung relativ arm an Proteinen und speziell an Tryptophan ist.

Über die Bedeutung von NAD^+ bzw. $NADP^+$ für die Bestimmung von Enzymaktivitäten s. S. 64.

Biotin: Biotin ist ein Harnstoffderivat, das mit einem entsprechend modifizierten Thiophanring substituiert ist (Abb. 20.5). In seiner aktiven Form ist Biotin über eine Säureamidbindung zwischen der Carboxylgruppe seiner Seitenkette und der ε-Aminogruppe eines Lysylrestes der Peptidkette an die jeweiligen Enzymproteine gebunden.

Biotin ist das Coenzym für eine Reihe von ***Carboxylierungsreaktionen*** (S. 172, 230). Es dient dabei als Überträger der Carboxylgruppe (Abb. 20.5):

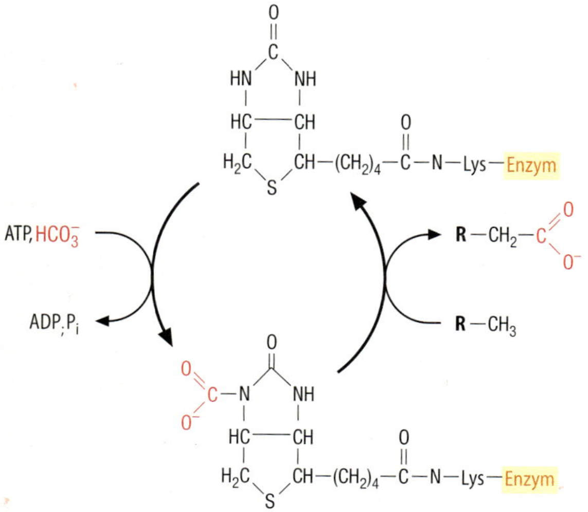

Abb. 20.5 Biotin und seine Funktion als Coenzym bei Carboxylierungen

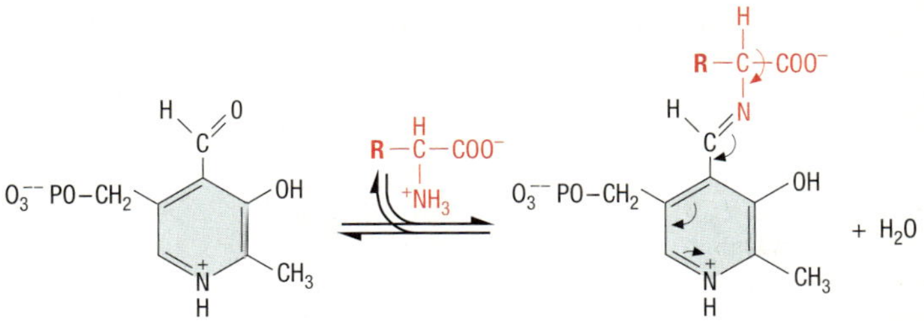

Abb. 20.6 Pyridoxalphosphat. Mit der α-Aminogruppe der Aminosäuren bildet Pyridoxalphosphat eine Schiff'sche Base, was zu einer Labilisierung der Bindungen am α-Atom führt

- In einer ersten ATP-abhängigen Teilreaktion wird Biotin zum Carboxybiotin carboxyliert.
- Anschließend erfolgt die Übertragung der Carboxylgruppe auf den geeigneten Akzeptor.

Biotin kommt in nahezu allen Nahrungsstoffen vor und wird darüber hinaus von Bakterien der Darmflora in großen Mengen produziert. Aus diesem Grund ist ein nahrungsbedingter Biotinmangel außerordentlich selten. Rohes Hühnereiweiß enthält das Glycoprotein Avidin, das Biotin bindet, seine Resorption verhindert und außerdem alle Biotin-katalysierten Reaktionen hemmt.

Pyridoxin (Vitamin B6): Pyridoxin kommt in der Natur als Alkohol (Pyridoxol) bzw. als Aldehyd (Pyridoxal) vor. Die Coenzymform ist das ***Pyridoxalphosphat*** (PALP), welches eine wesentliche Rolle bei vielen Reaktionen des Aminosäurestoffwelchsels spielt (S. 266). Das Prinzip aller Pyridoxalphosphat-abhängiger Reaktionen beruht auf der Bildung einer ***Schiff'schen Base*** zwischen der Aldehydgruppierung des Pyridoxalphosphats und der Aminogruppe von Aminosäuren (Abb. 20.6). Infolge der elektronenanziehenden Wirkung des Pyridinstickstoffs kommt es zu einer Labilisierung der Bindungen am α-C-Atom der Aminosäure. Je nachdem, welche Bindung in Abhängigkeit vom jeweiligen Enzymprotein labilisiert wird, werden ***Transaminierungen***, ***Decarboxylierungen,*** oder ***Eliminierungen*** katalysiert.

Pantothensäure: Pantothensäure (Abb. 20.7) ist Bestandteil von ***Coenzym A*** und der ***Fettsäuresynthase*** (S. 174).

Coenzym A ist das wichtigste Coenzym für den Fettstoffwechsel. Es bildet mit der Carboxylgruppe von Fettsäuren ***Thioester***, welche

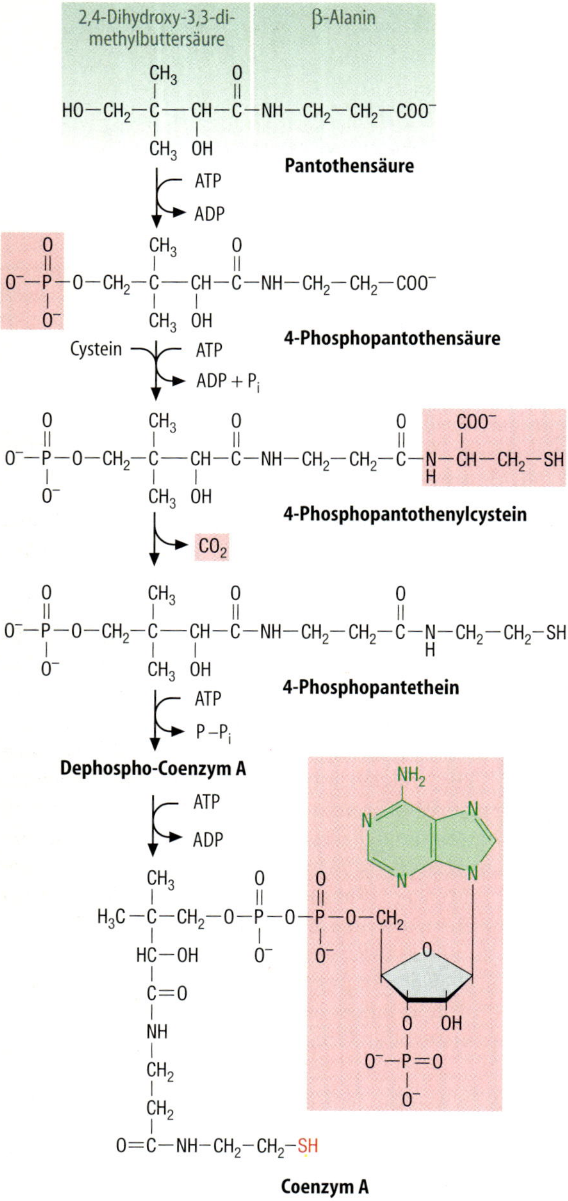
2,4-Dihydroxy-3,3-dimethylbuttersäure
β-Alanin
Pantothensäure
ATP
ADP
4-Phosphopantothensäure
Cystein
ATP
ADP + P_i
4-Phosphopantothenylcystein
CO_2
4-Phosphopantethein
ATP
P–P_i
Dephospho-Coenzym A
ATP
ADP
Coenzym A

Tabelle 20.6 Reaktionen von CoA-SH und seinen Derivaten (Auswahl)

CoA-SH	Thiolytische Spaltungen [β-Ketoacyl-CoA (S. 167), Acyladenylat (S. 164)], Umesterungen [Acetyllipoat (S. 224), Succinyllipoat (S. 224)]
Acetyl-CoA	Transfer der Acetylgruppe: Acetylierungen [Acetyl-Cholin, N-Acetylierung von Zuckern (S. 139), Fettsäuresynthase (S. 173)]. Reaktionen an der CH_3-Gruppe: Bildung von Citrat (S. 224), Malonyl-CoA (S.172)
Succinyl-CoA	Spaltung des Thioesters unter GTP-Gewinn (S. 225), Kondensation mit Glycin unter Bildung von δ-Aminolaevulinsäure (S. 520)
Acyl-CoA	β-Oxidation (S. 166), Acyltransfer bei Veresterungen, Lipidsynthese (S.181)

infolge ihres hohen Gruppenübertragungspotentials besonders reaktionsfreudig sind. Reaktionen, bei denen Coenzym A oder seine Derivate beteiligt sind, sind in Tabelle 20.6 zusammengestellt.

Infolge der weiten Verbreitung in allen Nahrungsmitteln gibt es keinen gesicherten Hinweis für die Existenz eines durch Fehlernährung hervorgerufenen Pantothensäuremangels beim Menschen.

Folsäure: Folsäure besteht aus Pteridin, p-Aminobenzoesäure und L-Glutamat. Die biologisch aktive Form der Folsäure ist die ***Tetrahydrofolsäure*** (FH_4), die durch NADPH-abhängige Reduktion mit Hilfe der ***Folatreduktase*** und der ***Dihydrofolatreduktase*** entsteht (Abb. 20.8).

FH_4 ist das Coenzym für die Übertragung von ***1-Kohlenstoffresten*** in Form von Methyl-, Formyl-, Formiat- bzw. Hydroxymethylresten. Die Träger dieser 1-Kohlenstoffgruppen sind die N-Atome in Position 5 bzw. 10 des Pteroylrestes. Durch die entsprechenden Dehydrogenasen bzw. Isomerasen können die 1-Kohlenstoffreste ineinander überführt werden (S. 286). Die an FH_4 gebundenen 1-Kohlenstoffreste sind für verschiedene Biosynthesen wichtig. Sie liefern:

- die C-Atome 2 und 8 des Purinkerns (S.315),
- den Kohlenstoff für die Methylgruppen von Thymin und Hydroxymethylcytosin (S. 321),
- den β-Kohlenstoff des Serins bei der Umwandlung von Glycin in Serin (S. 286),

◀ **Abb. 20.7** Biosynthese von Coenzym A aus Pantothensäure

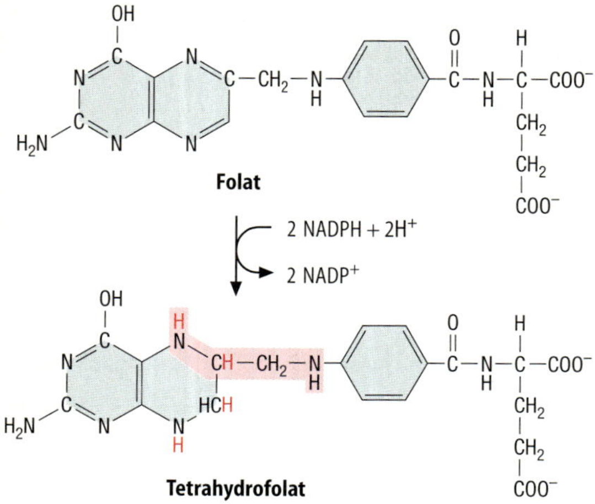

Abb. 20.8 Die Bildung von Tetrahydrofolat aus Folat

- den Kohlenstoff für die Methylierung von Homocystein zu Methionin (S. 287) und
- die Methylgruppen des Cholins.

Aufgrund dieser Beziehungen ist es verständlich, daß ein ***Folsäuremangel*** zu einer Reihe charakteristischer Störungen führt, die besonders sich rasch teilende Gewebe wie das ***erythropoetische System*** betreffen und sich meist als ***Anämie*** äußern.

Auch Mikroorganismen benötigen Folsäure für die oben genannten Reaktionen, können diese jedoch selber synthetisieren. Arzneimittel vom Typ der ***Sulfonamide*** sind Strukturanaloga der ***p-Aminobenzoesäure*** und wirken infolgedessen als kompetitive Hemmstoffe der Folsäurebiosynthese. Aus diesem Grund können sie als Chemotherapeutika gegen eine Reihe von bakteriellen Infekten eingesetzt werden. Da Folsäure im tierischen Organismus ein Vitamin ist, greifen Sulfonamide hier nicht in den Folsäurestoffwechsel ein.

Folsäureanaloga wirken als Antivitamine. Sie hemmen die Reduktion von Folsäure zu Tetrahydrofolsäure und wirken deshalb als Hemmstoffe der ***Nucleinsäurebiosynthese***, die klinisch bei der Behandlung verschiedener Tumoren eingesetzt werden (S. 322).

Cobalamin (Vitamin B_{12}): Cobalamin (Abb. 20.9) besteht aus vier reduzierten und substituierten Pyrrolringen, die um ein zentrales ***Cobalt-***

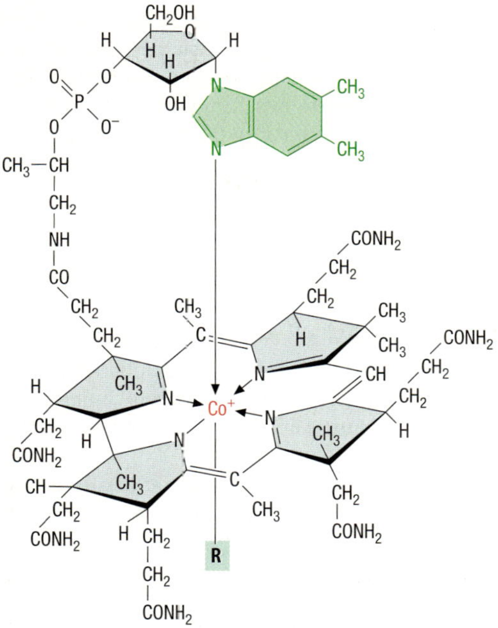

Rest R	Name des Derivates
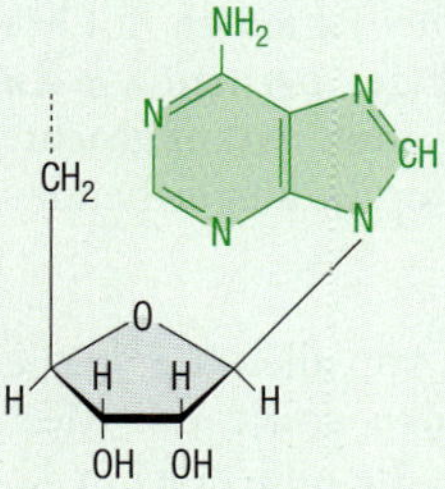	5-Desoxyadenosylcobalamin
CH_3	Methylcobalamin
CN	Cyanocobalamin

Abb. 20.9 Struktur von Cobalamin (Vitamin B_{12})

atom gelagert sind. Cobalamin ist der einzige Naturstoff, in dem Cobalt bisher nachgewiesen wurde. Weitere Bestandteile des Cobalamins sind ein 5,6-Dimethyl-Benzimidazolribosid, welches über Phosphat und Aminopropanol mit der Seitenkette des Rings IV verknüpft ist. Cobalamin wird ausschließlich durch Mikroorganismen synthetisiert, zu denen auch die Enterobakterien des menschlichen Darms gehören.

Zur Resorption muß Cobalamin an ein Glycoprotein mit einem Molekulargewicht von etwa 50 000 gebunden werden, das in den Belegzellen der Magenschleimhaut gebildet und als ***Intrinsic factor*** bezeichnet wird. Für den Cobalamintransport im Blut stehen zwei Transportproteine, die ***Transcobalamine I*** und ***II*** zur Verfügung.

Cobalamin kommt in zwei biologisch aktiven Formen vor:

- Ist das Cobalt mit einer ***5'-Desoxyadenosylgruppe*** substituiert, so dient das Vitamin als Cofaktor bei intramolekularen Umlagerungen von Alkylresten (z. B. Isomerisierung von Methylmalonyl-CoA zu Succinyl-CoA).
- Ist das Cobalt dagegen mit einer ***Methylgruppe*** substituiert, so ist das Vitamin an der folsäureabhängigen Remethylierung von Homocystein zu ***Methionin*** beteiligt (S. 287).

Der Cobalaminmangel ist in aller Regel nicht Folge einer Fehl- oder Mangelernährung, sondern wird durch eine ***gestörte intestinale Resorption*** infolge eines Mangels an Intrinsic factor hervorgerufen. Dieser Mangel kann aufgrund atrophischer Erkrankungen der Magenschleimhaut auftreten, findet sich jedoch auch bei Patienten mit Magenresektion. Er führt zu dem Krankheitsbild der ***perniziösen Anämie***. Bei jeder oralen Therapie mit Vitamin B_{12} muß darauf geachtet werden, daß die Produktion von Intrinsic factor in ausreichendem Umfang gewährleistet ist.

Ascorbinsäure (Vitamin C): Ascorbinsäure kann von allen Tierspezies mit Ausnahme des Menschen, anderer Primaten sowie des Meerschweinchens aus Glucose synthetisiert werden. Sie bildet das in Abbildung 20.10 dargestellte Redoxsystem. Im Stoffwechsel hat Ascorbinsäure folgende Funktionen:

- Ascorbinsäure wirkt als wasserlösliches ***Antioxidans***, da aus ihr durch zweimalige 1-Elektronenübertragung mit der Zwischenstufe des ***Ascorbyl-Radikals*** Dehydroascorbinsäure entstehen kann (Abb. 20.10).
- Ascorbinsäure spielt bei einer Reihe von Hydroxylierungsreaktionen, z. B. der Dopamin β-Monooxygenase (S. 484) die Rolle eines ***Elektronendonators***.

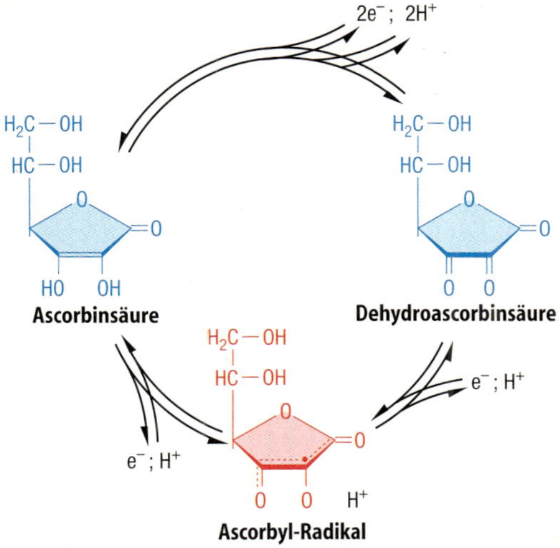

Abb. 20.10 Ascorbinsäure als Redoxsystem

- Ascorbinsäure hat eine wichtige Schutzfunktion bei der Prolylhydroxylierung im Kollagen. Sie hält das für diese Reaktion benötigte ***Eisen*** in der zweiwertigen Form (Abb. 20.11).

Ascorbinsäuremangel führt zum ***Skorbut*** mit massiven Störungen des Bindegewebsstoffwechsels, da die Hydroxylierungsreaktionen beeinträchtigt sind. Skorbut kommt unter den bei uns herrschenden Ernährungsgewohnheiten nicht mehr vor.

Retinol (Vitamin A): Retinol ist ein aus vier Isopreneinheiten zusammengesetzter Alkohol, der in der Nahrung im allgemeinen in Form von Provitaminen, den sogenannten ***Carotinen*** vorliegt. Aus ihnen entsteht durch oxidative Spaltung der Vitamin A-Aldehyd, das ***Retinal***. Dieses kann durch Reduktion zu ***Retinol*** bzw. durch Oxidation in ***Retinoat*** umgewandelt werden.

Vitamin A bzw. seine Oxidations- und Reduktionsprodukte haben im Stoffwechsel folgende Funktionen:

- ***Retinal*** ist ein essentieller Bestandteil des ***Rhodopsins*** (Sehpurpur) und damit am Sehvorgang beteiligt (Abb. 20.12). Rhodopsin ist ein zusammengesetztes Protein mit ***Opsin*** als Proteinanteil und ***11-cis-Retinal*** als prosthetischer Gruppe. Bei Belichtung erfolgt eine re-

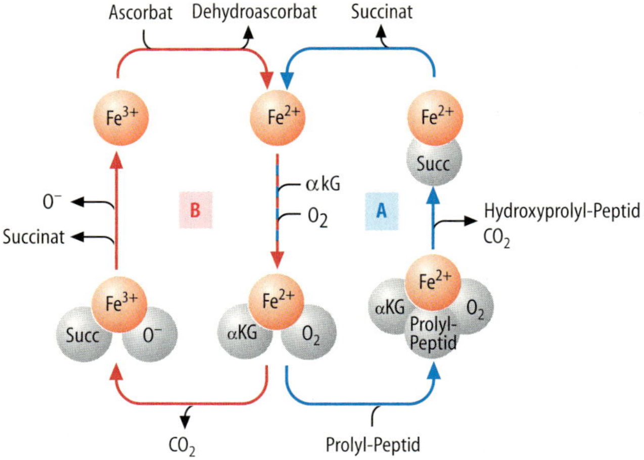

Abb. 20.11 Schema des Mechanismus der Prolylhydroxylierung durch die Prolyl-4-Hydroxylase. Beim normalen Reaktionscyclus (*A*) entsteht ein Hydroxyprolyl-Peptid unter Decarboxylierung und Oxidation von α-Ketoglutarat zu Succinat. Die Wertigkeit des enzymgebundenen Eisens ändert sich nicht. Bei nichtgekoppelten Reaktionscyclen (*B*) kommt es zur Decarboxylierung und Oxidation von α-Ketoglutarat, Sauerstoff wird dabei als O^- abgespalten und Fe^{2+} zu Fe^{3+} oxidiert. Eine Regenerierung des Fe^{2+} ist mit Hilfe von Ascorbat möglich

versible sterische Umlagerung des 11-cis-Retinals im Rhodopsin in das ***All-trans-Retinal***. Dabei macht der Proteinanteil des Rhodopsins eine Reihe von Konformationsänderungen durch. Eines der dabei entstehenden Zwischenprodukte wird als ***aktives Rhodopsin*** (R*) bezeichnet. Es bindet an das heterotrimere G-Protein (S. 459) ***Transduzin*** und löst einen Austausch von GDP gegen GTP aus. Die das GTP tragende ***α-Untereinheit*** aktiviert eine cGMP-abhängige Phosphodiesterase, was zu einem außerordentlich raschen Abfall des ***cGMP-Spiegels*** führt. cGMP hält ***Natriumkanäle*** in der Retinazelle offen, was im Dunkeln zu einer ständigen Depolarisierung mit Freisetzung eines inhibitorischen Transmitters an der Synapse mit der zugehörigen Nervenzelle führt. Der durch den Lichtreiz ausgelöste Abfall der cGMP-Konzentration führt zum Schließen der Natriumkanäle und zur ***Hyperpolarisierung*** der Retinazelle. Damit hört die Freisetzung des inhibitorischen Transmitters auf und die postsynaptischen Neurone werden desinhibiert, d. h. erregt (Abb. 20.13). In der Regenerierungsphase wird all-trans-Retinal durch eine Isomerase in die 11-cic-Form umgewandelt

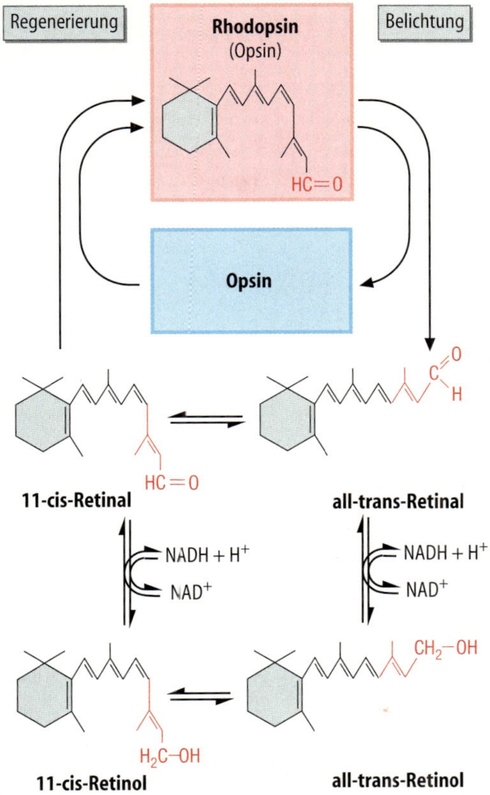

Abb. 20.12 Cyclus des Retinals bei Belichtung der Photorezeptormembran

- Die vom Retinal durch Oxidation abgeleiteten ***Retinoate***, besonders das ***all-trans-*** aber auch das ***9-cis-Retinoat*** beeinflussen eine große Zahl biologischer Vorgänge einschließlich ***Embryogenese, Morphogenese, Wachstum, Differenzierung*** und ***Fertilität***. Außerdem sind Retinoate Cofaktoren für die Wirkung von ***Schilddrüsenhormonen*** und dem ***Vitamin D***. Die biochemische Grundlage dieser Effekte liegt in der Fähigkeit der Retinoate, die Transcription spezifischer Gene zu regulieren. Die hierfür benötigten Rezeptoren (RAR und RXR) sind ligandenaktivierte Transcriptionsfaktoren aus der Großfamilie der Steroidhormonrezeptoren (S. 387).

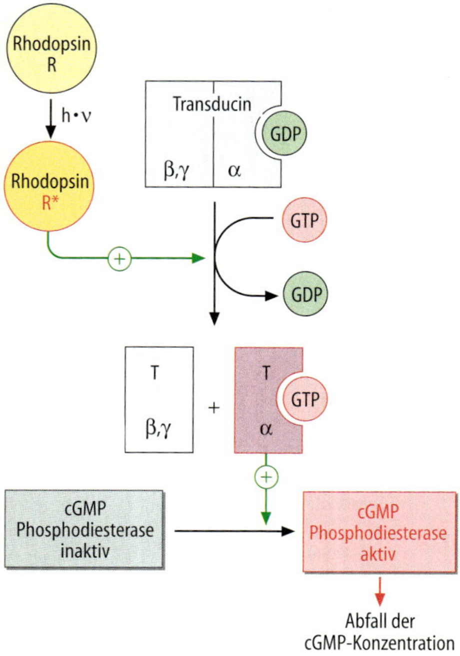

Abb. 20.13 Reaktionskaskade bei der Reizübertragung in photosensiblen Zellen. (Einzelheiten s. Text)

- Vitamin A ist unerläßlich für die Erhaltung der Integrität der Epithelzellen der Haut und Schleimhaut. Sehr wahrscheinlich ist hierfür der Vitamin A-Alkohol, das ***Retinol***, verantwortlich. In phosphorylierter Form ist es für die Biosynthese von Glycoproteinen epithelialer Zellen von Bedeutung.

Zustände mit Vitamin A-Mangel durch Fehlernährung sind besonders in den Ländern der Dritten Welt relativ häufig.

- Die Ursache der ***Nachtblindheit*** ist eine Störung der Rhodopsinregenerierung nach Belichtung infolge von Retinalmangel.
- ***Xerophthalmie*** ist eine zur Blindheit führenden Verhornung der Cornea. Sie ist in den Entwicklungsländern besonders bei Kindern eine der Hauptursachen der Blindheit.
- Bei Jugendlichen treten unter Vitamin A-Mangel Störungen des ***Wachstums*** und der ***Knochenbildung*** auf, bei Vitamin A-Mangel in der Schwangerschaft kommt es zu Mißbildungen des Fetus.

In sehr seltenen Fällen ist eine ***Retinolhypervitaminose*** beschrieben worden. Sie findet sich allerdings nur bei überhöhter Zufuhr synthetischer Vitamin A-Präparate. Symptome sind Schmerzattacken, Verdickung des Periosts der langen Knochen, Verlust der Haare und gelegentlich teratogene Wirkungen bei Schwangeren.

Calciferol (Vitamin D): Die Calciferole oder D-Vitamine leiten sich von den Steroiden ab. ***Ergocalciferol*** (Vitamin D_2) und ***Cholecalciferol*** (Vitamin D_3) (Abb. 20.14) entstehen aus entsprechenden Provit-

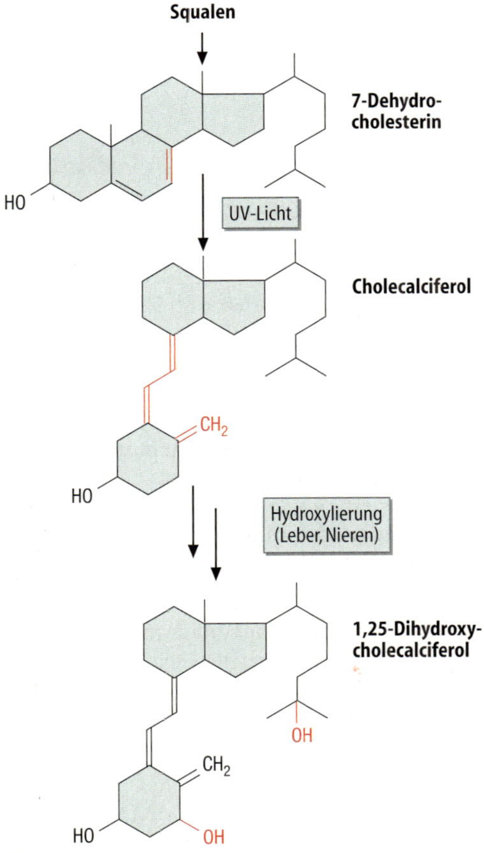

Abb. 20.14 Biosynthese von 1,25-Dihydroxycholecalciferol aus Squalen

aminen, dem Ergosterol bzw. dem 7-Dehydrocholesterin. Diese Umwandlung erfolgt in einer durch ***UV-Bestrahlung*** katalysierten Reaktion in der Haut und beruht auf der Spaltung des Rings B des Steranskeletts. Im Gegensatz zum Ergosterol kann 7-Dehydrocholesterin, das praktisch in allen Geweben vorkommt, im Organismus synthetisiert werden. Die Synthese des aktiven Cholecalciferols setzt nur eine ausreichend lange UV-Bestrahlung der Haut voraus. Damit gehört das Cholecalciferol streng genommen nicht in die Gruppe der Vitamine, sondern steht eher den Steroidhormonen nahe. Erst die in den Industriegesellschaften herrschenden Lebensbedingungen haben die von der Sonnenbestrahlung limitierte Fähigkeit des Organismus zur Vitamin D-Synthese gezeigt.

Zur Überführung in die physiologisch aktive Form muß Cholecalciferol noch zweimal hydroxyliert werden:

- durch eine in der Leber vorkommende Hydroxylase in der ***Position 25*** und
- durch eine in den Nieren vorkommende Hydroxylase in ***Position 1***;

Das dabei entstehende ***1,25-Dihydroxycholecalciferol*** ist für die Aufrechterhaltung eines normalen Plasmacalciumspiegels von großer Bedeutung:

- Es steigert die ***intestinale Calciumresorption*** durch Induktion eines Calciumtransportsystems in der intestinalen Mucosa.
- Es steigert in Anwesenheit von Parathormon (S. 495) die renale ***Calcium***- und ***Phosphatreabsorption***.
- Es ist am Aufbau der ***Knochenmatrix*** und deren Calcifizierung durch Osteoblasten beteiligt, da Vitamin D-Rezeptoren sich in Knochen nur auf diesen Zellen nachweisen lassen.
- Es ist besonders bei Überdosierung von Vitamin D für den Knochenabbau durch Osteoklastenaktivierung verantwortlich. Diese kommt auf noch unbekannte Weise über Wechselwirkungen zwischen Osteoblasten und Osteoklasten zustande

Der biochemische Wirkungsmechanismus von Vitamin D beruht auf der Existenz von ***Vitamin D-Rezeptoren***, die als ligandenaktivierte Transcriptionsfaktoren wirken und strukturell der Großfamilie der Steroidhormonrezeptoren nahestehen. Derartige Rezeptoren lassen sich in den verschiedensten Geweben und Zellen nachweisen, was zu der Beobachtung paßt, daß Calciferole viele biologische Vorgänge beeinflussen können. Zu ihnen zählen u. a.

- Wachstums und Differenzierung epidermaler Zellen,
- Differenzierung von Zellen des hämatopoetischen Systems,

- Immunmodulation und
- Beeinflussung der Carcinogenese.

Die häufigste Calciferolhypovitaminose ist die kindliche ***Rachitis***. Ihre Symptomatik wird durch den allgemeinen ***Calciummangel*** hervorgerufen, der durch die Behinderung der intestinalen Calciumresorption infolge Fehlens des Vitamins ausgelöst wird. Das Krankheitsbild ist durch schwere Mineralisationsstörungen des Knochens gekennzeichnet. Beim Erwachsenen kommt echte Rachitis sehr selten vor, dagegen gibt es eine Reihe von sekundären Vitamin D-Mangelerscheinungen. Eine wichtige Ursache ist die gestörte Vitamin D-Resorption. Bei einer Reihe chronischer Leber- und Nierenerkrankungen ist die Hydroxylierung von Cholecalciferol gestört, was sehr häufig zu einem Calciumschwund im Skelettsystem führt.

Eine Vitamin ***D-Hypervitaminose*** durch Fehlernährung ist unbekannt, kann aber bei Überdosierung mit Vitamin D-Präparaten vorkommen. Im Vordergrund ihrer Symptomatik steht die calciummobilisierende Wirkung der Calciferole auf den Knochen mit massiver Entkalkungssymptomatik.

Über das Zusammenwirken der D-Vitamine mit den für die Calciumhomöostase verantwortlichen Hormonen s. S. 496.

Phyllochinon (Vitamin K): Grundkörper aller Verbindungen mit Vitamin K-Wirkung (Abb. 20.15) ist das 2-Methyl-1,4-Naphthochinon

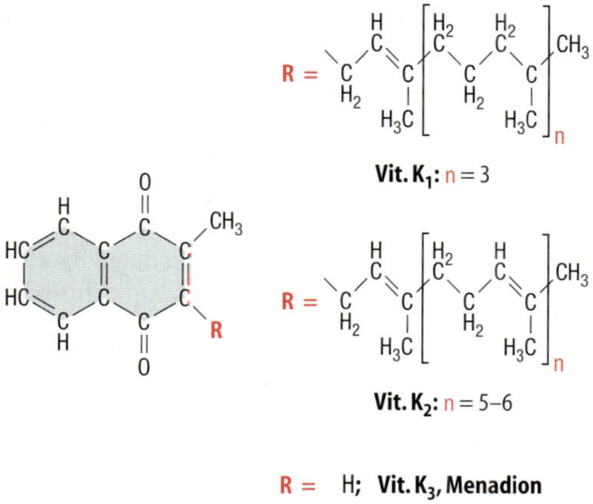

Abb. 20.15 Phyllochinone

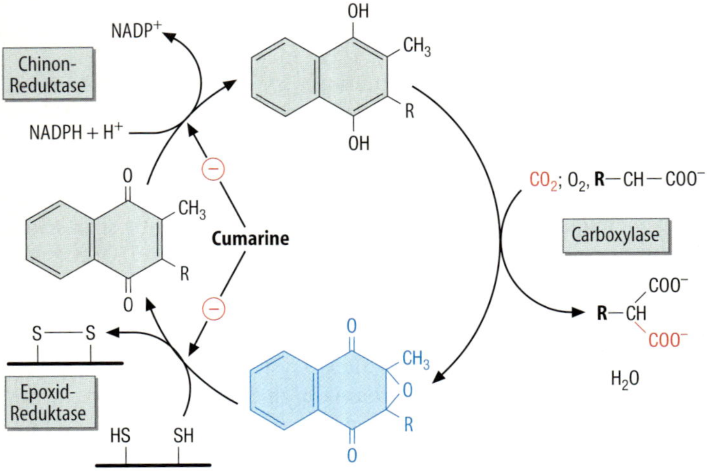

Abb. 20.16 Reaktionsmechanismus Vitamin K-abhängiger Carboxylierungen

(Menadion). Die natürlichen Phyllochinone (Vitamin K_1 und K_2) tragen eine Phytylseitenkette bzw. einen Difarnesylrest aus 6 Isopreneinheiten. Die biologisch aktive Form des Vitamin K ist das ***Difarnesylnaphthochinon.***

Phyllochinone kommen in allen grünen Pflanzen in ausreichenden Mengen vor. Ein Phyllochinonmangel durch Fehl- oder Mangelernährung ist praktisch nicht möglich, da darüber hinaus intestinale Mikroorganismen beträchtliche Phyllochinonmengen synthetisieren.

Phyllochinone sind für die Funktion der Blutgerinnungsfaktoren VII, IX, X sowie des Prothrombins verantwortlich. Sie dienen dabei als Cofaktoren bei der ***γ-Carboxylierung*** von Glutamylseitenketten (Abb. 20.16), die im aminoterminalen Bereich der genannten Blutgerinnungsproteine liegen. Die durch die Carboxylierung hervorgerufene Zunahme an negativen Ladungen ermöglicht die Wechselwirkung der genannten Gerinnungsproteine mit Membranphospholipiden und gewährleistet damit ihre enzymatische Aktivität (S. 533).

Tocopherol (Vitamin E): Tocopherole bestehen aus einem Chromanring und einer isoprenoiden Seitenkette, deren Größe variabel ist (Abb. 20.17). Sie werden ausschließlich im Pflanzenreich synthetisiert. Tocopherole können reversibel in Tocochinone umgewandelt werden und dienen so als ***Redoxsystem.*** Ihre Wirkung beruht auf einem Schutz

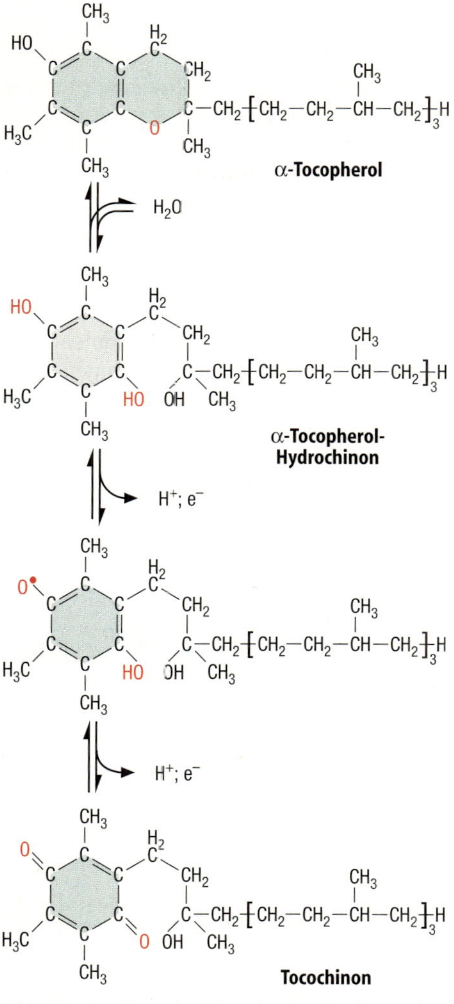

Abb. 20.17 α-Tocopherol und seine Funktion als Radikalfänger

empfindlicher Verbindungen vor Oxidation. Als lipophile Substanzen wirken sie in lipidreicher Umgebung und schützen vor allem ***Carotinoide, Thiolgruppen*** und ***ungesättigte Fettsäuren*** in Membranen (Abb. 20.17). Von besonderer Bedeutung ist dabei, daß sie in 1-Elektronenreaktionen mit organischen Peroxylradikalen nach der Gleichung:

$$ROO^{\cdot} + \text{Tocopherol-OH} \rightarrow ROOH + \text{Tocopherol-O}^{\cdot}$$

reagieren können.

Diese Reaktion ist für die Unterbrechung von ***Radikalketten*** bei der oxidativen Schädigung von Membranfettsäuren von besonderer Bedeutung. Dabei ist es sehr wichtig, daß das Tocopherylradikal durch Reaktion mit wasserlöslichen Antioxidantien wie ***Ascorbat*** oder ***Thiolen*** wie Glutathion reduziert wird (S. 524, 589).

!

Spurenelemente sind Bestandteile von Enzymen oder anderen wichtigen Verbindungen.

Spurenelemente kommen im Organismus in Konzentrationen zwischen 10^{-6}–10^{-12} g/g Feuchtgewicht vor. Wegen dieser geringen Konzentration werden sie auch als ***Mikroelemente*** bezeichnet (Tabelle 20.7). Die Wirkungsweisen der einzelnen Spurenelemente sind sehr unterschiedlich und zum Teil nicht vollständig aufgeklärt. Soweit es sich um Metalle handelt, dienen sie häufig als Katalysatoren in Enzymsystemen. Dies gilt besonders für Eisen, Kupfer, Zink und Mangan.

Tabelle 20.7 Die Spurenelemente

Mit Sicherheit lebensnotwendig	Möglicherweise lebensnotwendig
Eisen	Fluor
Kupfer	Nickel
Molybdän	Brom
Kobalt	Arsen
Zink	Cadmium
Mangan	Barium
Chrom	Strontium
Jod	Silicium
Zinn	Aluminium
Selen	
Vanadium	

Eisen: Der menschliche Organismus enthält etwa 3–5 g Eisen, welches folgendermaßen verteilt ist:

- mehr als 60 % im Hämoglobin,
- etwa 5 % im Myoglobin,
- etwa 2 % in Oxidoreduktasen (Cytochrome, Peroxidasen, Katalasen),
- der Rest in verschiedenen Eisenspeichern (s. u.)

Mit der Nahrung zugeführtes Eisen wird zu etwa 10–40 % resorbiert, wobei das Eisen möglichst in ***zweiwertiger Form*** vorliegen muß. Der Aufnahmeprozeß erfolgt unter Beteiligung spezifischer ***Integrine*** (Abb. 20.18). Intrazellulär wird das Eisen an das Protein ***Mobilferrin*** gebunden, welches im Austausch mit dem Eisenspeicherprotein ***Ferritin*** (s. u.) steht. Auf der basolateralen Membran der Mucosazellen wird Eisen, möglicherweise wieder nach Integrin-abhängigem Transport, auf das in der extrazellulären Flüssigkeit und im Blut vorkommende Transportprotein ***Transferrin*** übertragen.

Der Eisentransport, die Eisenaufnahme in die Zellen und die Eisenspeicherung hängt von der Aktivität der in Tabelle 20.8 zusammengestellten Proteine ab:

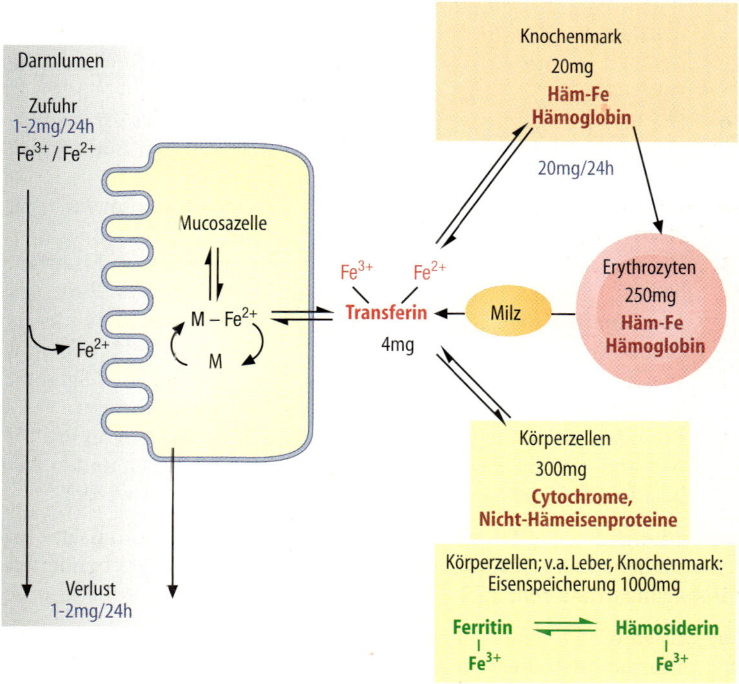

Abb. 20.18 Eisenumsatz im menschlichen Organismus. Transferrin ist das Eisentransportprotein im Blut. Die Eisenaufnahme in die Zellen erfolgt über einen in der Abbildung nicht dargestellten Transferrinrezeptor. *M* Mobilferrin. (Weitere Einzelheiten s. Text)

Tabelle 20.8 Am Eisenstoffwechsel beteiligte Proteine (Auswahl)

Bezeichnung	Funktion
Mobilferrin	Transportprotein für Fe^{2+} in Mucosazellen
Transferrin	Transportprotein für Fe^{3+} im Blut (2 Fe^{3+}/Molekül)
Transferrinrezeptor	Rezeptorprotein für Transferrin auf der Zellmembran; wird für die Aufnahme von Transferrin-2Fe^{3+} benötigt
Ferritin	Intrazelluläres Speicherprotein aus 24 identischen Untereinheiten; speichert bis zu 4500 mol Fe^{3+}/Ferritin
Hämosiderin	Fe^{3+}-Protein-Komplexe zusammen mit Ferritin bei Eisenüberladung von Zellen

- ***Transferrin*** ist ein Glycoprotein, das zwei Atome dreiwertigen Eisens binden kann und für den Eisentransport im Plasma verantwortlich ist. Für die Überführung von zweiwertigem in dreiwertiges Eisen und damit dessen Bindung an Transferrin wird eine Ferrooxidase benötigt.
- Die Eisenaufnahme in Zellen wird durch einen ***Transferrinrezeptor*** vermittelt, der zusammen mit Transferrin durch Endocytose aufgenommen wird.
- Das dabei freigesetzte Eisen wird, nach Reduktion zum Fe^{2+}, in eisenhaltige Proteine eingebaut.
- Überschreitet die Eisenaufnahme in die Zellen den Eisenverbrauch, so wird überschüssiges Eisen in dreiwertiger Form als ***Ferritineisen*** abgelagert. Apoferritin ist ein Protein aus 24 identischen Untereinheiten, welches bis zu 4.500 mol Fe^{3+} pro mol speichern kann. Aus Ferritin kann Eisen relativ leicht freigesetzt werden, da Ferritin eine ***Ferritinreduktaseaktivität*** besitzt.
- Bei Eisenüberladung von Zellen bilden sich Assoziate von Proteinen und möglicherweise Lipiden zusammen mit Eisen und eisenbeladenem Ferritin, die als ***Hämosiderin*** bezeichnet werden.

Abbildung 20.18 gibt einen Überblick über den Eisenumsatz im menschlichen Organismus. Dabei muß von folgenden Gegebenheiten ausgegangen werden:

- Eisen wird in einer Menge von 1–2 mg/24 Std. über abschilfernde Darmepithelzellen ausgeschieden.
- Um den täglichen Eisenverlust auszugleichen, müssen 1–2 mg Eisen/24 Std. zugeführt werden.
- Der Plasmaeisenpool beträgt etwa 4 mg, der Eisenumsatz etwa 25–26 mg. Der weitaus größte Teil hiervon, nämlich 20 mg, geht

zu Lasten der Hämoglobinbiosynthese im Knochenmark und des Erythrocytenabbaus über die Milz. 3 mg Eisen werden für die Biosynthese und den Abbau von Myoglobin und anderen eisenhaltigen Proteinen aufgewendet, weitere 3 mg tauschen mit dem Ferritin Eisenspeicher aus.
Der zur sogenannten Eisenmangelanämie führende Eisenmangel ist einer der häufigsten Mangelzustände. Er kommt nicht nur in den unterentwickelten Ländern vor, sondern auch in den Industriestaaten. Verursacht werden kann er durch ein unzureichendes Eisenangebot in der Nahrung, durch erhöhten Eisenverlust bei Blutungen und erhöhten Eisenbedarf infolge Wachstum oder Schwangerschaft.
Zustände mit einer ***Eisenüberladung*** des Organismus sind relativ selten. Sie werden immer durch erhöhte Resorption ausgelöst. Das überschüssige Eisen wird als ***Hämosiderin*** im reticuloendothelialen System oder in den Parenchymzellen einiger Organe gespeichert. Bei Leberzirrhose, sowie nach häufigen Transfusionen findet sich eine vermehrte Eisenablagerung in der Leber, die als ***Hämosiderose*** bezeichnet wird und selbst keinerlei Funktionsstörungen verursacht. Bei der sogenannten ***idiopathischen Hämochromatose*** handelt es sich um eine angeborene Erkrankung, bei der während des ganzen Lebens vermehrt Eisen resorbiert wird. Dies führt zu einer in fast allen Organen, besonders jedoch der Leber, dem Pankreas, dem Myocard und endokrinen Drüsen nachweisbaren ***Eisenablagerung.*** Die Erkrankung geht mit einer vermehrten ***Hautpigmentierung*** und einem ***Diabetes mellitus*** einher.

Kupfer, Zink, Mangan, Kobalt und Molybdän: Tabelle 20.9 gibt einen Überblick über die biochemische Funktion dieser Metalle. Sie sind Bestandteile von Enzymen bzw. Coenzymen und haben damit eine große Bedeutung für viele biochemische Reaktionen. Infolge des geringen täglichen Bedarfs sowie des ausreichenden Vorkommens in den üblichen Nahrungsmitteln sind jedoch durch Fehlernährung verursachte pathologische Mangelzustände der genannten Metalle beim Menschen nicht bekannt.

Eine wichtige Störung des Kupferstoffwechsels ist die ***hepatolenticuläre Degeneration*** (Morbus Wilson). Bei dieser autosomal rezessiv vererbten Erkrankung wird Kupfer vermehrt im Gehirn, der Leber, der Cornea und den Nieren abgelagert und tritt als freies Kupfer vermehrt im Plasma, Liquor und Urin auf. Der Erkrankung liegt ein Defekt eines für ein Kupfertransportprotein codierenden Proteins, ei-

Tabelle 20.9 Funktionen einiger Spurenelemente

Element	Funktion
Kupfer	Bestandteil vieler Oxidasen (Cytochrom-Oxidase, Monoaminoxidase, Lysyloxidase, Caeruloplasmin)
Zink	Bestandteil des aktiven Zentrums von Enzymen (z. B. Carboanhydrase, Alkoholdehydrogenase, Carboxypeptidase, Glutamatdehydrogenase); Essentiell für Insulinspeicherung in den Granula der β-Zellen des Pankreas
Mangan	Bestandteil der Pyruvatcarboxylase sowie einiger Glycosyltransferasen der Proteoglycanbiosynthese
Kobalt	Bestandteil des Vitamin B_{12}, möglicherweise für Erythropoese wichtig
Molybdän	Bestandteil von Enzymen, die Redoxreaktionen katalysieren (z. B. Aldehydoxidase, Xanthinoxidase)

ner ***Kupfer-ATPase***, zugrunde. Sie führt im Laufe der Zeit zu schweren Funktionsstörungen der betroffenen Organe. Therapeutisch kann versucht werden, die Zunahme der Kupferablagerung durch kupferarme Kost zu verhindern. Darüber hinaus kann ein Kupferentzug mit Chelatbildnern für Kupfer (z. B. β, β-Dimethylcystein (D-Penizillamin)) erreicht werden.

Jod: Die Bedeutung des Jods als Spurenelement wird im Abschnitt Schilddrüsenhormone (S. 469) besprochen.

Fluor: Fluor gehört nicht zu den lebensnotwendigen Spurenelementen, hat jedoch eine besondere Bedeutung erlangt, da mit entsprechenden Fluoridgaben eine wirkungsvolle ***Kariesprophylaxe*** erreicht werden kann. Fluorid greift dabei in den Prozeß der ***Remineralisierung*** der Zahnoberfläche ein. An ihr finden nämlich durch die verschiedensten Nahrungsbestandteile immer wieder Auflockerungen der Struktur statt, die durch den an Zahnmineralien gesättigten Speichel aufgefüllt werden. Jede Störung dieses Auffüllmechanismus führt zu Defekten des Zahnschmelzes, zur Demineralisierung und schließlich unter Bakterienbesiedelung zur Karies. Fluorid stimuliert den Vorgang der Remineralisierung um das Mehrfache, über seinen molekularen Mechanismus ist noch nichts bekannt.

! WICHTIG

Vitamine und Spurenelemente sind essentielle Nahrungsbestandteile, die nur in geringsten, katalytisch aktiven Mengen zugeführt werden müssen.

Vitamine werden allgemein in wasser- und fettlösliche Vitamine eingeteilt. Allen Vitaminen ist gemeinsam, daß sie nach von Vitamin zu Vitamin unterschiedlicher Modifikation als Coenzyme bzw. Cofaktoren enzymatischer Reaktionen benötigt werden. Zu derartigen Reaktionen gehört die Teilnahme an Redoxreaktionen, Carboxylierungen, oxidativen Decarboxylierungen, Transaminierungen, die Ausbildung von Thioestern mit hohem Übertragungspotential, Methylierung und Gruppenverschiebungen. Außerdem sind Vitamine am Schutz vor Sauerstoffradikalen beteiligt.

Spurenelemente sind als Bestandteile von Transport- und Enzymproteinen sowie von Hormonen von besonderer Bedeutung.

20.3 Verdauung und Resorption

Die menschliche Nahrung besteht überwiegend aus Makromolekülen wie ***Proteinen, Polysacchariden*** und zusammengesetzten ***Lipiden***. Da diese die Membranbarrieren des Intestinaltraktes nicht passieren können, werden zunächst in einer ersten Phase, der ***Verdauung***, im Darmlumen die Nahrungsstoffe in ihre niedermolekularen Bauteile zerlegt. Hierzu dient die ***Salzsäure*** im Magensekret sowie die in den verschiedenen Sekreten des Verdauungstraktes ausgeschiedenen ***Hydrolasen***. Erst danach beginnt die eigentliche ***Resorption***, d.h. die Aufnahme der im Darmlumen befindlichen Nahrungsstoffe durch Mucosazellen des Darmlumens hindurch in die Blut- bzw. Lymphbahn.

! Gastrointestinale Sekrete enthalten Verdauungsenzyme und Elektrolyte.

Das Volumen der verschiedenen Sekrete des Gastrointestinaltraktes ist mit 9–10 l/24 Std. beträchtlich. Die Menge und Zusammensetzung der einzelnen Sekrete sind in Tabelle 20.10 zusammengestellt:

Tabelle 20.10 Die Sekrete des Gastrointestinaltraktes

Sekret	Sekretmenge (ml/24 h)	Enzyme	Sonstige Bestandteile
Speichel	1000–1500	Speichelamylase	Mucin, K^+, Ca^{2+}, HCO_3^-
Magensaft	ca. 3000	Pepsin	HCl, Mucin
Pankreassekret	ca. 3000	Trypsin Chymotrypsin Carboxypeptidasen Elastase Amylase Lipase Cholesterinesterase Ribonuclease Desoxyribonuclease	HCO_3^-
Galle	ca. 500		Gallensäuren Bilirubin Cholesterin Mucin
Duodenalsekret	1000–2000	Enteropeptidase	Mucin

Speichelflüssigkeit: Dank des hohen Gehaltes an ***Mucinen*** (S. 143) werden die zugeführten Nahrungsstoffe gleitfähig gemacht. Die ***Speichelamylase*** hat nur eine geringe Aktivität und spielt infolge der kurzen Verweilzeit der Speise in der Mundhöhle für die Polysaccharidverdauung eine untergeordnete Rolle.

Magensaft: Magensaft enthält die Protease ***Pepsin***, die aus der inaktiven, in den Hauptzellen synthetisierten Vorstufe ***Pepsinogen*** im Magenlumen durch limitierte Proteolyse freigesetzt wird. Pepsin hat ein pH-Optimum von 1–2 und ist damit der hohen Salzsäurekonzentration (maximal etwa 0,1 mol/l, pH 1) angepaßt. ***Salzsäure*** wird durch aktiven Transport aus den Belegzellen der Magenmucosa ausgeschleust, wobei eine ***H^+/K^+-ATPase*** eine entscheidende Rolle spielt. Der Mechanismus der Salzsäurebildung in den Belegzellen der Magenschleimhaut ist in Abb. 20.19 dargestellt. In den Nebenzellen des Magenepithels wird das ***Magenmucin*** synthetisiert und sezerniert, das eine entscheidende Bedeutung beim Schutz des Magenepithels vor Selbstverdauung spielt.

Pankreas: Das Pankreassekret enthält zwei für die Verdauungsvorgänge essentielle Komponenten:

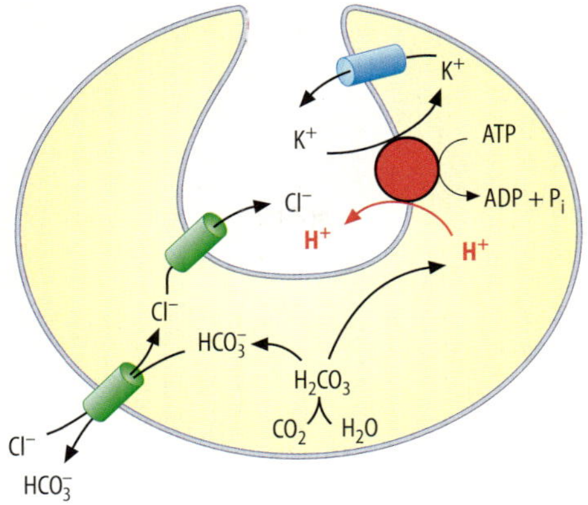

Abb. 20.19 Mechanismus der Salzsäurebildung in den Belegzellen der Magenschleimhaut

- Das durch die Epithelzellen der Pankreasgänge sezernierte ***Hydrogencarbonat***. Es verleiht dem Pankreassekret seinen typischen pH-Wert von etwa 8 und ist zur Neutralisierung des schubweise ins Duodenum gelangenden stark sauren Mageninhaltes notwendig.
- Die im Pankreassekret enthaltenen ***Verdauungsenzyme*** (Tabelle 20.11). Ähnlich wie beim Pepsin liegen auch die Proteasen des Pankreassekretes sowohl im Pankreas als auch nach der Sekretion in den Ausführungsgängen der Drüse in Form von inaktiven Vorstufen, sog. ***Zymogenen***, vor und werden im Darmlumen durch limitierte Proteolyse (S. 81) aktiviert. Hierfür ist die in der intestinalen Mucosa produzierte ***Enteropeptidase*** verantwortlich. Sie katalysiert die Abspaltung eines Peptids vom Trypsinogen, wobei die aktive Protease Trypsin entsteht. Diese wiederum katalysiert die limitierte Proteolyse der anderen Proteasen.

Gallenflüssigkeit: Die Gallenflüssigkeit wird als relativ wasserreiche Flüssigkeit von der Leber sezerniert und in der Gallenblase konzentriert (Tabelle 20.12). Sie hat für die Verdauung durch ihren hohen Gehalt an den verschiedenen ***Gallensäuren***, die in der Leber aus Cholesterin synthetisiert werden (Abb. 20.20), eine besondere Bedeutung. Gallensäuren lösen im Duodenalsaft die für die Lipidresorption notwendige ***Mizellenbildung*** (s. u.) aus. Darüber hinaus

Tabelle 20.11 Gastrointestinale Verdauungsenzyme (Auswahl)

Bildungsort	Enzym	Inaktive Vorstufe	Cofaktoren	pH-Optimum	Substrat	Reaktionsprodukt
Speicheldrüsen	Ptyalin	–		6,7	Stärke	Maltose
Magenschleimhaut	Pepsin	Pepsinogen	Cl^-	1–2	Proteine	Peptide
	Renin	–	Ca^{2+}	3–4	Lösliches Casein	Unlösliches Casein
Pankreas, exokrin	Trypsin	Trypsinogen	–	7–8	Proteine, Polypeptide	Oligopeptide
	Chymotrypsin	Chymotrypsinogen	–	7–8	Proteine, Polypeptide	Oligopeptide
	Carboxypeptidasen A u. B	Procarboxypeptidasen A und B	–	7–8	C-terminale Aminosäuren von Proteinen	Aminosäuren Peptide
	Elastase	Proelastase			Elastin	
	Lipase	–	Gallensäuren Colipase	8	Triacylglycerine	Fettsäuren, α- u. β-Monoacylglycerine
	Cholesterinesterase	–	Gallensäuren	8	Cholesterinester	Cholesterin, Fettsäuren
	α-Amylase	–	–	8	Stärke	Maltose
	Ribonuclease	–	–	7–8	Ribonucleinsäuren	Ribonucleotide
	Desoxyribonuclease	–	–	7–8	Desoxyribonucleinsäuren	Ribonucleotide

Tabelle 20.11 (Fortsetzung)

Intestinale Mucosa	Aminopeptidase	–	–	–	N-terminale Aminosäuren von Proteinen	Aminosäuren, Peptide
	Dipeptidasen	–	–	–	Dipeptide	Aminosäuren
	Enteropeptidase	–	–	–	Trypsinogen	Trypsin
	Saccharase	–	–	5–7	Saccharose	Fructose, Glucose
	Maltase	–	–	5–7	Maltose	Glucose
	Lactase	–	–	5–7	Lactose	Galactose, Glucose
	Isomaltase	–	–	5–7	Isomaltose	Glucose
	Polynucleotidase	–	–	–	Nucleinsäuren	Nucleotide
	Nucleosidasen	–	–	–	Nucleoside	Purin-bzw. Pyrimidinbase, Pentose
	Phosphatase	–	–	8	Organische Phosphorsäureester	Phosphat

Tabelle 20.12 Zusammensetzung menschlicher Leber- und Blasengalle

	Lebergalle [% des Gesamtgewichts]	Blasengalle [% des Gesamtgewichts]
Wasser	96,64	86,7
Gallensäuren	1,9	9,1
Mucin und Gallenfarbstoffe	0,5	3,0
Cholesterin	0,06	0,3
Fettsäuren	0,1	0,3
Anorganische Salze	0,8	0,6
pH	7,1	6,9–7,7

enthält Gallenflüssigkeit Cholesterin und ist ein wichtiges Vehikel für eine Vielzahl körpereigener und körperfremder Substanzen, die mit der Galle ausgeschieden werden. Hierher gehören vor allen Dingen das Bilirubin, daneben Steroidhormone und viele Medikamente.

!

Die gastrointestinale Sekretion wird durch das gastrointestinale endokrine System reguliert.

Im Intestinaltrakt erfolgt die Aufarbeitung und Resorption eines ständig wechselnden Angebots an Nahrungsmitteln. Es ist daher verständlich, daß die funktionellen Zustände einzelner Darmabschnitte sowie der anderen an der Verdauung beteiligten Organe sehr genau aufeinander abgestimmt werden müssen, damit eine optimale Verdauung und Resorption der Nahrungsstoffe gewährleistet ist. Darüber hinaus muß der größte Teil des mit den Verdauungssäften in den Intestinaltrakt gelangenden Wassers und der Elektrolyte wieder rückresorbiert werden. Für die Regulation dieser Vorgänge steht eine große Zahl ***gastrointestinaler Hormone*** sowie ***parakrin*** wirksamer hormonartiger Faktoren zur Verfügung (Tabelle 20.13). Die genannten Hormone werden von endokrinen Zellen, die im Intestinaltrakt verstreut sind, gebildet.

Regulation der Magensaftsekretion: Für die ***Salzsäuresekretion*** der Belegzellen des Magens ist das Zusammenspiel ***cholinerger Reize*** mit dem aus den Gastrinzellen stammenden ***Gastrin***, dem aus ECL-Zellen stammenden ***Histamin***, sowie dem durch die D-Zellen gebildeten ***So-***

Abb. 20.20 Bildung von Gallensäuren und Gallensäurekonjugaten ▶

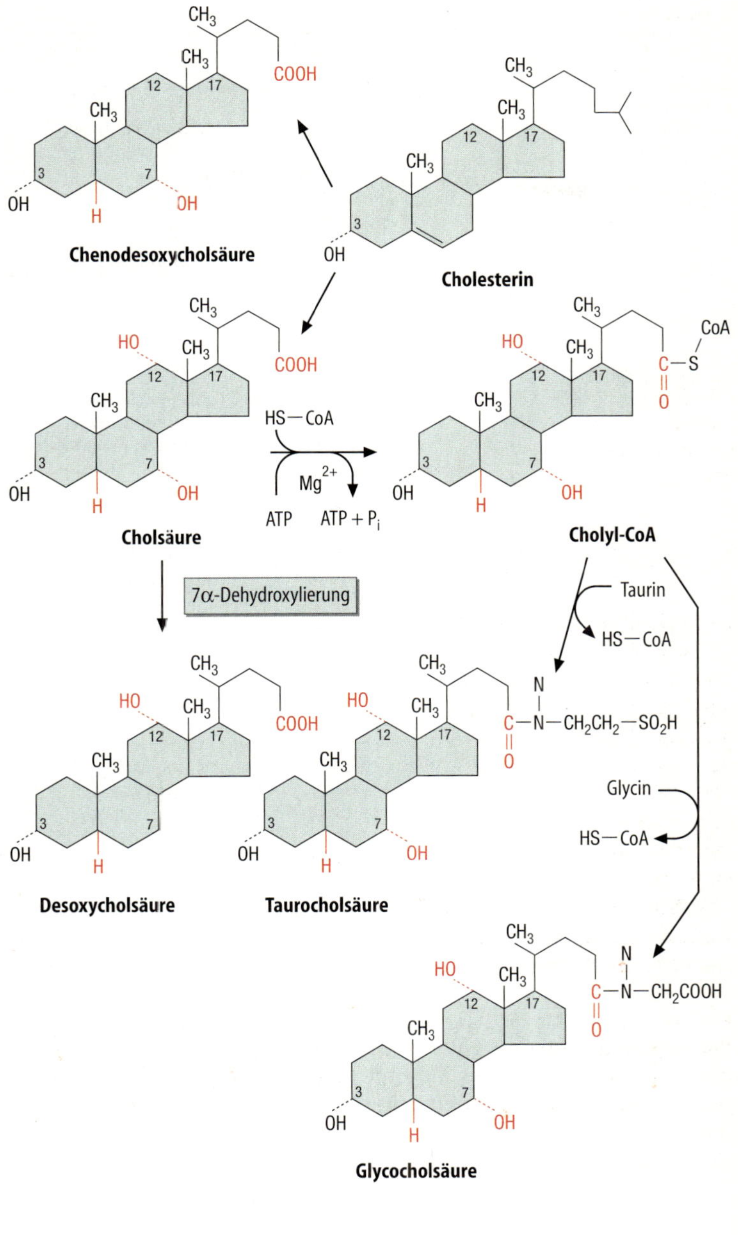

Chenodesoxycholsäure
Cholesterin
Cholsäure
HS—CoA
Mg2+
ATP
ATP + Pi
Cholyl-CoA
7α-Dehydroxylierung
Taurin
HS—CoA
Glycin
HS—CoA
Desoxycholsäure
Taurocholsäure
Glycocholsäure

Tabelle 20.13 Gastrointestinale Peptidhormone und Neurotransmitter (Auswahl)

Bezeichnung	Aminosäurereste	Vorkommen	Wichtigste Funktion
Hormone			
Gastrin	17 bzw. 34	Antrum des Magens, oberes Duodenum	Stimulierung der HCl-Sekretion
Sekretin	27	Duodenum, Jejunum	Stimulierung der pankreatischen HCO_3^--Sekretion
Cholecystokinin/ Pankreozymin[a]	33	Duodenum, Jejunum	Stimulierung der pankreatischen Enzymsekretion Kontraktion der Gallenblase
Gastroinhibitorisches Peptid (GIP)	43	Duodenum bis oberes Jejunum	Stimulierung der Insulinsekretion
Motilin	22	Oberes Jejunum, Duodenum	Stimulierung der Motilität von Magen und Dünndarm
Neurotensin	13	Unterer Dünndarm, Colon	Stimulierung der Sekretion von Insulin, Glucagon, Gastrin
Enteroglucagon	~ 70	Ileum und Colon	Trophischer Faktor für Epithelzellen des Intestinaltraktes
Somatostatin[a]	14	Gesamter Intestinaltrakt, Pankreas	Hemmung sekretorischer Vorgänge
Neurotransmitter			
Vasoaktives intestinales Peptid[a]	14/28	Neurone und Nervenfasern des Intestinaltrakts	Vasodilatation, Relaxation der glatten Muskulatur
Substanz P[a]	11	Gesamter Intestinaltrakt	Kontraktion der glatten Muskulatur
Bombesin[a]	14	Magen, Duodenum, Jejunum	Pankreassekretion?
Enkephalin[a]	5	Gesamter Intestinaltrakt	?

[a] Vorkommen im Zentralnervensystem gesichert.

matostatin notwendig (Abb. 20.21). Die Sekretion von ***Pepsinogen*** durch die Hauptzellen des Magenfundus wird durch ***cholinerge Reize*** sowie ebenfalls durch ***Gastrin*** stimuliert. Die Mucinproduktion durch die Mucinzellen des Magens wird durch ***cholinerge Reize, Sekretin*** und ***Prostaglandin E1*** stimuliert sowie durch ***Glucocorticoide*** gehemmt.

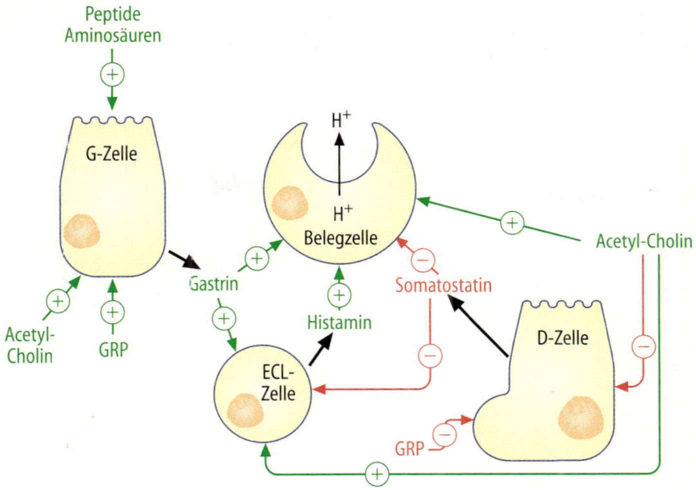

Abb. 20.21 Regulation der Salzsäureproduktion durch die Belegzellen. Für die Regulation der Salzsäureproduktion ist das Zusammenspiel cholinerger und peptiderger Impulse mit dem aus den Gastrinzellen stammenden Gastrin, dem aus den ECL-Zellen stammenden Histamin, sowie den durch die D-Zellen gebildeten Somatostatin notwendig. *GRP* gastrin releasing peptide

Regulation der Pankreassekretion: Für die Bildung des Pankreassekretes sind nervale und endokrine Faktoren verantwortlich (Abb. 20.22):

- ***Sekretin*** und das ***vasoaktive intestinale Peptid*** (VIP) stimulieren in den Gangzellen des Pankreas die ***Wasser-*** und ***Hydrogencarbonatsekretion.***
- Die ***Enzym-*** und ***Proenzymsekretion*** durch die Acinuszellen des Pankreas wird außer durch ***Acetylcholin*** (muscarinischer Acetylcholinrezeptor) durch ***Cholecystokinin/Pankreozymin, Sekretin*** sowie ***VIP*** stimuliert. Das erstere wirkt über eine Erhöhung der cytosolischen Calciumkonzentration durch Stimulierung des Phosphatidylinositol-Cyclus (S. 460), die beiden letzteren durch Aktivierung des Adenylatcyclasesystems.

Regulation der Gallensekretion: Die Sekretion der Gallenflüssigkeit wird auf zweifache Weise reguliert:

- Substanzen, die die Gallensekretion durch Hepatocyten stimulieren, werden als ***Choleretica*** bezeichnet. Die wichtigsten Choleretica sind die Gallensäuren.

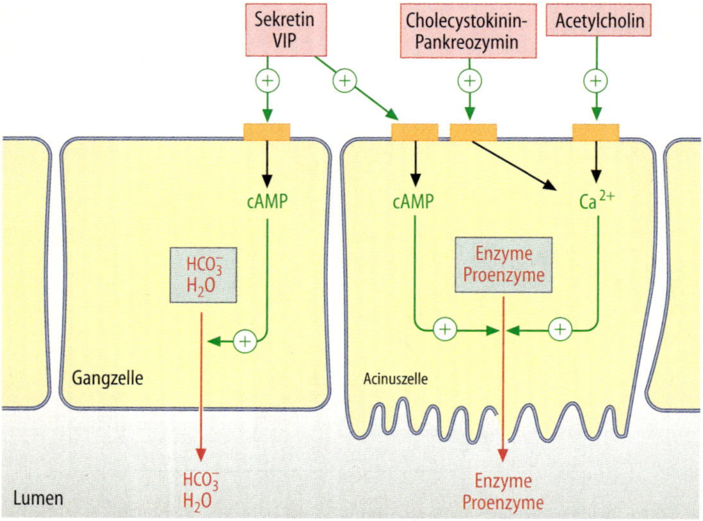

Abb. 20.22 Enzym-, Wasser- und Hydrogencarbonatsekretion durch Acinus- bzw. Gangzellen des Pankreas. *VIP* vasoaktives intestinales Peptid. (Einzelheiten s. Text)

- ***Cholecystokinin/Pankreozymin*** führt dagegen zu einer Kontraktion der Gallenblase mit Entleerung von Gallenflüssigkeit in das Duodenum.

Die Resorption der Kohlenhydrate erfolgt durch sekundär aktive, natriumabhängige Transportsysteme.

Die Nahrungskohlenhydrate sind überwiegend Stärke, daneben Disaccharide wie Saccharose und Lactose. Die Stärkespaltung erfolgt hauptsächlich im Duodenum unter der Einwirkung der ***Pankreasamylase***, das Reaktionsprodukt ist ein Gemisch aus Maltotriose und Maltose. Für deren Spaltung sowie für die Spaltung von Saccharose und Lactose sind eine Reihe von ***Disaccharidasen*** (Isomaltase, Maltase, Lactase, Saccharase) verantwortlich, die im Bürstensaum der Mucosazelle lokalisiert sind.

In unmittelbarer Nachbarschaft zum Ort der Disaccharidspaltung im Bürstensaum der Mucosazellen befinden sich die für die ***Monosaccharidresorption*** zuständigen Transportsysteme. Die Einzelhei-

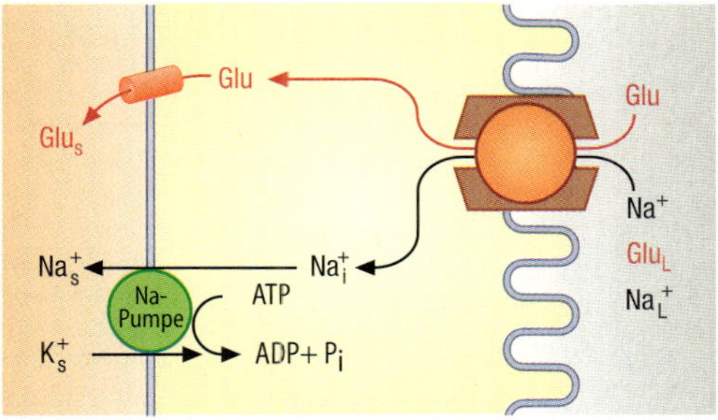

Abb. 20.23 Natriumabhängiger Transportmechanismus für die Glucoseresorption. *Glu_L bzw. Na^+_L* Glucose bzw. Na^+ im Lumen; *Glu_I bzw. Na^+_I* Glucose bzw. Na^+ intrazellulär; *Glu_S bzw. Na^+_S bzw. K^+_S* Glucose, Na^+ bzw. K^+ auf der Serosaseite

ten der Monosaccharidaufnahme sind in Abb. 20.23 am Beispiel der Glucoseresorption zusammengestellt:

Auf der luminalen Seite findet sich ein Transportsystem, welches Glucose im Symport mit Natriumionen in das Cytosol der Mucosazelle transportiert. Die Triebkraft für den dabei häufig notwendigen Bergauf-Transport der Glucose gegen ein Konzentrationsgefälle ist der steile ***Natriumgradient*** zwischen Darmlumen und dem cytosolischen Raum der Mucosazellen. Dieser wird durch die Aktivität der ***Na/K-ATPase*** aufrecht erhalten, die auf der Serosaseite der Mucosazellen lokalisiert ist. Für den Transport der Glucose aus dem Inneren der Mucosazelle in den Extrazellulärraum genügt der Glucosetransporter ***GLUT 1*** aus der GLUT-Familie (S. 125).

!

Lipide werden nach Aufnahme in die Mucosazellen zu Chylomikronen verpackt und in die intestinalen Lymphbahnen sezerniert.

Unter Einwirkung der ***Pankreaslipase*** und einem als ***Colipase*** bezeichneten Hilfsprotein werden die Triacylglycerine der Nahrung in ein Gemisch von ***Monoacylglycerinen, Fettsäuren*** und ***Glycerin*** zerlegt. Monoacylglycerine, Fettsäuren und Gallensäuren bilden anschließend gemischte ***Mizellen***, in die u. a. Cholesterin und fettlösliche Vitamine eingelagert werden. Am Bürstensaum der Mucosazellen zerfallen derartige Mizellen und die Mizellen bildenden Lipide werden in die Mucosazelle aufgenommen. Dort erfolgt eine ***Resynthese*** von ***Triacylglycerinen*** (Abb. 20.24). Anschließend lagern sich die Triacylglycerine

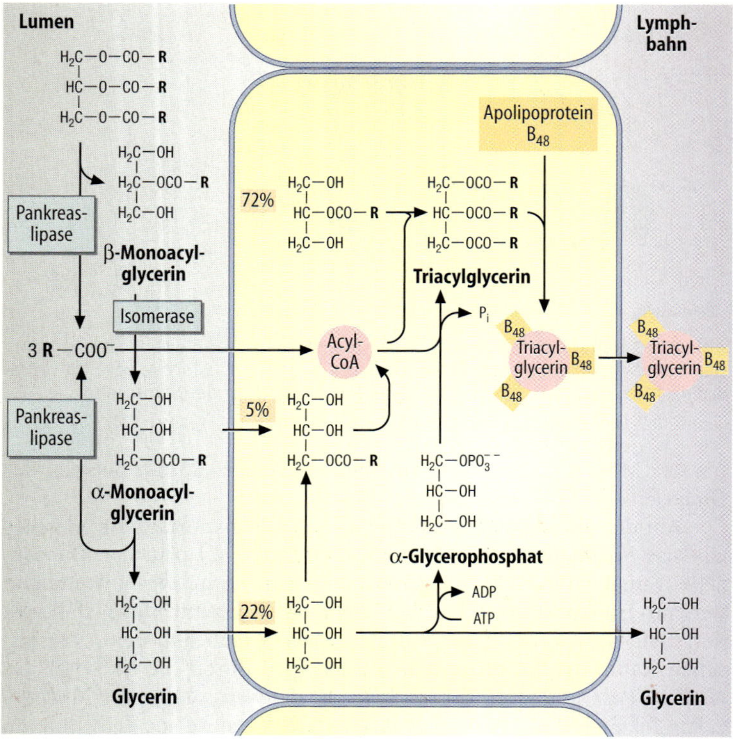

Abb. 20.24 Intestinale Spaltung und Resynthese von Triacylglycerinen. (Einzelheiten s. Text)

zusammen mit Cholesterin und anderen resorbierten Lipiden mit dem Apolipoprotein B 48 zusammen, die dabei entstehenden ***Chylomikronen*** (S. 207) werden durch Exocytose in die Lymphbahn abgegeben.

Proteine werden bis auf die Stufe von Aminosäuren und Oligopeptiden gespalten und die dabei entstehenden Bruchstücke mit Hilfe eines sekundär aktiven Transportsystems aufgenommen.

Bei der Proteinverdauung werden durch die verschiedenen Proteasen der Verdauungssekrete Oligopeptide und freie Aminosäuren erzeugt.

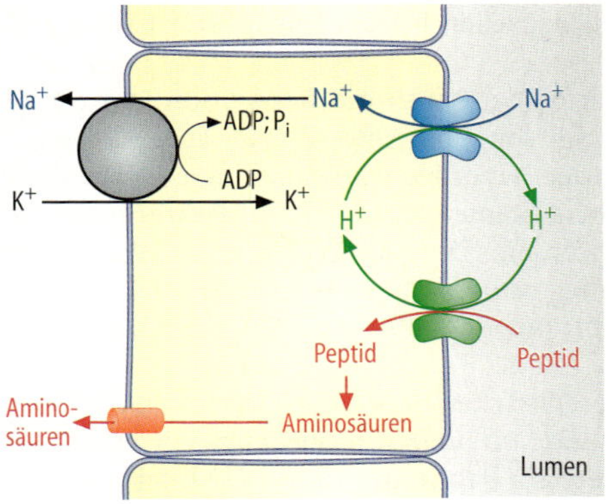

Abb. 20.25 Mechanismus der Aufnahme von Peptiden oder Peptidantibiotika durch Mucosazellen. Der Transport erfolgt gegen ein Konzentrationsgefälle als Protonencotransport. (Einzelheiten s. Text)

Oligopeptide werden durch ***sekundär aktiven protonenabhängigen Transport*** in die Mucosazellen aufgenommen. Der hierfür notwendige Protonengradient wird durch einen ***Na-H⁺-Austauscher*** aufrecht erhalten, der an die serosaseitig gelegene ***Na/K-ATPase*** gekoppelt ist. Intrazellulär werden Peptide auf die Stufe von Aminosäuren zerlegt und durch ein entsprechendes Transportsystem auf der Serosaseite wieder aus der Mucosazelle ausgeschleust (Abb. 20.25).

Ähnlich wie für Monosaccharide kommen auch für ***Aminosäuren*** spezifische Transportsysteme in der Mucosazelle vor, die einen sekundär aktiven energieabhängigen Aminosäuretransport in die Mucosazelle ermöglichen. Ihr Transportmechanismus hat Ähnlichkeit mit dem für Monosaccharide beschriebenen.

Die Rückresorption von Wasser und Elektrolyten erfolgt zum größten Teil im Jejunum und im Colon.

Die Wasserrückresorption erfolgt größtenteils im ***Jejunum*** und ***Colon***. Im Jejunum wird sie durch den Export von ***Natriumionen*** auf Serosaseite der Mucosazellen aufrecht erhalten, dessen Ausmaß von der Resorption von Monosacchariden bzw. Aminosäuren abhängt (s. o.). Dies führt zum Entstehen eines ***osmotischen Gradienten*** zwischen intra- und extrazellulärem Raum, der dafür verantwortlich ist, daß Wasser aus den Mucosazellen hinaus transportiert wird und in das Plasma gelangt.

Im Ileum und Colon erfolgt dagegen die Resorption von Natrium und Wasser unabhängig von der Anwesenheit von Monosacchariden, Aminosäuren oder Hydrogencarbonationen. Na^+ kann durch spezifische Transportsysteme gegen hohe ***elektrochemische Gradienten*** transportiert werden. Die Resorption von Wasser erfolgt dann im Sinne eines ***osmotischen Ausgleichs*** entlang des durch den aktiven Natriumtransport aufgebauten osmotischen Gradienten.

Ähnlich wie in den Nieren wirken die ***Mineralocorticoide*** (S.500) auch im Darm im Sinne einer ***Natriumkonservierung.*** Vor allem das Aldosteron (S. 501) stimuliert am Ileum und Colon die Rückresorption von Natrium. Eine ähnliche Rolle spielt das Angiotensin (S. 502).

Die intestinale Bakterienflora zersetzt nichtresorbierte organische Nahrungsbestandteile.

Die im Darminhalt noch vorhandenen organischen Verbindungen werden, soweit sie nicht im Duodenum, Jejunum und Ileum resorbiert werden, durch die im Colon vorhandenen Bakterien fermentiert. Dabei werden Kohlenhydrate und Fette zu organischen Säuren wie Lactat, Acetat und Butyrat fermentiert, wobei verschiedene Gase wie CO_2, Methan und Wasserstoff entstehen können. Aminosäuren unterliegen dagegen einem Fäulnisvorgang. Sie werden meist zu toxischen Aminen decarboxyliert:

- Aus Lysin entsteht Cadaverin,
- aus Arginin entsteht Agmatin,
- aus Tyrosin entsteht Tyramin,
- aus Ornithin entsteht Putrescin und
- aus Histidin entsteht Histamin.

Ein weiteres im Darm entstehendes Abbauprodukt ist Ammoniak, welcher in beträchtlichem Umfang rückresorbiert wird und zur Leber gelangt, wo er im wesentlichen als Harnstoff fixiert werden muß (S. 271).

WICHTIG

Im Gastrointestinaltrakt erfolgt die Verdauung und Resorption von Nahrungsstoffen.

Für die Verdauung, d.h. die hydrolytische Zerlegung der Nahrungsstoffe in die monomeren Bestandteile, stehen die in den verschiedenen Drüsen des Intestinaltraktes gebildeten Verdauungsenzyme sowie die Salzsäure des Magens zur Verfügung. Ein komplexes System gastrointestinaler Hormone sorgt für die zeit- und bedarfsgerechte Ausschüttung der Verdauungsenzyme, deren Volumen insgesamt ca. 10 l/24 Std. beträgt. Im Dickdarm wird der größte Teil der in den Verdauungssekreten enthaltenen Elektrolyte sowie des Wassers rückresorbiert.

Für die Resorption der Nahrungsstoffe sind unterschiedliche Mechanismen realisiert. Monosaccharide und Aminosäuren werden durch sekundär aktiven, natriumabhängigen Symport in die Mucosazellen aufgenommen und durch entsprechende Transportsysteme auf der Serosaseite wieder ausgeschleust. Peptide werden durch sekundär aktiven, protonenabhängigen Symport aufgenommen, intrazellulär in Aminosäuren zerlegt und anschließend auf der Serosaseite durch entsprechende Transportsysteme ausgeschleust. Die Lipidresorption erfolgt in Form von Mizellen. In den Mucosazellen erfolgt eine Resynthese von Triacylglycerinen und die Bildung von Chylomikronen, in denen neben Triacylglycerinen Nahrungscholesterin und fettlösliche Vitamine enthalten sind. Chylomikronen werden von den Mucosazellen sezerniert und über die intestinalen Lymphbahnen in den Ductus Thoracicus und anschließend in den Kreislauf gebracht.

20.4 Das Immunsystem des Intestinaltraktes

Im Intestinaltrakt muß eine besonders wichtige Barriere gegen das Eindringen von Bakterien, Viren, Toxinen und anderen Fremdstoffen lokalisiert sein. Einen wesentlichen Bestandteil dieser Barriere bildet das ***mucosale Immunsystem*** (Abb. 20.26):

- Aktivierte B-Lymphocyten des Intestinaltraktes sammeln sich nach Differenzierung zu ***IgA-produzierenden Plasmazellen*** in der Lamina propria des Darms.

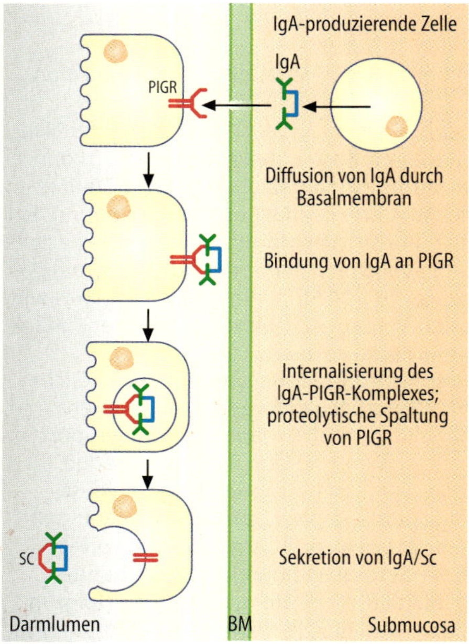

Abb. 20.26 Mechanismus der Transcytose von IgA durch die intestinalen Mucosazellen. *PIGR* Poly-IgG-Rezeptor; *SC* sekretorische Komponente

- IgA-Antikörper assoziieren auf der basolateralen Seite der Epithelzellen mit einem ***Poly-Immunglobulin-Rezeptor.***
- Dies löst die Internalisierung des Poly-IgG-Rezeptor-IgA-Komplexes aus, der dann in einem Transportvesikel an die apikale Oberfläche der Epithelzelle befördert wird. Während dieser Transcytose wird der Immunglobulin-Rezeptor enzymatisch gespalten, sein extrazellulärer Anteil bleibt jedoch mit dem IgA-Dimer verknüpft und bildet die sog. ***sekretorische Komponente.***
- Diese schützt das IgA-Molekül im Intestinaltrakt vor proteolytischer Spaltung.

IgA-Antikörper binden die unterschiedlichsten Antigene im Intestinaltrakt und verhindern damit die Aufnahme bakterieller Toxine, die Aufnahme von Viren und die Anheftung von Bakterien an Zelloberflächen, die für die Infektiosität intestinaler Bakterien von großer Bedeutung sind.

Ein weiterer wichtiger Mechanismus des intestinalen Immunabwehrsystems beruht auf IgE-vermittelten Reaktionen (S. 556):

- Unterhalb der Epithelschicht lokalisierte Mastzellen werden nach Kontakt mit entsprechenden Antigenen aktiviert und setzen Mediatoren wie ***Histamin***, ***Serotonin*** und ***Prostaglandine*** frei.
- Diese aktivieren das enterale Nervensystem und lösen gleichzeitig in den Epithelzellen eine ***Chlorid***- und ***Wassersekretion*** sowie in den glatten Muskelzellen eine Kontraktion aus.
- Die damit einhergehenden heftigen ***Durchfälle*** lösen die Eliminierung des infektiösen Agens, häufig auch von Parasiten aus.

> **!** WICHTIG
> Da der Organismus im Gastrointestinaltrakt in Kontakt mit einer Reihe von Antigenen, aber auch mit Parasiten u.ä., kommt, sind immunologische Abwehrmechanismen im Intestinaltrakt von großer Bedeutung. Diese bestehen aus IgA-vermittelten Reaktionen, die die Eliminierung der entsprechenden Antigene durch Phagocytose zum Ziel haben. Eine weitere Immunbarriere ist IgE-vermittelt und beinhaltet nach Kontakt mit entsprechenden Antigenen die Freisetzung von Mediatoren wie Histamin, Serotonin und Prostaglandinen, was heftige Durchfälle und die Eliminierung des infektiösen Agens auslöst.

20.5 Pathobiochemie

Erkrankungen des Intestinaltrakts sind außerordentlich häufig und spielen damit in der Medizin eine große Rolle. Tabelle 20.14 stellt einige wichtige Erkrankungen des gastrointestinalen Systems zusammen.

> **!** WICHTIG
> Erkrankungen des Intestinaltrakts spielen in der Medizin eine große Rolle und können jeden Teil des Gastrointestinaltraktes und jede seiner einzelnen Funktionen betreffen.

Tabelle 20.14 Erkrankungen des Gastrointestinaltraktes (Auswahl)

Erkrankung	Ursache
Magen- und Duodenalulcus	a) Verminderte Produktion von Mucinen aufgrund verschiedenster Noxen wie Hitze, Kälte, Röntgenbestrahlung, Behandlung mit Glucocorticoiden usw. b) Gesteigerte Produktion von HCl als Antwort auf Vagusreize, Histamin, Gastrin usw.
Akute Pankreatitis	Aktivierung der als Proenzyme vorliegenden Proteasen sowie der Phospholipase in der interstitiellen Flüssigkeit des Pankreas oder intrazellulär; kann zur Pankreasnekrose führen
Exokrine Pankreasinsuffizienz	Häufig durch chronischen Alkoholismus, aber auch durch andere Noxen ausgelöste sekretorische Insuffizienz des Pankreas mit entsprechenden Störungen der Verdauung
Disaccharidasemangel	Als primärer Disaccharidasemangel genetisch verursachte Abnahme der Disaccharidase- (meist Lactase-) Aktivität und damit einhergehender Defekt der Kohlenhydratverdauung. Als sekundärer Disaccharidasemangel Begleiterscheinung bei vielen gastrointestinalen Erkrankungen
Störungen der Fettresorption	Als erworbene, meist mit Fettstühlen einhergehende Erkrankung, meist durch verminderte intestinale Gallensäurekonzentration infolge gestörter Gallenbildung oder Verlegung der Gallenwege durch Gallensteine ausgelöst
Defekte von Proteinverdauung und Resorption	Als erworbene Erkrankung bei exokriner Pankreasinsuffizienz, seltener als Gendefekte von Proteasen oder von Aminosäuretransportsystemen
Nahrungsmittelallergien	IgE-vermittelte Überempfindlichkeit gegenüber bestimmten, als Antigene wirkenden Nahrungsbestandteilen, meist mit Erbrechen oder Durchfällen einhergehend

21 Die Leber

LERNZIELE
- Zelluläre Bestandteile der Leber
- Funktionen der Leberparenchymzellen
- Die Leber als exkretorisches Organ
- Funktionen der Nicht-Parenchymzellen der Leber
- Reaktion der Leber auf toxische Verbindungen

Die Leber ist eines der größten Organe des Organismus. In ihr laufen die meisten der heute bekannten Reaktionen des Intermediärstoffwechsels ab, darüber hinaus synthetisiert sie eine Reihe wichtiger Verbindungen, metabolisiert körpereigene und körperfremde Substanzen und ist ein Ausscheidungsorgan.

Da die Leber über eine besondere Regenerationsfähigkeit verfügt, können akute und chronische Schädigungen von ihr relativ gut bewältigt werden. Eine besonders wichtige chronische Schädigung der Leber ist der Alkoholabusus, der nach längerer Zeit zur Fettleber und dann zur Leberzirrhose führt.

21.1 Zelluläre Bestandteile der Leber

Abbildung 21.1 gibt eine schematische Darstellung von ***Hepatocyten*** und ihren anatomischen Beziehungen zu Nicht-Parenchymzellen und dem Dissé-Raum wieder. Die Leber besteht aus einer Reihe unterschiedlicher Zellen, die grob in Parenchym- und Nicht-Parenchymzellen eingeteilt werden können. Im einzelnen handelt es sich um:

- ***Hepatocyten*** oder ***Leberparenchymzellen***, die etwa 60–70% der Zellmasse der Leber ausmachen,
- ***Cholangiocyten***, die Zellen der Gallengangsepithelien,
- ***Sinusoidale Endothelzellen***, die ein gefenstertes Endothel bilden,
- ***Kupfferzellen***, die ebenfalls an die Wand der Sinusoide adherieren aber sehr wahrscheinlich beweglich sind,

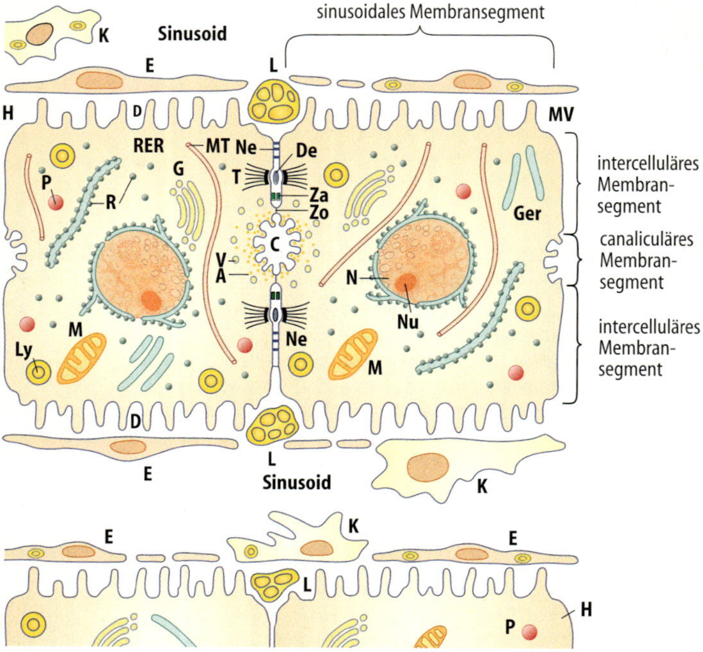

Abb. 21.1 Schematische Darstellung von Hepatocyten und ihren anatomischen Beziehungen zu Nicht-Parenchymzellen und dem Dissé-Raum. *A* Actinfilamente; *C* Gallecanaliculus; *D* Dissé-Raum; *De* Desmosom; *E* Endothelzelle; *G* Golgi-Apparat; *GER* glattes endoplasmatisches Reticulum; *H* Hepatocyt; *K* Kupfferzelle; *Ly* Lysosomen; *M* Mitochondrien; *Mt* Mikrotubuli; *Mv* Mikrovilli; *N* Zellkern; *Ne* Nexus; *Nu* Nucleolus; *P* Peroxisomen; *R* Ribosomen; *RER* rauhes endoplasmatisches Reticulum; *S* Sternzellen; *T* Tonofilamente; *V* pericanaliculäre Vesikel; *Za* Zona adhärens; *Z* Zonula occludens (tight junction)

- ***Sternzellen***, die auch als Fettspeicherzellen oder nach ihrem Entdecker als ***Ito-Zellen*** bezeichnet werden.

> **!** WICHTIG
> Die Leber besteht aus unterschiedlichen Zelltypen. Die eigentlichen Leberparenchymzellen oder Hepatocyten machen etwa 60–70 % der Zellmasse aus. Andere Zellen sind Cholangiocyten, Endothelzellen, Kupfferzellen und Sternzellen.

21.2 Funktionen der Leberparenchymzellen

Die Leber ist ein zentrales Organ des Intermediärstoffwechsels.

Tabelle 21.1 gibt eine Zusammenstellung der wichtigsten spezifischen Stoffwechselfunktionen der Leber wieder. Sie betreffen im einzelnen den Stoffwechsel der Kohlenhydrate, Lipide, der N-haltigen Verbindungen sowie der Proteine. Die einzelnen Stoffwechselfunktionen sind an den entsprechenden Stellen des Buches gesondert besprochen.

In der Leber wird eine große Zahl von für den Organismus wichtigen Proteinen synthetisiert.

Die Leber hat eine besonders hohe Kapazität zur Biosynthese der verschiedensten Proteine, die für den Organismus von großer Bedeutung sind (Tabelle 21.2). Besonders hervorgehoben werden sollte an dieser Stelle das ***Kallikrein-Kinin-System***. Kallikreine entstehen aus entsprechenden Proenzymen, den ***Präkallikreinen***, in den verschiedensten Geweben und kommen außerdem im Blutplasma vor. Es sind Proteasen, die aus dem in der Leber synthetisierten ***Kininogen Bradykinin*** (Plasmakallikreine) bzw. ***Kallidin*** (Gewebskallikreine) freisetzen. Die beiden Peptide unterscheiden sich in ihrer Wirkung nicht. Sie führen zur Vasodilatation, Erhöhung der Kapillarpermeabilität und Leukocytenmigration und sind deswegen für die ***Entzündungsreaktion*** unerläßlich.

Eine weitere wichtige Leberfunktion in diesem Zusammenhang beruht auf der Freisetzung der sogenannten „***Akute-Phase-Proteine***“, die innerhalb von 6–48 Stunden nach dem Auftreten einer lokalen Entzündungsreaktion im Organismus vermehrt auftreten (Tabelle 21.3). Der auslösende Reiz dafür ist eine vermehrte Freisetzung der Interleukine IL-6 und IL-1.

Tabelle 21.1 Übersicht über die wichtigsten Stoffwechselfunktionen der Leber (Auswahl)

Stoffwechsel	Funktion	Seite
Kohlenhydrate		
Glycogen	Homöostase der Blutglucose durch hormonelle Regulation von Glycogensynthese und Glycogenolyse	127
Glucose	Homöostase der Blutglucose durch Glucosebiosynthese aus Nichtkohlenhydraten (Gluconeogenese)	114
Galactose	Utilisierung von Galactose aus Lactose, Biosynthese von Galactose	135
Fruktose	Utilisierung von Fructose aus Saccharose	131
Lipide		
Lipoproteine	Biosynthese, Assemblierung und Abbau von VLDL, LDL und HDL	207
Fettsäuren	Biosynthese von Ketonkörpern bei β-Oxidation der Fettsäuren	169
Cholesterin	Biosynthese von Cholesterin in Abhängigkeit vom Nahrungscholesterin	200
	Umwandlung von Cholesterin zu Gallensäuren	609
N-haltige Verbindungen		
Aminosäuren	Biosynthese nichtessentieller Aminosäuren	276
	Abbau essentieller und nichtessentieller Aminosäuren	277
Aminosäuren	Decarboxylierung von Aminosäuren zu „biogenen Aminen"	284
Harnstoff	Biosynthese von Harnstoff im Harnstoffcyclus	271
Kreatin	Biosynthese	656
Proteine		
Albumin	Biosynthese und Sekretion	538
Gerinnungsenzyme	Biosynthese und Sekretion	529

Tabelle 21.2 Produktion für den Organismus wichtiger Proteine durch die Leber (Auswahl)

Proteine
Albumin
Angiotensinogen
α-Fetoprotein
Orosomucoid
α_1-Antitrypsin
α_1-Antichymotrypsin
α_2-Makroglobulin
Antithrombin III
Caeruloplasmin
Gerinnungsfaktoren
I, II, V, VII, VIII, IX, X, XI, XII
IGF-I; IGF-II
Kininogen
Complementsystem
C-reaktives Protein
Fibrinogen
Plasminogen
Transcortin
Transferrin
VLDL
Nascierende HDL

Tabelle 21.3 Akute-Phase-Proteine (Auswahl)

Gruppe	Protein	Funktion
Gerinnungsfaktoren	Prothrombin Fibrinogen	Blutgerinnung, Hemmung der Ausbreitung der Entzündung, Reparatur
Complementsystem	Komponenten C1–C9	Opsonierung
Kallikrein-Kinin-System	Präkallikrein	Vasodilatation, Gefäßpermeabilität
Proteinaseinhibitoren	α_1-Antitrypsin α_1-Antichymotrypsin	Antiproteolyse
Opsonine	C-reaktives Protein	Opsonierung
Transportproteine	Caeruloplasmin	Radikalfänger

! **Die Leber ist das wichtigste Organ zur Entgiftung körpereigener und körperfremder Verbindungen durch Biotransformation.**

Im Stoffwechsel sowie durch Aufnahme aus der Umwelt fallen eine Reihe meist lipophiler Verbindungen an, die im Organismus nicht abgebaut werden können und deswegen eliminiert werden müssen. Dies ist jedoch aufgrund der lipophilen Natur der genannten Verbindungen nur nach deren vorheriger Modifikation möglich. Diesem Zweck dient das sogenannte ***Biotransformationssystem***, welches in zwei Phasen eingeteilt werden kann (Abb.21.2).

Teil 1 der Biotransformation: Meist werden die in Frage kommenden Verbindungen zunächst durch die Aktivität der sogenannten ***Monooxigenasen*** (S. 253) oxidiert. Tabelle 21.4 gibt einen Überblick über die wichtigsten durch diese Enzyme vermittelten Reaktionen. Andere oxidative Reaktionen im Gefolge des Teils 1 der Biotransformation sind ***Desaminierung*** unter Ausbildung einer CO-Gruppe und Ammoniakfreisetzung sowie die ***oxidative Spaltung*** der Seitenkette des Cholesterins unter Bildung der Gallensäuren (S. 609). Sehr selten werden

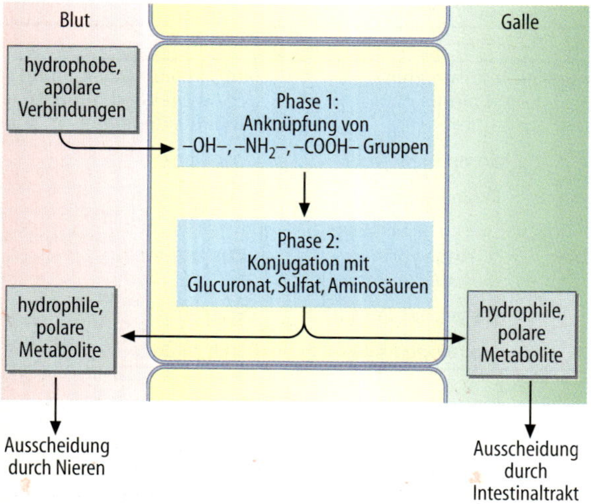

Abb. 21.2 Prinzip der zweistufigen Metabolisierung hydrophober, apolarer Verbindungen durch das Biotransformationssystem der Leber. (Einzelheiten s. Text)

Tabelle 21.4 Wichtige, durch Monooxigenasen katalysierte Reaktionen

Hydroxylierung		
$R - H$	$\xrightarrow[H_2O\ \ NADP^+]{O_2\ \ NADPH + H^+}$	$R - OH$
O-Dealkylierung		
$R - O - CH_3$	$\xrightarrow[H_2O\ \ NADP^+]{O_2\ \ NADPH + H^+}$	$R - OH + HCHO$
N-Dealkylierung		
$R - N(R') - CH_3$	$\xrightarrow[H_2O\ \ NADP^+]{O_2\ \ NADPH + H^+}$	$R - NH(R') + HCHO$

ausscheidungspflichtige, körpereigene bzw. körperfremde Substanzen im Teil 1 der Biotransformation durch ***Reduktionen*** modifiziert. Dabei entstehen z.B. aus Nitrogruppen Aminogruppen.

Teil 2 der Biotransformation: In der 2. Phase der Biotransformation werden die in der Phase 1 durch Oxidationen bzw. Reduktionen entstandenen Metabolite an hydrophile Verbindungen gekoppelt. Hierzu stehen an erster Stelle Konjugation mit ***Glucuronat, Sulfat*** bzw. mit ***Glycin*** zur Verfügung (Tabelle 21.5).

Durch Konjugation mit Glucuronsäure entstehen die sogenannten ***Glucuronide***. Für die Konjugationsreaktion muß Glucuronsäure als ***UDP-Glucuronat*** (S. 134) vorliegen. Diese Konjugation kann mit OH-Gruppen, primären und sekundären Aminen sowie Carboxylatgruppen erfolgen.

Für die Sulfatierung, die vor allen Dingen mit OH-Gruppen sowie mit Aminogruppen erfolgt, ist das aktivierte Sulfat ***PAPS*** (S. 290) notwendig.

Zum 2. Teil der Biotransformation gehört schließlich die Amidierung von Carboxylaten mit der Aminosäure ***Glycin***. Hierbei muß zunächst die Carboxylgruppe ATP-abhängig zum entsprechenden Acyl-CoA aktiviert werden, anschließend erfolgt unter Ausbildung eines Säureamids die Reaktion mit Glycin.

Außer den genannten drei Reaktionstypen kommen noch die ***Methylierung***, die ***Acetylierung*** sowie die Ausbildung von ***Thioethern*** vor.

Die verschiedenen, für die Biotransformation benötigten Enzymsysteme sind leicht induzierbar, was bedeutet, daß ihre Aktivität bei

Tabelle 21.5 Möglichkeiten der Konjugation von Metaboliten, die durch die Oxidation oder Reduktion körpereigener bzw. körperfremder Substanzen entstanden sind

Glucuronidierung

R – OH + UDP-Glucuronat ⟶ 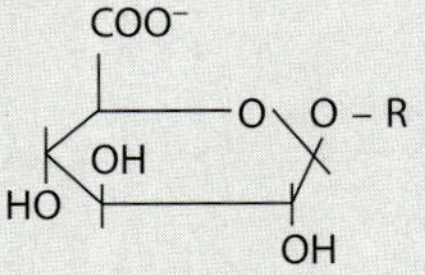 + UDP

R – NH$_2$ + UDP-Glucuronat ⟶ 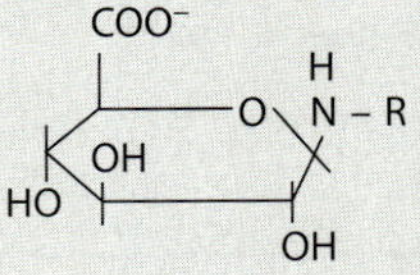 + UDP

R – COO$^-$ + UDP-Glucuronat ⟶ 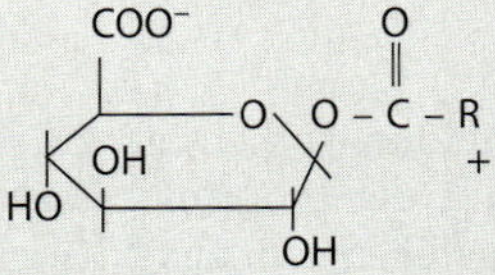 + UDP

Sulfatierung

$R - OH + PAPS \rightarrow R - O - SO_3^- + PAMP$

$R - NH_2 + PAPS \rightarrow R - NH - SO_3^- + PAMP$

Konjugation mit Glycin

$$R - \overset{\overset{O}{\|}}{C} - SCoA + H_3N^+ - CH_2 - COO^- \rightarrow R - \overset{\overset{O}{\|}}{C} - NH - CH_2 - COO^- + CoASH$$

besonders hoher oder lang dauernder Zufuhr der betreffenden Verbindung durch vermehrte Synthese des betreffenden Enzymproteins zunimmt.

Bei Neugeborenen oder Kleinkindern sind die betreffenden Aktivitäten der Biotransformationsenzyme außerordentlich niedrig. Daraus ergibt sich, daß Neugeborene gegen eine ganze Reihe von Arzneimitteln außerordentlich empfindlich sind. Der bei Neugeborenen gelegentlich zu beobachtende ***Ikterus*** beruht auf einer noch ungenügenden Glucuronidierung des durch den vermehrten Erythrocytenabbau entstandenen Bilirubins.

WICHTIG

In den Leberparenchymzellen laufen die meisten Reaktionen des Intermediärstoffwechsels ab. Darüber hinaus synthetisieren sie eine Reihe für den Organismus wichtiger Verbindungen. Zu ihnen gehören Transportproteine, Blutgerinnungsfaktoren, Proteine des Komplementsystems, akute-Phase-Proteinen, Apolipoproteine und Proteinaseinhibitoren. In der Leber wird auch das Kininogen gebildet. Dieses ist der Vorläufer der Peptide Bradykinin und Kallidin, die bei der Entzündungsreaktion eine besondere Rolle spielen.

Eine weitere spezifische Funktion der Hepatocyten ist die Biotransformation. Sie dient dazu, körpereigene und körperfremde lipophile Substanzen in einer ersten Phase zu hydroxylieren oder mit anderen reaktiven Gruppen zu versehen, die dann in einer zweiten Phase mit hydrophilen Verbindungen konjugiert werden, wobei Glucuronide, Sulfatester, acetylierte Verbindungen u. a. entstehen, die leicht über die Gallenwege ausgeschieden werden können.

21.3 Die Leber als exkretorisches Organ

Neben den Nieren ist die Leber ein wichtiges Ausscheidungsorgan des Organismus, da sie über die ***Gallenflüssigkeit*** eine Reihe von körpereigenen und körperfremden Verbindungen in den Intestinaltrakt abgibt. Beim Menschen beträgt das tägliche Volumen der Gallenproduktion etwa 500–700 ml. Die Gallenflüssigkeit enthält ***Gallensäuren, Cholesterin*** und ***Phospholipide, Bilirubinkonjugate, Proteine*** sowie ***Elektrolyte*** wie Na^+, K^+, Ca^{2+} und HCO_3^- (S. 605). Die von der Leber abgegebene Gallenflüssigkeit wird in der Gallenblase gespeichert und konzentriert. Tabelle 20.12 zeigt die Zusammensetzung menschlicher Leber bzw. Blasengalle.

Für die Sekretion der Gallenflüssigkeit in die Gallenkapillaren ist die ***biliäre kanalikuläre Membran*** von besonderer Bedeutung (Abb. 21.3). Es handelt sich um spezifische, durch ***tight junctions*** von dem Rest der sinusoidalen Membran des Hepatocyten abgegrenzte Membranabschnitte. Dadurch, daß die kanalikulären Membranen zweier benachbarter Hepatocyten aneinander stoßen, entsteht die Gallenkapillare. Sie enthält eine Reihe wichtiger Transportsysteme, die für den Gallenfluß entscheidende Bedeutung haben. Im einzelnen handelt es sich um Transportsysteme für

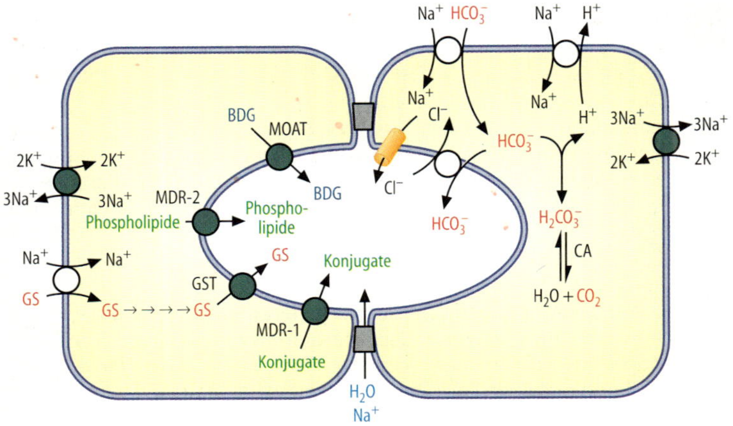

Abb. 21.3 An der Gallenbildung beteiligte hepatozelluläre Transportsysteme. *MOAT* Organischer Anionentransporter; *BDG* Bilirubindiglucuronid; *MDR* Multi Drug Resistance Transporter; *GST* Gallensäuretransporter; *CA* Carboanhydrase; *GS* Gallensäuren; *geschlossene Symbole* geben ATP-abhängige, *offene* sekundär aktive oder passive Transportsysteme wieder. (Einzelheiten s. Text)

- Gallensäuren,
- verschiedene Fremdstoffe,
- Phospholipide,
- Bilirubindiglucuronid und
- Hydrogencarbonat.

Die das Gallengangsepithel bildenden ***Cholangiocyten*** sind imstande, die Zusammensetzung der Gallenflüssigkeit zu modifizieren. Sie können Wasser und HCO_3^- in die Gallenflüssigkeit sezernieren, wobei diese Leistung durch ***Sekretin*** (S.610) stimuliert wird.

Gallensäuren bilden einen besonders wichtigen Bestandteil der Galle, da sie für die ***Lipidresorption*** von essentieller Bedeutung sind (S. 613). Der tägliche Umsatz an Gallensäuren beträgt etwa 10 g, die tägliche Synthese jedoch nur 200–500 mg, was genau der täglichen Ausscheidung von Gallensäuren bzw. deren bakteriellen Abbauprodukten mit den Faeces entspricht.

Diese offensichtliche Diskrepanz wird durch den ***enterohepatischen Kreislauf*** der Gallensäuren erklärt:

- Über die Gallenwege in das Duodenum sezernierte Gallensäuren bilden die für die Lipidresorption entscheidenden ***Mizellen***.

- Nach dem Zerfall der Mizellen am Bürstensaum des Mucosaepithels (S. 613) werden Gallensäuren im unteren Duodenum mit Hilfe eines ***aktiven Transportsystems*** resorbiert und über das Pfortadersystem zur Leber zurückgebracht.
- Im Symport mit Natriumionen werden Gallensäuren durch einen ***sekundär aktiven Transport*** in die Hepatocyten aufgenommen, wo sie dann für die erneute Sekretion in die Gallenflüssigkeit zur Verfügung stehen.

!

WICHTIG
Die Leber ist wegen ihrer Fähigkeit zur Gallebildung ein exkretorisches Organ. Über die Galle werden Gallensäuren als Endprodukt des Cholesterinstoffwechsels, Bilirubindiglucuronid, Cholesterin und Phospholipide sowie eine größere Zahl körpereigener und körperfremder Verbindungen, darunter auch Arzneimittel als Produkte des Biotransformationssystems, ausgeschieden. Von besonderer Bedeutung sind die Gallensäuren, die für die Lipidresorption unerläßlich sind und einen enterohepatischen Kreislauf durchmachen.

21.4 Funktionen der Nicht-Parenchymzellen der Leber

Etwa 20–30 % der Leber bilden die sogenannten Nicht-Parenchymzellen. Im einzelnen handelt es sich um:

- ***Hepatische Endothelzellen*** verfügen über Rezeptoren für die Aufnahme von Glycoproteinen, F_c-Teile von Immunkomplexen sowie LDL-Apolipoproteine. Darüber hinaus können sie in beträchtlichem Umfang Kollagen sowie Proteoglycane durch Endocytose aufnehmen und zum Abbau von Bindegewebskomponenten beitragen.
- ***Die Kupfferzellen*** leiten sich von Knochenmarksstammzellen ab und gehören in die Reihe der mononucleären Phagocyten. Sie sind zur Phagocytose von Viren, Bakterien, Immunkomplexen und Endotoxinen imstande.
- ***Sternzellen***, nach ihrem Entdecker auch Ito-Zellen genannt, sind auf die Speicherung von Retinol spezialisiert. Von besonderer Bedeutung ist, daß diese Zellen sich unter dem Einfluß von Cyto-

kinen in ***myoepitheliale Zellen*** umwandeln, welche die für die Leber spezifischen Komponenten der extrazellulären Matrix produzieren. Dies betrifft besonders die in der Leber vorkommenden Kollagene des Typs I, III, IV und VI sowie Chondroitin- und Dermatansulfat-Proteoglycane.

- Über die Funktion der Cholangiocyten und Endothelzellen s. o.

!

WICHTIG

Die Funktionen der Nicht-Parenchymzellen der Leber sind vielfältig. Hepatische Endothelzellen verfügen über spezifische Rezeptoren für den Abbau von Immunkomplexen, Apolipoproteinen, Glycoproteinen sowie Bindegewebskomponenten. Kupfferzellen gehören in die Reihe der mononucleären Phagocyten, Sternzellen speichern spezifisch Retinol, können sich aber in myoepitheliale Zellen umwandeln und produzieren dann Komponenten der extrazellulären Matrix.

21.5 Die Reaktion der Leber auf toxische Verbindungen

Viele Gifte lösen eine akute Leberzellnekrose aus.

Eine ***akute Zellnekrose*** der Leber kann bei Sauerstoffmangel, Vergiftung mit bakteriellen Endotoxinen, Leberzellgiften wie Tetrachlorkohlenstoff, Knollenblätterpilzgift u.a. oder Virusinfekten vorkommen. Der Auslöser für die Zellnekrose ist häufig eine Beeinträchtigung des Energiestoffwechsels mit Aktivierung von Lysosomen, Schädigung des Cytoskeletts sowie der Zellmembranen.

Lang dauernder Alkoholabusus führt zu chronischen Leberzellschädigungen.

Chronische Schädigungen der Leberzelle können immer dann vorkommen, wenn die Leber über viele Jahre schädigenden Einflüssen ausgesetzt ist. Das bei uns häufigste Beispiel für die chronische Leberzellschädigung ist der ***Alkoholismus***. Die Schädigung kommt dabei im wesentlichen durch die beim gesteigerten Alkoholabbau in

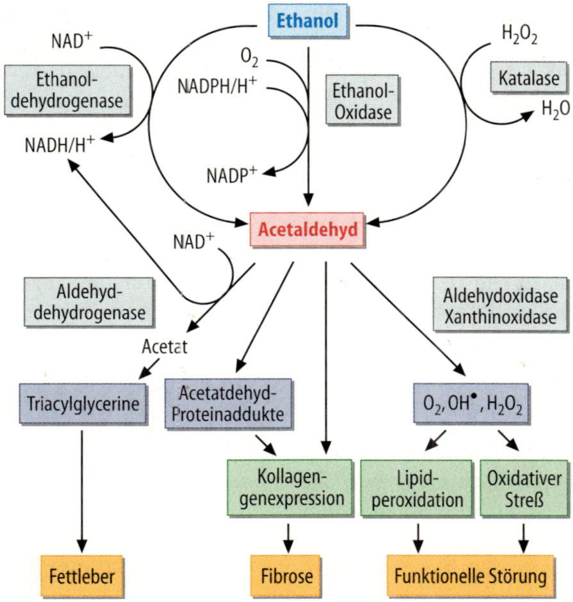

Abb. 21.4 Der Stoffwechsel des Ethanols in der Leber. Für die erste Oxidation stehen zwei Enzyme zur Verfügung. Diese cytosolische Alkoholdehydrogenase, die den Hauptanteil an der Ethanoloxidation katalysiert, liefert NADH/H$^+$. Bei der zweiten Oxidation entsteht ebenfalls NADH/H$^+$, darüber hinaus Acetat, das nach Aktivierung zu Acetyl-CoA als Substrat für die Lipidsynthese dient und so zur Fettleber beiträgt. Die mikrosomale Ethanoloxidase ist eine durch Ethanol induzierbare Monooxigenase. (Weitere Einzelheiten s. Text)

vermehrter Menge anfallenden Stoffwechselzwischenprodukte zustande (Abb. 21.4). Im einzelnen handelt es sich um:

- Die beim Abbau durch die cytosolische Alkoholdehydrogenase gebildeten ***Reduktionsäquivalente.*** Diese hemmen die hepatische Fettsäureoxidation und führen zur vermehrten Bildung von α-Glycerophosphat, gesteigerter Fettsäure- und damit ***Triacylglycerinsynthese.*** Hierin liegt die Ursache für die speziell am Anfang des Alkoholismus zu beobachtende ***Fettleber.***
- Der im Verlauf des Ethanolabbaus gebildete ***Acetaldehyd*** ist die Ursache weiterer Schädigungen. Er bildet Proteinaddukte und aktiviert damit u. a. die ***Kupffer-Zellen.*** Diese sezernieren Cytokine, darunter PDGF, was die Umwandlung von Sternzellen in

myoepitheliale Zellen und damit eine gesteigerte Produktion von extrazellulärer Matrix auslöst. Acetaldehyd führt außerdem zur Bildung reaktiver Sauerstoffspezies, die Lipide oxidieren und Membranen schädigen.

Aufgrund dieser Schädigungen kommt es zum dauernden Untergang kleiner Bezirke des Leberparenchyms. Da die Leber über eine besondere Regenerationsfähigkeit verfügt, versucht sie, die entstandenen Schäden zu beheben. Dabei kommt es jedoch durch die gesteigerte Bindegewebsneubildung zu fibrotischen Veränderungen, die letzten Endes zu einem Umbau der typischen Läppchenstruktur der Leber, zu einer Störung der Blutzirkulation und zur Leberzirrhose führen.

! Cholestase beruht auf defekter Bildung, Sekretion oder gestörtem Abfluß von Galle.

Unter dem Begriff Cholestase versteht man die Behinderung des Gallenflusses. Pathogenetisch kann eine ***Cholestase*** mechanisch (Gallensteine, Tumoren) oder funktionell (infektiös, toxisch, genetisch) ausgelöst werden. In jedem Fall erfolgt bei Cholestase ein Übertritt von Gallenfarbstoffen in das Blut, was sich als ***Gelbsucht*** (Ikterus) äußert.

! Gallensteine können aus Cholesterin oder Gallenfarbstoffen bestehen.

Allein in Deutschland wird die Zahl der Steinträger auf ca. 5 Millionen geschätzt, wobei Frauen mehr als doppelt so häufig betroffen sind wie Männer. Im Prinzip unterscheidet man:

- ***Cholesterinsteine*** machen etwa 90% aller Gallensteine aus und haben einen Cholesteringehalt von etwa 70%. Sie entstehen durch Auskristallisation von Cholesterin in der Gallenblase und sind Folge einer Störung des Verhältnisses von Cholesterin und seinen Lösungsvermittlern, den Gallensäuren und Phospholipiden.
- ***Pigmentsteine*** bestehen überwiegend aus den Calciumsalzen des Bilirubins, sowie Calciumphosphat- und Carbonat. Ein wichtiger Auslöser der Pigmentsteinbildung ist die Dekonjugierung von Bilirubindiglucuronid in der Gallenblase, die bei bakterieller Besiedlung der Gallenwege auftritt. E.Coli setzt große Mengen einer β-Glucuronidase frei, so daß Bilirubindiglucuronid in das wesentlich schlechter lösliche Bilirubin umgewandelt wird.

WICHTIG

Aufgrund ihrer spezifischen anatomischen Situation sowie ihrer vielfältigen Stoffwechselfuktionen kann die Leber von einer großen Zahl der unterschiedlichsten Noxen getroffen werden. Sie reagiert auf diese durch akute Zellnekrose, durch chronische Leberzellschädigung oder durch Cholestase. Von besonderer Bedeutung ist die chronische Leberzellschädigung aufgrund von Alkoholabusus, die über das Stadium der Fettleber zur Leberzirrhose führt.

22 Das Fettgewebe

LERNZIELE

- Fettgewebe als größter Substratspeicher des Organismus
- Fettgewebe als endokrines Organ
- Pathobiochemie

Das Fettgewebe ist der größte Energiespeicher des Organismus und nimmt dynamisch am Stoffwechsel teil. Beim Menschen spielen für die Lipogenese in der Nahrung enthaltene Triacylglycerine eine größere, die Neusynthese von Triacylglycerinen aus Kohlenhydraten dagegen eine geringere Rolle. Die Lipolyse, d.h. die Freisetzung des gespeicherten Fettes, findet bei Nahrungsmangel statt und beruht auf der Fähigkeit des Fettgewebes, die gespeicherten Triacylglycerine zu Fettsäuren und Glycerin zu hydrolysieren und anschließend an die Zirkulation abzugeben. Lipogenese und Lipolyse sind hormonell regulierte Vorgänge, wobei für die Lipogenese das Insulin und für die Lipolyse die Katecholamine eine herausragende Rolle spielen.

Das Fettgewebe ist nicht nur als Energiespeicher für den Organismus von besonderer Bedeutung, sondern auch wegen seiner Fähigkeit, Hormone und andere biologisch aktive Verbindungen zu synthetisieren. Zu diesen gehören neben Estrogenen auch Komponenten des Renin-Angiotensin-Systems sowie einige Cytokine.

Unter den bei uns üblichen Ernährungsbedingungen kommt es in steigendem Ausmaß zu einer Vergrößerung der Fettdepots, was als Übergewicht und in schwereren Fällen als Adipositas bezeichnet wird. Adipositas ist eine Erkrankung, die bei den Betroffenen eine Reihe von Komplikationen auslöst.

22.1 Fettgewebe als größter Substratspeicher des Organismus

Im Fettgewebe des normalgewichtigen Erwachsenen werden 8–10 kg Triacylglycerine gespeichert.

Das Fettgewebe macht beim normalgewichtigen Menschen etwa 12% des Körpergewichtes aus. Zu seinen Aufgaben gehören:

- Energiespeicherung,
- Wärmeisolierung und Thermogenese,
- Schutz vor mechanischen Traumen,
- Polsterung wichtiger Organe,
- Produktion von Hormonen und Cytokinen.

Da das Fettgewebe zu 95% aus Triacylglycerinen besteht, errechnet sich bei Normalgewichtigen eine Fettmasse von 8–10 kg. Diese ist imstande, den Energieverbrauch des Menschen für etwa 40 Tage zu dekken, was die Überlegenheit des Fettgewebes gegenüber anderen Formen der Energiespeicherung (Glycogen, Proteine) deutlich macht. Eine wesentliche Voraussetzung für das Funktionieren des Fettgewebes als Energiespeicher ist allerdings, daß es in der Lage ist, rasch und effektiv im Überschuß aufgenommene Nahrungsstoffe in Fett umzulagern und zu speichern, dieses jedoch bei Bedarf ebenso rasch und effektiv zu mobilisieren.

Durch Wechsel zwischen Lipogenese und Lipolyse nimmt das Fettgewebe aktiv am Stoffwechsel des Organismus teil.

Abbildung 22.1 stellt die im Fettgewebe ablaufenden Stoffwechselprozesse dar, deren biochemische Einzelheiten ausführlich in den Kapiteln 5 und 6 besprochen werden.

Unter dem Begriff ***Lipogenese*** faßt man alle Stoffwechselvorgänge zusammen, die zur Triacylglycerinbiosynthese führen. Ausgangsstoffe für die Lipogenese sind:

- ***Glucose:*** Diese kann zu Acetyl-CoA abgebaut werden, welches dann als Substrat für die ***Fettsäurebiosynthese*** dient. Dieser Vorgang ist für den Stoffwechsel des Menschen allerdings von unter-

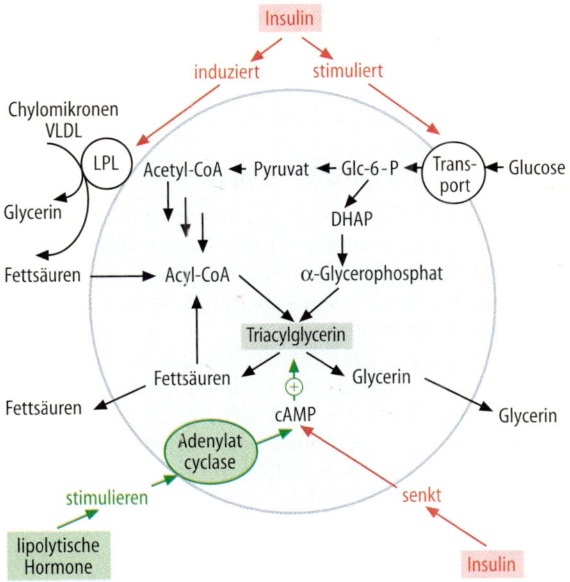

Abb. 22.1 Mechanismus der Lipogenese und Lipolyse in der Fettzelle. Insulin induziert die Biosynthese der Lipoproteinlipase und stimuliert die Glucoseaufnahme, was zu vermehrter Triacylglycerinbiosynthese führt. Katecholamine aktivieren dagegen die Adenylatcyclase und damit die Lipolyse. *LPL* Lipoproteinlipase. (Einzelheiten s. Text)

geordneter Bedeutung, da bei der heute üblichen fettreichen Ernährung die Aktivitäten der ***Acetyl-CoA-Carboxylase*** (S. 172) und der ***Fettsäuresynthase*** (S. 173) relativ niedrig sind. Glucose liefert aber in jedem Fall den Kohlenstoff für die Synthese des Glycerinanteils der Triacylglycerine. Dieser entstammt der Reduktion von Dihydroxyacetonphosphat zu α-Glycerophosphat durch die ***α-Glycerophosphatdehydrogenase*** (S. 184).

- ***Triacylglycerine:*** Das beim Menschen in wesentlich größerem Umfang für die Triacylglycerinsynthese verwendete Substrat sind Fettsäuren. Diese werden beim Abbau triacylglycerinreicher Lipoproteine (Chylomikronen, VLDL) durch die extrazelluläre ***Lipoproteinlipase*** (S. 209) freigesetzt, vom Fettgewebe aufgenommen und zu Acyl-CoA aktiviert. Je drei Acyl-CoA reagieren mit einem aus der Glycolyse stammenden α-Glycerophosphat zu Triacylglycerin (S. 181).

Der wichtigste hormonelle Stimulator der Lipogenese ist ***Insulin***:

- Es stimuliert den ***Glucosetransport*** (S. 125) in die Fettzelle und stellt damit das nötige Substrat für die Synthese von α-Glycerophosphat bzw. gegebenenfalls für die Biosynthese von Fettsäuren aus Glucose zur Verfügung.
- Es induziert die ***Lipoproteinlipase***.

Die ***Lipolyse*** als Abbau des im Fettgewebe gespeicherten Triacylglycerins zu Fettsäuren und Glycerin erfolgt durch schrittweise Abspaltung von Fettsäuren aus Triacylglycerinen unter Bildung von Diacyl- und Monoacylglycerinen (S. 164). Das geschwindigkeitsbestimmende Enzym ist dabei die ***Triacylglycerinlipase***.

Das bei der Lipolyse freigesetzte Glycerin kann vom Fettgewebe nicht verwertet werden. Es gelangt über die Blutbahn zur Leber, wo es phosphoryliert und anschließend zu Dihydroxyacetonphosphat oxidiert wird (S. 184). Die bei der Lipolyse entstehenden Fettsäuren werden zu einem geringeren Teil zu Acyl-CoA reverestert, zum größeren ebenfalls von Fettgewebe abgegeben. In Bindung an Albumin werden sie zu den verschiedenen, fettsäureverbrauchenden Geweben transportiert.

Die Triacylglycerinlipase des Fettgewebes wird auch als ***hormonsensitive Lipase*** bezeichnet, da ihre Aktivität hormonell reguliert ist:

- Das Enzym kommt in einer inaktiven dephosphorylierten und einer aktiven, phosphorylierten Form vor.
- Für die Phosphorylierung und damit Aktivierung des Enzyms ist die ***Proteinkinase A*** verantwortlich.
- Lipolytisch wirksame Hormone, vor allem Katecholamine, daneben auch Glucagon, führen durch Aktivierung der ***Adenylatcyclase*** zu erhöhten cAMP-Spiegeln und damit zu einer Aktivierung der Proteinkinase A.

Unter besonderen Bedingungen werden die durch Lipolyse freigesetzten Fettsäuren vom Fettgewebe selbst oxidiert. Dies kommt besonders bei der im braunen Fettgewebe stattfindenden mitochondrialen ***Thermogenese*** zum Tragen (S. 251).

!

WICHTIG

Im Fettgewebe des Erwachsenen kann in Form von Triacylglycerinen der Energiebedarf für 30–40 Tage gespeichert werden. Damit kommt dem Fettgewebe im Rahmen des Energiehaushaltes eine ganz besondere Rolle zu.

Substrate für die Triacylglycerinsynthese sind vor allem Triacylglycerin-reiche Lipoproteine, daneben in beschränktem Umfang auch Kohlenhydrate. Die Triacylglycerinsynthese aus beiden Quellen wird durch Insulin stimuliert.

Durch Lipolyse werden die gespeicherten Triacylglycerine zunächst zu Fettsäuren und Glycerin abgebaut und anschließend in die Zirkulation freigesetzt. Katecholamine sind die wichtigsten Hormone für die Lipolyse, da sie über das Adenylatcyclase-System die hormonsensitive Triacylglycerinlipase durch Phosphorylierung aktivieren. Im braunen Fettgewebe führt die Lipolyse zu einer Steigerung der Wärmeproduktion durch Entkopplung der oxidativen Phosphorylierung.

22.2 Fettgewebe als endokrines Organ

Fettgewebe nimmt nicht nur intensiv am Energiestoffwechsel des Organismus teil, sondern ist auch imstande, eine Reihe von Hormonen und anderen biologisch aktiven Signalmolekülen zu synthetisieren. Von besonderer Bedeutung hierbei sind:

- ***Estrogene***, die durch die Aktivität einer Aromatase aus Androgenen (S. 477) entstehen. Fettgewebe verfügt über eine relativ aktive ***Aromatase***. Der größte Teil der Estrogene des Mannes sowie der Frau nach der Menopause stammt aus dem Fettgewebe.
- Fettgewebe verfügt über ein ***Renin-Angiotensin-System*** (S. 500) und ist zur Produktion von ***Angiotensin II*** imstande.
- Fettgewebe produziert ***TNFα*** und ***TGFβ***.

!

WICHTIG

Fettgewebe nimmt nicht nur am Energiestoffwechsel teil, sondern synthetisiert und sezerniert eine Reihe von Signalmolekülen. Von besonderer Bedeutung sind hierbei Estrogene, Komponenten des Renin-Angiotensin-Systems sowie die Cytokine TNF α und TGF β.

22.3 Pathobiochemie

Die Fähigkeit, im Überschuß aufgenommene Nahrungsstoffe in Triacylglycerine umzuwandeln und im Fettgewebe als dem hierfür spezialisierten Speichergewebe zu speichern, ist prinzipiell ein evolutionärer Vorteil, da größere Energiespeicher bessere Überlebenschancen gewährleisten. Erst die heute in den Ländern mit technisierter Ernährungswirtschaft vorliegenden Ernährungsbedingungen mit jederzeit verfügbarem reichlichen Nahrungsangebot haben die als ***Adipositas*** bezeichnete, über die Norm hinausgehende Vergrößerung des Fettgewebes als Erkrankung manifest werden lassen. Zur Definition der Adipositas bedient man sich dabei der Größe des ***Körpermassenindex***, der auch als ***BMI*** (*engl.* body mass index) bezeichnet wird. Er errechnet sich durch Division des Körpergewichtes durch das Quadrat der Körpergröße in Zentimeter:

$$\text{BMI} = \frac{\text{Körpergewicht } [kg]}{(\text{Körpergröße } [m])^2}$$

Dabei gelten folgende Grenzwerte:

- BMI bis 25: Normalgewicht
- BMI 25–30: beginnendes Übergewicht
- BMI 30–35: Adipositas
- BMI über 35: schwere Fettsucht

Ca. 40 % der Bevölkerung haben ein beginnendes Übergewicht, 15 % eine Adipositas und 4 % eine schwere Fettsucht.

Adipositas und schwere Fettsucht sind nicht nur wegen ihrer Häufigkeit, sondern wegen der mit ihr verbundenen Erkrankungen (Tabelle 22.1) behandlungsbedürftig. Im Vordergrund der Behandlung sollte dabei eine Umstellung der Ernährungsgewohnheiten sowie regelmäßige körperliche Aktivität stehen.

Tabelle 22.1 Begleiterkrankungen der Adipositas

Typ II-Diabetes
Hypertonie
Dyslipidämie
Arteriosklerose
Gallensteine
Erkrankungen des Bewegungsapparates

WICHTIG

Das derzeitige Überangebot an Nahrungsstoffen ist der Auslöser für die in nahezu allen Ländern mit hohem Lebensstandard zu beobachtende Zunahme von Übergewicht bzw. Adipositas. Diese wird durch den body mass-Index abgeschätzt und eine Reihe von Studien haben ergeben, daß etwa 40 % der Bevölkerung in Deutschland übergewichtig und 16 % adipös sind. Es handelt sich hierbei um ein ernst zu nehmendes Gesundheitsproblem, da mit der Adipositas eine Reihe von Erkrankungen einhergehen, deren Behandlung hohe Kosten verursacht und zu einer Verkürzung der Lebenserwartung führt.

23 Das Muskelgewebe

LERNZIELE

- Der kontraktile Apparat der Muskelzelle
- Energieumsatz der Muskelzelle
- Pathobiochemie

Die Entwicklung der Muskulatur als kontraktiles Gewebe war eine Voraussetzung für die Entstehung höherer Lebensformen. Beim Menschen kommt, wie bei anderen Wirbeltieren, die Muskulatur als quergestreifte, willkürlich innervierte Muskulatur, als Herzmuskulatur sowie als glatte Muskulatur vor, die u.a. für die Beweglichkeit der Eingeweide verantwortlich ist.

Obwohl sich die verschiedenen Muskeltypen in ihrer Ausstattung mit Proteinen zum Teil erheblich unterscheiden, ist der Mechanismus des Kontraktionsvorgangs immer derselbe. Die durch Myosinmoleküle gebildeten dicken Filamente gleiten an den durch Actin gebildeten dünnen Filamenten entlang, was zu einer Verkürzung des Sarcomers führt.

Eine Erhöhung der intrazellulären Calciumkonzentration spielt bei der Auslösung der Muskelkontraktion eine erhebliche Rolle, da erst hierdurch die Wechselwirkungen zwischen Actin und Myosin ermöglicht werden.

Da die Muskelkontraktion ein stark energieverbrauchender Vorgang ist, verfügen Muskelzellen über eine Reihe von Möglichkeiten zur ATP-Erzeugung. Neben dem Creatinphosphat als besonders rasch verfügbarem Speicher energiereichen Phosphates wird die benötigte Energie durch aeroben und anaeroben Abbau von Glucose und Glycogen, bei entsprechenden Bedingungen auch durch Oxidation von Fettsäuren bereitgestellt.

23.1 Der kontraktile Apparat der Muskelzelle

In biologischen Systemen ist das Phänomen der Beweglichkeit in vielfältigster Weise verwirklicht. Es findet sich als Bewegung intrazellulärer Organellen (Kernteilung), bei Einzellern (Geißelbewegungen, amöboide Bewegungen) sowie bei vielzelligen tierischen Organismen, hier in Form eines spezialisierten Gewebes, des Muskelgewebes.

Muskelgewebe kann in quergestreifte Muskulatur, Herzmuskulatur und glatte Muskulatur eingeteilt werden. Die erste bildet die willkürlich innervierbaren Muskeln und zeichnet sich durch eine charakteristische Querstreifung im lichtmikroskopischen Bild aus. Die glatte Muskulatur zeigt das Phänomen der Querstreifung nicht und dient der vegetativ innervierten Bewegung der Organe im Gastrointestinal-, Urogenitaltrakt, den Lungen, sowie der Blutgefäße.

⋯> Näheres zum Aufbau der Muskulatur s. Lehrbücher der Anatomie

! Die Kontraktilität der Muskulatur wird durch Wechselwirkungen zwischen den Proteinen Actin und Myosin vermittelt.

Die in großer Zahl in der Muskelfaser vorkommenden ***Myofibrillen*** stellen den kontraktilen Apparat der Muskelfasern dar. Sie enthalten die dünnen und dicken Filamente, die im quergestreiften Muskel in einem sich regelmäßig wiederholenden Muster angeordnet sind und so zum Phänomen der Querstreifung führen (Abb. 23.1). Die in Abb. 23.1 dargestellten vier Proteine bilden die wesentlichen Bestandteile des ***Sarcomers*** als der funktionellen Grundeinheit der Myofibrille (Tabelle 23.1):

- ***Myosin*** bildet dabei das dicke Filament.
- ***G-Actin, Tropomyosin*** und ***Troponin*** bilden das dünne Filament.

Abbildung 23.2 gibt eine schematische Darstellung des Mechanismus des Kontraktionsvorgangs im Sarcomer wieder. Hierfür sind folgende Phänomene wichtig:

- Im ***dicken Filament*** sind ca. 500 Myosinmoleküle durch hydrophobe Wechselwirkungen zu Bündeln assoziiert, die durch Ausläufer gekennzeichnet sind. Diese entsprechen den Kopfregionen des Myosinmoleküls und enthalten die ***Myosin-ATPase*** (Abb. 23.3).

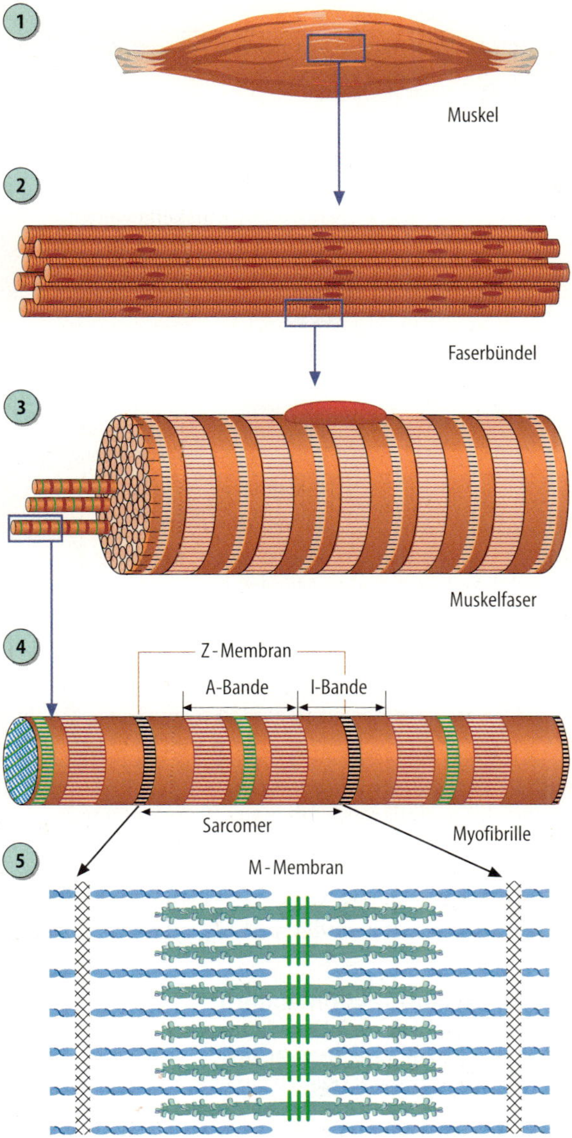

Abb. 23.1 Die einzelnen Organisationsebenen des quergestreiften Muskels. *1* Muskel; *2* Faserbündel; *3* Muskelfaser; *4* Myofibrille; *5* Aufbau des Sarcomers

Tabelle 23.1 Die einzelnen Muskelproteine

Protein	Gewichtsanteil (%) am Myofibrillengewicht	Molekulargewicht	Lokalisation	Funktion
Myosin	55–60	520 kD	Dickes Filament	Brückenbildung mit Actin, ATPase-Aktivität, Kraftentwicklung
Actin	20		Dünnes Filament	Brückenbildung mit Myosin, Kraftentwicklung
Tropomyosin	4,5		Dünnes Filament	Regulation der Actin-Myosin-Wechselwirkung
Troponine T, I und C	3–5		Dünnes Filament	Regulation der Actin-Myosin-Wechselwirkung
α-Actinin	2		Z-Membran	Strukturprotein
M-Protein	0,5		M-Membran	Strukturprotein
Dystrophin	0,002	430 kd	Plasmamembran	Cytoskelettprotein
Nebulin		800 kD	Dünnes Filament	Actinanordnung
Titin		3000 kD	Dickes Filament	Muskelelastizität

- Hauptbestandteil des ***dünnen Filaments*** ist F-Actin, das durch Polymerisierung des globulären Proteins G-Actin entstanden ist. Nach Assoziation von Tropomyosin und Troponin entsteht das dünne Filament (Abb. 23.4).
- Zur Kontraktion des Sarcomers kommt es dadurch, daß dicke und dünne Myofilamente aneinander vorbei gleiten (Abb. 23.2).

!

Bei der Muskelkontraktion ändern die Kopfgruppen der dicken Filamente cyclisch ihre räumliche Beziehung zu den dünnen Filamenten.

Das mit Muskelkontraktion einhergehende Ineinandergleiten der dikken und dünnen Filamente im Sarcomer beruht auf ATP-abhängigen Wechselwirkungen des Myosinkopfes mit Actin. Diese werden auch

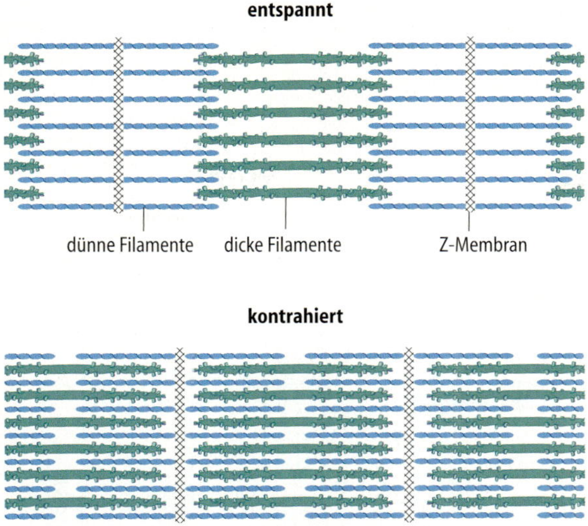

Abb. 23.2 Gleitmodell der Muskelkontraktion. Durch aneinander Vorbeigleiten der dicken und dünnen Myofilamente kommt es zur Verkürzung des Sarcomers

als ***Querbrückencyclus*** bezeichnet und lassen sich in folgende Phasen einteilen (Abb. 23.5):

- In Abwesenheit von ATP bildet Myosin eine starke Bindung mit Actin aus (Abb. 23.5 A), die gelegentlich auch als ***Actomyosin*** bezeichnet wird.
- Bindung von ATP an das aktive Zentrum im Myosin führt zu einer Lösung der Bindung von Myosin an Actin (Abb. 23.5 B).
- ATP wird durch die ***Myosin-ATPase*** zu ADP+P_i hydrolysiert (Abb. 23.5 C).
- Myosin bildet wieder eine Bindung mit Actin aus (Abb. 23.5 D).
- Die Freisetzung des bei der ATP-Spaltung entstandenen anorganischen Phosphates verursacht eine ***Bewegung im Myosinkopf*** um etwa 5 nm. Da Myosin fest an Actin gebunden ist, wird diese Bewegung auf das Actinfilament übertragen und führt so zu einer Verschiebung des Actin gegenüber dem Myosin (Abb. 23.5 E).
- Am Ende des Querbrückencyclus wird ADP freigesetzt. Myosin ist fest an Actin gebunden und zur erneuten ATP-Aufnahme bereit (Abb. 23.5 F).

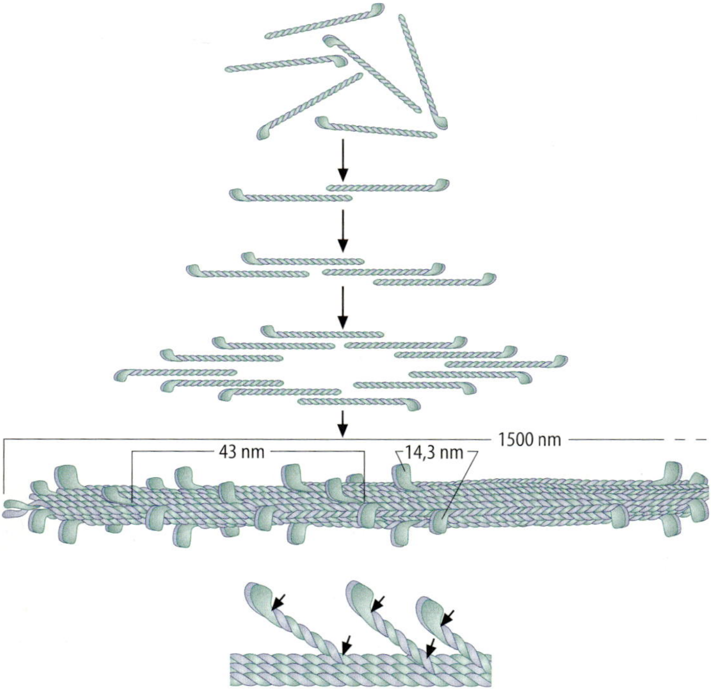

Abb. 23.3 Assoziation von Myosinhexameren zum dicken Myofilament. Die Myosinköpfe sind in zwei Bereichen (*Pfeile*) flexibel

Bei einer raschen Muskelkontraktion muß jede Kopfgruppe der etwa 500 Myosinmoleküle in einem dicken Filament etwa 5 Querbrückencyclen pro Sekunde durchmachen.

Das Phänomen der ***Totenstarre*** läßt sich durch die Beziehungen der Myosinköpfe mit Actin erklären. Durch das Sistieren der Stoffwechselvorgänge kommt es zum Verschwinden von ATP, wodurch die Bindung der Myosinköpfe an Actin sehr fest wird.

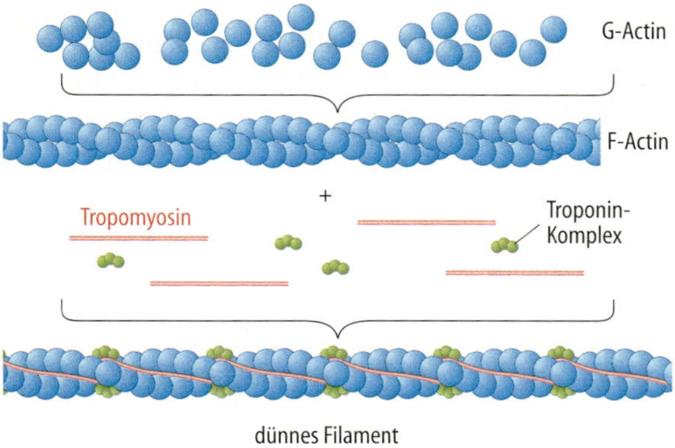

Abb. 23.4 Assoziation von Actin, Tropomyosin und dem Troponin-Komplex zum dünnen Myofilament

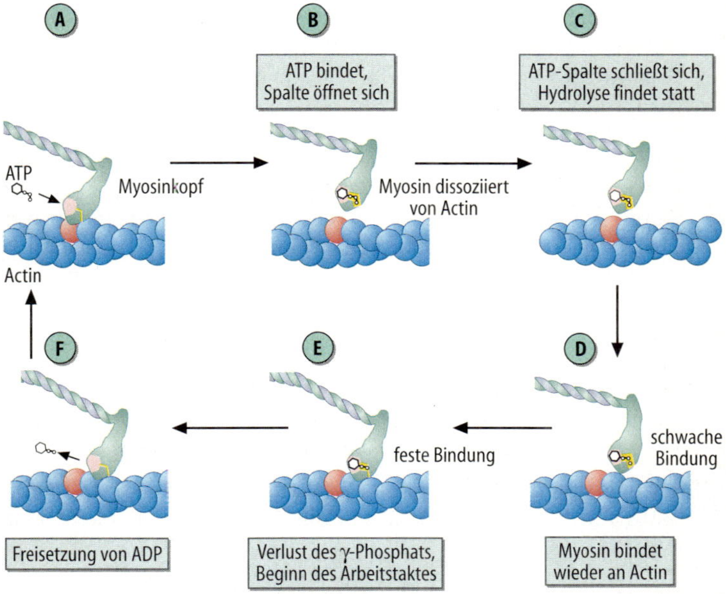

Abb. 23.5 A–F Molekulares Modell der Kraftentwicklung im Muskel im Verlauf des Querbrückencyclus. (Einzelheiten s. Text)

In der quergestreiften Muskulatur vermitteln Calciumionen die Kopplung zwischen Erregung und Kontraktion.

Die Kopplung zwischen nervaler Erregung und Kontraktion beruht auf einem System der Informationsvermittlung von der Zelloberfläche (z. B. an der motorischen Endplatte) ins Innere der kontraktilen Fasern. Dabei haben ***Calciumionen*** eine besondere Bedeutung. Die auch als ***elektromechanische Kopplung*** bezeichnete Verknüpfung von Erregung und Kontraktion verläuft in folgenden Schritten:

- Die Erregung führt zu einer ***Depolarisierung*** der Zellmembran der Muskelzellen und damit zu einer Steigerung der ***Calciumpermeabilität***.
- Calciumionen dringen über einen ***Calciumkanal*** in das Faserinnere ein.
- Bei dicken Fasern des Myocards oder der Skelettmuskulatur wird die Depolarisierung über die ***transversalen Tubuli*** (s. Lehrbücher der Anatomie) ins Faserinnere weitergeleitet.
- Über synapsenartige Kontaktstellen sind die transversalen Tubuli mit dem ***sarcoplasmatischen Reticulum*** verknüpft, der ein ***intrazellulärer Calciumspeicher*** ist. Die Depolarisierung im transversalen Tubulus führt über diese Strukturen zu einer Freisetzung von Calciumionen aus dem sarcoplasmatischen Reticulum. Der hierbei benützte Calciumkanal wird auch als ***Ryanodinrezeptor-Calciumkanal*** bezeichnet.
- Durch Erhöhung der Calciumpermeabilität der Zellmembran der Muskelzellen sowie durch Freisetzung aus dem sarcoplasmatischen Reticulum kommt es zu einem Anstieg der Konzentration an freien Calciumionen im Cytosol von 10^{-8} auf 10^{-5} mol/l.

Eine Erhöhung der cytosolischen Calciumkonzentration ist die Voraussetzung für die Bildung des Actin-Myosin-Komplexes.

Jede Erhöhung der Calciumkonzentration im Cytosol auf etwa 10^{-5} mol/l führt zur Muskelkontraktion. Calcium spielt dabei eine wichtige Rolle (Abb. 23.6):

- Das langgestreckte Protein ***Tropomyosin*** liegt in der Furche des F-Actins und erstreckt sich über sieben Actinmonomere. Es blockiert bei niedrigen Calciumkonzentrationen oder in Abwe-

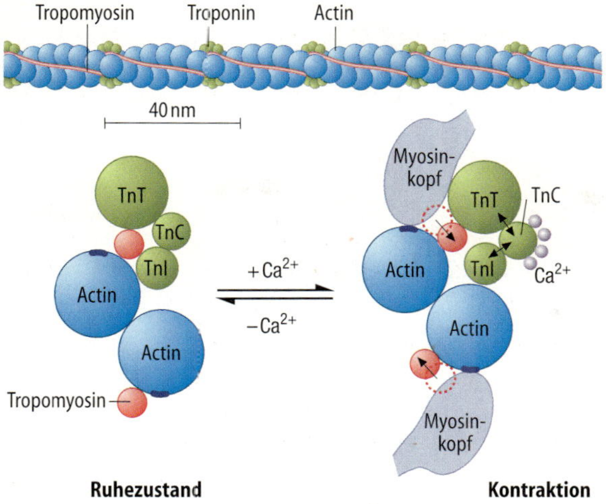

Abb. 23.6 Wechselwirkung von Actin, Tropomyosin und Troponin C, I und T. (Einzelheiten s. Text)

senheit von Calcium die Wechselwirkung zwischen Actin und Myosin.

- Durch den ***Troponinkomplex***, der aus den drei Proteinen ***Troponin C***, ***Troponin I*** und ***Troponin T*** besteht, wird die Lage des Tropomyosins auf dem F-Actin stabilisiert. ***Troponin C*** ist ein Calcium-bindendes Protein. Es dient als Ligand für die während der Erregung freigesetzten Calciumionen und macht dabei eine ***Konformationsänderung*** durch. Diese wird auf das Tropomyosin weitergeleitet, welches dadurch die Myosinbindungsstellen freigibt, womit der Kontraktionsvorgang abgelöst werden kann.

In der glatten Muskulatur erfolgt die elektromechanische Kopplung auf anderem Weg (Abb. 23.7):

- Die ***Myosin-ATPase***, die für den Kontraktionscyclus verantwortlich ist, ist nur in phosphorylierter Form aktiv.
- Für diese Phosphorylierung ist die ***Myosinkinase*** verantwortlich. Sie wird durch Calcium aktiviert, welches an das Calcium-bindende Protein Calmodulin gebunden ist.
- Phosphorylierung der Myosinkinase durch die cAMP-abhängige ***Proteinkinase A*** (S. 130) führt zu einer Herabsetzung der Affinität dieses Enzyms für Calcium. Stoffe, die zu einer Aktivierung

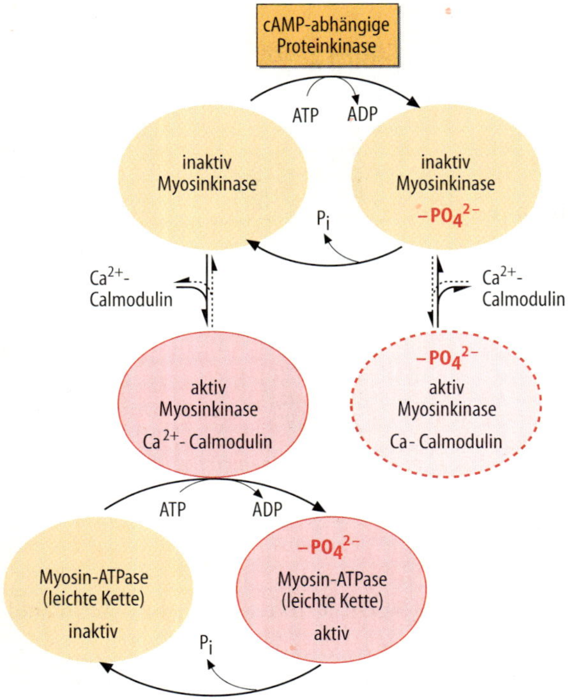

Abb. 23.7 Regulation der Kontraktion der glatten Muskulatur. (Einzelheiten s. Text)

des Adenylatcyclasesystems in der glatten Muskulatur führen (z. B. Katecholamine, Agonisten für β-Rezeptoren (S. 485)), führen auf diese Weise zur ***Relaxation*** der glatten Muskulatur und werden beispielsweise bei der Behandlung des Asthma Bronchiale eingesetzt.

!

Auch für die Relaxation der Muskulatur wird ATP benötigt.

Die Relaxations- bzw. Erschlaffungsphase der Muskulatur wird durch eine Erniedrigung der cytosolischen Calciumkonzentration von 10^{-5} mol/l auf ca. 10^{-8} mol/l eingeleitet. Hierfür sind zwei Vorgänge notwendig:

- Calcium wird durch eine ***Calcium-ATPase*** unter ATP-Verbrauch gegen ein Konzentrationsgefälle in die Zisternen des sarcoplasmatischen Reticulums zurückgepumpt.
- Calcium wird durch einen in der Plasmamembran der Myocyten gelegenen ***Na^+/Ca^{2+}-Antiporter*** aus dem Cytosol in den Extrazellulärraum gepumpt. Der hierfür notwendige Natriumgradient zwischen extra- und intrazellulärem Raum wird durch die ***Na/K-ATPase*** aufrecht erhalten.

···› Näheres über die elektromechanische Kopplung s. Lehrbücher der Physiologie

!

WICHTIG

Die kleinste kontraktile Einheit von Muskelzellen wird auch als Sarcomer bezeichnet. Im Sarcomer kann man zwischen dicken und dünnen Filamenten unterscheiden. Die ersteren enthalten im wesentlichen das Protein Myosin, die letzteren die Proteine Actin, Tropomyosin sowie Troponin. Mechanistisch gleiten beim Vorgang der Muskelkontraktion die dicken Myosinfibrillen an den Actinfilamenten vorbei. Dies wird durch den Querbrückencyclus ermöglicht, im Verlauf dessen die die Myosin-ATPase enthaltenden Kopfgruppen der Myosinmoleküle sich unter ATP-Verbrauch auf den Actinfilamenten bewegen.

In der quergestreiften Muskulatur spielen Calciumionen für die Auslösung der Muskelkontraktion eine besondere Rolle. Bei niedrigen Calciumkonzentrationen sind die Wechselwirkungen zwischen Actin und Myosin durch das Tropomyosin blockiert. Bindet Calcium an Troponin C, so macht dies eine Konformationsänderung durch, die zur Verschiebung von Tropomyosin und damit zum Freilegen der Bindungsstellen für Myosin auf den Actinfilamenten führt.

Auch für die glatte Muskulatur sind Calciumionen wichtige Auslöser der Muskelkontraktion. Die Myosin-ATPase der glatten Muskulatur ist nur in phosphorylierter Form aktiv. Die für die Phosphorylierung verantwortliche Myosinkinase benötigt Calcium für ihre volle Aktivität.

Auch für die Relaxation der Muskulatur wird ATP benötigt. Es dient in diesem Fall der Senkung der cytosolischen Calciumkonzentration mit Hilfe der im sarcoplasmatischen Reticulum lokalisierten Calcium-ATPase bzw. eines Na^+/Ca^{2+}-Antiporters.

23.2 Energieumsatz der Muskelzelle

Der Energieverbrauch der arbeitenden Muskulatur ist beträchtlich und dies macht verständlich, daß für dessen Deckung eine Reihe unterschiedlichster Mechanismen zur ATP-Erzeugung bereitstehen.

! **Creatinphosphat ist ein kurzfristig verfügbarer Energiespeicher der Muskelzelle.**

Für kurz dauernde Muskelaktivität steht der Muskelzelle neben dem intrazellulären ATP eine weitere energiereiche Verbindung, das ***Creatinphosphat***, zur Verfügung. Seine Biosynthese ist in Abb. 23.8 dargestellt und verläuft in folgenden Schritten:

- Die Aminosäure ***Arginin*** überträgt ihre Guanidino-Gruppe auf Glycin, so daß ***Guanidinoacetat*** und Ornithin entstehen.
- Guanidinoacetat wird mit Hilfe von ***S-Adenosylmethionin*** (S. 285) N-methyliert, wobei ***Creatin*** entsteht.
- Creatin kann in einer reversiblen Reaktion mit ATP zu ***Creatinphosphat*** phosphoryliert werden. Dank der benachbarten Guanidino-Gruppe handelt es sich um eine energiereiche Bindung, deren Hydrolyseenergie im Bereich derjenigen des ATPs liegt. Hieran beteiligte Enzyme werden als ***Creatinkinasen*** bezeichnet.

Abbildung 23.9 zeigt die Beteiligung des Creatinphosphat am Energiestoffwechsel der Muskelzelle:

- Die im Intermembranraum der Mitochondrien lokalisierte ***mitochondriale Creatinkinase*** phosphoryliert Creatin unter ATP-Verbrauch zu Creatinphosphat.
- Die Creatinphosphat-Konzentration der ruhenden Skelettmuskulatur liegt um ein Mehrfaches über derjenigen des ATP.
- Bei ATP-Mangel, also bei Sauerstoffmangel und auch bei Arbeit, kann mit Hilfe der ***cytosolischen Creatinkinase*** ADP unter Verbrauch von Creatinphosphat zu ATP phosphoryliert werden, welches dann dem Kontraktionsvorgang zur Verfügung steht.

Der geschilderte Mechanismus erlaubt die kurzfristige Bereitstellung von Energie für den Kontraktionsvorgang, ohne daß hierfür eine Substratoxidation notwendig wäre.

Creatin wird als ***Creatinin*** mit dem Urin ausgeschieden. Der hierfür notwendige Ringschluß (Abb. 23.8) erfolgt unter Abspaltung von anorganischem Phosphat aus Creatinphosphat. Creatinin wird

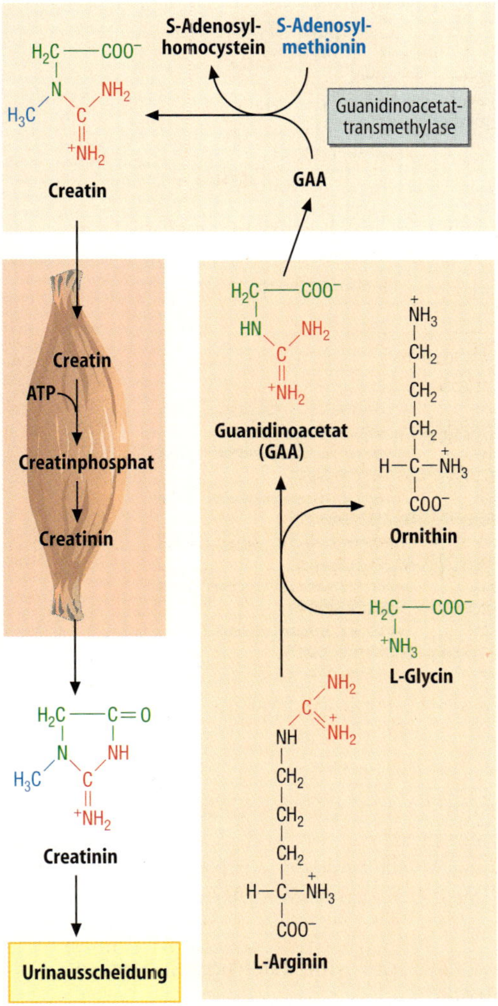

Abb. 23.8 Biosynthese von Creatin aus Glycin, der Guanidinogruppe von Arginin und der Methylgruppe von Methionin sowie Abbau von Creatinphosphat zu Creatinin

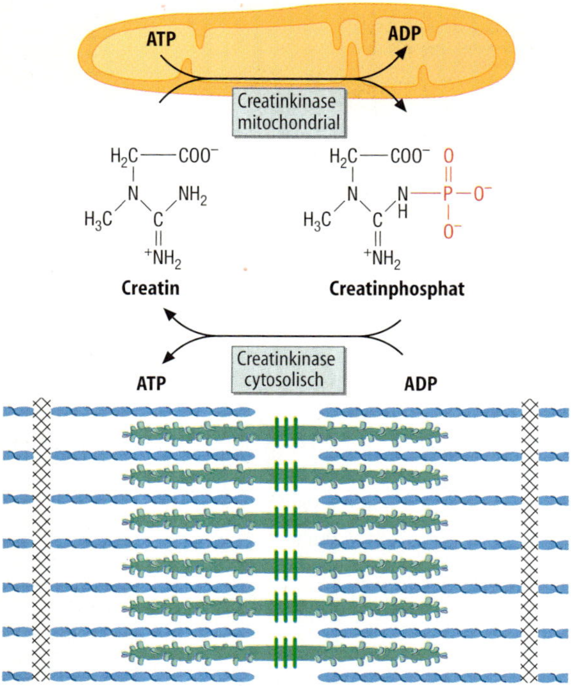

Abb. 23.9 Regeneration von ATP durch Creatinphosphat

in den Nieren glomerulär filtriert und ausgeschieden. Da die Geschwindigkeit der Creatininbildung nur von der Muskelmasse abhängt, sind – bei normaler Muskelfunktion – Erhöhungen des Creatininspiegels im Plasma Ausdruck von ***Nierenfunktionsstörungen.***

Glucose und Glycogen sind wichtige Substrate der Muskelzelle.

Für länger dauernde Arbeitsleistungen sind die wichtigsten Substrate aus dem extrazellulären Raum aufgenommene ***Glucose*** sowie das ***Muskelglycogen.*** Nach dem Abbau beider Verbindungen über die ***Glycolyse*** wird das entstehende Pyruvat unter Energiegewinnung in ***Citratcyclus*** und ***Atmungskette*** oxidiert. Da es sich bei den letzteren Prozessen um sauerstoffabhängige Vorgänge handelt, muß in der

Muskelzelle die Sauerstoffdiffusion aus dem Blut zu den Mitochondrien besonders schnell erfolgen. Dies wird dadurch ermöglicht, daß Muskelzellen über ein besonderes Transportprotein für Sauerstoff, das ***Myoglobin***, verfügen. Myoglobin ist wie Hämoglobin ein Hämprotein, besteht jedoch nur aus einer Peptidkette, die viel Strukturhomologien zu den Hämoglobinuntereinheiten besitzt, jedoch als monomeres Molekül nicht über die allosterischen Eigenschaften des Hämoglobins (S. 514) verfügt. Myoglobin wird infolge des in der extrazellulären Flüssigkeit herrschenden Sauerstoffpartialdruckes gut mit Sauerstoff beladen, gibt ihn jedoch leicht an die Mitochondrien ab, da dort der Partialdruck von Sauerstoff sehr niedrig ist.

Überschreitet die der Muskulatur abgeforderte Arbeitsleistung die Kapazität zum oxidativen O_2-abhängigen Stoffwechsel, so kann der daraus resultierende Mehrbedarf an Energie durch eine weitere Beschleunigung von Glycogenolyse und Glycolyse erzielt werden. Hier steht allerdings kein Sauerstoff mehr zur Verfügung, so daß dann ***Lactat*** das Endprodukt des Glucoseabbaus darstellt.

Fettsäuren und Ketonkörper sind weitere wichtige Substrate der Muskelzelle.

Im ***Hungerzustand*** und besonders bei ***Ausdauerleistungen*** treten als weitere wichtige Quellen zur Deckung des Energiebedarfs der Muskelzelle ***Fettsäuren*** und ***Ketonkörper*** auf. Beide können durch die schon beschriebenen Stoffwechselwege (S. 166, 169) in der Muskelzelle gut und mit hoher Geschwindigkeit oxidiert werden.

Ein besonders in der quergestreiften Muskulatur auftretendes und für den Hungerstoffwechsel bedeutsames Phänomen ist dabei die Hemmung des Glucosestoffwechsels durch Fettsäureoxidation (Abb. 23.10):

- Fettsäuren werden von der Muskelzelle in Abhängigkeit von deren extrazellulärer Konzentration aufgenommen und oxidiert, Glucose benötigt dagegen die Glucosecarrier aus der GLUT-Familie, wobei Insulin für die Glucoseaufnahme von besonderer Bedeutung ist (S. 126).
- Jede gesteigerte Oxidation von Fettsäuren führt zu einer Erhöhung der Konzentrationen von ***Acetyl-CoA*** und ***Citrat*** in der Muskelzelle.
- Acetyl-CoA ist ein Inhibitor der ***Pyruvatdehydrogenase*** (S. 227), Citrat ein Inhibitor der ***Phosphofructokinase*** (S. 129).

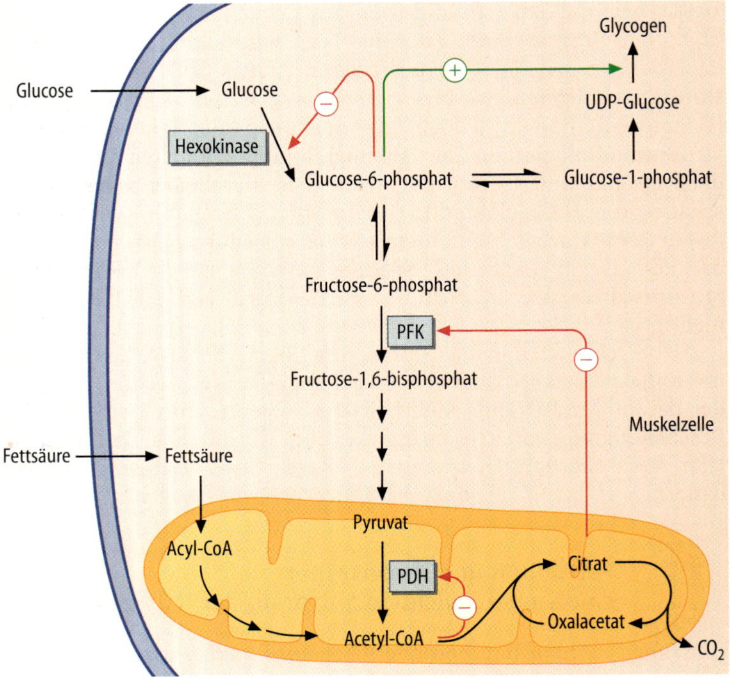

Abb. 23.10 Der Glucose-Fettsäure-Cyclus in der Muskulatur. *PDH* Pyruvatdehydrogenase; *PFK* Phosphofructokinase

- Hierdurch kommt es zu einer Zunahme der Konzentration an Glucose-6-phosphat, welches die ***Hexokinase*** und damit den Glucosestoffwechsel hemmt.

Die genannten Stoffwechselbeziehungen werden auch als ***Glucose-Fettsäure-Cyclus*** bezeichnet. Sie ermöglichen eine für Arbeitsleistungen benötigte Energieproduktion in der Muskulatur auch bei Glucosemangel und haben einen Glucose-einsparenden Effekt im Hungerzustand.

! WICHTIG

Für die Muskelkontraktion wird Energie in Form von ATP gebraucht. ATP kann durch die Creatinkinase mit Hilfe von Creatinphosphat gebildet werden. Da die Creatinphosphatspeicher jedoch rasch entleert werden, muß jede für eine länger dauernde Muskelarbeit benötigte Energie durch die Oxidation entsprechender Substrate bereitgestellt werden. Von besonderer Bedeutung sind hierbei Glucose und Muskelglycogen, die oxidativ, bei sehr intensiver Muskelarbeit jedoch auch noch zusätzlich anaerob abgebaut werden. Besonders im Hungerzustand und für Ausdauerleistungen wird außerdem auf die Oxidation von Fettsäuren und Ketonkörpern zurückgegriffen. Von besonderer Bedeutung für den Energieumsatz im Organismus ist dabei die Tatsache, daß jede Steigerung der Fettsäureoxidation in der Muskelzelle infolge des Glucose-Fettsäure-Cyclus zu einer Hemmung des Glucoseabbaus in der Glycolyse führt und damit einen Glucose-einsparenden Effekt hat.

23.3 Pathobiochemie

Erworbene Muskelerkrankungen können die unterschiedlichsten Ursachen haben. Häufig treten sie als Folge von Veränderungen im endokrinen System auf, wobei die Schilddrüsen- und Nebennierenrindenhormone von besonderer Bedeutung sind.

Ein wichtiges klinisches Problem sind die Erkrankungen des ***Herzmuskels.*** Diese werden durch Volumenbelastung, Ischämie oder Infarkte ausgelöst und führen zu markanten Änderungen nicht nur der hämodynamischen Funktionen des Herzmuskels, sondern auch der Genexpression im Myocard. So wird die Expression von ***Struktur-*** und ***Enzymproteinen*** sowie von ***Ionenkanalproteinen*** bei Zuständen mit Herzinsuffizienz verändert. Die hierfür verantwortlichen Signalwege werden zur Zeit intensiv untersucht. Peptidwachstumsfaktoren wie ***TGFβ*** oder ***FGF***, aber auch Hormone wie ***Katecholamine*** oder ***Angiotensin II*** sowie Gewebshormone wie ***Bradykinin*** spielen hierbei eine besondere Rolle. Die genannten Änderungen der Genexpression stehen in Zusammenhang mit dem unter pathologischen Bedingungen stattfindenden strukturellen Umbau des Myocards.

Tabelle 23.2 Angeborene Muskelerkrankungen (Auswahl)

Bezeichnung	Ursachen
Muskeldystrophien	Mutationen im Dystrophin-Gen
Myotonien	Mutationen in Genen für Natrium- bzw. Chloridkanälen
Familiäre hypertrophe Cardiomyopathie	Mutationen in verschiedenen Genen der cardialen Sarkomerproteine
McArdle-Syndrom	Defekt der Glycogenphosphorylase des Skelettmuskels

Durch die Fortschritte der Molekularbiologie werden die Ursachen der ***angeborenen Muskelerkrankungen*** zunehmend weiter aufgeklärt (Tabelle 23.2). Die mit Muskelschwund einhergehenden ***Dystrophien*** zeichnen sich überwiegend durch Mutationen im ***Dystrophin-Gen*** aus, das Proteine der extrazellulären Matrix mit dem Cytoskelett der Muskelzellen verknüpft. Mutationen in ***Ionenkanalproteinen*** können zu ***Myotonien*** führen, eine Gruppe von Erkrankungen, die sich durch eine verlangsamte Muskelrelaxation auszeichnen. Mutationen im Myosin, Troponin oder Tropomyosin der Cardiomyocyten führen zur ***familiären hypertrophen Cardiomyopathie***. Ein Defekt der ***Glycogenphosphorylase*** des Muskels (McArdle-Syndrom) führt zwar zur Erhöhung des Glycogengehaltes des Skelettmuskels um das Zehnfache. Da das Muskelglycogen jedoch bei körperlicher Belastung nicht abgebaut werden kann, resultieren eine vorzeitig auftretende Ermüdbarkeit und Muskelschwäche, die bei schwerer Belastung zu Lähmungserscheinungen führen kann.

!

WICHTIG

Erworbene Erkrankungen der Skelettmuskulatur beruhen sehr häufig auf Stoffwechselerkrankungen und Störungen im endokrinen System. Von besonderer Bedeutung sind die erworbenen Erkrankungen des Herzmuskels, deren Ursache häufig Volumenbelastung oder Ischämie ist und die durch eine Änderung der Genexpression im Myocard zu dessen Umbau führen.

Angeborene Muskelerkrankungen können in Dystrophien, Myotonien und Stoffwechselerkrankungen der Muskulatur eingeteilt werden. Meist liegen Mutationen im Bereich der das Sarcomer bildenden Strukturproteine vor, gelegentlich auch Defekte von Stoffwechselenzymen.

24 Binde- und Stützgewebe

LERNZIELE

- Zelluläre Bestandteile des Binde- und Stützgewebes
- Makromoleküle des Binde- und Stützgewebes
- Knochen
- Pathobiochemie

Binde- und Stützgewebe hat eine Vielfalt essentieller Funktionen für den Organismus. Es kommt als Knochengewebe, als Gewebe von Sehnen und Bändern, als Knorpelgewebe und als Interzellularsubstanz in einer großen Zahl von Organen vor.

Die Funktionsbreite des Binde- und Stützgewebes beruht auf der außerordentlichen Vielfalt der von den zellulären Elementen des Binde- und Stützgewebes gebildeten extrazellulären Matrix. Diese besteht aus den Matrixkomponenten Kollagen, Elastin, Proteoglycanen und Hyaluronat.

Angeborene bzw. erworbene Störungen der Zusammensetzung und damit der Funktion der extrazellulären Matrix führen zu schweren Krankheitsbildern. Besonders die erworbenen Erkrankungen des Binde- und Stützgewebes sind häufig Folgen von Erkrankungen der Parenchymzellen und führen zu Arteriosklerose, Fibrosierung der Leber oder der Lungen, zur rheumatischen Artritis oder zu den Langzeitkomplikationen des Diabetes mellitus.

24.1 Zelluläre Bestandteile des Binde- und Stützgewebes

Binde- und Stützgewebe erfüllen im Organismus eine große Zahl unterschiedlichster Funktionen. Sie bilden ***Knochen, Knorpel*** und die für das Funktionieren des Bewegungsapparates unerläßlichen ***Bänder*** und ***Sehnen***. Daneben ist das Bindegewebe für die Architektur parenchymatöser Organe, für den Aufbau der Blutgefäße, des Intestinaltraktes sowie des Fettgewebes unerläßlich. Entsprechend dieser vielen unterschiedlichen Funktionen kann man auch eine Reihe unterschiedlicher zellulärer Elemente des Bindegewebes unterscheiden. Allen ist gemeinsam, daß sie von undifferenzierten, mesenchymalen Stammzellen abstammen und eine Mischung von Glycoproteinen und Proteoglycanen sezernieren, die auch als ***extrazelluläre Matrix*** bezeichnet wird. Von der mesenchymalen Stammzelle leiten sich ab:

- ***Fibroblasten***, die sich zu ***Fibrocyten*** differenzieren, welche die extrazelluläre Matrix (s. u.) von Sehnen und Bändern produzieren,
- ***Chondroblasten***, die als ***Chondrocyten*** die extrazelluläre Matrix des Knorpelgewebes bilden,
- ***Osteoblasten***, die sich zu ***Osteocyten*** differenzieren und für die Aufrechterhaltung der Struktur des reifen Knochens sorgen, sowie
- ***Endothelzellen*** und ***Mastzellen***.

Die genannten Zellen des Bindegewebes produzieren zum Teil erhebliche Mengen der sog. ***extrazellulären Matrix***. In dieser finden sich in jeweils unterschiedlichen Proportionen vier Typen von Makromolekülen:

- ***Kollagene,***
- ***Elastin,***
- ***Proteoglycane*** und
- ***Strukturglycoproteine.***

!

WICHTIG

Die zellulären Bestandteile des Binde- und Stützgewebes sind Abkömmlinge undifferenzierter mesenchymaler Stammzellen. Ihre primäre Funktion besteht in der Biosynthese und Sekretion der einzelnen Komponenten der extrazellulären Matrix. Auf diese Weise entstehen Knochen, Knorpel, Bänder und Sehnen.

24.2 Die Makromoleküle des Binde- und Stützgewebes

Die Kollagene bilden eine umfangreiche Familie von fibrillären Makromolekülen.

Mengenmäßig gehören die ***Kollagene*** zu den am weitesten verbreiteten Proteinen des Organismus (Tabelle 24.1). Parenchymatöse Organe wie die Leber enthalten relativ wenige Kollagene, dagegen sind diese Proteine in allen Binde- und Stützgeweben weit verbreitet und machen hier mengenmäßig den Hauptanteil aus. Kollagene, die eine Großfamilie von Proteinen bilden (Tabelle 24.2) sind für die Eigenschaften des Binde- und Stützgewebes von größter Bedeutung. Ihre wesentliche Funktion liegt darin, Geweben und Organen mechanische Stabilität zu verleihen.

Die Großfamilie der Kollagene läßt sich einteilen in

- ***Fibrillen-bildende Kollagene***
- ***nicht-fibrilläre Kollagene.***

Die Fibrillen-bildenden Kollagene mit den Haupttypen ***Kollagen I, II*** und ***III*** bilden 90 % aller Körperkollagene. Ihr wesentliches Strukturmerkmal ist die ***Tripelhelix*** (Abb. 24.1, 24.2). Strukturell zeichnen sich die Fibrillen-bildenden Kollagene durch folgende Eigenschaften aus:

- Grundstruktur ist die für Kollagene typische linksgängige ***Kollagenhelix***. Fast über die gesamte Polypeptidkette stellt ***Glycin***

Tabelle 24.1 Gehalt einiger Gewebe an Kollagen, Elastin und Proteoglycanen [g/100 g Trockengewebe]

Gewebe	Kollagen	Elastin	Polyanionische Proteoglycane
Leber	4	0,16–0,30	
Lungen	10	3–7	
Aorta	12–24	28–32	6,0
Ligamentum nuchae (Rind)	17	75	
Knorpel	46–64		20–37
Cornea	68		4,5
Haut	72	0,6	
Achillessehne	86	4,4	0,5
Gesamter Knochen	23		0,2
Mineralfreier Knochen	88		0,8

Tabelle 24.2 Kollagentypen (Auswahl)

Typ	Gewebeverteilung
I	Haut, Knochen, Sehnen, Cornea, Lungen, Skleren
II	Knorpel, Glaskörper Nucleus pulposus
III	Haut, Blutgefäße, innere Organe etc. (Retikuline Fasern)
IV	Basalmembranen
V	(in den meisten Zwischengeweben häufig zusammen mit Kollagen Typ I und II)
VI	Die meisten Zwischengewebe, einschließlich Knorpel
VIII	Endothelzellen
IX	Zusammen mit Kollagen Typ II
XI	Zusammen mit Kollagen Typ II
XII–XIV	Zusammen mit Kollagen Typ I

jede dritte Aminosäure dar, weshalb Kollagen auch als Polymer von Tripeptideinheiten mit der Formel $(\text{Gly-X-Y})_n$ bezeichnet werden kann. Die Aminosäure in der X-Position ist meist ***Prolin***, die dritte Aminosäure häufig ***Hydroxyprolin***. Eine weitere strukturelle Besonderheit ist das relativ häufige Vorkommen von ***Hydroxylysinresten***, welche zum Teil aus Galactose und Glucose gebildete Disaccharide tragen. Prolin- bzw. Hydroxyprolinreste schränken die Beweglichkeit des Peptidfadens stark ein, da aufgrund ihrer Struktur keine Drehbarkeit der Bindung zwischen dem α-C-Atom und der α-Aminogruppe mehr möglich ist.

- Je drei linksgängige Kollagenhelices bilden zusammen eine rechtsgängige ***Superhelix*** oder ***Tripelhelix***.
- Kollagene Mikrofibrillen entstehen dadurch, daß sich je fünf Kollagentripelhelices versetzt zusammenlagern, wobei sehr lange Strukturen entstehen können. Die versetzte Zusammenlagerung wird durch elektrostatische Anziehung und kovalente Vernetzung der Monomeren erzielt (Abb. 24.2).

Die nicht-fibrillären Kollagene kommen insgesamt in geringerer Menge im Organismus vor und bilden Bestandteile spezifischer Gewebe z. B. der ***Basalmembran*** (Typ IV-Kollagen) oder sind für Wechselwirkungen mit anderen ***Kollagenen*** und ***Matrixproteinen*** verantwortlich (Typ VI-Kollagen). Fibrilläre Strukturen treten in diesen Kollagenen – wenn überhaupt – häufig nur über kürzere Abschnitte des Moleküls auf.

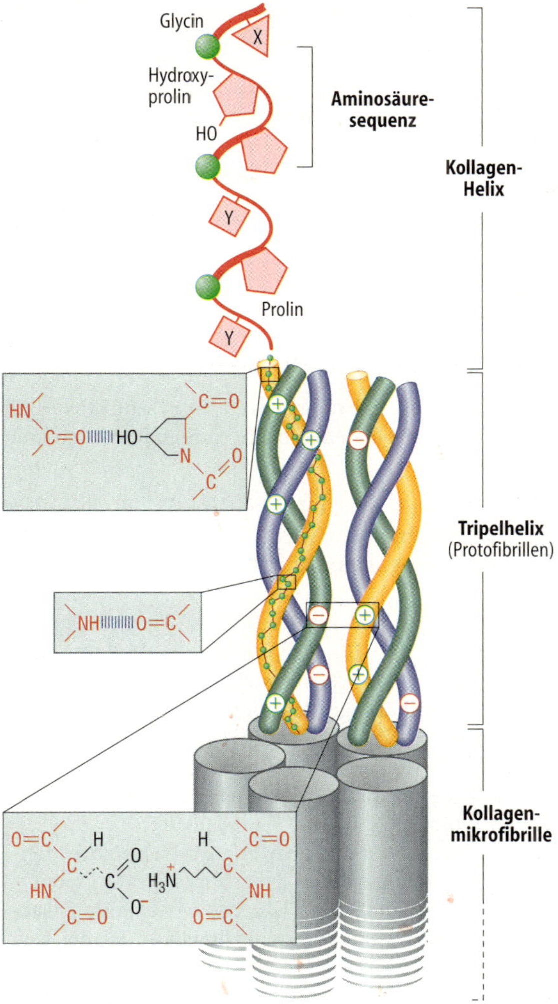

Abb. 24.1 Aufbau der fibrillären Kollagene. Je drei Kollagenhelices assoziieren zu einer Tripelhelix, die durch elektrostatische Wechselwirkungen zwischen den einzelnen Helices zusammengehalten werden. Fünf Tripelhelices bilden zusammen eine Kollagenmikrofibrille. (Weitere Einzelheiten s. Text)

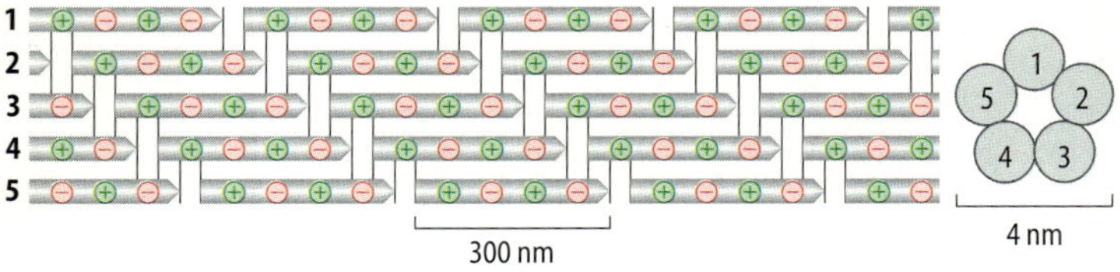

Abb. 24.2 Mikrofibrillenbildung durch versetzte Zusammenlagerung von Kollagentripelhelices. Der Zusammenhalt erfolgt durch elektrostatische Anziehung und kovalente Vernetzung der Tripelhelices

Die Biosynthese der Kollagene findet intra- und extrazellulär statt.

In den Bindegewebszellen, den Fibroblasten, erfolgt zunächst die Biosynthese der fibrillären Kollagene nach folgendem Schema (Abb. 24.3):

- Zunächst werden die als ***α1***- bzw. ***α2-Prokollagene*** bezeichneten Kollagenhelices synthetisiert. Sie enthalten N- bzw. C-terminale Propeptide, die eine Voraussetzung für die spätere Assoziation zur Tripelhelix sind.
- Eine weitere Voraussetzung der Assoziation zur Tripelhelix ist, daß etwa 50 % der Prolyl- und 10–80 % der Lysylreste durch entsprechende ***Hydroxylasen*** hydroxyliert werden. Dabei handelt es sich um Ascorbinsäure-abhängige Reaktionen (S. 588). Die entstandene Tripelhelixstruktur wird durch die Bildung von Disulfidbrücken im C- bzw. N-terminalen Bereich stabilisiert.
- Hydroxylierte Prokollagen-Moleküle gelangen durch Sekretion in den extrazellulären Raum.
- Im Extrazellulärraum werden die Propeptide durch entsprechende Peptidasen entfernt und einzelne Hydroxylysylreste glycosyliert. Dabei werden aus Galactose und Glucose bestehende Disaccharideinheiten angeheftet. Der Glycosylierungsgrad ist bei verschiedenen Kollagentypen unterschiedlich.
- Die sezernierten Kollagenmoleküle lagern sich parallel zu ***Mikrofibrillen*** zusammen.
- Besonders wichtig für die Kollagenstabilität ist die ***Quervernetzung*** der Tripelhelices. Hierzu werden Lysylreste durch ***Lysyloxi-***

Abb. 24.3 Biosynthese und Sekretion der fibrillären Kollagene. (Einzelheiten s. Text) ▶

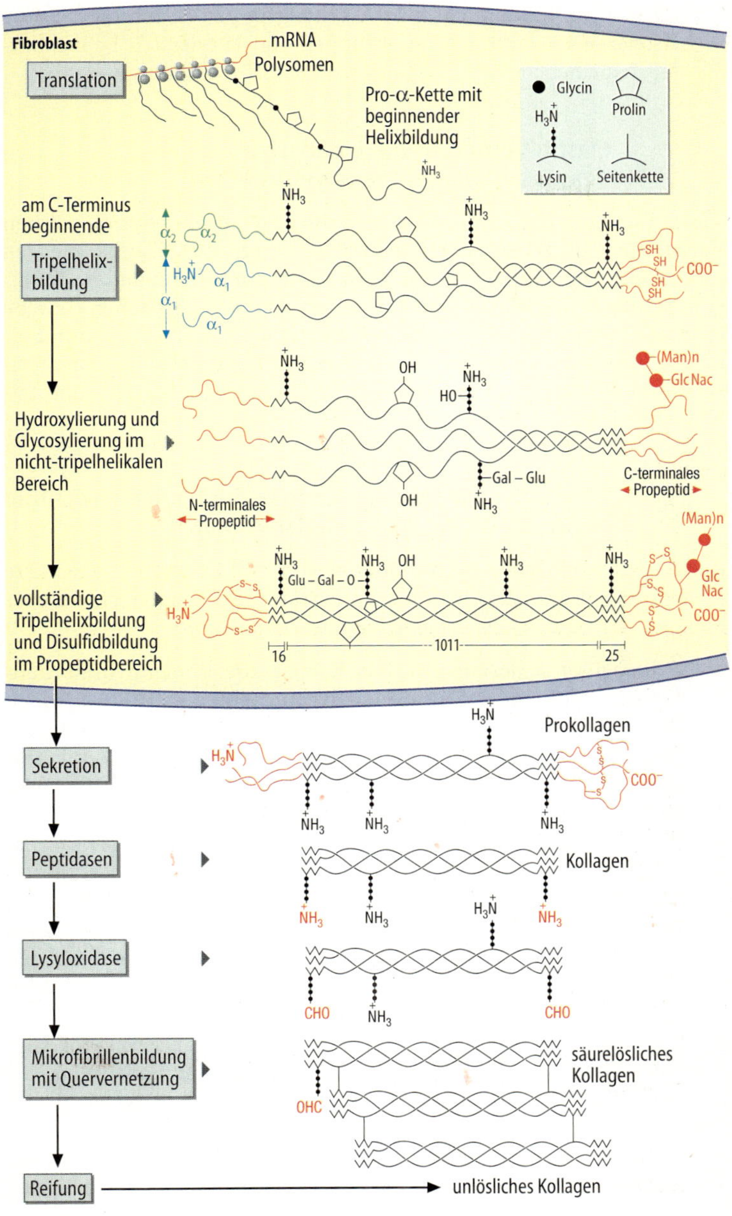

Fibroblast
Translation
mRNA
Polysomen
Pro-α-Kette mit beginnender Helixbildung
Glycin
Prolin
Lysin
Seitenkette
am C-Terminus beginnende
Tripelhelixbildung
Hydroxylierung und Glycosylierung im nicht-tripelhelikalen Bereich
(Man)n
Glc Nac
Gal – Glu
C-terminales Propeptid
N-terminales Propeptid
vollständige Tripelhelixbildung und Disulfidbildung im Propeptidbereich
Glu – Gal – O
16
1011
25
Sekretion
Prokollagen
Peptidasen
Kollagen
Lysyloxidase
CHO
Mikrofibrillenbildung mit Quervernetzung
säurelösliches Kollagen
OHC
Reifung
unlösliches Kollagen

dase unter Bildung reaktiver Aldehydgruppen desaminiert. Diese reagieren z. B. mit ε-Aminogruppen von Lysylresten benachbarter Tripelhelices unter Bildung von Schiff'schen Basen.

!

Elastin vermittelt die Eigenschaften des elastischen Bindegewebes.

Viele Bindegewebe müssen zur Erfüllung ihrer physiologischen Funktionen über elastische Eigenschaften verfügen. Hierzu gehören z. B. große Arterien, der Respirationstrakt, die Stimmbänder, die Ligamenta flava der Wirbel sowie die Haut. Für alle elastischen Gewebe ist das Protein ***Elastin*** typisch. Es handelt sich um ein Protein mit einem Molekulargewicht von 68 kD, welches zu Aggregaten polymerisiert und anschließend mit Kollagen und verschiedenen Glycoproteinen eine elastische Faser bildet.

!

Proteoglycane und Hyaluronat sind weitere wichtige Bestandteile der extrazellulären Matrix.

Außer den Kollagenen sowie dem Elastin enthält die extrazelluläre Matrix der verschiedenen Binde- und Stützgewebe unterschiedlicher Menge (Tabelle 24.1) ***Proteoglycane*** und ***Hyaluronat***:

- ***Proteoglycane*** bestehen aus Proteinen, die Kohlenhydratseitenketten tragen. Im Gegensatz zu Glycoproteinen (S. 141) ist jedoch das Protein der Proteoglycane relativ einfach aufgebaut und trägt lange Polysaccharidketten, die sich zum größten Teil aus ***repetitiven Disaccharideinheiten*** zusammensetzen (Tabelle 24.3). Diese Seitenketten werden auch als ***Glycosaminoglycane*** bezeichnet, da eines der Monosaccharide der zugrunde liegenden Disaccharideinheiten immer ein ***Hexosamin*** bzw. dessen N-acetyliertes Derivat ist. Der zweite Zucker ist stickstoffrei, liegt jedoch meist in Form einer ***Uronsäure*** vor. Viele Glycosaminoglycane tragen darüber hinaus ***Sulfatgruppen***, die über Esterbindungen mit den Hydroxylgruppen der Monosaccharide verknüpft sind (s. auch Abb. 5.7, S. 97).
- Für die Bildung der extrazellulären Matrix ist als weiteres Glycosaminoglycan die ***Hyaluronsäure*** von großer Bedeutung. Sie enthält keinen Proteinanteil und hat ein Molekulargewicht von $1\text{–}3 \times 10^6$. Das ihr zugrunde liegende Disaccharid besteht aus ***N-Acetylglycosamin*** und ***Glucuronsäure***, die in β-glycosidischer Bindung miteinander verknüpft sind.

Tabelle 24.3 Repetitive Disaccharide in Glykosaminoglycanen

	Molekulargewicht (D)	Hexosen	Stellung des Sulfats	Bindung	Vorkommen
Hyaluronsäure[a]	$1-3 \times 10^6$	N-Acetylglucosamin, Glucuronsäure	–	$\beta\ (1 \rightarrow 4)$ $\beta\ (1 \rightarrow 3)$	Synovialflüssigkeit, Glaskörper, Nabelschnur
Chondroitin-4-sulfat (Chondroitinsulfat A)	$2-5 \times 10^4$	N-Acetylgalaktosamin, Glucuronsäure	4	$\beta\ (1 \rightarrow 4)$ $\beta\ (1 \rightarrow 3)$	Knorpel, Aorta
Chondroitin-6-sulfat (Chondroitinsulfat C)	$2-5 \times 10^4$	N-Acetylgalaktosamin, Glucuronsäure	6	$\beta\ (1 \rightarrow 4)$ $\beta\ (1 \rightarrow 3)$	Herzklappen
Dermatansulfat (Chondroitinsulfat B)	$2-5 \times 10^4$	N-Acetylgalaktosamin, Iduronsäure oder Glucuronsäure	4	$\beta\ (1 \rightarrow 4)$ $\alpha\ (1 \rightarrow 3)$[b] $\beta\ (1 \rightarrow 3)$	Haut, Blutgefäße, Herzklappen
Heparin	$0{,}5-3 \times 10^4$	Glucosamin, Glucuronsäure oder Iduronsäure	3, 6, N	$\alpha\ (1 \rightarrow 4)$ $\beta\ (1 \rightarrow 4)$ $\alpha\ (1 \rightarrow 4)$[b]	Lunge, Mastzellen
Heparansulfat (Heparitinsulfat)	$2-10 \times 10^3$	Glucosamin oder N-Acetylglucosamin, Glucuronsäure oder Iduronsäure	N ?, 3, 6 2	$\alpha\ (1 \rightarrow 4)$ $\beta\ (1 \rightarrow 4)$ $\alpha\ (1 \rightarrow 4)$[b]	Blutgefäße, Zelloberfläche
Keratansulfat	$5-20 \times 10^3$	N-Acetylglucosamin, Galaktose	6 6	$\beta\ (1 \rightarrow 3)$ $\beta\ (1 \rightarrow 4)$	Cornea, Nucleus pulposus, Knorpel

[a] Eine Bindung von Hyaluronsäure an Protein ist nicht nachgewiesen.

[b] Diese glykosidische Bindung der L-Iduronsäure entspricht sterisch der β-glykosidischen Bindung der D-Glucuronsäure, wird jedoch wegen der L-Konfiguration der Iduronsäure als α-glykosidisch bezeichnet.

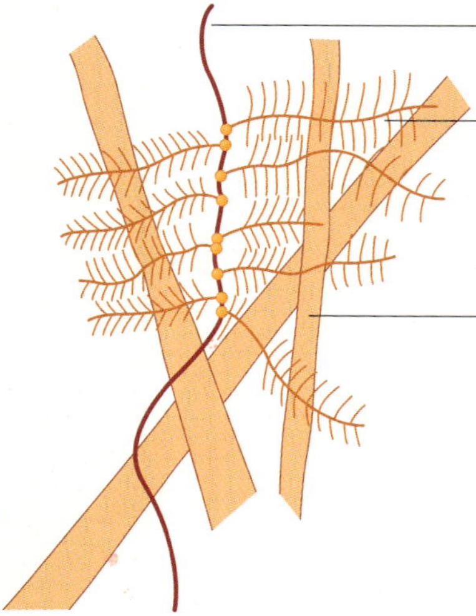

Abb. 24.4 Kollagene Fasern und Proteoglycane als Strukturelemente beim Aufbau der extrazellulären Matrix. An die sehr langen Hyaluronsäuremoleküle lagern sich mit Hilfe spezifischer Proteine Proteoglycane an. Diese stark verzweigte und geladene Struktur tritt mit Kollagen- bzw. Elastinfibrillen in Wechselwirkung

Proteoglycane und Hyaluronat bilden zusammen mit Kollagenen und Elastin ein dreidimensionales Netzwerk (Abb. 24.4). Die räumliche Anordnung des Netzwerkes wird dabei durch Wechselwirkungen zwischen positiv geladenen Aminosäureresten der Kollagen- und Elastinfasern sowie negativen Ladungen auf den Proteoglycanen gegeben. Außerdem bestimmt das Verhältnis der einzelnen Komponenten zueinander die mechanischen Eigenschaften des Bindegewebes:

- ***Straffes Bindegewebe*** zeichnet sich durch einen sehr hohen Gehalt an parallel zueinander verlaufenden Kollagenfasern aus, was eine hohe Zugfestigkeit ergibt. Ein besonders eindrucksvolles Beispiel hierfür sind die Sehnen.
- Im ***Knorpel***, der sich vor allen Dingen durch elastische Eigenschaften auszeichnet, sowie im lockeren Bindegewebe findet sich ein vergleichsweise hoher Gehalt an Proteoglycanen. Dank ihres hydrophilen Charakters binden diese viel Wasser und durch ihre polyanionische Struktur enthalten sie darüber hinaus Natrium, Kalium, Calcium und Magnesium.

Für den Abbau der extrazellulären Matrix werden verschiedene Enzymaktivitäten bereitgestellt.

Die extrazelluläre Matrix unterliegt einem ständigen Umbau auch dann, wenn sie nicht durch Verletzungen geschädigt ist. Die Halbwertszeit von Kollagenfibrillen liegt beispielsweise zwischen 30 und 200 Tagen. Auch die Zusammensetzung der Proteoglycane paßt sich an die jeweiligen Bedingungen an und ändert sich im Verlauf des Lebens. Im einzelnen sind folgende Enzymaktivitäten von Bedeutung:

- Für den Kollagenabbau sind ***Kollagenasen*** verantwortlich, die häufig für einzelne Kollagentypen spezifisch sind. Es handelt sich um Zinkproteasen, weswegen die Kollagenasen auch als ***Matrix-Metalloproteinasen*** bezeichnet werden. Matrix-Metalloproteinasen werden von Fibroblasten, Endothelzellen und anderen Zellen gebildet und als inaktive Proenzyme in den Extrazellulärraum sezerniert. Dort werden sie proteolytisch aktiviert. In ähnlicher Weise erfolgt der Elastinabbau durch ***Elastasen***.
- Kollagenasen von Mikroorganismen ermöglichen das Eindringen dieser Erreger in die Haut und andere Bindegewebe.
- Der Abbau von Proteoglycanen erfolgt durch das Zusammenwirken einer Reihe von Hydrolasen, die aus den Lysosomen stammen und Spezifität für die einzelnen in Proteoglycanen vorkommenden Bindungstypen zeigen. So unterscheidet man ***Sulfatidasen*** für die Abspaltung von Sulfatresten und ***Hexosaminidasen*** bzw. ***Galactosidasen*** für die Abspaltung einzelner Zuckerreste der Proteoglycane.

!

WICHTIG

Die Zellen der extrazellulären Matrix produzieren in jeweils für sie spezifischem Umfang als fibrilläre Proteine die verschiedenen Kollagentypen sowie Elastin. Außerdem synthetisieren sie Proteoglycane und Hyaluronsäure. Diese Verbindungen zeichnen sich durch lange Kohlenhydratketten aus, die aus repetitiven Disaccharideinheiten bestehen und als Glycosaminoglycane bezeichnet werden.

Je nach dem Verhältnis der Einzelbestandteile der extrazellulären Matrix entstehen Sehnen und Bänder bzw. Knorpelgewebe.

Für den Abbau der Komponenten der extrazellulären Matrix stehen als spezifische Enzyme die Kollagenasen, die Elastase sowie eine Reihe lysosomaler Hydrolasen zur Verfügung, die die einzelnen Zuckerkomponenten der Glycosaminoglycane spezifisch abbauen.

24.3 Knochen

Knochen dient als Stützgewebe und Calciumspeicher.

Knochen ist ein hochdifferenziertes Stützgewebe, das an sämtlichen Bewegungen des Körpers beteiligt ist und darüber hinaus wichtige Organe schützt. Außerdem dient Knochen für Calcium- und Phosphationen als Speicher, der mit dem Extrazellulärraum im Gleichgewicht steht.

Knochen besteht zu etwa 70% aus ***Calcium-Hydroxylapatit***, einem Calciumphosphatkomplex mit einem geringen Anteil sonstiger Mineralien. Etwa 20% des Knochenmaterials besteht aus extrazellulärer Matrix, wobei der größte Teil auf ***Typ I-Kollagen*** fällt.

Als zelluläre Elemente lassen sich im Knochen zwei Typen von Zellen unterscheiden, die in enger Beziehung zueinander stehen:

- ***Osteoblasten***, aus denen sich Osteocyten differenzieren, und
- ***Osteoklasten***.

Osteoblasten und Osteocyten sind Abkömmlinge von mesenchymalen Stammzellen, dagegen entstammen Osteoklasten monocytären Stammzellen des Knochenmarks.

Der Knochen des Erwachsenen unterliegt einem ständigen Umbau.

Abbildung 24.5 faßt die Beziehungen von Osteoblasten und Osteoklasten beim Knochenumbau zusammen:

- Osteoblasten werden, möglicherweise durch mechanische Reize, aktiviert und setzen ***Interleukin 1*** und ***Kollagenase*** frei. Einen ähnlichen Effekt hat auch ***Parathormon*** (S. 495).
- Interleukin I führt zu einer Aktivierung von ***Osteoklasten***. Diese produzieren ***Protonen***, die Protease ***Kathepsin***, sowie eine ***saure Phosphatase***. Unter dem Einfluß dieser Produkte wird der Knochen unterhalb des Osteoklasten bis auf eine Tiefe von etwa 70 μm resorbiert, wobei die frei werdenden ***Calciumionen*** vom Osteoklasten aufgenommen und in den Extrazellulärraum transportiert werden.
- Anschließend hört die Aktivität der Osteoklasten auf und diese gehen in ***Apoptose*** über. Vorher geben sie allerdings Faktoren ab, die Osteoblasten aktivieren.

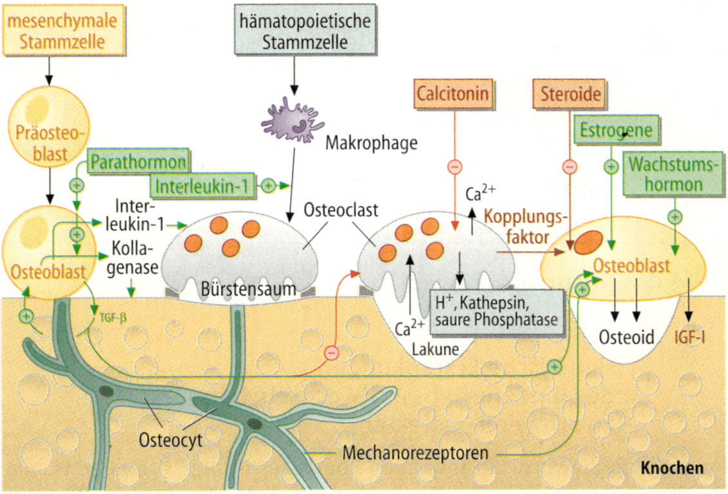

Abb. 24.5 Funktionelle Beziehungen zwischen Osteoblasten und Osteoklasten beim Knochenumbau. (Einzelheiten s. Text)

- Aktivierte Osteoblasten sind für die Auffüllung der von den Osteoklasten erzeugten sog. ***Lakune*** verantwortlich. Sie synthetisieren Kollagene und Proteoglycane, die den Defekt wieder schließen und lagern anschließend Calcium- und Phosphationen unter Bildung von ***Hydroxylapatit*** ein. Eine Osteoblastenaktivierung erfolgt darüber hinaus durch ***Estrogene*** und ***Wachstumshormon***, während ***Glucocorticoide*** die Aktivität dieser Zellen hemmen.

!

WICHTIG
Knochengewebe dient nicht nur der Aufrechterhaltung der mechanischen Stabilität sowie der Beweglichkeit des Organismus, sondern auch als Calciumspeicher. Der größte Teil des Knochengewebes besteht aus einer als Calcium-Hydroxylapatit bezeichneten Calciumphosphat-Verbindung. Diese wird zusammen mit Kollagen Typ I von Osteoblasten synthetisiert.

Knochengewebe wird ständig umgebaut. Hierfür ist das Zusammenspiel zwischen Osteoklasten und Osteoblasten notwendig. Das von Osteoblasten auf bestimmte Reize freigesetzte Interleukin I führt zur Aktivierung der Osteoklasten, die daraufhin noch in ihrer Nähe gelegenes Knochenmaterial abbauen. Das dabei freigesetzte Calcium wird in die Blutbahn abgegeben. Anschließend wird der Defekt durch aktivierte Osteoblasten wieder aufgefüllt.

24.4 Pathobiochemie

!

Genetische Erkrankungen des Bindegewebsstoffwechsels führen zu schweren Defekten.

Bei einer Reihe von Erkrankungen kommt es infolge von genetischen Defekten zu Störungen der Biosynthese bzw. des Abbaus von Komponenten der extrazellulären Matrix. Dabei kann unterschieden werden zwischen:

- ***Mucopolysaccharidosen:*** Diese Gruppe von Erkrankungen zeichnet sich durch Skelettdeformitäten und Defizite der Gehirnentwicklung aus. Ursächlich den verschiedenen Erkrankungen dieser Gruppe zugrundeliegend sind Defekte von Enzymen, die für den ***Abbau der Disaccharidketten*** von Proteoglycanen verantwortlich sind. Die einzelnen, nicht mehr abbaubaren Glucosaminoglycane akkumulieren sich in Geweben und Körperflüssigkeiten.
- ***Störungen der Kollagenbiosynthese:*** Patienten mit Mutationen im Gen der Lysylhydroxylase leiden an einem ***Ehlers-Danlos-Syndrom Typ VI.*** Durch die Beeinträchtigung der Lysylhydroxylierung kommt es zur Störung der Kollagenquervernetzung. Die Folge sind eine dehnbare Haut, Überstreckbarkeit der Gelenke und Deformitäten der Wirbelsäule. Mutationen in den Genen für Prokollagen I sind die Ursache der ***Osteogenesis Imperfecta***, die etwa einen von 10 000 Menschen betrifft. Leitsyndrom sind brüchige Knochen, daneben gibt es Funktionsstörungen anderer Gewebe, die viel Kollagen Typ I enthalten (Sehnen, Fascien, Skleren, Zähne).

Viele erworbene Erkrankungen gehen mit Störungen des Bindegewebsstoffwechsels einher.

Störungen des Bindegewebsstoffwechsels kommen bei einer großen Zahl erworbener Erkrankungen vor und sind demgemäß häufig. Zu ihnen gehören:

- Erkrankungen des rheumatischen Formenkreises,
- Erkrankungen der Blutgefäße, z.B. die Arteriosklerose oder die als Mikroangiopathie bezeichneten Gefäßerkrankungen beim diabetischen Spätsyndrom,
- der als Leberzirrhose bezeichnete fibrotische Umbau des Lebergewebes,
- die Lungenfibrose,
- Nierenerkrankungen, die mit einer Störung der extrazellulären Matrix der Glomerula einhergehen.

Die Therapie der genannten Erkrankungen ist schwierig und bringt bis heute keineswegs immer den erwünschten Erfolg.

! WICHTIG

Genetische Störungen des Bindegewebsstoffwechsels betreffen überwiegend die Biosynthese von Kollagen bzw. den Abbau der Glycosaminoglycane. Immer entstehen Erkrankungen mit schweren Deformitäten. Erworbene Störungen des Bindegewebsstoffwechsels sind sehr häufig und treten dabei u.a. auch als Begleiterscheinungen anderer Erkrankungen auf. Sie können Gelenke, Bänder, Sehnen und Gefäße befallen, kommen daneben aber auch als fibrotischer Umbau parenchymatöser Organe vor.

25 Tumorgewebe

LERNZIELE

- Tumorentstehung als Ausdruck einer Fehlregulation von Wachstum und Differenzierung
- Oncogene
- Antioncogene
- Invasion und Metastasierung von Tumoren

Bösartige Tumoren sind die zweithäufigste Todesursache. Es ist daher verständlich, daß seit Jahren nicht nur von der klinischen Medizin, sondern auch von der Biochemie gewaltige Anstrengungen unternommen werden, um das Phänomen der bösartigen Entartung körpereigener Zellen zu Tumorzellen zu verstehen. Diese infiltrieren in ihre Umgebung und zerstören sie dabei. Darüber hinaus zeigen sie die Fähigkeit, Metastasen in den verschiedensten Gebieten des Organismus zu bilden.

Prinzipiell kann die Tumorentstehung als eine Störung der normalen Regulation der Proliferationsfähigkeit von Zellen aufgefaßt werden. Hierbei spielen den Zellcyclus regulierende Proteine und Faktoren eine große Rolle. Eine große Zahl der inzwischen identifizierten krebsauslösenden Oncogene beruht auf Mutationen von Wachstumsfaktoren, Wachstumsfaktorrezeptoren und Proteinen, die für die Signaltransduktion von Wachstumsfaktoren verantwortlich sind. Derartige, zu Oncogenen führende Mutationen lösen eine permanente unregulierte Wachstumsaktivierung aus. Als Antioncogene bezeichnet man Proteine, die physiologischerweise den Zellcyclus an definierten Stellen anhalten. Sehr viele menschliche Tumoren zeichnen sich dadurch aus, daß bei ihnen Mutationen von Antioncogenproteinen vorliegen, die diese funktionslos machen.

25.1 Tumorentstehung als Ausdruck einer Fehlregulation von Wachstum und Differenzierung

! **Infiltrierendes Wachstum und Metastasierung sind Eigenschaften maligner Tumoren.**

Tod infolge Erkrankung an bösartigen Tumoren ist die zweithäufigste Todesursache in den Ländern der westlichen Welt. Je nach dem Gewebe, von dem sie abstammen, können bösartige Tumoren eingeteilt werden in:

- ***Carcinome***, die von Epithelzellen ausgehen,
- ***Sarkome***, die von Mesenchymzellen ausgehen, sowie
- ***Leukämien***, die von den blutbildenden Zellen ausgehen.

Im Gegensatz zu den gutartigen (benignen) Tumoren zeichnen sich bösartige (maligne) Tumoren durch eine Reihe von Eigenschaften aus, die letztendlich den Tod des Befallenen hervorrufen:

- Die ***Wachstumsregulation*** bösartiger Tumoren ist ganz oder wenigstens teilweise aufgehoben.
- Im Gegensatz zu benignen Tumoren wachsen maligne Tumoren ***infiltrierend***. Dies bedeutet, daß sie in gesundes, nicht befallenes Gewebe einwachsen und es dabei zerstören.
- Im Gegensatz zu benignen Tumoren haben maligne Tumoren die Neigung zur ***Metastasierung***. Man versteht hierunter die Tatsache, daß einzelne Zellen eines malignen Tumors in die Blutbahn und mit dieser in zum Teil weit entfernte Kapillargebiete gelangen, wo die Tumorzellen dann neue Kolonien, sogenannte Metastasen, bilden.

Die genannten Eigenschaften von Tumorzellen machen verständlich, daß Tumorerkrankungen häufig mit schweren Organschäden infolge des infiltrierenden Wachstums verknüpft sind. Außerdem kommt es durch die multiplen Metastasen von Tumoren zu weiteren Störungen, z. B. Spontanfrakturen des Knochens oder neurologischen Störungen.

Maligne Tumoren können durch chemische oder physikalische Veränderungen des Genoms ausgelöst werden.

Daß Veränderungen des Genoms, also Mutationen, Tumoren verursachen können, ist bereits anfangs des Jahrhunderts als Hypothese aufgestellt worden. Einen Beweis, daß mutagene Verbindungen Tumoren auslösen können, konnte durch die Untersuchung des Wirkungsmechanismus einer Reihe chemischer ***Cancerogene*** geführt werden. Im allg. sind derartige Cancerogene polycyclische ***aromatische Kohlenwasserstoffe, aromatische Amine*** und ***Amide, Nitrosamine*** und ***Nitrosamide, halogenierte Kohlenwasserstoffe*** u. a.

Sehr häufig entstehen die eigentlichen Cancerogene erst durch die Modifikationen der genannten Verbindungen durch das Biotransformationssystem der Leber (S. 626).

Außer chemischen Carcinogenen gibt es eine Reihe ***physikalischer Carcinogene.*** Sehr bekannt ist hierbei ultraviolettes Licht, daneben auch Röntgenstrahlen oder die von radioaktiven Elementen ausgesandten α-, β- bzw. γ-Strahlen.

Ultraviolettes Licht löst eine ***Thymindimerisierung*** der DNA aus, die normalerweise durch ***Reparaturenzyme*** (S. 367) erkannt und beseitigt wird. Bei Defekten des Reparatursystems kommt es zu multiplen Carcinomen der Haut (Xeroderma pigmentosum).

Häufig kann eine Beteiligung chemischer oder physikalischer Cancerogene an der Entstehung humaner Tumoren nach heutigem Kenntnisstand nicht bewiesen werden. Dies schließt jedoch nicht aus, daß die Carcinome durch noch unbekannte Carcinogene ausgelöst werden oder auf dem Boden spontaner Mutationen entstehen.

Für die Tumorentstehung ist eine Fehlregulation von Wachstum und Differenzierung verantwortlich.

Eine gemeinsame Eigenschaft aller Tumoren ist, daß in ihnen das Gleichgewicht von Wachstum und Differenzierung gestört ist. Auf der Aufrechterhaltung dieses Gleichgewichts beruht die Tatsache, daß der aus 10^{12} - 10^{14} Zellen bestehende menschliche Organismus in Organe und Gewebe eingeteilt werden kann, von denen jedes einzelne ganz unterschiedliche Proliferationsgeschwindigkeiten aufweist, die u. a. auch von seinem Differenzierungsgrad abhängen. So teilen sich beispielsweise Nervenzellen des Menschen praktisch nie, während auf der anderen Seite pro Sekunde beim Erwachse-

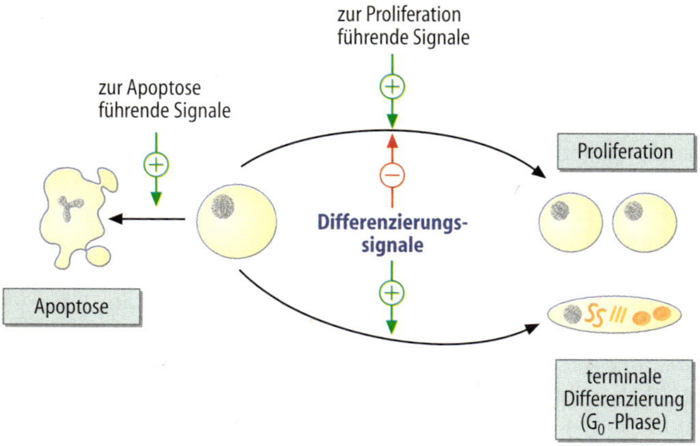

Abb. 25.1 Regulation von Wachstum, Differenzierung und Zelltod. (Einzelheiten s. Text)

nen 2,4 Millionen Erythrocyten ins Blut abgegeben werden, die ja durch Teilung entsprechender Präkursorzellen entstanden sein müssen.

Wachstum, Differenzierung und Zelltod unterliegen außerordentlich komplexen Regulationsmechanismen, die in Abb. 25.1 schematisch dargestellt sind:

- Jede Zelle hat zunächst das Potential, sich durch ***Zellteilung*** zu vermehren. Sie muß dazu den Zellcyclus (s. u.) durchlaufen.
- Häufig als Folge von Differenzierung und damit Spezialisierung können Zellen in einen nicht mehr teilungsfähigen, sog. ***terminal differenzierten*** Zustand (G_0-Stadium) übergehen. Wenn Zellen wieder aus diesem Zustand in den Proliferationscyclus zurückkehren sollen, bedarf es besonderer Signale.
- Aufgrund extrazellulärer Signale oder bei nicht mehr behebbaren DNA-Schäden können Zellen den Weg des programmierten Zelltodes, der ***Apoptose***, beschreiten.
- Apoptose muß klar vom Zelltod aufgrund externer Stimuli (Virusbefall, Gifte, physikalische Schäden u. a.) unterschieden werden, der zur ***Nekrose*** führt. Diese ist im Gegensatz zur Apoptose immer mit Entzündungszeichen vergesellschaftet.

Die Entstehung von Tumoren mit ihrer Tendenz zum nicht regulierten, infiltrierenden Wachstum läßt sich als eine Störung des in Abb. 25.1 dargestellten Gleichgewichtes darstellen:

- Zur Proliferation führende Signale können ***permanent aktiv*** werden.
- Der Weg in die terminale Differenzierung und damit die Beendigung der Proliferation kann durch entsprechende Signale aufgehoben sein.
- Der Weg in die ***Apoptose*** infolge von DNA-Schäden kann blokkiert sein.

!

WICHTIG

Maligne Tumoren sind Geschwülste, die sich häufig rasch vergrößern und im Gegensatz zu den gutartigen Tumoren die Tendenz haben, in das benachbarte Gewebe einzuwachsen und dieses dabei zu zerstören. Außerdem zeigen maligne Tumoren die Eigenschaft, in die Blutbahn einzubrechen und an häufig vom Sitz des Primärtumors weit entfernten Stellen Tochtergeschwülste, sog. Metastasen, zu bilden.

Die bösartigen Tumoren werden in von Epithelzellen ausgehende Carcinome, von Mesenchymzellen ausgehende Sarkome und von blutbildenden Zellen ausgehende Leukämien eingeteilt.

Allen Tumoren ist gemeinsam, daß bei ihnen Veränderungen des Genoms vorliegen. Diese können durch chemische oder physikalische Schädigungen ausgelöst werden oder spontan auftreten.

Derartige Mutationen führen immer dann zu Tumoren, wenn die normale Regulation der Proliferation derartiger Zellen beeinträchtigt wird und dabei konstitutive wachstumsfördernde Signale auftreten.

25.2 Oncogene

!

Wachstum und Differenzierung werden durch extrazelluläre Faktoren reguliert.

Die Proliferation von Zellen ist ein in verschiedene Stadien einteilbarer Vorgang, der auch als ***Zellcyclus*** bezeichnet wird (Abb. 25.2):

- Nach Beendigung einer Mitose treten proliferierende Zellen in die ***G_1-Phase*** des Zellcyclus ein, während der die Zelle wächst und ihre Bestandteile synthetisiert.

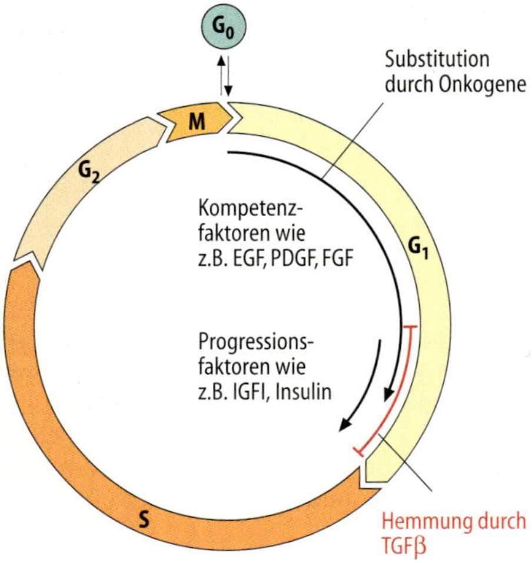

Abb. 25.2 Der Zellcyclus wird durch eine Reihe von Wachstumsfaktoren stimuliert, die vor allem zu verschiedenen Zeitpunkten der G_1-Phase wirken

- Als Antwort auf noch unbekannte Signale, die häufig mit terminaler Differenzierung einhergehen, können Zellen in die ***G_0-Phase*** eintreten, in der sie sich über sehr lange Zeiträume aufhalten können.
- Unter dem Einfluß verschiedener Wachstumsfaktoren (Tabelle 25.1) treten Zellen in die ***S-Phase*** ein. In ihr erfolgt die Replikation der DNA, so daß die Zelle am Ende der S-Phase tetraploid ist.
- Nach der S-Phase treten Zellen in die ***G_2-Phase*** ein, die häufig relativ kurz ist.
- Der Zellcyclus wird durch die nächste ***Mitose*** abgeschlossen.
- Für den Übergang von einer Phase des Zellcyclus in die andere ist die Phosphorylierung spezifischer Signalproteine notwendig, wofür spezifische Proteinkinasen benötigt werden. Diese werden durch cyclusspezifische sog. Cyclin-Proteine aktiviert und aus diesem Grund auch als ***Cyclin-abhängige Proteinkinasen*** (*engl.* cyclin dependent kinases oder ***CDK***) bezeichnet.

Das Verbleiben von Zellen in dem zur Proliferation führenden Zellcyclus hängt von der Anwesenheit von ***Wachstumsfaktoren*** (Tabelle 25.1) ab. Ihnen allen ist gemeinsam, daß sie über Rezeptoren mit ***Tyrosinkinaseaktivität*** (S. 460) wirken. Dadurch wird die Transcription von Genen induziert, die für

Tabelle 25.1 Wachstumsfaktoren im Serum (Auswahl)

Faktor	Funktion
Plättchen-Wachstumsfaktor (PDGF)	Dient als sog. Kompetenzfaktor, d.h. führt dazu, daß Zellen für andere Wachstumsfaktoren sensitiv werden.
Epidermaler Wachstumsfaktor (EGF)	Dienen als Progressionsfaktoren, d.h. stimulieren Proliferation von Zellen, die durch PDGF kompetent gemacht wurden.
Fibroblasten-Wachstumsfaktor (FGF)	
Insulinähnliche Wachstumsfaktoren (IGF-I und IGF-II)	Dienen als Proliferations- und Differenzierungsfaktoren.

- gesteigerten Stoffwechsel,
- Biosynthese von extrazellulärer Matrix,
- Nucleotid- und DNA-Biosynthese,
- Transcriptionsfaktoren und
- Signaltransduktion verantwortlich sind.
- Hierzu gehört auch, daß die Transcription einer Reihe cyclinabhängiger Kinasen und Cycline durch die genannten Wachstumsfaktoren induziert wird.

Fehlen die genannten Wachstumsfaktoren, so treten Zellen entweder in die G_0-Phase ein oder sterben durch Apoptose (s. u.).

Tumorauslösende Oncogene entstehen durch Mutationen der für die Regulation von Wachstum und Differenzierung verantwortlichen Protooncogene.

In den letzten Jahren ist es gelungen, eine große Zahl von Genen zu isolieren, die für Tumoren charakteristisch sind und infolge dessen auch als ***Oncogene*** bezeichnet werden (Tabelle 25.2). Ein überraschendes Ergebnis bei der Charakterisierung der Oncogene und der Aufklärung der Aminosäuresequenz der zugehörigen Proteine war die Tatsache, daß viele Oncogenproteine Strukturähnlichkeiten mit den an der Wachstumsregulation beteiligten Faktoren zeigen. Dies hat zu der Annahme geführt, daß sie aus den normalen für die Proliferation von Zellen notwendigen Genen entstanden sind:

- Als ***Protooncogene*** werden die normalen für Zellwachstum benötigten Gene bezeichnet.

Tabelle 25.2 Protooncogene und verwandte Oncogene (Auswahl)

1. Wachstumsfaktoren	
PDGF (Platelet derived growth factor)	*sis*-Oncogen
FGF (Fibroblast growth factor)	*int* 2-Oncogen
2. Transmembranäre Wachstumsfaktorrezeptoren	
EGF-Rezeptor	*erbB*-Oncogen
M-CSF-Rezeptor	*fms*-Oncogen
3. Membranassoziierte Tyrosinkinasen	
Abl-Tyrosinkinase	*abl*-Oncogen
4. Membranassoziierte Guaninnucleotid-bindende Proteine	
Ras-Protein	*ras*-Oncogen
5. Cytosolische Serin-Threoninkinasen	
	raf-mil-Oncogen
	mos-Oncogen
6. Cytosolische Hormonrezeptoren	
Schilddrüsenhormonrezeptor	*erbA*-Oncogen
7. Transkriptionsfaktoren	
	fos-, jun-, myc-, myb-, rel-Oncogene
8. Apoptosefaktoren	
	bcl2-Oncogen

- Als ***zelluläre Oncogene*** (c-Oncogene) werden die mit diesen strukturverwandten, durch Mutation entstandenen tumorerzeugenden Gene bezeichnet.
- Als ***virale Oncogene*** (v-Oncogene) werden entsprechende Gene aus Viren (s. u.) bezeichnet.

Oncogene können dabei mutierte Wachstumsfaktoren, Wachstumsfaktorrezeptoren oder Bestandteile der intrazellulären Signaltransduktion der Wachstumsfaktoren sein. Entscheidend ist in jedem Fall, daß sie zu einer ***permanenten Aktivierung*** der zur Proliferation benötigten Signalwege führen. Dies ist in Abb. 25.3 am Beispiel des ***ras-Oncogens*** dargestellt, das durch Mutation aus dem natürlicherweise vorkommenden ras-Gen entstanden ist.

Tumorauslösende Viren besitzen aus Protooncogenen abstammende virale Oncogene.

Eine Reihe von RNA-Viren sind tumorerzeugend und werden infolgedessen als ***oncogene RNA-Viren*** (Oncorna-Viren) bezeichnet. Zusätzlich zu den für den normalen Infektionscyclus der Viren benötigten Genen (S. 419) besitzen sie *v-Oncogene*, die ähnlich wie die

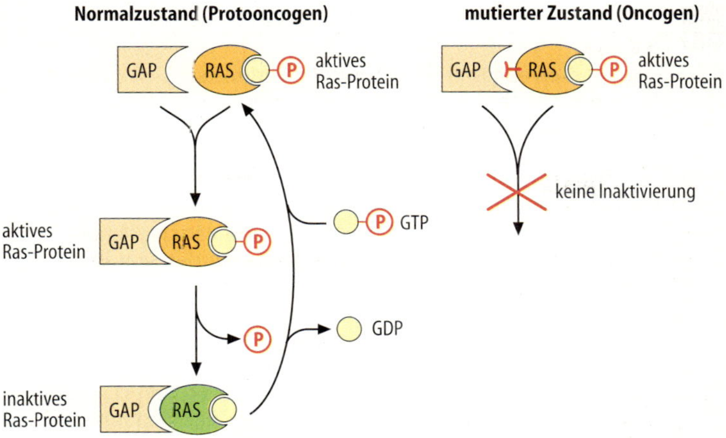

Abb. 25.3 Das Ras-Protein als Protooncogen und im zum Oncogen mutierten Zustand. Das Ras-Protein ist ein G-Protein, welches in die Signaltransduktion der den Zellcyclus regulierenden Wachstumsfaktoren eingeschaltet ist. Für die Inaktivierung des GTP-beladenen Ras-Proteins in die GDP-beladene Form ist ein GAP-Protein (GTPase-aktivierendes Protein) notwendig. Mutationen im Ras-Protein, die die Bindung von GAP verhindern, stabilisieren das an Ras gebundene GTP, womit Ras daueraktiviert bleibt

oben genannten c-Oncogene strukturelle Ähnlichkeiten mit zellulären Protooncogenen haben. Da während des Infektionscyclus von RNA-Viren deren Genom in DNA umgeschrieben und in das Wirtsgenom eingebaut wird, liegt die Annahme nahe, daß Protooncogene oder zumindest Teile von ihnen bei diesem Vorgang in das virale Genom gelangt sind und dort möglicherweise Mutationen durchgemacht haben, die dann zur Entstehung derartiger v-Oncogene geführt haben.

Bei anderen Retroviren, die häufig nach einer längeren Latenzzeit Tumoren erzeugen können, lassen sich keine Oncogene nachweisen. Man nimmt an, daß die tumorerzeugende Aktivität dieser Viren dadurch zustande kommt, daß das Retrovirus in unmittelbarer Nähe eines zellulären Oncogens oder Protooncogens ins Wirtsgenom integriert wird, welches dadurch vermehrt exprimiert wird.

WICHTIG

Organe, Gewebe und auch Tumoren vergrößern sich durch die Teilung einzelner Zellen. Die einzelnen Phasen im Leben einer Zelle von ihrer Entstehung durch eine Mitose bis zu ihrer Teilung zu zwei Tochterzellen werden als Zellcyclus bezeichnet. Der Zellcyclus wird in die G_1-, die S-, die G_2-Phase sowie die Mitose eingeteilt. Für den Eintritt der Zellen in die S-Phase, in der die DNA repliziert wird, sind eine Reihe verschiedener Wachstumsfaktoren verantwortlich. Diese werden von Rezeptoren mit Tyrosinkinaseaktivität gebunden und lösen eine intrazelluläre Phosphorylierungskaskade aus, deren Zweck die gesteigerte Transcription von Genen ist, die für den Zellcyclus notwendig sind.

Gene, deren Übertragung auf normale Zellen den Übergang in bösartige Tumorzellen auslösen, werden als Oncogene bezeichnet. Die Analyse derartiger Oncogene hat gezeigt, daß sie häufig strukturelle Verwandtschaft zu den Proteinen zeigen, die für die Aufrechterhaltung des Zellcyclus notwendig sind und die aus diesem Grund auch als Protooncogene bezeichnet werden.

Tumorauslösende RNA-Viren enthalten gelegentlich Gene, die ebenfalls mit Protooncogenen verwandt sind, und die deswegen als virale Oncogene bezeichnet werden.

25.3 Antioncogene

Antioncogene verhindern die Zellteilung bei DNA-Schäden.

Bei normalen Zellen führen Beschädigungen der DNA, die durch die verschiedensten Noxen ausgelöst werden können, dann zum Stillstand der Proliferation und häufig zum Absterben durch Apoptose, wenn die zellulären DNA-Reparatursysteme (S. 367) nicht zur Beseitigung des Defekts imstande sind. Eine wichtige Rolle hierbei spielen Proteine, die den Zellcyclus regulieren und als ***Antioncogene*** bzw. ***Tumorsuppressorproteine*** bezeichnet werden. Besonders gut aufgeklärt ist der Wirkungsmechanismus von zwei Tumorsuppressorproteinen, dem ***Protein p53*** sowie dem ***Retinoblastomprotein pRb*** (Abb. 25.4):

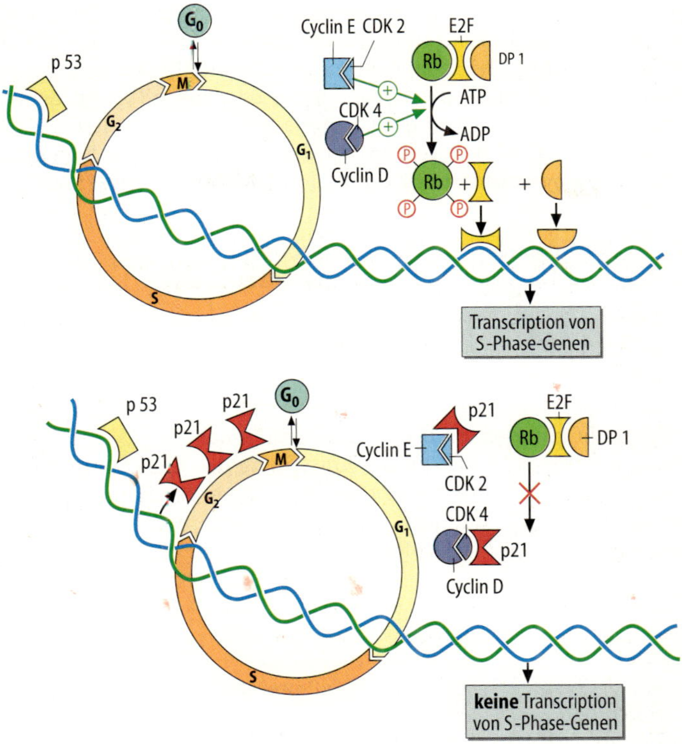

Abb. 25.4 Die Wirkung von pRb sowie p53 auf den Zellcyclus. *Oben:* pRb bindet die für die Transcription von S-Phase-Genen notwendigen Transcriptionsfaktoren E2F sowie DP1. Nach Phosphorylierung von pRb durch cyclinabhängige Kinasen werden diese Transcriptionsfaktoren freigesetzt, so daß die Zelle in die S-Phase eintreten kann. *Unten:* Bindung des Proteins p53 an die DNA löst die Expression des Proteins p21 aus, das an cyclinabhängige Kinasen bindet und so die Phosphorylierung von pRb hemmt. Damit kann keine Transcription von S-Phase-Genen erfolgen und die Zellen bleiben in der G-1-Phase arretiert

- Die normale Funktion von ***pRb*** besteht darin, für den Übergang in die S-Phase des Zellcyclus benötigte Transcriptionsfaktoren zu binden und damit zu inaktivieren. Erst nach Phosphorylierung von pRb durch cyclinabhängige Kinasen werden diese Transcriptionsfaktoren freigesetzt und der Zellcyclus kann weiterlaufen.
- Die normale Funktion von ***p53*** ist die Hemmung des Übergangs in die S-Phase des Zellcyclus bei DNA-Schädigungen. p53 wird

als Antwort auf eine DNA-Schädigung vermehrt synthetisiert. Dies löst eine Konzentrationszunahme einer Reihe weiterer Proteine, z. B. des p21-Proteins aus. Dieses bindet Cyclin-abhängige Kinasen und hemmt die Phosphorylierung von pRb und damit kann die Zelle nicht von der G_1 in die S-Phase übertreten.
- Eine weitere Funktion von p53 ist die Aktivierung von Signalen, die zum programmierten Zelltod, der ***Apoptose***, führen (S. 682).

Mutationen von Antioncogenen sind für viele Tumoren charakteristisch.

pRb ist bei mehr als 60 % aller menschlichen Tumoren und p53 bei über der Hälfte aller menschlichen Tumoren deletiert oder zur Funktionsunfähigkeit mutiert. Damit entfallen wichtige Kontrollelemente für den Zellcyclus, was verständlich macht, daß Zellen mit derartigen Mutationen zu gesteigerten Proliferationsraten neigen.

Auch die beispielsweise an der Entstehung des Gebärmutterhalskrebses beteiligten ***Papillomviren*** verfügen über Mechanismen zur Ausschaltung von p53 und pRb. Sie synthetisieren die Virusproteine E6 und E7, die an p53 und pRb binden und diese damit inaktivieren.

!

WICHTIG

Eine Reihe von Genen codiert für Proteine, die den Durchlauf durch den Zellcyclus hemmen. Ihre physiologische Funktion beruht darauf, bei DNA-Schäden die Zellen an der Proliferation zu hindern. In der gewonnenen Zeit kann der DNA-Schaden entweder repariert oder aber die Zelle apoptotisch werden. Aus diesem Grund werden diese Gene auch als Antioncogene bezeichnet.

Bei vielen humanen Tumoren sind die Antioncogene durch Mutationen deletiert oder funktionell inaktiv. Aus diesem Grund werden die Genprodukte der Antioncogene auch als Tumorsuppressorproteine bezeichnet. Zwei besonders wichtige Antioncogene sind das Protein p53 sowie das Retinoblastomprotein pRb.

25.4 Invasion und Metastasierung von Tumoren

Solange Tumoren auf ihre Ausgangspunkte beschränkt sind, können sie meist durch einen operativen Eingriff entfernt werden. In vielen Fällen zeigen Tumoren jedoch die Tendenz, in die Gefäßbahn einzubrechen und sekundäre Tumoren zu bilden, die an den verschiedensten Stellen des Organismus lokalisiert sein können und als ***Metastasen*** bezeichnet werden.

Für die Invasion und Metastasierung von Tumoren sind eine Reihe von Mechanismen notwendig, die u.a. potentiell Möglichkeiten zu therapeutischem Eingreifen bieten (Abb. 25.5):

- Ab einer bestimmten Tumorgröße müssen Tumoren mit Blutgefäßen versorgt werden. Dies induziert das Tumorgewebe selbst durch Freisetzung ***angiogenetischer Faktoren.***
- Tumorzellen können in Blut- bzw. Lymphgefäße eindringen, wenn es ihnen gelingt, aus dem Tumorzellverband auszubrechen, mit der Basalmembran der Blutgefäße Kontakt aufzunehmen, diese durch entsprechende ***Proteinasen*** (Matrix-Metalloproteinasen) aufzulösen und aufgrund gesteigerter Motilität in die Blutbahn zu gelangen.
- Nach dem Transport in die Blutbahn bleiben Tumorzellen meist im Kapillarbett stecken, wonach der umgekehrte Vorgang der ***Extravasation*** und der Ansiedlung in einer neuen Umgebung stattfindet.

Zur Zeit wird intensiv versucht, Arzneimittel zu entwickeln, die die durch Tumorzellen ausgelöste Angiogenese verhindern. Damit könnte sowohl das Tumorwachstum reduziert als auch die Tendenz zur metastatischen Ausbreitung vermindert werden.

!

WICHTIG
Bösartige Tumoren sind imstande, infiltrierend in ihre Umgebung einzuwachsen und darüber hinaus Tochtergeschwülste, sogenannte Metastasen, zu bilden. Für die Tumormetastasierung müssen Tumore Anschluß an das Gefäßsystem erlangen, was häufig aufgrund der vom Tumor sezernierten angiogenetischen Faktoren gelingt. Tumorzellen müssen dann die Basalmembran durchdringen, um in die Blutbahn zu gelangen. Sie werden dort in die verschiedensten Gebiete des Organismus gespült. Bleiben sie im Kapillarbett stecken, so kommt es zum Austritt aus der

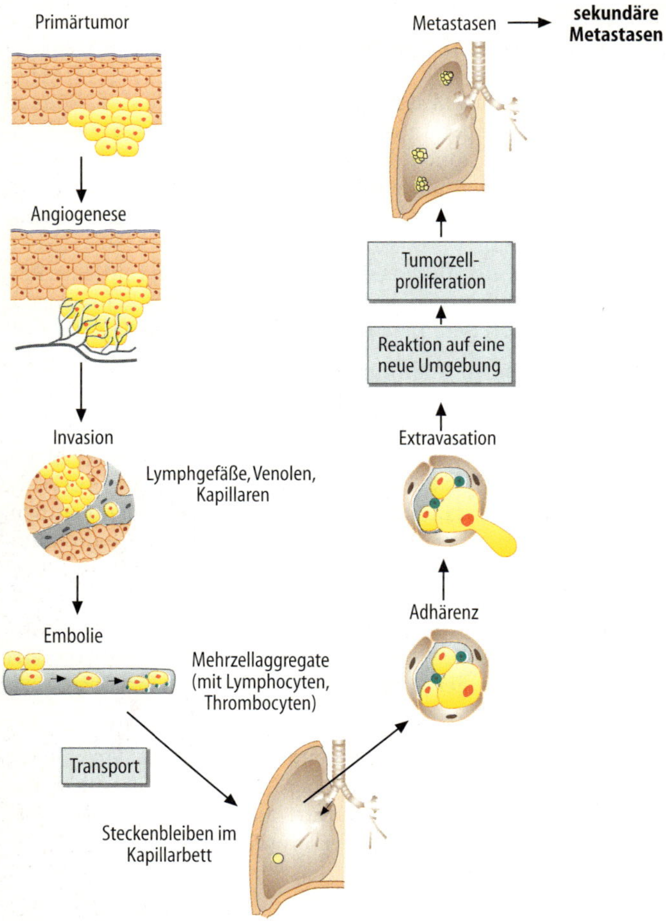

Abb. 25.5 Die verschiedenen Schritte bei der Metastasierung von Tumorzellen. (Einzelheiten s. Text)

Blutbahn und zur Ansiedlung der Zellen im neuen Gewebe. Die hierbei im einzelnen ablaufenden Vorgänge, besonders die Induktion der Angiogenese, gilt als potentieller Angriffspunkt neu zu entwickelnder Arzneimittel.

IV Anhang

Wichtige Stoffwechselenzyme (Auswahl)

Enzyme der Glycogen- und Glucoseverwertung

1	Glycogenphosphorylase	Glycogen $(Glc)_n$ + P_i → Glycogen $(Glc)_{n-1}$ + Glucose-1-phosphat
2	1,4 → 1,4-Glucantransferase	legt unter Abspaltung kurzer Polyglucoseketten die 1,6-glycosidischen Bindungen im Glycogen frei
3	Amylo-1,6-glucosidase	spaltet hydrolytisch die 1,6-glycosidischen Bindungen des Glycogens
4	Phosphoglucomutase	Glucose-1-phosphat ↔ Glucose-6-phosphat
5	Hexokinase/ Glucokinase	Glucose + ATP → Glucose-6-phosphat + ADP
6	Hexosephosphat-Isomerase	Glucose-6-phosphat ↔ Fructose-6-phosphat
7	Phosphofructokinase	Fructose-6-phosphat + ATP → Fructose-1,6-bisphosphat + ADP
8	Aldolase	Fructose-1,6-bisphosphat ↔ Dihydroxyaceton-phosphat + Glycerinaldehyd-3-phosphat
9	Triosephosphat-Isomerase	Dihydroxyaceton-phosphat ↔ Glycerinaldehyd-3-phosphat
10	Phosphoglycerinaldehyd-DH	Glycerinaldehyd-3-phosphat + P_i + NAD^+ ↔ 1,3-Biphosphoglycerat + $NADH/H^+$
11	Phosphoglyceratkinase	1,3-Biphosphoglycerat + ADP ↔ 3-Phosphoglycerat + ATP
12	Phosphoglyceratmutase	3-Phosphoglycerat ↔ 2-Phosphoglycerat
13	Enolase	2-Phosphoglycerat ↔ Phosphoenolpyruvat + H_2O
14	Pyruvatkinase	Phosphoenolpyruvat + ADP → Pyruvat + ATP
15	Lactat-DH	Pyruvat + $NADH/H^+$ ↔ Lactat+NAD^+

Enzyme des Citratcyclus

16	Pyruvat-DH	Pyruvat+NAD^+ + CoA- SH$\rightarrow$ Acetyl-CoA+NADH/H^+ + CO_2
17	Citratsynthase	Acetyl-CoA+Oxalacetat + H_2O $\leftrightarrow$ Citrat + CoA-SH
18	Aconitase	Citrat $\leftrightarrow$ Isocitrat
19	Isocitrat-DH	Isocitrat+NAD^+ $\leftrightarrow$ α-Ketoglutarat + NADH/H^+ + CO_2
20	α-Ketoglutarat-DH	α-Ketoglutarat + NAD^+ + CoA-SH$\rightarrow$ Succinyl-CoA + NADH/H^+ + CO_2
21	Succinat-Thiokinase	Succinyl-CoA + GDP + P_i $\leftrightarrow$ Succinat + GTP + CoA-SH
22	Succinat-DH	Succinat + FAD $\leftrightarrow$ Fumarat+$FADH_2$
23	Fumarase	Fumarat + H_2O $\leftrightarrow$ Malat
24	Malat-DH	Malat + NAD^+ $\leftrightarrow$ Oxalacetat + NADH/H^+

Enzyme des Pentosephosphatweges

25	Glucose-6-Phosphat-DH	Glucose-6-phosphat + $NADP^+$ + H_2O $\rightarrow$ 6-Phosphogluconat + NADPH/H^+
26	6-Phosphogluconat-DH	6-phosphogluconat + $NADP^+$ $\rightarrow$ Ribulose-5-phosphat + NADPH/H^+ + CO_2
27	Ribulose-5-Phosphat-Epimerase	Ribulose-5-phosphat $\leftrightarrow$ Xylulose-5-phosphat
28	Ribulose-5-Phosphat-Ketoisomerase	Ribulose-5-phosphat $\leftrightarrow$ Ribose-5-phosphat
29	Transketolase	Xylulose-5-phosphat + Ribose-5-phosphat $\leftrightarrow$ Glycerinaldehyd-3-phosphat + Seduheptulose-7-phosphat Erythrose-4-phosphat + Xylulose-5-phosphat $\leftrightarrow$ Glycerinaldehyd-3-phosphat + Fructose-6-phosphat
30	Transaldolase	Glycerinaldehyd-3-phosphat + Seduheptulose-7-phosphat $\leftrightarrow$ Fructose-6-phosphat + Erythrose-4-phosphat

Enzyme der Gluconeogenese/Glycogensynthese (soweit von Glycolyse abweichend)

31	Pyruvat-Carboxylase	Pyruvat + ATP + CO_2 → Oxalacetat + ADP + P_i
32	Phosphoenolpyruvat-Carboxykinase	Oxalacetat + GTP → PEP + GDP + CO_2
33	Frc-1,6-bisphosphatase	Fructose-1,6- bisphosphat + H_2O → Fructose-6-phosphat + P_i
34	Glucose-6-Phosphatase	Glucose-6-phosphat + H_2O → Glucose + P_i
35	Glucose-1-Phosphat-Uridyl-Transferase	Glucose-1-phosphat + UTP → UDP-Glucose + PP_i
36	Glycogensynthase	Glycogen $(Glc)_n$ + UDP-Glucose → Glycogen $(Glc)_{n+1}$ + UDP

Enzyme der Triacylglycerin- und Fettsäureverwertung

37	Lipoproteinlipase	spaltet in Lipoproteinen Triacylglycerine zu Glycerin+Fettsäuren
38	Lipasen	spalten Triacylglycerine zu Fettsäuren und Glycerin
39	Glycerokinase	Glycerin + ATP → α-Glycerophosphat + ADP
40	Glycerophosphat-DH	α-Glycerophosphat + $NADH/H^+$ ↔ Dihydroxyacetonphosphat + NAD^+
41	Thiokinase	Fettsäure + ATP + CoA-SH → Acyl-CoA + AMP + PP_i
42	Acyl- CoA-DH	Acyl-CoA + FAD ↔ Δ^2- trans-Enoyl-CoA+$FADH_2$
43	Enoyl-CoA-Hydratase	Δ^2-trans-Enoyl-CoA+H_2O ↔ L-3-Hydroxyacyl-CoA
44	Hydroxyacyl-CoA-DH	L-3-Hydroxyacyl-CoA + NAD^+ ↔ 3-Ketoacyl-CoA + $NADH/H^+$
45	3-Ketothiolase	3-Ketoacyl-CoA + CoA-SH ↔ Acyl-CoA + Acetyl-CoA

Enzyme des Abbaus ungeradzahliger Fettsäuren

46	Propionyl-CoA-Carboxylase	Propionyl-CoA + CO_2 + ATP → D-Methylmalonyl-CoA + ADP + P_i
47	Methylmalonyl-CoA-Racemase	D-Methylmalonyl-CoA → L-Methylmalonyl-CoA
48	L-Methylmalonyl-CoA-Mutase	L-Methylmalonyl-CoA → Succinyl-CoA

Enzyme der Fettsäuresynthese

49	Acetyl-CoA-Carboxylase	Acetyl-CoA + CO_2 + ATP → Malonyl-CoA+ADP+P_i
50	Fettsäuresynthase: *Aktivitäten/ Domänen:*	synthetisiert als Multienzymkomplex Fettsäuren mit 16–18 C-Atomen:
	– Acyltransacylase	überträgt wachsende Fettsäure von der zentralen auf die periphere SH-Gruppe
	– Malonyltransferase	überträgt Malonyl-CoA auf die zentrale SH-Gruppe
	– Ketoacyl-Synthase	kondensiert peripheren Acyl-Rest an das Malonyl-CoA der zentralen SH-Gruppe unter Decarboxylierung des Malonyl-CoA, wobei Ketoacylrest entsteht
	– Ketoacyl-Reduktase	NADPH/H^+- abhängige Reduktion des Ketoacylrestes zu 3-Hydroxyacyl-Rest
	– Hydroxyacyl-Dehydratase	Wasserabspaltung, wobei 2-Enoyl-Rest entsteht
	– Enoyl-Reduktase	NADPH/H^+- abhängige Reduktion, wodurch wieder Fettsäure entsteht
	– Thioesterase	spaltet fertige Fettsäure (C 16–18) vom Enzym ab

Enzymkomplexe von Atmungskette und oxidativer Phosphorylierung

51	NADH-Ubichinon-Reduktase	Ubichinon + NADH/H^+ → Ubichinol + NAD^+
52	Succinat-Ubichinon-Reduktase	Succinat + Ubichinon → Fumarat + Ubichinol
53	Ubichinol-Cytochrom-C-Reduktase	Ubichinol + 2 Cytochrom c_{ox} → Ubichinon + 2 Cytochom c_{red}

54	Cytochrom-C-Oxidase	2 Cytochom c_{red} + $^1/_2$ O_2 + $2H^+$ → 2 Cytochrom c_{ox} + H_2O
55	F_1/F_0-ATPase	ADP+P_i ↔ ATP + H_20 (abhängig vom elektrochemischen Potential)

Ausgewählte Enzyme der Ketonkörperbiosynthese/Cholesterinbiosynthese

56	HMG-CoA-Synthase	Acetacetyl-CoA + Acetyl-CoA → HMG-CoA + CoA-SH
57	HMG-CoA-Lyase	HMG-CoA → Acetacatat + Acetyl- CoA
58	β-Hydroxybutyrat-DH	Acetacetat + NADH/H^+ ↔ β-Hydroxybutyrat + NAD^+
59	HMG-CoA-Reduktase	HMG-CoA + 2 NADPH/H^+ → Mevalonat + 2 $NADP^+$ + CoA-SH

Ausgewählte Enzyme des Aminosäurestoffwechsels

60	allg.: Aminotransferasen	$Aminosäure_1$ + α- $Ketosäure_2$ ↔ α-$Ketosäure_1$ + $Aminosäure_2$
61	Aspartat-Aminotransferase (ASAT)	Aspartat + α-Ketoglutarat ↔ Oxalacetat + Glutamat
62	Alanin-Aminotransferase (ALAT)	Alanin+α-Ketoglutarat ↔ Pyruvat+Glutamat
63	Glutamat-DH	Gutamat + NAD^+ + H_2O ↔ α-Ketoglutarat + NADH/H^+ + NH_3

Enzyme des Harnstoffcyclus

64	Carbamylphosphat-Synthetase I	HCO_3^- + NH_4^+ + 2 ATP → Carbamylphosphat + 2 ADP+P_i
65	Ornithin-Transcarbamylase	Carbamylphosphat + Ornithin → Citrullin + P_i
66	Argininosuccinat-Synthetase	Aspartat + ATP + Citrullin → Argininosuccinat + AMP + P_i
67	Argininosuccinat-Lyase	Argininosuccinat → Arginin+Fumarat
68	Arginase	Arginin + H_2O → Ornithin+Harnstoff

Ausgewählte Enzyme des Pyrimidin- und Purinstoffwechsels

69	Carbamylphosphat-Synthetase II	Glutamin + HCO_3^- + 2 ATP → Carbamylphosphat + 2 ADP + P_i + Glutamat
70	Aspartat-Transcarbamylase	Carbamylphosphat + Aspartat → Carbamylaspartat + HPO_4^{2-}
71	Dihydroorotase	Carbamylaspartat ↔ Dihydroorotat + H_2O
72	Dihydroorotat-DH	Dihydroorotat + NAD^+ ↔ Orotat + $NADH/H^+$
73	Orotat-Phosphoribosyl-Transferase	Orotat + Phosphoribosylpyrophosphat → OMP + PP_i
74	Orotidinphosphat-Decarboxylase	OMP → UMP + CO_2
75	Ribosephosphat-Pyrophosphat-Kinase	Ribose-5-phosphat + ATP → PRPP + AMP
76	PRPP-Amidotransferase	PRPP + Glutamin → 5-Phosphoribosylamin + Glutamat + PP_i
77	Ribonucleotid-Reduktase	Ribonucleosiddiphosphat + $NADPH/H^+$ → Desoxyribonucleosiddiphosphat + $NADP^+$ + H_2O
78	Thymidylat-Synthase	dUMP + N^5-Methylen-FH_4 → dTMP + 7,8-Dihydrofolat
79	Nucleosidmonophosphat-Kinasen	NMP+ATP ↔ NDP+ADP
80	Nucleosiddiphosphat-Kinasen	NDP + ATP ↔ NTP + ADP dNDP + ATP ↔ dNTP + ADP
81	Adenin-Phosphoribosyltransferase	Adenin+PRPP → AMP+PP_i
82	Hypoxanthin-Guanin-Phosphoribosyltransferase	Hypoxanthin (Guanin) + PRPP → IMP (GMP) + PP_i
83	Xanthinoxidase	Xanthin + O_2 + H_2O → Harnsäure + O_2^- + 2 H^+

Ausgewählte Enzyme der Replikation, Transkription, Translation

84	Helicasen	entwinden DNA
85	Topoisomerasen	beseitigen Spannungen in der entwundenen DNA
86	Primasen	synthetisieren RNA-Primer
87	DNA-abhängige DNA-Polymerasen	synthetisieren einen komplementären DNA-Strang

88	5'-3'-Exonucleasen	entfernen Nucleotide von Nucleinsäuren in 5'-3'-Richtung
89	Endonucleasen	spalten Nucleinsäuren innerhalb des Strangs
90	Restriktions-endonucleasen	spalten DNA an palindromischen Sequenzen
91	DNA-Ligasen	verknüpfen neu synthetisierte DNA-Abschnitte
92	Telomerasen	verlängern Telomere
93	DNA-abhängige RNA-Polymerasen	synthetisieren DNA-abhängig RNA
94	RNA-abhängige RNA-Polymerasen	synthetisieren RNA-abhängig RNA
95	reverse Transkriptasen	synthetisieren RNA-abhängig DNA
96	Aminoacyl-tRNA-Synthetasen	verknüpfen einzelne tRNA mit den spezifischen Aminosäuren
97	Peptidyltransferase	verknüpft die verschiedenen Aminosäuren bei der Proteinbiosynthese

Ausgewählte Enzyme verschiedener Signalwege

98	Adenylatcyclase	synthetisiert cAMP aus ATP
99	Guanylatcyclase	synthetisiert cGMP aus GTP
100	Phospholipase $C\beta/C\gamma$	Phosphatidylinositol-bisphosphat + $H_2O \rightarrow IP_3$ + Diacylglycerin
101	Nitroxidsynthase	Arginin + 2 $NADPH/H^+$ + 2 $O_2 \rightarrow$ Citrullin + NO + 2 H_2O + 2 $NADP^+$
102	Proteinkinasen A, C, usw.	phosphorylieren verschiedene Proteine
103	Phosphodiesterasen	inaktivieren cyclo-NMP's zu NMP's

Enzyme des Erythrocyten bzw der Hämsynthesee

104	2,3-Bisphosphoglyceratmutase	1,3-Bisphosphoglycerat $\rightarrow$ 2,3-Bisphosphoglycerat
105	Bisphosphoglyceratphosphatase	2,3-Bisphosphoglycerat + $H_2O \rightarrow$ 3-Phosphoglycerat + P_i
106	Methämoglobin-reduktase	Hb (Fe^{3+}) + NADH $\rightarrow$ Hb (Fe^{2+}) + NAD^+ + H^+
107	δ-Aminolävulinsäure- Synthase	Glycin + Succinyl-CoA $\rightarrow$ δ-Aminolävulinsäure + CoA-SH + CO_2

Ausgewählte ubiquitäre Enzyme

108	Carboanhydrase	$H_2O+CO_2 \leftrightarrow HCO_3^-+H^+$
109	Transport- ATPasen	

Enzyme des Gastrointestinaltraktes s. Tabelle 20.11 auf S. 606

Abkürzungsverzeichnis

A	Adenin
ACTH	adrenocorticotropes Hormon
ADP	Adenosindiphosphat
Ala	Alanin
δ-ALA	δ-Aminolävulinat
ALAT	Alanin-Aminotransferase
AMP	Adenosinmonophosphat
ANF	atrialer natriuretischer Faktor
Arg	Arginin
ASAT	Aspartat-Aminotransferase
Asn	Asparagin
Asp	Asparaginsäure
ATP	Adenosintriphosphat
AVP	Arginin-Vasopressin
BSE	bovine spongiforme Encephalopathie
C	Cytosin
CAM	cell adhesion molecule
cAMP	3', 5'-cyclo-AMP
CAT	Chloramphenicol-Acetyltransferase
CCK/PZ	Cholecystokinin/Pankreozymin
cDNA	complementäre DNA
CDP	Cytidindiphosphat
CK	Creatinkinase
CMP	Cytidinmonophosphat
CoA	Coenzym A
COMT	Katechol-O-methyltransferase
CoQ	Coenzym Q (Ubichinon)
CRBP	zelluläres Retinol-Bindungsprotein
CREB	cAMP response-element binding protein
CT	Thyreocalcitonin
CTP	Cytidintriphosphat
Cys	Cystein
DH	Dehydrogenase
DNA	Desoxyribonucleinsäure

Dopa	Dihydroxyphenylalanin
Dopamin	Dihydroxyphenylamin
EDRF	endothelium derived relaxing factor
EDTA	Ethylendiamin-Tetraacetat
eEF	eukaryoter Elongationsfaktor
EGF	epidermal growth factor (epidermaler Wachstumsfaktor)
ELISA	enzyme linked immunosorbent assay
EPO	Erythropoietin
ER	endoplasmatisches Reticulum
EST	expressed sequence tags
FAD	Flavinadeninnucleotid
FGF	Fibroblasten-Wachstumsfaktor
FH_4	Tetrahydrofolat
FMN	Flavinmononucleotid
Fru	Fructose
Fuc	Fucose
G	Guanin
G-CSF	granulocyte colony stimulating factor
GABA	γ-Aminobutyrat
Gal	Galactose
GDP	Guanosindiphosphat
GH	growth hormone
GIP	gastrisches inhibitorisches Peptid
Glc	Glucose
GLDH	Glutamatdehydrogenase
GLP	Glucagon-ähnliches Peptid
Glu	Glutaminsäure
Glut	Glucose-Transporter
Gly	Glycin
GM-CSF	granulocyte-macrophage colony stimulating Factor
GMP	Guanosinmonophosphat
GOT	Glutamat-Oxalacetat-Transaminase
GPI	Glykosyl-Phosphatidyl-Inositol
GPT	Glutamat-Pyruvat-Transaminase
GRE	glucocorticoid responsive element
GSH	Glutathion
GTP	Guanosintriphosphat
Hb	Hämoglobin
HDL	high density lipoprotein
His	Histidin
HIV	humanes Immundefizienz-Virus

HLA	humanes Lymphocytenantigen
HMG-CoA	β-Hydroxy β-Methyl-Glutaryl-CoA
hnRNA	heterogene nucleäre RNA
HPLC	high performance liquid chromatography (Hochleistungs-Flüssigkeitschromatographie)
HPTE	5-Hydroperoxyeikosatetraenoat
Hsp	Hitzeschockprotein
Hyp	Hydroxyprolin
IEMA	immunoenzymatischer Assay
IFN	Interferon
Ig	Immunglobulin
IGF	insulin like growth factor
IL	Interleukin
Ile	Isoleucin
$InsP_3$	Inositol-(1,4,5)-Trisphosphat
IRMA	immunoradiometrischer Assay
ITP	Inosintriphosphat
LCAT	Lecithin-Cholesterin-Acyltransferase
LDH	Lactat-Dehydrogenase
LDL	low density lipoprotein
Leu	Leucin
LH	luteotropes Hormon
Lys	Lysin
M-CSF	macrophage colony stimulating factor
MAG	Myelin-assoziiertes Glykoprotein
Man	Mannose
MAP	Mitogen aktivierte Proteinkinase
MAPK	MAP Kinase
MAPKK	MAP Kinase Kinase
MBP	Myelin-basisches Protein
MDR	Multidrug-Resistenz
Met	Methionin
MHC	major histocompatibility complex
MMP	Matrix-Metallproteinasen
MOG	Myelin-Oligodendrocyten-assoziierte Glykoproteine
mRNA	messenger RNA
MSH	β-Melanocyten-stimulierendes Hormon
NAD^+	Nicotinamid-Adenin-Dinucleotid
$NADP^+$	Nicotinamid-Adenin-Dinucleotid-Phosphat
NANA	N-Acetyl-Neuraminsäure
NDP	Nucleosiddiphosphat

NGF	nerve growth factor
NMP	Nucleosidmonophosphat
NTP	Nucleosidtriphosphat
OMP	Orotidinmonophosphat
P_i, P_a	anorganisches Orthophosphat
PALP	Pyridoxalphosphat
PAMP	Pyridoxaminphosphat
PAPS	3'-Phosphoadenosyl-5'-Phosphosulfat
PCR	Polymerase Kettenreaktion
PDGF	platelet derived growth factor
PDH	Pyruvat Dehydrogenase
PDI	Proteindisulfid-Isomerase
PEP	Phosphoenolpyruvat
PET	Positronen-Emissionstomographie
PG	Prostaglandin
Phe	Phenylalanin
PIH	prolactin release inhibiting hormone
PIP_2	Phosphatidylinositol-4,5-bisphosphat
PMP	peripheres Myelinprotein
POMC	Pro-Opiomelanocortin
PP_i, PP_a	anorganisches Pyrophosphat
PRL	Prolactin
Pro	Prolin
PRPP	Phosphoribosyl-Pyrophosphat
PTH	Parathormon
PTHrP	parathormon related protein
RAR	Retinoat-Rezeptor
RER	rauhes endoplasmatisches Reticulum
RFLP	Restriktionsfragment-Längenpolymorphismus
RNA	Ribonucleinsäure
rRNA	ribosomale RNA
RXR	Retinoat-X-Rezeptor
SCID	severe combined immunodeficiency
scRNA	small cytoplasmic RNA
Ser	Serin
snRNA	small nuclear RNA
STH	Wachstumshormon
T	Thymin
T_3	Trijodthyronin
T_4	Thyroxin
TBP	TATA-Box Bindungsprotein
TF	Transkriptionsfaktor

TGF	transforming growth factor
TH	T-Helferzellen
Thr	Threonin
TMP	Thymidinmonophosphat
TNF	Tumornekrose Faktor
TRH	thyreotropin releasing hormone
tRNA	transfer RNA
Trp	Tryptophan
TSH	Thyreoidea-stimulierendes Hormon
TTP	Thymidintriphosphat
TXA	Thromboxan
Tyr	Tyrosin
U	Uracil
UDP	Uridindiphosphat
UMP	Uridinmonophosphat
UTP	Uridintriphosphat
Val	Valin
VLDL	very low density lipoprotein
vWF	von-Willebrand-Faktor
YAC	yeast artifical chromosome (künstliches Hefechromosom)

Weiterführende Lehrbücher

Biochemie

Buddecke, E (1994) Grundriss der Biochemie. Für Studierende der Medizin, Zahnmedizin und Naturwissenschaften, 9. neubearb. Aufl. GRUYTER, Berlin New York

Karlson, P, Doenecke, D, Koolman J (1994) Kurzes Lehrbuch der Biochemie. 14. Aufl. Thieme, Stuttgart New York

Lehninger, A L, Nelson D L, Cox, M M (1998) Prinzipien der Biochemie. Studienausg. Spektrum Akademischer Verlag, Heidelberg

Stryer, L (1996) Biochemie. Spektrum Akademischer Verlag, 4. Aufl. Spektrum Akademischer Verlag, Heidelberg

Physiologie

Schmidt R F, Thews, G (1997) Physiologie des Menschen. 27. korrig. und aktual. Aufl. Springer, Berlin Heidelberg New York Tokyo

Klinke S, Silbernagel R (1996) Lehrbuch der Physiologie, 2. Aufl. Thieme Stuttgart New York

Sachverzeichnis

(F = Formelbild)

Beirat

Ulrich Tausch, geboren 1975, absolvierte 1995 das Abitur am Musikgymnasium der Regensburger Domspatzen. Er studiert seit 1996 Medizin an der Universität Regensburg und legte 1998 die Physikumsprüfung ab.

Liebe Leserin, lieber Leser,

Autoren und Verlag haben sich Mühe gegeben, dieses Lehrbuch für Sie so zu schreiben und gestalten, daß Sie optimal damit lernen und repetieren können.
Ist uns dies gelungen?

Wir freuen uns, wenn Sie uns über Ihre Erfahrungen berichten. Bitte schreiben Sie uns oder besuchen Sie uns im Internet!

Unsere Internet-Adresse:
http://www.springer.de/medic-de

Unsere e-mail Adresse:
med.lehrbuch@springer.de

Unsere Postadresse:
Springer-Verlag
Programmplanung Med. Lehrbuch
z. Hd. Anne C. Repnow
Tiergartenstraße 17
69121 Heidelberg